P9-CFX-832

FIFTH EDITION

# HORIZONS

**Joan H. Manley**
*University of Texas—El Paso, Emeritus*

**Stuart Smith**
*Austin Community College*

**John T. McMinn**
*Austin Community College*

**Marc A. Prévost**
*Austin Community College*

HEINLE
CENGAGE Learning™

Australia • Brazil • Japan • Korea • Mexico • Singapore • Spain • United Kingdom • United States

**Horizons, Fifth Edition**
**Manley, Smith, McMinn, and Prévost**

Publisher: Beth Kramer

Acquisitions Editor: Nicole Morinon

Development Editor: Florence Kilgo

Senior Content Project Manager: Esther Marshall

Assistant Editor: Kimberly Meurillon

Editorial Assistant: Timothy K. Deer

Senior Media Editor: Morgen Murphy

Marketing Coordinator: Janine Enos

Marketing Communications Manager: Glenn McGibbon

Senior Art Director: Linda Jurras

Senior Print Buyer: Betsy Donaghey

Permissions Editor: Sylvie Pittet

Production Service: PreMediaGlobal

Text Designer: Janet Theurer

Photo Manager: PreMediaGlobal

Cover Designer: Harold Burch

Cover Image: ©John Miller/Robert Harding World Imagery/Corbis and ©K.Taylor/Corbis

Compositor: PreMediaGlobal



Library of Congress Control Number: 2010931628

Student Edition:

ISBN-13: 978-0-495-91249-1

ISBN-10: 0-495-91249-2

Loose Leaf Edition:

ISBN-13: 978-1-111-34538-9

ISBN-10: 1-111-34538-4

**Heinle**
20 Channel Center Street
Boston, MA 02210
USA

Cengage Learning is a leading provider of customized learning solutions with office locations around the globe, including Singapore, the United Kingdom, Australia, Mexico, Brazil, and Japan. Locate your local office at **www.cengage.com/global**

Cengage Learning products are represented in Canada by Nelson Education, Ltd.

To learn more about Heinle, visit **www.cengage.com/heinle**

Purchase any of our products at your local college store or at our preferred online store **www.cengagebrain.com**

Printed in the United States of America
3 4 5 6 7 16 15 14 13 12

# TABLE DES MATIÈRES

## Do you have a gift for languages?

Have you ever heard people say that they know someone who has a gift for languages? What does that mean? Are some people born with a special ability to learn languages? How do you know if you have a gift for languages? If you understood the sentence you just read, then you have a gift for languages. After all, you have already learned to speak and understand at least one language well—English. Everybody is born with a natural ability to learn languages, but some individuals seem to learn languages more quickly than others do. This is because, over time, we develop different learning styles.

The process individuals use to learn languages depends a great deal on their personality. As with any other process, such as learning a new computer program or writing a composition for English class, individuals can attain similar results, although they approach the task differently. Some language learners like to plan each step before beginning. Others prefer to jump in as soon as they know enough to get started, and continue from there using a hit-or-miss method. Some language learners like to understand in detail why a language works the way it does before they try to use it, whereas others are ready to try speaking as soon as they know only the most basic rules, making educated guesses about how to express themselves.

Both methods have advantages and disadvantages. Some people become so bogged down in details that they lose sight of their main purpose—communication. Others pay so little attention to details that what they say is unintelligible. No matter what sort of learner you are, the most important part of the language-learning process is to constantly try to use the language to express yourself. Always alternate study of vocabulary and structures with attempts to communicate.

Since you now know that you have a gift for languages, you might think of the following pages as a user's manual that suggests how to use your language-learning capacity to learn French efficiently. Some of the learning techniques will work for you, others may not fit your learning style. Read through the following three sections before beginning your French studies, and refer to them later to develop the language-learning process that works best for you.

- **Goals and expectations:** How much French should you expect to learn in your first year of study and how much time and effort will be required of you?
- **Motivation:** How do you motivate yourself to study and practice the language?
- **Learning techniques:** What are some study tips that will facilitate learning French?

# Goals and Expectations

## Who can learn a language?

Many people believe that, as an adult, you cannot learn a language as well as you might have when you were a child. It is true that children are good language learners, but there is no reason why adults cannot learn to speak a language with near-native fluency. Children learn languages well because they can adapt very easily and they do it willingly. Being able to adapt is very important in language learning. Children are not afraid to try something new, and they are not easily embarrassed if things do not turn out as they expect. Adults, on the other hand, are often afraid of doing something wrong or looking ridiculous. Don't be afraid to experiment, using what you already know to guess at how to express yourself in French. It does no harm if you try to say something and you do not get the expected response. Just try again.

By the time people become adults, they generally learn by analyzing, rather than by doing. They have also grown so accustomed to their own way of doing things that they are reluctant to change. Similarly, adult language learners often feel that the way English works is the natural way. They try to force the language they are learning into the same mold. In fact, languages work in a variety of ways, all equally natural. Learn to accept that the French way of doing things is just as natural and valid as the English way.

Another difference in the way that children and adults learn languages is that children spend a lot more time focused on what they are doing. When children learn languages, they spend almost every hour they are awake for several years doing nothing but learning the language. Learning to communicate is their principal objective in life. Most adults, on the other hand, spend just a few hours a week studying a new language, and during this time they are often distracted by many other aspects of their lives. In a classroom setting where small children have contact with a foreign language for just a few hours per week, children do not learn better than adults. In fact, adults have several advantages over children, such as their ability to organize and their longer attention spans. Your ability to develop fluency in French depends mainly on three things: the amount of time you spend with the language, how focused you are, and how willing you are to try to communicate using it.

## How well will you speak after a year?

Those of you who are new to foreign language study probably have a variety of ideas about what you will be doing in this course. People who become frustrated in foreign language study generally do so because they start off with the wrong expectations. Some people begin a foreign language course with a negative attitude, thinking that it is impossible to really learn a language without going to a country where it is spoken. Although it is indeed usually easier to learn French in a French-speaking region, you can learn to speak French very fluently here as well. Once again, it is a question of spending time with the language, while focusing on how to communicate with it.

There are also some students who begin foreign language classes with expectations that are too high, thinking that they will begin speaking French with complete fluency nearly overnight. Learning a language takes time. Even after two years of concentrated study, it is reasonable to have achieved only basic fluency. If you set a goal for yourself to have everyday conversation skills after your second year of study, and if you work hard toward this goal, you will be able to function in most everyday conversation settings; however, you will still frequently have to look for words, you will probably still speak in short simple sentences, and you will often have to use circumlocution to get your meaning across. In *Horizons,* you will learn how to function in the most common situations in which you are likely to find yourself in a francophone region. To illustrate how much you will learn during the first few weeks of study, take out a sheet of paper, and list, in English, the first eight questions you would probably ask in the following situation: Before the first day of class, you sit down next to a student you have never seen before and you begin to chat.

In this situation, students generally ask questions like the following:

- How are you doing?
- What's your name?
- What are you studying?
- Where are you from?
- Where do you live? / Do you live on campus?
- Do you like it there?
- Do you work? Where?
- When are you graduating?

This is the extent of the conversation that you have with many people you will meet, and you will be able to do this in French after only a few weeks.

## How much time and effort must you invest to be a successful language learner?

There are three P's involved in learning a language: patience, practice, and persistence. We have already said that success in learning a foreign language depends on how much time you spend studying and practicing it. You might wonder how time-consuming French class will be. The amount of time required depends on your study skills and attention span. However, nobody can be successful without devoting many hours to studying and using the language. Generally, to make steady progress at the rate that material is presented in most college or university classes, you should expect to spend two to three hours on the language outside of class, for every hour that you are in class.

## What is involved in learning to express yourself in another language?

Students studying a foreign language for the first time may have false expectations about what is involved in learning to speak another language. Many people think that you just substitute a French word for the equivalent word in English. Most of the time, you cannot translate word for word from one language to another. For example, if a French speaker substituted the equivalent English word for each French word in the following sentence, it would create a very unusual sentence.

**Nous ne l'avons pas encore fait.**
**We not it have not still done.*

You might be able to figure out that this sentence means, "We haven't done it yet," but sometimes translating word for word can give a completely wrong meaning. For example, if you translate the following sentence word for word, you would think that it has the first meaning that follows it, whereas it really has the second. This is because the indirect object pronoun **vous** ***([to] you)*** precedes the verb in French.

**Je voudrais vous parler demain, s'il vous plaît.**
**I would like you to speak tomorrow, if it you pleases.*
*I would like to speak to you tomorrow, please.*

You probably noticed in this last example that one word in English may be translated by several words in French and vice versa (**voudrais** = *would like,* **vous** = *to you,* **parler** = *to speak,* **s'il vous plaît** = *please*).

Differences in languages are not due simply to a lack of one-to-one correspondence between words and structures. Cultural differences also strongly affect how we communicate. Culture and language are so interrelated that it is impossible to learn a language fluently without becoming familiar with the culture(s) where it is spoken. For example, in French, a cultural difference that affects the spoken language is that French society is not as informal as ours. Adults generally do not call each other by their first names, and the words for *sir* and *madam* are used much more frequently than in English. For example, it is normal to say **Bonjour, monsieur** *(Hello, sir),* whereas English speakers say *Hello.*

Cultural differences affect the spoken language and also nonverbal communication. For instance, when the French speak to each other, they generally stand closer than we do. When we are talking to a French-speaker, we may feel that our space is invaded and back away. The French interpret this as standoffishness. As you can see, learning to communicate in French entails a lot more than substituting French words for English words in a sentence.

## Does practice make perfect?

Your goal in learning French should not be to say everything perfectly. If you set this goal for yourself, you will probably be afraid to open your mouth, fearing mistakes. Your goal should be to communicate clearly, but you should expect to make mistakes when speaking. If you make a mistake that impedes communication, those you are speaking to will ask for clarification or repeat what you have said to be sure of what you mean. Listen carefully to how they express themselves, and make adjustments the next time you need to convey a similar message.

Although perfection is not the goal of language learners, practice is vital to success. (Remember the three P's of language learning: patience, practice, and persistence.) You can learn every vocabulary word and rule in the book, but unless you practice regularly, listening to French and attempting to speak it, you will not learn the language. Practicing a language is just as necessary for success as practicing a sport or a musical instrument. Imagine that you are a football player or pianist. You might know every play in the book, or you might understand music theory completely, but unless you practice, you will never be able to perform. It is important to learn the rules of French, but you must also practice it regularly.

### What do you do if foreign languages make you panic?

Most individuals feel nervous when they have to speak to strangers. This is true when you speak your own language, and it's even truer when speaking a foreign language. There is no reason to be nervous, yet fear of looking ridiculous is often difficult to control. It is normal to experience some anxiety in class. If you suffer extreme anxiety in language class—to such a degree that it impedes your ability to concentrate—it is best to recognize that you fear having to perform in class. Go see your instructor and discuss your anxiety. In order to conquer it, you must acknowledge it.

## Motivation

### How can learning a foreign language help you?

Learning a foreign language should be fun. After all, you will spend a lot of class time chatting with classmates, which most of us find enjoyable. However, learning French takes time and effort. No matter how much you enjoy it, there will be times when you need to motivate yourself to study or practice. You can use motivation techniques for practicing a language similar to those musicians or athletes use to practice an instrument or a sport.

Many musicians and athletes have a personal goal. They imagine themselves playing a great concert at Carnegie Hall or winning a big game, receiving applause and praise. Similarly, each time you start to practice French, imagine yourself speaking French fluently with a beautiful accent. In this mental image, you might be a diplomat, or you might be talking to the waiter at a French restaurant, impressing your friends.

Some people who practice an instrument or a sport do so for personal growth. Many people feel that learning a new language helps them discover a new side of their personality. By learning to appreciate another culture, you learn to understand your own better. You also come to know yourself better and you broaden your horizons.

Of course, a lot of people are motivated to practice an instrument or a sport because they make their living from it. This is good motivation for learning a language too. In today's international economy, the best jobs are going more and more to those who speak more than one language, and who have an understanding of other cultures. Many jobs in the travel industry, in communications, in government, and in companies dealing in international trade and business require proficiency in another language.

### How can you learn to enjoy studying?

As with any accomplishment, learning a foreign language requires a lot of work. You will enjoy it more if you think of it as a hobby or a pastime and as an opportunity to develop a skill. Here are some training techniques that can help you learn a new language.

- Get into a routine. Devote a particular time of day to studying French. It is best to find a time when you are fresh and free of distractions, so you can concentrate on what you are doing. If you study at the same time every day, getting started will become habitual, and you will have won half the battle. Once you are settled working and learning, it becomes fun.
- Make sure that the place where you study is inviting and that you enjoy being there.
- Study frequently for short periods of time, rather than having marathon sessions. After about two hours of study, the ability of the brain to retain information is greatly reduced. You tend to remember what you learn at the beginning of each study session and at the end. What you study in the middle tends to become blurred. To illustrate this, read the following words one time, then turn the page and see how many you remember.

  dog, house, sofa, cat, rooster, room, telephone, mouse, book, pencil, television

  Most people can remember the first word and the last. The longer the list, the harder it is to remember the words in the middle. The same is true with studying. Study smaller "chunks" of material more frequently, and set reasonable goals for yourself. Don't try to learn it all at once.
- Study with a classmate or a friend. It is much easier to practice talking with someone else, and it is easier to spend more time working with the language if you are interacting with another person. Also, by studying with classmates, you will feel more comfortable speaking in front of them, which eliminates some of the embarrassment some adults feel when trying to pronounce foreign words in front of the whole class.
- Play games with the language. It is fun to learn how to say things in a new language. For instance, ask yourself how you would say things you hear on the radio or television in French. If you do know how to say something in French that you hear, your knowledge will become more certain. If you don't know how to say something in French, that's

normal if you are a beginner. When you finally learn the word or expression you were wondering about, you will remember it more easily, because you have already thought about it.

- Surround yourself by French. Rent French movies or watch DVDs of American movies in the French-language track, listen to French music, and search the Web for French websites with recent news or topics that interest you. Websites with a lot of pictures are the best, because the pictures give you clues to the meaning of unfamiliar words. You probably will not understand very much at first in movies and songs, but they will motivate you to learn more. They teach you about cultural differences, and they help give you a sense of good pronunciation.
- Don't let yourself get frustrated. If you are frustrated each time you sit down to study, ask yourself why. First of all, make sure that you are not studying when you are too tired or hungry. Also, make sure that you clearly understand your assignment and its purpose. Learn to distinguish a language-learning problem from a problem understanding instructions. If you are confused about what you are to do or why, see your instructor during office hours or contact another student. (This is another reason to study with a classmate!)

# Learning Techniques

## How can you spend your study time most efficiently?

Individuals organize material differently as they learn it. Some people learn better by seeing something; others learn better by hearing it. The following are some study tips for how to go about learning French. You may find that some of these methods work for you and others do not. Be creative in practicing your French, using a variety of study techniques.

## General study tips

- Learn not to translate word for word. Learn to read and listen to whole sentences at a time.
- Keep a log of your study time in a small spiral notebook. This will help you learn to study more efficiently. Each time you sit down to study new material, write down the time you begin. When you finish, write down the time you stop, and two or three sentences summarizing what you studied. Students often feel frustrated that they spend a lot of time studying, but they do not retain much. By keeping a log, you will know exactly how much time you spend on French. Writing one or two sentences summarizing what you studied helps you check your retention.
- Alternate speaking, listening, reading, and writing activities. By changing tasks frequently, you will be able to study longer without losing your concentration.

## Vocabulary-learning techniques

- Use your senses. Pronounce words aloud as you study them. Close your eyes as you pronounce the word and picture the thing or activity represented by nouns or verbs.
- Use flashcards. When possible, draw a simple picture instead of the English word. Also, write a sentence using the word on the card, trying to remember it each time you look at the card. Use different colored inks to help you visualize the meaning of words. For example, when studying colors, write them on the flashcard in that color. When learning food items, write the words for red foods, such as strawberries and tomatoes, in red, the words for green foods in green, etc. Write words that can be associated with shapes, such as tall, short, big, small, round, or square, with letters having similar shapes.
- Learn useful common phrases such as "What time is it?" or "How are you?" as a whole.
- Label household items in French on masking tape.
- Tape lists of vocabulary in places where you spend time doing routine tasks.
- Study vocabulary in manageable "chunks." Each morning, write out a list of 20 new words and carry it in your pocket. A few times during the day, spend two minutes trying to remember the words on the list. Take out the list and review the words you forgot for two minutes. By the end of the day, you will have spent just a few minutes and you will have learned the 20 words.
- Learn 10 useful phrases every day.
- A recording of the end-of-chapter vocabulary words is downloadable from the *Horizons Premium Website.* Download them and play them at home, while you jog, or in your car.
- Make tests for yourself. At the end of a study session, write the English words or phrases on a sheet of paper. Put the sheet of paper away for a few hours. Later, take it out and see how many of the French equivalents of these words or phrases you remember.
- Group words in logical categories. For example, learn words for fruits together, words for animals together, sports-related vocabulary together, etc.
- Make flashcards with antonyms on each side such as hot/cold, near/far, to go to sleep/to wake up, etc.
- Use related English words to help you remember the French. For example, the French word for *to begin* is **commencer.** Associate it with *to commence.* Be creative in finding associations. For example, the word for *open* is **ouvert.** You can associate it with *overture,* which is the opening part of a musical piece, or an *overt* action, which is one that is done in the open. Write related English words on flashcards.
- Learn to say **"Comment dit-on... ?"** *("How do you say . . . ?")* when you do not know a word or phrase.
- Remember that we cannot say everything even in our own language. If you do not know a word, try to think of another way to say what you want. Use circumlocution. For example, if you do not know how to say "to drive," say "to take the car" instead.

## Grammar-learning techniques

- Play teacher. Try to guess what your instructor would ask you to do if he or she were giving a quiz the next day.
- Do the ***Pour vérifier*** self-checks in the margins next to explanations of structures.
- Use color coding to help you remember grammatical information. For example, all nouns in French are categorized either as masculine or feminine, and you must memorize in which category each noun belongs. When you make the flashcards, write feminine nouns on pink cards or with pink ink and use blue for masculine nouns. Use an eye-catching color on flashcards to indicate points you want to remember, such as irregular plurals or verbs that take **être** in the **passé composé.**
- If you like to use lists to study, organize them so that they help you remember information about words. For example, to remember noun gender, write masculine words in a column on the left and feminine words in a column on the right. If you can visualize where the word is on the list, you can remember its gender.
- Learn to accept ambiguity. Sometimes, as soon as you learn a new rule, you find out that it doesn't always work the way you expect it to.

## Pronunciation-learning techniques

- Repeat everything you hear in French under your breath or in your head, even if you have no idea what it means. This will not only help your pronunciation, it will help your listening comprehension and your ability to learn vocabulary. For instance, if you keep repeating an unfamiliar word you hear in your head, when you finally find out what it means, you will remember it very easily.
- Read French words aloud as you study.
- Listen to the recordings that go with the book and the Student Activities Manual several times. It is impossible to concentrate both on meaning and pronunciation the first time you listen to them. Listen to them at least once focusing on pronunciation only.
- Make recordings of yourself and compare them to those of native speakers.
- Exaggerate as you practice at home. Any pronunciation that is not English will seem like exaggeration. Psychologically, it is very difficult to listen to yourself speaking another language. Pretend you are a French actor playing a role as you practice pronunciation.
- Listen to French songs on the Internet. Search for the lyrics and sing along.

## Using the Text Audio Recordings and the SAM Audio Recordings

There are two distinct sets of recordings that go with each chapter of the *Horizons* program: the Text Audio and the SAM Audio. The activities on the Text Audio correspond to the listening sections marked with an audio icon in the textbook. The SAM Audio corresponds to the listening activities in the Student Activities Manual. The recordings that accompany the text are on the Horizons Premium Website. They are all also accessible via the iLrn Heinle Learning Center. These recordings are provided so that you can review material covered in class on your own, or prepare for the next day's class. When using the audio, it is important to make sure that you have accessed the right recordings for either the textbook activities or the SAM.

In order to get maximum benefit from the recorded listening activities, approach them with the right attitude. It takes time, patience, and practice to understand French spoken at a normal conversational speed. Do not be surprised if you find it difficult at first. Relax and listen to passages more than once. You will understand a little more each time. Remember that you will not understand everything and that, for some exercises, you are only expected to understand enough to answer specific questions. Read through exercises prior to playing the recording, so that you know what to listen for.

If you find you do not have enough time to process and respond to a question before the next one begins, pause the recording to give yourself more time. Most importantly, be patient and remember that you can always listen again.

Be willing to listen to the recordings several times. It is important to listen to them at least one separate time focusing solely on pronunciation. Practice, patience, and persistence pay!

We hope that the preceding suggestions on how to go about learning French will serve you well, helping you to become a successful language learner. Good luck with your French studies, and most of all, enjoy yourself!

# *Horizons* Companion and Premium Websites

As a student of French you have access to endless online resources. You will find numerous useful learning tools created specifically for *Horizons* on the *Horizons* Premium Website. These tools can be accessed at www.cengagebrain.com/shop/ISBN/0495912492. Here is what you will find on each one.

*Horizons* Companion Website:

| | |
|---|---|
| Text Audio | Web links |
| Basic tutorial quizzes | iTunes playlist |
| Web search activities | Google Earth coordinates |

*Horizons* Premium Website:

| | |
|---|---|
| SAM Audio | Grammar and pronunciation podcasts |
| Video | Concentration games |
| Audio-enhanced vocabulary flashcards | Crossword puzzles |
| Grammar tutorials | Glossary |

# Acknowledgments

We are grateful to a great many people for helping us transform our collective classroom experience into this text. Principal among these are Beth Kramer and Nicole Morinon, for the opportunity to work with Heinle and for their support; Esther Marshall, Florence Kilgo, with the help of Kimberly Meurillon, Timothy Deer, Linda Jurras, Katie Latour, Morgen Murphy, Peter Schott, Andy Kwok, Adam Abelson, John Farrell, and our freelancers, Sev Champeny, native reader and proofreader, Yamilé Dewailly, for preparing the glossaries, and Melissa Sacco, PreMediaGlobal project manager.

We would particularly like to thank our reviewers of the current and previous editions.

Vikrant Ahuja, *Mott Community College*
Elaine Ancekewicz, *George Mason University*
Gabriella Baika, *Auburn University*
Jody Ballah, *University of Cincinnati—Raymond Walters College*
Lisa Blair, *Shaw University*
Ahmed Bouguarche, *California State University—Northridge*
Anna Brichko, *Mission College*
Thomas Buresi, *Southern Polytechnic State University*
Ruth Caldwell, *Luther College*
Patricia Cesario, *Suffolk County Community College*
Susan Clay, *Clemson University*
Herve Corbe, *Youngstown State University*
Joan Debrah, *University of Hawaii—Manoa*
Jean-Luc Desalvo, *San José State University*
Constance Dickey, *Syracuse University*
Annabelle Dolidon, *Portland State University*
Vicki Earnest, *Calhoun Community College*
Claude Fouillade, *New Mexico State University*
Christy Frembes, *State University of New York—Oneonta*
Marie Glynn, *Washington State University*
Richard Gray, *Carson-Newman College*
Amy Griffin Sawyer, *Clemson University*
Cheryl Hansen, *Weber State University*
Elaine Hayashi, *Oregon State University*
Amy Hubbell, *Kansas State University*
Meredith Josey, *Western Washington University*
Caroline Jumel, *Oakland University*
Nikki Kaltenbach, *Purdue University—Westville*
Nedialka Koleva, *Mesa Community College*
Tamara Lindner, *University of Southwestern Louisiana*
Monique Manopoulos, *California State University—Hayward*
Pamela Mansfield, *Union County College*
Maria Melgarejo, *St. Cloud State University*
Anne-Hélène Miller, *East Carolina University*
Stéphane Natan, *Rider University*
Johanna Needham, *Tacoma Community College*
Kory Olson, *Richard Stockton College*
Keith Palka, *Central Michigan University*
Pamela Park, *Idaho State University*
Gloria Pastorino, *Fairleigh Dickinson University*
Daniel E. Rivas, *Irvine Valley College*
Karina Rodegra, *University of Central Florida*
Mercedes Rooney, *State University of New York—New Paltz*
Michael Saclolo, *St. Edward's College*
Colleen Sandford, *Suffolk County Community College*
Kindra Santamaria, *Texas Christian University*
Bonnie Sarnoff, *Limestone College*
Patricia Scarampi, *Lake Forest College*
Lee Slater, *Old Dominion University*
Antoinette Sol, *University of Texas—Arlington*
Janet Solberg, *Kalamazoo College*
Jessica Sturm, *Purdue University*
Thierry Torea, *Hobart and William Smith Colleges*
Catherine Webster, *University of Central Oklahoma*
Martina Wells, *Chatham College*
Jaklin Yermian, *Los Angeles Valley College*
Monique Zibi, *Lone Star College—Kingwood*

## List of Supplements Authors

Mayanne Wright (Testing Program, Version A)
Jessica Sturm, *Purdue University* (Horizons Web Quizzes and Cultural Web Activities)

A special thanks to both Jims, Laura, Andrew, Annick, Daniel, and Joel.

Last, but obviously not least, we thank each other for the tolerance, mutual encouragement, and strengthened bonds of friendship such an endeavor requires.

Merci mille fois!

## The *Horizons* video program, ***Les Stagiaires***

***Les Stagiaires*** was written by the *Horizons'* authors to offer students more exposure to the text's vocabulary and grammar in a seamlessly integrated manner. The video, comprising ten episodes, provides learners with further listening practice. Students have the opportunity to learn about and experience French culture in the context of a storyline that involves seven characters and their interactions in a French office environment. The activities in each chapter's ***Reprise*** section are now designed with pre- and post-viewing activities. In addition, these activities simultaneously review the entire chapter's vocabulary and grammar.

In this video, we meet two interns, Amélie Prévot and Rachid Bennani. They are just starting their summer internships at Technovert, a small green-technology company.

Henri Vieilledent is the founder, owner, and leader of this dynamic and fast-growing company. Coffee and croissants are his daily motivators.

His faithful assistant, Camille Dupont, helps him run the business . . . and keeps his coffee-and-croissant supply abundant.

One of Vieilledent's weapons in his efforts to make the company flourish and remain competitive is Céline Diop. The confident and driven sales manager also becomes an effective and appreciated mentor to the two young interns.

You might not be able to tell right away, but Matthieu Sauvage is a wiz. His area of expertise? Computers. However, interactions with the staff can sometimes be challenging for him. He can be extremely shy and awkward. When Amélie joins the Technovert staff, will Matthieu finally take a risk and break his painful timidity?

Finally, Christophe Vieilledent is the company's gofer—though he doesn't go for . . . a lot! The mail delivery and other odd jobs he does around the building do not keep him from indulging in his favorite pastime: reading manga. With a father in high places he is able to keep a low profile . . .

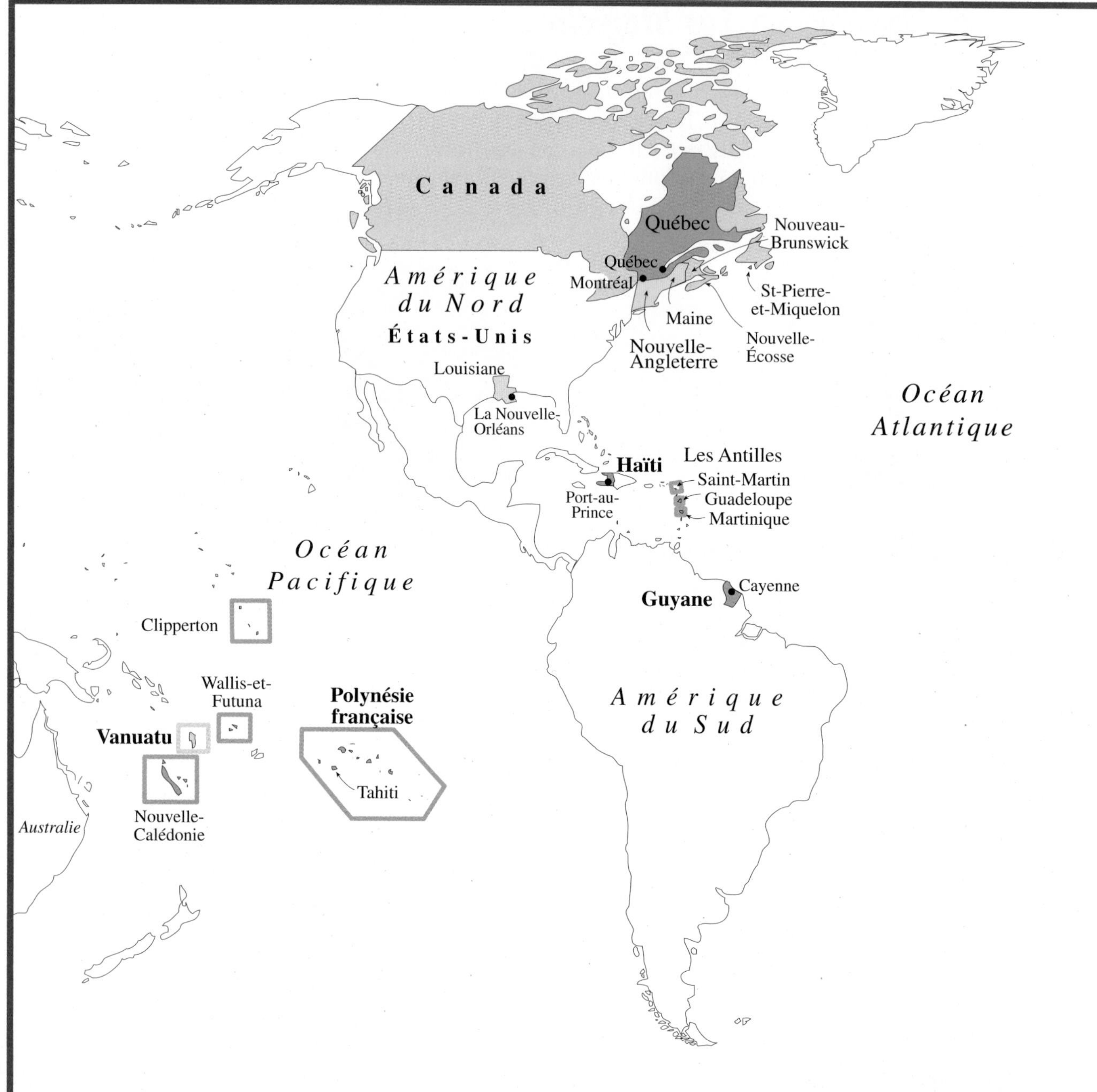


# Le monde francophone

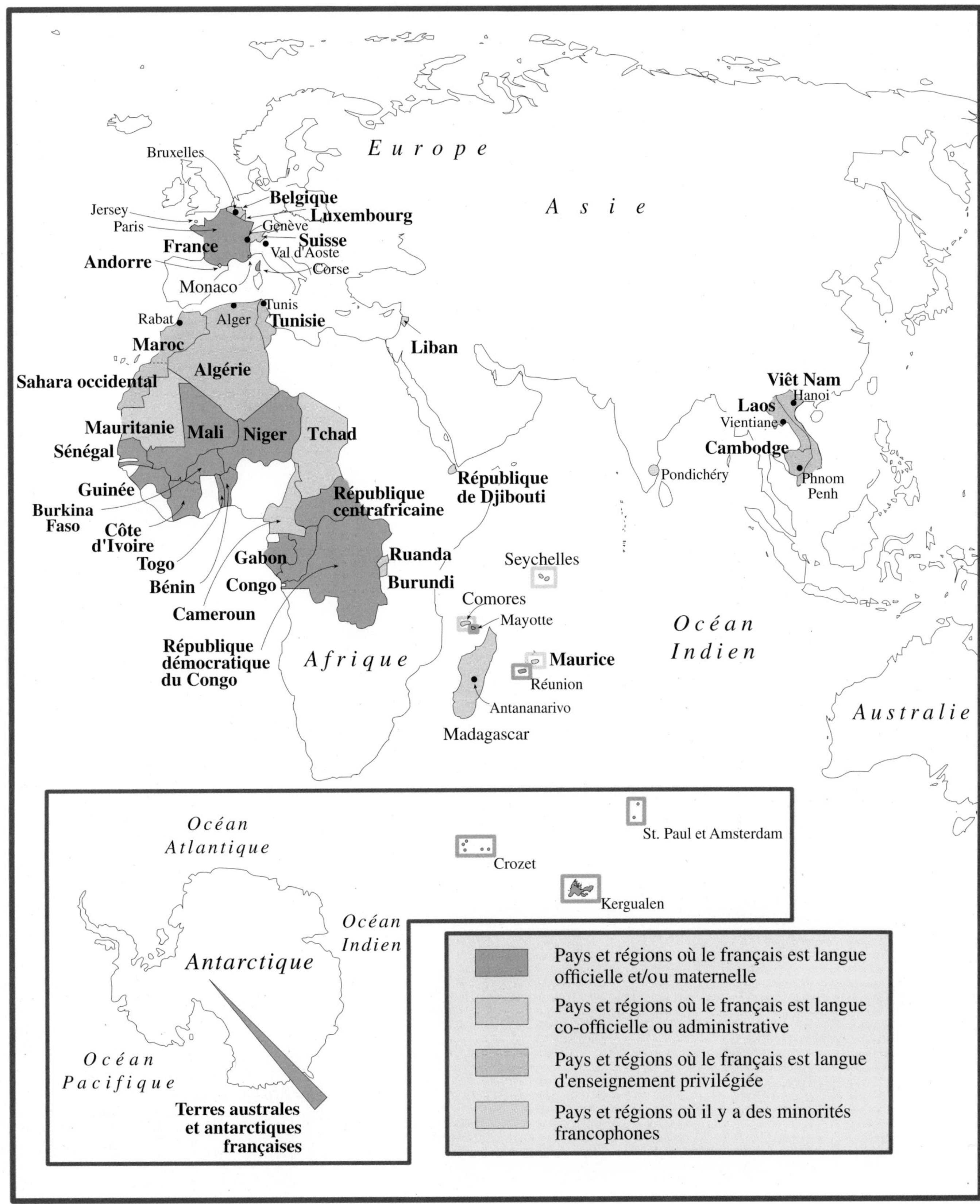

Europe
Asie
Bruxelles
Belgique
Jersey
Luxembourg
Paris
Genève
Suisse
France
Val d'Aoste
Andorre
Corse
Monaco
Tunis
Rabat
Alger
Tunisie
Maroc
Liban
Algérie
Sahara occidental
Viêt Nam
Hanoi
Laos
Vientiane
Mauritanie
Mali
Niger
Tchad
Cambodge
Sénégal
Pondichéry
Phnom Penh
République de Djibouti
Guinée
République centrafricaine
Burkina Faso
Côte d'Ivoire
Togo
Gabon
Ruanda
Seychelles
Bénin
Congo
Burundi
Comores
Cameroun
Mayotte
Océan Indien
République démocratique du Congo
Afrique
Maurice
Réunion
Antananarivo
Australie
Madagascar
Océan Atlantique
St. Paul et Amsterdam
Crozet
Kergualen
Océan Indien
Antarctique
Océan Pacifique
Terres australes et antarctiques françaises
Pays et régions où le français est langue officielle et/ou maternelle
Pays et régions où le français est langue co-officielle ou administrative
Pays et régions où le français est langue d'enseignement privilégiée
Pays et régions où il y a des minorités francophones

Le monde francophone

# On commence!

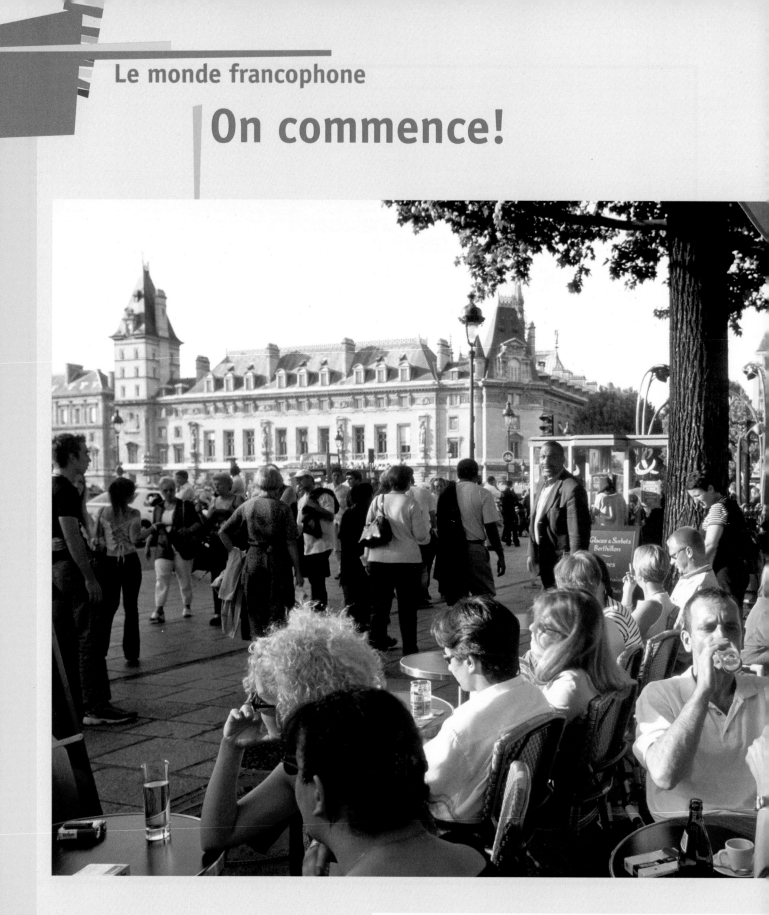

iLrn iLrn Heinle Learning Center

www.cengagebrain.com/shop/ISBN/0495912492

*Horizons* Video: Les Stagiaires

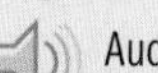
Audio

Internet web search

Pair work

Group work

© Walter Bibikow/Jon Arnold Travel/Photolibrary

# Chapitre préliminaire

## COMPÉTENCE

**1** Greeting people
Les formules de politesse
Les salutations familières

**2** Counting and describing your week
Les chiffres de zéro à trente
Les jours de la semaine

**3** Talking about yourself and your schedule
Un autoportrait
L'heure

**4** Communicating in class
En cours
Des expressions utiles et l'alphabet

Comparaisons culturelles *L'heure officielle*
Vocabulaire

# Bienvenue au monde francophone!

With what do you immediately associate France and French culture — food and wine, film, art, music, literature, fashion . . . ? Did you also know that France is a world leader in agriculture, science, technology, medicine, telecommunications, and aerospace engineering, and is the fourth largest export nation in the world?

Le penseur de Rodin

Le TGV

Look in the front of the book at the map of the countries and regions where French is spoken. Are you surprised that some of these countries and regions are francophone? Pick one of them and research its history on the Web to find out why people speak French there, and if they speak any other languages.

La fusée Ariane 5

**Bienvenue au monde francophone!** *Welcome to the French-speaking world!*

Did you know that French is spoken throughout the world? Want to discover the world? Discover French — a language you can use right here in North America . . . and across the continents!

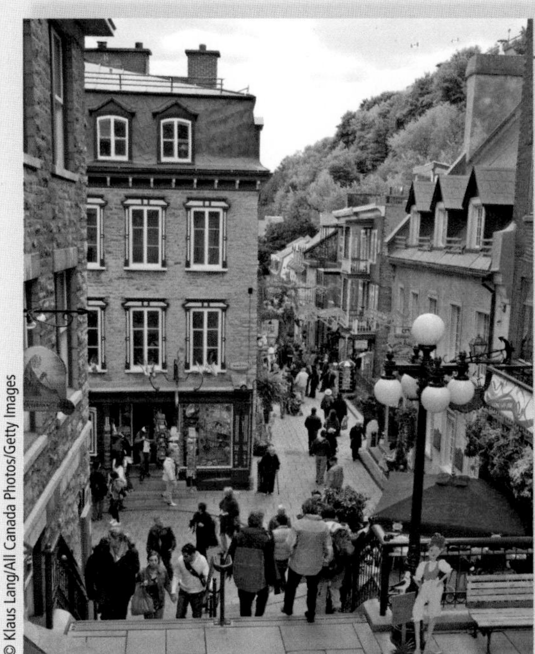
© Klaus Lang/All Canada Photos/Getty Images

**On parle français au Québec...**

© SCPhotos/Alamy

**Et à Tahiti!**

## Qu'en savez-vous?

What makes French one of the most important global languages? Take this quiz and find out. If you don't know, guess!

1. Look at the map in the front of the book to answer questions a–i.
   **a.** In how many countries is French spoken: about 5, about 25, about 40, or about 100?
   **b.** In or near which continents does French have a linguistic or cultural influence: **a.** Europe and Africa, **b.** Europe, Africa, and the Americas, **c.** every continent?
   **c.** Are most of the francophone countries in Africa located in the north, the south, the east, or the west?
   **d.** Which province in Canada has the largest number of French speakers: British Columbia, Newfoundland and Labrador, or Quebec?
   **e.** True or false? French is not spoken in any areas of the South Pacific.
   **f.** True or false? There is an important francophone influence in the USA, particularly in Louisiana and in the northeast.
   **g.** Where in South America is French spoken: French Guiana, Brazil, or Colombia?
   **h.** In which three of these places in the Caribbean is French an important language: the Dominican Republic, Haiti, Guadeloupe, the Virgin Islands, the Bahamas, Martinique, the Cayman Islands?
   **i.** In which five of these European countries is French spoken: France, Portugal, Belgium, Italy, Switzerland, Monaco, Albania, Luxembourg?
2. About how many people in the world speak French as their primary or secondary language: about 100 million, about 260 million, about 550 million?
3. In the USA, how many people speak French at home: close to one million, close to two million?
4. About how many French speakers are there in Canada: 5 million, 9.5 million?
5. The top two most frequently studied foreign languages worldwide and the only two global languages are ________ and ________.
6. French is an official language of: **a.** the United Nations, **b.** the International Olympic Committee, **c.** UNESCO, **d.** NATO, **e.** the European Union, **f.** all of these.

---

**On parle français au** *French is spoken in* **Et à** *And in*

# COMPÉTENCE 1

## Greeting People

**Note** *culturelle*

**People in France generally shake hands when they meet and they do not usually just say *bonjour*. Instead, they include the word *monsieur, madame*, or *mademoiselle*, or the person's name. Traditionally, French first names often have religious, historical, or legendary origins. Hyphenated names, such as *Jean-Marc*, are also popular. Many French names have both masculine and feminine forms. Do you have similar names in your language?**

**Adrien / Adrienne**
**André / Andrée**
**Christian / Christiane**
**Claude / Claude**
**Daniel / Danièle, Danielle**
**Denis / Denise**
**Dominique / Dominique**
**François / Françoise**
**Gabriel / Gabriële, Gabrielle**
**Jean / Jeanne**
**Martin / Martine**
**Michel / Michèle, Michelle**
**René / Renée**
**Simon / Simone**
**Yves / Yvette**

### Les formules de politesse

*To greet adult strangers and those to whom you show respect, say:*

CD 1-2

— Bonjour, madame.
— Bonjour, monsieur. Je suis Hélène Cauvin. Et vous, comment vous appelez-vous?
— Je m'appelle Jean-Marc Bertin.

— Bonsoir, monsieur. **Comment allez-vous?**
— Bonsoir, mademoiselle. **Je vais très bien, merci.** Et vous?
— **Assez** bien.

CD 1-3

Et vous? Comment allez-vous?

Je vais très bien. Assez bien. / **Pas mal.** Pas très bien.

### Prononciation

CD 1-4

*Les consonnes muettes et la liaison*

In French, consonants at the end of words are often silent and **h** is always silent, as it is in some English words such as *hour* and *honest*. The consonants **c, r, f,** and **l** (CaReFuL) are the only consonants that are generally pronounced at the end of a word. However, do not pronounce the final **r** of **monsieur.**

Marc bonjour actif Chantal

— Bonjour, monsieur. Je m'appelle Paul Richard. Et vous, comment vous appelez-vous?

— Je m'appelle Henri Dulac. Comment allez-vous?

— Je vais très bien, merci.

If a consonant at the end of a word is followed by a word beginning with a vowel sound (**a, e, i, o, u, y**) or a mute **h,** the final consonant sound is often pronounced and is linked to the beginning of the next word. This linking is called **liaison.** In liaison, a single **s** is pronounced like a **z.**

Comment vous ‿ (z) appelez-vous? Comment ‿ (t) allez-vous?

**NOTES**

1. Boldfaced words are glossed at the bottom of the page. Try to guess their meaning from the context before looking at the glosses.
2. Items accompanied by this symbol are recorded on the Text Audio and the Premium Website.

**Note** *de vocabulaire*

**1.** Use **mademoiselle** instead of **madame** with younger unmarried women.
**2. Bonjour** can be used to say *hello* at any time of day, but **bonsoir** can only be used to say *good evening*.
**3.** Use **je vais** to say how you are feeling. Use **je suis** to say who you are or to describe yourself.

**Comment allez-vous?** *How are you?* **Je vais très bien, merci.** *I'm doing very well, thank you.* **Assez** *Fairly, Rather* **Pas mal.** *Not badly.*

**A. Prononcez bien!** Copy these sentences, crossing out the consonants that should not be pronounced and marking where liaison would occur.

**EXEMPLE** **Comment‿allez̸-vous̸, monsieur̸?**

1. Je suis Chantal Hubert.
2. Bonjour, madame. Comment allez-vous?
3. Très bien, monsieur. Comment vous appelez-vous?
4. Je m'appelle Henri Dufour. Et vous?

Now go back and reorder the four sentences to create a logical conversation to read aloud with a partner.

**B. Réponses logiques.** How would you respond if someone said the following to you? Practice with a partner.

1. Bonjour, madame (mademoiselle / monsieur).
2. Bonsoir, madame (mademoiselle / monsieur).
3. Comment vous appelez-vous?
4. Comment allez-vous?

**C. Que dit-on?** Complete the conversations and act them out with a partner. Expand them and present them to the class.

1.

2.

3.

**D. Bonsoir!** Imagine that you are at a formal reception. Go around the room and greet at least three people, exchanging names, and finding out how they are doing. Be sure to shake hands.

## Note *culturelle*

**When people greet one another in France, they usually shake hands or exchange brief kisses on the cheek called *bises*. What do people do when they greet each other in your region?**

# Les salutations familières

*To greet classmates, friends, family members, or children, say:*

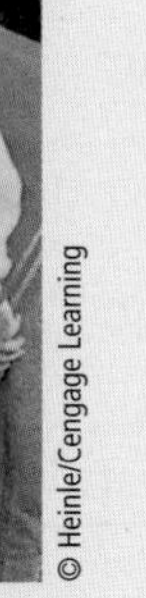

© Heinle/Cengage Learning

© Travel Pix/Robert Harding Travel/PhotoLibrary

CD 1-5

— Salut, Jean-Pierre. **Ça va?**
— Salut, Micheline. **Ça va.** Et toi, **comment ça va**?
— Pas mal.

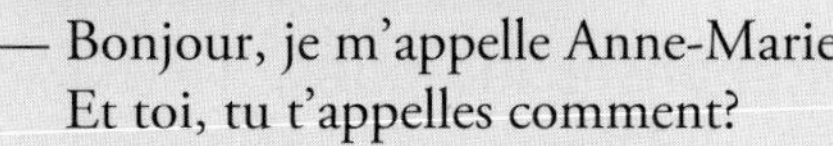

— Bonjour, je m'appelle Anne-Marie. Et toi, tu t'appelles comment?
— Moi, je m'appelle Robert.

CD 1-6

*Here are several ways to say good-bye. Use* ***À plus!*** *only in familiar situations. The other expressions may be used in either formal or familiar situations.*

Au revoir! *Good-bye!*
À tout à l'heure! *See you in a little while!*
À bientôt! *See you soon!*
À demain! *See you tomorrow!*
À plus tard! / À plus! *See you later!*

**Sélection musicale.** Search the Web for the song **Billie le Funkyman** by Miro to enjoy a musical selection using this vocabulary.

### Vocabulaire supplémentaire

**Comment t'appelles-tu? / Comment tu t'appelles?** *What's your name?* (familiar)
**Comment vas-tu?** *How are you?* (familiar)
**Ciao!** *Bye!* (familiar)
**Salut!** *Hi! Bye!* (familiar)
**Bon week-end!** *Have a good weekend!*
**Bonne journée!** *Have a good day!*

## Prononciation

CD 1-7

### *Les voyelles **a, e, i, o, u** et **é***

When you pronounce vowels in English, your tongue or lips move as you say them, so that the position of your mouth is not the same at the end of a vowel as at the beginning. In French, you hold your tongue and mouth firmly in one place while pronouncing vowels. This gives vowels a tenser sound. Practice saying these sounds.

| | | | | | | |
|---|---|---|---|---|---|---|
| a [a]: | à | ça | va | madame | mal | assez |
| e [ə]: | je | ne | que | de | demain | devoirs |
| é [e]: | café | pâté | bébé | été | préféré | répété |
| i [i]: | quiche | idéal | Paris | machine | six | merci |
| o [o]: | bientôt | vélo | hôtel | kilo | mots | trop |
| u [y]: | tu | salut | Luc | super | du | université |

The vowel **o** has two pronunciations, [o] or [ɔ], and the vowel **e** has three pronunciations, [ə], [e], or [ɛ]. You will learn more about this in ***Chapitre 3.*** Final *unaccented* **e** is not generally pronounced, unless it is the only vowel in a word, as in **je.**

France madame appelle une Anne

Compare these words:

Marie marié divorce divorcé fatigue fatigué

**Ça va?** *How's it going?* **Ça va.** *It's going fine.* **Comment ça va?** *How's it going?*

CD 1-8

**A. Prononcez bien!** First, work with a partner to pronounce each pair of words that follow. Then, listen as you hear one of the words from each pair and write the one you hear on a sheet of paper.

| | | | | |
|---|---|---|---|---|
| **1.** ta tôt | **3.** ma mis | **5.** le la | **7.** rat rue | **9.** de du |
| **2.** de dit | **4.** me mot | **6.** lit lot | **8.** rit rue | **10.** parle parlé |

**B. Dans quelle situation?** Read each of these phrases aloud and say whether you would be more likely to hear it in situation **A** or **B.**

A

© David R. Frazier/DanitaDelimont.com

B

© Heinle/Cengage Learning

1. Bonsoir, madame.
2. Salut, Thomas.
3. Très bien, merci. Et vous?
4. Tu t'appelles comment?
5. À plus!
6. Comment allez-vous?
7. Ça va. Et toi?
8. Comment vous appelez-vous?

Now, give a logical response to each of the items above.

**C. On dit...** What would you say in French . . .

1. to greet your professor during the day? in the evening?
2. to ask your professor's name? to tell him/her your name?
3. to ask your professor how he/she is doing?
4. to say that you are doing very well? fairly well? not badly? not very well?
5. to greet a classmate? to ask a classmate's name?
6. to ask a friend how it's going? to tell him/her that it's going well?
7. to say good-bye to someone? to say that you will see him/her tomorrow? soon? later today?

**D. Que disent-ils?** Imagine that you and a classmate are meeting for the first time in class. Prepare a brief conversation with a partner in which you greet each other, exchange names, ask and say how it is going, and say good-bye. Shake hands or exchange **bises.**

Now redo the conversation as strangers meeting at a formal conference.

You can find a list of the new words from this ***Compétence*** on page 26 and audio for each item of this list at **www.cengagebrain.com/shop/ISBN/0495912492.**

COMPÉTENCE 2

# Counting and describing your week

**Note** *culturelle*

**The French manner of counting on one's fingers is with palms facing in and starting with the thumb rather than the index finger. Ask your classmates how they count on their fingers. Are there any variations by nationality or regional origin?**

## Les chiffres de zéro à trente

**Comptez de** zéro **à** trente, **s'il vous plaît**!

**0** zéro

| | | |
|---|---|---|
| **1** un | **11** onze | **21** vingt et un |
| **2** deux | **12** douze | **22** vingt-deux |
| **3** trois | **13** treize | **23** vingt-trois |
| **4** quatre | **14** quatorze | **24** vingt-quatre |
| **5** cinq | **15** quinze | **25** vingt-cinq |
| **6** six | **16** seize | **26** vingt-six |
| **7** sept | **17** dix-sept | **27** vingt-sept |
| **8** huit | **18** dix-huit | **28** vingt-huit |
| **9** neuf | **19** dix-neuf | **29** vingt-neuf |
| **10** dix | **20** vingt | **30** trente |

2 + 2 = 4 **Combien** font deux et deux?
Deux et deux font quatre.

10 – 3 = 7 Combien font dix moins trois?
Dix moins trois font sept.

## Prononciation

CD 1-9

### *Les chiffres et les voyelles nasales*

Although final consonants are generally silent in French, they are pronounced in the following numbers when counting. In **sept,** the **p** is silent, but the final **t** is pronounced. The final **x** in **six** and **dix** is pronounced like the *s* in *so.*

cinq six sept huit neuf dix

Many numbers also contain nasal vowels. In French, when a vowel is followed by the letter **m** or **n** in the same syllable, the **m** or **n** is silent and the vowel is nasal. Use the words below as models of how to pronounce each of the nasal sounds. The letter combinations that are grouped together are all pronounced alike.

| | | | | | |
|---|---|---|---|---|---|
| [ɑ̃]: | **an / am** | blanc | anglais | dimanche | chambre |
| | **en / em** | trente | comment | ensemble | embêtant |
| [ɛ̃]: | **in / im** | cinq | quinze | vingt | important |
| | **un / um** | un | lundi | brun | parfum |
| | **ain / aim** | demain | américain | mexicain | faim |
| [ɔ̃]: | **on / om** | onze | bonjour | non | nom |
| [jɛ̃]: | **ien** | bien | combien | canadien | rien |
| [wɛ̃]: | **oin** | moins | loin | coin | soin |

**Comptez** *Count* **de** *from* **à** *to* **s'il vous plaît** *please* **Combien** *How much, How many*

CD 1-10

**A. Prononcez bien!** First, work with a partner to pronounce each pair of words that follow. Then, listen as you hear one of the words from each pair and write it on a sheet of paper.

| | | | | | |
|---|---|---|---|---|---|
| **1.** | mon | ment | **6.** | un | en |
| **2.** | fin | fond | **7.** | pend | pont |
| **3.** | enfant | enfin | **8.** | vin | vont |
| **4.** | rend | rond | **9.** | ton | pain |
| **5.** | bon | bain | **10.** | loin | lien |

**B. C'est logique!** Complete each list with the logical numbers. Practice reading them aloud with a partner.

1. 1, 3, 5, ?, 9, 11, ?, 15, 17, ?
2. 2, 4, ?, 8, 10, ?, 14, ?, 18, 20
3. 0, 5, 10, ?, 20, ?, 30
4. 20, 19, 18, ?, 16, 15, ?
5. 10, 11, 12, ?, 14, 15, ?
6. 11, 13, 15, ?, 19, 21, 23, 25, ?

**C. Combien font... ?**

1. 2 + 3 =
2. 1 + 3 =
3. 14 + 16 =
4. 10 + 9 =
5. 18 + 12 =
6. 15 + 11 =
7. 13 – 5 =
8. 9 – 4 =
9. 17 – 11 =
10. 30 – 13 =
11. 21 – 6 =
12. 29 – 7 =

**D. En taxi.** You've taken a taxi in a francophone country. Tell the driver the address of your destination.

**EXEMPLE** 28, rue du Dragon
**Vingt-huit rue du Dragon, s'il vous plaît.**

1. 27, boulevard Diderot
2. 11, rue Petit
3. 16, place Saint-Denis
4. 25, rue d'Angleterre
5. 15, rue Sébastopol
6. 12, rue Garibaldi
7. 30, boulevard Gabriel
8. 7, rue du Temple

**E. Comparaisons culturelles.** There are about 260 million French speakers in the world, of which 65 million live in France. Here are the eight countries with the largest number of French speakers after France. First, try to match each with the number of French speakers. Your professor will then give you the list of countries in order from the one with the largest to the smallest number of French-speakers. Correct your guesses and read them aloud.

| | | | |
|---|---|---|---|
| 2 millions | 3 millions | 3 millions | 4 millions |
| 4 millions | 5 millions | 8 millions | 9 millions |

1. le Canada
2. la République démocratique du Congo
3. Madagascar
4. la Belgique
5. l'Algérie
6. le Mali
7. la Roumanie
8. le Cameroun

**Note** *culturelle*

**The first day of the week on French calendars is *lundi*, not *dimanche*. Do you think this would make it more convenient for planning your weekend?**

Vocabulaire supplémentaire

**pendant la semaine** *during the week*
**sauf** *except*

**Note** *de vocabulaire*

**1.** Days of the week are not capitalized in French.
**2.** Use **du... au...** to say *from . . . to . . .* with days of the week when talking about what one does in general every week, but use **de... à...** instead to talk about what one is doing one particular week.
**3.** Notice that you use two words, **ne... pas,** to say what someone does *not* do. They are usually placed around the verb in a sentence. You will learn more about this in ***Chapitre 1.***

## Les jours de la semaine

*To ask and tell the day of the week, say:*

— **C'est quel jour aujourd'hui?**
— C'est lundi.

| lundi | mardi | mercredi | jeudi | vendredi | samedi | dimanche |
|---|---|---|---|---|---|---|
| 17 | 18 | 19 | 20 | 21 | 22 | 23 |
| 24 | 25 | 26 | 27 | 28 | 29 | 30 |

*Do not translate the word* **on** *to say that you do something* **on** *a certain day. To say that you do something* **every** *Monday (or another day), use* **le** *with the day of the week.*

| | |
|---|---|
| Je travaille **lundi.** | *I work on Monday.* (this Monday) |
| Je travaille **le lundi.** | *I work on Mondays.* (every Monday) |

*To say* ***from*** *what day* ***to*** *what day you do something every week, use* **du... au...** Use **tous les jours** to say you do something ***every day.***

| | |
|---|---|
| Je travaille **du** lundi **au** vendredi. | *I work Mondays to Fridays.* (every week) |
| Je travaille **tous les jours**. | *I work every day.* |

*Use* **le matin, l'après-midi**, *or* **le soir** *to say you do something* ***in the morning, in the afternoon,*** *or* ***in the evening,*** *and* **le week-end** *to say* ***on the weekend.*** *Use* **avant** *to say* ***before*** *and* **après** *to say* ***after.***

Le matin, je suis **à la maison** avant **le cours de français.**

L'après-midi, **je ne suis pas** à la maison. Je suis **en cours** de français et après, je suis **dans un autre cours.**

Le soir, **je travaille.**

Le week-end, **je ne travaille pas.** Je suis à la maison.

**Les jours de la semaine** *The days of the week* **C'est quel jour aujourd'hui?** *It's what day today?* **à la maison** *at home* **le cours de français** *French class* **je ne suis pas** *I am not* **en cours** *in class* **dans un autre cours** *in another class* **je travaille** *I work* **je ne travaille pas** *I don't work*

CD 1-11

*Two friends are talking about their schedule this semester.*

— **Tu es** en cours quels jours **ce semestre**?
— Je suis en cours le lundi, le mercredi et le vendredi.
— Tu travailles **aussi**?
— **Oui,** je travaille le mardi matin, le jeudi matin et le week-end.

**A. Ciao!** Say good-bye to a friend and say that you'll see him on the indicated day.

**EXEMPLE** Monday **Au revoir! À lundi!**

1. Sunday
2. Friday
3. Thursday
4. Tuesday
5. Saturday
6. Wednesday

**B. C'est quel jour?**

1. Aujourd'hui, c'est...
2. Demain, c'est...
3. Après demain, c'est...
4. Les jours du week-end sont...
5. Avant le week-end, c'est...
6. Après le week-end, c'est...
7. Les jours du cours de français sont...
8. Je suis en cours...
9. Je travaille...
10. Je suis souvent *(often)* à la maison...

**C. Emploi du temps.** A student is talking about her week. Select the option in parentheses that is logical in each sentence.

1. Aujourd'hui, c'est (jeudi, le jeudi) et demain, c'est (vendredi, le vendredi).
2. Ce semestre, je suis en cours tous les jours du lundi au jeudi. Je ne suis pas en cours (vendredi, le vendredi).
3. Je suis en cours de français (après-midi, l'après-midi).
4. Ce semestre, je suis à la maison le matin (avant, après) le cours de français et je travaille l'après-midi (avant, après) le cours.
5. Le week-end, je travaille (samedi, le samedi) ce semestre.
6. Ce week-end, je travaille (lundi, dimanche) aussi.

**D. Quand?** First, read each sentence aloud and say whether or not it's true for you, using **C'est vrai** or **Ce n'est pas vrai.**

1. Je suis à l'université *du lundi au vendredi.*
2. Je travaille *le mardi matin, le jeudi matin et le week-end.*
3. Aujourd'hui, c'est *lundi* et après le cours de français, je *suis dans un autre cours.*
4. Je *suis à la maison tous les jours* avant le cours de français.
5. Je suis souvent *(often)* à la maison *le week-end.*
6. Je suis rarement *(rarely)* à la maison *le vendredi soir.*

Now go back and change the words in italics so that each statement is true for you. If a statement is already true, read it as it is.

## À vous!

With a partner, read aloud the conversation at the top of the page, paying particular attention to the pronunciation. Then act it out, adapting it to make it true for you. Switch roles and do it again.

You can find a list of the new words from this ***Compétence*** on page 26 and audio for each item of this list at **www.cengagebrain.com/shop/ISBN/0495912492.**

**Tu es** *You are* **ce semestre** *this semester* **aussi** *also, too* **Oui** *Yes*

# COMPÉTENCE 3

## Talking about yourself and your schedule

**Note** *culturelle*

**In France, all students finishing secondary school have studied several years of a foreign language and many have studied more than one. How does this compare to the situation in your area?**

**Note** *de grammaire*

**1.** The words **je, ne,** and **de** change to **j', n',** and **d'** before vowels or a mute **h.** Similarly, **parce que** *(because)* changes to **parce qu'**. This is called elision.
**2.** Many adjectives in French add an **e** when describing females.

### Un autoportrait

*Use these expressions to talk about yourself. Include the ending in parentheses if you are female.*

© Heinle/Cengage Learning

**Je suis canadienne, de Montréal, mais j'habite à Paris maintenant. Je parle anglais et français.**

Je suis... / Je ne suis pas... | étudiant(e). / professeur. / américain(e). / canadien(ne). / **de** Chicago. / **d'ici.**

**J'habite...** / Je n'habite pas... | à Toronto. / **seul(e).** / avec **un ami / une amie.** / avec deux amis / deux amies. / avec ma famille. / avec **un colocataire / une colocataire.** / avec **un camarade de chambre / une camarade de chambre.**

Je travaille... / Je ne travaille pas... | **beaucoup.** / à l'université. / **pour** IBM.

**Je parle...** / Je ne parle pas... | anglais. / français. / espagnol. / beaucoup en cours.

**Je pense que** le français est... | intéressant. / assez **facile.** / **un peu** difficile. / super! / assez cool!

CD 1-12

*In the following conversation, two people meet at a Canadian-American cultural event in Montreal.*

— **Vous êtes** canadien?
— Oui, je suis d'ici. Et vous, vous êtes canadienne aussi?
— Non, je suis de Cleveland.
— **Mais** vous parlez très bien français! Vous habitez ici **maintenant**?
— Oui, **parce que** je suis étudiante à l'université. Et vous, vous travaillez ici?
— Non, je suis étudiant aussi.

**de (d')** *from* **d'ici** *from here* **J'habite** *I live* **seul(e)** *alone* **un ami** *a friend* (male) **une amie** *a friend* (female) **un colocataire** *a housemate* (male) **une colocataire** *a housemate* (female) **un camarade de chambre** *a roommate* (male) **une camarade de chambre** *a roommate* (female) **beaucoup** *a lot* **pour** *for* **Je parle** *I speak, I talk* **Je pense que** *I think that* **facile** *easy* **un peu** *a little* **Vous êtes** *You are* (formal) **Mais** *But* **maintenant** *now* **parce que** *because*

**A. Moi, je...** Choose the words in parentheses so that each sentence describes you.

1. (Je suis / Je ne suis pas) étudiant(e).
2. (Je suis / Je ne suis pas) de Los Angeles.
3. (Je suis / Je ne suis pas) canadien(ne).
4. (J'habite / Je n'habite pas) à Minneapolis.
5. (J'habite / Je n'habite pas) avec ma famille maintenant.
6. (Je travaille / Je ne travaille pas) à l'université.
7. (Je parle / Je ne parle pas) très bien français.

**B. Nationalités.** Some international students from different French-speaking countries are talking about themselves. Can you find the sentences from each column that go together?

**EXEMPLE** **Je suis français. Je suis de France. J'habite à Paris.**

| | | |
|---|---|---|
| Je suis français. | Je suis de Belgique. | J'habite à Alger. |
| Je suis algérienne. | Je suis du Canada. | J'habite à Paris. |
| Je suis belge. | Je suis de Côte d'Ivoire. | J'habite à Genève. |
| Je suis ivoirienne. | Je suis d'Algérie. | J'habite à Abidjan. |
| Je suis suisse. | Je suis de France. | J'habite à Bruxelles. |
| Je suis canadien. | Je suis de Suisse. | J'habite à Québec. |

**C. Descriptions.** A Canadian student is talking about himself. Change the words in italics as needed to make the paragraph true for you.

Je m'appelle *Chris Jones.* Je suis *canadien* et je suis de *Toronto.* Maintenant, j'habite *avec un colocataire* à *Chapel Hill.* Je suis *étudiant* à *l'université de Caroline du Nord.* Je parle *un peu* français. Je parle *anglais et espagnol.* Je pense que le français est *très facile.*

**D. Et vous?** Imagine that you and your partner have just met at an international professional conference in Denver. Take turns asking and answering these questions.

1. Comment vous appelez-vous?
2. Comment allez-vous?
3. Vous êtes étudiant(e)?
4. Vous travaillez aussi?
5. Vous êtes américain(e)?
6. Vous êtes d'ici?
7. Vous habitez à Denver maintenant?
8. Vous parlez espagnol?

## À vous!

With a partner, read aloud the conversation on the preceding page, paying particular attention to the pronunciation. Then act it out, adapting it to make it true for you. Afterward, switch roles and do it again.

**Note** *culturelle*

**Traditionally, the French workday followed a particular pattern: breakfast in the early morning, work, a two-hour break for lunch, then work in the afternoon and into the evening. Most people went home for lunch to eat and be with their family. As France has become more urban, however, *la journée continue*, or a nine-to-five schedule, has become a way of life. There is a shorter lunch break, and people have lunch at work or in a nearby restaurant, fast-food chain, or café. How does this compare to a typical workday in your area?**

## L'heure

Quelle heure est-il? *What time is it?*

*To tell time* ***on the hour,*** *use:*

| | | |
|---|---|---|
| **Il est** + *number* + **heure(s).** | **Il est trois heures.** | *It's 3:00.* |

*When telling the time, use* **une** *for* **one.** *The word* **heures** *has an* **s** *except in* **une heure.**

*Don't use* **heure** *after* **midi** *and* **minuit.**

Il est une heure.

Il est deux heures.

Il est midi.

Il est minuit.

**Note** *de vocabulaire*

1. Some people use **douze heures** for **midi.**
2. One may also tell time by telling the minutes after the hour, instead of using **et quart, et demie,** and **moins le quart.** For example, one hears **Il est trois heures quinze** or **Il est cinq heures trente.**
3. Use **du matin / de l'après-midi / du soir** only for indicating *A.M.* and *P.M.* when telling time. Use **le matin / l'après-midi / le soir** to say *in the morning / afternoon / evening* in all other cases.
4. Although *at* may be dropped in English, **à** cannot be omitted in French. To ask *(At) What time is French class?,* use **À quelle heure est le cours de français?**

## Prononciation

CD 1-13

### *L'heure et la liaison*

Notice that there is liaison before the word **heure(s)** and that the pronunciation of some numbers changes in this liaison. Practice pronouncing these times.

Quelle heure est‿il?

Il est‿[t]une heure.
Il est deux‿[z]heures.
Il est trois‿[z]heures.
Il est quatre heures.
Il est cinq‿[k]heures.
Il est six‿[z]heures.
Il est sept‿[t]heures.
Il est huit‿[t]heures.
Il est neuf‿[v]heures.
Il est dix‿[z]heures.
Il est onze heures.

*To tell time* ***after the hour up to the half hour,*** *use:*

| | | |
|---|---|---|
| **Il est** + *number* + **heure(s)** + *minutes.* | **Il est trois heures cinq.** | *It's 3:05.* |

*For* ***a quarter after,*** *use* **et quart** *and for* ***half after,*** *use* **et demie.** *With* **midi** *and* **minuit,** *use* **et demi** *without the final* **e.** *These are the only times* **et** *is used in telling time.*

Il est une heure dix.

Il est une heure et quart.

Il est une heure et demie.

Il est midi et demi.

Il est minuit et demi.

*To tell time* ***after the half hour,*** *use:*

| | | |
|---|---|---|
| **Il est** + *number* + **heure(s) moins** + *minutes until the hour.* | **Il est six heures moins cinq.** | *It's 5:55.* |

*For* ***a quarter until the hour,*** *use* **moins le quart.** *This is the only time* **le** *is used in telling time.*

Il est deux heures.
moins vingt-cinq.

Il est deux heures
moins vingt.

Il est deux heures
moins le quart.

*Instead of using* ***A.M.*** and ***P.M.,*** *use the expressions that follow, except with* **midi** *or* **minuit.**

| | |
|---|---|
| du matin *(after midnight until noon)* | Il est huit heures **du matin.** |
| de l'après-midi *(after noon until 6 P.M.)* | Il est une heure **de l'après-midi.** |
| du soir *(6 P.M. until midnight)* | Il est neuf heures **du soir.** |

*Use* **à** *to ask or tell* ***at what time*** *something takes place.*

> Le cours de français est **à quelle heure**?

Le cours de français **commence** à une heure.

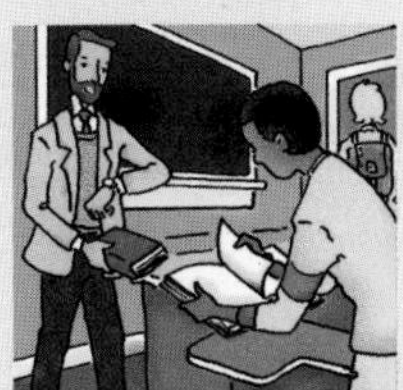

Le cours de français **finit** à deux heures et quart.

*To say that you do something* ***from*** *a certain time* ***to*** *another, use* **de... à.**

> Le lundi, je suis en cours **de** neuf heures **à** une heure.

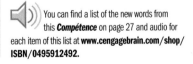

You can find a list of the new words from this ***Compétence*** on page 27 and audio for each item of this list at **www.cengagebrain.com/shop/ISBN/0495912492.**

**commence** *begins* **finit** *finishes, ends*

## A. Prononcez bien!

For each time shown, ask your partner what time it is, using the two expressions given. Pay particular attention to the pronunciation. Your partner will respond with the appropriate expression. Change roles after each item.

© Owen Franken/Corbis

**Il est six heures moins vingt-cinq.**

**EXEMPLE** *4:30* Il est quatre heures. / Il est quatre heures et demie.
**— Il est quatre heures ou** *(or)* **il est quatre heures et demie?**
**— Il est quatre heures et demie.**

1. *1:00* Il est une heure. / Il est une heure dix.
2. *2:10* Il est deux heures dix. / Il est deux heures et quart.
3. *3:15* Il est trois heures vingt. / Il est trois heures et quart.
4. *4:20* Il est quatre heures vingt-cinq. / Il est quatre heures vingt.
5. *5:30* Il est cinq heures et demie. / Il est cinq heures et quart.
6. *6:45* Il est six heures moins le quart. / Il est sept heures moins le quart.
7. *8:35* Il est neuf heures moins vingt-cinq. / Il est huit heures moins vingt-cinq.
8. *9:50* Il est neuf heures moins dix. / Il est dix heures moins dix.
9. *11:30* Il est onze heures et demie. / Il est onze heures et quart.
10. *12:00 A.M.* Il est midi. / Il est minuit.

## B. Quelle heure est-il?

Take turns asking and telling the time with a partner.

**EXEMPLE**

**— Quelle heure est-il?**
**— Il est une heure de l'après-midi.**

1. 

2. 

3. 

4. 

5. 

6. 

7. 

## C. Où êtes-vous?

Say whether or not you are at the indicated place or doing the indicated thing at the time given.

**EXEMPLE** Le lundi à 9h15 du matin, *je suis / je ne suis pas* en cours
**Le lundi à neuf heures et quart du matin, je suis en cours.**
**Le lundi à neuf heures et quart du matin, je ne suis pas en cours.**

1. Le lundi à 7h00 du matin, *je suis / je ne suis pas* à la maison.
2. Le mercredi à 2h30 de l'après-midi, *je suis / je ne suis pas* en cours de français.
3. Tous les jours à 5h20 de l'après-midi, *je suis / je ne suis pas* dans un autre cours.
4. Le vendredi à 10h45 du soir, *je suis / je ne suis pas* avec des amis.
5. Le samedi à minuit, *je suis / je ne suis pas* seul(e).
6. Le dimanche à 7h30 du soir, *je suis / je ne suis pas* avec ma famille.

CD 1-14

## D. Il est quelle heure?

Write the times you hear. Notice how the word **heure(s)** is abbreviated in French.

**EXEMPLE** Vous entendez *(You hear):* Il est dix heures et quart.
Vous écrivez *(You write):* **10h15**

**E. Quand?** Complete these sentences so that they are true for you the first day of the week you have your French class.

**EXEMPLE** Je suis à la maison **avant sept heures et demie.**
*before* *[time]*

1. Je suis à la maison _____ _______________.
*before* *[time]*

2. Je suis à l'université _____ _______________. (J'habite sur *[on]* le campus.)
*after* *[time]*

3. Le cours de français commence _____ _______________.
*at* *[time]*

4. Le cours de français finit _____ _______________.
*at* *[time]*

5. Je suis en cours _____ _______________ _____ _______________.
*from* *[time]* *to* *[time]*

6. Je travaille _____ _______________ _____ _______________. (Je ne travaille pas.)
*from* *[time]* *to* *[time]*

7. Je suis à la maison _____ _______________.
*after* *[time]*

**F. Votre emploi du temps.** On a sheet of paper, copy the schedule below twice, changing it to describe your schedule on one copy and leaving the other one blank. With a partner, take turns describing your schedules to each other. On your second (blank) schedule, fill in your partner's schedule as he/she describes it to you.

**EXEMPLE** **Le lundi, je suis en cours de dix heures à une heure. Je travaille de deux heures à quatre heures. Je suis à la maison après cinq heures.**
**Le mardi...**

# Communicating in class

**Note** *culturelle*

**Generally, homework is less controlled at French universities than in the U.S. and Canada, and course grades are mainly determined by a few tests. Students are responsible for their daily progress. Would you prefer to have this type of system?**

## En cours

Le professeur **dit aux** étudiants:

EN COURS

Ouvrez votre livre à la page 23.

Fermez votre livre.

**Écoutez** la question.

Répondez à la question.

Allez au tableau.

Écrivez la réponse en phrases complètes.

Prenez une feuille de papier et un crayon ou un stylo.

**Faites** l'exercice A à la page 21.

**Donnez-moi** votre feuille de papier.

À LA MAISON

**Lisez** la page 17 et **apprenez** les mots de vocabulaire.

Préparez l'examen pour le **prochain** cours.

Faites **les devoirs** dans **le cahier.**

**dit aux** *says to the* **Écoutez** *Listen to* **Faites** *Do* **Donnez-moi** *Give me* **Lisez** *Read* **apprenez** *learn* **prochain(e)** *next* **les devoirs** *the homework* **le cahier** *the workbook*

## Prononciation

CD 1-15

### *Les voyelles groupées*

Practice the pronunciation of the following vowel combinations. Notice that the combination **eu** has two different sounds, depending on whether it is followed by a pronounced consonant in the same syllable.

- a + u / e + u / o + u

| | | | | |
|---|---|---|---|---|
| **au, eau** [o]: | au | aussi | beaucoup | tableau |
| **eu** [ø]: | deux | un peu | jeudi | monsieur |
| **eu** [œ]: | heure | neuf | professeur | seul(e) |
| **ou** [u]: | vous | douze | jour | pour |

- a + i / e + i / o + i / u + i

| | | | | |
|---|---|---|---|---|
| **ai** [ɛ]: | français | je vais | je sais | vrai |
| **ei** [ɛ]: | treize | seize | beige | neige |
| **oi** [wa]: | moi | toi | trois | bonsoir |
| **ui** [ɥi]: | huit | minuit | aujourd'hui | je suis |

CD 1-16

**A. Prononcez bien!** First, work with a partner to practice pronouncing each of these sets of words. Then, listen as you hear one word from each set. On a sheet of paper, write **1, 2,** or **3** to indicate if you heard the first, second, or third word of each set.

**1.** feux faux fou
**2.** vous veux vaut
**3.** seau sous ceux
**4.** baie boit bruit
**5.** fois fuit fais
**6.** paie pois puit
**7.** maux mois mais
**8.** deux dois doux
**9.** sous suis sais

**B. Comment dit-on... ?** Decide which of the words given could be used to make logical commands. Read all of the possibilities aloud.

**1.** (Allez / Lisez / Écoutez) la phrase.
**2.** (Faites / Allez / Écrivez) les devoirs.
**3.** (Comptez / Fermez / Ouvrez) de 0 à 30.
**4.** (Fermez / Donnez-moi / Allez) le cahier.
**5.** (Allez / Fermez / Ouvrez) au tableau.
**6.** (Répondez / Lisez / Apprenez) les mots de vocabulaire.

**C. En cours.** In groups, make up commands your instructor might give you by matching items from the two columns. Which group can come up with the most commands?

| | |
|---|---|
| Lisez... | ... le professeur. |
| Apprenez... | ... l'exercice A. |
| Comptez... | ... de 0 à 30. |
| Écoutez... | ... les devoirs. |
| Prenez... | ... une feuille de papier. |
| Écrivez... | ... la phrase. |
| Faites... | ... les mots de vocabulaire. |

## Des expressions utiles et l'alphabet

### Note *d'orthographe*

**1.** The **cédille** occurs only on the letter **c** and causes it to be pronounced /s/ before the vowels **a, o,** and **u.**
**2.** The accent marks occur only on vowels, and the **accent aigu** only on the vowel **é.**
**3.** Accents in French do not indicate stress. They may be used to indicate a difference in pronunciation (**é** versus **è**), to differentiate two words (**ou** *[or]* versus **où** *[where]*), or for historical reasons.
You will learn about accent marks and the use of the **cédille** in ***Chapitre 2.*** For now, learn the accents as part of the spelling of a new word.

**Sélection musicale.** To enjoy a musical selection using the alphabet, look for the song **L'alphabet techno** by Bruno Hussar on iTunes.

### Note *de vocabulaire*

**1.** There are several ways to say *You're welcome.*
**De rien.**
**Il n'y a pas de quoi.**
**Je vous en prie.** (formal)
**Je t'en prie.** (familiar)
**2. Pardon** and **excusez-moi** are not always interchangeable. Generally, use **pardon** to pass through a crowd or get someone's attention. Use **excusez-moi** (**excuse-moi** [familiar]) if you want to say you're sorry about something you have done.

*When you hear new words, it may be helpful to see how they are spelled. You can ask:*

| | |
|---|---|
| Ça s'écrit comment? | *How is that written?* |
| Ça s'écrit avec un accent ou sans accent? | *Is that written with an accent or without an accent?* |
| Ça s'écrit avec un **s** ou deux **s** en français / en anglais? | *Is that written with one **s** or two in French / in English?* |

| | | | | | |
|---|---|---|---|---|---|
| **a** | a | **A**nne | **q** | ku | **Q**uentin |
| **b** | bé | **B**runo | **r** | erre | **R**ené |
| **c** | cé | **C**aroline | **s** | esse | **S**téphane |
| **d** | dé | **D**idier | **t** | té | **T**ristan |
| **e** | e | **E**ugène | **u** | u | **U**rsula |
| **f** | effe | **F**rançoise | **v** | vé | **V**alérie |
| **g** | gé | **G**eorges | **w** | double vé | **W**ladimir |
| **h** | hache | **H**enriette | **x** | iks | **X**avier |
| **i** | i | **I**sabelle | **y** | i grec | **Y**ves |
| **j** | ji | **J**eanne | **z** | zède | **Z**oé |
| **k** | ka | **K**arima | | | |
| **l** | elle | **L**aura | | | |
| **m** | emme | **M**onique | | | |
| **n** | enne | **N**icole | | | |
| **o** | o | **O**livier | | | |
| **p** | pé | **P**ascal | | | |

| | |
|---|---|
| **é** = **e** accent aigu | **ç** = **c** cédille |
| **è** = **e** accent grave | **'** = apostrophe |
| **â** = **a** accent circonflexe | **-** = trait d'union |
| **ï** = **i** tréma | **ll** = deux **l** |

*You may also need to use these expressions.*

| | |
|---|---|
| Comment? Répétez, s'il vous plaît. | *What? Please repeat.* |
| — Vous comprenez?<br>— Oui, je comprends. /<br>Non, je ne comprends pas. | — *Do you understand?*<br>— *Yes, I understand. /*<br>*No, I don't understand.* |
| — Comment dit-on *a pen* en français?<br>— On dit **un stylo.** | — *How does one say* ***a pen*** *in French?*<br>— *One says* **un stylo.** |
| — Qu'est-ce que ça veut dire **votre**?<br>— Ça veut dire *your.* | — *What does* **votre** *mean?*<br>— *It means* ***your.*** |
| — Je ne sais pas. | — *I don't know.* |
| — Merci. / Merci bien.<br>— De rien. | — *Thank you., Thanks.*<br>— *You're welcome.* |
| — Pardon. / Excusez-moi. | — *Excuse me.* |

CD 1-17

**A. Des animaux.** Listen as the names of some animals are spelled out and write them down.

**EXEMPLE** VOUS ENTENDEZ: A-N-I-M-A-L
VOUS ÉCRIVEZ: **animal**

**B. À la télé.** A friend wants to watch these shows on TV5, the international French TV station. Tell him what time each one is on. First use official time, then convert it to conversational time.

**EXEMPLE** *Côté Maison*
***Côté Maison* est à neuf heures trente, c'est-à-dire *(that is to say)* à neuf heures et demie du matin.**

1. *Télétourisme*
2. *Destinations goûts*
3. *Des chiffres et des lettres*
4. *Catherine*
5. *Le Journal de l'éco*
6. *Scènes de ménage*

## Grille des programmes

### Mercredi 01

**Matin**

- 04:00 ■ TV5MONDE LE JOURNAL
- 04:23 PAR ALLIANCE
- 04:28 PAR ALLIANCE
- 04:29 ■ UNE BRIQUE DANS LE VENTRE
- 06:00 ■ TV5MONDE LE JOURNAL
- 06:24 ■ SUD, CÔTÉ COURT
- 07:00 ■ LE JOURNAL DE RADIO-CANADA
- 07:30 ■ TÉLÉMATIN
- 08:00 ■ TÉLÉMATIN
- 08:30 ■ TÉLÉMATIN
- 08:50 ■ TÉLÉMATIN
- 09:00 ■ FLASH
- 09:03 ■ MIXEUR, LES GOÛTS ET LES IDÉES
- → 09:30 ■ CÔTÉ MAISON
- 10:00 ■ TV5MONDE LE JOURNAL
- 10:30 ■ QUESTIONS POUR UN SUPER CHAMPION
- → 11:30 ■ TÉLÉTOURISME

**Après-midi**

- 12:00 ■ FLASH
- → 12:03 ■ DESTINATIONS GOÛTS
- 12:30 ■ UNE BRIQUE DANS LE VENTRE
- → 13:00 ■ DES CHIFFRES ET DES LETTRES
- 13:30 ■ LE JOURNAL DE LA RTBF
- 14:00 ■ LES GRANDES DÉCOUVERTES CULTURELLES
- 16:00 ■ TV5MONDE LE JOURNAL
- 16:30 ■ QUESTIONS POUR UN CHAMPION
- 16:59 ■ CAMPING AU PAYS DES SIRÈNES
- 18:00 ■ TV5MONDE LE JOURNAL
- 18:20 ■ L'INVITÉ
- → 18:40 ■ CATHERINE
- 19:08 ■ TOUT LE MONDE VEUT PRENDRE SA PLACE

**Soir**

- 20:00 ■ LE JOURNAL DE LA TSR
- 20:30 ■ LE JOURNAL DE FRANCE 2
- 21:02 ■ MADAME LA PROVISEUR
- 22:45 ■ TV5MONDE LE JOURNAL
- → 22:56 ■ LE JOURNAL DE L'ÉCO
- 23:01 ■ TV5MONDE LE JOURNAL AFRIQUE
- → 23:12 ■ SCÈNES DE MÉNAGE
- 00:02 ■ SCIENCE X
- 00:44 ■ ENTRETIEN AVEC LA MATIÈRE
- 00:58 ■ UN SIMPLE MAILLON
- 01:51 ■ VILLAGE EN VUE
- 02:16 ■ HISTOIRES DE CHÂTEAUX
- 02:30 ■ TV5MONDE LE JOURNAL
- 02:53 ■ TOUT LE MONDE VEUT PRENDRE SA PLACE
- 03:38 ■ MAISONS D'ÉCRIVAINS

## C. À discuter

1. Is the 24-hour clock used in your country? In what circumstances?
2. Does using the 24-hour clock make things clearer or less clear to you? Why?

Visit **www.cengagebrain.com/shop/ISBN/0495912492** for additional cultural information, and activities.

# VOCABULAIRE

You may access all end-of-chapter vocabulary at iLrn and on the *Horizons* Premium Website.

## COMPÉTENCE 1

### Greeting people

| GREETING PEOPLE | |
|---|---|
| **Bonjour.** | *Hello., Good morning.* |
| **Bonsoir.** | *Good evening.* |
| **monsieur (M.)** | *Mr., sir* |
| **madame (Mme)** | *Mrs., madam* |
| **mademoiselle (Mlle)** | *Miss* |
| **Comment allez-vous?** | *How are you?* (formal) |
| **Je vais très bien.** | *I'm doing very well.* |
| **Assez bien.** | *Fairly well.* |
| **Pas mal.** | *Not badly.* |
| **Pas très bien.** | *Not very well.* |
| **Salut!** | *Hi!* |
| **Comment ça va? / Ça va?** | *How's it going?* (familiar) |
| **Ça va.** | *It's going fine.* |
| **et** | *and* |
| **Et vous?** | *And you?* (formal) |
| **Et toi?** | *And you?* (familiar) |
| **moi** | *me* |
| **merci** | *thank you, thanks* |

| EXCHANGING NAMES | |
|---|---|
| **Comment vous appelez-vous?** | *What's your name?* (formal) |
| **Tu t'appelles comment?** | *What's your name?* (familiar) |
| **Je m'appelle...** | *My name is . . .* |
| **Je suis...** | *I am, I'm . . .* |

| SAYING GOOD-BYE | |
|---|---|
| **À bientôt.** | *See you soon.* |
| **À demain.** | *See you tomorrow.* |
| **À plus tard. / À plus.** | *See you later.* |
| **À tout à l'heure.** | *See you in a little while.* |
| **Au revoir.** | *Good-bye.* |

## COMPÉTENCE 2

### Counting and describing your week

| COUNTING TO 30 | |
|---|---|
| **Comptez de... à... s'il vous plaît.** | *Count from . . . to . . . please.* (formal) |
| **un, deux, trois, quatre, cinq, six, sept, huit, neuf, dix, onze, douze, treize, quatorze, quinze, seize, dix-sept, dix-huit, dix-neuf, vingt, vingt et un, vingt-deux, vingt-trois, vingt-quatre, vingt-cinq, vingt-six, vingt-sept, vingt-huit, vingt-neuf, trente** | *one, two, three, four, five, six, seven, eight, nine, ten, eleven, twelve, thirteen, fourteen, fifteen, sixteen, seventeen, eighteen, nineteen, twenty, twenty one, twenty two, twenty three, twenty four, twenty five, twenty six, twenty seven, twenty eight, twenty nine, thirty* |
| **un chiffre** | *a number, a numeral* |
| **Combien font... et... ?** | *How much is . . . plus . . . ?* |
| **... et... font...** | *. . . plus . . . equals . . .* |
| **Combien font... moins... ?** | *How much is . . . minus . . . ?* |
| **... moins... font...** | *. . . minus . . . equals . . .* |

| TELLING THE DAY OF THE WEEK | |
|---|---|
| **les jours de la semaine** | *the days of the week* |
| **C'est quel jour aujourd'hui?** | *What day is today?* |
| **C'est...** | *It's . . .* |
| **lundi** | *Monday* |
| **mardi** | *Tuesday* |
| **mercredi** | *Wednesday* |
| **jeudi** | *Thursday* |
| **vendredi** | *Friday* |
| **samedi** | *Saturday* |
| **dimanche** | *Sunday* |

| DESCRIBING YOUR SCHEDULE | |
|---|---|
| **Tu es... ?** | *Are you . . . ?* |
| **Je suis / Je ne suis pas...** | *I'm / I'm not . . .* |
| **en cours** | *in class* |
| **à la maison** | *at home* |
| **dans un autre cours** | *in another class* |
| **le cours de français** | *French class* |
| **Tu travailles?** | *Do you work?* |
| **Je travaille / Je ne travaille pas...** | *I work / I don't work . . .* |
| **Quels jours... ?** | *What days . . . ?* |
| **le lundi** | *on Mondays* |
| **le lundi matin** | *Monday mornings* |
| **du lundi au vendredi** | *from Monday to Friday* (every week) |
| **le matin, l'après-midi, le soir** | *in the morning, in the afternoon, in the evening* |
| **la semaine** | *the week* |
| **tous les jours** | *every day* |
| **le week-end** | *weekends / on the weekend* |
| **ce semestre** | *this semester* |
| **avant** | *before* |
| **après** | *after* |
| **aussi** | *also* |

## COMPÉTENCE 3

### Talking about yourself and your schedule

| | |
|---|---|
| **TALKING ABOUT YOURSELF** | |
| **un autoportrait** | *a self-portrait* |
| **Vous êtes... ?** | *Are you . . . ?* |
| **Je suis / Je ne suis pas...** | *I am / I am not . . .* |
| **américain(e)** | *American* |
| **canadien(ne)** | *Canadian* |
| **de (d')... (+ city)** | *from . . .* (+ city) |
| **d'ici** | *from here* |
| **étudiant(e)** | *a student* |
| **professeur** | *a professor* |
| **Vous habitez... ?** | *Do you live . . . ?* |
| **J'habite / Je n'habite pas...** | *I live / I do not live . . .* |
| **à... (+ city)** | *in . . .* (+ city) |
| **avec ma famille** | *with my family* |
| **avec un(e) ami(e)** | *with a friend* |
| **avec un(e) camarade de chambre** | *with a roommate* |
| **avec un(e) colocataire** | *with a housemate* |
| **seul(e)** | *alone* |
| **Vous parlez... ?** | *Do you speak . . . ?* |
| **Je parle / Je ne parle pas...** | *I speak / I do not speak . . .* |
| **anglais** | *English* |
| **espagnol** | *Spanish* |
| **français** | *French* |
| **beaucoup en cours** | *a lot in class* |
| **Je pense que le français est...** | *I think that French is . . .* |
| **un peu difficile** | *a little difficult / hard* |
| **assez facile** | *fairly easy* |
| **intéressant** | *interesting* |
| **super** | *great* |
| **assez cool** | *pretty cool* |
| **Vous travaillez... ?** | *Do you work . . . ?* |
| **Je travaille / Je ne travaille pas...** | *I work / I do not work . . .* |
| **pour...** | *for . . .* |
| **à l'université** | *at the university* |
| **ici** | *here* |
| **maintenant** | *now* |
| **mais** | *but* |
| **non** | *no* |
| **oui** | *yes* |
| **parce que** | *because* |
| **TELLING TIME** | |
| **l'heure** | *the time* |
| **une heure** | *an hour* |
| **Quelle heure est-il?** | *What time is it?* |
| **Il est une heure / deux heures** | *It's one o'clock / two o'clock* |
| **midi /minuit** | *noon / midnight* |
| **et quart / et demi(e)** | *a quarter past / half past* |
| **moins le quart** | *a quarter till* |
| **À quelle heure?** | *At what time?* |
| **à... heure(s)** | *at . . . o'clock* |
| **du matin** | *A.M., in the morning* [when telling time] |
| **de l'après-midi** | *P.M., in the afternoon* [when telling time] |
| **du soir** | *P.M., in the evening* [when telling time] |
| **Le cours de français est... de... à...** | *French class is . . . from . . . to . . .* |
| **Le cours de français commence à... / finit à...** | *French class starts at . . . / finishes at . . .* |

## COMPÉTENCE 4

### Communicating in class

| | |
|---|---|
| **Comment? Répétez, s'il vous plaît.** | *What? Please repeat.* |
| **Vous comprenez?** | *Do you understand?* |
| **Oui, je comprends. / Non, je ne comprends pas.** | *Yes, I understand. / No, I don't understand.* |
| **Comment dit-on... en français / en anglais?** | *How does one say . . . in French / in English?* |
| **On dit...** | *One says . . .* |
| **Je ne sais pas.** | *I don't know.* |
| **Qu'est-ce que ça veut dire?** | *What does that mean?* |
| **Ça veut dire...** | *That means . . .* |
| **Ça s'écrit comment?** | *How is that written?* |
| **Ça s'écrit avec un accent ou sans accent?** | *That's written with or without an accent?* |
| **Ça s'écrit...** | *That's written . . .* |
| **Merci (bien).** | *Thank you., Thanks.* |
| **De rien.** | *You're welcome.* |
| **Pardon. / Excusez-moi.** | *Excuse me.* |
| **Le professeur dit aux étudiants...** | *The professor says to the students . . .* |
| **Ouvrez votre livre à la page 23.** | *Open your book to page 23.* |
| **Fermez votre livre.** | *Close your book.* |
| **Écoutez la question.** | *Listen to the question.* |
| **Répondez à la question.** | *Answer the question.* |
| **Allez au tableau.** | *Go to the board.* |
| **Écrivez la réponse en phrases complètes.** | *Write the answer in complete sentences.* |
| **Prenez une feuille de papier et un crayon ou un stylo.** | *Take out a piece of paper and a pencil or a pen.* |
| **Faites l'exercice A à la page 21.** | *Do exercise A on page 21.* |
| **Donnez-moi votre feuille de papier.** | *Give me your piece of paper.* |
| **Lisez la page 17.** | *Read page 17.* |
| **Apprenez les mots de vocabulaire.** | *Learn the vocabulary words.* |
| **Préparez l'examen pour le prochain cours.** | *Prepare for the exam for the next class.* |
| **Faites les devoirs dans le cahier.** | *Do the homework in the workbook.* |

*Pour l'alphabet, voir la page 22.*

Sur la Côte d'Azur

# À l'université

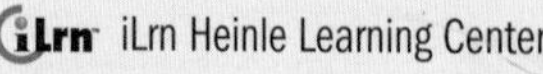
iLrn Heinle Learning Center

www.cengagebrain.com/shop/ISBN/0495912492

*Horizons* Video: Les Stagiaires

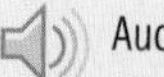
Audio

Internet web search

Pair work

Group work

© Art Kowalsky/Alamy

# Chapitre 1

## COMPÉTENCE

**1** Identifying people and describing appearance

Les gens à l'université

Identifying and describing people

*Les adjectifs et **il est / elle est** + adjectif ou **c'est** + nom*

Stratégies et Lecture

- **Pour mieux lire:** *Using cognates and familiar words to read for the gist*
- **Lecture:** *Qui est-ce?*

**2** Describing personality

Les personnalités

Describing people

*Les pronoms sujets, le verbe **être,** la négation et d'autres adjectifs*

Asking what someone is like

*Les questions*

**3** Describing the university area

Le campus et le quartier

Saying what there is

*Le genre, l'article indéfini et l'expression **il y a***

Identifying and describing people and things

***C'est** ou **il est / elle est** et la place de l'adjectif*

**4** Talking about your studies

L'université et les cours

Identifying people and things

*L'article défini*

Reprise *Les Stagiaires*

Lecture et Composition

- Pour mieux lire: *Scanning to preview a text*
- Lecture: *L'accent grave*
- Pour mieux écrire: *Using and combining what you know*
- Composition: *Un autoportrait*

Comparaisons culturelles *Les études*

Résumé de grammaire

Vocabulaire

# La France et ses régions

Quelles régions françaises **connaissez-vous**? La Normandie? La Provence? La Champagne? **Voici** des photos de quatre régions pittoresques. **Laquelle voudriez-vous visiter?**

**Le Pays-de-la-Loire / Le Centre**

**La Côte d'Azur**

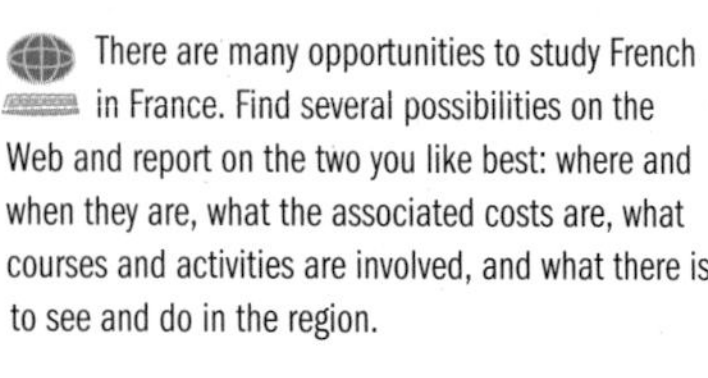

There are many opportunities to study French in France. Find several possibilities on the Web and report on the two you like best: where and when they are, what the associated costs are, what courses and activities are involved, and what there is to see and do in the region.

---

**connaissez-vous** *do you know* **Voici** *Here are* **Laquelle voudriez-vous visiter?** *Which one would you like to visit?* **Le Pays-de-la-Loire** *The Loire Valley* **La Côte d'Azur** *The Riviera*

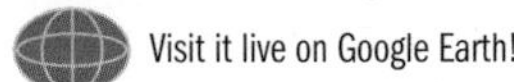


**La France (la République française)**
**Nombre d'habitants: 65 100 000 (les Français)**
**Capitale: Paris**

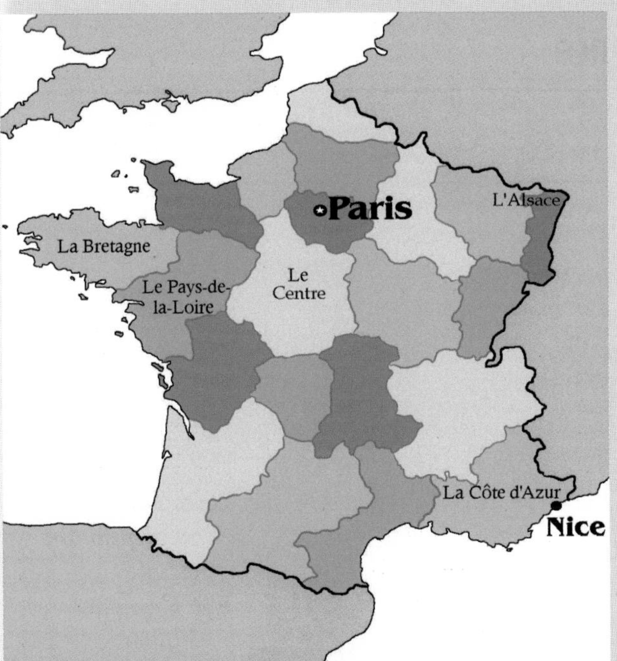


## Qu'en savez-vous?

Look at the map and photos and guess which province each sentence below describes.

**la Côte d'Azur   le Pays-de-la-Loire / le Centre**
**la Bretagne   l'Alsace**

1. This region shows both French and German influences in its architecture and culture because it was formerly part of Germany.
2. This province is known for its numerous castles and excellent wine.
3. Named for the color of the sky and water, this region is located along the Mediterranean sea.
4. The stone megaliths and tables reflect the traditions of the ancient Celtic people who inhabited this region from 3000 to 5000 years before our era.

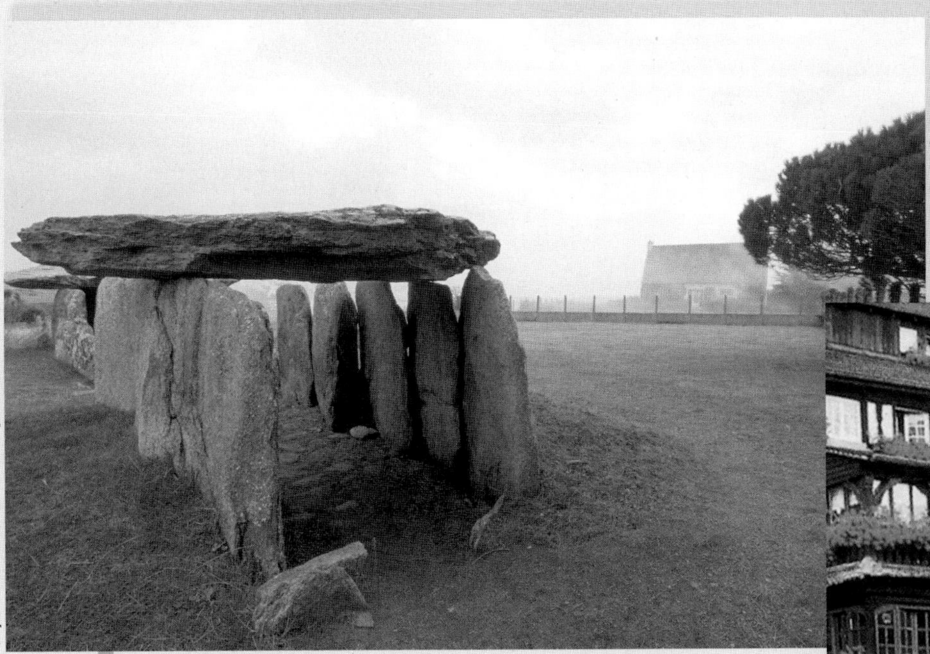

**La Bretagne**

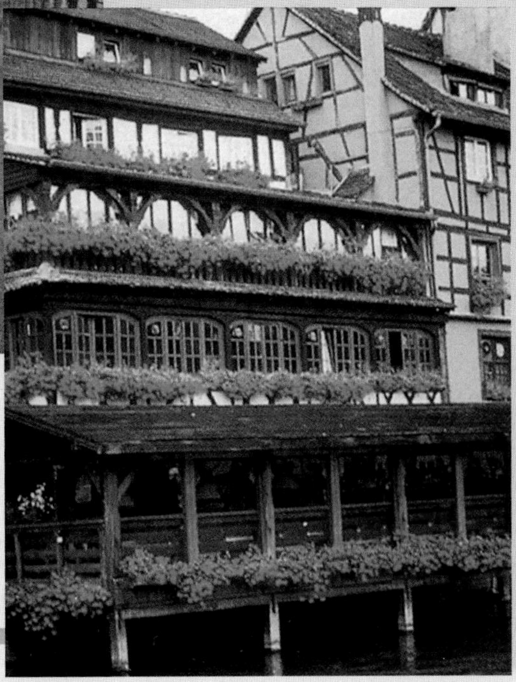

**L'Alsace**

COMPÉTENCE 1

# Identifying people and describing appearance

**Note** *culturelle*

**Les études universitaires *(university studies)* sont très importantes en France. Il y a plus de *(There are more than)* 1.5 million d'étudiants dans les universités en France. La majorité des universités sont des universités publiques, contrôlées par l'État *(government)*. Généralement, il y a une université publique dans toutes *(all)* les grandes villes *(cities)* de France. La situation est-elle semblable *(Is the situation similar)* dans votre région?**

**Note** *de vocabulaire*

Use **c'est** or **ce sont** to identify people and things and **il est, elle est, ils sont,** or **elles sont** to describe them. Also notice that adjectives have a different form depending on whether a man or a woman is being described.

## Les gens à l'université

**Ce sont mes amis,** David et Annette. Ils sont étudiants à l'université de Nice.

**C'est** David, **un jeune homme** français.
Il est étudiant.
Il est de Nice.

C'est Annette, **une jeune femme** américaine.
Elle est étudiante.
Elle est de Los Angeles.

C'est Jean, **le frère de** David.
Il n'est pas étudiant.
Il travaille.

C'est Yvette, **la sœur jumelle d'**Annette.
Elle n'est pas étudiante.
Elle travaille.

Yvette et Annette ne sont pas françaises. Elles sont américaines. Annette est à Nice **pour étudier.** Yvette est en France **pour voir sa** sœur et pour visiter la France.

**Comment est** David?

grand? petit?

gros? mince?

jeune? vieux?

beau? laid?

David est petit, mince et beau!

Comment est Annette?

grande? petite?

grosse? mince?

jeune? vieille?

belle? laide?

Annette est petite, mince et belle!

David et Annette sont **célibataires.** Et vous? Vous êtes célibataire, **comme** David et Annette, ou êtes-vous fiancé(e), marié(e) ou divorcé(e)?

---

**Les gens** *People* **Ce sont...** *They are / These are / Those are . . .* **mes ami(e)s** *my friends* **C'est...** *He is / She is / It is / This is / That is . . .* **un jeune homme** *a young man* **une jeune femme** *a young woman* **le frère de** *the brother of* **la sœur de** *the sister of* **jumeau (jumelle)** *twin* **pour étudier** *in order to study* **pour voir** *in order to see* **sa (son, ses)** *his/her/its* **Comment est... ?** *What is . . . like?* **célibataire** *single* **comme** *like, as*

CD 1-18

David **rencontre** Annette **la première semaine des cours.**

**DAVID:** Salut! Je suis David Cauvin. **Nous sommes** dans le **même** cours de littérature, non?

**ANNETTE:** Oui, c'est ça. **Alors,** bonjour! Moi, je m'appelle Annette Clark. Tu es d'ici?

**DAVID:** Oui, je suis de Nice. Et toi, **tu es d'où**?

**ANNETTE:** Je suis de Los Angeles, mais j'habite ici maintenant parce que je suis étudiante à l'université.

**A. Mes amis.** Relisez les descriptions de David, Annette, Jean et Yvette à la page précédente et choisissez la phrase en italique qui complète correctement chacune des descriptions qui suivent.

1. David est *un jeune homme / une jeune femme.*
2. Il est *américain / français / canadien.*
3. Il est *de Paris / de Nice.*
4. Annette est *professeur / étudiante* à l'université de Nice.
5. C'est *la sœur jumelle / le frère jumeau* d'Yvette.
6. Jean est le frère *de David / d'Annette et Yvette.*
7. *Annette / Yvette* est à Nice pour étudier. *Annette / Yvette* est à Nice pour voir sa sœur et pour visiter la France.
8. David est *grand / petit* et *mince / gros*. Il est *jeune / vieux* et *beau / laid.*
9. Annette est *grande / petite* et *mince / grosse*. Elle est *jeune / vieille* et *belle / laide.*
10. David et Annette sont *mariés / célibataires* et moi, je suis *célibataire / fiancé(e) / marié(e) / divorcé(e) / veuf (veuve* [widowed]*).*

**B. Et votre ami(e)?** Faites des phrases pour parler de votre meilleur(e) ami(e) *(your best friend).*

1. C'est *un homme / une femme.*
2. Il/Elle *est / n'est pas* jeune.
3. Il/Elle *est / n'est pas* d'ici.
4. Il/Elle *est / n'est pas* étudiant(e).
5. Il/Elle *travaille / ne travaille pas.*
6. Il/Elle est *grand(e) / petit(e) / de taille moyenne* (medium-sized).
7. Il/Elle est *célibataire / fiancé(e) / marié(e) / séparé(e) / divorcé(e) / veuf* (*veuve* [widowed]).

## À vous!

Avec un(e) partenaire, relisez à haute voix *(aloud)* la conversation entre David et Annette. Ensuite, adaptez la conversation pour décrire *(to describe)* votre propre *(your own)* situation.

You can find a list of the new words from this ***Compétence*** on page 62 and audio for each item of this list at **www.cengagebrain.com/shop/ISBN/0495912492.**

---

**rencontre** (**rencontrer** *to meet* [for the first time or by chance], *to run into* [someone]) **la première semaine des cours** *the first week of classes* **Nous sommes** *We are* **même** *same* **Alors** *So, Then, Therefore* **tu es d'où?** *where are you from?*

✔ *Pour vérifier*

These self-check questions are provided throughout the book. Read the entire explanation before trying to answer the questions.

**1.** What is the base form of an adjective? What do you usually do to make it feminine if it ends in **e**? in **é**? another vowel? a consonant?

**2.** What is the feminine form of **gros**? **canadien**? **beau**? **vieux**?

**3.** What do you usually do to make an adjective plural? What if it ends in **x** or **s**?

**4.** What two expressions are used to *identify* who someone is with a *noun*? What are the negative forms of these expressions?

**5.** When *describing* someone with an *adjective,* how do you say *he is*? *she is*? *they are* for a group of all females? *they are* for a group of all males or for a mixed group? What are the negative forms of these expressions?

**6.** Is there a difference in pronunciation between **espagnol** and **espagnole**? between **petit** and **petite**? Is the final **s** of the plural form of an adjective pronounced?

# Identifying and describing people

## *Les adjectifs et* ***il est / elle est*** *+ adjectif ou* ***c'est*** *+ nom*

Adjective forms vary depending on whether they describe a male or a female and whether they describe one person or more than one. The masculine singular form of the adjective is the base form. Add an **e** to change this form to feminine, unless it already ends in an *unaccented* **e.** If it ends in an *accented* **é,** add another **e** to form the feminine. Add an **s** to make an adjective plural, unless it ends in **s** or **x.**

| MASCULINE | | FEMININE | |
|---|---|---|---|
| *Singular* | *Plural* | *Singular* | *Plural* |
| petit | petit**s** | petit**e** | petit**es** |
| jeune | jeune**s** | jeune | jeune**s** |
| marié | marié**s** | marié**e** | marié**es** |
| français | français | français**e** | français**es** |

**Gros** doubles its final consonant before adding the **e** for the feminine form, as do adjectives ending in **-en,** like canadi**en.**

| MASCULINE | | FEMININE | |
|---|---|---|---|
| *Singular* | *Plural* | *Singular* | *Plural* |
| gros | gros | gros**se** | gros**ses** |
| canadien | canadien**s** | canadien**ne** | canadien**nes** |

The adjectives **beau, jumeau,** and **vieux** are irregular.

| MASCULINE | | FEMININE | |
|---|---|---|---|
| *Singular* | *Plural* | *Singular* | *Plural* |
| beau | beaux | belle | belles |
| jumeau | jumeaux | jumelle | jumelles |
| vieux | vieux | vieille | vieilles |

To *describe* people with *adjectives,* use **il est, elle est, ils sont,** and **elles sont.** Use **ils** for a group of males or a mixed group and **elles** for a group of all females.

| | | | | | |
|---|---|---|---|---|---|
| **Il est**<br>**Elle est** | (+ adjective) | *He is*<br>*She is* | **Il n'est pas**<br>**Elle n'est pas** | (+ adjective) | *He isn't*<br>*She isn't* |
| **Ils sont**<br>**Elles sont** | (+ adjective) | *They are*<br>*They are* | **Ils ne sont pas**<br>**Elles ne sont pas** | (+ adjective) | *They aren't*<br>*They aren't* |

To *identify* people with *nouns,* use **c'est** and **ce sont** instead. Note their negative forms.

| | | | |
|---|---|---|---|
| **C'est** (+ noun) | *He is*<br>*She is*<br>*It is*<br>*This / That is* | **Ce n'est pas**<br>(+ noun) | *He isn't*<br>*She isn't*<br>*It isn't*<br>*This / That isn't* |
| **Ce sont** (+ noun) | *They are*<br>*These / Those are* | **Ce ne sont pas**<br>(+ noun) | *They aren't*<br>*These / Those aren't* |

## Prononciation

CD 1-19

### *Il est* + *adjectif* / *Elle est* + *adjectif*

Since most final consonants are silent in French, you will not hear or say the final consonant of masculine adjective forms, unless they end in **c, r, f,** or **l.** When the **e** is added to make the feminine form, the consonant is no longer final and is pronounced.

peti~~t~~ / petite                français~~s~~ / française

When a masculine adjective form ends in a pronounced final consonant, or in **e** or **é,** however, you will hear no difference between the masculine and feminine forms.

espagnol / espagnole                jeune / jeune                marié / mariée

The final **s** of plurals is not pronounced, nor is a consonant that immediately precedes it, unless it is **c, r, f,** or **l.** The masculine plural forms sound like the masculine singular forms and the feminine plural forms sound like the feminine singular forms. You must pick up the plurality from the context.

Il est peti~~t~~. / Il~~s~~ sont peti~~ts~~.                Elle est petite. / Elle~~s~~ sont petite~~s~~.

CD 1-20

**A. Prononcez bien!** Écoutez les phrases. C'est la phrase **a** pour Claude Bellon ou la phrase **b** pour Claude Lacoste?

1. **a.** Claude est grand.
   **b.** Claude est grande.
2. **a.** Claude n'est pas petit.
   **b.** Claude n'est pas petite.
3. **a.** Claude est français.
   **b.** Claude est française.
4. **a.** Claude n'est pas canadien.
   **b.** Claude n'est pas canadienne.
5. **a.** Claude n'est pas gros.
   **b.** Claude n'est pas grosse.

**a.** Claude Bellon

**b.** Claude Lacoste

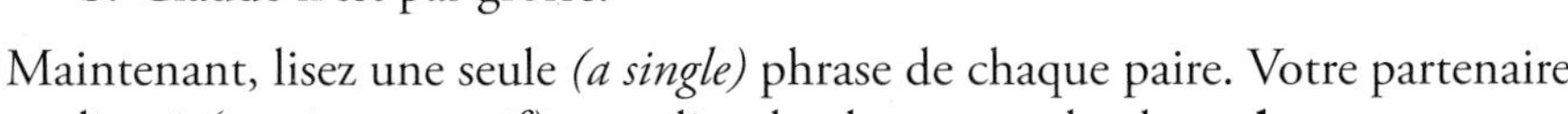

Maintenant, lisez une seule *(a single)* phrase de chaque paire. Votre partenaire va dire si *(is going to say if)* vous dites la phrase **a** ou la phrase **b.**

**B. Qui est-ce? Comment sont-ils?** D'abord *(First),* utilisez **c'est** ou **ce sont** pour identifier chacune de ces personnes. Ensuite *(Next),* dites si chacun des adjectifs donnés décrit la personne. Utilisez **il est / il n'est pas, elle est / elle n'est pas, ils sont / ils ne sont pas** ou **elles sont / elles ne sont pas.**

**EXEMPLE**

David

**1.** Annette

**2.** David et Jean

**3.** Annette et Yvette

| | | | | | |
|---|---|---|---|---|---|
| vieux | jeune | grand | petit | beau | laid |
| gros | mince | français | américain | jumeau | |

**EXEMPLE** **C'est David. Il n'est pas vieux. Il est jeune…**

## Stratégies et Lecture

It may seem overwhelming to read a lengthier text in French at first. However, there are strategies you can use to learn to read more easily. This section is designed to help you learn to apply these strategies.

### Pour mieux lire: *Using cognates and familiar words to read for the gist*

Cognates are words that look the same or similar in two languages and have the same meaning. Take advantage of cognates to help you read French more easily. There are some patterns in cognates. What three patterns do you see here? What do the last two words in each column mean?

| | | |
|---|---|---|
| soudainement *suddenly* | obligé *obliged* | hôpital *hospital* |
| décidément *decidedly* | décidé *decided* | île *isle, island* |
| complètement *???* | compliqué *???* | honnête *???* |
| généralement *???* | sauvé *???* | forêt *???* |

Recognizing words you have already learned in different forms will also help you read. Use the two familiar phrases on the left to guess the meanings of those on the right.

Comment dit-on *pen* en français? → Qu'est-ce que tu dis?
Je ne sais pas la réponse. → Yvette ne sait pas quoi répondre.

You will run across many unknown words when reading French, but this should not prevent you from understanding. Be flexible, changing forms of words or word order if necessary, and skip over little words that may not be needed to get the message.

**A. Avant de lire.** Can you state the general idea of the following sentences? Do not try to read them word by word; rather, focus on the words that you can understand.

Yvette hésite un moment avant de répondre.
C'est juste à ce moment qu'Annette arrive.
Annette sauve la pauvre Yvette.
David voit Annette et Yvette et s'exclame: «Je vois double!»

**B. Mots apparentés.** Before reading the following text, ***Qui est-ce?,*** skim through it and list the cognates you see. You should find about twenty.

CD 1-21

### Lecture: *Qui est-ce?*

Yvette Clark is visiting her twin sister, Annette, a student at the University of Nice. As she waits for her sister in front of the **musée des Beaux-Arts,** a young man approaches. Since she does not speak French very well, Yvette is unsure what to say when he speaks to her.

— Salut, Annette! Ça va?

Yvette hésite un moment avant de répondre.

— Non, non… euh, ça va, mais… euh… je regrette… je ne suis pas Annette. Je suis Yvette.

— Qu'est-ce que tu dis, Annette?

Yvette pense en elle-même: *«He thinks I'm Annette. How do I tell him . . . ?»*

— Non, non, répond Yvette. Vous ne comprenez pas. Je ne suis pas Annette.

— Comment ça, tu n'es pas Annette?

Décidément, ce jeune homme ne comprend rien! Yvette insiste encore une fois.

— Je ne suis pas Annette. Vous ne comprenez pas! Écoutez! Je ne suis pas Annette! Je ne suis pas étudiante.

— Mais qu'est-ce que tu dis? demande David. Tu es malade? C'est moi, David. Nous sommes dans le même cours de littérature.

Yvette pense: *«I'm never going to get this guy to understand. He's so sure I'm Annette.»*

C'est juste à ce moment qu'Annette arrive. La pauvre Yvette est sauvée.

— Salut, Yvette! Bonjour, David!

David, très surpris de voir les deux sœurs jumelles, s'exclame:

— Mais, ce n'est pas possible! Je vois double! Maintenant je comprends. C'est ta sœur jumelle, Annette.

— Mon pauvre David! Voilà, je te présente ma sœur, Yvette.

— Bonjour, Yvette. Désolé pour la confusion, mais quelle ressemblance!

## A. Avez-vous compris? Qui parle: **David, Yvette** ou **Annette**?

1. Vous ne comprenez pas. Je ne suis pas Annette.
2. Mais nous sommes dans le même cours de littérature.
3. Je ne suis pas étudiante à l'université de Nice.
4. Je ne parle pas très bien français.
5. Je te présente ma sœur.

## B. D'abord… Which happens first, **a** or **b**?

1. **a.** David dit bonjour à Yvette.
   **b.** Yvette arrive au musée des Beaux-Arts.
2. **a.** David dit: «Bonjour, Annette.»
   **b.** Yvette pense: «Il ne comprend pas.»
3. **a.** Yvette hésite à répondre parce qu'elle ne parle pas très bien français.
   **b.** Yvette répond: «Non, non, vous ne comprenez pas.»
4. **a.** David comprend qu'Annette et Yvette sont sœurs jumelles.
   **b.** Annette arrive.
5. **a.** David dit: «Désolé *(Sorry)* pour la confusion.»
   **b.** David comprend la situation.

# COMPÉTENCE 2

## Describing personality

**Note** *culturelle*

**Voici les étapes *(steps)* du système d'éducation en France.**

**la crèche *(government-sponsored day care)***

**l'école maternelle *(kindergarten)***

**l'école primaire *(elementary school)***

**l'école secondaire (le collège *[middle school]* et le lycée *[high school]*)**

**l'enseignement supérieur *(higher education)***

**C'est très différent d'ici?**

Vocabulaire supplémentaire

| | |
|---|---|
| **excentrique** | **sérieux (sérieuse)** |
| **matérialiste** | **têtu(e)** *stubborn* |
| **énergique** | **brillant(e)** |
| **organisé(e)** | **imaginatif (imaginative)** |
| **désorganisé(e)** | **indifférent(e)** |
| **sociable** | **jaloux (jalouse)** |

**Note** *de vocabulaire*

**1.** With the abbreviated form **sympa,** do not add an **e** to make it feminine, but do add an **s** in the plural.
**2.** Use **le football** for *soccer* and **le football américain** for *football.*
**3.** There are three ways to say *my* **(mon, ma, mes)** and *your* [singular familiar] **(ton, ta, tes),** depending on whether the possession you are identifying is masculine or feminine, singular or plural. You will learn about this later.

## Les personnalités

Je suis très... Je suis **plutôt...** Je suis assez... Je suis un peu...
Je **ne** suis **pas (du tout)...**

optimiste / pessimiste
idéaliste / réaliste

timide / extraverti(e)

**sympathique** (sympa), **gentil (gentille),** agréable / désagréable, **méchant(e)**

intelligent(e), intellectuel (intellectuelle) / **bête**

amusant(e), intéressant(e) / ennuyeux (ennuyeuse)

sportif (sportive), **dynamique** / paresseux (paresseuse)

*What are you like, compared to your best friend?*

Je suis **plus** dynamique **que mon meilleur ami (ma meilleure amie).**
Je suis **aussi** sportif (sportive) **que** mon meilleur ami (ma meilleure amie).
Je suis **moins** timide **que** mon meilleur ami (ma meilleure amie).

CD 1-22

Une **nouvelle** amie, Marie-Louise, parle avec David.

MARIE-LOUISE: **Tes amis** et toi, vous êtes étudiants, non?
DAVID: Oui, nous sommes étudiants à l'université de Nice.
MARIE-LOUISE: Vous êtes plutôt intellectuels, alors?
DAVID: Mes amis sont assez intellectuels, mais moi, je ne suis pas très intellectuel. Et toi? Tu es étudiante aussi?
MARIE-LOUISE: Non, **les études, ce n'est pas mon truc.**
DAVID: Et le sport? **Tu aimes** le sport?
MARIE-LOUISE: Oui, j'aime bien le tennis, mais je n'aime pas beaucoup **le football.**

---

**plutôt** *rather* **ne... pas du tout** *not at all* **sympathique** *nice* **gentil(le)** *nice* **méchant(e)** *mean* **bête** *stupid, dumb* **dynamique** *active* **plus... que** *more . . . than* **mon meilleur ami (ma meilleure amie)** *my best friend* **aussi... que** *as . . . as* **moins... que** *less . . . than* **nouveau (nouvelle)** *new* **Tes amis** *Your friends* **les études** *studies, going to school* **ce n'est pas mon truc** *it's not my thing* **Tu aimes** *You like* **le football** *soccer*

**A. Ils sont comment?** Complétez les phrases.

**EXEMPLE** Ben Affleck est (plus, moins, aussi) grand que Tom Cruise.
**Ben Affleck est plus grand que Tom Cruise.**

1. Johnny Depp est (plus, moins, aussi) beau que Robert Pattinson.
2. Jim Carrey est (plus, moins, aussi) amusant que Robin Williams.
3. Tiger Woods est (plus, moins, aussi) sportif que Michael Phelps.
4. Keira Knightley est (plus, moins, aussi) belle que Gwyneth Paltrow.
5. Ellen DeGeneres est (plus, moins, aussi) intéressante qu'Oprah Winfrey.
6. Mel Gibson est (plus, moins, aussi) désagréable que Bill O'Reilly.

**B. Comment sont-ils?** Complétez les phrases suivantes pour parler de vous.

1. Moi, *je suis / je ne suis pas* très extraverti(e).
2. *Je suis / Je ne suis pas* pessimiste.
3. Mon meilleur ami *est / n'est pas* bête. *Il est / Il n'est pas* intelligent.
4. Mes amis *sont / ne sont pas* sportifs. *Ils sont / Ils ne sont pas* paresseux.
5. Ma famille et moi, *nous sommes / nous ne sommes pas* très dynamiques. *Nous sommes / Nous ne sommes pas* gentils.
6. Et vous, *[name your professor], vous êtes / vous n'êtes pas* très méchant(e)!

**C. Et vous?** Comment êtes-vous?

**très plutôt assez un peu ne... pas du tout**

**EXEMPLE** optimistic
**Je suis très / plutôt / assez / un peu optimiste.**
**Je ne suis pas (du tout) optimiste.**

1. idealistic
2. mean
3. lazy
4. intellectual
5. shy
6. boring
7. athletic
8. married

**D. Réponses.** Quelle est la réponse logique?

1. Tu es étudiant(e)?
2. Tu aimes le sport?
3. Tes amis et toi, vous êtes sportifs?
4. Tes amis et toi, vous êtes intellectuels?
5. Tes amis sont extravertis?
6. Tes amis sont dynamiques?

a. Oui, nous sommes très sportifs.
b. Oui, nous sommes assez intellectuels.
c. Oui, je suis étudiant(e).
d. Non, ils sont plutôt paresseux.
e. Oui, j'aime beaucoup le football.
f. Non, ils sont plutôt timides.

## À vous!

Avec un(e) partenaire, relisez à haute voix *(aloud)* la conversation entre Marie-Louise et David. Ensuite, adaptez la conversation pour décrire *(to describe)* votre propre *(own)* situation.

You can find a list of the new words from this ***Compétence*** on page 62 and audio for each item of this list at **www.cengagebrain.com/shop/ISBN/0495912492.**

## ✓ Pour vérifier

1. Would you use **tu** or **vous** to address a child? two children? a salesclerk? an adult you've just met?
2. How do you say *I* in French? When do words like **je, ne,** and **que** replace the final **e** with an apostrophe **(j', n', qu')**? What is this called?
3. How do you say *he* in French? *she*? *they* for a group of all females? *they* for a group of all males or for a mixed group?
4. What is an infinitive? How do you say *to be*? What form of **être** do you use with each subject pronoun?
5. What do you place before a conjugated verb to negate it? What do you place after it? What happens to **ne** when it is followed by a vowel sound?
6. What are five irregular patterns of adjective agreement?
7. What is the feminine form of **gentil**? of **beau**? of **nouveau**?

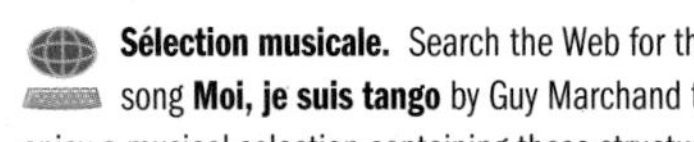

**Sélection musicale.** Search the Web for the song **Moi, je suis tango** by Guy Marchand to enjoy a musical selection containing these structures.

### Note de grammaire

With noun subjects or compound subjects, use the verb form that goes with the corresponding subject pronoun.

*David is = he is* **(il est) = David est**
*David and I are = we are* **(nous sommes) = David et moi sommes**
*Your friends and you = you (plural) are* **(vous êtes) = tes ami(e)s et toi, vous êtes**
*my friends are = they are* **(ils/elles sont) = mes ami(e)s sont**

# Describing people

## *Les pronoms sujets, le verbe **être,** la négation et d'autres adjectifs*

Below are the subject pronouns *(I, you, he . . .)* and the forms of the verb **être** *(to be)*. Use **tu** to say *you* when speaking to a friend, family member, classmate, animal, or child. Use **vous** to say *you* when speaking to an adult stranger, someone to whom you should show respect, or when talking to more than one person. For **je** and other words that consist of a consonant sound and an **e (ne, que, me...),** replace the **e** with an apostrophe before a vowel or mute **h.** This is called elision.

The word **être** is the infinitive, the verb form you will find in the dictionary. The chart below shows the conjugation, the forms you use with different subject pronouns.

| **ÊTRE** *(to be)* | | | |
|---|---|---|---|
| **je suis** | *I am* | **nous sommes** | *we are* |
| **tu es** | *you are* | **vous êtes** | *you are* |
| **il est** | *he is, it is* | **ils sont** | *they are* |
| **elle est** | *she is, it is* | **elles sont** | *they are* |

To negate a conjugated verb, place **ne... pas** around it. Remember to use **n'** before a vowel sound or mute **h.**

**ne (n')** + verbe + **pas**

| | | |
|---|---|---|
| je **ne** travaille **pas** | je **n'**habite **pas** | je **n'**aime **pas** |
| je **ne** suis **pas** | tu **n'**es **pas** | il/elle **n'**est **pas** |
| nous **ne** sommes **pas** | vous **n'**êtes **pas** | ils/elles **ne** sont **pas** |

Note the patterns of these common adjective endings.

| MASCULINE | FEMININE | MASCULINE | | FEMININE | |
|---|---|---|---|---|---|
| | | *Singular* | *Plural* | *Singular* | *Plural* |
| -eux | -euse | paresseux | paresseux | paresseuse | paresseuses |
| -en | -enne | canadien | canadiens | canadienne | canadiennes |
| -if | -ive | sportif | sportifs | sportive | sportives |
| -el | -elle | intellectuel | intellectuels | intellectuelle | intellectuelles |
| -er | -ère | premier | premiers | première | premières |

**Gentil** doubles the final consonant before adding the **e** for the feminine form **(gentil → gentille).**

The adjectives **beau, nouveau,** and **jumeau** are irregular, but follow the same pattern.

| MASCULINE | | FEMININE | |
|---|---|---|---|
| *Singular* | *Plural* | *Singular* | *Plural* |
| beau | beaux | belle | belles |
| nouveau | nouveaux | nouvelle | nouvelles |
| jumeau | jumeaux | jumelle | jumelles |

**A. Tu ou vous?** Demandez à ces personnes d'où elles sont *(where they are from).*

**EXEMPLES** your classmate: **Tu es d'où?**
your boss: **Vous êtes d'où?**

1. your roommate
2. your teacher
3. a salesclerk
4. two friends
5. your parents
6. an elderly neighbor

**B. Quel pronom?** Complétez les phrases avec le pronom personnel qui s'impose *(required subject pronoun):* **je, tu, il, elle, nous, vous, ils, elles.**

1. David est étudiant à l'université mais _______ n'est pas très intellectuel. Marie-Louise n'est pas intellectuelle non plus *(either).* _______ est plutôt sportive!
2. Annette et Yvette ne sont pas paresseuses. _______ sont dynamiques. David et Jean sont dynamiques aussi, mais _______ sont moins dynamiques qu'Annette et Yvette. Mes amis et moi, _______ sommes assez dynamiques aussi. Et tes amis et toi, _______ êtes dynamiques?
3. David et Annette ne sont pas mariés. _______ sont célibataires. Moi, _______ suis célibataire aussi. Et toi, _______ es célibataire ou marié(e)?

**C. Au contraire!** Complétez les descriptions avec le verbe **être.** Donnez la forme négative si nécessaire.

**EXEMPLE** Les étudiants du cours de français... (bêtes, dynamiques)
**Les étudiants du cours de français ne sont pas bêtes. Ils sont dynamiques.**

1. Moi, je... (extraverti[e], dynamique, timide, un peu paresseux [paresseuse])
2. En général, mes professeurs... (intéressants, intellectuels, bêtes, ennuyeux)
3. Mes amis et moi, nous... (sportifs, intellectuels, paresseux, sympathiques)

**D. Comment sont-ils?** Dites si ces adjectifs décrivent *(describe)* bien ces personnes. Changez la forme de l'adjectif si nécessaire.

**EXEMPLE** Annette... beau, laid **Annette est belle. Elle n'est pas laide.**

Annette...
intellectuel, gros,
paresseux, dynamique

Annette et Yvette...
américain, français,
gentil, méchant, beau

David et Jean...
laid, beau,
vieux, jeune

Moi, je...
dynamique, paresseux,
ennuyeux, sportif

**E. Descriptions.** Décrivez ces personnes.

| | | |
|---|---|---|
| moi, je<br>mon meilleur ami<br>mes amis et moi, nous<br>les étudiants du cours de français<br>les étudiantes du cours de français | sommes / ne sommes pas<br>suis / ne suis pas<br>sont / ne sont pas<br>est / n'est pas | sportif<br>sympathique<br>ennuyeux<br>marié<br>extraverti |

**Pour vérifier**

1. What are three ways of asking a question that can be answered with **oui** or **non**? What happens to your intonation in each case?
2. What happens to **est-ce que** before a vowel sound?

## Asking what someone is like

### *Les questions*

There are several ways to ask a question that will be answered *yes* or *no*.

- You can ask a question with rising intonation. A statement normally has falling intonation.

  Tu es extravertie?     Tu es sportive?

- You can ask a question that can be answered with *yes* or *no* by placing **est-ce que** before the subject and the verb and using rising intonation. Note that **est-ce que** becomes **est-ce qu'** before vowel sounds.

  Est-ce que tes amis sont étudiants?     Est-ce qu'ils sont intellectuels?

  Est-ce que tu es marié?     Est-ce qu'elle est étudiante?

- If you are presuming that someone will probably answer *yes,* you can use either **n'est-ce pas?** *(isn't that right?)* or **non?** at the end of a question with rising intonation.

  Il est marié, n'est-ce pas?     Il est marié, non?

**A. Et toi?** Demandez à un(e) camarade de classe comment il/elle est. Faites attention à la forme de l'adjectif!

**EXEMPLE** sportif ou intellectuel
— **Est-ce que tu es sportif (sportive) ou intellectuel(le)?**
— **Je suis plutôt sportif (sportive) / plutôt intellectuel(le) / les deux *(both).***

1. idéaliste ou réaliste
2. timide ou extraverti
3. gentil ou méchant
4. intelligent ou bête
5. amusant ou ennuyeux
6. dynamique ou paresseux
7. optimiste ou pessimiste
8. marié, célibataire, fiancé ou divorcé

Maintenant, présentez votre partenaire à la classe en suivant l'exemple.

**EXEMPLE** **C'est Mario. Il est intellectuel...**

**B. Encore des questions!** David pose des questions à Annette. Qu'est-ce qu'il dit? Formez des questions logiques avec le verbe **être.**

**EXEMPLE** **Est-ce que tu es plus jeune que moi?**

| | | |
|---|---|---|
| Est-ce que | tes amis...<br>nous...<br>tu...<br>ta sœur... | américaine<br>de Los Angeles<br>d'ici<br>dans le même cours<br>plus extravertis que toi<br>plus jeune que moi<br>en cours à une heure<br>aussi intelligente que toi |

**C. Et Annette?** Annette répond aux questions d'une nouvelle amie. Utilisez ses réponses pour déterminer quelles questions son amie lui pose *(asks her)*.

**EXEMPLE** **— Est-ce que tu es professeur?**
— Non, je ne suis pas professeur.

**1.** — ________________________?
— Oui, je suis étudiante.

**2.** — ________________________?
— Oui, je suis plutôt intellectuelle.

**3.** — ________________________?
— Oui, les cours sont faciles.

**4.** — ________________________?
— Oui, les professeurs sont gentils.

**5.** — ________________________?
— Non, Yvette n'est pas étudiante.

**6.** — ________________________?
— Oui, elle est sportive.

**7.** — Et ta sœur et toi? ________________________?
— Non, nous ne sommes pas françaises.

**8.** — ________________________?
— Oui, nous sommes américaines.

**D. Entretien.** Interviewez votre partenaire.

1. Est-ce que tu es américain(e)? Ta famille et toi, vous êtes d'ici? Est-ce que vous êtes plutôt idéalistes ou plutôt réalistes?
2. Est-ce que les études sont faciles ou difficiles pour toi? Est-ce que les professeurs ici sont intéressants ou ennuyeux? Ton meilleur ami (Ta meilleure amie) est étudiant(e) aussi? Tes amis et toi, est-ce que vous êtes intellectuels? Est-ce que tes amis sont intelligents ou bêtes? Ils sont amusants ou ennuyeux?
3. Est-ce que tu aimes le sport? Tu es plutôt sportif (sportive)? Est-ce que tu es dynamique ou plutôt paresseux (paresseuse)?

COMPÉTENCE 3

# Describing the university area

**Note** *culturelle*

**La vie d'un étudiant universitaire en France est différente comparée à celle *(to that)* d'un étudiant universitaire aux USA. En France, l'université n'est pas un centre social. Il y a peu *(few)* d'activités extra-scolaires ou de sport sur le campus. La majorité des étudiants vont *(go)* à l'université dans leur propre ville *(their own city)* et ils habitent avec leurs parents. Est-ce que les activités sociales sont importantes pour vous à l'université?**

## Le campus et le quartier

**Qu'est-ce qu'il y a sur** votre campus?

Sur le campus, **il y a...**

des salles *(f)* de classe *(f)*

**des bureaux** *(m)* pour les professeurs

**un amphithéâtre**

une bibliothèque

**des résidences** *(f)*

un stade
des matchs *(m)* de football américain

une librairie

un parking

**Note** *de vocabulaire*

The word **universitaire** is an adjective and must be paired with a noun that it is describing; for example, *university dorms* **(des résidences universitaires).** The word **université** is a noun: **J'habite près de l'université.**

**Dans le quartier universitaire, près de** l'université, il y a...

des bâtiments *(m)* modernes

des maisons *(f)*

un parc
des arbres *(m)*

des concerts *(m)*
de rock *(m)*
de jazz *(m)*
de musique *(f)* populaire
de musique classique

**Qu'est-ce qu'il y a...?** *What is there . . .?* **sur** *on* **il y a** *there is, there are* **un bureau** *an office* **un amphithéâtre** *a lecture hall* **une résidence** *a dormitory* **Dans le quartier universitaire** *In the university neighborhood* **près de** *near*

une boîte de nuit

un théâtre

un cinéma
des films *(m)*
**étrangers**
américains

un club de gym

Vocabulaire supplémentaire

**un arrêt d'autobus** *a bus stop*
**un centre administratif** *an administration building*
**un centre d'étudiants** *a student center*
**un court de tennis** *a tennis court*
**une fontaine** *a fountain*
**un gymnase** *a gym*
**une infirmerie** *a health center*
**un laboratoire** *a lab*
**une piscine** *a pool*
**une statue**

CD 1-23

Annette et un ami parlent du campus et du quartier.

MICHEL: Comment est **ton** université? Tu aimes le campus?
ANNETTE: Oui, il est très agréable. Les vieux bâtiments sont très **jolis.**
MICHEL: Qu'est-ce qu'il y a sur le campus?
ANNETTE: Il y a une grande bibliothèque et beaucoup d'arbres, mais **il n'y a pas assez de** parkings.
MICHEL: Qu'est-ce qu'il y a dans le quartier?
ANNETTE: Il y a de jolies maisons, des cafés, deux ou trois **bons** restaurants et beaucoup de **mauvais** fast-foods.

**A. Chez nous.** Décrivez votre université.

1. Sur le campus il y a *plus de nouveaux bâtiments / plus de vieux bâtiments.*
2. *Il y a / Il n'y a pas* assez de résidences sur le campus.
3. *Il y a / Il n'y a pas* beaucoup d'arbres sur le campus.
4. Le restaurant universitaire, c'est un *bon / mauvais* restaurant. *(Il n'y a pas de restaurant sur le campus.)*
5. *Il y a / Il n'y a pas* assez de parkings.
6. Le week-end, il y a souvent *(often) des matchs de football américain / des concerts / des films étrangers / des films américains / ???.*
7. Dans le quartier près de l'université, il y a *des cafés / un joli parc / ???.*
8. *Barnes & Noble / BookPeople / ???* est une bonne librairie dans le quartier.

**B. Qu'est-ce qu'il y a?** Complétez ces phrases pour décrire votre quartier universitaire.

1. Sur le campus, il y a... Sur un campus idéal, il y a aussi...
2. Dans le quartier universitaire, il y a... Dans un quartier universitaire idéal, il y a aussi...
3. Dans mon quartier, près de chez moi *(my place),* il y a... Dans un quartier résidentiel idéal, il y a aussi...

## À vous!

Avec un(e) partenaire, relisez à haute voix la conversation entre Michel et Annette. Ensuite, adaptez la conversation pour décrire votre propre université.

You can find a list of the new words from this ***Compétence*** on page 63 and audio for each item of this list at **www.cengagebrain.com/shop/ISBN/0495912492.**

**étranger (étrangère)** *foreign* **ton (ta, tes)** *your* **joli(e)** *pretty* **il n'y a pas** *there isn't, there aren't* **assez de** *enough* **bon(ne)** *good* **mauvais(e)** *bad*

**Pour vérifier**

**1.** What are the two forms of the word for *a*? When do you use each? How do you say *some*?

**2.** How do you say *there is*? *there are*? *there isn't*? *there aren't*?

**3.** In what three circumstances do you use **de (d')** instead of **un, une,** or **des**? What is an exception to replacing **un, une,** or **des** with **de (d')** in a negative sentence?

## Saying what there is

### *Le genre, l'article indéfini et l'expression* ***il y a***

To say *there is* or *there are* in French, use the expression **il y a (un, une, des...).** To say *there isn't* or *there aren't,* use **il n'y a pas (de...).**

All nouns in French have a gender (masculine or feminine). The categorization of most nouns as masculine or feminine cannot be guessed, unless they represent people.

The short word **un** *(a, an),* **une** *(a, an),* or **des** *(some)* before a noun is called the indefinite article. Use **un** with masculine singular nouns, **une** with feminine singular nouns, and **des** with all plural nouns.

Always learn a new noun as a unit with the article **(un, une)** in order to remember its gender!

| | SINGULAR | PLURAL |
|---|---|---|
| MASCULINE | un théâtre | des théâtres |
| FEMININE | une bibliothèque | des bibliothèques |

To make a noun plural, add an **s** to the end of it, unless it ends in **s, x,** or **z.** Nouns that end in **-eau (bureau)** form their plural with an **x (bureaux).**

**Un, une,** and **des** change to **de (d')** in the following cases.

- After most negated verbs.

  Il y a **un** stade. — Il **n'**y a **pas de** stade.
  Il y a **une** résidence. — Il **n'**y a **pas de** résidence.
  Écrivez **des** phrases complètes. — **N'**écrivez **pas de** phrases complètes.

  But not after the verb **être:**

  C'est **un** bon restaurant. — Ce **n'**est **pas un** bon restaurant.
- After expressions of quantity, such as **assez, beaucoup,** and **combien.**

  Il y a **un** parking. — Il y a **assez de** parkings.
  Il y a **une** bibliothèque? — Il y a **beaucoup de** bibliothèques.
  Il y a **des** cinémas. — Il y a **combien de** cinémas?
- Directly before a plural adjective.

  Il y a **de beaux** arbres. — Il y a **de jolis** bâtiments.

## Prononciation

CD 1-24

### *L'article indéfini*

Be careful to pronounce **un** and **une** differently. Use the very tight sound **u** with lips pursed, as in **tu,** to say **une.** To pronounce the **u** sound, position your mouth to pronounce a French **i** with your tongue held high in your mouth. Then, purse your lips. The vowel sound of **un** is nasal. Pronounce the **n** in **un** only when there is **liaison** with a following noun beginning with a vowel sound.

**une** résidence — **un** bâtiment
**une** amie — **un**‿ami

## A. Prononcez bien!

Complétez ces questions avec **un, une** ou **des.** Après, posez les questions à votre partenaire. Faites attention à la prononciation des articles **un, une** et **des.**

**1.** C'est _______ bibliothèque ou _______ restaurant?
Ce sont _______ étudiants ou _______ professeurs?

**2.** C'est _______ cinéma ou _______ salle de classe?
Ce sont _______ femmes ou _______ hommes?

**3.** C'est _______ concert ou _______ film?
C'est _______ concert de jazz ou de musique classique?

**4.** C'est _______ librairie ou _______ boîte de nuit?
Ce sont _______ gens timides ou _______ gens extravertis?

## B. Comparaisons culturelles.

Relisez la ***Note culturelle*** à la page 44. Sur le campus d'une université française, est-ce qu'il est probable qu'on trouve ces choses *(one finds these things)*?

**EXEMPLES** un restaurant universitaire
**Oui, il y a un restaurant universitaire.**

des matchs de football
**Non, il n'y a pas de matchs de football.**

1. des amphithéâtres
2. un stade
3. des bureaux de profs
4. une bibliothèque
5. des résidences
6. des salles de classe
7. une boîte de nuit
8. des matchs de football américain

Maintenant, dites s'il y a ces choses *(these things)* sur votre *(your)* campus.

## C. Dans le quartier.

Complétez ces questions avec **un, une, des** ou **de (d').** Ensuite *(Then)*, posez-les à un(e) camarade de classe.

1. Est-ce qu'il y a _______ librairie sur le campus? Combien _______ bibliothèques est-ce qu'il y a? Est-ce qu'il y a _______ livres en français à la *(in the)* bibliothèque?
2. Est-ce qu'il y a _______ restaurant sur le campus? Est-ce qu'il y a _______ bons restaurants dans le quartier? Est-ce qu'il y a beaucoup _______ fast-foods près de l'université?
3. Est-ce qu'il y a _______ vieux bâtiments sur le campus? Il y a _______ bâtiments modernes? Il y a _______ jolis arbres? Est-ce qu'il y a assez _______ parkings?
4. Est-ce qu'il y a _______ grand stade sur le campus? Quels jours de la semaine est-ce qu'il y a _______ matchs de football américain?

*Pour vérifier*

1. Do you use **c'est** and **ce sont** or **il est / elle est** and **ils sont / elles sont** with a noun to identify or describe someone or something? with an adjective to describe? with a prepositional phrase? with nationalities, professions, and religions without the indefinite article?
2. Are most adjectives placed before or after the noun they describe? Which adjectives are placed before the noun they describe?
3. What are the alternate masculine singular forms of **beau, nouveau,** and **vieux**? When are they used?

**Note** *de grammaire*

Remember to use **il y a** to say *there is / there are.* Use **c'est / ce sont** and **il est / elle est / ils sont / elles sont** to say *he is / she is / it is,* and *they are.*

Sur le campus, **il y a** beaucoup de nouveaux bâtiments. **Ils sont** beaux!

*On the campus,* ***there are*** *a lot of new buildings.* ***They are*** pretty!

# Identifying and describing people and things

## *C'est ou **il est / elle est** et la place de l'adjectif*

All nouns in French are masculine or feminine. There is no neuter. Generally, use **il** or **elle** to say *it* and **ils** or **elles** to say *they* when talking about things, depending on the gender of the noun being referred to.

Le campus? **Il** est beau.
La bibliothèque? **Elle** est jolie.
Les parkings? **Ils** sont petits!
Les résidences? **Elles** sont très vieilles!

Note that **c'est,** as well as **il est / elle est,** can mean *he is / she is / it is,* and **ce sont,** as well as **ils sont / elles sont,** can mean *they are.* These expressions are not interchangeable.

Use **c'est** and **ce sont:**

- with *nouns* to identify or describe
  C'est David.
  C'est un jeune homme sympathique.

Use **il est / elle est** and **ils sont / elles sont:**

- with *adjectives* to describe
  Il est grand et beau.
  Il est sympathique.
- with *prepositional phrases*
  Il est de Nice.
  Il est en cours.
- with *nationalities, professions* (including **étudiant[e]**), and *religions* without the indefinite article
  Il est étudiant.
  Il est français.
  Il est catholique.

In French, most descriptive adjectives are placed *after* the noun they describe.

un campus moderne    une boîte de nuit populaire    des amis sympas

However, these 14 very common adjectives are placed *before* the noun.

| | | | | |
|---|---|---|---|---|
| beau (belle) | jeune | bon (bonne) | grand(e) | autre |
| joli(e) | vieux (vieille) | mauvais(e) | petit(e) | même |
| | nouveau (nouvelle) | gentil(le) | gros(se) | seul(e) *(only)* |

un joli campus    une grande boîte de nuit    de bons amis

The adjectives **beau, nouveau,** and **vieux** have alternate masculine singular forms, **bel, nouvel,** and **vieil,** that are used before nouns beginning with a vowel sound.

| MASCULINE SINGULAR (PLUS CONSONANT SOUND) | MASCULINE SINGULAR (PLUS VOWEL SOUND) | FEMININE SINGULAR |
|---|---|---|
| un beau quartier | un bel ami | une belle amie |
| un nouveau quartier | un nouvel ami | une nouvelle amie |
| un vieux quartier | un vieil ami | une vieille amie |

## A. Qu'est-ce que c'est? 

Identifiez ces personnes ou ces choses. Après, décrivez-les avec l'adjectif le plus logique.

**EXEMPLES**

café (grand / petit)
**C'est un café.**
**Il est petit.**

étudiantes (sympa / méchant)
**Ce sont des étudiantes.**
**Elles sont sympas.**

**1.** 

maisons (nouveau / vieux)

**2.** 

amphithéâtre (grand / petit)

**3.** 

maison (grand / petit)

**4.** 

femme (sportif / paresseux)

**5.** 

parc (joli / laid)

**6.** 

salle de classe (moderne / vieux)

Maintenant, identifiez et décrivez chacune de ces choses avec le nom et l'adjectif convenable.

**EXEMPLES** **C'est un petit café.** **Ce sont des étudiantes sympas.**

## B. *C'est* ou *il est / elle est*? 

Commencez chaque phrase avec **c'est, ce sont, il est, elle est, ils sont** ou **elles sont.**

**EXEMPLE** **C'est un jeune homme. Il est dynamique.**
**Il n'est pas paresseux. Il est sportif. Il est beau.**

un jeune homme, dynamique, paresseux, sportif, beau

**1.** 

des hommes, étudiants, jeunes, sympathiques

**2.**

Yvette, française, en France, professeur, à l'université, à la maison

## C. Compliments. 

Faites des compliments. Écrivez la forme correcte de l'adjectif le plus logique au bon endroit *(in the right position)* dans la phrase pour faire un compliment.

**EXEMPLE** C'est une _______ femme **<u>intelligente</u>.** (intelligent / bête)

1. C'est un _______ restaurant _______. (bon / mauvais)
2. Ce sont de/des _______ étudiantes _______. (sympathique / méchant)
3. C'est un _______ campus _______. (beau / laid)
4. C'est une _______ femme _______. (joli / laid)
5. C'est un _______ homme _______. (beau / laid)
6. C'est une _______ résidence _______. (nouveau / vieux)

# Talking about your studies

**Note** *culturelle*

**En France, comme dans toute l'Union européenne, l'apprentissage d'une langue étrangère *(learning a foreign language)* est une priorité. Presque *(Almost)* 97% (quatre-vingt-dix-sept pour cent) des élèves du niveau secondaire étudient l'anglais. Est-ce que l'apprentissage d'une deuxième *(second)* langue est aussi une priorité dans votre région?**

## L'université et les cours

Est-ce que vous aimez l'université?

| J'aime beaucoup... | J'aime assez... | Je n'aime pas (du tout)... | Je préfère... |
|---|---|---|---|
| les professeurs | la bibliothèque | les devoirs | **les fêtes** |
| les étudiants | le laboratoire de langues | les examens | le sport |
| le campus | | le laboratoire d'informatique | les matchs de basket |

Qu'est-ce que vous étudiez?

J'étudie la philosophie. Je n'étudie pas la littérature.

LES LANGUES *(f)*
**l'allemand** *(m)*
l'anglais *(m)*
l'espagnol *(m)*
le français

LES SCIENCES HUMAINES *(f)*
l'histoire *(f)*
la psychologie
**les sciences politiques** *(f)*

**LES BEAUX-ARTS** *(m)*
le théâtre
la musique

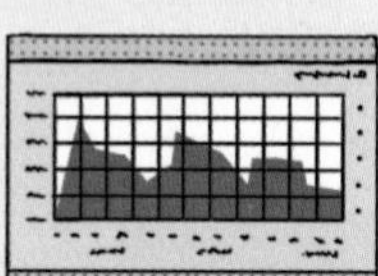

LES COURS DE COMMERCE
**la comptabilité**
le marketing

LES COURS TECHNIQUES
les mathématiques (les maths) *(f)*
**l'informatique** *(f)*

LES SCIENCES
la biologie
**la chimie**
la physique

J'aime beaucoup le cours de... Il est facile / difficile / intéressant.

CD 1-25

David et Annette parlent de **leurs** études.

**DAVID:** Qu'est-ce que tu étudies ce semestre?
**ANNETTE:** J'étudie le français et la littérature classique. Et toi?
**DAVID:** J'étudie la philosophie et la littérature classique, comme toi.
**ANNETTE:** Comment sont tes cours?
**DAVID:** J'aime beaucoup le cours de philosophie. Il est très intéressant. Je n'aime pas du tout le cours de littérature parce que le prof est ennuyeux.

**une fête** *a party* **l'allemand** *(m) German* **les sciences politiques** *(f) government, political science* **les beaux-arts** *(m) the fine arts* **la comptabilité** *accounting* **l'informatique** *(f) computer science* **la chimie** *chemistry* **leur(s)** *their*

## A. Préférences. Interviewez votre partenaire sur ses préférences.

**EXEMPLE** le français / les mathématiques
**— Est-ce que tu préfères le français ou les mathématiques?**
**— Je préfère le français.**

La cour de la Sorbonne

1. les langues / les sciences / les mathématiques / les sciences humaines
2. les cours de commerce / les cours techniques / les beaux-arts
3. le français / l'anglais / l'espagnol / l'allemand
4. l'histoire / les sciences politiques
5. la philosophie / la littérature / la psychologie
6. la chimie / la physique / la biologie
7. le théatre / la musique / le dessin *(drawing)* / la peinture *(painting)*
8. l'informatique / la comptabilité / le marketing
9. les cours à huit heures du matin / les cours à deux heures de l'après-midi / les cours à sept heures du soir
10. les cours dans les grands amphithéâtres / les cours dans les petites salles de classe / les cours dans le laboratoire de langues ou d'informatique
11. les matchs de football américain / les matchs de basket / les fêtes

## B. Et vous? Changez les mots en italique pour parler de vous et de vos préférences.

1. J'étudie *le français, la biologie et les mathématiques.*
2. À l'université, j'aime *les étudiants.*
3. À l'université, je n'aime pas *les matchs de football américain.*
4. Je préfère les cours à *dix heures du matin.*
5. J'aime le cours de *français.* Il est intéressant.
6. Je n'aime pas le cours de *marketing.* Il est ennuyeux.

## C. Entretien. Interviewez votre partenaire.

1. Qu'est-ce que tu étudies ce semestre? Quels cours est-ce que tu préfères? Pourquoi *(Why)*?
2. Qu'est-ce que tu aimes à l'université? Qu'est-ce que tu n'aimes pas?
3. Pour toi, les maths sont plus faciles ou moins faciles que les sciences? Les beaux-arts sont plus intéressants ou moins intéressants que l'informatique? L'histoire est plus ennuyeuse ou moins ennuyeuse que les sciences politiques? La philosophie est plus intéressante ou moins intéressante que la littérature?

## À vous!

Avec un(e) partenaire, relisez à haute voix la conversation entre David et Annette. Ensuite, adaptez la conversation pour décrire vos cours ce semestre.

You can find a list of the new words from this ***Compétence*** on page 63 and audio for each item of this list at **www.cengagebrain.com/shop/ISBN/0495912492.**

✓ *Pour vérifier*

**1.** What are the four forms of the word for *the* in French? When do you use each one?

**2.** Besides meaning *the,* what are two other uses of the definite article in French?

**3.** When is the **s** of the plural form **les** pronounced?

**Sélection musicale.** Search the Web for the song **Salut à toi** by Kiemsa to enjoy a musical selection containing these structures.

# Identifying people and things

## *L'article défini*

The short words **le, la, l', les** *(the)* before nouns are called the definite article. The form of the definite article you use depends on the noun's gender, whether it starts with a consonant or vowel sound, and whether it is singular or plural.

| | SINGULAR BEFORE CONSONANT SOUND | SINGULAR BEFORE VOWEL SOUND | PLURAL |
|---|---|---|---|
| MASCULINE | **le** livre | **l'**homme | **les** livres, **les** hommes |
| FEMININE | **la** librairie | **l'**étudiante | **les** librairies, **les** étudiantes |

Use the definite article before nouns:

- To specify items, as when using *the* in English.
  Apprenez **les** mots de vocabulaire. *Learn **the** vocabulary words.*
- To say what you like, dislike, or prefer.
  Je n'aime pas **les** devoirs. *I don't like homework.*
- To talk about something as a general category or an abstract noun.
  **Les** langues sont faciles pour moi. *Languages are easy for me.*

In the last two cases, there is no article in English.

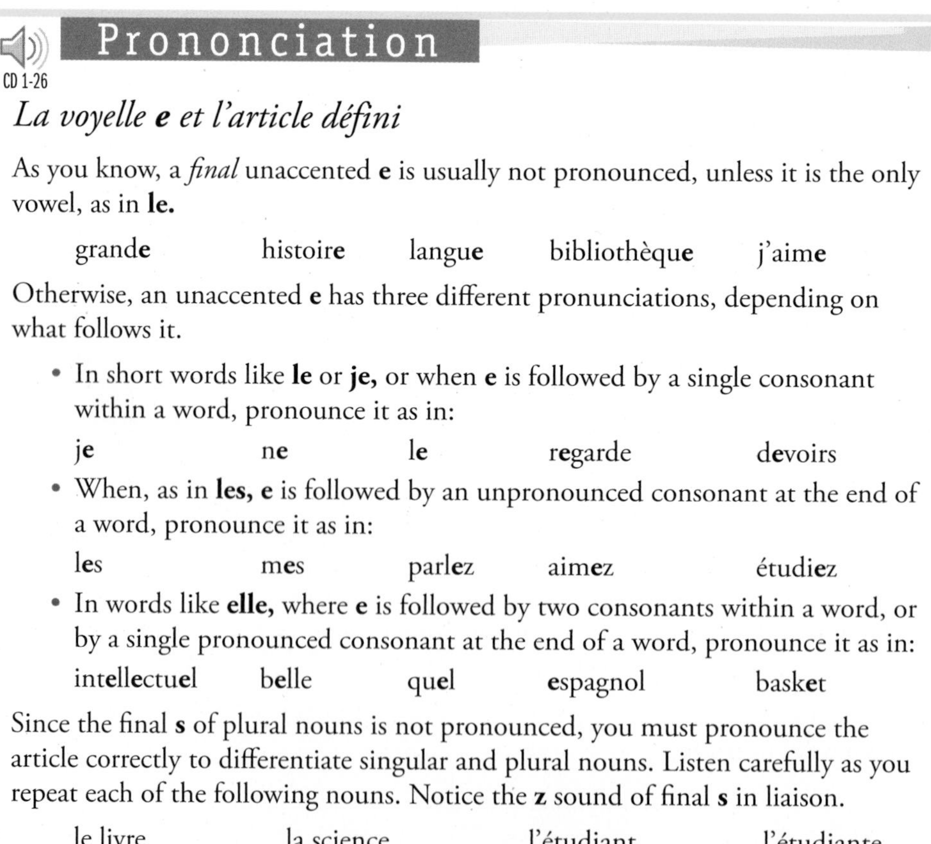

## Prononciation

CD 1-26

### *La voyelle **e** et l'article défini*

As you know, a *final* unaccented **e** is usually not pronounced, unless it is the only vowel, as in **le.**

grand**e** histoir**e** langu**e** bibliothèqu**e** j'aim**e**

Otherwise, an unaccented **e** has three different pronunciations, depending on what follows it.

- In short words like **le** or **je,** or when **e** is followed by a single consonant within a word, pronounce it as in:

  j**e** n**e** l**e** r**e**garde d**e**voirs

- When, as in **les, e** is followed by an unpronounced consonant at the end of a word, pronounce it as in:

  l**es** m**es** parl**ez** aim**ez** étudi**ez**

- In words like **elle,** where **e** is followed by two consonants within a word, or by a single pronounced consonant at the end of a word, pronounce it as in:

  int**e**ll**e**ctu**e**l b**e**lle qu**e**l **e**spagnol bask**e**t

Since the final **s** of plural nouns is not pronounced, you must pronounce the article correctly to differentiate singular and plural nouns. Listen carefully as you repeat each of the following nouns. Notice the **z** sound of final **s** in liaison.

| | | | |
|---|---|---|---|
| le livre | la science | l'étudiant | l'étudiante |
| les livres | les sciences | les‿étudiants (z) | les‿étudiantes (z) |

## A. Prononcez bien!

CD 1-27 Listen as David talks about university life. In each sentence, you will hear the singular or plural form of one of the following nouns. Indicate which form you hear by writing the article on your paper.

1. le professeur — les professeurs
2. le cours — les cours
3. l'étudiant — les étudiants
4. le devoir — les devoirs
5. le livre — les livres
6. l'exercice — les exercices
7. le campus — les campus
8. la bibliothèque — les bibliothèques

## B. Vos cours.

Est-ce que vous étudiez les matières suivantes *(following subjects)*?

**EXEMPLE** **Oui, j'étudie la chimie.**
**Non, je n'étudie pas la chimie.**

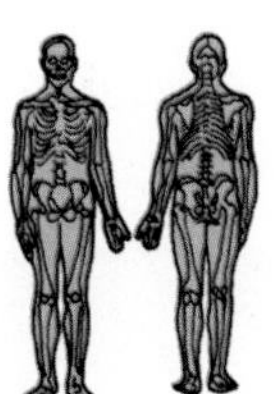

1.

2.

3.

4.

5.

6.

7.

## C. Et vous?

Complétez les phrases pour parler de vos cours et de votre université.

1. J'étudie...
2. J'aime beaucoup...
3. J'aime assez...
4. Je n'aime pas beaucoup...
5. Je n'aime pas du tout...
6. Je ne comprends pas...
7. Je comprends bien...
8. Je pense que le cours de... est...

## D. Entretien.

Complétez les questions suivantes avec l'article défini **(le, la, l', les)**, l'article indéfini **(un, une, des)** ou **de (d')**. Après, posez ces questions à votre partenaire.

1. Tu aimes _______ sport? Est-ce qu'il y a souvent _______ matchs de football américain sur _______ campus de cette *(this)* université le week-end? Tu préfères _______ football américain ou _______ basket?

2. Tu aimes _______ musique? Est-ce que tu préfères _______ rock, _______ jazz, _______ musique populaire ou _______ musique classique?

3. Tu comprends bien _______ français? _______ français est facile ou difficile pour toi? Tu aimes _______ cours de français? Combien _______ étudiants est-ce qu'il y a dans la classe? Est-ce qu'il y a _______ étudiants étrangers dans _______ classe? _______ cours est difficile? Est-ce qu'il y a _______ examen aujourd'hui?

# Reprise

## *Les Stagiaires* (The Interns)

See the ***Résumé de grammaire*** section at the end of each chapter for a review of all the grammar of the chapter.

The fourth ***Compétence*** of each chapter of ***Horizons*** ends with a ***Reprise*** section that reviews the grammar presented in the chapter through activities that revolve around a segment of the ***Horizons*** video, ***Les Stagiaires*** *(The Interns)*. In the video, two students, Rachid Bennani and Amélie Prévot, have just begun an internship at the company Technovert. Before you watch the first episode, do these exercises to review what you have learned in ***Chapitre 1*** and learn more about the characters that you will see in the video.

**A. Qui est-ce?** Voici des descriptions des deux stagiaires *(interns)* de la vidéo, Rachid et Amélie. Complétez chaque phrase avec **c'est, il est** ou **elle est.**

_______ Rachid Bennani.
Sur cette photo, _______ au *(at the)* bureau de Technovert.
_______ un jeune homme sympa.
_______ intéressant.
_______ étudiant à l'École de Commerce Extérieur.
_______ du Maroc *(from Morocco).*

_______ Amélie Prévot.
_______ une femme intelligente.
_______ française.
_______ très belle.
_______ stagiaire *(intern)* à Technovert.
_______ étudiante aussi.

Maintenant, identifiez un(e) camarade de classe et parlez un peu de lui *(him)* ou d'elle.

**B. Rachid.** Rachid parle de ses *(his)* études. Complétez les phrases avec la forme correcte du verbe **être.**

**EXEMPLE** Je **suis** étudiant à l'École de Commerce Extérieur.

1. Je _____ en cours tous les jours.
2. Les cours _____ faciles pour moi.
3. Mes profs _____ gentils.
4. Mon meilleur ami _____ étudiant.
5. Mes amis et moi, nous _____ assez intellectuels.

 Maintenant, changez les phrases précédentes pour décrire votre situation et posez des questions basées sur ces phrases à votre partenaire.

**EXEMPLE** **— Je suis étudiant(e) à... Et toi? Est-ce que tu es étudiant(e) à... aussi?**
**— Oui, je suis étudiant(e) à... aussi.**

**C. Descriptions.** Amélie parle de ses collègues et de son nouveau travail. Traduisez *(Translate)* les adjectifs pour compléter les phrases. Faites attention à la forme et à la position de chaque adjectif.

**EXEMPLE** Rachid est un ami *(good).*
**Rachid est un bon ami.**

1. Mon travail ici à Technovert, c'est un travail *(interesting).*
2. Le quartier, c'est un quartier *(pleasant).*
3. Le bâtiment, c'est un bâtiment *(beautiful).*
4. Mon bureau, c'est un bureau *(small).*
5. Rachid, l'autre stagiaire, c'est un ami *(new).*
6. M. Vieilledent, c'est mon chef *[boss] (new).*
7. Son fils *(His son),* Christophe, c'est un jeune homme *(lazy).*
8. Matthieu, l'informaticien *(computer specialist),* est un homme *(shy).*
9. Matthieu et Rachid sont de jeunes gens *(intellectual).*
10. Céline, la responsable des ventes *(sales manager),* c'est une femme *(pretty).*
11. Camille, l'assistante de Monsieur Vieilledent, c'est une femme *(smart).*
12. Camille et Céline, ce sont de(s) amies *(nice).*

**D. Mes études.** Amélie parle de ses études. Complétez ce qu'elle dit avec l'article défini **(le, la, l', les),** l'article indéfini **(un, un, des)** ou avec **de (d').**

1. Ce semestre, j'étudie _______ marketing, _______ comptabilité et _______ commerce électronique. J'aime beaucoup _______ cours de commerce, mais je n'aime pas _______ cours de marketing. J'aime _______ université où j'étudie parce que _______ campus est beau et il y a beaucoup _______ arbres. En général, _______ bâtiments sont vieux, mais il y a _______ laboratoire d'informatique moderne et il y a _______ nouvelles résidences aussi. Le seul inconvénient, c'est qu'il n'y a pas assez _______ parkings.

2. J'aime beaucoup _______ quartier universitaire aussi. Il y a _______ cafés, _______ librairies et il y a _______ nouveau restaurant. Il y a aussi _______ cinéma où on passe *(they show)* _______ films étrangers. J'aime beaucoup _______ films étrangers. Près de l'université, il y a _______ stade où il y a souvent *(often)* _______ matchs de foot le samedi. J'aime beaucoup _______ sport! J'aime le foot, mais je préfère _______ tennis.

Maintenant, avec un(e) partenaire, parlez de vos études. Demandez à votre partenaire:

- what he/she is studying this semester
- what the courses, professors, and students are like
- if he/she likes the university
- what the campus is like
- what there is on campus and in the neighborhood

Access the Video ***Les Stagiaires*** at iLrn and on the *Horizons* Premium Website.

## Épisode 1: Comment sont-ils?

Dans ce clip, Amélie, Rachid et Camille parlent de certains de leurs *(about some of their)* collègues. Avant de regarder le clip, choisissez *(choose)* les adjectifs qui sont des compliments: **intelligent, paresseux, nerveux, timide, dynamique.** Ensuite, regardez le clip et dites *(say)* comment Camille décrit *(describes)* Christophe.

# Lecture et Composition

© Directphoto.org/Alamy

## Lecture

**Pour mieux lire:** *Scanning to preview a text*

You are going to read a work by Jacques Prévert (1900–1977), one of France's most popular poets of the last century, from his collection ***Paroles*** (1949). You have learned to use cognates to make reading easier. It can also help you read if you scan a text before reading it in order to anticipate its content.

**On peut deviner!** Scan the text ***L'accent grave*** and answer these questions to prepare yourself for understanding the text.

1. This is clearly a conversation. Who is it between? Where do you think it takes place?
2. What is the student's name? Where have you heard this name before? What was that character famous for saying?

### L'accent grave

**Le professeur** **Élève** Hamlet!

**L'élève Hamlet** ***(sursautant)*** **...Hein... Quoi...** Pardon... **Qu'est-ce qui se passe...** Qu'est-ce qu'il y a... Qu'est-ce que c'est?...

**Le professeur** ***(mécontent)*** **Vous ne pouvez pas répondre** «présent» **comme tout le monde**? Pas possible, vous êtes **encore** dans **les nuages.**

**Élève Hamlet** Être ou ne pas être dans les nuages!

**Le professeur** **Suffit. Pas tant de manières.** Et conjuguez-moi le verbe «être», comme tout le monde, **c'est tout ce que je vous demande.**

**Élève Hamlet** To be . . .

**Le professeur** En français, s'il vous plaît, comme tout le monde.

**Élève Hamlet** Bien, monsieur. *(Il conjugue:)*
Je suis ou je ne suis pas, tu es ou tu n'es pas, il est ou il n'est pas, nous sommes ou nous ne sommes pas...

**Le professeur** ***(excessivement mécontent)*** Mais **c'est vous qui n'y êtes pas,** mon pauvre ami!

**Élève Hamlet** C'est exact, monsieur le professeur, Je suis «où» je ne suis pas. Et, **dans le fond,** hein, à la réflexion, être «où» ne pas être, c'est **peut-être** aussi la question.



**un élève** *a student, a pupil* **sursautant** *looking up startled* **Hein** *Huh* **Quoi** *What* **Qu'est-ce qui se passe?** *What's going on?* **mécontent** *displeased* **Vous ne pouvez pas répondre...?** *Can't you answer . . .?* **comme tout le monde** *like everyone* **encore** *still, again* **les nuages** *the clouds* **Suffit.** *Enough.* **Pas tant de manières.** *Don't make such a fuss.* **c'est tout ce que je vous demande** *that's all I'm asking of you* **c'est vous qui n'y êtes pas** *you're the one that's not all there* **dans le fond** *really, basically* **peut-être** *perhaps*

## Compréhension

1. Dans quel cours sont-ils? À votre avis *(In your opinion),* les élèves sont très jeunes, assez jeunes ou pas jeunes? Pourquoi *(Why)*?
2. Qu'est-ce que ça veut dire, **ou**? et **où**? Qu'est-ce que ça veut dire **être ou ne pas être**? et **être où ne pas être**?
3. Comment est l'élève Hamlet? Attentif ou inattentif? conformiste ou rebelle? bon ou mauvais? intelligent ou bête? intellectuel?
4. Comment est le professeur? Patient ou impatient? intéressant ou ennuyeux? sympathique ou méchant?
5. Comment est la lecture *(the reading)*? Intéressante ou ennuyeuse? amusante? facile ou difficile à comprendre?

# Composition

### Pour mieux écrire: *Using and combining what you know*

Certain strategies can help you learn to write better in a foreign language. When you write, avoid translating. It is very difficult to translate correctly. Use and combine what you already know in French instead. Link sentences with words like **et, mais, alors,** or **parce que** to make your writing flow better.

**Organisez-vous.** You will be writing a short description of yourself and your studies. First, organize your thoughts by completing these sentences in French.

1. Je m'appelle…
2. Je suis de (d')…
3. J'habite…
4. Du point de vue physique, je suis…
5. Du point de vue personnalité, je suis…
6. Je suis étudiant(e) à…
7. Sur le campus, il y a… mais il n'y a pas…
8. Dans le quartier universitaire, il y a… mais il n'y a pas…
9. En général, j'aime / je n'aime pas l'université parce que…
10. J'étudie…
11. J'aime / Je n'aime pas…

## Un autoportrait

Write a short paragraph introducing yourself. Use the sentences you completed in ***Organisez-vous*** above to guide you. Remember to use words like **et, mais,** or **parce que** to make your paragraph flow better.

**EXEMPLE** **Je m'appelle Daniel Reyna. Je suis de San Antonio mais maintenant j'habite à Austin...**

# Comparaisons culturelles

## Les études

How similar **(semblable)** is the French education system to the education system in your area? Read these descriptions of secondary schools and universities in France and compare them to schools in your region, by saying one of the following.

**C'est très semblable ici. / C'est assez semblable ici. / C'est très différent ici.**

© Heinle/Cengage Learning

1. Students in high school **(le lycée)** already have a "major." They pursue their diploma, **le baccalauréat (le bac),** in a chosen field, such as **le bac littéraire, scientifique, économique et social, technologique,** or **professionnel.**
2. At the end of their secondary studies, French students must pass a series of difficult national exams, called **le baccalauréat** or **le bac,** covering all the material they have studied, in order to receive the **baccalauréat** degree. The results of the exam are so important that the day of the exam is sometimes referred to as **le Jour J** *(D-Day).* The failure rate of the **baccalauréat** in recent years has been around 20%. If students do not pass, they cannot go on to the university, unless they repeat the last year at the **lycée** and successfully retest.
3. Every high school student who has received the **bac** is eligible for a nearly free college education. Students generally only pay the equivalent of about $300 per year to attend French universities, because the government finances higher education. However, students are only accepted into certain specialized schools by competitive exam. For example, to be accepted at the most competitive French universities, the **grandes écoles,** which prepare students for high-level positions in the public and private sectors, students generally take two years of preparatory courses and must pass a highly competitive exam.

© Trevor Payne/Alamy

4. If you want to continue your education after receiving the **baccalauréat,** you have a wide range of choices, such as the following:

| **Une université:** | **Un lycée:** |
|---|---|
| Two-year degrees: **un DEUG (diplôme d'études universitaires générales)**<br>**un DEUST (diplôme d'études universitaires scientifiques et techniques)**<br>Three-year degree: **une licence**<br>Five-year degree: **un master**<br>Eight-year degree: **un doctorat**<br>Five- to eleven-year degrees: **un diplôme de médecine, de chirurgie dentaire ou de pharmacie** | Two-year certificate: **un BTS (brevet de technicien supérieur)**<br>Two years of preparatory school: **les classes préparatoires aux grandes écoles**<br><br>**Une grande école (GE):**<br>Three- to five-year degrees: **un diplôme d'ingénieur, de sciences, d'économie, de commerce ou de lettres** |
| **Un institut universitaire de technologie (IUT):**<br>Two-year degree: **un DUT (diplôme universitaire de technologie)** | **Une école spécialisée:**<br>Two- to five-year degree: **un diplôme d'art**<br>Three- to five-year degrees: **un diplôme de travail social ou de commerce**<br>Six-year degree: **un diplôme d'architecte** |

5. University students enter directly into field-specific courses (including law and medical school). French universities are divided into divisions, or schools, called **facultés,** such as **la faculté des lettres, la faculté des sciences,** and **la faculté de médecine.**
6. In France, most older universities do not have campuses. The **facultés** have buildings in various areas of town where their classes meet. They are often older buildings in the center of town. Some more modern universities, however, do have a campus that is more similar to universities in the United States and Canada.
7. Traditionally, most university classes in France took place in huge lecture halls in a lecture format. Grades were based almost entirely on one or two exams. There has been a movement toward smaller classes, working in groups, and more frequent assignments.
8. Most French students live at home with their parents and attend the university in their region. There are few student activities. Extracurricular events and sports are not generally a part of the university.

## Compréhension

1. What is the French equivalent of a "high school diploma?" What do students have to do to earn it? What do you think are the advantages and disadvantages of a system in which students must pass a rigorous cumulative exam in order to receive a secondary education diploma?
2. What are the general fields in which French high school students can earn their diploma? Would you have liked to pick your "major" while still in high school? What might be the advantages and disadvantages?
3. What are some of the options French students have for continuing their studies after the **lycée**? How do these compare to the options students have in your area?
4. Who is entitled to a college education? Is it expensive? Do French students generally attend college far from where they live? Do you think higher education should be almost free in your country? Why or why not?
5. What is a division, or school, within a French university called? What are the older universities like? How much of a role do extracurricular activities and sports play in university life? Where do most students live? How does this compare to your university?
6. Where were classes traditionally held in French universities? What were course grades traditionally based on? What have been more recent trends? Which approach would you prefer? Why?

Visit **www.cengagebrain.com/shop/ISBN/0495912492** for additional cultural information and activities.

## Subject pronouns, the verb *être*, and *il y a*

Je **suis** timide.
Tu **es** étudiant?
Le professeur **est** sympa.
Nous **sommes** d'ici.
Vous **êtes** français?
Ils **sont** en cours.

Conjugate verbs by changing their forms to correspond to each of the subject pronouns. Here is the conjugation of **être** *(to be).*

| ÊTRE *(to be)* | | | | | |
|---|---|---|---|---|---|
| je | **suis** | *I am* | nous | **sommes** | *we are* |
| tu | **es** | *you are* | vous | **êtes** | *you are* |
| il/elle | **est** | *he/she/it is* | ils/elles | **sont** | *they are* |

Je **ne** suis **pas** optimiste.
Tu **n'**es **pas** bête!

To negate a verb, place **ne** before it and **pas** after. **Ne** becomes **n'** before vowels or a silent **h.**

**Il est** sympathique.
**Il est** en cours.
**Ce sont** mes amis.
**C'est** un bon ami.

Use **il est / elle est** and **ils sont / elles sont** with *adjectives* or *prepositional phrases* to describe people or things. Use **c'est** and **ce sont** instead of **il est / elle est** and **ils sont / elles sont** to say *he/she/it is* or *they are* when identifying or describing someone with *a noun.*

**Ils sont** étudiants.
**Il est** catholique.
**Elle est** française.

Use **il est / elle est** and **ils sont / elles sont** without the indefinite article to state professions, nationalities, or religions.

— **Il y a** un examen demain?
— Non, **il n'y a pas** d'examen.

Use **il y a** instead of **être** to say *there is* or *there are.* Its negated form is **il n'y a pas.**

## Nouns and articles

Nouns in French are classified as either masculine or feminine. The form of the definite and indefinite articles used depends on a noun's gender and whether it is singular or plural.

Il y a **des** restaurants près d'ici?
*Chez Pierre* est **un** bon restaurant.
Tu as *(have)* **une** amie américaine?

| INDEFINITE ARTICLE *(a, an, some)* | | |
|---|---|---|
| | *Singular* | *Plural* |
| MASCULINE | **un** cours, **un** examen | **des** cours, **des** examens |
| FEMININE | **une** classe, **une** étudiante | **des** classes, **des** étudiantes |

Il **n'**y a **pas de** librairie ici.
(Ce **n'est pas une** librairie.)
Il y a **beaucoup de** devoirs et **d'**examens.
Ce sont **de bons** amis.

The indefinite article changes to **de** (**d'** before vowel sounds) . . .

- after negated verbs (except after **être**)
- after expressions of quantity like **beaucoup, assez,** or **combien**
- directly before plural adjectives

Où sont **les** étudiants?
Ils sont à **la** bibliothèque.

| DEFINITE ARTICLE *(the)* | | |
|---|---|---|
| | *Singular* | *Plural* |
| MASCULINE | **le** cours, **l'**examen | **les** cours, **les** examens |
| FEMININE | **la** classe, **l'**étudiante | **les** classes, **les** étudiantes |

**Le** and **la** elide to **l'** before vowel sounds.

J'aime **la** musique classique.
**Les** concerts de rock sont amusants.

Use the definite article to say *the* and . . .

- to say what you like or prefer
- to make generalized statements

Je n'aime pas **la** musique classique.

The definite article *never* changes to **de (d')**.

## Adjectives

Adjectives have masculine and feminine, singular and plural forms, which correspond to the nouns they describe. Add an **e** to the masculine form of most adjectives to form the feminine, unless it already ends in an *unaccented* **e.** Add an **s** to make an adjective plural, unless it already ends in **s, x,** or **z.**

| MASCULINE | | FEMININE | |
|---|---|---|---|
| *Singular* | *Plural* | *Singular* | *Plural* |
| joli | jolis | jolie | jolies |
| divorcé | divorcés | divorcée | divorcées |
| français | français | française | françaises |
| bête | bêtes | bête | bêtes |

Le parc est **joli.** / La maison est **jolie.**
Il est **divorcé.** / Elle est **divorcée.**
Mes amis sont **français.** / Mes amies sont **françaises.**
Il n'est pas **bête.** / Elle n'est pas **bête.**

The following adjective endings have other changes before adding the **e** for the feminine form.

| | MASCULINE | | FEMININE | |
|---|---|---|---|---|
| | *Singular* | *Plural* | *Singular* | *Plural* |
| -eux / -euse: | ennuyeux | ennuyeux | ennuyeuse | ennuyeuses |
| -en / -enne: | canadien | canadiens | canadienne | canadiennes |
| -if / -ive: | sportif | sportifs | sportive | sportives |
| -el / -elle: | intellectuel | intellectuels | intellectuelle | intellectuelles |
| -er / -ère: | étranger | étrangers | étrangère | étrangères |

Le film est **ennuyeux.** / La fête est **ennuyeuse.**
Paul est **canadien.** / Marie est **canadienne.**
David est **sportif.** / Yvette est **sportive.**
Ils sont **intellectuels.** / Elles sont **intellectuelles.**
Il est **étranger.** / Elle est **étrangère.**

The adjectives **bon (bonne), gros (grosse),** and **gentil (gentille)** also double their final consonants.

Il est **bon.** / Elle est **bonne.**
Il est **gros.** / Elle est **grosse.**
Il est **gentil.** / Elle est **gentille.**

Adjectives generally are placed *after* nouns they describe.

C'est un **cours intéressant** mais il y a beaucoup d'**examens difficiles.**

The following adjectives go *before* nouns.

| | | | | |
|---|---|---|---|---|
| beau (belle) | jeune | bon (bonne) | grand(e) | autre |
| joli(e) | vieux (vieille) | mauvais(e) | petit(e) | même |
| | nouveau (nouvelle) | gentil(le) | gros(se) | seul(e) |

Sur le campus il y a beaucoup de **nouveaux bâtiments** et une **grande bibliothèque.**

The adjectives **beau, nouveau,** and **vieux** have irregular forms. The alternate singular forms **bel, nouvel,** and **vieil** are used before masculine singular nouns beginning with a vowel sound.

| MASCULINE | | FEMININE | |
|---|---|---|---|
| *Singular* | *Plural* | *Singular* | *Plural* |
| beau (bel) | beaux | belle | belles |
| nouveau (nouvel) | nouveaux | nouvelle | nouvelles |
| vieux (vieil) | vieux | vieille | vieilles |

un **beau** parc / un **bel** homme / une **belle** femme
un **nouveau** film / un **nouvel** ami / une **nouvelle** amie
un **vieux** bâtiment / un **vieil** homme / une **vieille** femme

## Questions

Questions that are answered with **oui** or **non** have rising intonation. You may just use rising intonation or you may begin the question with **est-ce que,** which elides to **est-ce qu'** before vowel sounds.

Le professeur est bon?

**Est-ce qu'**il est sympa?

If you expect the answer to a question to be **oui,** use **n'est-ce pas?** or **non?** to translate tag questions like *right?, isn't he?, can't you?,* or *won't they?* in English.

Tu études le français, **n'est-ce pas?**
Nous sommes dans le même cours, **non?**

# VOCABULAIRE

## COMPÉTENCE 1

### Identifying people and describing appearance

**NOMS MASCULINS**

| | |
|---|---|
| **mes amis** | *my friends* |
| **un cours de littérature** | *a literature class* |
| **un frère** | *a brother* |
| **les gens** | *people* |
| **un (jeune) homme** | *a (young) man* |

**NOMS FÉMININS**

| | |
|---|---|
| **mes amies** | *my friends* |
| **une (jeune) femme** | *a (young) woman* |
| **la France** | *France* |
| **une semaine** | *a week* |
| **une sœur** | *a sister* |
| **l'université** | *the university* |

**ADJECTIFS**

| | |
|---|---|
| **américain(e)** | *American* |
| **beau (belle)** | *handsome, beautiful* |
| **célibataire** | *single* |
| **divorcé(e)** | *divorced* |
| **fiancé(e)** | *engaged* |
| **français(e)** | *French* |
| **grand(e)** | *tall, big* |
| **gros(se)** | *fat* |
| **jeune** | *young* |
| **jumeau (jumelle)** | *twin* |
| **laid(e)** | *ugly* |
| **marié(e)** | *married* |
| **même** | *same* |
| **mince** | *thin* |
| **petit(e)** | *short, small* |
| **premier (première)** | *first* |
| **vieux (vieille)** | *old* |

**EXPRESSIONS VERBALES**

| | |
|---|---|
| **C'est...** | *He is / She is / It is / This is / That is . . .* |
| **Ce sont...** | *They are / These are / Those are . . .* |
| **Ce n'est pas...** | *He is not / She is not / It is not / This is not / That is not . . .* |
| **Ce ne sont pas...** | *They are not / These are not / Those are not . . .* |
| **Comment est...?** | *What is . . . like?* |
| **Il est / Elle est...** | *He is / She is / It is . . .* |
| **Ils sont / Elles sont...** | *They are . . .* |
| **Il n'est pas / Elle n'est pas...** | *He is not / She is not / It is not . . .* |
| **Ils ne sont pas / Elles ne sont pas...** | *They are not . . .* |
| **Nous sommes...** | *We are . . .* |
| **(pour) étudier** | *(in order) to study* |
| **(pour) visiter** | *(in order) to visit* |
| **(pour) voir** | *(in order) to see* |
| **rencontrer** | *to meet* (for the first time or by chance), *to run into* |
| **Tu es...** | *You are . . .* |

**DIVERS**

| | |
|---|---|
| **à** | *to, at, in* |
| **alors** | *so, then, therefore* |
| **comme** | *like, as, for* |
| **de** | *of, from, about* |
| **d'où** | *from where* |
| **non?** | *right?* |
| **son / sa / ses** | *his, her, its* |

## COMPÉTENCE 2

### Describing personality

**NOMS MASCULINS**

| | |
|---|---|
| **tes amis** | *your friends* |
| **le football** | *soccer* |
| **mon meilleur ami** | *my best friend* |
| **le sport** | *sports* |
| **le tennis** | *tennis* |

**NOMS FÉMININS**

| | |
|---|---|
| **tes amies** | *your friends* |
| **les études** | *studies, going to school* |
| **ma meilleure amie** | *my best friend* |
| **la personnalité** | *personality* |

**ADJECTIFS**

| | |
|---|---|
| **agréable** | *pleasant* |
| **amusant(e)** | *fun, amusing* |
| **bête** | *stupid, dumb* |
| **désagréable** | *unpleasant* |
| **dynamique** | *active* |
| **ennuyeux (ennuyeuse)** | *boring* |
| **extraverti(e)** | *extroverted, outgoing* |
| **gentil (gentille)** | *nice* |
| **idéaliste** | *idealistic* |
| **intellectuel(le)** | *intellectual* |
| **intelligent(e)** | *intelligent* |
| **intéressant(e)** | *interesting* |
| **méchant(e)** | *mean* |
| **nouveau (nouvelle)** | *new* |
| **optimiste** | *optimistic* |
| **paresseux (paresseuse)** | *lazy* |
| **pessimiste** | *pessimistic* |
| **réaliste** | *realistic* |
| **sportif (sportive)** | *athletic* |
| **sympathique (sympa)** | *nice* |
| **timide** | *timid, shy* |

**EXPRESSIONS VERBALES**

| | |
|---|---|
| **être** | *to be* |
| **je suis...** | *I am . . .* |
| **tu es...** | *you are . . .* |
| **il est...** | *he is / it is . . .* |
| **elle est...** | *she is / it is . . .* |
| **nous sommes...** | *we are . . .* |
| **vous êtes...** | *you are . . .* |
| **ils sont...** | *they are . . .* |
| **elles sont...** | *they are . . .* |
| **j'aime / je n'aime pas** | *I like / I don't like* |
| **tu aimes** | *you like* |

**DIVERS**

| | |
|---|---|
| **assez** | *rather* |
| **aussi... que** | *as . . . as* |
| **Ce n'est pas mon truc.** | *That's not my thing.* |
| **Est-ce que...** | (particle used in questions) |
| **moins... que** | *less . . . than* |
| **ne... pas** | *not* |
| **ne... pas du tout** | *not at all* |
| **n'est-ce pas?** | *right?* |
| **plus... que** | *more . . . than* |
| **plutôt** | *rather* |
| **un peu** | *a little* |

## COMPÉTENCE 3

### Describing the university area

**NOMS MASCULINS**

| | |
|---|---|
| **un amphithéâtre** | *a lecture hall* |
| **un arbre** | *a tree* |
| **un bâtiment** | *a building* |
| **un bureau (*pl* des bureaux)** | *an office* |
| **un café** | *a café* |
| **un campus** | *a campus* |
| **un cinéma** | *a movie theater* |
| **un club de gym** | *a gym, a fitness club* |
| **un concert (de jazz, de rock, de musique populaire, de musique classique)** | *a (jazz, rock, pop music, classical music) concert* |
| **un fast-food** | *a fast-food restaurant* |
| **un film** | *a movie, a film* |
| **un match de football américain** | *a football game* |
| **un parc** | *a park* |
| **un parking** | *a parking lot* |
| **un quartier (universitaire)** | *a (university) neighborhood* |
| **un restaurant** | *a restaurant* |
| **un stade** | *a stadium* |
| **un théâtre** | *a theater* (for live performances) |

**NOMS FÉMININS**

| | |
|---|---|
| **une bibliothèque** | *a library* |
| **une boîte de nuit** | *a nightclub* |
| **une classe** | *a class* |
| **une librairie** | *a bookstore* |
| **une maison** | *a house* |
| **une résidence** | *a dormitory* |
| **une salle de classe** | *a classroom* |

**ADJECTIFS**

| | |
|---|---|
| **bon(ne)** | *good* |
| **catholique** | *Catholic* |
| **étranger (étrangère)** | *foreign* |
| **joli(e)** | *pretty* |
| **mauvais(e)** | *bad* |
| **moderne** | *modern* |
| **populaire** | *popular* |
| **seul(e)** | *only* |
| **universitaire** | *university* |

**EXPRESSIONS VERBALES**

| | |
|---|---|
| **Comment est...?** | *What is . . . like?* |
| **Il y a...** | *There is, There are . . .* |
| **Il n'y a pas (de)...** | *There isn't, There aren't . . .* |
| **Qu'est-ce qu'il y a...?** | *What is there . . . ?* |

**DIVERS**

| | |
|---|---|
| **assez (de)** | *enough (of)* |
| **beaucoup (de)** | *a lot (of)* |
| **combien (de)** | *how much (of), how many (of)* |
| **dans** | *in* |
| **des** | *some* |
| **près de** | *near* |
| **sur** | *on* |
| **ton, ta, tes** | *your* |
| **un(e)** | *a, an* |

## COMPÉTENCE 4

### Talking about your studies

**NOMS MASCULINS**

| | |
|---|---|
| **l'allemand** | *German* |
| **l'anglais** | *English* |
| **le basket** | *basketball* |
| **les beaux-arts** | *the fine arts* |
| **un cours de commerce** | *a business course* |
| **un cours technique** | *a technical course* |
| **les devoirs** | *homework* |
| **l'espagnol** | *Spanish* |
| **un examen** | *an exam* |
| **le français** | *French* |
| **un laboratoire de langues** | *a language lab* |
| **un laboratoire d'informatique** | *a computer lab* |
| **le marketing** | *marketing* |
| **le théâtre** | *theater, drama* |

**NOMS FÉMININS**

| | |
|---|---|
| **la biologie** | *biology* |
| **la chimie** | *chemistry* |
| **la comptabilité** | *accounting* |
| **une fête** | *a party* |
| **l'histoire** | *history* |
| **l'informatique** | *computer science* |
| **une langue** | *a language* |
| **la littérature classique** | *classical literature* |
| **les mathématiques (les maths)** | *mathematics (math)* |
| **la musique** | *music* |
| **la philosophie** | *philosophy* |
| **la physique** | *physics* |
| **la psychologie** | *psychology* |
| **les sciences (humaines)** | *the (social) sciences* |
| **les sciences politiques** | *political science, government* |

**EXPRESSIONS VERBALES**

| | |
|---|---|
| **Comment sont...?** | *What are . . . like?* |
| **Est-ce que vous aimez...?** | *Do you like . . .?* |
| **J'aime beaucoup / assez...** | *I like a lot / somewhat . . .* |
| **Je n'aime pas (du tout)...** | *I don't like . . . (at all)* |
| **Je préfère...** | *I prefer . . .* |
| **Qu'est-ce que vous étudiez / tu études?** | *What are you studying?, What do you study?* |
| **J'étudie...** | *I study . . .* |
| **Je n'étudie pas...** | *I don't study . . .* |

**DIVERS**

| | |
|---|---|
| **leur(s)** | *their* |

Sur la Côte d'Azur

# Après les cours

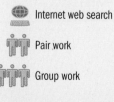

iLrn iLrn Heinle Learning Center

www.cengagebrain.com/shop/ISBN/0495912492

*Horizons* Video: Les Stagiaires

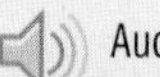
Audio

Internet web search

Pair work

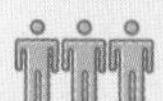
Group work

© Giancarlo Liguori/Shutterstock

# Chapitre 2

## COMPÉTENCE

# Nice

**Quand** vous visitez une nouvelle **ville,** qu'est-ce que vous préférez **faire**? Visiter les sites historiques et les musées? faire du shopping? dîner au restaurant? profiter des festivals? **sortir** en boîte de nuit? **faire une promenade**? apprécier des vues panoramiques?

À Nice, il est difficile de **choisir**!

La Promenade des Anglais

Le Carnaval de Nice

France is divided into regions and departments. Nice is in the region **Provence-Alpes-Côte d'Azur** and in the department **Alpes-Maritimes.** On the Web, find out what the ten largest cities in France are, and which region and department they are in. Then pick the city you would most like to visit besides Paris and find five interesting facts about it.

Le quartier médiéval du Vieux Nice

**Quand** *When* **ville** *city* **faire** *to do* **sortir** *to go out* **faire une promenade** *to go for a stroll* **choisir** *to choose*

## Nice

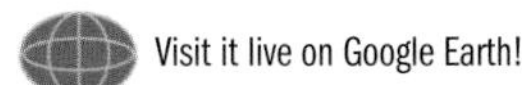

Visit it live on Google Earth!

**Nombre d'habitants: 350 000 (avec ses agglomérations *[metropolitan region]*: 933 000) (les Niçois)**
**Département: Alpes-Maritimes**
**Région: Provence-Alpes-Côte d'Azur**

© Werner Dieterich/imagebroker.net/Photolibrary

**Le marché Saleya**

## Qu'en savez-vous?

Quel endroit *(place)* ou événement *(event)* à Nice de la liste ci-dessous *(below)* correspond à chaque description?

**la Promenade des Anglais le marché Saleya le Carnaval de Nice le quartier Cimiez le Vieux Nice**

1. Dans ce quartier chic, il y a des ruines romaines, le musée Matisse et un monastère franciscain du XVIe siècle *(from the XVI[th] century)*. Les jardins *(gardens)* du monastère offrent une vue magnifique de Nice et de la mer Méditerranée.
2. Les touristes et les Niçois visitent cet endroit pour faire des promenades ou du roller *(to go for a walk or roller blading)* ou pour contempler la Baie des Anges dans une des célèbres chaises bleues *(famous blue chairs)*.
3. Cette célébration date de 1294. Aujourd'hui, plus d'un million de personnes participent à cet événement durant deux semaines en février ou mars.
4. Il y a toujours beaucoup d'étudiants dans les restaurants et les boîtes de nuit des rues étroites *(narrow streets)* de ce vieux quartier animé.
5. Les couleurs et le parfum des roses et des autres fleurs de ce marché enchantent les touristes et les Niçois.

© Daniel Thierry/Photononstop/Photolibrary

**Les ruines romaines et le jardin du monastère du quartier Cimiez**

© Bill Bachmann/Alamy

**marché** *market*

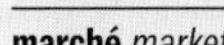

# Saying what you like to do

**Note** *culturelle*

**Quand ils sortent, les Français préfèrent aller au cinéma. Quels sont les passe-temps les plus populaires dans votre région?**

**Note** *de vocabulaire*

**1.** To say what you *like*, use **j'aime.** To say what you *would like*, or *want*, use **je voudrais.**
**2.** There are many ways to say *an e-mail:* **un mail, un e-mail, un email, un mel, un mèl, un mél, un courriel, un courrier électronique.** For *to send a text message*, one also says **envoyer un SMS.**

**Sélection musicale.** Search the Web for the song **Apprendre** by Yves Duteil to enjoy a musical selection containing this vocabulary.

## Les passe-temps

— Qu'est-ce que vous aimez **faire** après les cours?
— J'aime... — Je n'aime pas... — Je préfère...

— Qu'est-ce que **vous voudriez** faire aujourd'hui après les cours?
— **Je voudrais...**

**SORTIR** AVEC DES AMIS

**aller** au cinéma
(aller) voir un film

aller au café
(aller) **prendre un verre**

aller en boîte
(aller) danser

dîner au restaurant

faire du sport
jouer au tennis / au basket / au football / au volley

faire de l'exercice
**faire du vélo**
faire du jogging

**RESTER** À LA MAISON

lire

**bricoler**

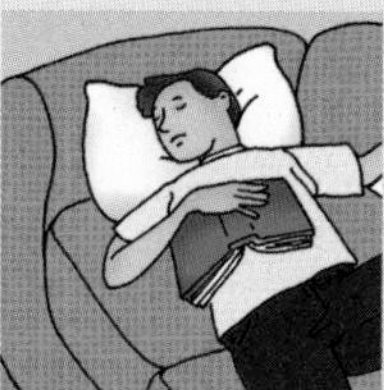

dormir

inviter des amis à la maison

parler au téléphone
**envoyer des textos**

jouer de la guitare / **de la batterie** / du piano

**faire** *to do* **vous voudriez** *you would like* **Je voudrais** *I would like* **sortir** *to go out* **aller** *to go* **prendre un verre** *to have a drink* **faire du vélo** *to ride a bike* **rester** *to stay, to remain* **bricoler** *to do handiwork* **envoyer un texto** *to send a text message* **de la batterie** *drums*

écouter la radio / de la musique / la chaîne hi-fi

regarder la télé(vision) / une vidéo / un DVD
jouer à des jeux vidéo *(m)*

travailler sur l'ordinateur
surfer le Net
**écrire des mails** *(m)*

Vocabulaire supplémentaire

**courir** *to run*
**dessiner** *to draw*
**faire de la muscu(lation)** *to do bodybuilding*
**faire de l'aérobic / de la gymnastique**
**jouer à des jeux d'ordinateur** *to play computer games*
**marcher** *to walk*
**nager** *to swim*
**peindre** *to paint*
**promener le chien** *to walk the dog*
**voyager** *to travel*
*For additional pastimes, see page 70 and **Chapitre 5.***

CD 1-28

David invite Annette à sortir.

DAVID: Tu es **libre ce soir**? Tu voudrais faire **quelque chose**?
ANNETTE: Je voudrais bien. Où est-ce que tu voudrais aller?
DAVID: Je ne sais pas. Tu voudrais aller en boîte?
ANNETTE: Non, **pas vraiment.** Je préfère aller au cinéma.
DAVID: Bon, **d'accord**! **On va** prendre un verre avant?
ANNETTE: **Pourquoi pas? Vers** quelle heure?
DAVID: Vers sept heures, sept heures et demie... au café La Martinique?
ANNETTE: D'accord. Alors, à plus tard.
DAVID: Au revoir, Annette. À ce soir!

### A. Qu'est-ce que vous aimez faire? 
Complétez les phrases.

1. Après les cours, j'aime... Aujourd'hui après les cours, je voudrais...
2. Le samedi matin, j'aime... Ce samedi matin, je voudrais…
3. Le samedi soir, j'aime... Ce samedi soir, je voudrais…
4. Le dimanche, je préfère... Ce dimanche, je voudrais…
5. À la maison, j'aime... Je n'aime pas du tout...

### B. Invitations.
Invitez votre partenaire à faire les choses suivantes.

**EXEMPLE** (demain) jouer au tennis
— **Tu es libre demain? Tu voudrais jouer au tennis avec moi?**
— **Oui, je voudrais bien. /**
**Pas vraiment. Je préfère aller au cinéma.**
— **Vers quelle heure?**
— **Vers deux heures.**
— **Bon, d'accord. Alors, à demain.**
— **À demain.**

1. (ce soir) dîner au restaurant
2. (vendredi soir) aller voir un film
3. (aujourd'hui après les cours) faire du jogging
4. (demain après-midi) aller prendre un verre

### À vous!

Avec un(e) partenaire, relisez à haute voix la conversation entre David et Annette. Ensuite, choisissez une activité et invitez votre partenaire à la faire *(to do it)*.

**écrire un mail** *to write an e-mail* **libre** *free* **ce soir** *this evening* **quelque chose** *something* **pas vraiment** *not really* **d'accord** *okay* **On va... ?** *Shall we go . . . ?* **Pourquoi pas?** *Why not?* **Vers** *About, Around, Toward*

You can find a list of the new words from this ***Compétence*** on page 100 and audio for each item of this list at **www.cengagebrain.com/shop/ISBN/0495912492.**

## Pour vérifier

1. What do you call the basic form of the verb that you find listed in the dictionary?
2. What are the four possible endings for infinitives in French?
3. When you have a sequence of more than one verb in a clause, which one is conjugated? Which ones are in the infinitive?

### Vocabulaire supplémentaire

**faire...**
- **du bateau** *boating*
- **du cheval** *horseback riding*
- **de l'escalade** *rock climbing*
- **des haltères** *weightlifting*
- **du ski**
- **du ski nautique**
- **du snowboard**
- **de la voile** *sailing*
- **du yoga**

**jouer...**
- **au billard** *pool*
- **aux cartes** *cards*
- **au disc-golf**
- **au frisbee**
- **au golf**
- **au hockey**
- **au ping-pong**
- **au rugby**

**jouer...**
- **de la clarinette**
- **du clavier** *keyboard*
- **du cor d'harmonie** *French horn*
- **de la flûte**
- **de la guitare électrique**
- **du hautbois** *oboe*
- **de l'orgue** *organ*
- **du piccolo**
- **de la trompette**
- **du tuba**
- **du violon**
- **du violoncelle** *cello*

# Saying what you like to do

## *L'infinitif*

To name an activity in French, use the verb in the infinitive. The infinitive is the basic form of the verb that you find listed in the dictionary. French infinitives are single words ending in **-er, -ir, -oir,** or **-re,** like **jouer** *(to play),* **dormir** *(to sleep),* **voir** *(to see),* or **être** *(to be).* In French, whenever there are two or more verbs together in a clause, the first verb is conjugated, but verbs that immediately follow are in the infinitive.

— Qu'est-ce que tu **aimes faire**?
— J'**aime jouer** au football américain.

— Est-ce que tu **voudrais sortir**?
— Je **préfère rester** à la maison.

Use **jouer *au*** to talk about playing most sports using balls or pucks. Many other sports use **faire *du / de la / de l' / des.***

jouer **au** base-ball    jouer **au** golf    faire **du** ski    faire **de l'**exercice

Use **jouer *du / de la / de l' / des*** to talk about playing most musical instruments.

jouer **du** piano    jouer **de la** guitare

As with **un, une,** and **des; du, de la,** and **de l'** change to **de (d')** after a negative expression.

— Tu joues **de la** guitare?
— Non, je ne joue pas **de** guitare.

— Tu fais **du** jogging le week-end?
— Non, je ne fais pas **de** jogging.

## Prononciation

CD 1-29

### *La consonne* r *et l'infinitif*

The consonant **r** is one of the few (CaReFuL) consonants that are often pronounced at the end of words. The final **r** of infinitives ending in **-er,** however, is not pronounced. The **-er** ending is pronounced [e], like the **é** in **café.**

| parler | inviter | danser | aller |
|---|---|---|---|
| regarder | jouer | écouter | dîner |

The **r** in infinitives ending in **-ir, -oir,** or **-re** is pronounced. To pronounce a French **r,** hold the back of your tongue firmly arched upward in the back of your mouth and pronounce a vocalized English *h* sound in your throat.

Pronounce the **-ir** verb ending as [iR], unless the verb ends in **-oir** [waR].

sortir    dormir    voir

The **e** in the infinitive ending of **-re** verbs is pronounced when this ending is preceded by a consonant, but not when it is preceded by a vowel.

faire    lire    être    prendre

## A. Prononcez bien! Demandez à votre partenaire quelle activité il/elle préfère. Faites attention à la prononciation de l'infinitif.

**EXEMPLE** lire / surfer le Net
**— Tu préfères lire ou surfer le Net?**
**— Je préfère lire.**

1. faire de l'exercice / dormir
2. sortir avec des amis / inviter des amis à la maison
3. prendre un verre au café / dîner au restaurant
4. jouer au tennis / regarder un match de tennis à la télé
5. regarder la télé / aller au cinéma
6. être à la maison / être en cours
7. parler à un ami au téléphone / inviter un ami à la maison
8. écrire des mails / envoyer un texto à un ami
9. faire du jogging / faire du vélo

**Note** *de vocabulaire*

To say you don't like either activity, use **ne... ni... ni...** *(neither . . . nor . . . )*: **Je *n'*aime *ni* lire *ni* surfer le Net.** To say that you like *both* activities, use **J'aime les deux.**

## B. Chacun ses goûts. Est-ce que vous aimez ces activités?

| | |
|---|---|
| J'aime beaucoup... | Je n'aime pas beaucoup... |
| J'aime assez... | Je n'aime pas du tout... |

**EXEMPLE** **J'aime assez bricoler.**

1.

2.

3.

4.

5.

6.

7.

## C. Entretien. Interviewez votre partenaire.

1. Qu'est-ce que tu aimes faire après les cours? Qu'est-ce que tu voudrais faire aujourd'hui après les cours?
2. Est-ce que tu aimes rester à la maison le week-end? Qu'est-ce que tu aimes faire le week-end? Qu'est-ce que tu voudrais faire ce week-end?
3. Est-ce que tu aimes travailler sur l'ordinateur? Tu aimes surfer le Net? Tu préfères téléphoner à des amis, écrire des mails à des amis ou envoyer des textos à des amis?
4. Est-ce que tu voudrais aller au cinéma ce week-end? Quel film est-ce que tu voudrais voir? Tu préfères aller voir un film au cinéma ou regarder un DVD à la maison?

## Stratégies et Compréhension auditive

### Pour mieux comprendre: *Listening for specific information*

It takes time and practice to understand a foreign language when you hear it. However, using listening strategies can help you learn to understand spoken French more quickly.

Often, you do not need to comprehend everything you hear. Practice listening for specific details, such as times, places, or prices. Do not worry about understanding every word.

CD 1-30

**A. Quand?** Écoutez ces trois scènes. Indiquez le jour et l'heure choisis *(chosen)*.

SCÈNE A: LE JOUR ______
L'HEURE ______

SCÈNE B: LE JOUR ______
L'HEURE ______

SCÈNE C: LE JOUR ______
L'HEURE ______

© Stockdisc/Photolibrary

CD 1-31

**B. Qu'est-ce qu'elles font?** Annette invite Yvette à sortir. Pour les trois scènes, indiquez ce qu'Yvette préfère faire.

SCÈNE A: ______

SCÈNE B: ______

SCÈNE C: ______

## Compréhension auditive: On sort ensemble?

CD 1-32

David, Yvette, and Annette run into two of David's friends. Listen to their conversation. Do not try to understand every word. The first time, listen only for the leisure activities they mention. Each time you hear one mentioned, write it down.

**A. Vous comprenez?** Écoutez une seconde fois *(time)* la conversation entre David et ses amis et répondez à ces questions.

1. Est-ce que Thomas et Gisèle sont des amis d'Annette?
2. Faites une liste de trois choses que Thomas et Gisèle découvrent *(discover)* au sujet d'Annette et d'Yvette *(about Annette and Yvette).*
3. Qu'est-ce que les cinq jeunes gens décident de faire ensemble *(together)*? Qu'est-ce que David, Annette et Yvette voudraient faire après?

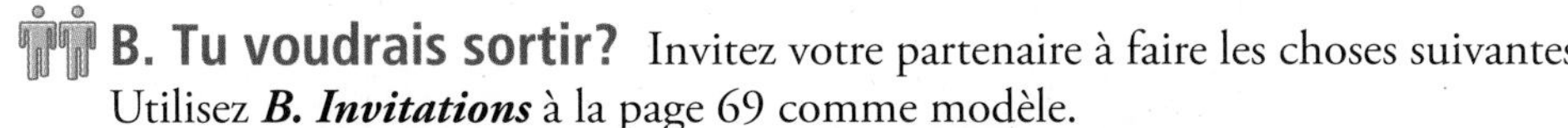

**B. Tu voudrais sortir?** Invitez votre partenaire à faire les choses suivantes. Utilisez ***B. Invitations*** à la page 69 comme modèle.

© Esther Marshall/Heinle/Cengage Learning

**voir un film**

© Heinle/Cengage Learning

**jouer au foot**

© Heinle/Cengage Learning

**faire du vélo**

# Saying how you spend your free time

**Note** *culturelle*

**Plus de 70% (soixante-dix pourcent) des Français se livrent à *(participate in)* une activité sportive au moins une fois par semaine *(at least once a week)*. Les Français aiment beaucoup faire du vélo, de la natation *(swimming)* et des randonnées *(hiking)*. Le sport le plus populaire, c'est le football. Quelles sont les activités sportives les plus populaires dans votre région?**

## Le week-end

Comment est-ce que vous aimez **passer le temps**? Qu'est-ce que **vous faites d'habitude** le samedi? Est-ce que vous passez **la matinée** à la maison?

| **(presque) toujours** | **souvent** | **quelquefois** | **rarement** | **ne... jamais** |
|---|---|---|---|---|
| *(almost) always* | *often* | *sometimes* | *rarely* | *never* |

Je reste souvent au lit **jusqu'à** 10 heures.

Le samedi matin, **d'abord** je mange quelque chose.

Quelquefois l'après-midi, je prépare mes cours (j'étudie).

Le soir, je ne reste presque jamais **chez moi. Je vais** souvent au cinéma.

Est-ce que vous aimez faire du sport? de la musique? Est-ce que vous jouez bien?

| **très bien** | **assez bien** | **comme ci comme ça** | **assez mal** | **très mal** |
|---|---|---|---|---|
| *very well* | *fairly well* | *so-so* | *fairly badly* | *very badly* |

Je nage assez mal. Je joue **mieux** au hockey **que** je nage.

Je **gagne** souvent **quand** je joue au hockey.

Je joue du piano comme ci comme ça.

Je chante assez bien.

**passer le temps** *to spend time* **vous faites (faire** *to do, to make***)** **d'habitude** *usually, generally* **la matinée** *the morning* **jusqu'à** *until* **d'abord** *first* **chez moi** *at home, at my house* **(chez... =** *to / at / in / by the house of . . .* **)** **Je vais (aller** *to go***)** **mieux (que)** *better (than)* **je gagne (gagner** *to win***)** **quand** *when*

CD 1-33

Annette et David parlent de leurs activités *(f)* du week-end.

**Annette:** Qu'est-ce que **tu fais** d'habitude le week-end?
**David:** Le samedi matin je reste au lit, le samedi après-midi je joue au tennis et le soir j'aime sortir. Et toi?
**Annette:** Le matin je prépare mes cours, l'après-midi j'aime **faire du shopping** et le soir, moi aussi, j'aime sortir.
**David:** Alors, tu es libre samedi soir? Tu voudrais sortir? Il y a un bon film au ciné-club **à la fac.** C'est un vieux classique de Truffaut.
**Annette:** Oui, oui, je voudrais bien.
**David:** Le film commence à huit heures. Je **passe** chez toi vers sept heures?
**Annette:** D'accord! À samedi, alors.

**A. Passe-temps.** Complétez ces phrases pour parler de vous.

1. Le samedi matin, je passe *presque toujours / souvent / rarement* la matinée à la maison. *(Je ne passe jamais la matinée à la maison.)*
2. Le samedi matin, je reste au lit jusqu'à *sept heures / dix heures / ???.*
3. D'habitude, le samedi matin, je mange quelque chose *à la maison / dans un fast-food / au café / ???. (Je ne mange pas le samedi matin.)*
4. D'habitude je prépare mes cours *à la maison / à la bibliothèque / chez un(e) ami(e) / au café / ???. (Je ne prépare jamais mes cours!)*
5. Comme *(As)* exercice, je préfère *faire du sport / faire du jogging / nager / ???. (Je n'aime pas faire d'exercice.)*
6. Quand je joue *au tennis / au basket / ???,* je gagne *toujours / souvent / rarement. (Je n'aime pas faire de sport.)*
7. Le samedi soir, le plus souvent *je reste à la maison / je travaille / j'invite des amis à la maison / je préfère sortir.*
8. Je vais plus souvent au cinéma *seul(e) / avec des amis / avec mon meilleur ami / avec ma meilleure amie / avec ma famille / ???.*
9. Je chante *très bien / assez bien / comme ci comme ça / ???.*
10. Je danse *très bien / assez bien / comme ci comme ça / ???.*
11. Je chante *mieux / aussi bien / moins bien* que je danse.
12. Je joue *du piano / de la guitare / de la batterie / ???. (Je ne joue pas d'un instrument de musique.)*

## À vous!

Avec un(e) partenaire, relisez à haute voix la conversation entre David et Annette. Ensuite, adaptez la conversation pour décrire vos activités du week-end et pour inviter votre partenaire à faire quelque chose que vous voudriez faire.

You can find the new words from this ***Compétence*** on page 100 and audio for each item of this list at **www.cengagebrain.com/shop/ISBN/0495912492.**

**tu fais (faire** *to do, to make***)** **faire du shopping** *to go shopping* **à la fac** *at the university* **passer** *to pass (by)*

## Pour vérifier

1. How do you determine the stem of an **-er** verb? What endings do you add to it?
2. When do you drop the final **e** of words like **je, ne,** and **le**?
3. Where do you generally place adverbs such as **bien**? Which three of the adverbs given are exceptions?
4. Which **-er** verb endings are silent? Which ones are pronounced?

**Sélection musicale.** Search the Web for the song **Elle chante pour moi** by Faudel to enjoy a musical selection using this vocabulary.

### Note de grammaire

Verbs whose infinitives do not end in **-er,** and a few irregular verbs whose infinitives do, such as **aller,** do not follow the pattern of conjugation shown here. You will learn how to conjugate such verbs later. You may want to use these forms now to talk about your activities.

| | |
|---|---|
| *I go* | **je vais** |
| *I sleep* | **je dors** |
| *I do, I make* | **je fais** |
| *I read* | **je lis** |
| *I write* | **j'écris** |
| *I take* | **je prends** |
| *I go out* | **je sors** |

# Telling what you do, how often, and how well

## *Les verbes en -er et les adverbes*

Regular verbs are groups of verbs that follow a predictable pattern of conjugation. The largest group of regular verbs have infinitives ending in **-er.** Most verbs ending in **-er** that you have learned, *except* **aller,** are conjugated in the present tense by dropping the **-er** and adding the following endings: **-e, -es, -e, -ons, -ez, -ent.**

| PARLER *(to speak, to talk)* | |
|---|---|
| je parl**e** | nous parl**ons** |
| tu parl**es** | vous parl**ez** |
| il/elle parl**e** | ils/elles parl**ent** |

The present tense can be expressed in three ways in English. Express all three of the following English structures by a single verb in French.

*I work.* / *I am working.* / *I do work.* } Je travaille.

*He studies.* / *He is studying.* / *He does study.* } Il étudie.

Here are the regular **-er** verbs that you have seen so far.

| | | | |
|---|---|---|---|
| aimer | *to like, to love* | jouer | *to play* |
| bricoler | *to do handiwork* | manger | *to eat* |
| chanter | *to sing* | nager | *to swim* |
| commencer | *to begin, to start* | parler | *to speak, to talk* |
| compter | *to count* | passer | *to pass (by), to spend* (time) |
| danser | *to dance* | penser | *to think* |
| dîner | *to have dinner* | préférer | *to prefer* |
| donner | *to give* | préparer | *to prepare* |
| écouter | *to listen (to)* | regarder | *to look (at), to watch* |
| envoyer | *to send* | répéter | *to repeat* |
| étudier | *to study* | rester | *to stay, to remain* |
| fermer | *to close* | surfer | *to surf* [the Net] |
| habiter | *to live* | travailler | *to work, to study* |
| inviter | *to invite* | | |

Remember that words such as **je, le, que,** and **ne** make elision before a vowel sound.

**j'**aime / je **n'**aime pas　　　**j'**habite / je **n'**habite pas

Adverbs such as **bien, souvent, rarement,** and **beaucoup** tell how well, how often, or how much you do something. In French, these adverbs are generally placed *directly after the conjugated verb*. However, **quelquefois** and **d'habitude** are often placed at the beginning or end of the clause and **comme ci comme ça** is placed at the end.

| | |
|---|---|
| Thomas regarde **souvent** la télé. | *Thomas **often** watches T.V.* |
| **Quelquefois,** je joue **bien** du piano. | ***Sometimes,** I play the piano **well.*** |
| **D'habitude,** je travaille le week-end. | ***Usually,** I work weekends.* |
| Je joue au tennis **comme ci comme ça.** | *I play tennis **so-so.*** |

Notice that **ne... jamais** *(never)* follows the same placement rule as **ne... pas.**

Je **ne** joue **jamais** au golf.　　　*I **never** play golf.*

## Prononciation

CD 1-34

### *Les verbes en -er*

All the present tense endings of **-er** verbs, except for the **nous (-ons)** and **vous (-ez)** forms, are silent.

| | | |
|---|---|---|
| je reste | il reste | ils restent |
| tu restes | elle reste | elles restent |

Rely on context to distinguish between **il** and **ils,** or **elle** and **elles.** You will hear a difference only with verbs beginning with a vowel sound.

il travaille — ils travaillent     il aime — ils ‿ aiment

The **-ons** ending of the **nous** form rhymes with **maison** and the **-ez** of the **vous** form rhymes with **café** and sounds like the **-er** ending of the infinitive. There is liaison between the **s** of **nous** and **vous** and verbs beginning with vowel sounds.

| | |
|---|---|
| nous parlons | nous ‿ étudions |
| vous parlez | vous ‿ étudiez |

**A. Prononcez bien!** Écrivez ces phrases sur une feuille de papier. D'abord, complétez chacun des verbes avec la terminaison appropriée. Ensuite, barrez *(cross out)* chaque terminaison qui n'est pas prononcée. Finalement, lisez chaque phrase à haute voix *(aloud)* et dites si elle est vraie en disant **c'est vrai** ou **ce n'est pas vrai.**

**EXEMPLE** Le samedi soir, j'aime rester à la maison.
**C'est vrai. / Ce n'est pas vrai.**

1. Le samedi soir, j'aim__ sortir avec des amis.
2. *[to a classmate]* Et toi, tu aim__ beaucoup sortir, non?
3. *[to a classmate]* Tes amis et toi, vous invit__ souvent des amis à la maison, non?
4. Mes amis et moi, nous préfér__ aller danser.
5. Mais mon meilleur ami préfèr__ rester à la maison.
6. Les étudiants aim__ mieux sortir que de travailler.

**B. Opinions.** Comment est le/la colocataire idéal(e)?

**EXEMPLE** travailler beaucoup
**Il/Elle travaille beaucoup.**
**Il/Elle ne travaille pas beaucoup.**

1. aimer beaucoup aller en boîte
2. parler souvent au téléphone
3. bricoler bien
4. passer beaucoup de temps à la maison
5. inviter souvent des amis à la maison
6. regarder toujours la télé le week-end
7. écouter toujours du hip-hop

© Directphoto Collection/Alamy

**C. Et toi?** Interviewez un(e) partenaire en formant des questions avec les verbes de l'exercice précédent.

**EXEMPLE** **— Est-ce que tu travailles beaucoup?**
**— Oui, je travaille beaucoup.**
**Non, je ne travaille pas beaucoup.**

Après, parlez de votre partenaire à la classe.

**EXEMPLE** **Il/Elle travaille beaucoup et...**

**D. Le samedi.** Est-ce que vous faites toujours, souvent ou rarement ces choses le week-end? N'oubliez pas *(Don't forget)* de conjuguer le verbe!

| (presque) toujours | souvent | quelquefois | rarement | ne... jamais |
|---|---|---|---|---|

**EXEMPLE** le samedi matin: passer la matinée à la maison
**Le samedi matin, je passe toujours (souvent...) la matinée à la maison.**
**Je ne passe jamais la matinée à la maison.**

© Robert Eighmie/DanitaDelimont.com
Un restaurant dans le Vieux Nice

1. le samedi matin:
   - rester au lit jusqu'à midi
   - manger à la maison
   - préparer mes cours
2. le samedi après-midi:
   - nager
   - jouer au foot
   - surfer le Net
3. le samedi soir:
   - rester chez moi
   - danser en boîte
   - chanter dans un karaoké
4. le dimanche
   - passer la matinée avec la famille
   - jouer du piano
   - manger dans un fast-food

Maintenant, demandez à votre professeur s'il/si elle fait souvent les choses indiquées. Dans le numéro 1, dites **vos cours** pour dire *your classes* et dans le numéro 3, dites **chez vous** pour dire *at your house.*

**EXEMPLE** le samedi matin: passer la matinée à la maison
**Le samedi matin, est-ce que vous passez souvent la matinée à la maison?**

**E. C'est vrai?** Formez des phrases pour décrire *(to describe)* votre classe.

**EXEMPLE** nous / parler beaucoup en cours
**Nous parlons beaucoup en cours.**
**Nous ne parlons pas beaucoup en cours.**

1. le professeur / parler quelquefois anglais en cours
2. les étudiants / commencer à parler très bien français
3. nous / travailler beaucoup en cours
4. je / aimer dormir en cours
5. les étudiants / travailler quelquefois ensemble *(together)*
6. nous / aimer travailler ensemble
7. je / écouter toujours le prof en cours
8. les étudiants / manger quelquefois en cours

**F. Talents.** Dites si ces personnes font ces choses bien ou mal.

| très bien | assez bien | comme ci comme ça | assez mal | très mal |
|---|---|---|---|---|

**EXEMPLE** Ma sœur **joue très bien (assez mal) de la guitare.**
Ma sœur **ne joue pas de guitare.**
**Je n'ai pas de sœur.** *(I don't have a sister.)*

1. Mon meilleur ami (Ma meilleure amie)...
   Mon frère...

2. Mes parents...
   Moi, je...

3. Moi, je...
   Mon ami _____ *[name a friend]*...

4. Mes ami(e)s _____ et _____ *[name two friends]*...
   Mes amis et moi, nous...

**G. Entretien.** Interviewez votre partenaire.

1. Tu es musicien(ne)? Est-ce que tu danses bien ou mal? Est-ce que tu chantes bien? Tu préfères écouter la radio ou regarder la télé? Est-ce que tu regardes souvent la télé quand tu manges? Tu écoutes de la musique quand tu étudies?
2. Est-ce que tu es sportif (sportive)? Est-ce que tu aimes le sport? Quel sport est-ce que tu préfères, le football américain, le basket, le golf ou le base-ball? Est-ce que tu joues au tennis? au golf? au volley? (Est-ce que tu gagnes souvent?)
3. Est-ce que tu restes souvent à la maison le week-end? Est-ce que tu bricoles quelquefois le week-end? Est-ce que tu étudies? Est-ce que tu préfères bricoler ou étudier?

**H. Qu'est-ce qui se passe?** Décrivez la scène chez la famille Li ce week-end. Donnez au moins cinq détails.

## Telling what you do

### *Quelques verbes à changements orthographiques*

A few **-er** verbs have spelling changes in their stems in the present tense.

- When the next-to-last syllable of an infinitive has an **e** or **é,** this letter often changes to **è** in all forms except **nous** and **vous.** The stem for the **nous** and **vous** forms is like the infinitive.

| PRÉFÉRER *(to prefer)* | | RÉPÉTER *(to repeat)* | |
|---|---|---|---|
| je préf**è**re | nous préférons | je rép**è**te | nous répétons |
| tu préf**è**res | vous préférez | tu rép**è**tes | vous répétez |
| il/elle préf**è**re | ils/elles préf**è**rent | il/elle rép**è**te | ils/elles rép**è**tent |

- In verbs with infinitives ending in **-yer,** the **y** changes to **i** in all forms except **nous** and **vous.**

| ENVOYER *(to send)* | |
|---|---|
| j' envo**i**e | nous envoyons |
| tu envo**i**es | vous envoyez |
| il/elle envo**i**e | ils/elles envo**i**ent |

- Verbs ending in **-cer** and **-ger** also have spelling changes. With verbs ending in **-ger,** like **manger, nager,** and **voyager** *(to travel),* you must insert an **e** before the **-ons** ending in the **nous** form. With verbs ending in **-cer,** like **commencer,** the **c** changes to a **ç** before the **-ons** ending in the **nous** form.

| VOYAGER *(to travel)* | | COMMENCER *(to start, to begin)* | |
|---|---|---|---|
| je voyage | nous voya**ge**ons | je commence | nous commen**ç**ons |
| tu voyages | vous voyagez | tu commences | vous commencez |
| il/elle voyage | ils/elles voyagent | il/elle commence | ils/elles commencent |

## Prononciation

CD 1-35

### *Les verbes à changements orthographiques*

Spelling changes occur in verbs to reflect pronunciation. The letter **é (e accent aigu)** sounds like the vowel of **les.**

— Vous préférez passer la matinée à la maison?
— Non, nous préférons passer la matinée au café.

The letter **è (e accent grave)** often occurs in the final syllable of words ending in a silent **e (Michèle)** and sounds similar to the *e* in the English word *let.*

Je préfère aller à la bibliothèque avec Michèle.

In French, **c** and **g** are pronounced soft (the **c** like an **s** and the **g** like a French **j**) before an **e, i,** or **y.** They are pronounced hard (the **c** like **k** and the **g** similar to the *g* in the English word *go*) before an **a, o, u,** or a consonant.

Soft **g:** Georges, Gérard, Gilbert — Hard **g:** Gabrielle, Hugo, Guillaume
Soft **c:** Cécile, Maurice — Hard **c:** Catherine, Colette

The letter **ç** is used to indicate that a **c** is soft before **a, o,** or **u.** In verb endings, use **ç** to keep **c** soft before **o,** and introduce an **e** to keep **g** soft before **o.**

commen**ç**ons  man**ge**ons  voya**ge**ons  na**ge**ons

### ✓ *Pour vérifier*

**1.** In verbs like **préférer,** which forms have a spelling change in the stem in the present tense? What is the change? Which forms have stems like the infinitive?

**2.** In verbs that end in **-yer,** like **envoyer**, which forms have a spelling change in the stem in the present tense? What is the change? Which forms have stems like the infinitive?

**3.** What is special about the **nous** form of a verb with an infinitive ending in **-ger**? in **-cer**?

**4.** What is the difference in pronunciation between **é** and **è**?

**A. Prononcez bien!** Dans les mots suivants, la lettre **c** est prononcée [s]. Lesquels de ces mots requièrent *(require)* une cédille?

1. menace / menacant
2. facade / facile
3. Nice / nicois
4. France / francais
5. provencal / Provence
6. prononciation / prononcons

Maintenant, dites si vous faites les choses suivantes. Faites attention à la prononciation de la lettre **g.**

**EXEMPLE** jouer bien... au golf / au backgammon
**Je joue / Je ne joue pas bien au golf.**
**Je joue / Je ne joue pas bien au backgammon.**

1. voyager souvent... en Algérie / en Guadeloupe / à Genève / à Grenoble
2. aimer les gens... imaginatifs / organisés / égoïstes / arrogants

**B. Préférences.** Complétez ces questions avec le verbe indiqué et interviewez votre partenaire.

1. Avec qui *(With whom)* est-ce que tu _____ (préférer) sortir?
2. Est-ce que tu _____ (envoyer) souvent des textos à des amis?
3. Quel jour est-ce que tes amis _____ (préférer) sortir?
4. Vous _____ (manger) souvent ensemble *(together)*?
5. Est-ce que vous _____ (préférer) dîner ensemble à la maison ou au restaurant?
6. En général, est-ce que les étudiants _____ (préférer) dîner au restaurant ou étudier à la bibliothèque?
7. Tu _____ (aimer) voyager? Tu _____ (voyager) souvent?
8. Tes amis et toi, vous _____ (voyager) souvent ensemble?

**Note** *de vocabulaire*

To say that someone likes *neither* of the activities, use **ne... ni... ni... : Je *n'*aime *ni* danser *ni* chanter.** To say that someone likes *both,* use **les deux: J'aime les deux.**

**C. Et vous?** Pour chaque paire d'activités, indiquez l'activité que chacun *(each one)* préfère et dites s'il/si elle la fait bien ou mal.

**EXEMPLE** Moi, je **préfère danser. Je danse très bien.**

1. Moi, je...
   Mon meilleur ami (Ma meilleure amie)...

3. Mes amis...
   Mon meilleur ami (Ma meilleure amie) et moi...

2. Mes amis...
   Ma famille et moi, nous...

COMPÉTENCE 3

# Asking about someone's day

**Note** *culturelle*

**Les Français ont tendance à tenir à *(tend to value)* la discrétion. En France, sauf à des amis intimes, il est bon d'éviter *(to avoid)* les questions indiscrètes (religion, convictions politiques, argent *[money]*). Dans votre région, est-ce qu'on parle facilement de choses personnelles?**

**Note** *de vocabulaire*

**1.** The adjective **tout** is placed before a noun's article. It means *the whole* or *all* before singular nouns **(toute la journée)** and *all* or *every* before plural nouns **(tous les jours).** It has four forms: **tout** *(masc. sing.)*, **toute** *(fem. sing.)*, **tous** *(masc. plur.)*, and **toutes** *(fem. plur.)*.

**2.** Use **avec lui** to say *with him* and **avec elle** to say *with her*. To say *with them*, use **avec eux** for a group of all males or a mixed group and **avec elles** for a group of all females.

## La journée

— Quand est-ce que vous êtes à l'université?
— Je suis à l'université... le lundi, le mardi... de dix heures à quatre heures
le matin, l'après-midi, le soir
tous les jours, **sauf** le week-end
**toute la journée**

— Où est-ce que vous **déjeunez** d'habitude?
— Je déjeune... chez moi / chez des amis / chez...
au restaurant universitaire
au café Trianon / dans un fast-food...

— Qu'est-ce que vous aimez faire après les cours?
— J'aime... aller au parc / aller à la bibliothèque / aller chez un(e) ami(e)
**rentrer** à la maison
dormir...

— **Avec qui** est-ce que vous **aimez mieux** sortir?
— J'aime mieux sortir... avec mon ami(e)...
avec **mon petit ami (ma petite amie)**
avec **mon mari (ma femme)**

— Pourquoi est-ce que vous préférez sortir **avec lui / avec elle**?
— Parce qu'il/elle est... amusant(e), sexy, riche, sublime, beau (belle)...

— Quand est-ce que vous préférez sortir **ensemble**?
— Nous préférons sortir... le vendredi soir
le samedi après-midi...

CD 1-36

Jean **demande** à Annette comment elle passe une journée typique.

JEAN: Quand est-ce que tu es en cours ce semestre?
ANNETTE: Je suis en cours tous les jours, sauf le week-end. Le lundi, par exemple, je suis en cours de midi à trois heures. Le matin, je prépare mes cours à la bibliothèque.
JEAN: Et après les cours, qu'est-ce que tu fais en général?
ANNETTE: Après les cours, je rentre à la maison. Je travaille ou **je dors** un peu.
JEAN: Et le soir?
ANNETTE: Le soir, je reste à la maison et je prépare les cours ou je surfe le Net.

**sauf** *except* **toute la journée** *all day* **déjeuner** *to eat lunch* **rentrer** *to return; to go back (home)* **Avec qui** *With whom* **aimer mieux** *to like better, to prefer* **mon petit ami (ma petite amie)** *my boyfriend (my girlfriend)* **mon mari (ma femme)** *my husband (my wife)* **avec lui (avec elle)** *with him (with her)* **ensemble** *together* **demander** *to ask (for)* **je dors (dormir** *to sleep***)**

## A. Précisions.

Demain, David déjeune avec des amis au café Le Trapèze. Quelle est la réponse logique pour chaque question?

1. Quel jour est-ce que nous déjeunons ensemble?
2. À quelle heure?
3. Qui déjeune avec nous?
4. Pourquoi est-ce que tu n'invites pas Thomas?
5. Où est-ce que nous déjeunons?
6. Qu'est-ce que tu voudrais faire après?

a. Au café Le Trapèze.
b. Gisèle et Bruno.
c. Vendredi.
d. Aller au cinéma.
e. Parce qu'il travaille.
f. À midi et demi.

LE TRAPEZE

LE TRAPEZE

SALON DE THÉ•SNACK•BAR•GLACIER
17, Bd Delfino 06000 NICE
☎ 04 93 26 48 38

**PIZZAS**

(Sauf le samedi) euros

**MARGUERITE:** .................... **5,00**
Tomate, fromage.

**NAPOLITAINE:** .................... **5,20**
Tomate, fromage, anchois, olives.

**POIVRONS:** .................... **5,80**
Tomate, fromage, champignons, poivrons.

**REINE:** .................... **5,80**
Tomate, fromage, olives, champignons, jambon.

**CALZONE:** .................... **6,00**
Tomate, champignons, œuf, crème fraîche.

*Service continu de midi à 2h du matin*



## B. C'est vrai?

Lisez chaque phrase et dites si **c'est vrai** ou **ce n'est pas vrai.**

1. Je suis à l'université tous les jours, sauf le dimanche.
2. Nous sommes en cours de français le matin, tous les jours sauf le week-end.
3. Le cours de français est de dix heures à onze heures.
4. Les autres étudiants et moi passons beaucoup de temps ensemble après les cours.
5. Nous déjeunons souvent ensemble.
6. Le samedi, je travaille toute la journée pour préparer le cours de français.
7. J'aime mieux aller en cours de français que de sortir avec des amis.

Maintenant, corrigez les phrases qui ne sont pas vraies.

## C. Entretien.

Interviewez votre partenaire.

1. Quels jours est-ce que tu es à l'université? De quelle heure à quelle heure est-ce que tu es en cours? Est-ce que tu restes à l'université toute la journée? À quelle heure est-ce que tu rentres à la maison?
2. Quand est-ce que tu étudies? Où est-ce que tu aimes mieux étudier: chez toi ou à la bibliothèque? Avec qui est-ce que tu préfères étudier?
3. Où est-ce que tu aimes mieux déjeuner? À quelle heure? Est-ce que tu déjeunes souvent chez toi? Où est-ce que tu préfères manger le soir? Est-ce que tu dînes plus souvent chez toi ou au restaurant? Est-ce que tu manges souvent dans un fast-food? Qu'est-ce que tu préfères: les hamburgers, la pizza ou les tacos?
4. Qu'est-ce que tu aimes faire le week-end? Où est-ce que tu aimes mieux aller avec des amis: au cinéma, au café ou en boîte? Avec qui est-ce que tu préfères sortir? Pourquoi est-ce que tu aimes sortir avec lui (elle)? Quand est-ce que vous aimez mieux sortir?

## À vous!

Avec un(e) partenaire, relisez à haute voix la conversation entre Jean et Annette. Ensuite, adaptez la conversation pour décrire votre situation. Changez de rôles.

You can find a list of the new words from this ***Compétence*** on page 101 and audio for each item of this list at **www.cengagebrain.com/shop/ISBN/0495912492.**

**Pour vérifier**

1. How do you form an information question?
2. Does **qui** or **que** becomes **qu'** before a vowel?
3. When are three times you do not use **est-ce que**?
4. How do you say *Who is this? What is this?*

## Asking for information

### *Les mots interrogatifs*

You have learned to ask questions with **est-ce que.** To ask for information such as *what, when,* or *why,* add the appropriate question word before **est-ce que.**

| | |
|---|---|
| **où** *where* | **Où est-ce que** vous étudiez? |
| **que (qu')** *what* | **Qu'est-ce que** vous étudiez? |
| **pourquoi** *why* | **Pourquoi est-ce que** vous étudiez le français? |
| **quand** *when* | **Quand est-ce que** vous étudiez? |
| **qui / avec qui** *who(m) / with whom* | **Avec qui est-ce que** vous étudiez? |
| **comment** *how* | **Comment est-ce que** vous passez la journée? |
| **à quelle heure** *at what time* | **À quelle heure est-ce que** vous êtes en cours? |
| **quel(s) jour(s)** *(on) what / which day(s)* | **Quels jours est-ce que** vous êtes en cours? |

Note that **que** makes elision before a vowel sound, but **qui** does not.

**Qu'**est-ce que vous aimez faire le soir? Avec **qui** est-ce que vous aimez sortir?

Do not use **est-ce que** with **qui** when it is the subject of the verb, or with **où** or **comment** when they are followed directly by **être.**

| | |
|---|---|
| **qui** *who* | **Qui** travaille avec toi? |
| **où** *where* | **Où est** la bibliothèque? |
| **comment** *how* | **Comment est** l'université? |

Use **Qui est-ce?** to ask *who* someone is. Use **Qu'est-ce que c'est?** to ask *what* something is.

— Qui est-ce?
— C'est Jean.

— Qu'est-ce que c'est?
— C'est un livre.

## Prononciation

CD 1-37

### *Les lettres **qu** et la prononciation du mot **quand** en liaison*

In French, **qu** is usually pronounced as in the word **quiche.** It is generally only pronounced with the *w* sound heard in the English word *quite* when it is followed by **oi,** as in **pourquoi.**

qui    que    quand    quelle heure    pourquoi

Note that **d** in liaison is pronounced as a **t.**

Quand‿*t*est-ce que tu travailles?

**A. Prononcez bien!** Des amis décident de déjeuner ensemble. D'abord, lisez la liste des mots donnés en faisant attention à la prononciation de la combinaison **qu.** Ensuite, complétez les questions avec le mot qui convient et lisez à haute voix la conversation avec votre partenaire.

| Qui | Que (Qu') | Quand | Où | Pourquoi | À quelle heure |
|---|---|---|---|---|---|

— Tu voudrais déjeuner avec nous?
— (1) _____ ?
— Aujourd'hui.
— Je voudrais bien. (2) _____?
— Vers midi.
— (3) _____ est-ce que tu voudrais manger?
— Chez moi.
— (4) _____ est-ce que tu prépares?
— Une pizza.
— (5) _____ est-ce que tu invites?
— Jean-Luc et toi.
— (6) _____ est-ce que tu voudrais faire après?
— Aller au cinéma.
— (7) _____?
— Parce que je voudrais voir le nouveau film avec Audrey Tautou.

**Où est-ce que vous aimez déjeuner?**

**B. Beaucoup de questions.** Formez des questions en utilisant l'équivalent français des mots interrogatifs donnés. Ensuite, posez-les à un(e) camarade de classe.

1. _____ est-ce que tu étudies? *(What? Where? With whom? When?)*
2. _____ est-ce que tu aimes mieux déjeuner? *(At what time? With whom? Where?)*
3. _____ est-ce que tu dînes d'habitude le samedi soir? *(Where? With whom? At what time?)*

**C. Un jeu.** In teams, think of an appropriate question to elicit each answer, using a question word **(qui, que...)** based on the boldfaced word(s). Teams take turns selecting an item. A correct response earns the team the indicated points.

| | A | B | C | D |
|---|---|---|---|---|
| 5 points | Ça va **bien,** merci. | Je m'appelle **Annette Clark.** | Il est **5 heures.** | Aujourd'hui, c'est **lundi.** |
| 10 points | C'est **Yvette.** | C'est **un parc.** | David est **sympa.** | Annette est **à la maison.** |
| 15 points | Yvette aime **la musique.** | Thomas travaille **toute la journée.** | David aime sortir **avec Annette.** | Je rentre **à une heure.** |
| 20 points | **Annette et David** étudient les maths. | Nous aimons mieux **aller au cinéma.** | **Parce que le prof est très intéressant.** | Annette parle **bien** français. |

**Pour vérifier**

1. How would you invert the question: **Il est ici?**
2. Do you ever use **est-ce que** and inversion in the same question?
3. When do you insert a **-t-** between a verb and an inverted subject pronoun?
4. Generally, can you invert nouns, or only pronouns? What do you do if the subject of the question is a noun? How would you invert the question: **Marie déjeune à midi?**
5. What is the inverted form of **il y a?** of **c'est?**
6. How would you invert: **Où est-ce que vous déjeunez?**

## Asking questions

### *Les questions par inversion*

You can ask a question using rising intonation or **est-ce que.** You can also use inversion; that is, you can invert the subject pronoun and the verb. Add a hyphen when the subject and verb are inverted.

Est-ce que tu travailles le lundi? = **Travailles-tu le lundi?**

- Invert the *conjugated* verb and the *subject pronoun.* Do not invert a following infinitive.

  Aimes-tu aller au cinéma? Voudriez-vous aller danser?

- Never use both **est-ce que** and inversion in the same question.

  **Joues-tu** de la guitare? *OR* **Est-ce que tu joues** de la guitare?

- You do not normally use inversion with **je.**
- When the subject is **il** or **elle** and *the verb ends in a vowel,* place a **-t-** between the verb and the pronoun. Do not add **-t-** if the verb ends in a consonant.

  Parle-**t**-il anglais? Est-il d'ici?
  Travaille-**t**-elle ici? Est-elle d'ici?

- If the subject of the question is a *noun,* rather than a *pronoun,* state the noun first, then supply a matching pronoun for inversion.

  Le prof est-**il** français? Marie parle-t-**elle** français?
  Les cours sont-**ils** difficiles? Danielle et Antoinette étudient-**elles** ici?

- The inverted form of **il y a** is **y a-t-il. C'est** becomes **est-ce.**

  **Y a-t-il** un café dans le quartier? **Est-ce** un bon café?

- To ask information questions, place the question word before the inverted verb. **Qu'est-ce que** becomes **que (qu')** when using inversion.

  **Où** voudrais-tu aller? **Que** voudrais-tu faire? **Qu'**aimes-tu faire?

## Prononciation

CD 1-38

### *L'inversion et la liaison*

When the subject is **il, elle, ils,** or **elles,** there is liaison between the verb and its pronoun in inversion.

Yvette est‿*t*‿elle américaine?

David et Thomas parlent‿*t*‿ils anglais?

Thomas Gisèle

CD 1-39

**A. Prononcez bien!** D'abord, écoutez et répétez ces questions. Ensuite, posez-les à un(e) camarade de classe. Faites attention à la prononciation!

Gisèle, où est-elle ce soir? Est-elle seule? Étudie-t-elle? Thomas et Gisèle aiment-ils la musique? Dansent-ils bien? Et toi? Aimes-tu danser? Dansons-nous en cours quelquefois? Tes amis et toi, aimez-vous aller en boîte ensemble? Aimez-vous mieux aller au cinéma? Y a-t-il un bon cinéma dans le quartier universitaire?

**B. Entretien.** Changez ces phrases pour parler de vous. Après, posez une question logique à un(e) camarade de classe. Utilisez l'inversion.

**EXEMPLE** Je travaille *le matin.* Et toi?...
**Je travaille le soir. Et toi? Quand travailles-tu?**

1. Je suis en cours *le lundi, le mercredi et le jeudi.* Et toi?...
2. J'étudie *chez moi.* Et toi?...
3. J'étudie *avec des amis.* Et toi?...
4. Je préfère étudier *le français.* Et toi?...
5. Je préfère étudier *le français parce que le cours est intéressant.* Et toi?...

**C. Jouons au tennis!** David parle avec Yvette. Posez les mêmes questions à un(e) partenaire en utilisant *l'inversion.*

**EXEMPLE** Tu es sportive?
**Es-tu sportive?**

1. Tu aimes jouer au tennis?
2. Tu gagnes souvent?
3. Est-ce que tu voudrais jouer au tennis ensemble ce week-end?
4. Quand est-ce que tu préfères jouer?
5. À quelle heure est-ce que tu voudrais commencer?
6. Qu'est-ce que tu voudrais faire après?
7. Tes amis sont sportifs?
8. Est-ce qu'ils jouent au tennis?
9. Ton meilleur ami est sportif aussi?
10. Est-ce qu'il joue bien au tennis?

**D. Le samedi.** Voici un samedi typique pour Edgar, l'ami de David. Posez cinq questions à un(e) camarade de classe sur ce qu'Edgar fait *(on what Edgar does)* le samedi. Utilisez un mot interrogatif dans chaque question. Dites **il fait** pour *he does,* si nécessaire.

| qui | que | où | quand | pourquoi | comment |
|---|---|---|---|---|---|

Étienne Edgar Dominique

ses copains *(his friends)*

# COMPÉTENCE 4

## Going to the café

**Note** *culturelle*

**Au café et au restaurant, l'expression service compris *(tip included)* indique que le service est inclus *(included)* dans les prix. Beaucoup de Français ne laissent pas de pourboire *(tip)*, d'autres laissent entre 5% et 10%. Laissez-vous toujours *(Do you always leave)* un pourboire ou uniquement si *(if)* c'est mérité?**

### Au café

Vous êtes au café. Qu'est-ce que vous allez prendre?

Je voudrais... Pour moi... Je vais prendre...

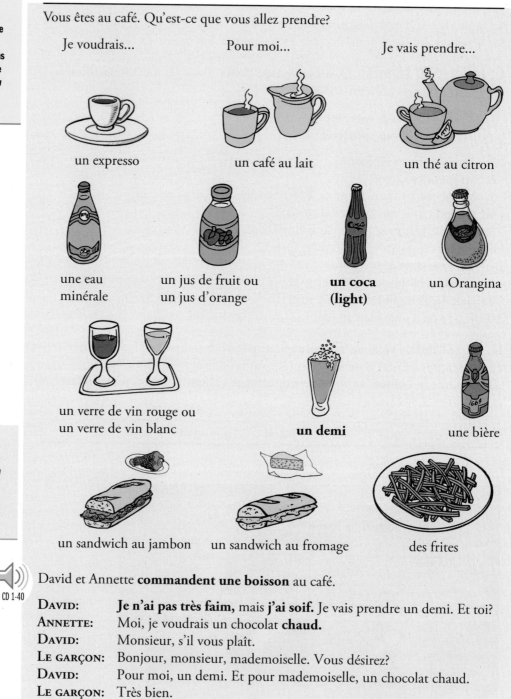

un expresso

un café au lait

un thé au citron

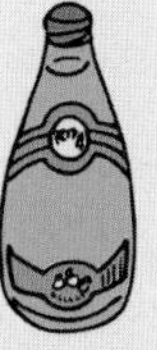

une eau minérale

un jus de fruit ou un jus d'orange

**un coca (light)**

un Orangina

un verre de vin rouge ou un verre de vin blanc

**un demi**

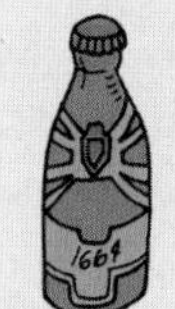

une bière

un sandwich au jambon

un sandwich au fromage

des frites

**Note** *de vocabulaire*

To say *I'm hungry / I'm not hungry*, say **J'ai faim / Je n'ai pas faim** *(I have hunger / I don't have hunger)*. To say *I'm thirsty / I'm not thirsty*, say **J'ai soif / Je n'ai pas soif** *(I have thirst / I don't have thirst)*. **J'ai** rhymes with the **ais** of **angl*ais*** and **faim** rhymes with ***vin***.

CD 1-40

David et Annette **commandent une boisson** au café.

DAVID: **Je n'ai pas très faim,** mais **j'ai soif.** Je vais prendre un demi. Et toi?
ANNETTE: Moi, je voudrais un chocolat **chaud.**
DAVID: Monsieur, s'il vous plaît.
LE GARÇON: Bonjour, monsieur, mademoiselle. Vous désirez?
DAVID: Pour moi, un demi. Et pour mademoiselle, un chocolat chaud.
LE GARÇON: Très bien.

**Sélection musicale.** Search the Web for the song **L'eau et le vin** by Vanessa Paradis to enjoy a musical selection containing this vocabulary.

**un coca (light)** *a (diet) Coke, a (diet) cola* **un demi** *a draft beer* **commander** *to order* **une boisson** *a drink, a beverage* **Je n'ai pas très faim (J'ai faim)** *I'm not very hungry (I'm hungry)* **j'ai soif** *I'm thirsty* **chaud(e)** *hot* **le garçon** *the waiter*

Après, David et Annette **paient.**

| | |
|---|---|
| **David:** | Ça fait combien, monsieur? |
| LE GARÇON: | Ça fait sept euros cinquante. |
| DAVID: | **Voilà** dix euros. |
| LE GARÇON: | Et **voici** votre **monnaie**. Merci bien. |

**Note** *culturelle*

**La monnaie d'usage en France est l'euro, comme dans tous les pays membres de l'Union monétaire européenne (UME). L'euro est divisé en 100 centimes. Le mot *argent* veut dire *money* en français, mais on entend *(one hears)* aussi des termes d'argot *(slang)* tels qu'un radis *(a radish)* ou une balle *(a bullet)* pour parler de l'argent. En anglais, est-ce qu'il y a une expression en argot pour dire *a dollar*?**

## A. Préférences.

Offrez les choses suivantes à un(e) camarade de classe.

**EXEMPLE**

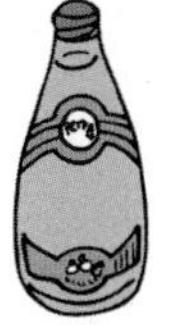

**—Tu voudrais une eau minérale ou un coca?**
**—Je voudrais une eau minérale / un coca.**

**1.**

**2.**

**3.**

**4.**

**5.**

## B. J'aime...

Est-ce que vous aimez les choses indiquées dans l'exercice précédent? Utilisez **le, la, l'** ou **les** pour indiquer ce que vous aimez ou ce que vous n'aimez pas.

**EXEMPLE** **J'aime bien l'eau minérale. Je n'aime pas du tout le coca.**

## À vous!

Avec deux autres étudiants, relisez à haute voix la conversation au café. Ensuite, adaptez la conversation pour commander ce que *(what)* vous voudriez. La troisième personne va jouer le rôle du serveur/de la serveuse *(server).* N'oubliez pas de *(Don't forget)* payer. Changez de rôles.

You can find a list of the new words from this ***Compétence*** on page 101 and audio for each item of this list at **www.cengagebrain.com/shop/ISBN/0495912492.**

---

**ils paient (payer** *to pay***)** **Voilà** *there is, there are* **voici** *here is, here are* **la monnaie** *change*

### ✓ Pour vérifier

1. How do you say **30**? **40**? **50**? **60**? **70**? **80**? **90**?
2. When do you use **et** with numbers? Do you use **et** with 81 and 91?
3. How do you say *one hundred*? Do you translate the word *one*?
4. What is the official currency of France?

## Paying the bill

### *Les chiffres de trente à cent et l'argent*

— Un café au lait, c'est combien?
— 3,50 € (trois euros cinquante).

**30** trente
**31** trente et un
**32** trente-deux
**33** trente-trois...

**40** quarante
**41** quarante et un
**42** quarante-deux
**43** quarante-trois...

**50** cinquante
**51** cinquante et un
**52** cinquante-deux
**53** cinquante-trois...

**60** soixante
**61** soixante et un
**62** soixante-deux
**63** soixante-trois...

**70** soixante-dix
**71** soixante et onze
**72** soixante-douze
**73** soixante-treize...

**80** quatre-vingts
**81** quatre-vingt-un
**82** quatre-vingt-deux
**83** quatre-vingt-trois...

**90** quatre-vingt-dix
**91** quatre-vingt-onze
**92** quatre-vingt-douze
**93** quatre-vingt-treize...

**100** cent

**France uses the euro, the common currency of most of the European Union, of which France is a part. A euro is divided into 100 cents or *centimes*. € is the symbol for the euro.**

## Prononciation

CD 1-41

### *Les chiffres*

Some French numbers are pronounced differently, depending on what follows them.

| | | |
|---|---|---|
| deu~~x~~ | deu~~x~~ cafés | deux ‿[z] euros |
| troi~~s~~ | troi~~s~~ cafés | trois ‿[z] euros |
| six[s] | si~~x~~ cafés | six ‿[z] euros |
| huit[t] | hui~~t~~ cafés | huit ‿[t] euros |
| dix[s] | di~~x~~ cafés | dix ‿[z] euros |

**A. Prononcez bien!** Commandez ces boissons. Faites attention à la prononciation des chiffres.

| | | |
|---|---|---|
| **EXEMPLES** | trois demis | **Trois demis, s'il vous plaît.** |
| | trois expressos | **Trois expressos, s'il vous plaît.** |

| | | | | |
|---|---|---|---|---|
| deux demis | trois demis | six demis | huit demis | dix demis |
| deux expressos | trois expressos | six expressos | huit expressos | dix expressos |

Maintenant, lisez ces prix *(prices)*. N'oubliez pas *(Don't forget)* de faire la liaison avec le mot **euro** si *(if)* nécessaire.

| | | | | | | | | | |
|---|---|---|---|---|---|---|---|---|---|
| 1 € | 11 € | 2 € | 12 € | 3 € | 13 € | 6 € | 16 € | 10 € | 20 € |
| 61 € | 71 € | 82 € | 92 € | 63 € | 73 € | 86 € | 96 € | 100 € | 80 € |

**B. Prix indicatifs.** Combien coûte chaque chose?

**EXEMPLE** une baguette **C'est 70 centimes.**

1. un journal
2. un expresso
3. un croissant
4. un litre de lait
5. un billet de cinéma
6. un litre d'essence *(gasoline)*

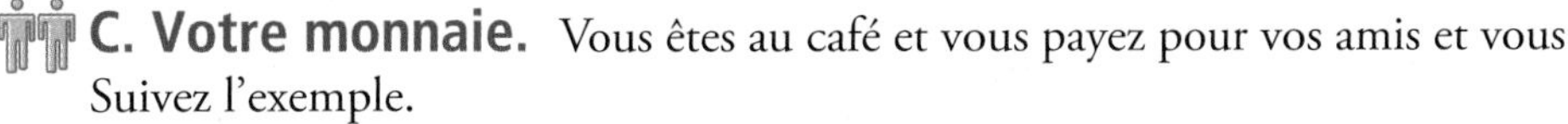

**C. Votre monnaie.** Vous êtes au café et vous payez pour vos amis et vous. Suivez l'exemple.

**EXEMPLE** 6,85 € (10 €)
**— C'est combien, monsieur?**
**— Six euros quatre-vingt-cinq, mademoiselle.**
**— Voilà dix euros.**
**— Et voici votre monnaie.**

1. 12,98 € (15 €)
2. 32,45 € (40 €)
3. 23,68 € (30 €)
4. 14,88 € (15 €)
5. 36,75 € (40 €)
6. 7,95 € (10 €)
7. 2,50 € (5 €)
8. 16,80 € (20 €)
9. 13,25 € (20 €)

CD 1-42

**D. Ça fait combien?** Écrivez les prix *(prices)* que vous entendez.

| | | |
|---|---|---|
| **EXEMPLE** | Vous entendez: | C'est dix euros cinquante. |
| | Vous écrivez: | **10,50 €** |

# Reprise

## Les Stagiaires

© Heinle/Cengage Learning

See the **Résumé de grammaire** section at the end of each chapter for a review of all the grammar presented in the chapter.

In ***Épisode 2,*** Camille realizes that Matthieu, the company's computer specialist, is interested in Amélie, as he tries to find out from her what kinds of things Amélie likes to do. Before you watch the episode, do these exercises to review what you have learned in ***Chapitre 2.***

**A. Passe-temps préférés.** Camille parle des passe-temps préférés des employés de Technovert. Complétez chaque phrase avec l'expression indiquée.

**EXEMPLE** Christophe aime **lire** *(to read)* des mangas.

1. Matthieu aime _______ *(to play)* à des jeux vidéo et _______ *(to work)* sur l'ordinateur.
2. M. Vieilledent aime _______ *(to go)* au café où il aime prendre un café et _______ *(to eat)* des croissants.
3. Rachid aime _______ *(to see)* un film ou _______ *(to dance)* avec ses *(his)* amis.
4. J'aime _______ *(to exercise).* J'aime surtout *(most of all)* _______ *(to swim).*
5. Amélie aime _______ *(to go out)* avec des amis. Elle aime _______ *(to have lunch)* au restaurant.
6. Céline aime _______ *(to talk)* au téléphone et _______ *(to write)* des mails.

Maintenant, demandez à votre partenaire s'il/si elle aime faire les choses mentionnées par Camille.

**EXEMPLE** **— Est-ce que tu aimes lire des mangas?**
**— J'aime lire, mais je n'aime pas les mangas.**

**B. Qu'est-ce qu'ils font?** Rachid et Amélie parlent ensemble. Imaginez comment ils complètent les phrases suivantes. Complétez chacune logiquement avec un verbe conjugué et un adverbe.

**EXEMPLE** mon meilleur ami / jouer au tennis
**Mon meilleur ami joue assez bien au tennis.**
**Mon meilleur ami ne joue jamais au tennis.**

| toujours | souvent | quelquefois | rarement | ne... jamais |
|---|---|---|---|---|
| beaucoup | assez | (un) peu | ne... pas du tout | |
| très bien | assez bien | comme ci comme ça | assez mal | très mal |

1. moi, je / nager
2. ma meilleure amie / aimer le sport
3. mes amis / jouer au golf
4. je / manger à la maison
5. ma famille et moi / dîner ensemble
6. nous / manger au restaurant
7. ma famille et moi / aimer voyager
8. nous / voyager ensemble

Maintenant, utilisez les mêmes éléments pour former des phrases pour parler de vous et de vos connaissances *(acquaintances).*

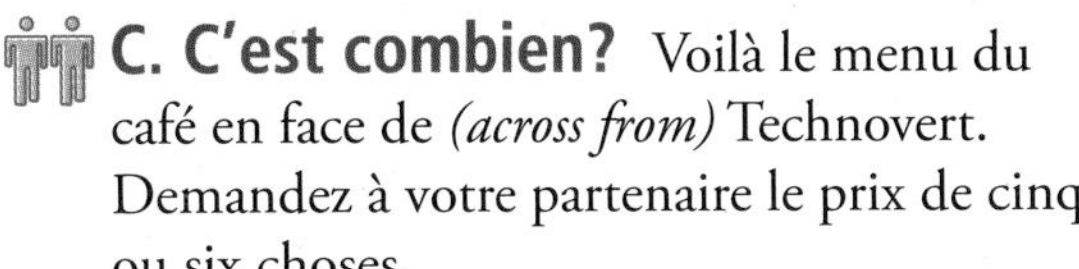

**C. C'est combien?** Voilà le menu du café en face de *(across from)* Technovert. Demandez à votre partenaire le prix de cinq ou six choses.

**EXEMPLE** un café express
**— Un café express, c'est combien?**
**— C'est deux euros quarante-cinq.**

## *L'heure du thé*

**Prix Service Compris (15%)**

| | | | |
|---|---|---|---|
| Café express | 2,45 | Thé (avec lait ou citron) | 3,50 |
| Double express | 4,10 | Thé à la menthe | 3,50 |
| Café au lait | 3,40 | Thé au fruit de la passion | 3,50 |
| Infusion *(Tilleul, verveine, menthe, tilleul-menthe, verveine-menthe, camomille)* | 3,50 | Thé à la framboise | 3,50 |
| | | Cappuccino | 4,30 |
| | | Croissants | 1,60 |
| Lait chaud | 2,90 | Confiture pot | 1,40 |
| Café décaféiné | 2,60 | Tartines beurrées | 2,80 |
| Double express avec pot de lait | 3,60 | Grog au rhum | 6,10 |
| Chocolat | 3,50 | Vin chaud | 3,75 |
| Café ou chocolat viennois | 4,30 | Irish Coffee | 7,80 |

Maintenant, dites ce que vous aimez prendre aux moments donnés.

1. Quand j'ai très soif, j'aime prendre...
2. Le matin, j'aime bien prendre...
3. Maintenant, je voudrais...
4. Avec un hamburger, j'aime prendre...
5. Quand je dîne au restaurant, j'aime prendre... comme *(as a)* boisson.

**D. Questions.** Céline et Amélie décident de sortir ensemble. Complétez leur conversation comme indiqué. Utilisez **est-ce que** pour poser les questions.

— Je voudrais sortir ce soir.
— ______________________? *(What would you like to do?)*
— Je voudrais aller voir le film *Star Time.*
— ______________________? *(Why would you like to see* Star Time*?)*
— Parce qu'il y a beaucoup d'action. Et toi? ______________________? *(Would you like to see* Star Time *too?)*
— Oui, beaucoup!
— ______________________? *(Are you free this evening?)* ______________________? *(Would you like to go to the movies with me?)*
— Bon, d'accord. ______________________? *(What time does the movie start?)*
— À 8h55. Je passe chez toi vers 8 heures?
— D'accord.

Maintenant, recommencez la conversation. Utilisez l'inversion pour poser les mêmes questions.

Access the Video ***Les Stagiaires*** at iLrn and on the *Horizons* Premium Website.

### Épisode 2: Elle est belle, non?

Dans ce clip, Matthieu pose beaucoup de questions à Camille au sujet d'Amélie. Quand Céline et Camille se rendent compte *(realize)* qu'il s'intéresse à Amélie, elles font un pari *(bet)* de dix euros: aura-t-il *(will he have)* le courage d'inviter Amélie à sortir ou non? Avant de regarder le clip, imaginez une des questions que Matthieu pose à Camille au sujet d'Amélie. Ensuite, regardez le clip et écrivez une des questions posées par *(asked by)* Matthieu.

# Lecture et Composition

## Lecture

### Pour mieux lire: *Making intelligent guesses*

By using cognates and what you already know about cafés, you should be able to make intelligent guesses about what is offered on this Parisian café menu. The following exercise will guide you.

**Vous savez déjà...** What you already know about cafés and restaurants will help you determine the following information.

1. Under **Buffet chaud,** what would **une omelette jambon** be? **une omelette fromage**? **une omelette nature**?
2. What you see at the bottom of the menu indicates that checks are accepted under one condition. What is usually the condition for accepting checks?
3. At the bottom of the menu, you see that the management claims it is not responsible for something. For what does management usually claim not to be responsible?

**AUX TROIS OBUS**
120, rue Michel-Ange
Paris

**NOS SALADES**

SALADE VERTE ______ 2,60
SALADE NIÇOISE ______ 7,00
*(Tomate, œuf, thon, olives, salade, anchois, riz, poivron)*
SALADE 3 OBUS ______ 7,00
*(Salade, choux-fleur, foies de volaille, jambon, œuf dur)*
SALADE POULET ______ 7,00
*(Émincé de poulet, maïs, riz, tomates, poivron, salade)*
SALADE MIXTE ______ 5,00
*(Tomates, œuf dur, salade)*
SALADE CHEF ______ 7,00
*(Tomates, pommes à l'huile, jambon, gruyère, salade, œuf dur)*
SALADE DE CRUDITÉS ______ 6,00
*(Concombres, tomates, carottes, choux)*

**BUFFET CHAUD**

ŒUFS AU PLAT NATURE (3 œufs) ______ 4,00
ŒUFS PLAT JAMBON (3 œufs) ______ 4,50
OMELETTE NATURE ______ 4,00
OMELETTE JAMBON ______ 4,50
OMELETTE FROMAGE ______ 4,50
OMELETTE MIXTE (Jambon, fromage) ______ 6,50
OMELETTE PARMENTIER ______ 4,50
CROQUE-MONSIEUR ______ 4,00
CROQUE-MADAME ______ 4,80
HOT-DOG ______ 4,00
FRANCFORTS FRITES ______ 5,00
ASSIETTE DE FRITES ______ 2,60

MOULES MARINIERES 7,00 €
FRISEE AUX LARDONS 7,00 €
ROTI DE BOEUF PUREE 7,50 €
CASSOULET AU CONFIT 11,00 €
ST JACQUES PROVENCALE 14,00 €

**NOS SANDWICHES**

JAMBON DE PARIS ______ 2,20
SAUCISSON SEC ______ 2,20
SAUCISSON A L'AIL ______ 2,20
RILLETTES ______ 2,20
MIXTE (Jambon, gruyère) ______ 3,50
SANDWICH CRUDITÉS ______ 3,50
JAMBON DE PAYS ______ 4,00
PÂTÉ ______ 2,20
TERRINE DU CHEF ______ 4,00
CLUB SANDWICH ______ 6,00
*(Pain de mie, poulet, jambon, tomates, œuf, laitue, mayonnaise)*
JAMBON A L'OS ______ 4,00
GRUYÈRE, CAMEMBERT ______ 2,20

Suppl. Pain mie 0,50 Campagne 0,80

**FROMAGES**

Camembert ______ 2,60
Roquefort ______ 3,00
Brie ______ 3,00
Cantal ______ 3,00
Chèvre ______ 3,00
Gruyère ______ 3,00
Assiette de fromages ______ 5,00

**PRIX SERVICE COMPRIS (15%)**
**Les chèques sont acceptés sur présentation d'une pièce d'identité.**
**La direction n'est pas responsable des objets oubliés dans l'établissement.**



## Compréhension

**A. Mots apparentés.** Read the menu and use cognates to identify:

1. Two kinds of sandwiches.
2. Three or four items used in the salads.
3. Two or three items you could order from the **buffet chaud.**

**B. Lisez bien.** Read the menu and answer these questions.

1. C'est combien pour une salade verte? pour une salade niçoise? pour une salade de crudités? pour une omelette jambon?
2. Le service est compris? Les chèques sont acceptés?

**C. Bon appétit!** Make a list of everything you can identify on this menu, then order something in French.

## Composition

**Pour mieux écrire** *Using logical order and standard phrases*

When writing about an activity that you have done often, such as ordering at a café or restaurant, it is useful to start by jotting down the usual sequence of events and typical phrases that are used at each step. This will provide you with a basic framework which you can flesh out with details.

**Organisez-vous.** You are going to prepare a scene in which two friends meet, talk, and order at a café. Before you begin, make sure you remember how to do these things in French.

- How do you greet a friend?
- How do you call the server over and order a drink?
- How do you talk about what you do on the weekend?
- How do you ask what your companion likes to do and say what you like or do not like to do?
- How do you invite a friend to do something?
- How do you pay the bill?
- How do you say good-bye?

### Au café

Using your answers from the preceding activity, write a conversation in which two college students meet at a café. They greet each other, order a drink, and start to chat about what they have in common. Remember to add details, such as when they like to do some things or why they do not like to do other things. They finally make plans to do something later, they get the bill, and they pay.

# Comparaisons culturelles

## Le café et le fast-food

Le café en France est presque une institution sociale. Il y a des cafés **partout.**

Les gens aiment aller au café pour prendre un café, déjeuner, travailler, passer du temps avec des amis ou passer une heure tranquille.

Dans certains cafés, les cafés-tabacs, **on peut aussi acheter** des cigarettes, des **timbres,** des **cartes téléphoniques** et des cartes postales.

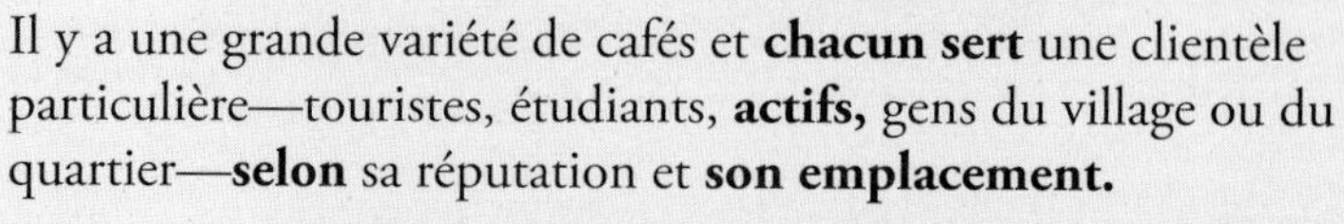

Il y a une grande variété de cafés et **chacun sert** une clientèle particulière—touristes, étudiants, **actifs,** gens du village ou du quartier—**selon** sa réputation et **son emplacement.**

**partout** *everywhere* **on peut aussi acheter** *one can also buy* **timbres** *stamps* **cartes téléphoniques** *phone cards* **chacun sert** *each one serves* **actifs** *working people* **selon** *according* **son emplacement** *its location*

Voici **quelques renseignements utiles.**

© Tom Craig/Alamy

Au bar, **les prix** sont plus **bas**.

© Nicholas Raducnu/Heinle/Cengage Learning

Si vous préférez être à la terrasse, les prix sont souvent plus **élevés**. Les chaises font face à la rue parce qu'un des plaisirs du café, c'est de **pouvoir** regarder **les passants.**

© Esther Marshall/Heinle/Cengage Learning

© Esther Marshall/Heinle/Cengage Learning

**Malgré la renommée** du café, il y a de moins en moins de cafés en France et de plus en plus de fast-foods comme McDonald's (Macdo) et Quick.

## Compréhension

1. Vous visitez la France. Préférez-vous déjeuner dans un fast-food ou dans un café? Pourquoi?
2. En France, il y a de plus en plus de fast-foods et de moins en moins de cafés. Pourquoi?
   a. Le service dans un fast-food est plus rapide.
   b. Les Français pensent que les hamburgers sont meilleurs que les sandwichs.
   c. Les choses américaines sont très à la mode *(in fashion).*
3. En France, le service est presque toujours compris *(included).* Aimez-vous cette idée? Pourquoi?
   a. Non, parce que c'est plus cher *(expensive).*
   b. Oui, parce que c'est plus simple. (Je n'aime pas faire de calculs.)
   c. Non, ça influence la qualité du service.
4. Est-ce que le café est plus populaire en France qu'ici? Qu'est-ce qu'on aime *(does one like)* faire au café en France? Et ici?

Visit **www.cengagebrain.com/shop/ISBN/0495912492** for additional cultural information and activities.

**quelques renseignements utiles** *some useful information* **les prix** *prices* **bas** *low* **élevés** *high* **pouvoir** *to be able to* **les passants** *passers-by*
**Malgré la renommée** *In spite of the fame*

## The infinitive, *-er* verbs, and adverbs

Qu'est-ce que tu aimes **faire** le soir?
J'aime **rester** à la maison et **lire** ou **sortir** pour **aller voir** un film.
Mes amis **aiment** sortir mais moi j'**aime** rester à la maison.

The first verb in a clause is conjugated. Verbs after the first verb are in the infinitive (the base form of the verb). French infinitives end in **-er, -ir, -oir,** or **-re.**

**écouter** *to listen to* **dormir** *to sleep* **voir** *to see* **prendre** *to take*

Here is the pattern of conjugation for verbs ending in **-er,** except **aller.**

| PARLER *(to speak)* | |
|---|---|
| je parl**e** | nous parl**ons** |
| tu parl**es** | vous parl**ez** |
| il/elle parl**e** | ils/elles parl**ent** |

Nous voyag**e**ons souvent ensemble.

Nous commen**ç**ons l'examen.

With verbs ending in **-ger,** insert an **e** before the **-ons** ending in the **nous** form.

With verbs ending in **-cer,** the **c** changes to a **ç** before the **-ons** ending in the **nous** form.

Après les cours, je **préfère** rentrer à la maison. Mais le vendredi après-midi, mes amis et moi **préférons** aller prendre un verre.

If the next-to-last syllable of an **-er** infinitive has an **e** or an **é,** this letter often changes to an **è** in all forms except **nous** and **vous.**

| PRÉFÉRER *(to prefer)* | |
|---|---|
| je préf**è**re | nous préférons |
| tu préf**è**res | vous préférez |
| il/elle préf**è**re | ils/elles préf**è**rent |

J'**envoie** souvent des textos.
Vous **envoyez** rarement des textos.

With verbs ending in **-yer,** the **y** changes to an **i** in all forms except **nous** and **vous.**

| ENVOYER *(to send)* | |
|---|---|
| j' envo**i**e | nous envoyons |
| tu envo**i**es | vous envoyez |
| il/elle envo**i**e | ils/elles envo**i**ent |

The present tense in French is the equivalent of three present tenses in English.

Je parle français. { *I speak French.* / *I am speaking French.* / *I do speak French.* }

Je danse **souvent** le week-end.
Je joue **bien** au tennis.
Je vais au cinéma **quelquefois.**
**D'abord,** je prépare mes cours.
Je travaille le soir **d'habitude.**
Je joue du piano **comme ci comme ça.**
Je **ne** travaille **jamais** le samedi.

Adverbs that tell how much, how often, or how well you do something are generally placed immediately after the verb. However, **d'abord, quelquefois,** and **d'habitude** are normally placed at the beginning or end of the clause and **comme ci comme ça** is placed at the end. **Ne... jamais** surrounds the conjugated verb.

## Information questions and inversion

To ask information questions, place the appropriate question word (**où, qui,** etc.) before **est-ce que.**

| | |
|---|---|
| **Où** est-ce que tu travailles? | *(Where . . . ?)* |
| **Qui** est-ce que tu voudrais inviter? | *(Who . . . ?)* |
| **Avec qui** est-ce que tu déjeunes? | *(With whom . . . ?)* |
| **Pourquoi** est-ce que tu es ici? | *(Why . . . ?)* |
| **Qu'**est-ce que tu voudrais? | *(What . . . ?)* |
| **Quand** est-ce que tu déjeunes? | *(When . . . ?)* |
| **À quelle heure** est-ce que tu dînes? | *(At what time . . . ?)* |
| **Quels jours** est-ce que tu es en cours? | *(What / Which days . . . ?)* |
| **Comment** est-ce que tu aimes passer la matinée? | *(How . . . ?)* |

Je suis en cours le mardi et le jeudi. Et toi? **Quand est-ce que** tu es en cours?

Do not use **est-ce que** with **qui** when it is the subject of the verb, or with **où** or **comment** when they are followed by **être.**

**Qui travaille** ici?
**Où est** le club de gym?
**Comment sont** tes cours?

You can also form questions by inverting the verb and its subject pronoun. Remember that:

- You do not normally use inversion with **je.**
- If the subject of the verb is a noun, state the noun, then insert the corresponding pronoun to invert with the verb.
- When the inverted subject is **il** or **elle** and the verb ends *in a vowel,* you place a **-t-** between the verb and the pronoun.
- The inverted forms of **il y a** and **c'est** are **y a-t-il** and **est-ce.**

Où **travaillez-vous**?
À quelle heure **êtes-vous** en cours?

**Je comprends** bien?
Les cours **sont-ils** difficiles?

Marie **parle-t-elle** français?
Marie **est-elle** d'ici?
**Y a-t-il** un café dans le quartier?
**Est-ce** un bon café?

## The numbers from 30 to 100 and money

The **euro** is the official currency of France. A euro is composed of 100 **centimes.** Read prices as:

10,10 € = dix euros dix
84,35 € = quatre-vingt-quatre euros trente-cinq
65,75 € = soixante-cinq euros soixante-quinze
100,50 € = cent euros cinquante

— C'est combien, un expresso?
— C'est **deux euros quarante.**

The numbers from 30 to 100 are based on:

30 trente
40 quarante
50 cinquante
60 soixante
70 soixante-dix
80 quatre-vingts
90 quatre-vingt-dix
100 cent

# VOCABULAIRE

## COMPÉTENCE 1

### Saying what you like to do

**EXPRESSIONS VERBALES**

| | |
|---|---|
| **J'aime...** | *I like . . .* |
| **Je préfère...** | *I prefer . . .* |
| **Je voudrais (bien)...** | *I would like . . .* |
| **aller en boîte / au café / au cinéma** | *to go to a club / to the café / to the movies* |
| **bricoler** | *to do handiwork* |
| **danser** | *to dance* |
| **dîner au restaurant** | *to have dinner in a restaurant* |
| **dormir** | *to sleep* |
| **écouter la radio / la chaîne hi-fi / de la musique** | *to listen to the radio / the stereo / music* |
| **écrire un mail** | *to write an e-mail* |
| **envoyer un texto** | *to send a text message* |
| **faire** | *to do, to make* |
| **faire de l'exercice** | *to exercise* |
| **faire du jogging** | *to jog, to go jogging* |
| **faire du ski** | *to ski, to go skiing* |
| **faire du sport** | *to play sports* |
| **faire du vélo** | *to ride a bike* |
| **faire quelque chose** | *to do something* |
| **inviter des amis à la maison** | *to invite friends to the house* |
| **jouer à des jeux vidéo** | *to play video games* |
| **jouer au base-ball / au basket / au football / au football américain / au golf / au tennis / au volley** | *to play baseball / basketball / soccer / football / golf / tennis / volleyball* |
| **jouer du piano / de la batterie / de la guitare** | *to play piano / drums / guitar* |
| **lire** | *to read* |
| **parler au téléphone** | *to talk on the phone* |
| **prendre un verre** | *to have a drink* |
| **regarder la télé(vision)** | *to watch TV* |
| **regarder une vidéo / un DVD** | *to watch a video / a DVD* |
| **rester à la maison** | *to stay home* |
| **sortir avec des ami(e)s** | *to go out with friends* |
| **surfer le Net** | *to surf the Net* |
| **travailler sur l'ordinateur** | *to work on the computer* |
| **voir un film** | *to see a movie* |
| **On va... ?** | *Shall we go . . . ?* |
| **Qu'est-ce que vous aimez faire?** | *What do you like to do?* |
| **Qu'est-ce que vous voudriez faire?** | *What would you like to do?* |
| **Tu voudrais... ?** | *Would you like . . . ?* |

**DIVERS**

| | |
|---|---|
| **À ce soir!** | *See you tonight!, See you this evening!* |
| **après les cours** | *after class* |
| **D'accord!** | *Okay!* |
| **un passe-temps** | *a pastime* |
| **Pourquoi pas?** | *Why not?* |
| **quelque chose** | *something* |
| **Tu es libre ce soir?** | *Are you free this evening?* |
| **vers** | *about, around, toward* |
| **vraiment** | *really, truly* |

## COMPÉTENCE 2

### Saying how you spend your free time

**NOMS MASCULINS**

| | |
|---|---|
| **le ciné-club** | *the cinema club* |
| **un classique** | *a classic* |

**NOMS FÉMININS**

| | |
|---|---|
| **une activité** | *an activity* |
| **la fac** | *the university, the campus* |

**EXPRESSIONS VERBALES**

| | |
|---|---|
| **Qu'est-ce que vous faites?** | *What are you doing?, What do you do?* |
| **Qu'est-ce que tu fais?** | *What are you doing?, What do you do?* |
| **chanter** | *to sing* |
| **commencer** | *to begin, to start* |
| **faire de la musique** | *to play music* |
| **faire du shopping** | *to go shopping* |
| **gagner** | *to win* |
| **jouer au hockey** | *to play hockey* |
| **manger** | *to eat* |
| **nager** | *to swim* |
| **passer chez...** | *to go by . . . 's house* |
| **passer le temps / la matinée** | *to spend one's time / the morning* |
| **préférer** | *to prefer* |
| **préparer mes cours** | *to prepare for my classes, to study* |
| **répéter** | *to repeat* |
| **rester au lit** | *to stay in bed* |
| **je vais** | *I am going, I go* |
| **voyager** | *to travel* |

**ADVERBES**

| | |
|---|---|
| **(très / assez) bien** | *(very / fairly) well* |
| **comme ci comme ça** | *so-so* |
| **d'abord** | *first* |
| **d'habitude** | *usually* |
| **jusqu'à** | *until* |
| **(très / assez) mal** | *(very / fairly) badly* |
| **mieux (que)** | *better (than)* |
| **ne... jamais** | *never* |
| **presque** | *almost* |
| **quand** | *when* |
| **quelquefois** | *sometimes* |
| **rarement** | *rarely* |
| **souvent** | *often* |
| **toujours** | *always* |

**DIVERS**

| | |
|---|---|
| **chez...** | *to / at / in / by . . . 's house* |
| **le samedi matin / après-midi / soir** | *(on) Saturday mornings / afternoons / evenings* |
| **le week-end** | *the weekend, weekends, on the weekend* |

## COMPÉTENCE 3

### Asking about someone's day

**NOMS MASCULINS**

| | |
|---|---|
| **l'après-midi** | *the afternoon* |
| **un fast-food** | *a fast-food restaurant* |
| **un jour** | *a day* |
| **mon mari** | *my husband* |
| **le matin** | *the morning* |
| **un parc** | *a park* |
| **mon petit ami** | *my boyfriend* |
| **le soir** | *the evening* |

**NOMS FÉMININS**

| | |
|---|---|
| **ma femme** | *my wife* |
| **la journée** | *the day* |
| **ma petite amie** | *my girlfriend* |

**EXPRESSIONS VERBALES**

| | |
|---|---|
| **aimer mieux** | *to like better, to prefer* |
| **aller au parc** | *to go to the park* |
| **déjeuner** | *to have lunch, to eat lunch* |
| **demander** | *to ask (for)* |
| **je dors** | *I am sleeping, I sleep* |
| **manger dans un fast-food** | *to eat in a fast-food restaurant* |
| **rentrer** | *to return, to go back (home)* |

**EXPRESSIONS ADVERBIALES**

| | |
|---|---|
| **l'après-midi** | *in the afternoon, afternoons* |
| **de... heures à... heures** | *from . . . o'clock to . . . o'clock* |
| **ensemble** | *together* |
| **le matin** | *in the morning, mornings* |
| **le soir** | *in the evening, evenings* |
| **tous les jours** | *every day* |
| **toute la journée** | *all day* |

**EXPRESSIONS INTERROGATIVES**

| | |
|---|---|
| **à quelle heure** | *at what time* |
| **avec qui** | *with whom* |
| **comment** | *how* |
| **où** | *where* |
| **pourquoi (parce que)** | *why (because)* |
| **quand** | *when* |
| **quel(s) jour(s)** | *(on) what / which day(s)* |
| **que (qu'est-ce que)** | *what* |
| **Qu'est-ce que c'est?** | *What is this/that/it?, What are these/those/they?* |
| **qui** | *who(m)* |
| **Qui est-ce?** | *Who is he/she/it/this/that?, Who are they?* |

**DIVERS**

| | |
|---|---|
| **avec elle** | *with her* |
| **avec lui** | *with him* |
| **en général** | *in general* |
| **par exemple** | *for example* |
| **riche** | *rich* |
| **sauf** | *except* |
| **sexy** | *sexy* |
| **sublime** | *sublime, amazing* |
| **typique** | *typical* |

## COMPÉTENCE 4

### Going to the café

**NOMS MASCULINS**

| | |
|---|---|
| **l'argent** | *money, silver* |
| **un café (au lait)** | *a coffee (with milk)* |
| **un centime** | *a centime, a cent* |
| **un chocolat (chaud)** | *a (hot) chocolate* |
| **un coca (light)** | *a (diet) Coke, a (diet) cola* |
| **un demi** | *a draft beer* |
| **un euro** | *a euro* |
| **un expresso** | *an espresso* |
| **un garçon** | *a waiter* |
| **un jus de fruit / d'orange** | *a fruit / an orange juice* |
| **un Orangina** | *an Orangina* |
| **un sandwich au fromage / au jambon** | *a cheese / ham sandwich* |
| **un thé (au citron)** | *a tea (with lemon)* |
| **un verre de vin blanc / rouge** | *a glass of white / red wine* |

**NOMS FÉMININS**

| | |
|---|---|
| **une bière** | *a beer* |
| **une boisson** | *a drink, a beverage* |
| **une eau minérale** | *a mineral water* |
| **des frites** | *some fries* |
| **la monnaie** | *change* |

**CHIFFRES**

| | |
|---|---|
| **quarante, quarante et un...** | *forty, forty-one . . .* |
| **cinquante, cinquante et un...** | *fifty, fifty-one . . .* |
| **soixante, soixante et un...** | *sixty, sixty-one . . .* |
| **soixante-dix, soixante et onze...** | *seventy, seventy-one . . .* |
| **quatre-vingts, quatre-vingt-un...** | *eighty, eighty-one . . .* |
| **quatre-vingt-dix, quatre-vingt-onze...** | *ninety, ninety-one . . .* |
| **cent** | *one hundred* |

**DIVERS**

| | |
|---|---|
| **Ça fait combien?** | *How much is it?* |
| **Ça fait... euros.** | *That makes . . . euros.* |
| **C'est combien?** | *How much is it?* |
| **chaud(e)** | *hot* |
| **commander** | *to order (food and drink)* |
| **J'ai faim. / Je n'ai pas faim.** | *I'm hungry. / I'm not hungry.* |
| **J'ai soif. / Je n'ai pas soif.** | *I'm thirsty. / I'm not thirsty.* |
| **payer** | *to pay* |
| **Qu'est-ce que vous allez prendre?** | *What are you going to have?* |
| **Vous désirez?** | *What would you like?* |
| **Je vais prendre...** | *I'm going to have . . .* |
| **Je voudrais...** | *I would like . . .* |
| **Pour moi... s'il vous plaît.** | *For me . . . please.* |
| **voici** | *here is, here are* |
| **voilà** | *there is, there are* |
| **votre (vos)** | *your* |

# Interlude musical

## Quand l'humain danse

### Maurane

You can access these songs at the iTunes playlist on **www.cengagebrain.com/shop/ISBN/0495912492.**

Born into a household of classical musicians, Maurane varies her musical style to include elements of traditional French songs, jazz, swing, electro, and world music. In the song ***Quand l'humain danse***, she suggests that you put your worries aside and dance («**Pourquoi ne danses-tu pas?**») and celebrates the universal joy of music and dance. Use the following exercise to help you understand the song.

**Maurane, de son vrai nom *(whose real name is)* Claudine Luypaerts, est belge.**

**Quand l'humain danse.** Voici quelques idées exprimées dans les paroles de la chanson *(expressed in the lyrics of the song)* ***Quand l'humain danse.*** Indiquez si chacune est une expression qui indique la joie de vivre *(joy of living)* ou la frustration.

| | JOIE DE VIVRE | FRUSTRATION |
|---|---|---|
| **1.** J'entends la vie qui tangue et mon cœur qui bat.<br>*I hear life reeling and my heart beating.* | ☐ | ☐ |
| **2.** Quand l'humain danse, tout va.<br>*When humans dance, all is OK.* | ☐ | ☐ |
| **3.** J'ai envie de me dire doucement de danser.<br>*I feel like telling myself gently to dance.* | ☐ | ☐ |
| **4.** Tu vois tes rêves qui fondent.<br>*You see your dreams melting away.* | ☐ | ☐ |
| **5.** Ta jauge est au plus bas.<br>*Your gage is at its lowest.* | ☐ | ☐ |
| **6.** C'est une question d'amour dans le sang.<br>*It's a question of love in your blood.* | ☐ | ☐ |

## Chantez, chantez

Amadou et Mariam sont du Mali.

Amadou Bagayoko and Mariam Doumbia met at Mali's *Institute for the Young Blind* and married in 1980. In 1986, they moved from Mali to Côte d'Ivoire to advance their career. Mixing rock guitar with traditional Malian sounds, their music is known as Afro-blues. Like many francophone Africans, they speak both French and an African language. The song ***Chantez, chantez*** is mainly in French, with a few lines in Bambara, another language spoken in Mali. The following activity will help you better understand the song.

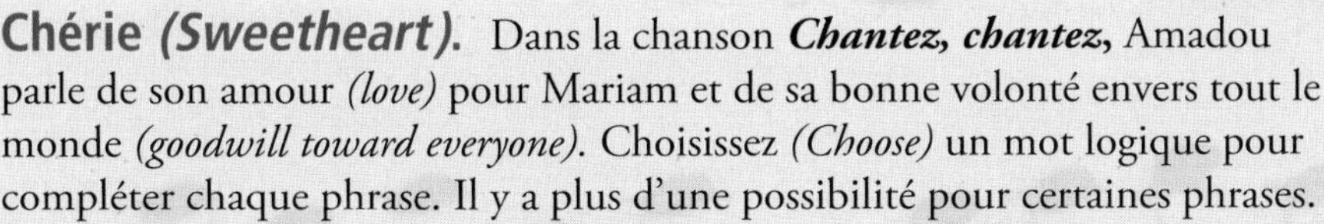

**Chérie *(Sweetheart)*.** Dans la chanson ***Chantez, chantez,*** Amadou parle de son amour *(love)* pour Mariam et de sa bonne volonté envers tout le monde *(goodwill toward everyone)*. Choisissez *(Choose)* un mot logique pour compléter chaque phrase. Il y a plus d'une possibilité pour certaines phrases.

| | | |
|---|---|---|
| aime | donne | parle |
| voix *(voice)* | tiens *(hold)* | jure *(swear)* |
| adore | guitare | |
| préfère | chante | |

1. Écoutez cette *(this)* _____________.
2. _____________ -moi ta main *(your hand)* / ton cœur *(your heart)*.
3. _____________ -moi dans tes bras *(your arms)*.
4. C'est toi que je (j') _____________.
5. Je ne _____________ que pour toi. *(I only _____________ for you.)*
6. Je ne _____________ qu'avec toi. *(I only _____________ with you.)*
7. Je ne _____________ que par toi. *(I only _____________ by you.)*

| | | |
|---|---|---|
| belle | du bonheur *(happiness)* | perdre *(to lose)* |
| reste | liberté | jolie |
| abandonner | jouer | de l'amour *(love)* |
| sauter *(to jump)* | gentille | |
| danser | chanter | |

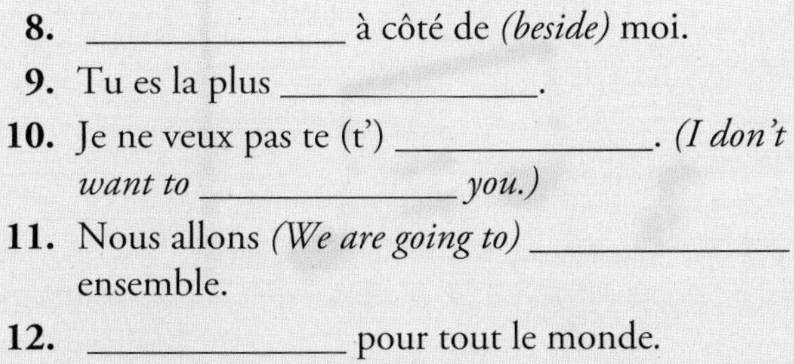

8. _____________ à côté de *(beside)* moi.
9. Tu es la plus _____________.
10. Je ne veux pas te (t') _____________. *(I don't want to _____________ you.)*
11. Nous allons *(We are going to)* _____________ ensemble.
12. _____________ pour tout le monde.

## En Amérique: Au Québec

# Un nouvel appartement

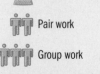

iLrn Heinle Learning Center

www.cengagebrain.com/shop/ISBN/0495912492

*Horizons* Video: Les Stagiaires

Audio

Internet web search

Pair work

Group work

© Paul Nevin/Ticket/PhotoLibrary

# Chapitre 3

## COMPÉTENCE

**1** Talking about where you live
Le logement
Giving prices and other numerical information
*Les chiffres au-dessus de 100 et les nombres ordinaux*
Stratégies et Lecture
- **Pour mieux lire:** *Guessing meaning from context*
- **Lecture:** *Un nouvel appartement*

**2** Talking about your possessions
Les effets personnels
Saying what you have
*Le verbe* ***avoir***
Saying where something is
*Quelques prépositions*

**3** Describing your room
Les meubles et les couleurs
Identifying your belongings
*La possession et les adjectifs possessifs* ***mon, ton*** *et* ***son***
Indicating to whom something belongs
*Les adjectifs possessifs* ***notre, votre*** *et* ***leur***

**4** Giving your address and phone number
Des renseignements
Telling which one
*Les adjectifs* ***quel*** *et* ***ce***

Reprise *Les Stagiaires*

Lecture et Composition
- Pour mieux lire: *Previewing content*
- Lecture: *Les couleurs et leurs effets sur la nature humaine*
- Pour mieux écrire: *Brainstorming*
- Composition: *Un mail*

Comparaisons culturelles *Le Québec d'aujourd'hui*

Résumé de grammaire

Vocabulaire

# En Amérique: Le Canada et Le Québec

Où est-ce qu'**on** parle français **aux Amériques**? **Laquelle** de ces régions voudriez-vous visiter? Dans quelle province canadienne y a-t-il le plus de francophones? Voudriez-vous visiter cette province?

**Plus vaste que l'Alaska, le Québec est la plus grande des provinces canadiennes et 25% de la population canadienne habite dans cette province.**

Do you know why there are so many francophones in Quebec? How would you characterize the linguistic situation in Canada today? Research online the history of French in Canada and the current linguistic situation there.

**on** *one, people, they* **aux Amériques** *in the Americas* **Laquelle** *Which one* **la plus grande** *the biggest*

**Le Québec**
**Nombre d'habitants: 7 782 600**
**Capitale: Québec**

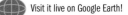

Visit it live on Google Earth!

## Qu'en savez-vous?

Regardez la carte *(map)* de l'Amérique francophone et lisez le texte qui accompagne les photos. Ensuite, complétez ces phrases.

1. Aux États-Unis, il y a des communautés francophones dans plusieurs états de *(several states of)* la Nouvelle-A __________ et dans l'état de la L __________. En Amérique du Sud, la G __________ française est francophone. On parle français dans plusieurs îles caraïbes: la M __________, la G__________, Saint-__________ et H __________.
2. Le __________ est la plus grande province du Canada et __________% de la population canadienne y habite *(lives there)*. C'est la province francophone la plus importante du Canada!
3. __________ est la plus grande ville de la province de Québec, mais __________ est sa capitale. Québec est la plus __________ ville du Canada.

© Keith Levit Photography/Index Open

**Montréal, grand centre culturel et commercial, est la plus grande ville du Québec.**

© Yoshio Tomii/SuperStock

© Walter Bibikow/age fotostock/PhotoLibrary

**La ville de Québec est la capitale de la province de Québec. Fondée en 1608, c'est la plus vieille ville du Canada.**

**ville** *city*

# Talking about where you live

**Sélection musicale.** Search the Web for the song **Fille de ville** by Marie-Élaine Thibert to enjoy a musical selection related to this vocabulary.

## Le logement

J'habite... dans une maison
dans un appartement
dans un grand **immeuble**
à la résidence universitaire
chez mes parents

Ma maison est... / Mon appartement est... / Ma chambre est...
grand / petit(e)
moderne / vieux (vieille)
joli(e) / laid(e)
**(trop) cher (chère)**
confortable

J'habite... sur le campus
**tout près de** l'université
**(assez) loin de** l'université
**au centre-ville**
**en ville**
**en banlieue**
**à la campagne**

**Le loyer** est de... 550$ (cinq cent cinquante dollars) **par mois**
600$ (six cents dollars)
1 200$ (mille deux cents dollars)

**Je n'ai pas** de loyer!

Chez moi, il y a six **pièces** *(f)*.

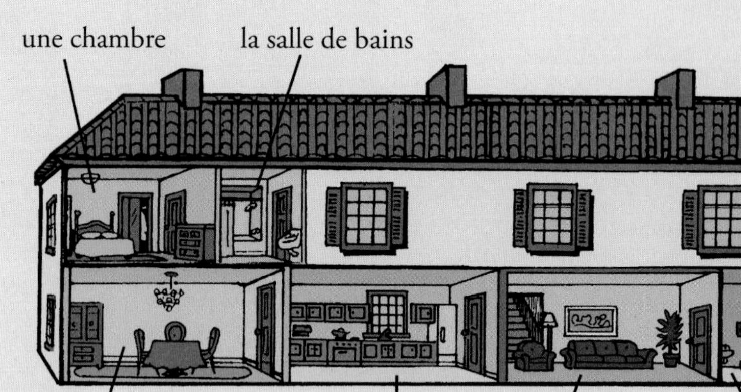


Vocabulaire supplémentaire

**une caravane** *a travel trailer*
**une cave** *a cellar*
**un duplex** *a split-level apartment*
**un emprunt-logement** *a home loan*
**un garage** *a garage*
**un grenier** *an attic*
**un jardin** *a yard, a garden*
**un mobile-home** *a mobile home*
**une lingerie** *a laundry room*
**une salle de séjour** *a family room, a den*
**un W.-C.** *a restroom*

**Le logement** *Lodging, Housing* **un immeuble** *an apartment building* **trop** *too* **cher (chère)** *expensive* **(tout) près (de)** *(very) near* **(assez) loin (de)** *(rather) far (from)* **au centre-ville** *downtown* **en ville** *in town* **(une ville** *a city***)** **en banlieue** *in the suburbs* **à la campagne** *in the country* **Le loyer** *The rent* **par mois** *per month* **Je n'ai pas** *I don't have* **une pièce** *a room*

CD 1-43

Robert, un jeune Américain, **va** étudier à l'université Laval, au Québec. Il parle au téléphone à son ami Thomas, avec qui il pense habiter.

**Robert:** Où est-ce que tu habites?
**Thomas:** J'habite dans un immeuble au centre-ville.
**Robert:** **À quel étage?**
**Thomas:** Mon appartement est au deuxième étage.
**Robert:** Tu habites seul?
**Thomas:** Non, j'habite avec Claude, mon colocataire.
**Robert:** L'université est loin de chez toi?
**Thomas:** Non, pas très loin. Et il y a **un arrêt d'autobus** tout près. C'est très **commode.**
**Robert:** Et l'appartement est agréable?
**Thomas:** J'aime beaucoup mon appartement. Il est assez grand et pas trop cher.

**Note** *culturelle*

**Dans les hôtels et les autres immeubles au Québec et en France, faites attention! Le premier étage est l'étage au-dessus du *(above the)* rez-de-chaussée. C'est-à-dire *(That is to say)* que le rez-de-chaussée est *the first floor / ground floor* et le premier étage est *the second floor*. À quel étage habitez-vous?**

## A. Et vous?

Complétez les phrases avec les mots en italique qui correspondent le mieux à votre situation.

1. J'habite dans *un appartement / une maison / une chambre.*
2. *Mon appartement / Ma chambre / Ma maison* est *sur le campus / (tout) près de l'université / (très / assez) loin de l'université.*
3. Il/Elle est *au centre-ville / en ville / en banlieue / à la campagne.*
4. Il/Elle est *joli(e) / grand(e) / moderne / confortable / ???.*
5. Il/Elle *est / n'est pas* trop cher (chère).
6. Le loyer est de *plus / moins* de cinq cents dollars par mois.
7. Chez moi, il y a *une / deux / trois / quatre / ???* chambre(s).
8. Je passe beaucoup de temps dans *la cuisine / le salon / ma chambre / ???.*
9. Ma chambre est *au rez-de-chaussée / au premier étage / ???.*
10. *Il y a un ascenseur / Il n'y a pas d'ascenseur* chez moi.

## B. Entretien.

Interviewez votre partenaire.

1. Est-ce que tu habites chez tes parents? Est-ce que tu habites dans une maison, dans un appartement ou dans une chambre à la résidence universitaire? Comment est la maison / la chambre / l'appartement? Est-ce qu'il est cher / elle est chère?
2. Tu habites près de l'université, loin de l'université ou sur le campus? Est-ce que c'est commode? Est-ce qu'il y a un arrêt d'autobus tout près?
3. Préfères-tu habiter au centre-ville, en ville, en banlieue ou à la campagne? Préfères-tu habiter au rez-de-chaussée ou au premier étage?
4. Quelles pièces est-ce qu'il y a chez toi? Dans quelle pièce aimes-tu passer beaucoup de temps? Dans quelle pièce préfères-tu faire tes devoirs? manger?

## À vous!

Avec un(e) partenaire, relisez à haute voix la conversation entre Robert et Thomas. Ensuite, adaptez la conversation pour décrire votre propre situation.

---

**va (aller** *to go***)** **À quel étage?** *On what floor?* (**un étage** *a floor* [of a building]) **un arrêt d'autobus** *a bus stop* **commode** *convenient*

You can find a list of the new words from this ***Compétence*** on page 138 and audio for each item of this list at **www.cengagebrain.com/shop/ISBN/0495912492.**

## Pour vérifier

1. How do you say 100? 1,000? 1,000,000? Before which two of these numbers do you never put **un**?
2. How do you say 1 503? 12 612?
3. In the numbers 200, 2 000, and 2 000 000, which two words would have an **s, cent, mille,** or **million**? Which one of those words would drop the **s** if another number followed it?
4. Do you use a period or a comma to express decimals in French?
5. How do you say *first*? *fifth*? How do you say *on the* with a floor?

### Vocabulaire supplémentaire

**un milliard** *one billion*
**deux milliards** *two billion*

# Giving prices and other numerical information

## *Les chiffres au-dessus de 100 et les nombres ordinaux*

Here is how to say numbers over 100.

**100** cent
**101** cent un
**102** cent deux
**199** cent quatre-vingt-dix-neuf
**200** deux cents
**201** deux cent un
**999** neuf cent quatre-vingt-dix-neuf

**1 000** mille
**1 001** mille un
**1 352** mille trois cent cinquante-deux
**2 000** deux mille
**1 000 000** un million
**2 234 692** deux millions deux cent trente-quatre mille six cent quatre-vingt-douze

Note the following about numbers:

- **Cent** means *one hundred,* never say **un cent. Mille** means *one thousand,* never say **un mille.** On the other hand, do say ***un* million.** Use **de (d')** after the word **million(s)** whenever a noun follows it directly.

  **cent habitants** **mille habitants** **un million d'habitants**

- **Million** takes an **s** in the plural. **Cent** generally only takes an **s** when plural if not followed by another number. Never add an **s** to **mille.**

  deux **cents** habitants
  trois **millions** d'habitants
  deux **cent** cinquante habitants
  trois **millions** six **mille** habitants

- There is no hyphen between **cent, mille,** or **un million** and another number.

  un million deux cent cinquante-quatre mille habitants

- In France and in Quebec, commas are used to denote decimals, and a space (or a period) is used after thousands, millions, etc. Read a decimal as **virgule (1,5 = un virgule cinq).**

| USA | FRANCE / QUÉBEC |
|---|---|
| 1.5 | 1,5 |
| 1,000 | 1 000 *or* 1.000 |

Use **À quel étage?** to ask *On what floor?* To say *on the* with a floor, use **au.** When counting floors, use the ordinal numbers and remember that in a French-speaking country, the first floor **(le premier étage)** is the floor above the ground floor **(le rez-de-chaussée).**

—**À quel étage habitez-vous?** — *What floor do you live on?*
—**J'habite au troisième étage** —*I live on the fourth floor.*

In French, to convert cardinal numbers *(two, three, four . . . )* to ordinal numbers *(second, third, fourth . . . ),* add the suffix **-ième.** Drop a final **e** from cardinal numbers before adding **-ième.**

**deux → deuxième** **quatre → quatrième** **mille → millième**

These ordinal numbers are irregular: **premier (première), cinquième, neuvième.**

**A. Le loyer.** Quel est le loyer?

**EXEMPLE** 900$ **Le loyer est de neuf cents dollars par mois.**

1. 865$
2. 660$
3. 410$
4. 750$
5. 675$
6. 825$
7. 1 545$
8. 1 385$
9. 1 110$
10. 2 435$
11. 3 295$
12. 1 340$

**B. Et vous?** Décrivez l'endroit *(place)* où vous habitez en changeant les chiffres et les mots en italique.

1. La population de la ville où j'habite maintenant est de *150 000 / ???* habitants.
2. Il y a plus de *15 000 / ???* étudiants à notre *(our)* université.
3. Mon loyer est de *400$ / ???* par mois. *(Je n'ai pas de loyer.)*
4. Ma chambre est au *deuxième étage / ???.*
5. Je préfère habiter au *deuxième étage / ???.*
6. Maintenant, nous sommes au *troisième étage / ???.*
7. Le bureau du prof est *au rez-de-chaussée / au premier étage / ???.*

**C. Statistiques.** Lisez ces statistiques sur l'université Laval, le Québec et le Canada. Devinez *(Guess)* quel chiffre correspond à chaque description. Votre professeur dira *(will say)* **plus que ça** ou **moins que ça** pour vous guider jusqu'à la bonne réponse.

1. la population du Canada
2. le nombre de francophones au Canada
3. la population de la province de Québec
4. la population de la ville de Québec
5. la population de Montréal
6. le nombre d'étudiants à l'université Laval
7. le nombre d'étudiants étrangers à l'université Laval
8. le loyer par mois dans les résidences à l'université Laval en dollars canadiens

a. 715 515
b. 7 782 600
c. 33 891 000
d. 279
e. 38 000
f. 3 868 800
g. 9 590 700
h. 3 900

**D. Chez Thomas.** Posez les questions suivantes à un(e) partenaire, qui répondra d'après *(will respond according to)* l'illustration.

1. Il y a un ascenseur dans l'immeuble où habite Thomas? Il y a un escalier?
2. À quel étage habite le vieux monsieur? Qu'est-ce qu'il fait *(What is he doing)*?
3. À quel étage habitent Thomas et son colocataire? Qu'est-ce qu'ils font *(What are they doing)*?
4. À quel étage habite la jeune femme? Qu'est-ce qu'elle fait?
5. Où habitent les enfants? Qu'est-ce qu'ils font?

## Stratégies et Lecture

### Pour mieux lire: *Guessing meaning from context*

You can often guess the meaning of unknown words from context. Read this passage in its entirety, then guess the meaning of the boldfaced words.

L'immeuble de Thomas **se trouve** au centre-ville. Arrivé à l'immeuble, Robert **entre,** il **monte** l'escalier et il **sonne** à la porte de l'appartement de son ami. Une jeune femme **ouvre** la porte. Après un instant, elle **referme** la porte.

Some words may have different meanings in different contexts. For example, the word **bien** can mean *well* or it can also be used for emphasis, instead of **très** *(very).* Read the following sentences and use the context to decide if **bien** means *well* or *very*.

Je comprends bien.
C'est bien compliqué.
Le prénom Claude est utilisé aussi bien pour une femme que pour un homme.

**A. Selon le contexte.** The boldfaced word in each of the following sentences can have a different meaning, depending on the context. Can you guess the different meanings?

Bravo! **Encore**! **Encore**!
Ça, c'est **encore** plus compliqué.
Je suis au premier étage, alors je monte **encore** un étage pour aller au deuxième?

**B. Vous savez déjà...** You already know the boldfaced words in sentence **a.** Guess the meaning of the boldfaced words in sentence **b,** using the context.

1. **a.** **Ouvrez** votre livre, **lisez** le paragraphe et **fermez** le livre.
   **b.** Robert **ouvre** la lettre de Thomas, **lit** les instructions et **referme** la lettre.
2. **a.** **Prenez** une feuille de papier.
   **b.** Elle **prend** la lettre.
3. **a.** **Donnez**-moi un café, s'il vous plaît.
   **b.** Thomas **donne** l'adresse de l'appartement à Robert.

CD 1-44

## Lecture: Un nouvel appartement

Robert, un jeune Américain de Louisiane, arrive devant l'immeuble où habitent Thomas et son colocataire Claude.

Robert ouvre la lettre de Thomas, consulte les instructions et vérifie l'adresse. Il lit: «*Mon appartement se trouve 38, rue Dauphine. C'est un grand immeuble avec une porte bleue. J'habite au deuxième étage.*» «Oui, c'est bien là», pense-t-il. Il descend de la voiture, entre dans l'immeuble et monte l'escalier.

Il sonne à la porte de l'appartement. Quelques instants après, une jolie jeune femme lui ouvre la porte.

—Euh... Bonjour, mademoiselle, je suis Robert. C'est bien ici que Claude et Thomas habitent?

—Claude, c'est moi. Mais...
Robert, très surpris, l'interrompt et s'exclame:
—Claude, c'est vous? Euh... Mais vous êtes une femme!
—Eh oui, monsieur, je suis bien une femme! répond la jeune femme.
—Euh... je veux dire que... C'est que, vous comprenez, en anglais, Claude, c'est un prénom masculin, dit Robert.
—En français, monsieur, le prénom Claude est utilisé aussi bien pour une femme que pour un homme, répond la jeune femme.
—Ah, je comprends! Excusez-moi, mademoiselle. Je suis confus. Alors, vous êtes Claude. Moi, je suis Robert, Robert Martin. Est-ce que Thomas est ici?
—Thomas? dit-elle d'un air surpris.
—Eh oui, Thomas, mon ami. Il habite ici avec vous, n'est-ce pas?
—Mais certainement pas, monsieur! dit-elle d'un ton énervé.

Quand elle essaie de fermer la porte, Robert s'exclame:
—Un instant, s'il vous plaît, mademoiselle. Regardez! Voici l'adresse que mon ami m'a donnée.

Elle prend la lettre, lit les instructions et commence à comprendre.
—Oui, monsieur, c'est bien ici le 38, rue Dauphine, mais vous êtes au premier étage et votre ami habite au deuxième étage.
—Au premier étage? Ah! Oui, je comprends maintenant. *First floor,* c'est le rez-de-chaussée et *second floor,* c'est le premier étage. Alors, je monte encore un étage pour trouver l'appartement de mon ami?
—Oui, monsieur, c'est bien ça. Au revoir, et bienvenue au Québec!
—Au revoir, mademoiselle, et merci.

## A. Vrai ou faux?

1. Robert arrive au 38, rue Dauphine, l'adresse de son ami Thomas.
2. Il monte directement au deuxième étage.
3. Il sonne et Claude, la jeune femme qui habite avec Thomas, ouvre la porte.
4. Robert est surpris de voir une femme.
5. Claude est un prénom masculin et aussi un prénom féminin en français.
6. En France et au Québec, le *first floor,* c'est le rez-de-chaussée et le *second floor,* c'est le premier étage.

## B. Voilà pourquoi.

Complétez le paragraphe pour expliquer la confusion de Robert.

| homme | premier | premier | deuxième | deuxième | Thomas | Thomas |
|---|---|---|---|---|---|---|

Robert entre dans l'immeuble pour trouver l'appartement de ___1___. Thomas habite au ___2___ étage avec Claude, un ami. Robert monte au ___3___ étage et sonne. Une jeune femme ouvre la porte. C'est Claude, mais elle n'habite pas avec Thomas. Robert ne comprend pas; il pense que la jeune femme habite avec ___4___. Voilà le problème: Robert est au ___5___ étage et Thomas et Claude habitent au ___6___ étage. C'est un autre Claude, un jeune ___7___, pas une jeune femme, qui habite avec Thomas.

# COMPÉTENCE 2

## Talking about your possessions

**Note** *culturelle*

**L'accent du français canadien est plus nasal qu'en France. Il y a aussi certaines différences de vocabulaire. Au Canada on entend *(one hears)*, par exemple, *un copain/une copine de chambre* pour *un(e) camarade de chambre* et *un vivoir* ou *un living* pour *un salon*. Y a-t-il des différences régionales en anglais?**

Vocabulaire supplémentaire

**un assistant personnel** *a personal organizer*
**une cassette**
**une cuisinière** *a stove*
**un (four à) micro-ondes** *a microwave (oven)*
**un futon**
**un lave-vaisselle** *a dishwasher*
**un lave-linge** *a washer*
**un lecteur MP3** *an MP3 player*
**une moto** *a motorcycle*
**un réfrigérateur (un frigo)**
**un sèche-linge** *a dryer*
**une table basse** *a coffee table*

### Les effets personnels

**Avez-vous** beaucoup de **choses**? Moi, **j'ai...**

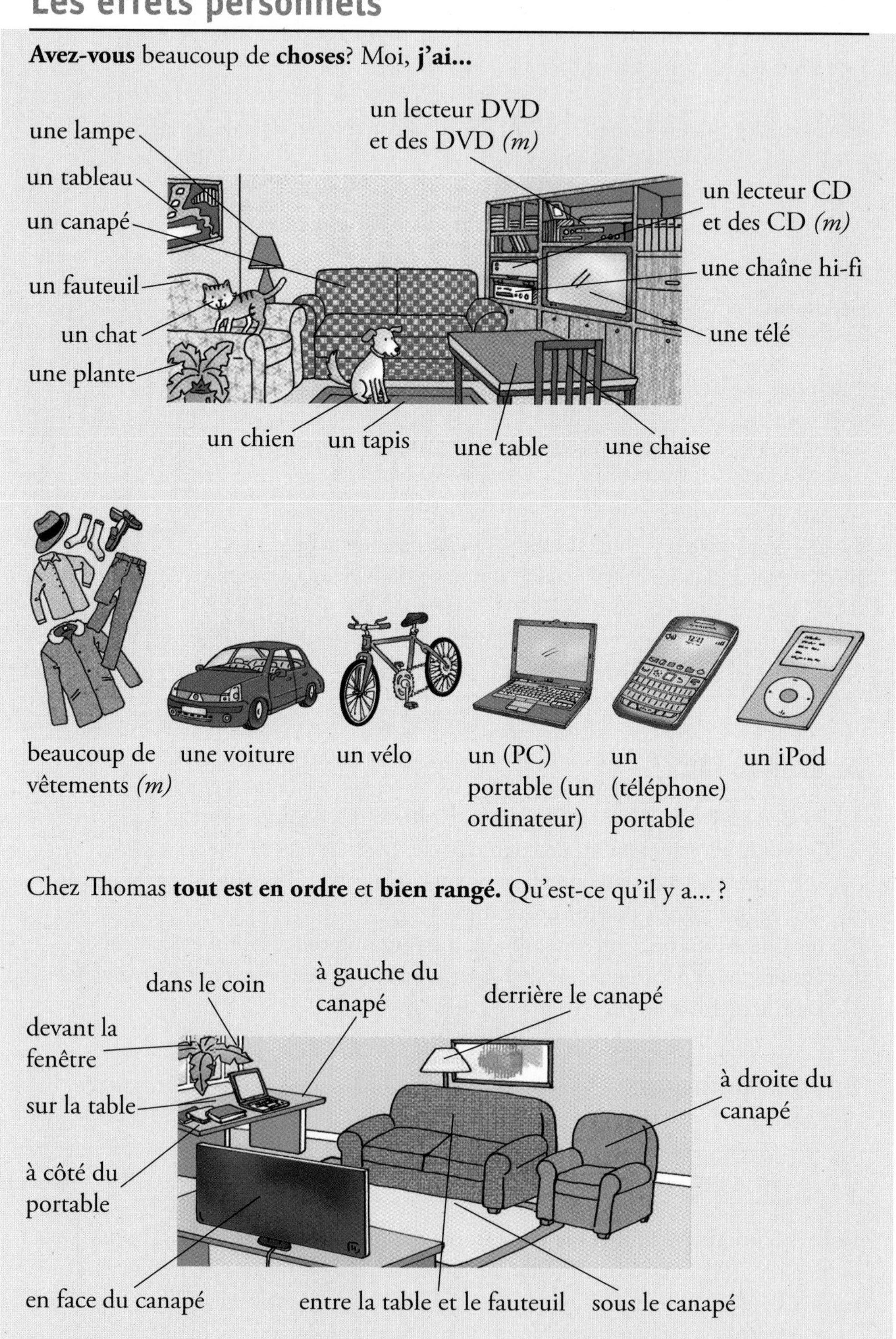


**Avez-vous (avoir** *to have***)** **une chose** *a thing* **j'ai (avoir** *to have***)** **tout est en ordre** *everything is in order (in its place)* **bien rangé(e)** *orderly, put away, in its place*

CD 1-45

Avant d'arriver au Québec, Robert **cherche** un appartement. Il téléphone à Thomas.

THOMAS: Tu cherches un appartement ici à Québec? Écoute, tu sais, moi, je **partage** un appartement avec mon ami Claude. **Nous avons** trois chambres; tu voudrais habiter avec nous?
ROBERT: **Peut-être.** Comment est **ton** appartement?
THOMAS: Il est assez grand et confortable, mais pas trop cher. Tu aimes les animaux?
ROBERT: Oui, pourquoi? **Tu as** des animaux?
THOMAS: Claude **a** un chien et un chat. Ils sont quelquefois **embêtants** et ils aiment dormir **partout.**
ROBERT: Pas de problème. J'aime bien les animaux. Vous **fumez**?
THOMAS: Non, je ne fume pas et Claude **non plus.**
ROBERT: Bon, moi non plus. Alors ça va.

**A. Qu'est-ce que c'est?** Regardez l'illustration du salon de Thomas en bas de la page précédente. Qu'est-ce qu'il y a dans chaque endroit *(place)*?

**EXEMPLE** sur la table
**Il y a des livres sur la table.**

1. devant la fenêtre
2. en face du canapé
3. derrière le canapé
4. à droite des livres
5. à côté du portable
6. dans le coin
7. à gauche du portable
8. à droite du canapé
9. entre le fauteuil et la table
10. sous le canapé

**B. Entretien.** Interviewez votre partenaire.

1. Tu as beaucoup de choses chez toi? Qu'est-ce qu'il y a dans le salon?
2. Dans ta chambre, est-ce qu'il y a une télé? un lecteur DVD? des tableaux? des plantes? un fauteuil? En général, est-ce que tout est en ordre et bien rangé dans ta chambre ou est-ce que ta chambre est souvent en désordre?
3. Est-ce que tu as des animaux? Tu préfères les chiens ou les chats?
4. Est-ce que tu fumes? Est-ce que tu voudrais habiter avec un(e) colocataire qui fume?

## À vous!

Avec un(e) partenaire, relisez à haute voix la conversation entre Thomas et Robert. Ensuite, imaginez que votre partenaire voudrait habiter chez vous et adaptez la conversation pour décrire votre propre situation.

---

**chercher** *to look for* **partager** *to share* **Nous avons (avoir** *to have***)** **Peut-être** *Maybe, Perhaps* **ton/ta/tes** *your* (singular familiar) **Tu as (avoir** *to have***)** **a (avoir** *to have***)** **embêtant(e)** *annoying* **partout** *everywhere* **fumer** *to smoke* **non plus** *neither*

You can find a list of the new words from this ***Compétence*** on page 138 and audio for each item of this list at **www.cengagebrain.com/shop/ISBN/0495912492.**

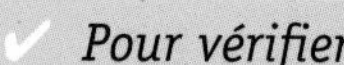

✓ *Pour vérifier*

1. What does **avoir** mean? What are its forms? Why might one confuse the **tu** and **ils/elles** forms of **avoir** *(to have)* with those of **être** *(to be)*?
2. What does the indefinite article **(un, une, des)** change to after expressions of quantity such as **combien** or **beaucoup**? When else does this change occur?
3. Which of these nouns would have a plural ending with **-x** instead of **-s: un hôpital, un animal, un tableau, un bureau, une table, un canapé**?

 Grammar Tutorials

## Saying what you have

### *Le verbe* ***avoir***

To say what someone has, use the verb **avoir.** Its conjugation is irregular.

| AVOIR *(to have)* | |
|---|---|
| j' **ai** | nous ‿ **avons** |
| tu **as** | vous ‿ **avez** |
| il/elle **a** | ils/elles ‿ **ont** |

Remember to use **de (d')** rather than **des** after **combien** *(how much, how many),* as you do after quantity expressions like **beaucoup** and **assez.** Also remember to use **de (d')** instead of **un, une,** or **des** after most negated verbs other than **être.**

| AFFIRMATIVE | NEGATIVE | AFTER A QUANTITY EXPRESSION |
|---|---|---|
| J'ai **des** chats. | Je n'ai pas **de** chats. | Combien **de** chats as-tu? |
| BUT: | | |
| C'est **un** chat. | Ce n'est pas **un** chat. | C'est beaucoup **de** chats. |

Although the plural of most nouns and adjectives is formed by adding **-s,** words ending in **-eau, -au,** or **-eu** usually form their plural with **-x.** Words ending in **-al** often change this ending to **-aux** in the plural. Acronyms like **DVD** and **CD** do not add **-s** in the plural.

| un tableau | un bureau | un animal | un CD | un DVD |
|---|---|---|---|---|
| des tablea**x** | des burea**x** | des anim**aux** | des CD | des DVD |

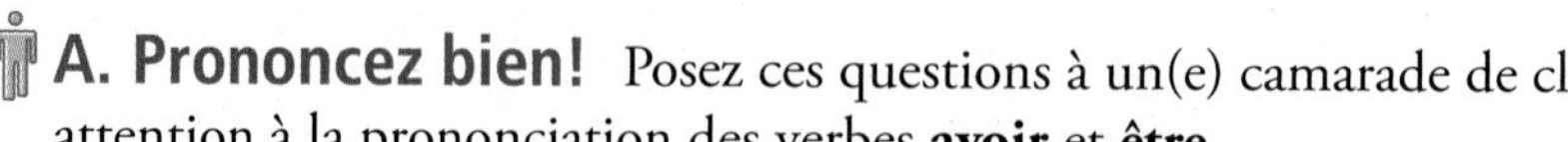

CD 1-46

### *Avoir et Être*

Be careful to pronounce the forms of the verbs **avoir** and **être** distinctly. Open your mouth wide to pronounce the **a** in **tu as** and **il/elle a.** Contrast this with the vowel sound in **es** and **est.** Pronounce **ils sont** with an **s** sound, and the liaison in **ils ont** with a **z** sound.

| | |
|---|---|
| être: Tu es professeur. | avoir: Tu as beaucoup de cours. |
| Elle est professeur. | Elle a beaucoup de cours. |
| Ils sont professeurs. | Ils‿ont beaucoup de cours. |

**A. Prononcez bien!** Posez ces questions à un(e) camarade de classe. Faites attention à la prononciation des verbes **avoir** et **être.**

**EXEMPLE**
a. — **Tu es extraverti(e)?**
— **Oui, je suis extravertie. / Non, je ne suis pas extraverti(e).**
b. — **Tu as beaucoup d'amis?**
— **Oui, j'ai beaucoup d'amis. / Non, je n'ai pas beaucoup d'amis.**

1. **a.** Tu es d'ici? **b.** Tu as beaucoup de choses chez toi?
2. **a.** Ton meilleur ami est sympa? **b.** Il a beaucoup d'amis?
3. **a.** Tes parents, ils sont sportifs? **b.** Ils ont un vélo?
4. **a.** Ils sont d'ici? **b.** Ils ont une grande maison?

**B. Qu'est-ce qu'ils ont?** Complétez ces phrases selon le modèle.

EXEMPLE Moi, je (j')... (un chat, un chien).
**Moi, j'ai un chat. Je n'ai pas de chien.**

1. Chez moi, je (j')... (une chaîne hi-fi, des CD de musique française, un portable, des plantes, un lecteur DVD, beaucoup de DVD, un iPod).
2. Mon meilleur ami (Ma meilleure amie)... (un chien, un chat, beaucoup de vêtements, une voiture, un vélo, un portable, des plantes).
3. En cours de français, nous... (beaucoup de devoirs, beaucoup d'examens, cours le lundi, cours le mardi, un examen aujourd'hui).
4. Généralement, les étudiants à l'université... (un vélo, une voiture, beaucoup de temps libre, 25 heures de cours par semaine).

**C. Combien?** Demandez à un(e) camarade de classe combien de ces choses il/elle a.

EXEMPLE **— Combien de chiens est-ce que tu as?**
**— J'ai un (deux, trois...) chien(s). / J'ai beaucoup de chiens. / Je n'ai pas de chiens.**

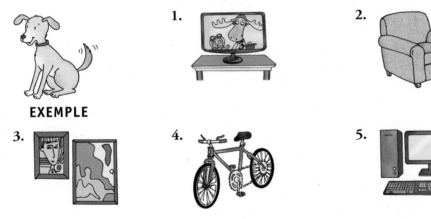

EXEMPLE

1.

2.

3.

4.

5.

**D. Oui ou non?** Vous cherchez un nouveau logement et vous parlez à d'autres étudiants qui voudraient partager leur *(their)* appartement / maison. Complétez leurs phrases avec la forme correcte du verbe **avoir.** Ensuite, dites si vous voudriez habiter avec ces personnes. Répondez **oui, non** ou **peut-être.**

1. J'_______ un très bel appartement et le loyer n'est pas trop cher.
2. Tu aimes les animaux? J'_______ trois colocataires et ils _______ neuf chats et trois petits chiens.
3. Nous _______ une grande maison près de l'université. Les chambres _______ beaucoup de fenêtres et une belle vue *(view)*.
4. Mon colocataire _______ beaucoup d'amis qui fument dans l'appartement.
5. Tu _______ une voiture? Mon immeuble n'_______ pas de parking mais il est près de tout. Moi, j'_______ un vélo.
6. J'_______ un appartement. Il est au cinquième étage mais nous _______ deux nouveaux ascenseurs.
7. L'immeuble n'_______ pas assez d'eau chaude, mais le loyer est seulement *(only)* de deux cents dollars par mois et j'_______ un très joli appartement.

**Pour vérifier**

**1.** How do you say *on? under? facing? next to?*

**2.** What does the preposition **de** mean? With which two forms of the definite article does it combine to form **du** and **des**?

## Saying where something is

### *Quelques prépositions*

You can use the following prepositions to tell where something or someone is.

| | |
|---|---|
| **sur** *on* | **près (de)** *near* |
| **sous** *under* | **loin (de)** *far (from)* |
| **entre** *between* | **à côté (de)** *next to, beside* |
| **dans** *in* | **à droite (de)** *to the right (of)* |
| **devant** *in front of* | **à gauche (de)** *to the left (of)* |
| **derrière** *behind* | **en face (de)** *across (from), facing* |
| | **dans le coin (de)** *in the corner (of)* |

The preposition **de** *(of, from, about),* which is used as part of some of the prepositions above, contracts with the forms of the definite article **le** and **les,** to become **du** and **des.** It does not change when followed by **la** or **l'.**

| CONTRACTIONS WITH *DE* | | | |
|---|---|---|---|
| de + le | → | du | J'habite près **du** centre-ville. |
| de + la | → | de la | La salle de classe est près **de la** bibliothèque. |
| de + l' | → | de l' | Mon appartement est près **de l'**université. |
| de + les | → | des | Il n'y a pas de parking près **des** résidences. |

## Prononciation

CD 1-47

### *De, du, des*

Be careful to pronounce **de, du,** and **des** distinctly.

- As you know, the **e** in words like **de, le,** and **ne** is pronounced with the lips slightly puckered. The tongue is held firm in the lower part of the mouth.
- The **u** in **du,** as in **tu,** is pronounced with the tongue arched firmly near the roof of the mouth, like the French vowel **i** in **il,** but with the lips puckered.
- The vowel in **des** is a sharp sound like the **é** in **café,** pronounced with the corners of the lips spread.

**A. Prononcez bien!** Lisez les phases suivantes en faisant attention à la prononciation des mots en caractères gras *(boldface)*. Ensuite *(Then)*, dites si chaque phrase est vraie ou fausse pour votre *(your)* classe et corrigez les phrases fausses.

1. Je suis assis(e) *(seated)* à côté **de la** porte.
2. La porte est à gauche **de** moi.
3. Je suis près **du** professeur.
4. Le professeur est en face **de** moi.
5. Il y a un tableau en face **des** étudiants.
6. Le professeur est près **du** tableau.
7. Il y a un ordinateur dans le coin **de la** salle de classe.
8. Il y a des fenêtres à droite **des** étudiants.

**B. C'est où?** Une amie de Thomas décrit *(is describing)* le salon chez elle. Complétez ses phrases avec la forme convenable de la préposition **de (de, du, de la, de l', des).** Ensuite *(Then),* regardez l'illustration et dites si les phrases sont vraies ou fausses. Corrigez les phrases fausses.

1. Sur la table, les livres sont à gauche _______ ordinateur.
2. L'ordinateur est à côté _______ mes livres.
3. La télé est en face _______ fauteuil.
4. L'escalier est à gauche _______ table.
5. La télé est à côté _______ plantes.
6. La lampe est à côté _______ fauteuil.
7. Le chien est à droite _______ télé.
8. La porte est en face _______ escalier.

**C. Descriptions.** Faites des phrases pour décrire le salon dans *B. C'est où?*

**EXEMPLE** les livres / la table
**Les livres sont sur la table.**

1. le chat / la table
2. la télé / le fauteuil
3. les plantes / la télé
4. le chien / le fauteuil et la télé
5. le chien / le fauteuil
6. la table / le salon
7. la porte / le fauteuil
8. les livres / l'ordinateur
9. l'ordinateur / la table
10. l'escalier / les tableaux

**D. Qui est-ce?** Utilisez trois prépositions pour indiquer où un(e) camarade de classe est assis(e) *(seated)* et les autres étudiants devineront *(will guess)* qui est la personne décrite.

**EXEMPLE** — **Elle est assise près de la fenêtre. Elle est à droite de Paul et elle est derrière Catherine.**
— **C'est Julie?**
— **Oui.**

**E. À vendre.** Avec un(e) partenaire, préparez au moins huit phrases décrivant cette maison.

**EXEMPLE** **Quand vous entrez *(enter)* dans la maison, les toilettes sont à gauche de la porte et le bureau est à droite. Derrière les toilettes il y a...**

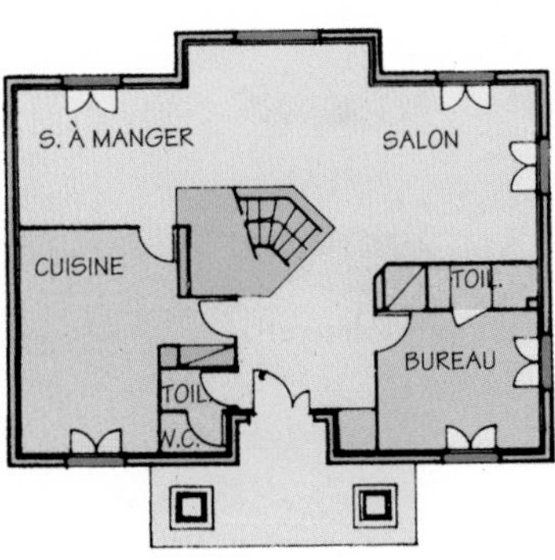

au rez-de-chaussée

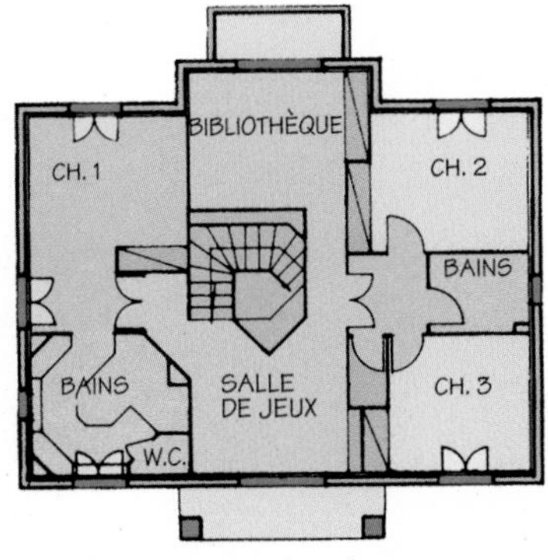

au premier étage

COMPÉTENCE 3

# Describing your room

**Note** *culturelle*

**Thomas montre l'appartement à Robert parce que Robert va habiter avec lui. Si *(If)* vous êtes invité(e) chez un(e) Québécois(e) ou un(e) Français(e), ne vous attendez pas à *(don't expect to)* faire le tour de sa maison ou de son appartement. En général, dans les cultures francophones, on *(one)* reste dans le salon et la salle à manger. Est-ce qu'on montre souvent sa maison aux invités dans votre région? Pourquoi ou pourquoi pas?**

## Les meubles et les couleurs

Thomas **montre** les chambres à Robert.

Voilà **ma** chambre. **Les murs** sont beiges et le tapis et les rideaux sont bleus. **La couverture** est bleue, rouge et verte.
Ma chambre est toujours **propre** et en ordre. Tout est **à sa place.**

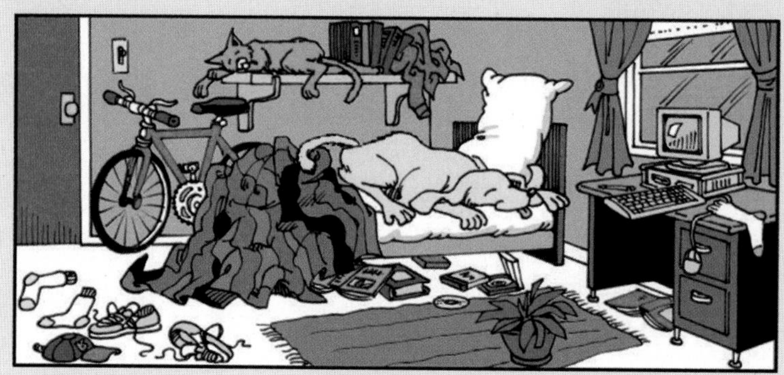

**Note** *de vocabulaire*

**Laisser** means *to leave* in the sense of leaving something somewhere, but not in the sense of leaving a place.

Voilà la chambre de Claude. **Sa** chambre est souvent un peu **sale** et en désordre. Il **laisse** tout **par terre.**

Et vous? Comment est votre chambre, en ordre ou en désordre? De quelle couleur *(f)* est votre tapis? De quelle couleur sont vos murs? Voici des adjectifs pour indiquer la couleur de quelque chose.

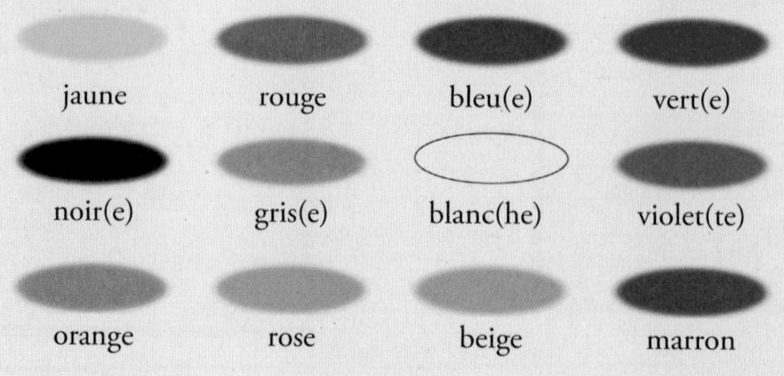


**Note** *de grammaire*

As adjectives, the words for colors follow the noun they describe and must agree with it in gender and number: **des chaises bleues. Orange** and **marron** are exceptions. They are invariable and never change form. All colors are invariable when followed by adjectives such as **clair** *(light)*, **foncé** *(dark)*, or **vif** *(bright)*: **Ma voiture est bleu clair.**

Vocabulaire supplémentaire

**bleu clair** *light blue*
**bleu foncé** *dark blue*
**bleu vif** *bright blue*
**de toutes les couleurs** *with all colors*
**multicolore** *multicolored*
**à fleurs** *floral*
**écossais(e)** *plaid*
**imprimé(e)** *print*
**rayé(e)** *striped*
**uni(e)** *solid-colored*

**Les meubles** *Furniture, Furnishings* **montrer** *to show* **mon/ma/mes** *my* **un mur** *a wall* **une couverture** *a blanket, a cover* **propre** *clean* **à sa place** *in its place* **son/sa/ses** *his/her/its* **sale** *dirty* **laisser** *to leave* **par terre** *on the floor, on the ground*

CD 1-48

Thomas montre les chambres à Robert.

**THOMAS:** Voici la chambre de Claude à côté de la cuisine. Sa chambre est toujours en désordre. Il laisse ses vêtements partout.
**ROBERT:** C'est ta chambre en face de la chambre de Claude?
**THOMAS:** Oui, **comme tu vois,** je préfère avoir tout bien rangé et **chaque chose** à sa place.
**ROBERT:** Et ça, c'est ma chambre **au bout du couloir**?
**THOMAS:** Oui, **viens voir...** Tu as un lit, un bureau et une grande fenêtre avec **une** belle **vue.** J'**espère** que **ça te plaît.**
**ROBERT:** Oui, **ça me plaît** beaucoup!
**THOMAS:** Les murs sont blancs. Tu préfères une autre couleur?
**ROBERT:** Non, **justement,** le blanc, c'est ma couleur **préférée.**
**THOMAS:** Moi, je préfère le vert.

**Note** *de vocabulaire*

1. The formal/plural version of **ça te plaît** is **ça vous plaît.**
2. **Espérer** is a spelling-change verb and is conjugated like **préférer.**

**Sélection musicale.** Search the Web for the song **Dimanche à Orly** by Gilbert Bécaud to enjoy a musical selection containing related vocabulary.

## A. Chez vous? Décrivez votre chambre en choisissant l'adverbe qui convient.

**(presque) toujours** **souvent** **quelquefois**
**rarement** **ne... (presque) jamais**

**EXEMPLE** Ma chambre est en ordre.
**Ma chambre est presque toujours en ordre.**
**Ma chambre n'est presque jamais en ordre.**

1. Ma chambre est propre.
2. Ma chambre est en désordre.
3. Mes livres sont sur l'étagère.
4. Ma chambre est sale.
5. Mes vêtements sont par terre.
6. Mes livres sont sur le lit.
7. Je laisse mes vêtements partout.
8. Mes vêtements sont dans le placard ou dans la commode.

## B. Les couleurs. Complétez les phases suivantes avec le nom d'une couleur.

1. Je préfère les vêtements...
2. J'ai beaucoup de vêtements...
3. Je préfère avoir des murs...
4. Les murs de ma chambre sont...
5. La couverture de mon lit est...
6. Je préfère les voitures...
7. Ma voiture est...
8. Je préfère les meubles...
9. Chez moi, le canapé est...
10. Ma couleur préférée, c'est le...

## À vous!

Avec un(e) partenaire, relisez à haute voix la conversation entre Thomas et Robert. Ensuite, imaginez que votre partenaire va habiter *(is going to live)* chez vous et adaptez la conversation pour décrire votre propre maison / appartement.

You can find a list of the new words from this ***Compétence*** on page 139 and audio for each item of this list at **www.cengagebrain.com/shop/ISBN/0495912492.**

---

**comme tu vois** *as you see* **chaque chose** *each thing* **au bout de** *at the end of* **le couloir** *the hallway, the corridor* **viens voir** *come see* **une vue** *a view* **espérer** *to hope* **ça te plaît** *you like it* **ça me plaît** *I like it* **justement** *as a matter of fact, precisely, exactly* **préféré(e)** *favorite*

**Pour vérifier**

1. How do you say *John's friend* and *Mary's car* in French?
2. With which two forms of the definite article does **de** combine to form the contractions **du** and **des**?
3. How do you say *my*? How do you say *your* (singular familiar)? What are the forms of each word?
4. When do you use **mon, ton,** and **son,** instead of **ma, ta,** and **sa** before a feminine noun?
5. Does French have different words for *his, her,* and *its*? How do you say *his house* and *her house* in French? How do you say *his dog* and *her dog*?

## Identifying your belongings

### *La possession et les adjectifs possessifs* **mon, ton** *et* **son**

In French, use a phrase with **de,** rather than *'s* to indicate possession or relationship.

| | |
|---|---|
| *There is Thomas's room.* | Voilà la chambre **de** Thomas. |
| *That's Claude's dog.* | C'est le chien **de** Claude. |

Remember that **de** contracts with the articles **le** and **les** to form **du** and **des.** It does not change when followed by **la** or **l'.**

| | |
|---|---|
| le livre **du** professeur | les livres **des** étudiants |
| la porte **de l'**appartement | la porte **de la** cuisine |

The possessive adjectives **mon/ma/mes** *(my),* **ton/ta/tes** (*your* [singular familiar]), and **son/sa/ses** *(his, her, its)* agree in gender and number with the noun they precede. However, use the masculine form before feminine singular nouns that begin with a vowel sound.

| | MASCULINE SINGULAR | FEMININE SINGULAR *(plus consonant sound)* | FEMININE SINGULAR *(plus vowel sound)* | PLURAL |
|---|---|---|---|---|
| ***my*** | **mon** lit | **ma** commode | **mon** affiche | **mes** rideaux |
| ***your*** | **ton** lit | **ta** commode | **ton** affiche | **tes** rideaux |
| ***his/her/its*** | **son** lit | **sa** commode | **son** affiche | **ses** rideaux |

—C'est **la couverture de Thomas**?
—Non, ce n'est pas **sa** couverture. C'est **ma** couverture.
Et ce sont **mes** rideaux aussi.

The use of the forms **son/sa/ses** *(his, her, its)* depends on the gender and number of the object possessed, not the person who owns it. **Son/sa/ses** can all mean *his, her,* or *its.*

C'est **son** fauteuil.

C'est **son** fauteuil.

Et c'est **son** fauteuil aussi.

**A. Compliments.** Une amie vous montre *(is showing you)* sa maison. Formez la phrase la plus logique pour faire des compliments.

**EXEMPLE** maison (jolie, laide)
**Ta maison est jolie.**

1. bureau (en désordre, en ordre)
2. tapis (beau, laid)
3. chambre (désagréable, agréable)
4. maison (grande, petite)
5. affiches (intéressantes, ennuyeuses)
6. placards (trop petits, immenses)
7. étagère (en désordre, bien rangée)
8. chien (beau, laid)

**B. De quelle couleur?** Demandez à votre partenaire de quelle couleur sont ces choses. Utilisez **ton, ta** ou **tes.**

**EXEMPLE** voiture
**— De quelle couleur est ta voiture?**
**— Ma voiture est grise. / Je n'ai pas de voiture.**

| chambre | canapé | couverture | tapis | rideaux | vêtements préférés |
|---|---|---|---|---|---|

Maintenant, décrivez les affaires *(belongings)* de votre partenaire à la classe.

**EXEMPLE** **Sa voiture est grise. / Il/Elle n'a pas de voiture.**

**C. C'est à moi!** Un locataire change d'appartement et il voudrait tout prendre avec lui *(him)* mais l'autre locataire n'est pas d'accord. Jouez les rôles avec un(e) partenaire.

**EXEMPLE** la plante
**—Bon, je prends *(I'm taking)* ma plante.**
**—Ah non, ce n'est pas ta plante. C'est ma plante!**

1. le bureau
2. les rideaux
3. le tapis
4. l'affiche
5. la commode
6. le fauteuil
7. l'étagère
8. le lecteur CD
9. les animaux

**D. La chambre de qui?** Complétez chaque phrase avec **son, sa** ou **ses** et dites si la phrase décrit la chambre de Robert ou la chambre de Claude.

**EXEMPLE** <u>Sa</u> chambre est en ordre.
**La chambre de Robert est en ordre.**

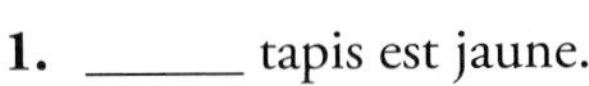

1. ______ tapis est jaune.
2. ______ rideaux sont gris.
3. ______ vélo est rouge.
4. ______ couverture est verte.
5. ______ murs sont blancs.
6. Il n'y a pas d'affiches dans ______ chambre.
7. Beaucoup de ______ affaires *(belongings)* sont par terre.
8. Il y a un livre rouge sous ______ bureau.
9. ______ chambre est propre.
10. ______ chambre est un peu sale.

la chambre de Robert

la chambre de Claude

**E. Comparaisons.** Regardez bien les illustrations de l'activité ***D. La chambre de qui?*** Fermez votre livre et travaillez en groupe pour comparer de mémoire la chambre de Robert et la chambre de Claude. Le groupe qui trouve le plus grand nombre de comparaisons correctes gagne.

**EXEMPLE** **Les murs de Robert sont blancs mais les murs de Claude sont gris. Le bureau de Robert est devant sa fenêtre et...**

*Pour vérifier*

**1.** How do you say *our, your* (formal, plural), and *their* in French?

**2.** Do these words have separate forms for masculine and feminine?

iLrn Grammar Tutorials

## Indicating to whom something belongs

### *Les adjectifs possessifs* ***notre, votre*** *et* ***leur***

The possessive adjectives for *our, your* (formal or plural), and *their* have only two forms, singular and plural.

| | MASCULINE SINGULAR | FEMININE SINGULAR *(plus consonant sound)* | FEMININE SINGULAR *(plus vowel sound)* | PLURAL |
|---|---|---|---|---|
| *my* | **mon** lit | **ma** chambre | **mon** amie | **mes** livres |
| *your* (sing. fam.) | **ton** lit | **ta** chambre | **ton** amie | **tes** livres |
| *his, her, its* | **son** lit | **sa** chambre | **son** amie | **ses** livres |
| *our* | **notre** lit | **notre** chambre | **notre** amie | **nos** livres |
| *your* (form./pl.) | **votre** lit | **votre** chambre | **votre** amie | **vos** livres |
| *their* | **leur** lit | **leur** chambre | **leur** amie | **leurs** livres |

## Prononciation

CD 1-49

### *La voyelle* **o** *de* **notre / votre** *et de* **nos / vos**

Compare the **o** sounds in **notre / votre** and **nos / vos.** The lips are puckered to make both of these sounds and the tongue is held firm, but the **o** in **nos / vos** is pronounced with the back of the tongue arched higher in the mouth than for the **o** in **notre** and **votre.** The letter **o** is pronounced with the sound of **nos** when it is the last sound in a syllable, when it is followed by an **s,** or when it is written **ô.** Otherwise, it is pronounced with the more open sound of **notre.**

notre chien / nos chiens    votre chat / vos chats

**A. Prononcez bien!** Complétez les questions suivantes avec **votre** ou **vos,** puis lisez chacune d'elles. Faites attention à la prononciation de la voyelle **o.**

**EXEMPLE** Votre quartier est joli?

1. ______ appartement est très cher?
2. ______ chiens sont méchants?
3. ______ cuisine est grande?
4. ______ parents passent beaucoup de temps à l'appartement?
5. ______ appartement a beaucoup de fenêtres?

Maintenant, imaginez que deux amis voudraient persuader un troisième ami de partager leur appartement. Comment répondent-ils aux questions? Utilisez **notre** ou **nos** dans les réponses.

**EXEMPLE** —Votre quartier est joli?
**—Oui, notre quartier est très joli.**

**B. Tu ou vous?** Robert passe le week-end chez les parents de ses amis Patrick et Antoine Dupont et il veut savoir à qui chaque chose appartient *(wants to know to whom everything belongs)*. Complétez ce qu'il dit avec **ton/ta/tes** ou **votre/vos.**

**EXEMPLES** Patrick, c'est ____ vélo? / Mme Dupont, c'est ____ voiture?
**Patrick, c'est ton vélo?** / **Mme Dupont, c'est votre voiture?**

1. Patrick et Antoine, c'est ______ maison? Ce sont ______ parents?
2. M. Dupont, c'est ______ garage? Ce sont ______ voitures?
3. M. et Mme Dupont, j'aime bien ______ quartier. Ce sont ______ voisins *(neighbors)*?
4. Patrick, c'est ______ chambre? Tu laisses souvent ______ vêtements par terre ou ils sont toujours dans ______ placard ou dans ______ commode?
5. M. et Mme Dupont, c'est ______ bureau? J'aime bien ______ étagère. Il y a de la place pour tous ______ livres.
6. Patrick et Antoine, c'est ______ salle de jeux. Où sont ______ jeux vidéo? Ah, voila... Ça, Antoine, c'est ______ jeu préféré, non?

**C. L'université Laval.** Comparez votre université avec l'université Laval en complétant les phases avec **notre/nos** ou **leur/leurs.**

**EXEMPLE** Fondée en 1852, l'université Laval est la première université francophone en Amérique.
**Leur** université est plus vieille que **notre** université.
**Notre** université est plus vieille que **leur** université.

1. Il y a approximativement 38 000 étudiants à l'université Laval. ______ université est plus grande que ______ université.
2. Les frais de scolarité *(tuition)* pour les résidents de la province sont de 984$ canadiens (= 933$ américains) pour 15 crédits. ______ université est plus chère que ______ université.
3. Le semestre d'automne commence le 3 septembre à l'université Laval. ______ cours commencent avant ______ cours.
4. Les tarifs de stationnement *(parking fees)* sont entre 373 et 523$ canadiens (= 354 et 496$ américains) par an à l'université Laval. ______ tarifs de stationnement sont plus chers que ______ tarifs.
5. L'université Laval est située à Québec, une ville de 715 515 habitants. ______ ville est plus grande que ______ ville.

**L'université Laval**

**D. Préférences.** Demandez à un(e) partenaire s'il / si elle aime ces choses. Utilisez **leur/leurs** ou **son/sa/ses** dans les réponses.

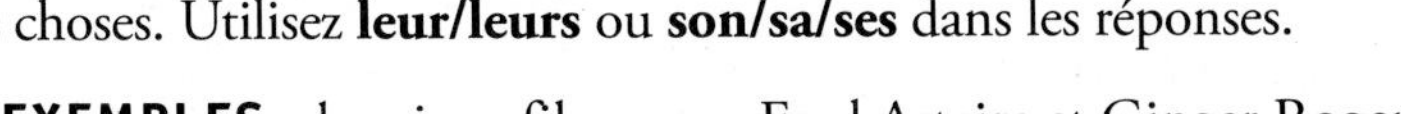

**EXEMPLES** les vieux films avec Fred Astaire et Ginger Rogers
**— Aimes-tu les vieux films avec Fred Astaire et Ginger Rogers?**
**— J'aime bien leurs films.**

les vieux films d'Alfred Hitchcock
**— Aimes-tu les vieux films d'Alfred Hitchcock?**
**— Je n'aime pas beaucoup ses films.**

1. les films de Steven Spielberg
2. les vieux films avec les «Three Stooges»
3. la musique des Beatles
4. la musique de Beyoncé
5. les CD des Gypsy Kings
6. les CD de Michael Jackson

# Giving your address and phone number

**Note** *culturelle*

**L'école secondaire au Québec se termine un an plus tôt que dans le reste du Canada et aux États-Unis, mais avant d'entrer à l'université au Québec, tout étudiant doit *(must)* faire deux ans *(years)* d'études dans un collège d'enseignement *(education)* général et professionnel, l'équivalent québécois de la dernière *(last)* année d'école secondaire et d'un an de *community college*. Quels avantages y a-t-il à étudier dans un *community college* avant d'aller à l'université?**

**Note** *de vocabulaire*

**1.** Most states ending in **-e** are feminine and most other states are masculine **(la Louisiane, le Texas).**
**2.** Robert identifies his nationality as **américaine** because the word **nationalité** is feminine. Most words ending in **-té** are feminine.
**3.** In an e-mail address, say **arobase** for @, **soulignement** for *underscore*, **tiret** for *dash*, and **point** for *dot*.
**4.** You generally use **demander** to say *to ask*, but use **poser une question** for *to ask a question*.

## Des renseignements

Pour **s'inscrire** à l'université, Robert **doit** donner les **renseignements suivants.**

| | |
|---|---|
| Quel est votre nom de famille? | Martin. |
| Quel est votre prénom? | Robert. |
| Quelle est votre adresse? | C'est le 215, Ursline St. |
| Quelle est votre (adresse) mail? | RobMart@airmail.net |
| Quel est votre numéro de téléphone? | C'est le (337) 988–1284. |
| Dans quel pays habitez-vous? | Les États-Unis. |
| Quel état? (Quelle province?) | La Louisiane. |
| Quelle ville? | Lafayette. |
| Quelle est votre nationalité? | Américaine. |

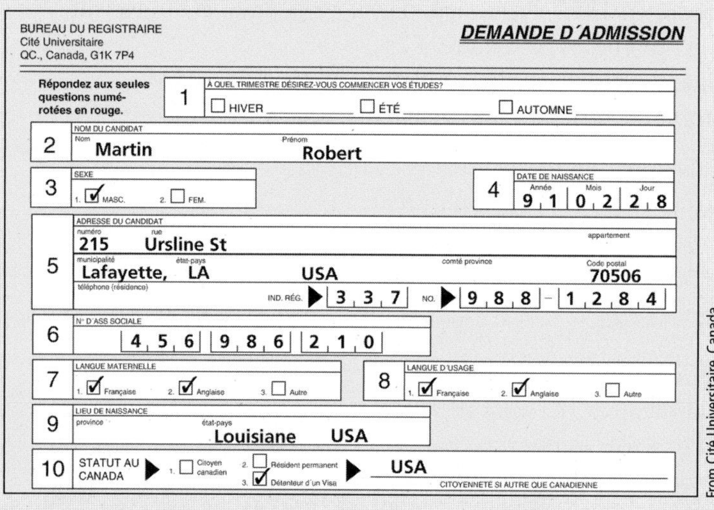
BUREAU DU REGISTRAIRE
Cité Universitaire
QC., Canada, G1K 7P4

**DEMANDE D'ADMISSION**

Répondez aux seules questions numérotées en rouge.

1 À QUEL TRIMESTRE DÉSIREZ-VOUS COMMENCER VOS ÉTUDES? ☐ HIVER ☐ ÉTÉ ☐ AUTOMNE

2 NOM DU CANDIDAT — Nom: Martin — Prénom: Robert

3 SEXE — 1. ☑ MASC. 2. ☐ FEM.

4 DATE DE NAISSANCE — Année: 91 — Mois: 02 — Jour: 28

5 ADRESSE DU CANDIDAT — numéro: 215 — rue: Ursline St — appartement — municipalité: Lafayette, — état-pays: LA USA — comté province — Code postal: 70506 — téléphone (résidence) — IND. RÉG. 337 — NO. 988-1284

6 N° D'ASS SOCIALE — 456 986 210

7 LANGUE MATERNELLE — 1. ☑ Française 2. ☑ Anglaise 3. ☐ Autre

8 LANGUE D'USAGE — 1. ☑ Française 2. ☑ Anglaise 3. ☐ Autre

9 LIEU DE NAISSANCE — province — état-pays: Louisiane USA

10 STATUT AU CANADA — 1. ☐ Citoyen canadien 2. ☐ Résident permanent 3. ☑ Détenteur d'un Visa — USA — CITOYENNETÉ SI AUTRE QUE CANADIENNE

From Cité Universitaire, Canada

CD 1-50

Robert parle de son appartement et son ami Alain lui **pose des questions.**

| | |
|---|---|
| **Alain:** | Quelle est ton adresse? |
| **Robert:** | C'est le 38, **rue** Dauphine. |
| **Alain:** | Et c'est quel appartement? |
| **Robert:** | C'est l'appartement numéro 231. |
| **Alain:** | Et le code postal? |
| **Robert:** | G1K 7X2. |
| **Alain:** | Quel est ton numéro de téléphone? |
| **Robert:** | C'est le 692-2691. |
| **Alain:** | Et comment est le quartier? |
| **Robert:** | Il est agréable et près de tout. |
| **Alain:** | L'appartement n'est pas trop cher? C'est combien, le loyer? |
| **Robert:** | Je partage mon appartement avec deux amis, Thomas et Claude. C'est 825 dollars par mois, partagés entre nous trois. Alors pour moi, ça fait 275 dollars. |

**s'inscrire** *to register* **doit (devoir** *must, to have to***)** **les renseignements** *(m) information* **suivant(e)** *following* **poser une question** *to ask a question* **une rue** *a street*

**A. Et Thomas?** Quels renseignements est-ce que Thomas donne?

**EXEMPLE** Bertrand
**C'est son nom de famille.**

1. Thomas
2. Québec
3. le Québec
4. le Canada
5. le 38, rue Dauphine
6. G1K 7X2
7. le 692-2691
8. Thomas1@homemail.com
9. 825$ par mois

**Note** *de vocabulaire*

In French, the province is **le Québec** and the city, **Québec.** When people say **J'habite au Québec,** they are talking about the province. When they say **J'habite à Québec,** they are talking about the city.

**B. Et vous?** Répondez aux questions suivantes.

1. Quel est votre nom de famille? Quel est votre prénom?
2. Quelle est votre adresse? Vous habitez dans quelle ville? Quel est votre code postal?
3. Quel est votre numéro de téléphone? Quelle est votre (adresse) mail?
4. Quelle est votre nationalité?

**C. Un abonnement.** Vous vendez des abonnements *(are selling subscriptions)* pour la revue *Brune.* Demandez les renseignements nécessaires pour compléter le formulaire d'abonnement à plusieurs camarades de classe.

**EXEMPLE** **— Quel est ton nom de famille?**
**— Mon nom de famille? C'est Sodji.**

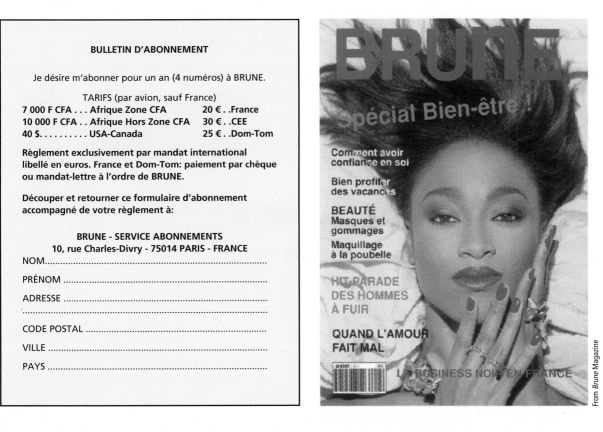

**BULLETIN D'ABONNEMENT**

Je désire m'abonner pour un an (4 numéros) à BRUNE.

TARIFS (par avion, sauf France)

| | |
|---|---|
| **7 000 F CFA . . . Afrique Zone CFA** | **20 € . .France** |
| **10 000 F CFA . . Afrique Hors Zone CFA** | **30 € . .CEE** |
| **40 $. . . . . . . . . . USA-Canada** | **25 € . .Dom-Tom** |

**Règlement exclusivement par mandat international libellé en euros. France et Dom-Tom: paiement par chèque ou mandat-lettre à l'ordre de BRUNE.**

**Découper et retourner ce formulaire d'abonnement accompagné de votre règlement à:**

**BRUNE - SERVICE ABONNEMENTS**
**10, rue Charles-Divry - 75014 PARIS - FRANCE**

NOM ....................................................

PRÉNOM ....................................................

ADRESSE ....................................................

....................................................

CODE POSTAL ....................................................

VILLE ....................................................

PAYS ....................................................

From *Brune* Magazine

 **À vous!**

Avec un(e) partenaire, relisez à haute voix la conversation entre Alain et Robert. Ensuite, adaptez la conversation pour décrire votre propre situation.

You can find a list of the new words from this ***Compétence*** on page 139 and audio for each item of this list at **www.cengagebrain.com/shop/ISBN/0495912492.**

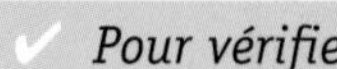

✓ *Pour vérifier*

**1.** When do you use **quel** to say *what*? When do you use **qu'est-ce que** or **que**? What are the four forms of **quel**?

**2.** How do you say *this, that, these,* and *those*? When do you use the alternate masculine form **cet**?

**Note** *de vocabulaire*

**Quel** followed by a noun is also used as an exclamation. It is most often the equivalent of *What . . . !* or *What a . . . !* in English.

| | |
|---|---|
| **Quelle belle maison!** | *What a pretty house!* |
| **Quels chiens embêtants!** | *What annoying dogs!* |
| **Quelle chance!** | *What luck!* |

**Note** *de vocabulaire*

If you need to distinguish *this* from *that,* you can add the suffixes **-ci** and **-là** to the noun.

**ce livre-ci** *this book*
**ces maisons-là** *those houses*

**Sélection musicale.** Search the Web for the song **Je suis** by Florent Pagny to enjoy a musical selection illustrating the use and pronunciation of the demonstrative adjective.

# Telling which one

## *Les adjectifs* ***quel*** *et* ***ce***

To say *which* or *what* before a noun, use **quel.** The form you use depends on the gender and number of the noun.

| | MASCULINE | FEMININE |
|---|---|---|
| **SINGULAR** | quel | quelle |
| **PLURAL** | quels | quelles |

Vous habitez dans **quel pays**? Vous êtes de **quelle ville**?
**Quels pays** voudriez-vous visiter? **Quelles villes** voudriez-vous voir?

**Quel** may be separated from the noun by **est** or **sont,** but it still agrees with the noun.

**Quel** est votre **nom de famille**? **Quelle** est votre **adresse**?

Remember to use **qu'est-ce que** or **que** to say *what* when it is the object of the verb. They are followed by a subject and a verb.

**Qu'est-ce que** Robert aime faire? **Que** voudrais-tu faire ce soir?

To point out what you are talking about, use the adjective **ce (cet)/cette/ces** to say both *this/these* and *that/those.* The masculine **ce** becomes **cet** before masculine singular nouns beginning with a vowel sound. Use **ces** with all plural nouns.

Tu aimes **cette** voiture? *Do you like this car?*

| | SINGULAR | PLURAL |
|---|---|---|
| **MASCULINE (plus consonant sound)** | ce canapé | ces canapés |
| **MASCULINE (plus vowel sound)** | cet appartement | ces appartements |
| **FEMININE** | cette étagère | ces étagères |

## Prononciation

CD 1-51

### *La voyelle* ***e*** *de* ***ce/cet/cette/ces***

You already know that a final **e** is usually not pronounced in French, except in short words like **je.** As you notice in **ce/cet/cette/ces,** unaccented **e** has three different pronunciations, depending on what follows it.

In short words like **ce** and **que,** or when **e** is followed by a single consonant within a word, pronounce it as in:

je ne le regarde vendredi

When, as in **ces, e** is followed by an unpronounced consonant at the end of a word, pronounce it as in:

les mes parlez manger premier

In words like **cette** and **cet,** where **e** is followed by two consonants within a word, or a single pronounced consonant at the end of a word, pronounce it as in:

quel cher belle elle cherche

**A. Prononcez bien!** Demandez à un(e) camarade de classe s'il / si elle aime ces choses. Faites attention à la prononciation de **ce (cet)/cette/ces.**

**EXEMPLE** **— Tu aimes ce tableau?**
**— Oui, j'aime bien ce tableau. / Non, je n'aime pas ce tableau.**

**EXEMPLE** tableau

**1.** canapé

**2.** escalier

**3.** lampe

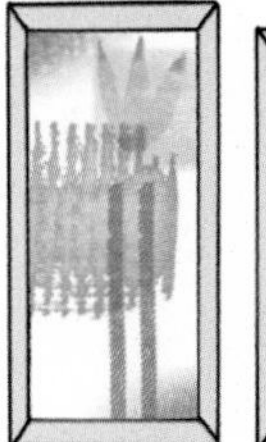

**4.** affiches

**5.** étagère

**6.** rideaux

**7.** commode

**B. Entretien.** Complétez les questions suivantes avec la forme correcte de **quel** ou avec **qu'est-ce que.** Ensuite, posez les questions à votre partenaire.

1. ______ il y a dans ta chambre?
2. Dans ______ pièce est-ce que tu passes le plus de temps?
3. ______ tu voudrais acheter *(to buy)* pour ton salon ou pour ta chambre?
4. Dans ______ rue est-ce que tu habites?
5. Ta chambre est à ______ étage?
6. De ______ couleur sont les murs de ta chambre?
7. ______ tu voudrais changer chez toi?

**C. Au Canada.** Complétez les questions suivantes avec la forme correcte de **quel/quelle/quels/quelles** et **ce (cet)/cette/ces** comme dans l'exemple. Ensuite, répondez aux questions.

**EXEMPLE** **Quelle** est la province canadienne avec le plus de francophones?
**Cette** province est plus grande que l'Alaska.
**C'est le Québec.**

1. ____________ est la plus grande ville du Québec? ____________ ville n'est pas la capitale de la province.
2. ____________ est la plus vieille université francophone en Amérique? Fondée en 1852, ____________ université est au Québec.
3. ____________ pourcentage *(m)* des Canadiens parlent français comme langue maternelle? ____________ pourcentage est entre 20 et 30 pour cent.
4. ____________ explorateur est le premier Français à explorer le Canada? ____________ explorateur arrive au Canada en 1534.
5. De ____________ couleurs est le drapeau *(flag)* canadien? ____________ couleurs sont deux des couleurs du drapeau des États-Unis.

# Reprise

## Les Stagiaires

See the ***Résumé de grammaire*** section at the end of each chapter for a review of all the grammar presented in the chapter.

In ***Épisode 3*** of ***Les Stagiaires,*** Amélie considers rooming with Céline, who has been looking for someone to share her apartment for a while. Before you watch the episode, review what you learned in ***Chapitre 3*** by doing these exercises in which Céline discusses her apartment with other prospective apartment mates.

### A. Quelques questions.

Une amie pose des questions à Céline parce qu'elle pense peut-être habiter chez elle. Complétez les questions avec **de, d', du, de la, de l'** ou **des.**

1. Est-ce que tu habites près ou loin _____ centre-ville?
2. Tu habites près _____ université?
3. Y a-t-il un arrêt d'autobus près _____ appartement?
4. Qu'est-ce qu'il y a en face _____ chez toi de l'autre côté _____ rue?
5. Dans ton appartement, est-ce qu'il y a de la place près _____ fenêtres pour mettre *(to put)* des plantes?
6. Est-ce qu'il y a une salle de bains à côté _____ chambres?

Maintenant, posez ces questions à un(e) partenaire pour parler de sa maison, de son appartement ou de sa résidence.

### B. L'appartement de Céline.

Céline décrit son appartement. Complétez le paragraphe suivant avec les prépositions indiquées et la forme correcte de l'article défini si nécessaire.

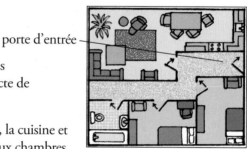

porte d'entrée

Quand on entre dans mon appartement, la cuisine et le salon sont __1__ *(to the right)* et les deux chambres et la salle de bains sont __2__ *(to the left)*. La porte du salon est __3__ *(facing)* porte d'entrée. Il faut *(One must)* passer par le salon pour aller à la cuisine et il y a une petite salle à manger __4__ *(between)* les deux pièces. La salle de bains est __5__ *(at the end of)* couloir, __6__ *(next to)* deuxième chambre.

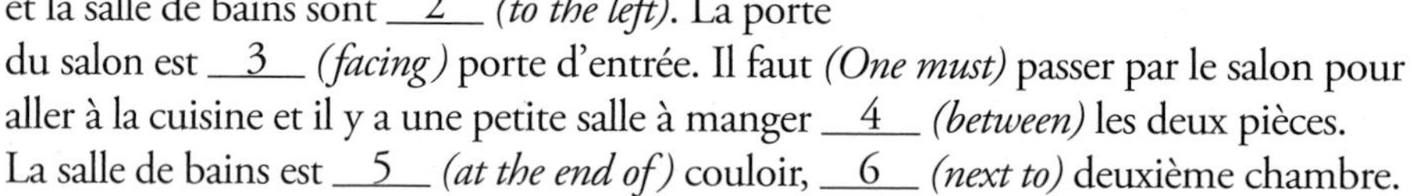

Maintenant, décrivez votre appartement / votre maison ou la maison / l'appartement de vos parents à un(e) camarade de classe.

### C. Quelques questions.

Une amie voudrait passer chez Céline pour voir son appartement. Quelle question avec **quel/quelle/quels/quelles** est-ce qu'elle pose à Céline pour obtenir les réponses suivantes?

**EXEMPLE** Le nom de la rue, c'est *rue du Stade.*
**Quel est le nom de la rue?**

1. L'adresse exacte de l'immeuble, *c'est le 125 rue du Stade.*
2. C'est l'appartement *numéro 12.*
3. Mon numéro de téléphone, c'est *le 02 35 42 89 95.*
4. Je rentre chez moi *vers six heures et demie* ce soir.

**D. Qu'est-ce que vous avez?** Céline parle à une amie. Complétez les phrases suivantes avec le verbe **avoir** dans le premier blanc et un adjectif possessif logique dans le deuxième.

**EXEMPLE** J'**ai** un portable. **Mon** numéro de téléphone, c'est le 06 35 42 89 95.

1. J'_____ un appartement au centre-ville. _____ adresse, c'est le 125 rue du Stade, appartement 12.
2. Le quartier _____ beaucoup de restaurants et de cafés. C'est un quartier très agréable et j'aime beaucoup _____ ambiance.
3. Quelquefois je passe le week-end chez mes parents. Ils _____ une maison en banlieue. _____ jardin *(yard)* est très joli.
4. Chez moi, j'_____ un petit chien. _____ chien est sympa mais il aboie *(barks)* toujours quand quelqu'un s'approche *(someone approaches)* de la porte.
5. Mes voisins _____ deux chats. _____ chats sont souvent devant ma porte.
6. Le seul inconvénient de mon appartement, c'est que dans le parking de mon immeuble, nous n'_____ pas assez de places pour _____ voitures.

Maintenant, changez les phrases pour décrire votre situation.

**E. C'est combien?** Céline cherche du mobilier *(furnishings)* pour son appartement dans les petites annonces *(classified ads)*. Donnez le prix de chaque objet comme dans l'exemple. Utilisez **ce, cet, cette** ou **ces.**

**EXEMPLE** MOBILIER CUISINE:
table, 6 chaises 450€.
Tél: 06 96 78 26 65.

**Cette table et ces chaises coûtent *(cost)* quatre cent cinquante euros.**

1. TABLE SALLE À MANGER, laquée noire, 6 chaises laquées noires. Très propres. 1 150€. Tél: 06 53 44 94 95.

2. MOBILIER salon fleuri (fauteuil, canapé) 550€. Tél: 06 31 42 51 15.

3. TÉLÉ 42", Sony, état neuf 700€. Tél: 06 12 21 49 14.

4. LIT "king" complet: base, lit en pin, matelas. Le tout en très bon état, 150€. Tél: 06 11 09 07 67.

5. TABLE D'ORDINATEUR: blanche, 3 tiroirs, en bon état, 115€. Tél: 06 89 85 10 11.

6. FAUTEUIL en cuir noir. Excellente condition. 495€. Tél: 06 55 64 69 94.

Access the Video ***Les Stagiaires*** at iLrn and on the *Horizons* Premium Website.

## Épisode 3: Un nouvel appartement

Dans ce clip, Céline demande à Amélie si elle voudrait être sa colocataire. Avant de regarder le clip, pensez à trois questions qu'on pose souvent à un(e) colocataire potentiel(le). Ensuite, regardez le clip et notez trois questions qu'Amélie pose à Céline à propos de l'appartement et de ses habitudes.

# Lecture et Composition

## Lecture

### Pour mieux lire *Previewing content*

Looking at the title of an article and thinking about what you know or think about the topic can help you anticipate its content and read it more easily. You are going to read an article by an interior decorator in Quebec about how colors can change your moods. Before you begin to read, look at the title of the article that follows. What is it about? What feelings do you associate with the following colors?

le rouge    le jaune    le rose    le noir    le bleu    le blanc

**Associations.** Quelle couleur associez-vous le plus aux choses suivantes?

**1.** la passion
**2.** la dépression
**3.** la concentration
**4.** l'énergie
**5.** la relaxation
**6.** la pureté
**7.** l'appétit
**8.** l'irritation

## *Les couleurs et leurs effets sur la nature humaine*

Les couleurs changent nos **humeurs** et par conséquent reflètent notre personnalité. **Pour mieux vous faire connaître** les effets qu'ont les couleurs sur la nature humaine, nous avons préparé un guide qui va vous aider à choisir les couleurs pour votre maison ou appartement.

**Les couleurs chaudes: le rouge et le jaune.**
Le rouge stimule le métabolisme, le rythme cardiaque et la température **corporelle.** Le rouge est **perçu comme** une couleur agressive, **forte,** vitale et passionnante. **Puisque** c'est une couleur qui stimule l'appétit, le rouge est souvent utilisé pour les salles à manger et les restaurants.

Le jaune stimule la mémoire, le mouvement, la coordination et le système digestif. Le jaune et le rouge sont considérés comme «énergiques». Mais **faites attention,** le jaune dans une chambre de bébé **peut rendre** l'enfant irritable.

**Les couleurs froides: le bleu et le vert.**
Le bleu encourage la concentration. Le rythme cardiaque et la respiration **ralentissent.** La température du **corps baisse.** Cette couleur est très recommandée dans un bureau.

Le vert augmente la relaxation. Le corps et **l'esprit se détendent** dans une atmosphère verte. Le vert diminue l'anxiété, **la peur** et **les cauchemars.** Le vert encourage le sentiment de bien-être. Il est **donc parfait** pour une chambre à coucher.

**Les couleurs neutres: le blanc, le gris et le noir.**
Le blanc stimule les fonctions vitales, par conséquent **le sommeil** n'est pas aussi **bénéfique** dans une chambre blanche. Le blanc est aussi associé à la pureté et à l'honnêteté.

Le gris incite à la dépression et à l'indifférence. Il est préférable de l'utiliser comme accent plutôt que couleur dominante dans votre décor.

Le noir est une couleur distincte, audacieuse et classique. Le noir est un fond idéal **pour faire ressortir** les autres couleurs, mais il peut être **étouffant** en trop grande quantité.

Adapté de Kate Macrae, *Les couleurs et leurs effets sur la nature humaine*, www.sylkacoordination.com.

---

**humeurs** *moods* **Pour mieux vous faire connaître** *To inform you better about* **corporelle** *body* **perçu comme** *perceived as* **forte** *strong* **Puisque** *Since* **faites attention** *be careful* **peut rendre** *can make* **froides** *cold* **ralentissent** *slow down* **corps** *body* **baisse** *lowers* **l'esprit** *the mind* **se détendent** *relax* **la peur** *fear* **les cauchemars** *nightmares* **donc** *therefore* **parfait** *perfect* **le sommeil** *sleep* **bénéfique** *beneficial* **pour faire ressortir** *to make stand out* **étouffant** *stifling*

## Compréhension

**Quelles couleurs?** Complétez les phrases suivantes en indiquant les couleurs appropriées d'après la lecture ***Les couleurs et leurs effets sur la nature humaine.***

1. Si vous désirez manger moins, évitez *(avoid)* le _____ pour décorer votre salle à manger.
2. Pour mieux vous concentrer, étudiez dans une pièce _____.
3. Si votre bébé pleure *(cries)* beaucoup, utilisez le _____ dans sa chambre et évitez le _____.
4. Si vous désirez mieux dormir, les murs _____ ne sont pas recommandés dans votre chambre.
5. Si vous souffrez de dépression, évitez le _____ dans votre décor.
6. Si vous avez souvent froid *(feel cold)* chez vous, utilisez le _____ et évitez le _____.

# Composition

### Pour mieux écrire: *Brainstorming*

Brainstorming on a topic before you begin writing about it can simplify your task. To brainstorm, first think about what general sections you will want to include in your writing, then jot down as many notes for each section as you can. Finally, use these sections to organize your writing.

**Organisez-vous.** Imagine that you are responding to a roommate ad in Quebec. What would you want to know about the apartment and its occupant? Jot down as many words and phrases in French as you can under each heading in this chart, using a separate piece of paper.

| location | rooms and furnishings | roommate's personality |
|---|---|---|
| | | |

## Un mail

You are moving to Quebec and respond to an ad for a roommate in the newspaper. Write an e-mail in which you introduce yourself and tell the sort of place you are looking for. Then, write three paragraphs asking about the apartment's location, the rooms and furnishings, and what the roommate is like. Begin with **Cher monsieur / Chère madame / Chère mademoiselle,** and end the e-mail with **En attendant votre réponse,** and sign your name.

# Comparaisons culturelles

## Le Québec d'aujourd'hui

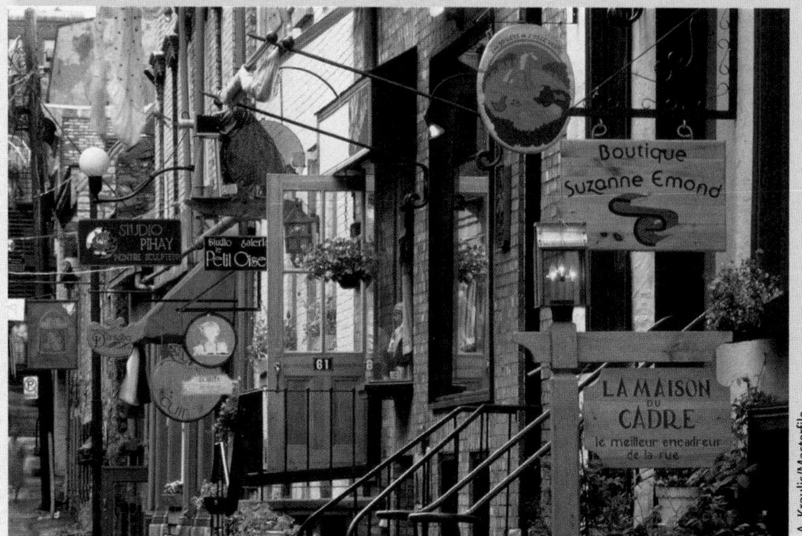


J.A. Kraulis/Masterfile

**Grâce à** son histoire, à sa langue et à **ses coutumes,** le Québec est, **à bien des égards,** une société distincte à l'intérieur du Canada. Dans cette province, **la seule** où le français est **l'unique** langue officielle, 80% de la population parle français à la maison, 8% parle anglais et 12% parle d'autres langues.

The Granger Collection, New York

**Jacques Cartier, explorateur français**

Ann Ronan Picture Library/HIP/The Image Works

Pour comprendre la culture québécoise, **il faut connaître** un peu son histoire.

**Au 16e siècle,** les Français et les Anglais **ont commencé** à coloniser le Canada. Les Français **se sont établis** au Québec et dans **la partie est du** Canada. La majorité des francophones québécois d'aujourd'hui sont les descendants de ces premiers **colons** français. Les Britanniques se sont établis dans d'autres parties du Canada. **Certains** anglophones québécois d'aujourd'hui sont les descendants de ces premiers colons. Beaucoup d'autres sont des **immigrés** ou les descendants d'immigrés britanniques ou d'immigrés d'autres pays.

**Au cours du 17e et du 18e siècles,** les Français et les Anglais **se sont battus** pour le contrôle du Canada. En 1763, la France a cédé ses territoires canadiens aux Anglais et pendant 200 **ans,** les Québécois **ont vécu** sous la domination de la minorité anglophone.

**Grâce à** *Thanks to* **ses coutumes** *its customs* **à bien des égards** *in many regards* **la seule** *the only one* **l'unique** *the only* **il faut connaître** *it is necessary to know* **Au 16e siècle** *In the 16th century* **ont commencé** *began* **se sont établis** *established themselves* **la partie est du** *the eastern part of* **colons** *colonists* **Certains** *Some* **immigrés** *immigrants* **Au cours du 17e et du 18e siècles** *In the course of the 17th and 18th centuries* **se sont battus** *battled* **ans** *years* **ont vécu** *lived*

AP Photo/CP, Jacques Boissinot

**Pendant les années 60,** un mouvement pour la préservation de la francophonie a commencé et plusieurs mesures **ont été mises en place** pour la protection de l'identité québécoise.

Les immigrés **venant d'**Europe, d'Asie, d'Afrique et des Amériques comptent pour 11,5% de la population du Québec et 50 000 **d'entre eux viennent s'y établir chaque année.** Cette immigration **a eu** une forte influence sur l'identité québécoise.

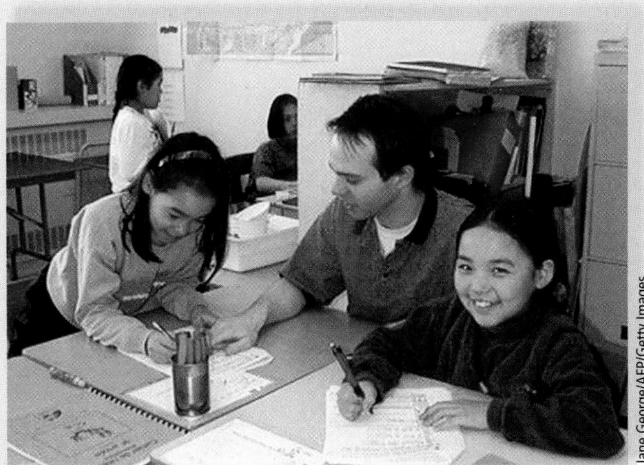

Jane George/AFP/Getty Images

© Heinle, Cengage Learning

**Fier de ses racines** et de ses traditions, le Québec d'aujourd'hui est une société francophone qui **s'inspire de** la culture franco-européenne **aussi bien que de** la culture anglo-américaine. Mais c'est aussi une société multi-ethnique qui **s'ouvre aux contributions que lui apportent ses peuples indigènes** (les Inuits et les Amérindiens) et ses immigrés venant de partout dans **le monde.**

Source: www.gouv.qc.ca

## Compréhension

Visit **www.cengagebrain.com/shop/ISBN/0495912492** for additional cultural information and activities.

1. Au Québec, 80% de la population parle ______________, 8% parle ______________ et 12% parle d'______________. Quelle est la situation linguistique dans votre région?
2. Au cours du 17^e^ et du 18^e^ siècles, les ______________ et les ______________ se sont battus pour le contrôle du Canada. En 1763, les ______________ ont gagné la guerre *(won the war).* Comment est-ce que l'histoire de votre région a influencé sa situation linguistique?
3. Le Québec d'aujourd'hui est une société francophone qui s'inspire de la culture ______________ aussi bien que de la culture ______________. Mais c'est aussi une société multi-ethnique qui s'ouvre aux contributions que lui apportent ses peuples ______________ et ses ______________ venant de toutes les parties du monde. Quelles cultures ont influencé votre société?

**Pendant les années 60** *During the sixties* **ont été mises en place** *were put in place* **venant de** *coming from* **d'entre eux** *of them* **viennent s'y établir chaque année** *come settle there each year* **a eu** *has had* **Fier de ses racines** *Proud of its roots* **s'inspire de** *is inspired by* **aussi bien que de** *as well as by* **s'ouvre aux contributions que lui apportent ses peuples indigènes** *is open to the contributions brought to it by its indigenous peoples* **le monde** *the world*

**cent** = *one hundred*
**mille** = *one thousand*
**un million** = *one million*
**un million d'**habitants

| | |
|---|---|
| 300 | trois cents |
| 301 | trois cent un |
| 3 000 | trois mille |
| 3 100 000 | trois millions cent mille |

## Numbers above 100

- Use **un** in **un million,** but not before the words **cent** and **mille.** The word **million(s)** is followed by **de (d')** when followed directly by a noun.
- **Million** takes an **s** when plural. **Cent** generally only takes an **s** when plural if not followed by another number. Never add an **s** to **mille.**
- There is no hyphen between the words **cent, mille,** or **million** and another number.
- Use commas to denote decimals, and spaces or periods to set off numbers in the thousands, millions, etc.

Ma rue, c'est la première (deuxième, troisième, quatrième, cinquième, sixième, septième, huitième, neuvième, dixième, onzième...) rue à droite.

## Ordinal numbers

Use **premier (première)** to say *first.* To form the other ordinal numbers *(second, third, fourth . . .),* add the suffix **-ième** to the cardinal numbers **(deux, trois, quatre...).** Drop the final **e** of cardinal numbers before adding **-ième.** Note the spelling changes in **cinquième** *(fifth)* and **neuvième** *(ninth).*

—J'**ai** un appartement. Et toi? Tu **as** une maison?
—Ma famille **a** une petite maison. J'habite chez mes parents.

## *Avoir*

The verb **avoir** *(to have)* is irregular.

| | | | |
|---|---|---|---|
| j' | **ai** | nous | **avons** |
| tu | **as** | vous | **avez** |
| il/elle | **a** | ils/elles | **ont** |

—Tu as **des** chats, non?
—Non, ce ne sont pas **des** chats. J'ai **des** chiens.
—Combien **de** chiens as-tu?
—Quatre.
—Tu n'as pas **de** problèmes avec tes colocataires?
—Non, je n'ai pas **de** colocataire.

## *Un, une, des → de (d')*

Use **de (d')** rather than **un, une,** or **des** after . . .

- most verbs in the negative form, except **être.**
- quantity expressions like **combien, beaucoup,** and **assez.**

un tableau → des tableaux
un bureau → des bureaux
un animal → des animaux

## Plurals ending with *-x*

In the plural, most words ending in **-eau, -au,** or **-eu** end in **-x** rather than **-s,** and the ending **-al** becomes **-aux.**

Je rentre **de** l'université à cinq heures.

Ma résidence est **près d'**ici, **derrière** la bibliothèque et **à côté de** la librairie.

## Prepositions

When used alone, the preposition **de** means *of, from,* or *about.* **De** is also used in some of the following prepositions.

| | | | |
|---|---|---|---|
| **sur** | *on* | **près (de)** | *near* |
| **sous** | *under* | **loin (de)** | *far (from)* |
| **entre** | *between* | **à côté (de)** | *next to, beside* |
| **dans** | *in* | **à droite / gauche (de)** | *to the right / left (of)* |
| **devant** | *in front of* | **en face (de)** | *across (from), facing* |
| **derrière** | *behind* | **dans le coin (de)** | *in the corner (of)* |

**De** contracts with the articles **le** and **les,** but not with **la** or **l'.**

| CONTRACTION: | | | NO CONTRACTION: | | |
|---|---|---|---|---|---|
| de + le | → | du | de + la | → | de la |
| de + les | → | des | de + l' | → | de l' |

Je n'aime pas habiter à la résidence parce qu'elle est loin **du** parking et ma chambre est en face **des** ascenseurs, à côté **de l'**escalier et loin **de la** salle de bains!

## Possession

**De** is used instead of *'s* to indicate possession. Remember the contractions **de** + **le** → **du** and **de** + **les** → **des.**

| | |
|---|---|
| le bureau du professeur | *the professor's office* |
| la voiture de mon frère | *my brother's car* |

—C'est ta voiture?
—Non, c'est la voiture **de** mon amie.

—C'est la porte **de la** salle de bains?
—Non, c'est la porte **du** placard.

The possessive adjectives also indicate possession.

| | MASCULINE SINGULAR | FEMININE SINGULAR (+ consonant sound) | FEMININE SINGULAR (+ vowel sound) | PLURAL |
|---|---|---|---|---|
| *my* | **mon** vélo | **ma** voiture | **mon** adresse | **mes** meubles |
| *your* (sing. fam.) | **ton** vélo | **ta** voiture | **ton** adresse | **tes** meubles |
| *his/her/its* | **son** vélo | **sa** voiture | **son** adresse | **ses** meubles |
| *our* | **notre** vélo | **notre** voiture | **notre** adresse | **nos** meubles |
| *your* (form./pl.) | **votre** vélo | **votre** voiture | **votre** adresse | **vos** meubles |
| *their* | **leur** vélo | **leur** voiture | **leur** adresse | **leurs** meubles |

—Tu habites encore chez **tes** parents?
—Non, j'habite chez **mon** frère.
—Où est **sa** maison?
—Pas loin de chez **nos** parents.
—Dans quelle rue est la maison de **vos** parents?
—**Leur** maison est dans la rue Martin.

Use the forms **mon, ton,** and **son** rather than **ma, ta,** and **sa** before feminine nouns beginning with vowel sounds.

**Mon** amie s'appelle Monique.

The use of the forms **son/sa/ses** *(his, her, its)* depends on the gender and number of the object possessed, not the person who owns it. **Son/sa/ses** can all mean *his, her,* or *its.*

son quartier = *his/her/its neighborhood*
sa porte = *his/her/its door*
ses murs = *his/her/its walls*

## *Quel/quelle/quels/quelles* and *ce (cet)/cette/ces*

Use **quel/quelle/quels/quelles** to say *which* or *what* directly before a noun or the verbs **est** and **sont.** It agrees with the gender and number of the noun it modifies.

| | MASCULINE | FEMININE |
|---|---|---|
| **SINGULAR** | quel état | quelle ville |
| **PLURAL** | quels états | quelles villes |

—Dans **quelle** ville habites-tu?
—J'habite à Sherbrooke.
—**Quelle** est ton adresse?
—C'est le 1202, rue Galt.
—**Quel** est ton numéro de téléphone?
—C'est le (819) 569-1208.

Use the demonstrative adjective **ce (cet)/cette/ces** to say both *this/these* and *that/those.* The masculine **ce** becomes **cet** before masculine singular nouns beginning with a vowel sound.

| | SINGULAR | PLURAL |
|---|---|---|
| **MASCULINE (+ consonant sound)** | ce chien | ces chiens |
| **MASCULINE (+ vowel sound)** | cet animal | ces animaux |
| **FEMININE** | cette étagère | ces étagères |

—Tu habites dans **cette** rue?
—Oui, j'aime beaucoup **ce** quartier. Mon appartement est dans **cet** immeuble.
—Mon appartement est derrière **ces** arbres.

# VOCABULAIRE

## COMPÉTENCE 1

### Talking about where you live

| NOMS MASCULINS | |
|---|---|
| **un appartement** | *an apartment* |
| **un arrêt d'autobus** | *a bus stop* |
| **un ascenseur** | *an elevator* |
| **le centre-ville** | *downtown* |
| **un dollar** | *a dollar* |
| **un escalier** | *stairs, a staircase* |
| **un étage** | *a floor* |
| **un immeuble** | *an apartment building* |
| **le logement** | *lodging, housing* |
| **le loyer** | *the rent* |
| **le rez-de-chaussée** | *the ground floor* |
| **un salon** | *a living room* |
| **un sous-sol** | *a basement* |

| NOMS FÉMININS | |
|---|---|
| **la banlieue** | *the suburbs* |
| **la campagne** | *the country(side)* |
| **une chambre** | *a bedroom* |
| **une cuisine** | *a kitchen* |
| **une fenêtre** | *a window* |
| **une maison** | *a house* |
| **une pièce** | *a room* |
| **une porte** | *a door* |
| **une salle à manger** | *a dining room* |
| **une salle de bains** | *a bathroom* |
| **des toilettes** | *a restroom, a toilet* |
| **une ville** | *a city* |

| ADJECTIFS | |
|---|---|
| **cher (chère)** | *expensive* |
| **commode** | *convenient* |
| **confortable** | *comfortable* |

| DIVERS | |
|---|---|
| **à la campagne** | *in the country* |
| **à la résidence universitaire** | *in the university dorm* |
| **À quel étage?** | *On what floor?* |
| **au sous-sol** | *in the basement* |
| **au rez-de-chaussée** | *on the ground floor* |
| **au premier (deuxième...) étage** | *on the second (third . . .) floor* |
| **au centre-ville** | *downtown* |
| **cent** | *a/one hundred* |
| **en banlieue** | *in the suburbs* |
| **en ville** | *in town* |
| **Je n'ai pas de...** | *I don't have . . .* |
| **loin (de)** | *far (from)* |
| **mille** | *a/one thousand* |
| **un million (de)** | *a/one million* |
| **par mois** | *per month* |
| **(tout) près (de)** | *(very) near* |
| **trop** | *too (much)* |
| **il/elle va** | *he/she is going, he/she goes* |

*Pour les nombres ordinaux, voir la page 110.*

## COMPÉTENCE 2

### Talking about your possessions

| NOMS MASCULINS | |
|---|---|
| **un animal (*pl* des animaux)** | *an animal* |
| **un canapé** | *a couch* |
| **un CD** | *a CD* |
| **un chat** | *a cat* |
| **un chien** | *a dog* |
| **un DVD** | *a DVD* |
| **des effets personnels** | *personal belongings* |
| **un fauteuil** | *an armchair* |
| **un iPod** | *an iPod* |
| **un lecteur CD/DVD** | *a CD/DVD player* |
| **un ordinateur** | *a computer* |
| **un (PC) portable** | *a laptop* |
| **un (téléphone) portable** | *a cell phone* |
| **un tableau (*pl* des tableaux)** | *a painting* |
| **un tapis** | *a rug* |
| **un vélo** | *a bicycle* |
| **des vêtements** | *clothes* |

| NOMS FÉMININS | |
|---|---|
| **une chaîne hi-fi** | *a stereo* |
| **une chaise** | *a chair* |
| **une chose** | *a thing* |
| **une lampe** | *a lamp* |
| **une plante** | *a plant* |
| **une table** | *a table* |
| **une télé** | *a TV* |
| **une voiture** | *a car* |

| PRÉPOSITIONS | |
|---|---|
| **à côté (de)** | *next to, beside* |
| **à droite (de)** | *to the right (of)* |
| **à gauche (de)** | *to the left (of)* |
| **dans** | *in* |
| **dans le coin (de)** | *in the corner (of)* |
| **de** | *of, from, about* |
| **derrière** | *behind* |
| **devant** | *in front of* |
| **en face (de)** | *across from, facing* |
| **entre** | *between* |
| **sous** | *under* |
| **sur** | *on* |

| VERBES | |
|---|---|
| **arriver** | *to arrive* |
| **avoir** | *to have* |
| **chercher** | *to look for* |
| **fumer** | *to smoke* |
| **partager** | *to share* |
| **téléphoner (à)** | *to phone* |

| DIVERS | |
|---|---|
| **combien (de)** | *how many, how much* |
| **embêtant(e)** | *annoying* |
| **en ordre** | *in order, orderly* |
| **non plus** | *neither* |
| **partout** | *everywhere* |
| **Pas de problème.** | *No problem.* |
| **peut-être** | *maybe, perhaps* |
| **bien rangé(e)** | *orderly, put away, in its place* |
| **ton/ta/tes** | *your (sing. fam.)* |
| **tout** | *everything, all* |

## COMPÉTENCE 3 

### Describing your room

**NOMS MASCULINS**

| | |
|---|---|
| **un adjectif** | *an adjective* |
| **un bureau (*pl* des bureaux)** | *a desk* |
| **un couloir** | *a hall, a corridor* |
| **un lit** | *a bed* |
| **des meubles** | *furniture, furnishings* |
| **un mur** | *a wall* |
| **un placard** | *a closet* |
| **un rideau (*pl* des rideaux)** | *a curtain* |

**NOMS FÉMININS**

| | |
|---|---|
| **une affiche** | *a poster* |
| **une commode** | *a dresser, a chest of drawers* |
| **une couleur** | *a color* |
| **une couverture** | *a cover, a blanket* |
| **une étagère** | *a bookcase, a shelf* |
| **une vue** | *a view* |

**ADJECTIFS POSSESSIFS**

| | |
|---|---|
| **mon/ma/mes** | *my* |
| **ton/ta/tes** | *your* |
| **son/sa/ses** | *his, her, its* |
| **notre/nos** | *our* |
| **votre/vos** | *your* |
| **leur/leurs** | *their* |

**EXPRESSIONS VERBALES**

| | |
|---|---|
| **Ça te plaît. / Ça me plaît.** | *You like it. / I like it.* |
| **comme tu vois** | *as you see* |
| **espérer** | *to hope* |
| **indiquer** | *to indicate* |
| **laisser** | *to leave* |
| **montrer** | *to show* |
| **Viens voir!** | *Come see!* |

**LES COULEURS**

| | |
|---|---|
| **De quelle couleur est... ?** | *What color is . . . ?* |
| **De quelle couleur sont... ?** | *What color are . . . ?* |
| **beige** | *beige* |
| **blanc(he)** | *white* |
| **bleu(e)** | *blue* |
| **gris(e)** | *gray* |
| **jaune** | *yellow* |
| **marron** | *brown* |
| **noir(e)** | *black* |
| **orange** | *orange* |
| **rose** | *pink* |
| **rouge** | *red* |
| **vert(e)** | *green* |
| **violet(te)** | *purple* |

**DIVERS**

| | |
|---|---|
| **à sa place** | *in its place* |
| **au bout (de)** | *at the end (of)* |
| **chaque** | *each* |
| **en désordre** | *in disorder, disorderly* |
| **justement** | *as a matter of fact, precisely, exactly* |
| **par terre** | *on the floor, on the ground* |
| **préféré(e)** | *favorite* |
| **propre** | *clean* |
| **sale** | *dirty* |

## COMPÉTENCE 4 

### Giving your address and phone number

**NOMS MASCULINS**

| | |
|---|---|
| **un code postal** | *a zip code* |
| **un état** | *a state* |
| **les États-Unis** | *the United States* |
| **un nom (de famille)** | *a (sur/last)name, a noun* |
| **un numéro de téléphone** | *a telephone number* |
| **un pays** | *a country* |
| **un prénom** | *a first name* |
| **des renseignements** | *information* |

**NOMS FÉMININS**

| | |
|---|---|
| **une adresse (mail)** | *an (e-mail) address* |
| **la Louisiane** | *Louisiana* |
| **une nationalité** | *a nationality* |
| **une province** | *a province* |
| **une rue** | *a street* |

**DIVERS**

| | |
|---|---|
| **ce (cet)/cette** | *this, that* |
| **ces** | *these, those* |
| **il/elle doit...** | *he/she must . . .* |
| **partagé(e)** | *shared, divided* |
| **poser une question** | *to ask a question* |
| **quel/quelle/quels/quelles** | *which, what* |
| **s'inscrire** | *to register* |
| **suivant(e)** | *following* |

## En Amérique: En Louisiane

# En famille

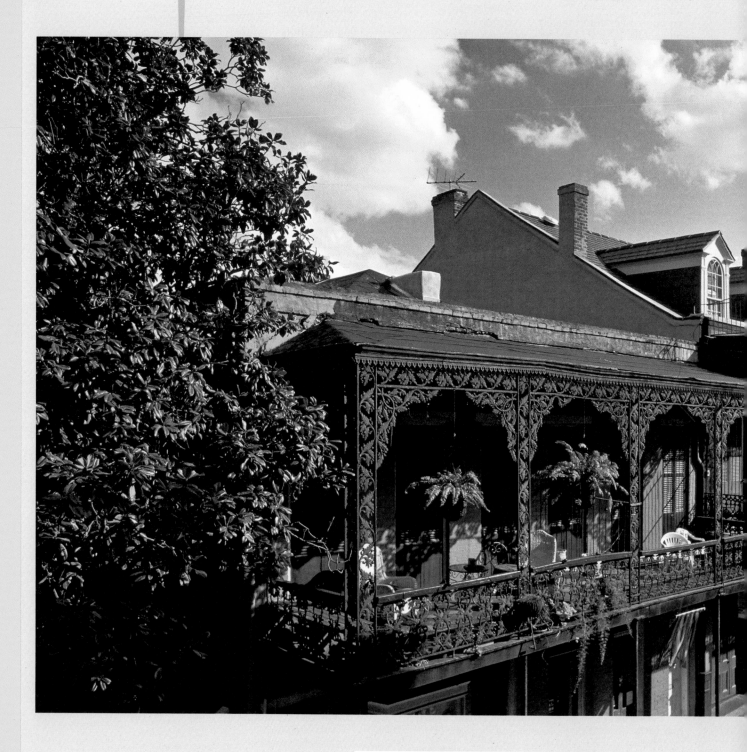

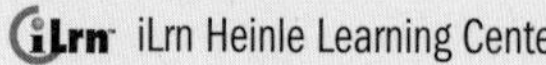
iLrn Heinle Learning Center

www.cengagebrain.com/shop/ISBN/0495912492

*Horizons* Video: Les Stagiaires

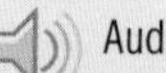
Audio

Internet web search

Pair work

Group work

# Chapitre 4

## COMPÉTENCE

# En Amérique: En Louisiane

Les origines des Francophones en Louisiane sont **nombreuses** et variées. Les plus grands groupes culturels sont **les Cadiens** et les Créoles. D'où **viennent** les Cadiens et les Créoles?

L'Acadie

En 1604, les Français **fondent** une colonie dans **la partie est** du Canada qu'ils appellent l'Acadie. **Pendant la guerre entre** les Français et les Anglais pour le contrôle du Canada, les Anglais **prennent possession de** l'Acadie et commencent à **expulser** les Français. Les Cadiens d'aujourd'hui sont les descendants de ces Acadiens expulsés par les Anglais.

En 1682, la France prend possession de la Louisiane et en 1718, La Nouvelle-Orléans est **fondée.** Certains Créoles d'aujourd'hui sont les descendants des premiers **colons** français et européens. D'autres Créoles sont les descendants d'autres Français, d'**immigrés** des îles caraïbes ou d'**esclaves échappés** de cette région.

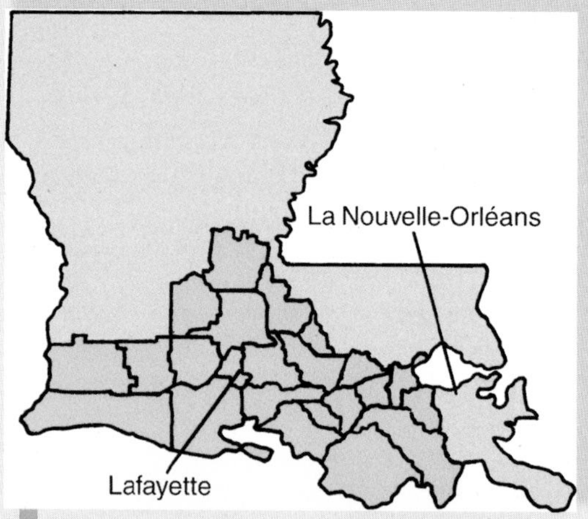


La ville de Lafayette est au cœur de la région cadienne, l'Acadiana, 22 paroisses dans la partie sud de la Louisiane.
La Nouvelle-Orléans est au cœur de la région créole.

La Nouvelle-Orléans est au cœur de la région créole.



Expand your knowledge of aspects of Creole and Cajun culture by searching the Web for **1.** a brief history of **le Vieux Carré** in New Orleans and a brief history of the Acadiana region, as well as points of interest in each place **2.** aspects of Cajun and/or Creole cuisine **3.** a brief history of zydeco music and its major artists.

**nombreuses** *numerous* **les Cadiens** *the Cajuns* **fondent** *found* **la partie est** *the eastern part* **Pendant la guerre entre** *During the war between* **prennent possession de** *take possession of* **expulser** *to throw out* **viennent** *come* **fondée** *founded* **colons** *colonists* **immigrés** *immigrants* **esclaves échappés** *escaped slaves* **au cœur de** *in the heart of* **paroisses** *parishes* (equivalent to counties) **la partie sud** *the southern part*

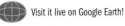

## La Louisiane

Visit it live on Google Earth!

**Nombre d'habitants: 4 411 000 (les Louisianais)**
**(Un peu moins de 265 000 parlent français, cadien *[cajun]* ou créole et parmi eux 200 000 parlent une de ces langues à la maison.)**
**Capitale: Baton Rouge**

Et vous? Quand vous pensez à la Louisiane francophone, pensez-vous...

© REUTERS/Str Old

à La Nouvelle-Orléans avec son **Vieux Carré** et son célèbre Mardi gras?

## Qu'en savez-vous?

Que savez-vous de *(What do you know about)* la Louisiane francophone? Devinez *(Guess)* quel mot de la liste va avec chaque définition.

**les Créoles  les Cadiens  le Vieux Carré**
**l'Acadiana  l'Acadie  La Nouvelle-Orléans**
**le jambalaya  le zydeco  Lafayette**

1. un genre musical influencé par le blues et le plus souvent joué à l'accordéon
2. un plat de riz *(rice dish)* avec des tomates, de la viande *(meat)* et du bouillon
3. le quartier français à La Nouvelle-Orléans
4. les 22 paroisses de la région cadienne dans la partie sud de la Louisiane
5. la ville au cœur de la région créole
6. la ville au cœur de la région cadienne
7. les descendants des Francophones expulsés du Canada par les Anglais
8. les descendants des habitants de Louisiane avant son annexion par les États-Unis; principalement d'origines européenne et africaine
9. la région francophone fondée en 1604 dans la partie est du Canada et d'où vient le mot «Cajun» *(from which the word Cajun comes)*.

© Joe Raedle/Getty Images

ou **plutôt** à la culture cadienne et à sa fameuse musique et à sa délicieuse cuisine?

**Laissez les bons temps rouler!**

**le Vieux Carré** *the French Quarter*  **plutôt** *instead, rather*  **Laissez les bons temps rouler!** *Let the good times roll!* (regional)

# Describing your family

**Note** *culturelle*

En 1916, l'état de Louisiane exige que la scolarité soit faite ***(requires that education be done)*** en anglais et l'anglais commence à être la langue prédominante chez les jeunes. Plus de 90% de la population en Acadiana née ***(born)*** avant cette époque est bilingue français-anglais, mais moins de 10% de leurs petits-enfants ***(grandchildren)*** parlent français. Certains Américains voudraient établir ***(to establish)*** l'anglais comme la seule langue officielle aux États-Unis. Que pensez-vous de cette idée?

## Ma famille

Robert et ses amis **ont l'intention de** passer une semaine de **vacances** *(f)* chez **le père** de Robert à Lafayette. Robert parle de sa famille.

Voici ma famille. Mes parents sont divorcés maintenant. Ils ont quatre **enfants,** trois **garçons** et **une fille.**

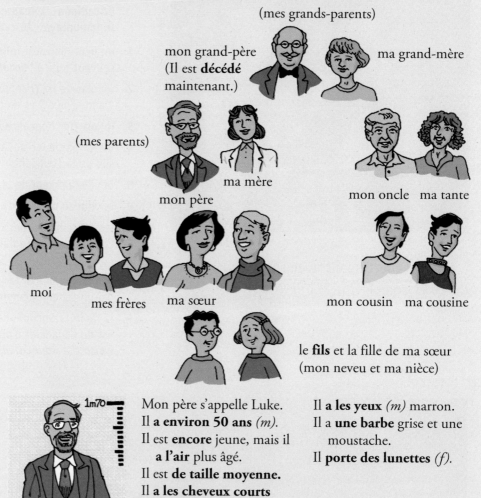

(mes grands-parents)

mon grand-père (Il est **décédé** maintenant.)

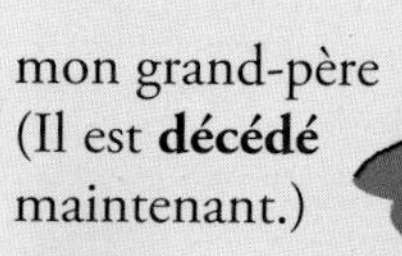

ma grand-mère

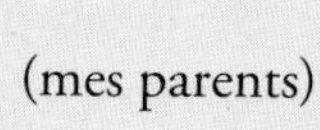

(mes parents)

mon père ma mère

mon oncle ma tante

moi mes frères ma sœur

mon cousin ma cousine

le **fils** et la fille de ma sœur (mon neveu et ma nièce)

Mon père s'appelle Luke.
Il **a environ 50 ans** *(m).*
Il est **encore** jeune, mais il **a l'air** plus âgé.
Il est **de taille moyenne.**
Il **a les cheveux courts** et gris.

Il **a les yeux** *(m)* marron.
Il a **une barbe** grise et une moustache.
Il **porte des lunettes** *(f).*

Et vous? Comment êtes-vous?

J'ai les yeux **noirs** / marron / **noisette** / verts / bleus / gris.
J'ai les cheveux courts / **mi-longs** / longs et noirs / **bruns** / **châtains** / auburn / blonds / gris / blancs / **roux.**

**avoir l'intention de** *to intend to* **les vacances** *(f) vacation* **le père** *the father* **des enfants** *children* **un garçon** *a boy* **une fille** *a daughter, a girl* **décédé(e)** *deceased* **un fils** *a son* **avoir... ans** *to be . . . years old* **environ** *about* **encore** *still* **avoir l'air...** *to look, to seem . . .* **de taille moyenne** *of medium height* **avoir les cheveux...** *to have . . . hair* **court(e)** *short* **avoir les yeux...** *to have . . . eyes* **une barbe** *a beard* **porter** *to wear* **des lunettes** *(f) glasses* **noirs** (with eyes) *very dark brown* **noisette** *(inv) hazel* **mi-longs** (with hair) *shoulder-length* **bruns** (with hair) *medium to dark brown* **châtains** (with hair) *light to medium brown* **roux** (with hair) *red*

### Vocabulaire supplémentaire

**adopté(e)** *adopted*
**un beau-frère** *a brother-in-law*
**une belle-sœur** *a sister-in-law*
**l'aîné (l'aînée)** *the oldest child*
**le cadet (la cadette)** *the middle child, the younger child (of two)*
**le benjamin (la benjamine)** *the youngest child (of more than two)*
**un demi-frère (une demi-sœur)** *a stepbrother, a half-brother (a stepsister, a half-sister)*
**un ex-mari (une ex-femme)** *an ex-husband (an ex-wife)*
**un fils unique (une fille unique)** *an only child*
**des petits-enfants (un petit-fils, une petite-fille)** *grandchildren (a grandson, a granddaughter)*
**porter des lentilles** *(f) to wear contact lenses*

**Note** *de vocabulaire*

Use **avoir l'air** *(+ adjective)* to say someone *looks young, happy . . .* Use **ressembler à** to say a person *looks like* someone: **Je ressemble à ma mère.**

CD 2-2

Robert parle de sa famille avec Thomas.

THOMAS: Vous êtes combien dans ta famille?
ROBERT: Nous sommes sept: mon père, **ma belle-mère,** ma mère, mes deux frères, ma sœur et moi. Ma sœur est mariée et elle habite à La Nouvelle-Orléans.
THOMAS: Elle est plus jeune ou **plus âgée que** toi? Quel âge a-t-elle?
ROBERT: Elle a 28 ans.
THOMAS: Comment s'appelle-t-elle?
ROBERT: Elle s'appelle Sarah.

## A. La famille. Donnez l'équivalent féminin.

**EXEMPLE** le frère **la sœur**

1. le père
2. l'oncle
3. le garçon
4. le neveu
5. le beau-père
6. le cousin
7. le fils
8. le grand-père

## B. Généalogie. Complétez les phrases.

**EXEMPLE** Les parents de mon père, ce sont **mes grands-parents.**

1. Le père de mon père, c'est _______. Sa femme, c'est _______.
2. La sœur de ma mère, c'est _______. Son mari, c'est _______. Leurs enfants sont _______. Leur fils, c'est _______ et leur fille, c'est _______.
3. Le fils de ma sœur, c'est _______. Sa fille, c'est _______.

## C. Mon meilleur ami. Changez les mots en italique pour décrire votre meilleur ami.

1. Il s'appelle *Emmitt / Chuong / ???* et il a *18 / 25 / 38 / 45 / ???* ans.
2. Il est *grand / petit / de taille moyenne.*
3. Il a les cheveux *longs / mi-longs / courts* et *blonds / noirs / ???.*
4. Il a les yeux *marron / gris / ???.*
5. Il a l'air *intellectuel / sportif / jeune / bête / ???.*

## D. Entretien. Posez ces questions à votre partenaire. Ensuite, changez de rôles.

1. Vous êtes combien dans ta famille? Tu as des frères ou des sœurs? (Ils sont plus âgés que toi ou moins âgés que toi?)
2. Avec quel membre de la famille préfères-tu passer du temps? Comment s'appelle-t-il/elle? Quel âge a-t-il/elle? Il/Elle est grand(e), petit(e) ou de taille moyenne? Il/Elle a les yeux de quelle couleur? Il/Elle a les cheveux longs, mi-longs ou courts? Il/Elle a les cheveux de quelle couleur? Il/Elle a l'air plutôt sportif (sportive) ou plutôt intellectuel(le)? Il/Elle porte des lunettes?

## À vous!

Avec un(e) partenaire, relisez à haute voix la conversation entre Thomas et Robert. Ensuite, adaptez la conversation pour parler d'un membre de votre famille.

You can find a list of the new words from the vocabulary and grammar sections of this **Compétence** on page 174 and audio for each item of this list at **www.cengagebrain.com/shop/ISBN/0495912492.**

**une belle-mère (un beau-père, des beaux-parents)** *a stepmother / a mother-in-law (a stepfather / a father-in-law, stepparents / in-laws)* **plus âgé(e) que** *older than*

## Pour vérifier

1. How do you say *I'm hungry? I'm thirsty? I'm hot? I'm cold? I'm sleepy? I'm afraid? I'm right? I'm never wrong? I need to stay home? I feel like staying home? I intend to stay home?*
2. How do you say *How old is he? He's 24? He has short black hair and brown eyes? He seems nice? He has a black beard, a mustache, and glasses?*

## Note de vocabulaire

1. Use **les** when talking about someone's hair and eyes. **Les cheveux** and **les yeux** are both masculine plural, so follow them with an adjective in the masculine plural form. **Ma sœur a les cheveux bruns et les yeux verts. Auburn, marron,** and **noisette,** however, are invariable.
2. Brown eyes can be **noirs** *(dark brown)* or **marron** *(light to medium brown)*. Brown hair can be **bruns** *(dark or medium brown)* or **châtains** *(light to medium brown)*. The words **brun, roux, auburn,** and **châtain** are mainly used to describe someone's hair.
3. You can say that someone is *blond* or *a blond, brunette* or *a brunette*, or *red-headed* or *a red-head*, using **blond(e), brun(e),** or **roux (rousse). Elle est rousse mais son frère est blond.** *She's a red-head, but her brother's a blond.*
4. To say you are *very* hot / cold / hungry . . . use **très. J'ai *très* chaud.**

### Vocabulaire supplémentaire

**avoir un tatoo / un piercing**
**avoir un bouc** *to have a goatee*
**avoir des favoris** *(m) to have sideburns*
**être chauve** *to be bald*
**avoir la tête rasée** *to have a shaved head*

**Sélection musicale.** Search the Web for the song **Peter Pan** by Saule to enjoy a musical selection containing some of this vocabulary.

# Describing feelings and appearance

## *Les expressions avec* ***avoir***

Use these expressions with **avoir** to describe people or say how they feel.

| | | | |
|---|---|---|---|
| avoir (environ)... ans | *to be (around) . . . years old* | avoir faim | *to be hungry* |
| avoir l'air... | *to look . . . , to seem . . .* | avoir soif | *to be thirsty* |
| avoir une barbe / une moustache / des lunettes | *to have a beard / a mustache / glasses* | avoir froid | *to be cold* |
| avoir les yeux noirs / verts... | *to have dark brown / green . . . eyes* | avoir chaud | *to be hot* |
| avoir les cheveux longs / roux... | *to have long / red . . . hair* | avoir raison | *to be right* |
| | | avoir tort | *to be wrong* |
| | | avoir peur (de) | *to be afraid (of)* |
| | | avoir sommeil | *to be sleepy* |

— Mon fils **a peur** des chiens. — *My son is afraid of dogs.*
— Quel **âge a**-t-il? Il **a l'air** très jeune. — *How old is he? He looks very young.*
— Tu **as raison.** Il **a quatre ans.** — *You're right. He's four.*

Notice these three expressions that also use **avoir** in French.

| | |
|---|---|
| **avoir besoin de (d')** + noun or infinitive | *to need* + noun or infinitive |
| **avoir envie de (d')** + noun or infinitive | *to feel like* + noun or verb |
| **avoir l'intention de (d')** + infinitive | *to intend* + infinitive |

J'**ai besoin de** la voiture. J'**ai besoin de** sortir. J'**ai l'intention de** rentrer à midi.
*I need the car. I need to go out. I intend to return at noon.*

Tu **as envie de** manger? Tu **as envie d'**un sandwich?
*You feel like eating? You feel like a sandwich?*

**A. Comment est-il?** Répondez aux questions pour faire une description du meilleur ami de Robert.

1. Comment s'appelle-t-il? Quel âge a-t-il?
2. Il a les cheveux de quelle couleur? Il a les cheveux longs ou courts? Il a les yeux de quelle couleur?
3. Il a une barbe ou une moustache? Il porte des lunettes? Il a l'air sympa?

Antoine, 20 ans

Maintenant changez la description précédente d'Antoine pour parler de vous.

**EXEMPLE** **Je m'appelle Pat. J'ai 25 ans. J'ai les cheveux...**

**B. Les activités de Robert.** Quelles sont les activités que Robert a probablement envie de faire? Quelles sont les activités qu'il a probablement besoin de faire?

**EXEMPLES** faire ses devoirs — **Il a besoin de faire ses devoirs.**
regarder la télé — **Il a envie de regarder la télé.**

1. aller au cinéma
2. aller prendre un verre
3. aller travailler
4. étudier
5. sortir avec des amis
6. aller en cours

Maintenant, demandez à un(e) partenaire s'il/si elle a l'intention de faire les activités mentionnées demain.

**EXEMPLE** faire tes devoirs
— **As-tu l'intention de faire tes devoirs demain?**
— **Non, je n'ai pas l'intention de faire mes devoirs demain.**

**C. Moi, j'ai...** Utilisez une expression avec **avoir** de la liste à la page précédente selon le contexte.

**EXEMPLE** Je voudrais aller prendre un verre. **J'ai soif.**

1. Brrrr... Fermez la fenêtre.
2. Ah! C'est un serpent!
3. Voilà. Ma réponse est correcte.
4. J'ai envie de manger quelque chose.
5. Je voudrais un coca.
6. J'ai besoin de dormir.

**D. Qu'est-ce qu'ils ont?** Aujourd'hui la fille d'une amie fête ses cinq ans *(is celebrating her fifth birthday)*. Que dit sa mère? Utilisez une expression avec **avoir.**

1. Ma fille... aujourd'hui.

2. Ses amis...

3. Mon frère...

4. Mes cousins...

5. Mon mari et moi, nous...

6. Moi, j'...

7. Le chien de mon fils...

8. Tu... de faire ça au chien!

**E. Entretien.** Interviewez votre partenaire.

1. Qu'est-ce que tu as envie de faire ce week-end? Qu'est-ce que tu as besoin de faire? Qu'est-ce que tu as l'intention de faire dimanche soir?
2. Tu as faim maintenant? Tu as soif? Est-ce que tu as l'intention de manger quelque chose après le cours? As-tu sommeil maintenant? As-tu l'intention de dormir après le cours?

## Stratégies et Compréhension auditive

### Pour mieux comprendre: *Asking for clarification*

When you do not understand something, it is useful to be able to ask for clarification. You already know three ways to do this: by asking for something to be repeated, by asking what a word means, or by asking how a word is spelled.

Comment? Répétez, s'il vous plaît.
Je ne comprends pas. Qu'est-ce que ça veut dire **belle-sœur**?
Ça s'écrit comment?

CD 2-3

**A. Je ne comprends pas.** Listen to three conversations. In each, which method is used to ask for clarification: **a, b,** or **c**?

**a.** asking for something to be repeated **(Comment? Répétez, s'il vous plaît.)**
**b.** asking the meaning of a word **(Qu'est-ce que ça veut dire... ?)**
**c.** asking the spelling of a word **(Ça s'écrit comment?)**

CD 2-4

**B. Comment?** Listen to these three other scenes, in which one of the speakers is having difficulty understanding. In each case, what could he or she say to ask for clarification?

## Compréhension auditive: La famille de Robert

Robert is describing his family to a friend who is studying French. Use what you know and your ability to guess logically to help you understand what he says. The first time, listen only for the number of times his friend asks for clarification.

**A. La famille de Robert.** Écoutez encore une fois *(again)* la description de la famille de Robert et complétez l'arbre généalogique *(family tree)* avec les prénoms des membres de sa famille.

**B. C'est qui?** Écoutez encore une fois la description de la famille de Robert et répondez aux questions.

1. Qui habite à Lafayette?
2. Qui habite à Atlanta?
3. Qui habite à La Nouvelle-Orléans?
4. Qui est marié?
5. Qui est divorcé?
6. Comment dit-on **pédiatre** en anglais?
7. Dans la famille de Robert, qui est pédiatre?
8. Quelle est la profession du père de Robert?

COMPÉTENCE 2

# Saying where you go in your free time

**Note** *culturelle*

**Il y a beaucoup de choses à faire à Lafayette. Pour voir comment vivaient les Acadiens aux 18e et 19e siècles *(how the Acadians lived in the 18th and 19th centuries)*, visitez un des deux musées folkloriques, le Village Acadien ou Vermilionville. Où peut-on *(can one)* aller pour connaître *(to know)* l'histoire de votre région?**

Vocabulaire supplémentaire

**à la synagogue**
**à la mosquée**
**au temple** *to church (Protestant), to temple*
**au lac** *to the lake*
**au bar**

**Note** *de grammaire*

**1.** Use **pour** before infinitives to say *in order to*. In English, *in order to* may be shortened to just *to: One goes to the bookstore **(in order) to** buy books.* **On va à la librairie *pour* acheter des livres.**
**2.** With the verb **retrouver**, say whom you are meeting: **Je retrouve *mes amis* au café.** To say *We meet (each other) at the café,* use **On se retrouve au café.**
**3.** Notice the accent spelling change in the conjugation of **acheter** *(to buy)*.

| | |
|---|---|
| **j'achète** | **nous achetons** |
| **tu achètes** | **vous achetez** |
| **il/elle achète** | **ils/elles achètent** |

**4.** The name of a place generally follows the type of place. For example, for *Tinseltown Cinema*, say **le cinéma Tinseltown.**

## Le temps libre

Chez vous, où est-ce qu'**on va** pour passer **son temps libre**?

On aime beaucoup les activités culturelles et **de temps en temps,** on va...

au musée pour voir **une exposition**

au théâtre pour voir **une pièce**

à un concert ou à un festival de musique

On aime aussi **les activités de plein air** et on va souvent...

au parc pour faire du jogging

à la piscine pour nager

à la plage pour **prendre un bain de soleil**

Pour **retrouver des amis,** on va...

à un match de basket

en boîte

à l'église

Pour faire du shopping, on va...

au centre commercial

dans les petits magasins

Et pour **acheter** des livres, on va...

à la librairie

**on va** *one goes* **son temps libre** *one's free time* **de temps en temps** *from time to time* **une exposition** *an exhibit* **une pièce** *a play* **les activités de plein air** *outdoor activities* **prendre un bain de soleil** *to sunbathe* **retrouver des amis** *to meet friends* **acheter** *to buy*

Robert et Claude parlent de leurs projets *(m)* pour ce soir.

CD 2-6

CLAUDE: **On sort** ce soir?
ROBERT: D'accord. **On va** au cinéma?
CLAUDE: Ah, non, je préfère **connaître** un peu la région. **On dit que** la cuisine **cadienne** est **extra**! **Allons plutôt** au restaurant.
ROBERT: D'accord. Allons dîner au restaurant Préjean. C'est un très bon restaurant où **on sert** les spécialités de la région et il y a un orchestre cadien. **Ça te dit?**
CLAUDE: Oui, bonne idée. Allons au restaurant et après allons écouter de la musique zydeco.
ROBERT: Pas de problème. **On peut** toujours **trouver** des concerts ici!

**A. Où va-t-on pour...** Demandez à un(e) partenaire où on va pour faire les choses suivantes.

**EXEMPLE** lire
— **Où est-ce qu'on va pour lire?**
— **On va à la bibliothèque.**

1. dîner
2. voir une pièce
3. retrouver des amis
4. prendre un verre
5. faire du shopping
6. nager
7. voir une exposition
8. prendre un bain de soleil
9. acheter des livres
10. faire du jogging

au restaurant
au musée
à la piscine
au café
au centre commercial
à l'église
au parc
au théâtre
à la plage
à la librairie
à la bibliothèque

**B. Entretien.** Interviewez votre partenaire.

1. Où aimes-tu passer ton temps libre? Qu'est-ce que tu aimes faire après les cours? le week-end?
2. Où aimes-tu retrouver tes amis? Où aimez-vous aller ensemble? Aimez-vous les activités de plein air? Préférez-vous aller à la plage, à la piscine ou au parc? Aimes-tu nager? prendre un bain de soleil?
3. Aimes-tu faire du shopping? Aimes-tu mieux acheter des vêtements, des livres, des DVD ou des CD? Dans quel magasin aimes-tu faire du shopping? Ce magasin est au centre commercial? C'est un magasin cher? Aimes-tu faire des achats en ligne *(buy things online)*?
4. Aimes-tu les activités culturelles? Préfères-tu aller au musée, au théâtre ou à un concert? Préfères-tu aller voir une pièce, une exposition d'art ou un film?

## À vous!

Avec un(e) partenaire, relisez à haute voix la conversation entre Claude et Robert. Ensuite, imaginez que vous êtes chez un(e) ami(e) dans une autre ville et que vous allez sortir ensemble. Décidez ensemble d'une sorte de cuisine (mexicaine, italienne, française, japonaise, chinoise...) et d'un genre de musique (du rock, du jazz, du hip-hop...) populaire dans votre région et refaites la conversation pour parler de vos projets.

You can find a list of the new words from the vocabulary and grammar sections of this **Compétence** on page 174 and audio for each item of this list at **www.cengagebrain.com/shop/ISBN/0495912492.**

---

**On sort... ?** *How about going out . . . ?* **On va... ?** *How about going . . . ?* **connaître** *to know, to get to know* **On dit que** *They say that* **cadien(ne)** *Cajun* **extra(ordinaire)** *great* **Allons...** *Let's go . . .* **plutôt** *instead, rather* **on sert** *they serve* **(servir** *to serve***)** **Ça te dit?** *How does that sound to you?* **On peut** *One can* (**pouvoir** *can, may, to be able*) **trouver** *to find*

✓ *Pour vérifier*

**1.** What are the forms of **aller**?

**2.** With which forms of the definite article does **à** contract? What are the contracted forms? With which forms does it not contract? How do you say *to the café? to the library? to the university? to the students?*

**3.** What does the word **y** mean and how do you pronounce it? What happens to words like **je** and **ne** before **y**?

**4.** Where do you place **y** in a sentence where there is a verb followed by an infinitive? Where do you place it otherwise?

## Saying where you are going

### *Le verbe **aller**, la préposition **à** et le pronom **y***

To talk about going places, use the irregular verb **aller** *(to go).*

| **ALLER** ***(to go)*** | |
|---|---|
| je **vais** | nous ‿ᶻ **allons** |
| tu **vas** | vous ‿ᶻ **allez** |
| il/elle **va** | ils/elles **vont** |

Use the preposition **à** *(to, at, in)* to say where you are going. When **à** falls before **le** or **les,** the two words contract to **au** and **aux.**

| **CONTRACTIONS WITH À** | |
|---|---|
| à + le → au | Je vais **au** cinéma. |
| à + la → à la | Je vais **à la** librairie. |
| à + l' → à l' | Claude va **à l'**université. |
| à + les → aux | Robert va **aux** festivals de musique de la région. |

The pronoun **y** *(there)* is used to avoid repeating the name of the place where one is going. Pronounce it like the letter **i.** Treat **y** as a vowel sound and use elision and liaison before it.

Je vais **au parc.** J'**y** vais avec mes cousins. Nous ‿ᶻ **y** allons à trois heures.

**Y** is generally placed *immediately* before the verb. It goes before the infinitive if there is one. If not, it goes before the conjugated verb.

— Il voudrait aller **au cinéma**?
— Oui, il voudrait **y** aller.

— Ils vont **au musée**?
— Oui, ils **y** vont.

In the negative, **y** remains *immediately* before the infinitive or the conjugated verb.

— Tu voudrais aller **au parc**?
— Non, je ne voudrais pas **y** aller.

— Tu **y** vas aujourd'hui?
— Non, je n'**y** vais pas.

Whenever you use **aller** to talk about going somewhere and don't name the place you are going, use **y** even when the word *there* would not be stated in English.

On **y** va? *Shall we go (there)?* J'**y** vais. *I'm going (there).*

## Prononciation

CD 2-7

### *Les lettres **a**, **au** et **ai***

- Pronounce **a** or **à** with the mouth wide open as in the word *father,* but with the tongue slightly higher and closer to the front of the mouth.

  Ton ami va à Paris. Tu vas à Paris avec ta camarade?

- Pronounce **au** like the **o** in **nos.**

  Laure va au restaurant? Les autres y vont aussi?

- Pronounce the **ai** of **je vais** like the **ais** of **français.** Be sure to distinguish this sound from the **a** of **tu vas** or **il va.**

  Je vais au café. Tu n'y vas jamais?

**A. Prononcez bien!** D'abord, pratiquez la prononciation des formes de la préposition **à** dans la troisième colonne. Ensuite, formez des phrases logiques en vous servant d'un mot de chaque colonne.

**EXEMPLE** **Mon ami a envie de voir un film. Il va au cinéma.**

| | | | |
|---|---|---|---|
| Mon ami a envie de voir un film. Il...<br>Toi, tu as envie de nager. Tu...<br>Nous avons soif. Nous...<br>Mes amis vont en cours. Ils...<br>Vous voudriez acheter un livre. Vous...<br>Mon frère aime écouter de la musique. Il...<br>Je prends *(am taking)* le bus ce matin. Je... | allez<br>vais<br>va<br>allons<br>vas<br>vont | au<br>à la<br>à l'<br>aux | piscine<br>arrêt d'autobus<br>librairie<br>café<br>université<br>cinéma<br>concerts de ses artistes préférés |

**B. On sort.** Robert parle avec Thomas de ses amis et de sa famille. Complétez ses phrases. Utilisez la forme convenable du verbe **aller** et de la préposition **à (au, à la, à l', aux).**

**EXEMPLE** Je **vais à la piscine.**

la piscine

la piscine

1. Toi et moi, nous...

l'église

2. Mes cousins...

la bibliothèque

3. Toi, tu...

l'université

4. Ma sœur...

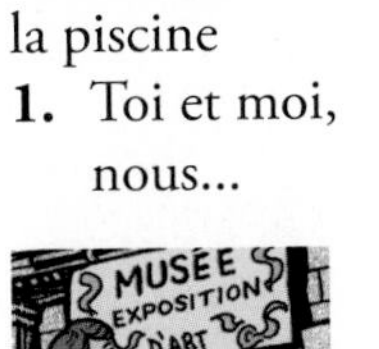


le musée

5. Claude et son frère...

la librairie

6. Mon père...

le parc

7. Notre chien...

les matchs de basket de l'université

8. Le week-end, mes amis...

**C. Où aiment-ils aller?** Demandez à votre partenaire si les personnes indiquées aiment aller aux endroits donnés. Il/Elle va utiliser le pronom **y** dans ses réponses. Il/Elle va aussi dire si les personnes y vont souvent, rarement...

**EXEMPLE** tu: au musée
**— Tu aimes aller au musée?**
**— Oui, j'aime y aller. J'y vais souvent / quelquefois...**
**Non, je n'aime pas y aller. Je n'y vais jamais.**

1. tu: à l'opéra, à un match de basket
2. tes amis et toi: en boîte, au centre commercial
3. ton meilleur ami (ta meilleure amie): au parc, à l'église
4. tes parents: à la piscine, à un concert de musique hip-hop

✓ *Pour vérifier*

**1.** What are the three possible uses of the pronoun **on**? What form of the verb do you always use with **on**?

**2.** How do you form the imperative (commands)? With which verbs do you drop the final **s** in the **tu** form of the imperative?

**3.** What are the command forms of **avoir** and **être**? How do you tell a friend: *Be on time! Be good! Let's be calm! Have confidence! Let's have patience!*

iLrn Grammar Tutorials

**Sélection musicale.** Search the Web for the song **Toi et moi, on est tous** by Maurane to enjoy a musical selection containing this structure.

## Suggesting activities and telling people what to do

### *Le pronom sujet **on** et l'impératif*

Use **on** as the subject of a sentence when you are referring to people in general *(one, people, they)*. Consider the difference between these sentences.

À Paris, **on** parle français. — *In Paris, **they** speak French.* (general group)
Tes amis? **Ils** parlent français? — *Your friends? Do **they** speak French?* (specific people)

The pronoun **on** is also often used instead of **nous** to say *we.* **On** takes the same form of the verb as **il** and **elle,** regardless of its translation in English.

Claude et moi, **on** aime sortir. — *Claude and I, we like to go out.*

You can propose doing something with someone *(How about . . . ? Shall we . . . ?)* by asking a question with **on.**

**On** va au cinéma? — *How about going to the movies?*
Qu'est-ce qu'**on** fait ce soir? — *What shall we do this evening?*

The imperative (command form) can also be used to make suggestions, as well as to tell someone else to do something. Use the imperative as follows.

- To make suggestions with *Let's . . . ,* use the **nous** form of the verb, without the pronoun **nous.**

**Allons** au cinéma! — *Let's go to the movies!*
Ne **restons** pas à la maison! — *Let's not stay home!*

- To give instructions, or to tell someone to do something, use either the **tu** form of the verb or the **vous** form of the verb, as appropriate, without the pronoun. In **tu** form commands, drop the final **s** of **-er** verbs and of **aller.** However, as you learn other verbs that do not end in **-er,** do not drop the **s** in the commands.

**Va** à la bibliothèque! / **Allez** à la bibliothèque! — *Go to the library!*
Ne **mange** pas ça! / Ne **mangez** pas ça! — *Don't eat that!*

The verbs **être** and **avoir** have irregular command forms.

| ÊTRE *(be . . .)* | | AVOIR *(have . . .)* | |
|---|---|---|---|
| **Sois** sage! | *Be good!* | **Aie** confiance! | *Have confidence!* |
| **Soyons** calmes! | *Let's be calm!* | **Ayons** de la patience! | *Let's have patience!* |
| **Soyez** à l'heure! | *Be on time!* | **Ayez** confiance! | *Have confidence!* |

**A. Comparaisons culturelles.** Est-ce qu'on fait plus souvent ces choses **en Louisiane** ou **au Québec**?

**EXEMPLE** écouter de la musique zydeco
**On écoute plus souvent de la musique zydeco en Louisiane.**

1. aller à des festivals de neige *(snow)*
2. fêter *(to celebrate)* Mardi gras
3. fêter le 4 juillet *(July)*
4. écouter de la musique québécoise
5. manger des po-boys
6. aller à des festivals de danse cadienne

**B. Tes amis et toi?** Posez ces questions à votre partenaire. Il/Elle va répondre en utilisant le pronom **on.**

**EXEMPLE** —Tes amis et toi, vous préférez aller à quel restaurant?
**—On préfère aller au restaurant Vermilionville.**

1. Tes amis et toi, quand aimez-vous sortir ensemble?
2. Allez-vous souvent au cinéma ensemble?
3. Regardez-vous souvent des DVD ensemble?
4. Dans quel restaurant mangez-vous le plus souvent?
5. Parlez-vous beaucoup au téléphone?

**C. On... ?** Un(e) ami(e) vous invite *(invites you)* à faire ces choses. Répondez à ses suggestions selon vos goûts *(according to your tastes).*

**EXEMPLE** **—On joue à des jeux vidéo?**
**—D'accord. Jouons à des jeux vidéo.**
**Non, ne jouons pas à des jeux vidéo.**

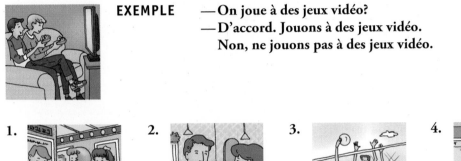

1. 
2. 
3. 
4. 

**D. Pour réussir.** Donnez des conseils à un groupe de nouveaux étudiants. Utilisez l'impératif.

**EXEMPLE** préparer les examens avec d'autres étudiants
**Préparez les examens avec d'autres étudiants.**
**Ne préparez pas les examens avec d'autres étudiants.**

1. aller à tous les cours
2. être à l'heure
3. avoir confiance
4. regarder les examens des autres
5. aller en boîte tous les soirs
6. avoir peur de parler au prof

**E. Des parents difficiles.** Des parents disent à leur fils adolescent qu'il doit faire *(must do)* l'une des choses indiquées et qu'il ne doit pas faire l'autre. Qu'est-ce qu'ils lui disent? Utilisez l'impératif et soyez logique!

**EXEMPLE** arrêter *(to stop)* de fumer / fumer dans la maison
**Arrête de fumer. Ne fume pas dans la maison.**

1. être plus propre / laisser tes vêtements partout
2. rester au lit tout le temps / être plus dynamique
3. jouer à des jeux vidéo tout le temps / avoir un peu d'ambition
4. aller au café tous les jours / préparer tes cours
5. manger toujours la même chose / avoir un peu d'imagination

# COMPÉTENCE 3

## Saying what you are going to do

**Note** *culturelle*

**Pour connaître la culture créole, visitez La Nouvelle-Orléans. Pour connaître la culture cadienne, visitez plutôt Lafayette et la région acadienne. Aimeriez-vous *(Would you like)* mieux visiter Lafayette ou La Nouvelle-Orléans? Pourquoi?**

**Note** *de vocabulaire*

**1. Quitter** *(to leave)* must be followed by the place or person you are leaving. **(Je quitte l'université à 3 heures.)** Use **partir** *(to leave)* in the sense of *to depart.* **(Je vais bientôt partir.)**
**2.** Use **visiter** to say that you visit a place. Use **aller voir** to say that you visit a person.

### Le week-end prochain

Robert va passer le week-end prochain à La Nouvelle-Orléans. Et vous? Qu'est-ce que vous allez faire?

Je vais... / Je ne vais pas...

**quitter** la maison **tôt**

**partir** pour le week-end

visiter une autre ville

faire un tour de la ville

aller **boire** quelque chose au café

rentrer **tard**

CD 2-8

Robert et Thomas **font des projets** *(m)* pour le week-end prochain.

THOMAS: Qu'est-ce qu'on fait ce week-end?
ROBERT: J'ai beaucoup de projets pour ce week-end. Jeudi matin, on va partir très tôt pour La Nouvelle-Orléans. **D'abord,** on va visiter la ville. **Ensuite,** on va **aller voir** ma sœur. On va **passer la soirée** chez elle. Vendredi on va faire un tour du **Vieux Carré.** On va rentrer à Lafayette assez tard.
THOMAS: Et samedi?
ROBERT: À midi, on va déjeuner au restaurant Prudhomme. C'est un restaurant célèbre pour sa cuisine régionale. **Et puis,** le soir, on va aller à Eunice, une petite ville pas loin de Lafayette. Il y a une soirée de musique et de folklore cadiens tous les samedis.
THOMAS: **Génial!**

**Le week-end prochain** *Next weekend* **quitter** *to leave* **tôt** *early* **partir** *to leave* **boire** *to drink* **tard** *late* **faire des projets** *to make plans* **D'abord** *First* **Ensuite** *Then, Afterwards* **aller voir** *to go see, to visit* (a person) **passer la soirée** *to spend the evening* **le Vieux Carré** *the French Quarter* **Et puis** *And then* **Génial!** *Great!*

**A. Le week-end prochain.** Est-ce que vous allez faire les choses suivantes samedi prochain?

**EXEMPLE** rester à la maison
**Je vais rester à la maison. / Je ne vais pas rester à la maison.**

1. quitter la maison tôt
2. partir pour la journée
3. faire un tour de la ville
4. visiter une autre ville
5. aller voir des amis
6. retrouver des amis en ville
7. aller boire quelque chose
8. dîner au restaurant
9. rentrer tard
10. passer la soirée à la maison
11. inviter des amis à la maison
12. regarder des DVD

**B. Entretien.** Interviewez votre partenaire.

1. Quel(s) jour(s) est-ce que tu quittes la maison tôt? D'habitude, à quelle heure est-ce que tu quittes la maison le lundi? le mardi? Est-ce que tu rentres tard quelquefois? Quels jours est-ce que tu rentres tard? À quelle heure est-ce que tu rentres?
2. Est-ce que tu aimes partir pour le week-end quelquefois? Est-ce que tu aimes aller voir des amis qui habitent dans une autre ville? Quelle ville aimes-tu visiter? Qu'est-ce que tu aimes faire dans cette ville?
3. Vas-tu souvent au café? Qu'est-ce que tu aimes boire le matin? Et quand tu as très soif? Et quand tu as froid? Et quand tu as chaud?
4. En général, quels jours est-ce que tu passes la journée à la maison? Et la soirée? Est-ce que tu passes toute la journée chez toi de temps en temps?

**À La Nouvelle-Orléans**

## À vous!

Avec un(e) partenaire, relisez à haute voix la conversation entre Thomas et Robert. Ensuite, imaginez qu'un(e) ami(e) passe le week-end chez vous et que vous allez visiter une autre ville ensemble. Décidez quelle ville vous allez visiter et parlez de vos projets.

You can find a list of the new words from this **Compétence** on page 175 and audio for each item of this list at **www.cengagebrain.com/shop/ISBN/0495912492.**

**Pour vérifier**

**1.** How do you say what you are going to do? How do you say what you are not going to do? How would you say *I'm going to stay home? I'm not going to study? I'm going to go to the mall?*

**2.** Where do you place the pronoun **y** in the immediate future?

**3.** What is the immediate future form of **il y a**? How do you negate it?

**4.** How do you say *today? tomorrow? this morning? tomorrow morning? this month? next month? this year? next year?*

**Sélection musicale.** Search the Web for the song **Je vais changer le monde** by Jean-François Bastien to enjoy a musical selection containing this structure.

## Saying what you are going to do

### *Le futur immédiat*

To say what you *are going to do,* use a form of **aller** followed by an infinitive.

| | |
|---|---|
| je vais étudier | nous allons rentrer |
| tu vas travailler | vous allez sortir |
| il/elle/on va lire | ils/elles vont nager |

—Qu'est-ce que tu **vas faire** demain? — *What are you* ***going to do*** *tomorrow?*
—Je **vais sortir.** —*I'm* ***going to go out.***

In the negative, put the **ne... pas** around the conjugated form of **aller.**

Je **ne vais pas** sortir ce soir. *I'm not going to go out tonight.*

Place the pronoun **y,** when needed, *immediately* before the infinitive.

Ma sœur va aller en boîte, mais moi, je **ne vais pas y aller.**

**Il y a** becomes **il va y avoir** when saying *there is/are going to be.*

**Il va y avoir** un concert demain. **Il ne va pas y avoir** de film.

Use these expressions to tell when you are going to do something.

| | |
|---|---|
| **maintenant** *now* | **plus tard** *later* |
| **aujourd'hui** *today* | **demain** *tomorrow* |
| **ce matin** *this morning* | **demain matin** *tomorrow morning* |
| **cet après-midi** *this afternoon* | **demain après-midi** *tomorrow afternoon* |
| **ce soir** *tonight* | **demain soir** *tomorrow evening* |
| **lundi** *Monday* | **lundi prochain** *next Monday* |
| **ce week-end** *this weekend* | **le week-end prochain** *next weekend* |
| **cette semaine** *this week* | **la semaine prochaine** *next week* |
| **ce mois-ci** *this month* | **le mois prochain** *next month* |
| **cette année** *this year* | **l'année prochaine** *next year* |

**A. Que vont-ils faire?** Dites si ces gens vont faire les choses indiquées aux moments donnés.

**EXEMPLE** Ce soir, moi, je **vais** travailler.
Ce soir, moi, je **ne vais pas** travailler.

1. Plus tard après les cours, mes amis et moi ______ boire quelque chose ensemble.
2. Ce soir, je ______ rentrer tard.
3. Demain matin, je ______ quitter la maison tôt.
4. Samedi prochain, mes amis et moi ______ passer la soirée ensemble.
5. Le week-end prochain, mon meilleur ami (ma meilleure amie) ______ aller voir sa famille.
6. La semaine prochaine, en cours de français, nous ______ avoir un (d') examen.
7. Le mois prochain, les cours universitaires ______ se terminer *[to end].*
8. L'année prochaine, le prof de français ______ continuer à travailler ici.

**B. Et ensuite?** Qu'est-ce que ces gens vont faire **d'abord** et qu'est-ce qu'ils vont faire **ensuite**?

**EXEMPLE** moi, je: manger / préparer le dîner
**D'abord, je vais préparer le dîner et ensuite, je vais manger.**

1. nous: travailler tout l'après-midi / aller prendre un verre
2. moi, je: dormir / rentrer à la maison
3. mon frère: retrouver sa petite amie en ville / dîner au restaurant avec elle
4. vous: dîner au restaurant / sortir danser
5. mes amis: préparer le dîner / aller au supermarché *(supermarket)*
6. toi, tu: faire cet exercice / commencer l'exercice suivant

**C. Projets.** Demandez à votre partenaire si ces personnes vont faire les choses indiquées aux moments donnés.

**EXEMPLE** tes amis et toi / jouer à des jeux vidéo ce soir
— **Tes amis et toi, vous allez jouer à des jeux vidéo ce soir?**
— **Oui, nous allons jouer à des jeux vidéo ce soir.**
**Non, nous n'allons pas jouer à des jeux vidéo ce soir.**

1. tu / rester au lit demain matin

2. tu / préparer tes cours demain après-midi

3. tu / prendre un bain de soleil ce week-end

4. tes amis et toi / aller en boîte samedi prochain

5. tes parents / faire de l'exercice la semaine prochaine

6. tu / retrouver des amis au café le week-end prochain

7. le professeur de français / travailler ici l'année prochaine

**D. Pourquoi y vont-ils?** Robert dit où ces personnes vont aller ce week-end et ce qu'elles vont y faire. Complétez ce qu'il dit.

**EXEMPLE** moi, je / musée
**Moi, je vais aller au musée ce week-end. Je vais y voir une exposition.**

1. je / au centre commercial
2. mes amis / à la piscine
3. Claude / au club de gym
4. mes amis et moi / à la librairie
5. nous / au cinéma

## Pour vérifier

1. Do you generally use cardinal or ordinal numbers to give dates in French? What is the exception?
2. In what two ways can the year 1789 be expressed in French? How do you say the year 2013?
3. How do you say *in* with months and years? How do you say *in January*? *in 2015*?
4. What are these dates in French: 15/3/1951 and 11/1/2022?

### Vocabulaire supplémentaire

LES FÊTES

**un anniversaire de mariage** *a wedding anniversary*
**la fête des Mères / Pères**
**la fête nationale** *Independence Day*
**Hanoukka** *(f)*
**le jour d'Action de Grâce** *Thanksgiving*
**le (réveillon du) jour de l'an** *New Year's (Eve)*
**Noël** *(m) Christmas*
**Pâques** *(f) Easter*
**la pâque juive** *Passover*
**le ramadan**
**la Saint-Valentin**
**Yom Kippour**
**Bon anniversaire!** *Happy Birthday!*
**Bonne année!** *Happy New Year!*
**Joyeux Noël!** *Merry Christmas!*

# Saying when you are going to do something

## *Les dates*

To express the date in French, use **le** and the cardinal numbers **(deux, trois...)**, rather than ordinal numbers **(deuxième, troisième...)**, except to say *the first* of the month. For *the first,* use **le premier (1$^{er}$).**

—Quelle est la date aujourd'hui?
—C'est le premier... le deux... le trois... le quatre...

| janvier | avril | juillet | octobre |
|---|---|---|---|
| février | mai | août | novembre |
| mars | juin | septembre | décembre |

—Quelle est la date de la fête *(holiday)* nationale française?
—C'est le 14 (quatorze) juillet.

You can express the years 1100–1999 in French in either of two ways. Years starting at 2000 are only expressed using the word **mille.**

1996: mille neuf cent quatre-vingt-seize / dix-neuf cent quatre-vingt-seize
2015: deux mille quinze

Note that the day goes before the month in French.

14/7/1789 = le quatorze juillet dix-sept cent quatre-vingt-neuf

Use **en** to say *in* what month or year. Do not use a word for *on* when saying *on* a certain date. Continue to use **le.**

—Ton anniversaire *(birthday),* c'est **en** quel mois?
—C'est **en** novembre. C'est le 18 novembre. Je vais faire une fête **le** 16 novembre *(I am going to have a party [on] November 16$^{th}$).*

—**En** quelle année vas-tu finir tes études?
—**En** 2016.

**A. C'est en quel mois?** Regardez la liste de fêtes dans la marge de cette page et complétez ces phrases avec le nom du mois convenable.

**EXEMPLE** Le jour de l'an, c'est en **janvier.**

1. Le réveillon du jour de l'an, c'est en...
2. L'année scolaire commence en... Elle finit en...
3. La fête nationale française, c'est en... Notre fête nationale, c'est en...
4. La fête des Mères, c'est en... La fête des Pères, c'est en...
5. Le jour d'Action de Grâce, c'est en...

**B. Encore des dates.** Demandez à votre partenaire la date des jours indiqués.

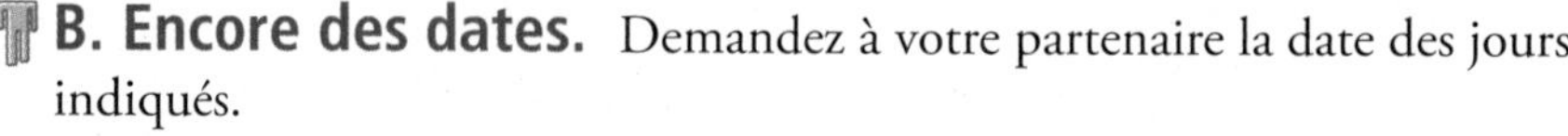
aujourd'hui demain de lundi de ton anniversaire de notre fête nationale
de Noël de *Halloween* du jour de l'an *(New Year's Day)*
de la Saint-Valentin de ta fête préférée

## C. Votre anniversaire.

Vos camarades de classe devineront *(will guess)* la date de votre anniversaire. Répondez **avant** ou **après** jusqu'à ce qu'ils devinent juste *(right)*.

EXEMPLE
**—Ton anniversaire, c'est en mars?**
**—Après.**
**—C'est en mai?**
**—Oui.**
**—C'est le quinze mai?**
**—Avant...**

## D. Comparaisons culturelles.

Lisez à haute voix ces dates importantes.

EXEMPLE 4/7/1776 (le début de la Révolution américaine)
**le quatre juillet mille sept cent soixante-seize**
**(le quatre juillet dix-sept cent soixante-seize)**

1. 1/11/1718 (Bienville fonde La Nouvelle-Orléans.)
2. 14/7/1789 (le début de la Révolution française)
3. 30/4/1812 (La Louisiane devient *[becomes]* un état des États-Unis.)
4. 11/11/1918 (le jour de l'Armistice)
5. 6/6/1944 (le jour du débarquement en Normandie)

## E. À quelle date?

Dites si ces personnes vont faire les choses indiquées aux dates données.

EXEMPLE 25/12 je / aller voir mes parents
**Le 25 décembre, je vais aller voir mes parents.**
**Le 25 décembre, je ne vais pas aller voir mes parents.**

1. 4/7

beaucoup de mes amis / faire un pique-nique
ma famille / aller voir des feux d'artifice *(fireworks)*
mes amis et moi / aller à la plage

2. 14/2

beaucoup de mes amis / dîner au restaurant
je / sortir avec un(e) ami(e) (des amis)
je / acheter des chocolats pour mes amis

3. 31/12

je / passer la soirée avec des amis
mes parents / aller voir des amis
mon meilleur ami (ma meilleure amie) / rentrer tard

4. la date de votre anniversaire

je / inviter des amis chez moi
mes amis et moi / faire une fête
je / avoir ?? ans

## F. Entretien.

Interviewez votre partenaire.

1. Quelle est la date aujourd'hui? Quelle est la date de ton anniversaire? Qu'est-ce que tu vas probablement faire ce jour-là? Quelle est la date de ta fête préférée? Qu'est-ce que tu aimes faire ce jour-là *(that day)*?
2. Quelle est la date du dernier *(last)* jour du cours de français? Qu'est-ce que tu vas faire après ton dernier cours ce semestre / trimestre? Est-ce que tu vas continuer à étudier ici l'année prochaine?

# Planning how to get there

**Note** *culturelle*

**Le sud *(south)* de la Louisiane est recouvert *(covered)* d'eau. Les Acadiens arrivant du Canada en 1764 apprennent vite *(quickly learn)* à s'adapter à cette région de bayous et de marais *(swamps)*. En raison de *(Because of)* l'inaccessibilité de leur région, les Acadiens restent isolés et conservent largement leur héritage français. Toutefois *(However)*, depuis le 19e siècle, la culture cadienne se trouve envahie par le monde anglophone *(finds itself invaded by the English-speaking world)*. Que savez-vous de *(What do you know about)* l'histoire des groupes ethniques et culturels de votre région?**

**Note** *de vocabulaire*

**1. Un bus** runs within cities and **un car** runs between cities. *A tour bus* is also called **un car.** *A school bus* is **un car scolaire.**
**2.** Use **à moto(cyclette)** *(f)*, to say *by motorcycle*, and **à vélomoteur** to say *by moped*. Although it is considered correct to say **à vélo / à moto / à vélomoteur,** many people say **en vélo / en moto / en vélomoteur.**

## Les moyens de transport

Robert et ses amis vont aller à La Nouvelle-Orléans en voiture. Et vous? Comment préférez-vous voyager?

Pour visiter une autre ville, je préfère y aller...

en avion *(m)*

en train *(m)*

en bateau *(m)*

en car / en autocar *(m)*

Il y a d'autres possibilités pour aller en ville. Comment **venez-vous** en cours?

**Je viens** en cours...

à pied *(m)*

à vélo *(m)*

en taxi *(m)*

en voiture *(f)*

en métro *(m)*

en bus / en autobus *(m)*

CD 2-9

Robert parle à Thomas du voyage à La Nouvelle-Orléans.

ROBERT: Écoute, demain matin on va partir à La Nouvelle-Orléans. Tout est **prêt**?
THOMAS: Oui. On y va en car?
ROBERT: Non, on va **louer** une voiture, c'est plus commode.
THOMAS: C'est loin? **Ça prend combien de temps pour y aller?**
ROBERT: Ça prend environ deux heures et demie en voiture, **pas plus.**
THOMAS: Et **on revient** quand?
ROBERT: On revient vendredi soir.

**les moyens** *(m)* **de transport** *means of transportation* **vous venez (venir** *to come*) **Je viens (venir** *to come*) **prêt(e)** *ready* **louer** *to rent* **Ça prend combien de temps pour y aller?** *How long does it take to go there?* **pas plus** *no more* **on revient (revenir** *to come back*)

## A. Moyens de transport. Complétez les phrases pour parler de vous.

| | | | | | |
|---|---|---|---|---|---|
| | en avion | en train | en car | en bateau | |
| à pied | à vélo | en taxi | en voiture | en métro | en bus |

1. Pour faire un long voyage, je préfère voyager...
2. Je n'aime pas beaucoup voyager...
3. Je ne voyage presque jamais...
4. Je préfère aller en ville...
5. D'habitude, je viens en cours...
6. Je ne viens presque jamais en cours...

## B. On y va comment? Dites où chacun va et comment.

**EXEMPLE** Ils **vont à La Nouvelle-Orléans en voiture.**

1. Je...

2. Ils...

3. Vous...

4. Nous...

5. Elle...

## C. Entretien. Interviewez votre partenaire.

1. Quelle ville est-ce que tu visites souvent? Comment est-ce que tu préfères y aller? (en voiture? en train? en avion?) Ça prend combien de temps pour y aller?
2. Tu voyages souvent en avion? Tu as peur de voyager en avion? Pour aller à l'aéroport de chez toi, ça prend combien de temps? Qu'est-ce que tu aimes faire pendant *(during)* les longs voyages en avion? (dormir? lire? parler?...)
3. Quels jours est-ce que tu viens en cours? Comment préfères-tu venir en cours? Comment viens-tu en cours d'habitude? Comment est-ce que tu rentres chez toi?

## À vous!

Avec un(e) partenaire, relisez à haute voix la conversation entre Robert et Thomas. Ensuite, adaptez la conversation pour parler d'un voyage que vous allez faire ensemble pour visiter une autre ville. Parlez de comment vous allez voyager et de combien de temps ça va prendre pour y aller.

You can find a list of the new words from this ***Compétence*** on page 175 and audio for each item of this list at **www.cengagebrain.com/shop/ISBN/0495912492.**

## Pour vérifier

**1.** What are the forms of **venir**? of **prendre**? What two verbs are conjugated like **venir**? like **prendre**? What verb do you use to say you are *having* something to eat or drink? When is **apprendre** followed by **à**?

**2.** In what forms of the verbs **venir** and **prendre** are the vowels nasal? **Je viens / tu viens / il vient** rhyme with what word? **Je prends / tu prends / il prend** rhyme with what word? How do you pronounce the **ils/elles viennent** form? the **ils/elles prennent** form?

## Note de vocabulaire

**1.** Use **en** with **aller, venir,** or **voyager** to say you are traveling *by* a means of transportation. **Je viens *en* bus, *en* taxi, *en* train...**

**2.** Use **prendre** to say what means of transportation you are *taking*. In this case, you can generally use the same article with the noun that you would in English: *I take **the** bus, **a** cab, **the** train . . .* **Je prends *le* bus, *un* taxi, *le* train...**

**Sélection musicale.** Search the Web for the song **La liberté de penser** by Florent Pagny to enjoy a musical selection containing the verb **prendre.**

# Deciding how to get there and come back

## *Les verbes **prendre** et **venir** et les moyens de transport*

The conjugations of **prendre** *(to take)* and **venir** *(to come)* are irregular.

| PRENDRE *(to take)* | | VENIR *(to come)* | |
|---|---|---|---|
| je **prends** | nous **prenons** | je **viens** | nous **venons** |
| tu **prends** | vous **prenez** | tu **viens** | vous **venez** |
| il/elle/on **prend** | ils/elles **prennent** | il/elle/on **vient** | ils/elles **viennent** |

**Prendre** means *to take.*

Je **prends** des notes en cours. **Prenez** votre livre.

Use **prendre** to say that you are *taking* a means of transportation. Remember that you can also use **aller, venir,** or **voyager** and the preposition ***en*** (or ***à*** with **vélo**) to say that you are *going, coming,* or *traveling **by*** a particular means of transportation. To say *on foot,* use **à pied.**

Je **prends mon vélo.** Je **prends l'avion.**
J'y **vais à vélo.** Je **voyage en avion.** Je **viens** en cours **à pied.**

Use **prendre** as *to have* when talking about *having* something to eat or drink.

Je vais **prendre** un sandwich et une eau minérale.

**Comprendre** *(to understand)* and **apprendre** *(to learn)* are conjugated like **prendre.** When **apprendre** is followed by an infinitive, the infinitive is preceded by **à.**

**J'apprends à** parler français. Ma sœur **apprend** le français aussi.
Tu **comprends**?

Use **venir** to say *to come.* **Revenir** *(to come back)* and **devenir** *(to become)* are conjugated like **venir.**

Elle **revient** tard et il **devient** impatient.

## Prononciation

CD 2-10

### *Les verbes **prendre** et **venir***

In the **je, tu,** and **il/elle/on** forms of the verb **venir,** the vowel combination **ie** has the nasal sound [jɛ̃]. The consonants after **ie** are all silent. All three forms rhyme with the word **bien.** In the **ils/elles viennent** form, however, the **ie** is not nasal and the **nn** is pronounced.

**je viens** **tu viens** **il vient** **ils viennent** **elles viennent**

Similarly, the **e** in the **je, tu,** and **il/elle/on** forms of the verb **prendre** is nasal and the consonants after the vowel are silent. All three forms rhyme with the word **quand.** In the **ils/elles prennent** form, however, the **e** is not nasal. It is pronounced like the **è** in **mère** and the **nn** is pronounced.

**je prends** **tu prends** **il prend** **ils prennent** **elles prennent**

The **e** in the **nous** and **vous** forms of both verbs is pronounced like the **e** in **je.**

**nous venons** **vous venez** **nous prenons** **vous prenez**

CD 2-11

## A. Prononcez bien!

D'abord, écoutez les phrases et indiquez pour chacune si on parle d'**une personne** ou de **plus d'une personne.** Après, écrivez deux phrases avec le verbe **prendre** et deux phrases avec le verbe **venir.** Lisez-les à un(e) partenaire qui va dire si vous parlez **d'une personne** ou **de plus d'une personne.**

## B. Qu'est-ce qu'on fait?

Conjuguez les verbes entre parenthèses et posez les questions à votre partenaire.

1. Quels jours est-ce que tu *(venir)* en cours? Est-ce que tu *(prendre)* le bus pour venir en cours? Est-ce que tu *(venir)* en cours à pied ou à vélo quelquefois?
2. Est-ce que les autres étudiants du cours de français *(venir)* toujours en cours? Est-ce qu'ils *(comprendre)* bien le français? Est-ce que nous *(apprendre)* beaucoup en cours?
3. Est-ce que le cours de français *(devenir)* plus difficile? Est-ce que le (la) prof *(devenir)* impatient(e) quand les étudiants ne préparent pas bien le cours?
4. Est-ce que tu *(avoir)* l'intention de revenir à cette université l'année prochaine? Est-ce que tu *(avoir)* l'intention de devenir prof après tes études?

## C. Que font-ils?

Faites une phrase logique pour chaque sujet donné pour parler de votre cours de français.

**EXEMPLE** **Moi, je ne viens pas en cours en autobus.**

| | | | | |
|---|---|---|---|---|
| moi, je<br>le (la) prof<br>nous<br>les étudiants | (ne/n') | prendre<br>apprendre<br>comprendre<br>venir<br>revenir<br>devenir | (pas) | des notes en cours<br>bien le professeur<br>beaucoup de verbes<br>beaucoup de vocabulaire<br>à l'université le week-end<br>impatient(e)(s)<br>paresseux (paresseuse[s])<br>l'autobus pour venir<br>en cours<br>en cours à pied<br>en cours en autobus |

## D. La santé.

Votre ami voudrait améliorer sa santé *(to improve his health).* Donnez-lui des conseils. Utilisez l'impératif.

**EXEMPLE**

Je prends un coca ou un jus d'orange?
**Prends un jus d'orange! Ne prends pas de coca!**

1. Je prends une bière ou une eau minérale?
2. Je viens en cours en voiture ou à vélo?
3. Je prends une salade ou des frites?
4. Je vais au parc ou je reste à la maison?
5. Je vais au parc en voiture ou à pied?
6. Je prends un bain de soleil ou je nage?

**Faire du vélo, c'est bon pour la santé.**

# Reprise

## *Les Stagiaires*

See the ***Résumé de grammaire*** section at the end of each chapter for a review of all the grammar presented in the chapter.

© Heinle/Cengage Learning

Dans l'***Épisode 4*** de la vidéo ***Les Stagiaires,*** Céline et Amélie parlent de la famille d'Amélie et de celle de *(that of)* Christophe. Avant de regarder l'épisode, faites ces exercices pour réviser ce que vous avez appris dans le ***Chapitre 4.***

**A. La famille de Christophe.** Rachid parle à Christophe de sa famille. Complétez leur conversation avec les mots logiques.

**RACHID:** Alors, Christophe, c'est vrai que M. Vieilledent est ton __1__?
**CHRISTOPHE:** Oui, c'est vrai.
**RACHID:** Tu as une grande __2__? Tu as des __3__ et sœurs?
**CHRISTOPHE:** Moi, je suis le seul __4__, mais j'ai deux __5__, Léa et Emma.
**RACHID:** Elles sont plus __6__ ou plus jeunes que toi?
**CHRISTOPHE:** Moi, je suis le plus jeune. Elles __7__ vingt-six et vingt-quatre __8__.
**RACHID:** Et ta __9__, elle s'appelle comment?
**CHRISTOPHE:** Elle s'appelle Pauline, mais mes parents ne sont plus ensemble. Ils sont __10__.

Maintenant préparez une conversation avec un(e) partenaire dans laquelle *(in which)* vous parlez de vos familles.

**B. Aujourd'hui.** Utilisez des expressions avec **avoir** pour dire comment l'équipe *(team)* de Technovert se sent *(feels)* aujourd'hui.

**EXEMPLE** Monsieur Vieilledent voudrait des croissants parce qu'il **a faim.**

1. Camille voudrait boire quelque chose parce qu'elle _______.
2. Matthieu voudrait enlever son pull *(to take off his sweater)* parce qu'il _______.
3. Amélie a besoin d'un pull parce qu'elle _______.
4. Christophe voudrait faire la sieste *(to take a nap)* parce qu'il _______.
5. Rachid _______ d'étudier parce qu'il a un examen demain.

**C. Les anniversaires.** Les résultats du trimestre sont tellement bons que M. Vieilledent pense donner un bonus à chaque employé(e) pour son anniversaire. Donnez la date de l'anniversaire de chacun.

**EXEMPLE** Camille: 25/1
**L'anniversaire de Camille, c'est le vingt-cinq janvier.**

1. Céline: 30/3
2. Christophe: 16/5
3. Matthieu: 21/8
4. Rachid: 1/6
5. Amélie: 14/2

**D. Pauvre Matthieu.** Matthieu voudrait sortir avec Amélie, mais il n'a pas le courage de lui parler *(to talk to her)* parce qu'il est trop timide. Est-ce que Camille dit *(tells)* à Matthieu de faire ou de ne pas faire les choses suivantes pour l'encourager *(to encourage him)*? Utilisez l'impératif des verbes suivants à l'affirmatif ou au négatif pour faire des phrases logiques.

**EXEMPLE** être timide
**Ne sois pas timide!**

1. avoir un peu de courage
2. être ridicule
3. avoir peur de parler à Amélie
4. aller à son bureau sans rien dire *(without saying anything)*
5. regarder Amélie tout le temps sans parler
6. parler avec elle de temps en temps
7. prendre l'initiative
8. inviter Amélie au nouveau restaurant au coin de la rue

**E. Parlons ensemble.** M. Vieilledent parle aux stagiaires de leur travail. Complétez les phrases suivantes avec l'impératif des verbes entre parenthèses. Mettez l'un des verbes à la forme de **vous** et l'autre à la forme de **nous** pour faire des phrases logiques.

**EXEMPLE** Rachid et Amélie, **venez** (venir) avec moi, s'il vous plaît. **Allons** (aller) dans mon bureau.

1. S'il vous plaît, _______ (entrer) dans mon bureau, tous les deux, et asseyez-vous *(have a seat),* je vous en prie. Si vous voulez bien, _______ (prendre) un peu de temps pour parler de votre travail à Technovert.
2. _______ (commencer) par vos responsabilités. _______ (ne pas hésiter) à poser des questions si vous ne comprenez pas quelque chose.
3. _______ (venir) me voir *(to see me)* s'il y a un problème et _______ (trouver) une solution ensemble.
4. _______ (partager) vos idées et vos opinions avec moi. _______ (être) toujours ouverts et francs les uns avec les autres.
5. _______ (travailler) tous ensemble! _______ (ne pas avoir) peur de faire des suggestions. Ma porte est toujours ouverte.
6. _______ (revenir) à cette conversation plus tard. Maintenant, _______ (retourner) à vos bureaux, s'il vous plaît.

**F. Le week-end.** Rachid pose des questions à Amélie. Complétez chaque question avec la forme correcte du verbe logique entre parenthèses.

1. (aller, venir) Le week-end, est-ce que tu _______ plus souvent chez tes amis ou est-ce que tes amis _______ plutôt chez toi?
2. (aller, prendre) Qui _______ sa voiture généralement quand tes amis et toi _______ en ville le week-end?
3. (aller, avoir) Est-ce que tu _______ envie de sortir samedi soir ou est-ce que tu _______ rester chez toi?
4. (aller, avoir) Et dimanche, qu'est-ce que tu _______ l'intention de faire? Tu _______ étudier?
5. (avoir, devenir) Est-ce que tu _______ une page sur Facebook? On _______ amis sur Facebook?

Maintenant, utilisez ces questions pour interviewer un(e) autre étudiant(e).

Access the Video ***Les Stagiaires*** at iLrn and on the *Horizons* Premium Website.

## Épisode 4: Vive la famille!

Dans ce clip, Céline parle de la famille de Christophe et pose des questions à Amélie au sujet de sa famille. Avant de regarder le clip, imaginez une des questions que Céline pose à Amélie. Ensuite, regardez le clip et dites une chose au sujet de la famille de Christophe et une phrase au sujet de la famille d'Amélie.

# Lecture et Composition

© Philip Gould/CORBIS

## Lecture

### Pour mieux lire: *Using word families*

Music is an integral part of life on the bayou. You are going to read the lyrics to the song ***Cœur des Cajuns** (Heart of the Cajuns)* by Bruce Daigrepont, in which he sees Cajun music as the expression of both the **joie de vivre** *(joy of living)* and the **chagrin de cœur** *(heartache)* of the Cajun people.

Learning to recognize related words that have the same root will help expand your vocabulary and facilitate your reading. Before reading the lyrics, do this activity to make your reading easier.

**Familles de mots.** Servez-vous des mots donnés pour déterminer le sens des mots en caractères gras.

danser: *to dance* → **une danse:** *a* ____
chanter: *to sing* → **une chanson:** *a* ____
prier: *to pray* → **une prière:** *a* ____
valser: *to waltz* → **une valse:** *a* ____
vivre: *to live* → **une vie:** *a* ____

### *Cœur des Cajuns*

La joie de vivre, c'est dans l'accordéon,
La joie de vivre, c'est dans les belles chansons.
La musique c'est une tradition
Et c'est dans les cœurs de tous les Cajuns.

Chagrin de cœur, c'est dans l'accordéon,
Chagrin de cœur, c'est dans les belles chansons.
La musique c'est une tradition
Et c'est dans les cœurs de tous les Cajuns.

Dansez ensemble les vieux et les jeunes.
Priez ensemble les vieux et les jeunes.
La tradition c'est **pour tout quelques-uns**
Et c'est dans les cœurs de tous les Cajuns.

Un **'tit** bébé dans **les bras** de sa maman,
**Aprévalser** dans les bras de sa maman.
Il va apprendre la tradition
Et c'est dans les cœurs de tous les Cajuns.

La joie de vivre, c'est dans l'accordéon,
La joie de vivre, c'est dans les belles chansons.
La musique c'est une tradition
Et c'est dans les cœurs de tous les Cajuns.

Chagrin de cœur, c'est dans l'accordéon,
Chagrin de cœur, c'est dans les belles chansons.
La musique c'est une tradition
Et c'est dans les cœurs de tous les Cajuns.

by Bruce Daigrepont (Bayou Pon Pon, ASCAP-Happy Valley Music, BMI) from *Cœur des Cajuns* on Rounder Records (#6026)

**pour tout quelques-uns** *for everyone* (regional) **'tit = petit** **les bras** *the arms* **Aprévalser** *Waltzing* (regional)

## Compréhension

**Cœur des Cajuns.** Lisez ***Cœur des Cajuns*** et complétez ces phrases.

1. La musique est une expression de la joie de vivre et aussi du _______.
2. La musique est une tradition qui se trouve *(is found)* dans les _______ de tous les Cajuns.
3. _______ est un instrument de musique populaire.
4. Les vieux et les jeunes vont danser, valser et _______ ensemble.

# Composition

### Pour mieux écrire: *Visualizing your topic*

Sometimes it is easier to write a description of people or things if you visualize or look at images of them. An image such as a family tree provides a logical order to a description.

**Organisez-vous.** Vous allez écrire une description de votre famille. D'abord, dessinez *(draw)* un arbre généalogique de votre famille. À côté de chaque membre de votre famille sur l'arbre généalogique, écrivez tous le mots que vous associez à cette personne: son âge, sa profession, son apparence physique, son caractère et ses activités.

## Ma famille

Écrivez une description détaillée de votre famille. Basez votre description sur l'arbre généalogique de la section précédente.

# Comparaisons culturelles

## L'histoire des Cadiens

La majorité des Cadiens en Louisiane aujourd'hui sont les descendants des Acadiens, **expulsés du** Canada **par** les Anglais **au 18e siècle.** (Le mot *cajun* **est dérivé du mot** *acadien.*)

En 1604, les Français **fondent** la colonie de l'Acadie dans **la partie est** du Canada.

Courtesy of Claude Picard and the Grand-Pré National Historic Site, Nova Scotia

En 1713, les Anglais prennent possession de l'Acadie. En 1755, ils commencent à expulser les Français. Cette expulsion des Acadiens du Canada est **connue comme** le Grand Dérangement.

Après une période noire **pendant laquelle** beaucoup d'Acadiens **meurent,** certains groupes d'Acadiens viennent **s'établir dans la partie sud** de la Louisiane. **En raison de** l'inaccessibilité de la région, ces Francophones restent **isolés pendant** plus de 200 ans et leur culture et leur langue restent dominantes dans le sud de la Louisiane.

Courtesy of Claude Picard and the Grand-Pré National Historic Site, Nova Scotia

**expulsés du** *thrown out of* **par** *by* **au 18e siècle** *in the 18th century* **est dérivé du mot** *is derived from the word* **fondent** *found* **la partie est** *the eastern part* **connue comme** *known as* **pendant laquelle** *during which* **meurent** *die* **s'établir dans la partie sud** *establish themselves in the southern part* **En raison de** *Because of* **isolés pendant** *isolated for*

**Vers la fin du 19e siècle, pourtant, des vagues** d'Anglophones commencent à arriver dans la région. En 1916, l'état de Louisiane **exige que la scolarité soit faite** en anglais et l'anglais devient la langue prédominante chez les jeunes. L'usage du français en Louisiane **diminue.**

*No French to be spoken in school.* Oil on Canvas © 1984 Georges Rodrigue

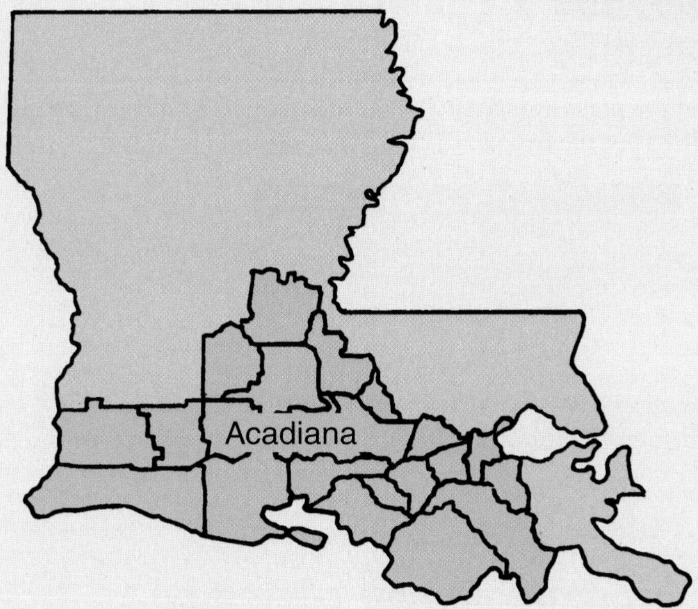


Après un certain temps, un mouvement pour la protection de la langue et de la culture françaises **surgit.** L'état établit CODOFIL, le Conseil pour le Développement du Français en Louisiane, et crée la région d'Acadiana, **comprenant 22 paroisses** francophones dans la partie sud de l'état. Un amendement est aussi **ajouté** à la Constitution pour encourager la préservation de la culture française en Louisiane.

## Compréhension

Visit **www.cengagebrain.com/shop/ISBN/0495912492** for additional cultural information and activities.

1. La majorité des Cadiens en Louisiane sont les descendants de quel groupe?
2. Qu'est-ce que c'est que le Grand Dérangement?
3. Quelle est la différence entre les deux régions d'Acadie et d'Acadiana?
4. Quel est le but *(goal)* de l'organisation CODOFIL? Que pensez-vous de cette idée de créer une agence pour la défense de la langue et de la culture d'une minorité?

---

**Vers la fin du 19e siècle, pourtant, des vagues** *Towards the end of the 19th century, however, waves* **exige que la scolarité soit faite** *requires that education be done* **diminue** *diminishes* **surgit** *arises* **comprenant 22 paroisses** *including 22 parishes* (equivalent to counties) **ajouté** *added*

## Expressions with *avoir*

J'**ai faim** et **soif.** On va au café?
Fermons la fenêtre! Il **a froid.**
Tu **as raison.** Tu comprends bien!
J'**ai sommeil!** Je vais au lit.
Il **a peur des** chiens.

Ma tante s'appelle Sylvie. Elle **a 34 ans.** Elle **a les cheveux longs** et **les yeux noirs.** Elle **a des lunettes.** Elle **a l'air** intellectuelle.

—Qu'est-ce que tu **as l'intention de** faire?
—Je ne sais pas. J'**ai besoin de** travailler, mais j'**ai envie de** sortir.

The following expressions use **avoir.** Note the use of the definite article with **avoir les yeux / les cheveux.**

| | | | |
|---|---|---|---|
| avoir faim | *to be hungry* | avoir... ans | *to be . . . years old* |
| avoir soif | *to be thirsty* | avoir les cheveux longs | *to have long hair* |
| avoir chaud | *to be hot* | avoir les yeux noirs | *to have dark brown eyes* |
| avoir froid | *to be cold* | avoir l'air | *to look . . . , to seem . . .* |
| avoir raison | *to be right* | avoir une barbe / une moustache / des lunettes | *to have a beard / mustache / glasses* |
| avoir tort | *to be wrong* | | |
| avoir sommeil | *to be sleepy* | | |
| avoir peur (de) | *to be afraid (of)* | | |

| | |
|---|---|
| **avoir besoin de (d')** + noun or infinitive | *to need* + noun or infinitive |
| **avoir envie de (d')** + noun or infinitive | *to feel like* + noun or verb |
| **avoir l'intention de (d')** + infinitive | *to intend* + infinitive |

## The verb *aller,* the preposition *à,* and the pronoun *y*

—Où **vas**-tu cet après-midi?
—Je **vais au** cinéma. Mes parents **vont aux** nouvelles expositions de deux artistes de la ville et ma sœur **va à la** bibliothèque. Et vous deux, où **allez**-vous?
—Nous **allons à l'**église.

—Je vais à l'université. Tu voudrais **y** aller avec moi?
—Non, je n'**y** vais pas aujourd'hui.

Use the verb **aller** and the preposition **à** *(to, at, in)* to say where someone is going. When **à** falls before **le** or **les,** the two words contract to **au** and **aux.**

| **ALLER** *(to go)* | |
|---|---|
| je **vais** | nous‿ᶻ**allons** |
| tu **vas** | vous‿ᶻ**allez** |
| il/elle/on **va** | ils/elles **vont** |

Use the pronoun **y** to mean *there,* even when *there* is only implied in English. Place it *immediately* before the infinitive if there is one. Otherwise, place it *immediately* before the conjugated verb. Treat **y** as a vowel for purposes of elision and liaison.

## The subject pronoun *on* and command forms *(l'impératif)*

**On parle** français en Louisiane. Nous, **on aime** sortir le week-end.

—**On sort** ce soir?
—D'accord. **Allons** au cinéma.
—Non, **n'allons pas** au cinéma. **Dînons** plutôt au restaurant.

Use **on** as the subject of a sentence to refer to people in general *(one, people, they),* or instead of **nous** to say *we.* **On** takes the same verb form as **il/elle,** no matter what the translation in English.

You can invite someone to do something with you by asking a question with **on** *(Shall we . . . ? / How about . . . ?).* To say *Let's . . . ,* use the **nous** form of the appropriate verb without the pronoun **nous.**

To tell someone to do something, use the **tu** or **vous** form of the verb, as appropriate, without the pronoun **tu** or **vous.** In **tu** form commands, drop the final **s** of **-er** verbs and **aller.**

**Avoir** and **être** have irregular command forms.

| ÊTRE *(be . . . )* | AVOIR *(have . . . )* |
|---|---|
| **sois** | **aie** |
| **soyons** | **ayons** |
| **soyez** | **ayez** |

**Va** au restaurant Préjean et **mange** les spécialités de la maison.

**Mangez** bien. **Ne mangez pas** de dessert.

**Sois** à l'heure pour tes cours.
**N'aie pas** peur—**aie** confiance!
**N'ayons pas** peur! **Soyons** calmes!
**Ayez** de la patience! **Ne soyez pas** impatient!

## The immediate future *(Le futur immédiat)*

To talk about what someone *is going to do,* use a conjugated form of the verb **aller** followed by an infinitive. To say what someone is *not* going to do, place **ne... pas** around the conjugated form of **aller. Il y a** becomes **il va y avoir.**

—Qu'est-ce que tu **vas faire** ce soir? Tu **vas sortir**?
—Non, je **ne vais pas sortir.** Je **vais rester** à la maison. **Il va y avoir** un festival de films à la télé.

## Dates

To tell the date, use **le** and the cardinal numbers **(deux, trois, quatre...),** except for *the first* **(le premier).** The day goes before the month: **30/9/2012.**

You can express the years 1100–1999 in two ways. Years from 2000 on are only expressed using the word **mille.** Use **en** to say *in* what year or month. Do not use a word to say *on* with a date.

—Quelle est la date aujourd'hui? C'est **le trente septembre**?
—Non, c'est **le premier octobre.**

1910 **mille neuf cent dix / dix-neuf cent dix**
Mon anniversaire, c'est **en mars.** Je vais faire une fête le 15 mars.
Je vais finir mes études **en 2016 (deux mille seize).**

## The verbs *prendre* and *venir* and means of transportation

**Prendre** *(to take)* and **venir** *(to come)* are irregular.

| PRENDRE *(to take)* | | VENIR *(to come)* | |
|---|---|---|---|
| je **prends** | nous **prenons** | je **viens** | nous **venons** |
| tu **prends** | vous **prenez** | tu **viens** | vous **venez** |
| il/elle/on **prend** | ils/elles **prennent** | il/elle/on **vient** | ils/elles **viennent** |

**Prendre** means *to take.* You can also use it as *to have* when talking about having something to eat or drink. **Comprendre** *(to understand)* and **apprendre** *(to learn)* are conjugated like **prendre.**

**Revenir** *(to come back)* and **devenir** *(to become)* are conjugated like **venir.**

Use the preposition **en** (or **à** with **vélo**) to say *by* what means you are traveling with verbs like **aller, venir,** and **voyager.** When using **prendre** to say what means of transportation you are taking, you can often use the same article with the noun that you would in English.

—**Venez**-vous à l'université en voiture?
—Non, je ne **viens** pas en cours en voiture. Je **prends** mon vélo. **Prenez**-vous votre voiture?

Le matin, il **prend** un café et un croissant.
Tu **comprends**?
Nous **apprenons** beaucoup dans ce cours.

Les fils **reviennent** tard et le père **devient** impatient.

D'habitude, ils **voyagent en avion** mais aujourd'hui ils **prennent le train.**

# VOCABULAIRE

## COMPÉTENCE 1 

### Describing your family

| | |
|---|---|
| **LA FAMILLE** | |
| **des beaux parents / un beau-père / une belle-mère** | *stepparents, in-laws / a stepfather, a father-in-law / a stepmother, a mother-in-law* |
| **un(e) cousin(e)** | *a cousin* |
| **un(e) enfant** | *a child* |
| **un fils / une fille** | *a son / a daughter* |
| **un frère / une sœur** | *a brother / a sister* |
| **un garçon / une fille** | *a boy / a girl* |
| **des grands-parents / un grand-père / une grand-mère** | *grandparents / a grandfather / a grandmother* |
| **un neveu** (*pl* **des neveux**) **/ une nièce** | *a nephew / a niece* |
| **un oncle / une tante** | *an uncle / an aunt* |
| **des parents / un père / une mère** | *parents / a father / a mother* |
| **NOMS FÉMININS** | |
| **une barbe** | *a beard* |
| **des lunettes** | *glasses* |
| **une moustache** | *a mustache* |
| **des vacances** | *vacation* |
| **ADJECTIFS** | |
| **âgé(e)** | *old* |
| **auburn** *(inv)* | *auburn* |
| **blond(e)** | *blond(e)* |
| **brun(e)** | *medium / dark brown* (with hair) |
| **châtain** | *light / medium brown* (with hair) |
| **court(e)** | *short* |
| **décédé(e)** | *deceased* |
| **long(ue)** | *long* |
| **mi-longs** | *shoulder-length* (with hair) |
| **noir(e)** | *black, very dark brown* (with eyes) |
| **noisette** *(inv)* | *hazel* (with eyes) |
| **roux (rousse)** | *red* (with hair) |
| **EXPRESSIONS VERBALES** | |
| **avoir besoin de** | *to need* |
| **avoir chaud / froid** | *to be hot / cold* |
| **avoir envie de** | *to feel like, to want* |
| **avoir faim / soif** | *to be hungry / thirsty* |
| **avoir l'air...** | *to look . . . , to seem . . .* |
| **avoir les cheveux / les yeux...** | *to have . . . hair / eyes* |
| **avoir l'intention de** | *to intend to* |
| **avoir peur (de)** | *to be afraid (of)* |
| **avoir raison / tort** | *to be right / wrong* |
| **avoir sommeil** | *to be sleepy* |
| **Comment s'appelle-t-il/elle? Il/Elle s'appelle...** | *What is his/her name? His/Her name is . . .* |
| **porter** | *to wear, to carry* |
| **Quel âge a... ? avoir (environ)... ans** | *How old is . . . ? to be (about) . . . years old* |
| **Vous êtes combien dans votre (ta) famille? Nous sommes...** | *How many people are there in your family? There are . . . of us.* |
| **DIVERS** | |
| **de taille moyenne** | *of medium height* |
| **encore** | *still* |
| **environ** | *about* |
| **La Nouvelle-Orléans** | *New Orleans* |

## COMPÉTENCE 2 

### Saying where you go in your free time

| | |
|---|---|
| **NOMS MASCULINS** | |
| **un centre commercial** | *a shopping mall* |
| **un concert** | *a concert* |
| **un festival** | *a festival* |
| **un magasin** | *a store* |
| **un musée** | *a museum* |
| **un orchestre** | *an orchestra, a band* |
| **un parc** | *a park* |
| **des projets** | *plans* |
| **le temps libre** | *free time* |
| **un théâtre** | *a theater* |
| **NOMS FÉMININS** | |
| **une activité (de plein air)** | *an (outdoor) activity* |
| **la cuisine** | *cooking, cuisine* |
| **une église** | *a church* |
| **une exposition** | *an exhibit* |
| **une librairie** | *a bookstore* |
| **la musique zydeco** | *zydeco music* |
| **une pièce** | *a play* |
| **une piscine** | *a swimming pool* |
| **une plage** | *a beach* |
| **une région** | *a region* |
| **une spécialité** | *a specialty* |
| **EXPRESSIONS VERBALES** | |
| **acheter** | *to buy* |
| **aie, ayons, ayez** | *have, let's have, have* |
| **aller (à)** | *to go (to)* |
| **avoir confiance** | *to have confidence* |
| **avoir de la patience** | *to have patience* |
| **connaître** | *to know, to get to know, to be acquainted / familiar with* |
| **prendre un bain de soleil** | *to sunbathe* |
| **retrouver** | *to meet* |
| **servir** | *to serve* |
| **sois, soyons, soyez** | *be, let's be, be* |
| **trouver** | *to find* |
| **DIVERS** | |
| **à l'heure** | *on time* |
| **bonne idée** | *good idea* |
| **cadien(ne)** | *Cajun* |
| **calme** | *calm* |
| **Ça te dit?** | *How does that sound?* |
| **culturel(le)** | *cultural* |
| **de temps en temps** | *from time to time* |
| **extra(ordinaire)** | *great* |
| **on** | *one, people, they, we* |
| **On... ?** | *Shall we . . . ?, How about . . . ?* |
| **on dit que** | *they say that* |
| **on peut** | *one can* |
| **plutôt** | *rather, instead* |
| **pour** | *in order to* |
| **sage** | *good, well-behaved* |
| **y** | *there* |

## COMPÉTENCE 3

### Saying what you are going to do

| | |
|---|---|
| **NOMS MASCULINS** | |
| **un anniversaire** | *a birthday* |
| **le folklore** | *folklore* |
| **NOMS FÉMININS** | |
| **une fête** | *a holiday, a party* |
| **la soirée** | *the evening* |
| **EXPRESSIONS VERBALES** | |
| **aller voir** | *to go see, to visit* (a person) |
| **boire** | *to drink* |
| **faire une fête** | *to have a party* |
| **faire des projets** | *to make plans* |
| **faire un tour** | *to take a tour, to go for a ride* |
| **il va y avoir** | *there is / are going to be* |
| **partir (pour le week-end)** | *to go away, to leave (for the weekend)* |
| **quitter** | *to leave* |
| **visiter** | *to visit* (a place) |
| **LES DATES** | |
| **En quelle année?** | *In what year?* |
| **En quel mois?** | *In what month?* |
| **Quelle est la date?** | *What is the date?* |
| **C'est le premier (deux, trois...)** | *It's the first (second, third . . . ) of* |
| **janvier / février / mars / avril / mai / juin / juillet / août / septembre / octobre / novembre / décembre** | *January / February / March / April / May / June / July / August / September / October / November / December* |
| **EXPRESSIONS ADVERBIALES** | |
| **ce matin** | *this morning* |
| **ce mois-ci** | *this month* |
| **ce soir** | *tonight, this evening* |
| **ce week-end** | *this weekend* |
| **cet après-midi** | *this afternoon* |
| **cette année** | *this year* |
| **cette semaine** | *this week* |
| **d'abord** | *first* |
| **demain matin / après-midi / soir** | *tomorrow morning / afternoon / evening* |
| **ensuite** | *then, afterwards* |
| **l'année prochaine** | *next year* |
| **la semaine prochaine** | *next week* |
| **le mois prochain** | *next month* |
| **le week-end prochain** | *next weekend* |
| **lundi (mardi...) prochain** | *next Monday (Tuesday . . . )* |
| **plus tard** | *later* |
| **(et) puis** | *(and) then* |
| **tard** | *late* |
| **tôt** | *early* |
| **DIVERS** | |
| **célèbre** | *famous* |
| **génial(e)** (*m.pl.* **géniaux**) | *great* |
| **national(e)** (*m.pl.* **nationaux**) | *national* |
| **prochain(e)** | *next* |
| **régional(e)** (*m.pl.* **régionaux**) | *regional* |
| **le Vieux Carré** | *the French Quarter* |

## COMPÉTENCE 4

### Planning how to get there

| | |
|---|---|
| **NOMS MASCULINS** | |
| **un (auto)bus** | *a bus* |
| **un (auto)car** | *a bus* |
| **un avion** | *a plane* |
| **un bateau** | *a boat* |
| **le métro** | *the subway* |
| **un moyen de transport** | *a means of transportation* |
| **un taxi** | *a cab, a taxi* |
| **un train** | *a train* |
| **un voyage** | *a trip* |
| **NOMS FÉMININS** | |
| **une possibilité** | *a possibility* |
| **des notes** | *notes* |
| **EXPRESSIONS VERBALES** | |
| **aller à pied** | *to go on foot* |
| **à vélo** | *by bike* |
| **en (auto)car** | *by bus* |
| **en (auto)bus** | *by bus* |
| **en avion** | *by plane* |
| **en bateau** | *by boat* |
| **en métro** | *by subway* |
| **en taxi** | *by taxi* |
| **en train** | *by train* |
| **en voiture** | *by car* |
| **apprendre** | *to learn* |
| **comprendre** | *to understand* |
| **devenir** | *to become* |
| **louer** | *to rent* |
| **prendre** | *to take* |
| **revenir** | *to come back* |
| **venir** | *to come* |
| **DIVERS** | |
| **Ça prend combien de temps?** | *How long does it take?* |
| **Ça prend...** | *It takes . . .* |
| **impatient(e)** | *impatient* |
| **pas plus** | *no more* |
| **prêt(e)** | *ready* |

# Interlude musical

**Bruce Daigrepont donne des concerts de musique cadienne partout dans le monde *(world)*.**

## Nonc Willie

### Bruce Daigrepont

Bruce Daigrepont, true to his Cajun heritage, focuses his music around the traditional Cajun instruments, the accordion and fiddle, backed by drums, bass, rubboard, and triangle. His sets are comprised of Cajun waltzes and two-steps, fiddle reels, deep blues, swamp pop, zydeco, and R&B.

**A. Chez Nonc Willie.** Dans la chanson *(song)* **Nonc Willie** *(Uncle Willie),* le chanteur invite des amis à aller chez Nonc Willie pour s'amuser *(to have fun).* Voilà les choses à faire chez Nonc Willie. Devinez le sens des mots que vous ne connaissez pas. *(Guess the meaning of the words you don't know.)*

| | | |
|---|---|---|
| gagner de l'argent | s'amuser | boire de la bière |
| jouer à des jeux de cartes | acheter des bonbons | se rassembler |

**B. Dans le passé.** Le chanteur dit «je me souviens» *(I remember)* pour parler de quand il était *(was)* petit. Dans les phrases suivantes, tous les verbes sont au passé. Utilisez le contexte pour deviner leur sens.

Nonc Willie *était* le frère de mon grand-père. Il n'*avait* pas beaucoup d'argent, mais il *s'amusait* bien. Tous ses amis *se rassemblaient* le samedi soir pour jouer aux cartes ensemble. Le gagnant *donnait* un peu d'argent aux enfants qui *observaient* le jeu.

You can access these songs on the iTunes playlist on **www.cengagebrain.com/shop/ISBN/0495912492.**

## J'ai besoin d'un chum

### DIANE DUFRESNE

Born in Montreal, Diane Dufresne studied music in Paris and has enjoyed great popularity in France as well as in Canada.

**Diane Dufresne est appréciée comme chanteuse de chansons traditionnelles québécoises et aussi comme une des premières rockeuses francophones.**

**J'ai besoin d'un chum.** Dans cette chanson, Diane Dufresne parle de son désir d'avoir un homme, un chum dans sa vie *(life).* Avant d'expliquer ce besoin d'avoir un homme dans sa vie, elle parle de tout ce dont *(everything that)* elle n'a pas besoin. Quels mots de la liste suivante est-ce que vous comprenez? Cherchez ceux que vous ne comprenez pas dans un dictionnaire.

> Je n'ai pas besoin…
> ni de mon père, ni de ma mère, ni d'un frère, ni d'un mari, ni d'un diable, ni d'un dieu!

Ensuite, Dufresne explique son désir d'avoir un chum en disant qu'elle a besoin d'un chum comme elle a besoin de certaines choses qu'elle considère essentielles dans la vie. Regardez la liste et cherchez les mots que vous ne reconnaissez pas dans un dictionnaire.

> J'ai besoin d'un chum comme j'ai besoin…
> du soleil, de la mer, d'eau, d'air, de feu, de champagne, de chocolat, de rock'n roll et de samba!

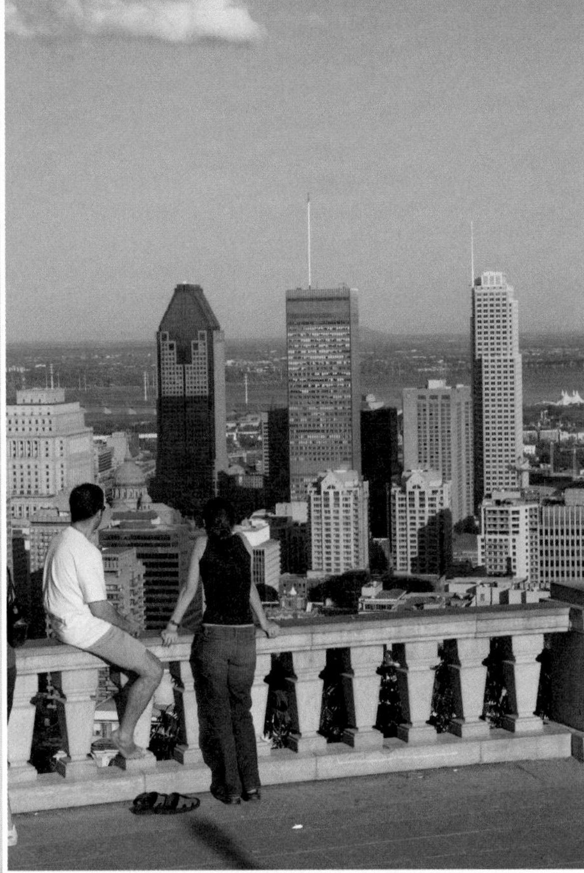

À Paris

# Les projets

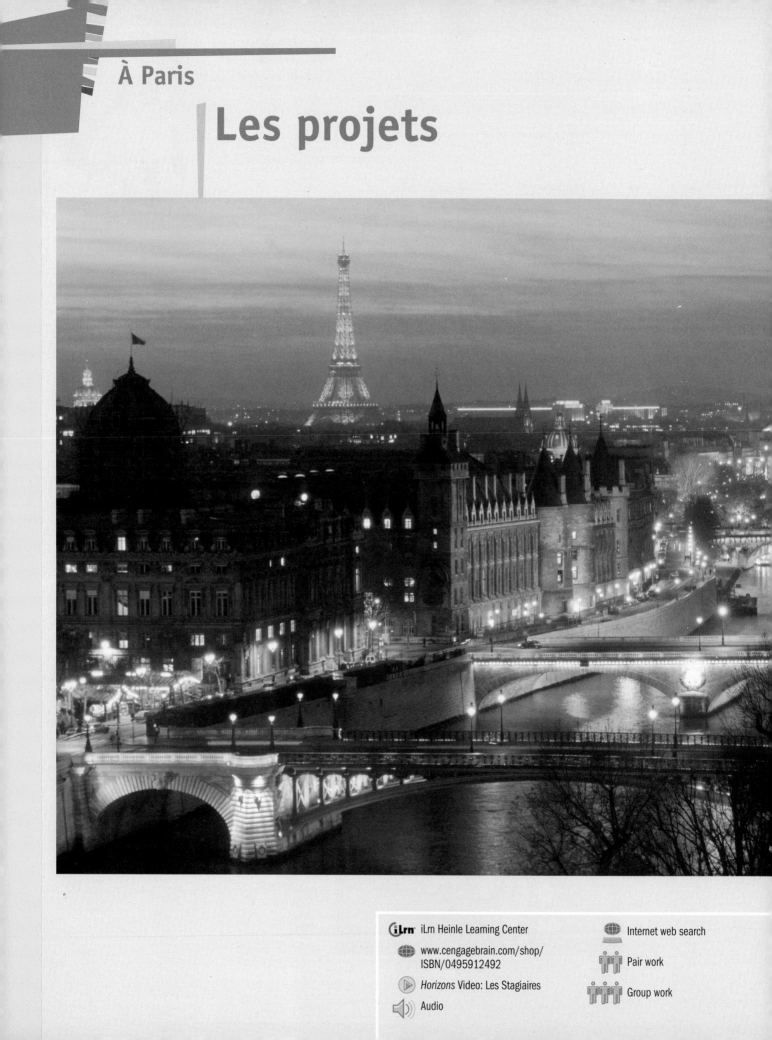

iLrn iLrn Heinle Learning Center

www.cengagebrain.com/shop/ISBN/0495912492

*Horizons* Video: Les Stagiaires

Audio

Internet web search

Pair work

Group work

# Chapitre 5

## COMPÉTENCE

# La France

Voudriez-vous visiter la France? La France vous offre une grande variété de **paysages.** Il y a...

© Chris Jones/Ticket/Photolibrary

de grandes villes

© Brigitte Merle/Photononstop/Photolibrary

des plaines

© e Merle/Photononstop/Photolibrary

de petits villages ruraux

What part of France would you like to visit? Would you like to do a special kind of trip like a bicycle tour or a cooking or wine-tasting tour? Do an online search for various trips to France. Find a trip you would like to take and describe where you are going to go and what you are going to do.

**paysages** *(m) landscapes* **ruraux** *rural*

Visit it live on Google Earth!

**La France (La République française)**
**Nombre d'habitants: 65 100 000 (les français)**
**Capitale: Paris**

© Jon Arnold Images Ltd/Alamy

**des plages de sable**

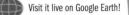

## Qu'en savez-vous?

Est-ce que vous connaissez *(know)* un peu la France? Regardez la carte *(map)* de la France à la fin du *(at the end of the)* livre. Ensuite, répondez à ces questions. Si vous ne savez pas, devinez! *(If you don't know, guess!)*

**1.** La France a à peu près la même superficie *(about the same area)* que...

a. l'Alaska b. le Texas c. la Louisiane

**2.** Regardez la carte de la France. À cause de *(Because of)* sa forme, on appelle la France...

a. le Pentagone b. l'Octogone c. l'Hexagone

**3.** Il y a huit pays qui bordent la France. Lequel *(Which one)* des pays suivants est au nord *(north)* du pays?

a. la Suisse b. la Belgique c. l'Espagne

**4.** Quel massif montagneux *(mountain range)* forme une frontière entre la France et l'Espagne?

a. les Alpes b. les Pyrénées c. le Massif Central

**5.** Quel fleuve *(river)* français traverse *(crosses)* Paris?

a. la Seine b. la Loire c. le Rhône

**6.** Lyon et Marseille sont les deuxième et troisième villes de la France. Où se trouvent-elles?

a. dans le nord du pays
b. dans le centre et dans le sud *(south)* du pays

© Jacques Kerebel/Photononstop/Photolibrary

**des fleuves**

© JTB Photo/Photolibrary

**des montagnes**

**des fleuves** *rivers*

# Saying what you did

**Note** *culturelle*

**Dans une enquête *(survey)* récente auprès des femmes de 20 à 29 ans en France, les participantes ont nommé leurs loisirs *(leisure activities)* préférés. Voici les six activités les plus populaires et le pourcentage des participantes qui ont nommé chacune. Pensez-vous que les activités les plus populaires sont similaires dans votre région?**

**61% passer du temps en couple**

**55% passer du temps avec leurs amis**

**54% passer du temps avec leur famille**

**44% surfer sur Internet**

**42% regarder la télé, écouter la radio ou lire des magazines**

**32% faire du shopping**

## Le week-end dernier

Alice Pérez, **femme d'affaires** américaine **travaillant** à Paris, parle de ses activités de **samedi dernier.** Et vous?

**Où est-ce que vous êtes allé(e)? Qu'est-ce que vous avez fait?**

Samedi matin...

je ne suis pas sortie, je suis restée chez moi.

J'ai dormi jusqu'à 10 heures.

J'ai **pris** mon **petit déjeuner.**

Samedi après-midi...

je suis allée en ville.

Je n'ai pas travaillé.

J'ai déjeuné avec une amie et j'ai bien mangé.

Samedi soir...

je suis sortie.

J'ai vu un film étranger.

J'ai retrouvé un ami au café.

je suis rentrée chez moi.

J'ai lu le journal.

Je **n'**ai **rien** fait.

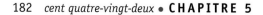

**Le week-end dernier** *Last weekend* **une femme d'affaires (un homme d'affaires)** *a business woman (a business man)* **travaillant** *working* **samedi dernier** *last Saturday* **Où est-ce que vous êtes allé(e)?** *Where did you go?* **Qu'est-ce que vous avez fait?** *What did you do?* **prendre son petit déjeuner** *to have one's breakfast* **ne... rien** *nothing*

CD 2-12

C'est lundi et Cathy, la fille d'Alice, parle avec un ami des activités du week-end dernier.

**Cathy:** Tu as passé un bon week-end?
**Edgar:** Oui, génial. Samedi matin, j'ai préparé les cours et samedi après-midi, j'ai joué au foot avec des amis.
**Cathy:** Qu'est-ce que tu as fait samedi soir?
**Edgar:** Je suis sorti. Je suis allé en boîte et j'ai beaucoup dansé.
**Cathy:** Et **hier**?
**Edgar:** Hier matin, **j'ai fait une promenade** sur les Champs-Élysées où j'ai fait du shopping. **Hier soir,** je suis resté à la maison et j'ai regardé la télé.

**Sélection musicale.** Search the Web for the song **Champs-Élysées** by Joe Dassin and sung by Soma Riba to enjoy a musical selection related to this theme.

## A. Activités logiques.

Formez des phrases logiques. Complétez les phrases de la première colonne avec un choix logique de la deuxième colonne.

| | |
|---|---|
| **1.** Je suis resté(e) au lit et... | j'ai pris un verre. |
| **2.** J'ai retrouvé des amis au café où... | j'ai dormi. |
| **3.** J'ai dîné au restaurant où... | j'ai beaucoup dansé. |
| **4.** Je suis allé(e) au cinéma où... | je n'ai pas gagné. |
| **5.** Je suis allé(e) en boîte où... | j'ai vu un film étranger. |
| **6.** J'ai joué au tennis avec une amie mais... | j'ai très bien mangé. |
| **7.** Je suis allé(e) au parc où... | j'ai fait une promenade. |

## B. Et vous?

Complétez les phrases pour indiquer comment vous avez passé la journée d'hier.

1. J'ai dormi jusqu'à *8 heures / 10 heures / ???.*
2. J'ai pris le petit déjeuner *chez moi / au café / chez une amie / ???. (Je n'ai pas pris de petit déjeuner.)*
3. J'ai lu *le journal / un livre / ???. (Je n'ai rien lu.)*
4. *Je suis allé(e) / Je ne suis pas allé(e)* en cours.
5. J'ai déjeuné *chez moi / chez des amis / au restaurant / ???. (Je n'ai pas déjeuné.)*
6. *J'ai travaillé. / Je n'ai pas travaillé.*
7. J'ai dîné *chez moi / chez mes parents / ???. (Je n'ai pas dîné.)*
8. J'ai *beaucoup / peu* mangé. *(Je n'ai pas mangé.)*
9. Le soir, *je suis resté(e) chez moi / je suis sorti(e) / ???.*

**Hier, j'ai fait une promenade au jardin des Tuileries.**

## À vous!

Avec un(e) partenaire, relisez à haute voix la conversation entre Cathy et Edgar. Ensuite, adaptez la conversation pour parler de votre week-end passé. *Note: You may not know how to say everything you did. Pick two or three things that you know how to say or ask your instructor for help.*

You can find a list of the new words from this ***Compétence*** on page 214 and audio for each item of this list at **www.cengagebrain.com/shop/ISBN/0495912492.**

**hier** *yesterday* **faire une promenade** *to take a walk* **hier soir** *last night, yesterday evening*

> ✓ *Pour vérifier*
>
> **1.** The **passé composé** always has two parts. What are they called?
>
> **2.** What verb is usually used as the auxiliary verb? Do you conjugate it?
>
> **3.** How do you form the past participle of all **-er** and most **-ir** verbs? Which verbs that you know have irregular past participles? What are their past participles?
>
> **4.** How is the negative of verbs formed in the **passé composé**? How do you say *I did nothing / I didn't do anything*?
>
> **5.** In the **passé composé,** where do you place adverbs like **souvent** or **bien**?
>
> **6.** What are the three possible English translations of **j'ai mangé**?

iLrn Grammar Tutorials

> **Note** *de grammaire*
>
> Some verbs expressing *going, coming,* and *staying,* such as **aller, sortir, rentrer,** and **rester,** have **être,** not **avoir,** as their auxiliary verb. You will learn about them in the next ***Compétence.*** For now, remember to use **je suis allé(e), je suis sorti(e), je suis resté(e),** and **je suis rentré(e)** if you want to say *I went, I went out, I stayed,* and *I returned.* (If you are a female, add an extra **e** to the past participle of these verbs, just as you do with adjectives. Do not add this feminine **e** to the verbs you are learning to conjugate with the auxiliary **avoir** in this ***Compétence.***)

## Saying what you did

### *Le passé composé avec* ***avoir***

To say what happened in the past, put the verb in the **passé composé.** It is composed of two parts, the auxiliary verb and the past participle. The auxiliary verb, usually **avoir,** is conjugated. The past participle of all **-er** verbs ends in **-é,** and that of most **-ir** verbs ends in **-i.**

| PARLER | | DORMIR | |
|---|---|---|---|
| j'**ai parlé** | nous **avons parlé** | j'**ai dormi** | nous **avons dormi** |
| tu **as parlé** | vous **avez parlé** | tu **as dormi** | vous **avez dormi** |
| il/elle/on **a parlé** | ils/elles **ont parlé** | il/elle/on **a dormi** | ils/elles **ont dormi** |

Many irregular verbs have irregular past participles that must be memorized.

| | | | |
|---|---|---|---|
| **avoir** | j'ai **eu**, tu as **eu...** | **être** | j'ai **été**, tu as **été...** |
| **il y a** | il y a **eu** | **faire** | j'ai **fait**, tu as **fait...** |
| **boire** | j'ai **bu**, tu as **bu...** | **écrire** | j'ai **écrit**, tu as **écrit...** |
| **lire** | j'ai **lu**, tu as **lu...** | **prendre** | j'ai **pris**, tu as **pris...** |
| **voir** | j'ai **vu**, tu as **vu...** | **apprendre** | j'ai **appris...** |
| | | **comprendre** | j'ai **compris...** |

Adverbs indicating how often **(toujours, souvent...)** and how well **(bien, mal...)** are usually placed between the two parts of the verb. To put a verb in the negative form, place **ne** directly after the subject, and place **pas, jamais,** and **rien** just after the first part of the verb, the conjugated form of **avoir.**

J'ai **beaucoup** travaillé hier matin. Après, je **n'**ai **rien** fait.

The **passé composé** can be translated in a variety of ways in English.

*I took the bus.*
*I have taken the bus.* } J'ai pris l'autobus.
*I did take the bus.*

**A. La journée de Cathy.** Voici les activités de Cathy le week-end dernier. Est-ce qu'elle a fait les choses suivantes?

**EXEMPLE** Samedi matin, Cathy (quitter la maison très tôt)
**Samedi matin, Cathy n'a pas quitté la maison très tôt.**

Samedi matin, Cathy... (dormir, travailler, faire du jogging)

Samedi après-midi, elle... (visiter un musée, faire du ski nautique *[to waterski]*, lire un livre)

Samedi soir, Cathy et ses amis... (passer la soirée au café, boire un café, beaucoup parler)

**B. Qu'avez-vous fait?** Dites si ces personnes ont fait les choses suivantes la dernière fois que vous êtes allé(e) *(went)* en cours de français.

**EXEMPLE** Moi, je (j') / dormir jusqu'à 10 heures
**Moi, j'ai dormi jusqu'à dix heures.**
**Moi, je n'ai pas dormi jusqu'à dix heures.**

AVANT LE COURS

**Moi, je (j')...**

1. être dans un autre cours
2. passer la matinée chez moi
3. lire le journal
4. retrouver des amis au café

**Mon (Ma) meilleur(e) ami(e)...**

5. boire un café avec moi
6. manger avec moi
7. passer la matinée avec moi
8. faire une promenade avec moi

EN COURS

**Les étudiants...**

9. dormir en cours
10. bien comprendre la leçon
11. beaucoup apprendre
12. boire un café en cours

**Nous...**

13. avoir un examen
14. écrire beaucoup d'exercices
15. voir un film français
16. travailler ensemble

**C. Et toi?** Posez des questions à votre partenaire sur ce qu'il/elle a fait hier. Basez vos questions sur les phrases données.

**EXEMPLE** à quelle heure / quitter la maison
**— À quelle heure est-ce que tu as quitté la maison hier?**
**— J'ai quitté la maison vers 9 heures.**
**Je n'ai pas quitté la maison hier.**

1. jusqu'à quelle heure / dormir
2. quand / quitter la maison
3. où / prendre ton petit déjeuner
4. avec qui / déjeuner
5. que / étudier
6. que / faire hier soir

Après, décrivez la journée de votre partenaire à la classe.

**EXEMPLE** **Rachel a dormi jusqu'à sept heures. Elle a quitté la maison...**

**D. Devinez!** Dites à votre partenaire combien des choses suivantes vous avez faites récemment *(recently)* avec des ami(e)s. Votre partenaire va deviner lesquelles *(guess which ones)*.

| boire un café | louer un DVD | voir un film au cinéma | visiter une autre ville |
|---|---|---|---|
| faire une promenade | prendre un verre | déjeuner | dîner |
| prendre le petit déjeuner | faire du jogging | | |

**EXEMPLE** **— Mes amis et moi, on a fait cinq choses de la liste récemment.**
**— Vous avez bu un café ensemble?**
**— Oui, on a bu un café. / Non, on n'a pas bu de café.**
**— Vous avez loué un DVD?...**

## Stratégies et Lecture

**Pour mieux lire:** *Using the sequence of events to make logical guesses*

You can often guess the meaning of unfamiliar verbs in a narrative by thinking about what actions would occur together and in what order. For example, when taking the bus, you wait for the bus first, get on the bus, then get off at your destination. Learn to read a whole sentence or paragraph, rather than one word at a time.

Notice that the prefix **re-** means that an action in a sequence is done again, as in English (*do* and *redo, read* and *reread*).

You will also notice that prepositions can indicate relationships between actions. **Pour** means *in order to* when it is followed by a verb. **Sans,** meaning *without,* can also be followed by an infinitive.

**A. Devinez!** Use the sequence of events in this passage to guess the meaning of the boldfaced words.

Cathy **a ouvert** une enveloppe et elle **a sorti** une feuille de papier. Elle **a lu** les instructions sur la feuille mais elle n'a pas compris. Alors, elle **a relu** les instructions et elle **a remis** la feuille de papier dans l'enveloppe.

Cathy **a attendu** l'autobus devant son appartement. Quand il est arrivé, elle **est montée** dedans, et elle **est descendue** quand elle est arrivée à sa destination. Elle **est entrée** dans un café et a commandé un coca. Elle a bu son coca, elle **a payé l'addition** et elle **est repartie.**

Elle est entrée dans une station de métro où elle a acheté un ticket **au guichet,** mais elle n'a pas pris le métro. Elle **a mis** le ticket dans son enveloppe et elle a quitté la station.

Devant un magasin de vélo Cathy a admiré un vélo rouge dans **la vitrine.** Elle est entrée dans le magasin et a demandé **le prix** du vélo.

**B. Dans l'ordre logique.** Mettez les activités suivantes de Cathy dans l'ordre logique. La première et la dernière *(last)* sont indiquées.

_____ Elle est allée vers la porte.
_____ Elle a lu les instructions sur la feuille de papier.
__1__ Cathy a vu une enveloppe sur la table.
_____ Elle a sorti une feuille de papier de l'enveloppe.
_____ Elle a ouvert l'enveloppe.
__7__ Elle a ouvert la porte et elle est sortie.
_____ Elle a remis la feuille dans l'enveloppe.

**C. Quel verbe?** Complétez ces phrases logiquement. N'oubliez pas *(Don't forget)* que **pour** veut dire *in order to* et **sans** veut dire *without.*

1. Cathy a quitté l'appartement sans... (boire son café, ouvrir la porte).
2. Elle a pris l'autobus pour... (rester à la maison, aller en ville).
3. Elle a retrouvé des amis pour... (passer le week-end seule, aller au cinéma).
4. Elle est allée au guichet pour... (acheter des tickets, boire une bière).
5. Elle est rentrée à la maison sans... (quitter le café, prendre l'autobus).

CD 2-13

## Lecture: Qu'est-ce qu'elle a fait?

Seule dans son appartement, Cathy Pérez avait l'air un peu agitée. Elle a pris une enveloppe qui était sur la table et en a sorti une feuille de papier. Elle a lu les instructions et a remis la feuille dans l'enveloppe. Elle a pris l'enveloppe et a quitté son appartement.

Cathy est entrée dans un café où elle a commandé un coca et ensuite, elle a demandé l'addition. Quand l'addition est arrivée, elle a payé le garçon. Elle a ouvert l'enveloppe, a relu les instructions, a mis l'addition dans l'enveloppe et a quitté le café sans boire son coca. C'est bien bizarre! Pourquoi avait-elle l'air si agitée?

Ensuite, Cathy est allée à la station de métro. Elle est entrée dans la station et sans regarder le plan, est allée au guichet et a demandé un ticket. Quand on lui a donné son ticket, elle l'a mis dans l'enveloppe, a remonté l'escalier et a quitté la station de métro. Pourquoi a-t-elle acheté un ticket sans prendre le métro? Tout cela est fort bizarre!

Cathy a continué sa route jusqu'à un magasin de vélo. Elle a regardé un vélo rouge qui était dans la vitrine. Elle est entrée dans le magasin et elle a demandé le prix du vélo. Elle a écrit le prix du vélo sur une feuille de papier et elle a mis la feuille de papier dans l'enveloppe. Ensuite, elle est sortie du magasin.

Cathy est allée au coin de la rue pour attendre l'autobus. Quand l'autobus est arrivé, elle l'a pris et puis elle est descendue à l'université. Elle avait l'air un peu plus calme. Pourquoi a-t-elle fait tout ça? Pourquoi a-t-elle mis ces choses dans l'enveloppe? Pourquoi est-elle plus calme maintenant?

**A. Comprenez-vous?** Dites si Cathy a fait ces choses ou non.

1. Cathy a sorti une feuille de papier d'une enveloppe et a lu des instructions.
2. Elle a quitté son appartement et elle est allée directement à l'université.
3. Au café, elle a retrouvé une amie et elles ont commandé un café au lait.
4. Au café, elle a commandé un coca mais elle est partie sans boire le coca.
5. Elle a acheté un ticket de métro mais elle n'a pas pris le métro.

**B. Maintenant... c'est à vous!** Est-ce que vous trouvez les actions de Cathy plutôt bizarres? Pourquoi est-ce qu'elle a fait tout ça? Imaginez une explication.

Est-ce qu'elle... est agent de police ou détective privé? souffre d'amnésie? travaille pour la CIA? est espionne comme James Bond? collectionne des souvenirs de Paris? fait un exercice pour son cours de français?

**Réponse:**
**Il y a une explication simple et logique! Cathy suit *(is taking)* un cours de français pour étrangers à Paris. Ses devoirs, dans l'enveloppe, consistent à prouver au professeur qu'elle est capable de commander quelque chose à boire au café, de demander le prix d'un vélo et d'acheter un ticket de métro. Elle doit rapporter *(needs to bring back)* l'addition, le prix du vélo et le ticket de métro à son professeur.**

COMPÉTENCE 2

# Telling where you went

**Note** *culturelle*

**L'employé typique en France a entre 30 et 38 jours de vacances chaque année, c'est-à-dire trois fois plus de vacances que l'Américain typique. En outre *(In addition)*, les Français ont 10 jours fériés *(holidays)* payés. Combien de jours de congé *(days off)* avez-vous?**

**Note** *de vocabulaire*

**1.** It is common to say either **je suis descendu(e)** or **je suis resté(e)** with **à l'hôtel** or **dans un camping.** It is more common to use **rester** for *to stay with* **(chez...).** Also use **rester** to say how long you stayed.
**2.** Use **des parents** to say *relatives* and **mes parents** to say *my parents.*

## Je suis parti(e) en voyage

**La dernière fois** que vous êtes parti(e) en voyage, où est-ce que vous êtes allé(e)? Qu'est-ce que vous avez fait?

| | | | |
|---|---|---|---|
| Je suis allé(e) | à Denver.<br>à New York.<br>??? | **J'y suis allé(e)** | en avion.<br>en train.<br>en autocar.<br>en voiture **(de location).** |
| Je suis parti(e) | en mars.<br>le matin.<br>vers trois heures.<br>??? | Je suis arrivé(e) | le même jour.<br>trois heures plus tard.<br>**le lendemain.**<br>??? |
| **Je suis descendu(e)** | à l'hôtel.<br>dans un camping. | Je suis resté(e) | **une nuit.**<br>le week-end.<br>trois jours. |
| Je suis resté(e) | chez des amis.<br>chez **des parents.** | | |
| Je suis allé(e) | à la plage.<br>à un concert.<br>dans un club. | Je suis rentré(e) | trois jours après.<br>la semaine suivante.<br>deux semaines plus tard. |

CD 2-14

Alice est partie en week-end. Le mardi suivant, elle parle avec son amie Claire du voyage qu'elle a fait le week-end passé.

CLAIRE: Qu'est-ce que tu as fait le week-end dernier?
ALICE: J'ai pris le train pour aller à Deauville.
CLAIRE: Quand est-ce que tu es partie?
ALICE: Je suis partie samedi matin et je suis rentrée hier soir.
CLAIRE: Tu as trouvé un bon hôtel?
ALICE: Je suis descendue dans un petit hôtel confortable, pas trop loin de la plage.
CLAIRE: **Quelle chance**! Moi aussi, j'ai envie de visiter Deauville.

**A. En week-end.** Décrivez la dernière fois que vous êtes parti(e) en voyage.

1. Je suis allé(e) à (Chicago, Houston, ???).
2. J'y suis allé(e) (en avion, en train, ???).
3. Je suis parti(e) (le soir, vers cinq heures, ???).
4. Je suis arrivé(e) (une heure, trois jours, ???) plus tard.
5. Je suis descendu(e) (à l'hôtel, dans un camping, ???).
6. Je suis resté(e) (deux jours, une semaine, ???).

---

**La dernière fois** *The last time* **J'y suis allé(e)** *I went there* **de location** *rental* **le lendemain** *the next day, the following day* **Je suis descendu(e) (descendre [de / dans / à])** *I stayed (to descend, to come down, to get off / out [of]* [a vehicle], *to stay [at])* **une nuit** *one night* **des parents** *relatives* **Quelle chance!** *What luck!*

**B. Un tour de Paris.** Alice et sa famille adorent visiter Paris et la région parisienne. Regardez les photos et complétez les phrases avec une expression de la colonne de droite.

1. Son mari, Vincent, est allé à la Sainte-Chapelle pour...
2. Ses enfants sont allés à Versailles pour...
3. Ils sont allés à Notre-Dame pour...
4. Ils sont allés au musée d'Orsay pour...
5. Ils sont allés au café sur les Champs-Élysées pour...

voir une nouvelle exposition.
prendre un café.
voir son architecture gothique.
admirer les vitraux *(stained-glass windows).*
visiter le château de Versailles.

Les Champs-Élysées

© Bill Bachmann/The Image Works

© George Simhoni/Masterfile

La Sainte-Chapelle

© Hornst Von Irmer/Index Stock Imagery/Photolibrary

Le château de Versailles

© Bill Bachmann/Index Stock Imagery/Photolibrary

Notre-Dame

© Robert Holmes/CORBIS

Le musée d'Orsay

## À vous!

Avec un(e) partenaire, relisez à haute voix la conversation entre Claire et Alice. Ensuite, adaptez la conversation pour parler de la dernière fois que vous êtes parti(e) en week-end.

You can find a list of the new words from this ***Compétence*** on page 214 and audio for each item of this list at **www.cengagebrain.com/shop/ISBN/0495912492.**

## Telling where you went

### *Le passé composé avec* ***être***

The following verbs, many of which have to do with coming and going, have **être** as their auxiliary verb in the **passé composé.** The past participle of these verbs agrees with the subject in number and gender. Do not make this agreement when **avoir** is the auxiliary: **Elle est *parti(e)* hier. Elle a *pris* le train.**

| ALLER → ALLÉ | | SORTIR → SORTI | |
|---|---|---|---|
| je **suis allé(e)** | nous **sommes allé(e)s** | je **suis sorti(e)** | nous **sommes sorti(e)s** |
| tu **es allé(e)** | vous **êtes allé(e)(s)** | tu **es sorti(e)** | vous **êtes sorti(e)(s)** |
| il **est allé** | ils **sont allés** | il **est sorti** | ils **sont sortis** |
| elle **est allée** | elles **sont allées** | elle **est sortie** | elles **sont sorties** |
| on **est allé(e)(s)** | | on **est sorti(e)(s)** | |

| | | |
|---|---|---|
| aller | je suis allé(e) | *I went* |
| venir / devenir / revenir | je suis venu(e) / devenu(e) /revenu(e) | *I came / became / came back* |
| arriver | je suis arrivé(e) | *I arrived* |
| rester | je suis resté(e) | *I stayed, I remained* |
| entrer (dans) | je suis entré(e) (dans) | *I entered, I went in* |
| sortir (de) | je suis sorti(e) (de) | *I went out / came out (of)* |
| partir (de) | je suis parti(e) (de) | *I left* |
| rentrer | je suis rentré(e) | *I came home, I returned* |
| retourner | je suis retourné(e) | *I returned, I went back* |
| monter (dans) | je suis monté(e) (dans) | *I went up, I got on/in* |
| descendre (de/dans/à) | je suis descendu(e) (de/dans/à) | *I came down, I got out of / off (of)* (a vehicle), *I stayed (at)* |
| tomber | je suis tombé(e) | *I fell (down)* |
| naître | je suis né(e) | *I was born* |
| mourir | il/elle est mort(e) | *he/she died* |

Place **y** *(there) immediately* before the first part of the verb, in the **passé composé.**

J'**y** suis allé(e). Je n'**y** suis pas allé(e).

## Prononciation

CD 2-15

### *Les verbes auxiliaires* ***avoir*** *et* ***être***

As you practice when to use **avoir** and when to use **être** to form the **passé composé,** be careful to pronounce the forms of these auxiliary verbs distinctly.

tu as parlé / tu es parti(e) il a parlé / il est parti ils‿ᶻont parlé / ils sont partis

### ✓ *Pour vérifier*

**1.** Which verbs have **être** as the auxiliary in the **passé composé**? What do you have to remember to do with the past participle of these verbs that you don't do with verbs that have **avoir** as their auxiliary?

**2.** How do you say *to enter*? What preposition do you use with it? How do you say *to go out? to go out **of***?

**3.** What preposition do you use with **partir** to say *to leave **from***? What is the difference between **partir** and **quitter**? between **rentrer** and **retourner**?

**4.** How do you say *to go/come down, to descend? to get out of/down from/off of? to stay at*? How do you say *to go up? to get on/in*?

### Note *de grammaire*

**1.** When **on** means *we*, its past participle may either be left in the masculine singular form **(On est sorti.)** or it may agree **(On est sorti[e]s).** Either form is considered correct.

**2. Passer** takes **avoir** in the **passé composé** when it means *to spend time*. It takes **être** when it means *to pass by*. **J'ai passé une semaine à Austin. Je suis passé(e) chez mes parents.**

### Note *de vocabulaire*

**1. Rentrer** means *to return / go back home* (or to the place you are staying). Use **retourner** for *to return* in most other cases.

**2. Partir** and **quitter** both mean *to leave*. **Partir** uses **être** as its auxiliary, but **quitter** takes **avoir** and *must* have a direct object: **Elle *est partie* tôt. Elle *a quitté la maison* à six heures.**

**Sélection musicale.** Search the Web for the song **À minuit, à midi** by Michel Polnareff to enjoy a musical selection illustrating the use of this structure.

iLrn Grammar Tutorials

CD 2-16

## A. Prononcez bien!
**A. Prononcez bien!** Écoutez les questions suivantes et écrivez les verbes auxiliaires que vous entendez *(hear)*. Ensuite, posez les questions à un(e) partenaire.

1. Est-ce que tes parents __________ allés à l'université? Est-ce qu'ils __________ étudié le français? Est-ce qu'ils __________ fait du sport?
2. Où est-ce que ta mère __________ née? Où est-ce qu'elle __________ passé sa jeunesse *(youth)*? Dans quelles villes est-ce qu'elle __________ habité?

**B. Qu'est-ce que vous avez fait?** Parlez de la dernière fois que vous avez mangé au restaurant avec un(e) ami(e) ou avec des amis.

**EXEMPLE** je / sortir (avec qui?)
**Je suis sorti(e) avec Thomas et Karima.**

1. je / sortir (avec qui?)
2. nous / aller (à quel restaurant?)
3. nous / arriver au restaurant (vers quelle heure?)
4. nous / rester au restaurant (combien de temps)
5. je / rentrer (vers quelle heure?)

**C. Un voyage.** Alice a visité Deauville avec son mari Vincent et leurs enfants. Regardez les illustrations et dites s'ils ont fait les choses indiquées. *Attention!* Certains verbes utilisent **avoir** comme auxiliaire, mais d'autres utilisent **être.**

**EXEMPLE** samedi matin
Alice: rester à la maison
**Alice n'est pas restée à la maison.**

samedi matin:
**Alice:** partir seule
**Alice et sa famille:** aller à Deauville, y aller en train, prendre la voiture, partir vers neuf heures

samedi après-midi:
**ils:** descendre à l'hôtel, rester chez des amis, arriver à l'hôtel en taxi, arriver vers midi et quart

dimanche matin:
**ils:** sortir avant neuf heures, rester à l'hôtel, aller à la plage, louer un bateau *(boat)*
**Cathy:** faire du ski nautique *(to waterski)*

dimanche soir:
**ils:** rentrer à la maison, laisser tous leurs bagages à l'hôtel, revenir en taxi, arriver à la maison avant minuit
**Vincent:** payer le chauffeur de taxi

**D. Tu es parti(e) en week-end?** Pensez à la dernière fois que vous êtes parti(e) en week-end. Votre partenaire va vous poser des questions au sujet de ce week-end.

**EXEMPLE** où / aller
**— Où est-ce que tu es allé(e)?**
**— Je suis allé(e) à Deauville.**

1. quand / partir
2. comment / y aller
3. quand / arriver
4. où / descendre
5. combien de temps / rester
6. quand / rentrer

**Pour vérifier**

**1.** How do you say *last*? What is the feminine form? Does it go before or after the noun in most of these expressions? What is the exception? How do you say *last month*? *last week*? *last year*? Most of the expressions with **dernier (dernière)** are preceded by **le** or **la.** Which one is not?

**2.** How do you say that you did something *yesterday*? *yesterday morning*? *yesterday evening / last night*?

**3.** How do you say *for* when talking about time in the past? How would you say *for two hours*?

**4.** How do you say *ago*? How is the word order different from an expression in English using *ago*? How do you say *a year ago*? *a long time ago*?

**5.** What do **déjà** and **ne... pas encore** mean? Where do you place them?

**Note** *de vocabulaire*

**1.** Use **an** *(m)* instead of **année** *(f)* after a number.
**2.** To say *a week ago*, you can say **il y a une semaine** or **il y a huit jours.** To say *two weeks ago*, use **il y a deux semaines** or **il y a quinze jours.**

## Telling when you did something

### *Les expressions qui désignent le passé et reprise du passé composé*

The following expressions are useful when talking about the past.

| | |
|---|---|
| hier (matin, après-midi) | *yesterday (morning, afternoon)* |
| hier soir | *last night, yesterday evening* |
| lundi (mardi...) dernier | *last Monday (Tuesday . . . )* |
| le week-end dernier | *last weekend* |
| la semaine dernière | *last week* |
| le mois dernier | *last month* |
| l'année dernière | *last year* |
| la dernière fois | *the last time* |
| récemment | *recently* |
| Pendant combien de temps? | *For how long?* |
| pendant deux heures (longtemps) | *for two hours (a long time)* |
| Il y a combien de temps? | *How long ago?* |
| il y a quelques secondes (cinq minutes, trois jours, cinq ans) | *a few seconds (five minutes, three days, five years) ago* |
| déjà | *already, ever* |
| ne... pas encore | *not yet* |

Most of these time expressions go at the beginning or end of a clause or sentence. However, **déjà** is placed between the two parts of the verb in the **passé composé.** When using **ne... pas encore,** place **ne** immediately after the subject and **pas encore** between the two parts of the verb.

| | |
|---|---|
| —Tu as **déjà** visité Paris? | —*Have you **already** visited Paris?* |
| —Non, je **n'**ai **pas encore** visité Paris. | —*No, I haven**'t** visited Paris **yet.*** |
| —Moi, j'ai visité Paris **il y a trois ans.** | —*I visited Paris **three years ago.*** |

**A. Et vous?** Indiquez la dernière fois que vous avez fait les choses suivantes. Utilisez les expressions qui expriment le passé de la liste précédente ou d'autres expressions du même genre.

**EXEMPLE** descendre dans un camping
**Je suis descendu(e) dans un camping l'été dernier.**
**Je ne suis pas descendu(e) dans un camping récemment.**
**Je ne suis jamais descendu(e) dans un camping.**

1. aller au cinéma
2. lire un bon livre
3. être chez mes parents
4. passer la journée chez moi
5. descendre à l'hôtel
6. sortir avec des amis
7. dormir toute la matinée
8. avoir un accident de voiture

**B. Déjà?** Demandez à un(e) camarade de classe s'il/si elle a déjà fait les choses indiquées. N'oubliez pas *(Don't forget)* d'utiliser **ne... pas encore** au négatif.

**EXEMPLE** manger des escargots
**—Tu as déjà mangé des escargots?**
**—Oui, j'ai déjà mangé des escargots.**
**Non, je n'ai pas encore mangé d'escargots.**

1. visiter un pays francophone
2. aller à Paris
3. monter à la tour Eiffel
4. boire du champagne français
5. visiter le Québec
6. être à Montréal

**C. Et toi?** Posez des questions à vos camarades de classe pour trouver quelqu'un qui a fait chacune des choses suivantes récemment. Après, dites à la classe qui a fait chaque chose et quand il/elle l'a faite.

**EXEMPLES** voir un bon film
**— Sam, tu as vu un bon film récemment?**
**— Non, je n'ai pas vu de bon film récemment.**

**— Lisa, tu as vu un bon film récemment?**
**— Oui, j'ai vu un bon film hier soir.**

Après, à la classe: **Lisa a vu un bon film hier soir.**

1. voir un bon film
2. aller au café avec des amis
3. faire de l'exercice
4. sortir avec des amis
5. partir en week-end
6. arriver en cours en retard *(late)*
7. être malade *(sick)*
8. rentrer à la maison après minuit

**D. Quand?** Voici le calendrier de Cathy. Quand est-ce qu'elle a fait les choses indiquées? Aujourd'hui, c'est le 14 novembre.

**EXEMPLE** beaucoup travailler (la semaine dernière, le mois dernier)
**Cathy a beaucoup travaillé le mois dernier.**

1. dîner chez une amie (il y a trois jours, le mois dernier)
2. aller au Louvre (il y a un mois, il y a deux semaines)
3. préparer un examen (la semaine dernière, hier)
4. passer *(to take)* l'examen (la semaine dernière, hier)
5. faire du shopping (il y a une semaine, le week-end dernier)
6. passer le week-end à Deauville (il y a une semaine, le week-end dernier)

**E. Entretien.** Interviewez votre partenaire.

1. Tu es resté(e) chez toi samedi matin? Tu es resté(e) au lit jusqu'à quelle heure? Tu as pris un café? Où est-ce que tu as pris ton petit déjeuner?
2. Est-ce que tu es allé(e) au cinéma le week-end dernier? Quel film est-ce que tu as vu récemment? Est-ce que tu as aimé ce film?
3. La dernière fois que tu es sorti(e) avec des ami(e)s, où est-ce que vous êtes allé(e)s? Qu'est-ce que vous avez fait ensemble? Est-ce que tu es rentré(e) tard?

# COMPÉTENCE 3

## Discussing the weather and your activities

**Note** *culturelle*

**En France, la température est indiquée en degrés centigrades. Pour calculer l'équivalent en degrés Fahrenheit, utilisez la formule suivante: (C° × 1,8) + 32.**

Vocabulaire supplémentaire

**Il fait bon.** *The weather's nice.*
**Il fait humide.** *It's humid.*
**Il y a des nuages.** *It's cloudy.*
**Il y a du brouillard.** *It's foggy.*
**Il y a du verglas.** *It's icy.*
**Il grêle.** *It's hailing.*
**Il y a un orage.** *There's a storm.*
**Le ciel est couvert.** *The sky is overcast.*

**Sélection musicale.** Search the Web for the song **Augustin et Anita** by Daran to enjoy a musical selection related to this vocabulary.

### Le temps et les projets

**Quel temps fait-il** aujourd'hui?

Il fait froid.

Il fait **frais.**

Il fait chaud.

Il fait beau.

Il fait mauvais.

Il fait du soleil.

Il fait du vent.

Il pleut.

Il neige.

Quelle **saison** préférez-vous? Qu'est-ce que vous faites **pendant** cette saison? Est-ce que vos projets **dépendent du temps qu'il fait**?

J'adore **l'été** *(m)*. En été...

je vais à la plage.
je fais du bateau et du ski nautique.

J'aime l'automne *(m)*. En automne...

je fais du camping.
je **fais du VTT.**

J'aime beaucoup **l'hiver** *(m)*. En hiver...

je vais à la montagne.
je fais du ski.

J'adore **le printemps.** Au printemps...

je vais au parc.
je fais des promenades.

**Quel temps fait-il?** *What is the weather like?* **frais** *cool* **la saison** *the season* **pendant** *during, for* **dépendre de** *to depend on* **le temps qu'il fait** *what the weather is like* **l'été** *(m) summer* **faire du VTT (vélo tout terrain)** *to go all-terrain biking* **l'hiver** *(m) winter* **le printemps** *spring*

CD 2-17

C'est vendredi après-midi et Alice et Cathy parlent de leurs projets pour le week-end.

**Alice:** **S'il** fait beau demain, je vais faire une promenade au jardin du Luxembourg. J'ai besoin de faire de l'exercice. Et toi, qu'est-ce que tu as l'intention de faire?
**Cathy:** S'il fait beau, j'ai envie de faire du jogging.
**Alice:** Et s'il fait mauvais?
**Cathy:** S'il fait mauvais, je ne vais rien faire de spécial.

## A. Et chez vous? 
Chez vous, en quelle saison fait-il le temps indiqué?

**EXEMPLE** Il neige.
**Ici, il neige souvent (rarement, quelquefois) en hiver.**
**Ici, il ne neige jamais.**

1. Il fait frais.
2. Il fait du vent.
3. Il fait mauvais.
4. Il fait très beau.
5. Il fait froid.
6. Il fait chaud.
7. Il fait du soleil.
8. Il pleut.
9. Il neige.

## B. Et vous? 
Complétez les phrases.

1. Quand il fait beau, j'aime...
2. S'il fait beau ce week-end, j'ai l'intention de...
3. Quand il pleut, je préfère...
4. Quand il fait chaud, j'aime...
5. Je ne fais rien quand...
6. À la montagne, j'aime...
7. À la plage, j'aime...
8. Aujourd'hui, il fait... et j'ai envie de...

**Quel temps fait-il aujourd'hui?**

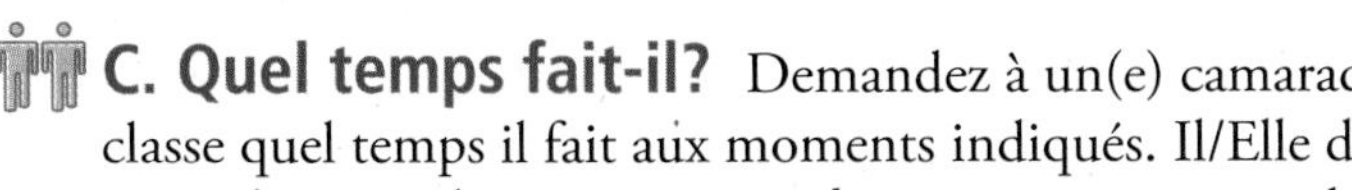

## C. Quel temps fait-il? 
Demandez à un(e) camarade de classe quel temps il fait aux moments indiqués. Il/Elle doit répondre en utilisant au moins *deux* expressions pour décrire le temps.

**EXEMPLE** en automne
**—Quel temps fait-il en automne?**
**—Il fait beau et il fait frais.**

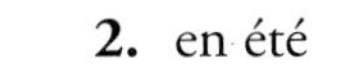

1. en hiver
2. en été
3. en automne
4. au printemps
5. aujourd'hui

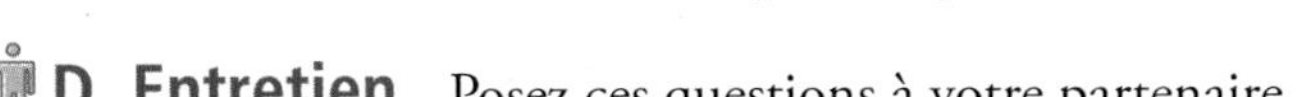

## D. Entretien. 
Posez ces questions à votre partenaire.

1. Aimes-tu l'été? Aimes-tu aller à la plage? Aimes-tu nager? Préfères-tu faire du bateau ou faire du ski nautique?
2. Aimes-tu l'hiver? Aimes-tu aller à la montagne? Préfères-tu faire des promenades ou faire du ski? Aimes-tu faire du camping? du VTT?
3. Qu'est-ce que tu aimes faire quand il fait chaud? Et quand il fait froid? Et quand il neige?
4. Quelle saison préfères-tu? Quel temps fait-il d'habitude? Qu'est-ce que tu aimes faire pendant cette saison?
5. Quel temps fait-il aujourd'hui? Qu'est-ce que tu as envie de faire? Qu'est-ce que tu vas faire après les cours?

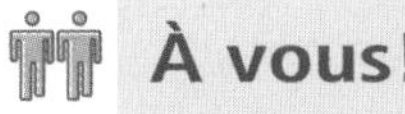

## À vous!

Avec un(e) partenaire, relisez à haute voix la conversation entre Alice et Cathy. Ensuite, adaptez la conversation pour parler de vos projets pour le week-end.

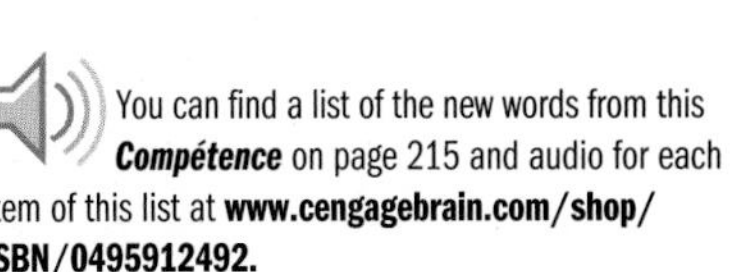

You can find a list of the new words from this ***Compétence*** on page 215 and audio for each item of this list at **www.cengagebrain.com/shop/ISBN/0495912492.**

**S'il** *If it* (**si** *if*)

Pour vérifier

**1.** How do you say *to make* or *to do* in French? What is the present tense of **faire**? How is the **vous** form of this verb different from the usual **vous** form of a verb?

**2.** How do you say that you are doing *nothing*?

**3.** How do you say *What is the weather like? The weather is nice? It is raining? It is snowing?* How do you say *What is the weather going to be like? It is going to be nice? It is going to rain? It is going to snow?* How do you say *What was the weather like? It was nice? It rained? It snowed?*

**4.** How do you say *I like snow? I like rain?*

**Note** *de prononciation*

The **ai** in **fais, fait,** and **faites** rhymes with the **ai** in **français** and **française,** but the **ai** of **faisons** rhymes with the **e** in **je.**

iLrn Grammar Tutorials

## Talking about the weather and what you do

### *Le verbe **faire**, l'expression **ne... rien** et les expressions pour décrire le temps*

To say *to make* or *to do,* use the irregular verb **faire.**

| FAIRE *(to make, to do)* | |
|---|---|
| je **fais** | nous **faisons** |
| tu **fais** | vous **faites** |
| il/elle/on **fait** | ils/elles **font** |

PASSÉ COMPOSÉ: **j'ai fait**

—Qu'est-ce que tu fais ce soir?
—Je reste à la maison. Je fais mes devoirs.

—Qu'est-ce que Papa fait dans la cuisine?
—Il fait des sandwichs.

To say that you do *nothing* or you do *not* do *anything,* use **ne... rien.** This expression can be the subject or object of the verb, or the object of a preposition.

**Rien n'**est prêt. Je **n'**achète **rien.** Je **n'**ai besoin de **rien.**

When negating an infinitive, place both parts of the negative expression before it.

Je préfère **ne pas** sortir ce soir. Je voudrais **ne rien** faire demain soir.

The verb **faire** is used in many, but not all, weather expressions. You will also need the infinitives and past participles **pleuvoir** *(to rain)* → **plu** and **neiger** *(to snow)* → **neigé.** Use **la pluie** to say *(the) rain* and **la neige** to say *(the) snow.*

| aujourd'hui | demain | hier |
|---|---|---|
| Quel temps fait-il? | Quel temps va-t-il faire? | Quel temps a-t-il fait? |
| Il fait beau / du vent... | Il va faire beau / du vent... | Il a fait beau / du vent... |
| Il pleut. | Il va pleuvoir. | Il a plu. |
| Il neige. | Il va neiger. | Il a neigé. |

**A. Que faites-vous?** Dites ou demandez si ces personnes font les choses indiquées.

**1.** Moi, je...
- faire beaucoup de choses seul(e)
- faire beaucoup de choses avec mes amis

**2.** Mon meilleur ami (Ma meilleure amie)...
- faire beaucoup de choses pour moi
- faire souvent de l'exercice

**3.** En cours, nous...
- faire beaucoup d'exercices ensemble
- faire les devoirs dans le cahier

**4.** Mes parents...
- faire beaucoup de choses le week-end
- faire beaucoup de choses avec moi

**5.** *[au professeur]* Est-ce que vous... ?
- faire quelque chose d'intéressant aujourd'hui
- faire souvent du sport

**B. Quel temps fait-il?** Quel temps fait-il aujourd'hui dans ces régions? Quel temps va-t-il faire demain?

Dans les Alpes

En Normandie

En Guadeloupe

**C. Qu'est-ce qu'ils ont fait?** Alice parle des activités récentes de sa famille et du temps qu'il a fait ce jour-là. Complétez ses phrases.

**EXEMPLE** Hier, j'**ai lu un livre.** Il **a plu** toute la journée.

**EXEMPLE** Hier, j'...
Il... toute la journée.

**1.** À Deauville, nous...
Il...

**2.** Vendredi dernier, Vincent et moi...
Il...

**3.** À Chamonix, les enfants...
Il...

**4.** Hier, Vincent...
Il...

**5.** Ce matin, Vincent et notre fils...
Il...

**D. Entretien.** Interviewez votre partenaire.

**1.** Qu'est-ce que tu aimes faire le vendredi soir? le samedi soir? Qu'est-ce que tu fais d'habitude le dimanche matin? Quand est-ce que tu ne fais rien?

**2.** Quel temps va-t-il faire ce week-end? Qu'est-ce que tu as envie de faire s'il fait beau? Qu'est-ce que tu as l'intention de faire s'il fait mauvais? Qu'est-ce que tu vas faire samedi soir? Est-ce que tu préfères ne rien faire quelquefois?

**Note** *de grammaire*

Questions asked with **faire** are often answered with a different verb.

**– Qu'est-ce que tu fais le samedi matin?**

**– Je regarde la télé.**

**Pour vérifier**

1. How do you say *to go camping? to take a trip? to do housework? to do laundry?*
2. In the expressions with **faire,** which articles change to **de (d')** in a negative sentence? Which do not?

Vocabulaire supplémentaire

**aller à la chasse** *to go hunting*
**aller à la pêche** *to go fishing*
**faire de la musculation** *to do weight training*
**faire de la varappe / de l'escalade** *to go rock climbing*
**faire du cheval** *to go horseback riding*
**faire du patin (à glace)** *to go (ice-)skating*
**faire du roller** *to go rollerblading*
**faire du snowboard** *to go snowboarding*
**faire la fête** *to party*
**faire une randonnée (des randonnées)** *to go for a hike (hiking)*

## Talking about activities

### *Les expressions avec* ***faire***

The verb **faire** can have a variety of meanings in idiomatic expressions.

| LE SPORT ET LES DISTRACTIONS | LE MÉNAGE ET LES COURSES |
|---|---|
| faire de l'exercice | faire des courses *(to run errands)* |
| faire du bateau | faire les courses *(to buy groceries)* |
| faire du camping | faire du jardinage *(to garden)* |
| faire du jogging | faire la cuisine *(to cook)* |
| faire du shopping | faire la lessive *(to do laundry)* |
| faire du ski (nautique) | faire la vaisselle *(to do the dishes)* |
| faire du sport (du tennis, du hockey...) | faire le ménage *(to do housework)* |
| faire du vélo | |
| faire du VTT | |
| faire une promenade | |
| faire un voyage *(to take a trip)* | |

The **un, une, des, du, de la,** and **de l'** in the expressions with **faire** become **de (d')** when the verb is negated. The definite article **(le, la, l', les)** does not change.

Je ne fais pas **de** jogging en hiver. Nous ne faisons pas **la** cuisine le matin.

**A. Un besoin ou une envie?** Commencez ces phrases logiquement avec **J'ai envie de...** ou **J'ai besoin de...**

EXEMPLES faire des devoirs — **J'ai besoin de faire des devoirs.**
faire du ski — **J'ai envie de faire du ski.**

1. faire des courses
2. faire du bateau
3. faire la lessive
4. faire du vélo
5. faire le ménage
6. faire la cuisine
7. faire la vaisselle
8. rester à la maison et ne rien faire

© Directphoto.org/Alamy

**Avez-vous envie de faire du camping?**

**B. Préférences.** Écrivez les activités suivantes dans l'ordre de vos préférences. Votre partenaire va vous poser des questions pour déterminer l'ordre des activités sur votre feuille de papier.

faire du jogging | faire du camping | faire du jardinage
faire la cuisine | faire du vélo | ne rien faire

EXEMPLE — **Préfères-tu faire du jogging ou ne rien faire?**
— **Je préfère ne rien faire.**
— **Préfères-tu ne rien faire ou faire la cuisine?...**

**C. Que font-ils?** Éric parle des projets de la famille pour aujourd'hui. Complétez ses phrases avec une expression avec **faire.**

**1.** Maman... ce matin.

**2.** Maman et Michel... cet après-midi.

**3.** Papa...

**4.** Papa et Maman...

**5.** Cathy et moi, nous...

**6.** Moi, je...

**D. Activités.** Complétez les phrases avec l'expression logique avec **faire.** Ensuite, dites si c'est vrai pour vos amis et vous. Corrigez les phrases fausses.

1. Je _____ souvent __________ au centre commercial.
2. Mes amis et moi aimons jouer au tennis et au basket. Nous _____ souvent __________ ensemble.
3. Mes parents ont un joli jardin. Ils aiment __________.
4. Chez moi tout est toujours propre parce que je _____ souvent __________.
5. Je vais __________ aujourd'hui après les cours. J'ai besoin d'aller au bureau de poste, à la banque et au supermarché.

**E. Conseils.** Donnez des conseils à un ami. Utilisez l'impératif.

| faire le ménage | faire du shopping | faire la vaisselle | faire les courses |
|---|---|---|---|
| faire la lessive | faire du vélo ou du jogging | faire la cuisine | |

**EXEMPLE** —La vaisselle est sale.
**—Eh bien, fais la vaisselle!**

1. J'ai faim.
2. Tous mes vêtements sont sales.
3. J'ai envie de faire de l'exercice.
4. J'ai besoin d'acheter de nouveaux vêtements.
5. Mon appartement est très sale.
6. Il n'y a pas de café, de fromage ou de lait à la maison!

COMPÉTENCE 4

# Deciding what to wear and buying clothes

Vocabulaire supplémentaire

D'AUTRES VÊTEMENTS

**un blouson** *a windbreaker, a jacket*
**une casquette** *a cap*
**une ceinture** *a belt*
**un chapeau** *a hat*
**des chaussettes** *(f) socks*
**des hauts talons** *(m) high heels*
**un pyjama** *pajamas*
**des sous-vêtements** *(m) underwear*
**un sweat** *a sweatshirt*
**un tailleur** *a woman's suit*
**des tongs** *(f) flip-flops*
**une veste** *a sports coat*

**Note** *de vocabulaire*

**Porter** means *to carry* or *to wear* and **mettre** *to put, to put on*, or *to wear.* They can both be used to say what one wears in general, although **mettre** is more commonly used in this case and in the **passé composé. Il porte/met souvent un jean. Il a mis un jean hier.** Use **porter** to say what someone is wearing at a particular moment. **Aujourd'hui il porte un pantalon blanc.**

The forms of **mettre** are:

| | | | |
|---|---|---|---|
| je | **mets** | nous | **mettons** |
| tu | **mets** | vous | **mettez** |
| il/elle/on | **met** | ils/elles | **mettent** |

PASSÉ COMPOSÉ: **j'ai mis**

**Sélection musicale.** Search the Web for the song **Je vends des robes** by Nino Ferrer to enjoy a musical selection related to this vocabulary.

## Les vêtements

Qu'est-ce que vous **mettez** pour aller en cours? pour sortir le soir?
Qu'est-ce que vous **avez mis** ce matin? hier soir?

Je mets souvent... Je mets **parfois...** Ce matin, j'ai mis...

un jean

un short

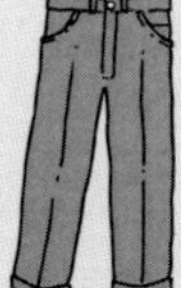
un pantalon

une jupe

un pull

un polo ou un tee-shirt

une chemise et une cravate

un chemisier

un survêtement

une robe

un costume

des chaussures *(f)*, des baskets *(f)*, des bottes *(f)* ou des sandales *(f)*

un anorak

un imperméable

un manteau

un maillot de bain ou un bikini

Portez-vous quelquefois... ?

un parapluie

un sac ou un portefeuille

une montre

des lunettes de soleil

**mettez** (**mettre** *to put, to put on*) **avez mis** (**mettre** *past participle:* **mis**) **parfois** *sometimes*

CD 2-18

Alice Pérez cherche un nouveau maillot de bain. Elle entre dans un magasin.

LA VENDEUSE: Bonjour, madame. **Je peux vous aider**?
ALICE: Je cherche un maillot de bain.
LA VENDEUSE: **Quelle taille faites-vous**?
ALICE: **Je fais du** 42.
LA VENDEUSE: Nous avons **ces** maillots-**ci.** Ils sont très jolis et ils sont **en solde.**
ALICE: J'aime bien ce maillot noir. **Je peux l'essayer**?
LA VENDEUSE: **Bien sûr,** madame. **La cabine d'essayage** est **par ici.**

Alice sort de la cabine d'essayage.

LA VENDEUSE: Alors, **qu'en pensez-vous**?
ALICE: **Il me plaît** beaucoup. Il **coûte** combien?
LA VENDEUSE: **Voyons,** c'est 65 euros.
ALICE: C'est bien. Alors, je **le** prends.

**Note** *culturelle*

**Notez que les tailles en France ne sont pas les mêmes qu'aux USA.**

| Robes et chemisiers | | Chemises hommes | |
|---|---|---|---|
| USA | FRANCE | USA | FRANCE |
| 8 | 38 | 15 | 38 |
| 10 | 40 | 15 ½ | 39 |
| 12 | 42 | 16 | 40 |
| 14 | 44 | 16 ½ | 41 |
| 16 | 46 | 17 | 42 |

**A. Quel temps fait-il?** Pour chaque saison, décrivez le temps qu'il fait chez vous. Parlez aussi des vêtements que vous portez typiquement en cette saison.

**EXEMPLE** **Ici, en automne, il fait frais et il fait du vent. Je mets souvent un jean et un pull.**

**B. Préférences.** Complétez les phrases suivantes pour exprimer vos préférences.

1. Je préfère acheter mes vêtements *en solde / dans les meilleurs magasins / dans les magasins du quartier / dans un magasin de vêtements d'occasion* (second hand) */ ???.*
2. Si quelque chose me plaît, je préfère l'essayer *dans le magasin / à la maison.*
3. Pour sortir le soir, je mets souvent *un jean / un pantalon / ???.*
4. Pour aller en cours, je mets *un pantalon / ???.*
5. Quand je suis chez moi, je mets souvent *un jean / ???.*
6. Je ne mets presque jamais *de short / ???.*

## À vous!

Avec un(e) partenaire, relisez à haute voix la conversation entre la vendeuse et Alice. Ensuite, adaptez la conversation pour acheter un jean, un anorak ou un manteau. Après, changez de rôles et jouez le rôle du vendeur (de la vendeuse) pour votre partenaire.

You can find a list of the new words from this ***Compétence*** on page 215 and audio for each item of this list at **www.cengagebrain.com/shop/ISBN/0495912492.**

---

**une vendeuse (un vendeur)** *a salesclerk* **Je peux vous aider?** *Can I help you?* **Quelle taille faites-vous?** *What size do you wear?* **Je fais du...** *I wear size . . .* **ces... -ci** *these . . . over here* **en solde** *on sale* **Je peux l'essayer? (essayer)** *Can I try it on? (to try, to try on)* **Bien sûr** *Of course* **La cabine d'essayage** *The fitting room* **par ici** *this way* **qu'en pensez-vous?** *what do you think about it?* **Il me plaît. (plaire)** *I like it. / It pleases me. (to please)* **coûter** *to cost* **Voyons** *Let's see* **le (l')** *it, him* (**la, l'** *it, her*)

**Pour vérifier**

**1.** How do you say the direct object pronouns *him, her, it,* and *them* in French?

**2.** Where do you place the direct object pronouns and **y** when there is an infinitive? in the **passé composé?** Where do you place them otherwise? Where do you place them in a negative sentence?

## Avoiding repetition

### *Les pronoms* le, la, l' *et* les

Use the direct object pronouns **le, la, l',** and **les** to replace a person, animal, or thing that is the direct object of the verb. Use **le** *(him, it)* to replace masculine singular nouns, **la** *(her, it)* to replace feminine singular nouns, and **les** *(them)* to replace all plural nouns. **Le** and **la** become **l'** when the following word begins with a vowel or silent **h.**

—Tu prends ce maillot?
—Oui, je **le** prends.

—Tu prends cette robe aussi?
—Oui, je **la** prends.

—Tu achètes cette chemise?
—Oui, je **l'**achète.

—Tu achètes ces bottes?
—Oui, je **les** achète.

| | BEFORE A CONSONANT SOUND | BEFORE A VOWEL OR SILENT H |
|---|---|---|
| *him, it (masculine)* | le | l' |
| *her, it (feminine)* | la | l' |
| *them* | les | les |

- Like **y,** these pronouns are generally placed *immediately* before the verb, even in the negative.

—Tu aimes **cette chemise**?
—Oui, je **l'**aime bien. / Non, je ne **l'**aime pas.

—Tu vas **au centre commercial**?
—Oui, j'**y** vais. / Non, je n'**y** vais pas.

- Place them *immediately* before an infinitive, if there is one in the clause.

—Tu vas acheter **cette chemise**?
—Oui, je vais **l'**acheter. / Non, je ne vais pas **l'**acheter.

- In the **passé composé**, direct object pronouns and **y** are placed *immediately* before the first part of the verb, the conjugated form of **avoir** or **être.**

Je **l'**ai fait
Je ne **l'**ai pas fait.

J'**y** suis allé(e).
Je n'**y** suis pas allé(e).

Generally, in the **passé composé,** the past participle agrees in gender and number with the subject when the auxiliary verb is **être,** but not when it is **avoir.** However, the past participle used with **avoir** will agree with *direct objects,* but only if they *precede* the verb, as with direct object pronouns.

Éric a acheté **cette chemise.** Il **l'**a acheté**e** hier.
Cathy a acheté **ces pulls.** Elle **les** a acheté**s** ce matin.

**A. Au magasin de vêtements.** Alice et Vincent sont au magasin de vêtements. Complétez ce que chacun dit avec le pronom convenable **(le, la, l', les).**

1. J'aime ce maillot de bain. Je peux _____ essayer?
2. J'aime ces bottes. Je _____ prends.
3. Je n'aime pas ce bikini. Je ne _____ prends pas.
4. Comment trouves-tu cette robe? Voudrais-tu _____ essayer?
5. Je n'aime pas cet anorak. Je ne vais pas _____ prendre.
6. Regarde cette belle cravate! Je _____ trouve super!

**B. À Paris.** Dites si vous reconnaissez *(recognize)* ces sites parisiens. Utilisez **Je reconnais...** *(I recognize . . . )* et le pronom convenable **(le, la, l', les).**

**EXEMPLE** Cette avenue?
**Oui, je la reconnais. C'est les Champs-Élysées.**
**Non, je ne la reconnais pas.**

© Bill Bachmann/The Image Works

**EXEMPLE** Cette avenue?

© Heinle/Cengage Learning

**1.** Cette cathédrale?

© Heinle/Cengage Learning

**2.** Ce musée?

© Heinle/Cengage Learning

**3.** Cette tour?

© Pauline Maier/Imagebroker.net/PhotoLibrary

**4.** Cette place?

© Mark Antman/The Image Works

**5.** Ce fleuve *(river)*?

**C. Intentions.** Un(e) ami(e) voudrait savoir ce que vous allez faire avec les choses suivantes. Répondez en utilisant un pronom complément d'objet direct **(le, la, l', les)** et un verbe logique. Jouez les deux rôles avec un(e) partenaire.

**EXEMPLE** ces frites
**—Qu'est-ce que tu vas faire avec ces frites?**
**—Je vais les manger!**

1. ces vêtements
2. ce DVD
3. ce sandwich
4. ce jus de fruit
5. cette chemise
6. ce journal
7. ces bottes
8. cette eau minérale
9. ce CD

**D. Et vous?** Avez-vous fait ces choses le week-end dernier? Répondez en employant le pronom convenable: **y, le, la, l'** ou **les.**

**EXEMPLE** Vous avez regardé *la télé* le week-end dernier?
**Oui, je l'ai regardée.**
**Non, je ne l'ai pas regardée.**

1. Vous êtes resté(e) *chez vous* tout le week-end?
2. Vous avez fait *le ménage*?
3. Vous avez fait *la lessive*?
4. Vous avez lu *le livre de français*?
5. Vous avez fait *les devoirs*?
6. Vous avez dîné *au restaurant*?
7. Vous êtes rentré(e) *chez vous* après 10 heures?

**E. Le week-end des Pérez.** Regardez les explications de ce que les Pérez ont fait le week-end dernier et complétez les réponses aux questions. Utilisez **y, le, la, l'** ou **les.**

**EXEMPLE** Qui est allé *au Quartier latin*?
Éric et Michèle **y sont allés.**

1. Quel jour est-ce qu'ils sont allés *au Quartier latin*?
   Ils ________________ vendredi après-midi.
2. Qui a commandé *les spaghetti carbonara*?
   Éric ________________.
3. Qui a acheté *le nouveau livre de Jean-Christophe Rufin*?
   Michèle ________________.
4. Où est-ce qu'ils ont retrouvé *leurs amis*?
   Ils ________________ dans un café du quartier.
5. Avec qui est-ce qu'ils ont pris *leur café*?
   Ils ________________ avec des amis.
6. Où est-ce qu'Éric et Michèle ont vu *le film avec Nathalie Baye*?
   Ils ________________ au cinéma du Panthéon.

**Vendredi après-midi, Éric et sa petite amie Michèle sont allés au Quartier latin où ils ont mangé dans un restaurant italien. Michèle a mangé des ravioli et Éric a commandé des spaghetti carbonara. Après le repas, ils sont allés dans une librairie où Michèle a acheté un livre de Jean-Christophe Rufin. Après ça, ils ont retrouvé des amis dans un café du quartier et ils ont pris un café ensemble à la terrasse. Plus tard, Éric et Michèle sont allés au cinéma du Panthéon pour voir le nouveau film avec Nathalie Baye.**

7. Quel jour est-ce qu'Alice est allée *au musée d'Orsay*?
   Elle ________________ samedi matin.
8. Où est-ce qu'elle a vu *la nouvelle exposition de Cézanne*?
   Elle ________________ au musée d'Orsay.
9. Elle a visité *les autres expositions au musée*?
   Non, elle ________________.
10. Elle est allée *au cinéma* après le musée?
    Non, elle ________________.
11. Où est-ce qu'elle a retrouvé *Vincent*?
    Elle ________________ dans un restaurant du quartier.

**Samedi matin, Alice est allée au musée d'Orsay où elle a vu la nouvelle exposition de Cézanne. Elle n'a pas eu le temps de visiter les autres expositions parce qu'elle est allée faire une course dans un magasin de vêtements. Vers une heure et demie, elle a retrouvé Vincent dans un restaurant du quartier.**

12. Pourquoi est-ce que Cathy est allée *au Printemps*?
Elle __________________ pour faire du shopping.

13. Où est-ce qu'elle a acheté *ses chaussures rouges*? Elle __________________ au Printemps.

14. Où est-ce qu'elle a acheté *sa robe bleue*? Elle __________________ au Printemps aussi.

15. Qui n'a pas aimé *les nouvelles chaussures de Cathy*? Sa mère __________________.

© Malatesta Photo

**Samedi matin, Cathy est allée faire du shopping au Printemps. Elle a acheté des chaussures rouges et une robe d'été bleue. Ensuite, elle est allée retrouver ses parents au restaurant. Quand elle a montré ses chaussures et sa robe à ses parents, sa mère n'a pas aimé ses nouvelles chaussures rouges!**

## F. Préférences.

Un(e) ami(e) vous pose des questions. Répondez à ses questions en remplaçant les mots en italique par le pronom convenable. Jouez les roles avec un(e) partenaire.

**EXEMPLE** — **Je prépare *mes leçons* tous les jours. Et toi?**
— **Moi aussi, je les prépare tous les jours.**
**Moi non, je ne les prépare pas tous les jours.**

1. Je regarde souvent *la télé* le week-end. Et toi?
2. J'ai envie de regarder *la télé* ce soir. Et toi?
3. J'invite souvent *mes parents* à la maison. Et toi?
4. Ce week-end, j'ai l'intention de voir *mes parents.* Et toi?
5. Je trouve *mes cours* plutôt difficiles. Et toi?
6. Ce soir, je vais préparer *le prochain examen de français.* Et toi?
7. Samedi soir, je vais faire *mes devoirs.* Et toi?
8. Samedi dernier, je suis allé(e) *au cinéma.* Et toi?
9. Dimanche dernier, j'ai fait *mes devoirs.* Et toi?
10. Hier soir, j'ai regardé *la télé.* Et toi?

## G. Entretien.

Interviewez votre partenaire. Utilisez un pronom complément d'objet direct pour remplacer les mots en italique dans vos réponses.

1. Est-ce que tu achètes *tes vêtements* au centre commercial? Dans quel magasin est-ce que tu achètes *tes vêtements* le plus souvent? Où est-ce que tu as acheté *les vêtements que tu portes maintenant*?
2. Chez toi, dans quelle pièce préfères-tu regarder *la télé*? Où aimes-tu faire *tes devoirs*? Où aimes-tu passer *ton temps libre*? Où est-ce que tu as passé *la soirée* hier soir?
3. Vas-tu voir *tes parents* ce week-end? Invites-tu souvent *tes amis* chez toi? Où préfères-tu retrouver *tes amis*? La dernière fois que tu es sorti(e) avec des amis, où est-ce que tu as retrouvé *tes amis*?

# Reprise

## *Les Stagiaires*

See the ***Résumé de grammaire*** section at the end of each chapter for a review of all the grammar presented in the chapter.

Dans l'***Épisode 5*** de la vidéo ***Les Stagiaires,*** Matthieu parle à Christophe d'une soirée que Christophe, Rachid et Amélie ont passée ensemble. Avant de regarder l'épisode, faites ces exercices pour réviser ce que vous avez appris dans le ***Chapitre 5.***

**A. Samedi dernier.** Un ami pose des questions à Christophe sur ce qu'il a fait samedi dernier. Complétez ses questions en mettant les verbes au passé composé.

**EXEMPLE** Tu **es sorti** (sortir) avec des amis ou ils **sont venus** (venir) chez toi?

1. Avec qui est-ce que tu _______ (sortir)?
2. Tu _______ (retrouver) les autres en ville ou vous y _______ (aller) tous ensemble?
3. Tu _______ (prendre) ta voiture?
4. Quel temps est-ce qu'il _______ (faire)? Il _______ (pleuvoir)?
5. Quels vêtements est-ce que tu _______ (mettre) pour sortir?
6. Qu'est-ce que vous _______ (faire)? Vous _______ (dîner) ensemble? Vous _______ (aller) danser? Vous _______ (voir) un film au cinéma?
7. Où est-ce que vous _______ (aller) exactement?
8. De quoi *(About what)* est-ce que vous _______ (parler)?
9. Tu _______ (rentrer) vers quelle heure?
10. Vous _______ (partir) tous en même temps ou les autres _______ (rester) plus tard?

Maintenant, utilisez les questions précédentes pour interviewer un(e) camarade de classe sur la dernière fois qu'il/elle est sorti(e) en ville avec des amis.

**B. Je veux tout savoir.** Céline pose des questions à Amélie sur une soirée qu'elle a passée avec Christophe et Rachid. Complétez les réponses d'Amélie en remplaçant les mots en italique par le pronom approprié: **le, la, l', les** ou **y.** Utilisez le verbe de la question dans la réponse.

**EXEMPLE** —Alors, Christophe et toi avez passé *la soirée* ensemble l'autre jour?
—Oui, on **l'a passée** ensemble samedi dernier.

1. —Est-ce que tu as rencontré *Christophe* en ville ou vous y êtes allés ensemble?
—Je _______________ en ville.
2. —Vous êtes allés *en ville* seuls tous les deux?
—Non, Rachid _______________ avec nous.
3. —Comment est-ce que tu trouves *Rachid*?
—Je _______________ très sympa.
4. —Comment est-ce que tu as trouvé *le restaurant* où vous avez dîné?
—On a dîné au restaurant marocain *(Moroccan)* de la sœur de Rachid et moi, je _______________ excellent.
5. —Vous êtes allés *en boîte* aussi?
—Oui, on _______________ après le dîner.
6. —Est-ce que Rachid rencontre souvent *ses amis* en boîte?
—Je ne sais pas s'il _______________ souvent en boîte, mais il danse vachement bien *(really well) (slang).*
7. —Tu vas voir *Christophe et Rachid* le week-end prochain aussi?
—Pour l'instant, je n'ai pas l'intention de _______________ le week-end prochain, mais c'est possible.

## C. Qui fait quoi?

Amélie dîne avec Rachid et Christophe au restaurant de la sœur de Rachid. Complétez ses phrases avec l'expression logique de la liste. Mettez la forme correcte du verbe **faire** dans le premier blanc et le reste de l'expression dans le deuxième.

| | | |
|---|---|---|
| faire les courses | faire le ménage | faire une promenade |
| faire la cuisine | faire le jardinage | faire la vaisselle |

**EXEMPLE** La terrasse est très jolie avec toutes ces plantes. Qui **fait** tout **le jardinage** ici au restaurant?

1. Ta sœur ______________ très bien ______________. Mon plat *(dish)* est excellent.
2. Ta sœur et toi, vous ______________ toujours ______________ pour le restaurant très tôt chaque matin, non? Où est-ce que vous trouvez tous les produits pour ces plats marocains *(Moroccan)*?
3. Céline et moi ______________ toujours ______________ immédiatement après le dîner parce qu'elle a peur d'avoir des insectes dans la cuisine.
4. Notre appartement est toujours très propre. Céline ______________ souvent ______________.
5. Je ______________ souvent ______________ après le dîner si je mange beaucoup pour faciliter la digestion.

## D. Quel temps fait-il?

Au dîner, Rachid répond aux questions d'Amélie et parle du temps qu'il fait au Maroc au cours de l'année. Complétez ses phrases avec les mots logiques pour décrire le temps.

1. 2. 3.

1. En été, il fait du ______________ et il fait souvent très ______________.
2. Quelquefois en hiver, il fait ______________, mais il ne ______________ presque jamais.
3. Il fait souvent du ______________ mais il ne ______________ pas beaucoup.

Access the Video ***Les Stagiaires*** at iLrn and on the *Horizons* Premium Website.

### Épisode 5: Qu'est-ce que vous avez fait?

Dans ce clip, Matthieu parle à Christophe d'une soirée que Christophe et Rachid ont passée avec Amélie. Avant de regarder le clip, pensez aux activités populaires pour une soirée en ville avec des amis. Ensuite, regardez le clip et répondez aux questions suivantes: Où est-ce que Christophe, Rachid et Amélie sont allés? Qu'est-ce qu'ils ont fait? De quoi *(About what)* ont-ils parlé?

# Lecture et Composition

## Lecture

**Pour mieux lire:** *Using visuals to make guesses*

Nowadays, many people do much of their reading on the Internet. The Web offers endless opportunities to practice your French and make virtual visits to faraway places. Beginning students generally find blogs among the easier texts to read in a foreign language. Learn to use photos, charts, and other visuals that often accompany texts on the Internet to help you understand new words as you read.

**Un blog.** Regardez les photos qui accompagnent le blog suivant. Quel genre de blog est-ce? Quels sont quelques endroits mentionnés dans le blog?

## Je blogue donc je suis

Les blogs font de plus en plus partie **des loisirs** des Français et la France est devenue championne du **monde** du nombre de blogs par **internaute.** Surtout populaire chez les jeunes politiquement engagés, plus de 40% des jeunes en France ont un blog. Bloguer peut être une activité addictive et chacun a sa propre raison de bloguer. Pour certains, c'est le désir de faire partie d'une communauté et l'impression d'avoir des amis. Pour d'autres, c'est le besoin de mettre en mots ses peurs et ses doutes, **promouvoir** ses idées ou décrire ses expériences. Les blogs de voyages sont **parmi** les plus populaires. Lisez le blog suivant.

### Mon week-end à Paris

Je suis allé passer un week-end à Paris avec des amis. Arrivés le vendredi vers 18h, on a profité de la première soirée pour visiter Montmartre. J'ai trouvé la vue de Paris de là-haut inoubliable. On a dîné dans un petit restaurant algérien du quartier et puis on est allés danser à Pigalle.

© Xavier Marchant/iStockphoto.com

Le lendemain, on a fait une promenade le long des Champs-Élysées et ensuite on a longé les quais de la Seine où on a vu les bouquinistes et quelques petits spectacles de rue: musiciens, danseurs et un marionnettiste. J'ai beaucoup aimé le marionnettiste.

© Andia/Alamy

On est arrivés à Notre-Dame vers cinq heures. J'ai cherché Quasimodo et Esméralda, mais je ne les ai pas vus. J'ai admiré la façade de cette cathédrale avec toutes les statues et j'ai pris beaucoup de photos. Après la visite à Notre-Dame, on a dîné dans un petit restaurant au Quartier latin.

© Nikada/iStockphoto.com

Le dimanche matin, on a vu une exposition d'art moderne au centre Pompidou avant de quitter Paris.

© Paul Thompson; Eye Ubiquitous/CORBIS

**des loisirs** *leisure activities* **le monde** *the world* **internaute** *Internet user* **promouvoir** *to promote* **parmi** *among*

## Compréhension

1. Est-ce que que les Français aiment bloguer? Quel groupe blogue le plus?
2. Pourquoi est-ce qu'on blogue?
3. Dans ce blog de voyage, quels endroits à Paris est-ce que le blogueur mentionne?
4. Où est-ce qu'il a vu un marionnettiste? Qui est-ce qu'il n'a pas vu à Notre-Dame?

# Composition

### Pour mieux écrire: *Using standard organizing techniques*

To write a good composition, you first need to organize your ideas. You can sometimes base your organization on a document you already have or can easily create. For example, to describe a book you have read, you can use the table of contents to organize your thoughts. To talk about a trip you have taken, you can use your itinerary, and when writing a blog, you can look at how other blogs are organized.

**Organisez-vous.** Vous allez décrire une semaine imaginaire en France. D'abord, sur une feuille de papier, créez votre itinéraire imaginaire.

1. 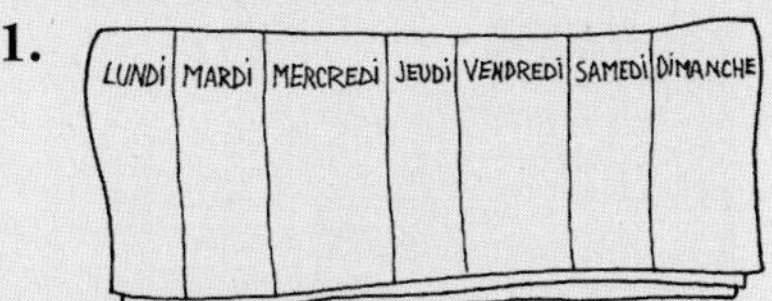


2. Sous chaque jour, écrivez des phrases pour décrire *(describe)* une progression logique de votre séjour *(your stay)*. Dites:
   - avec qui et comment vous avez voyagé
   - quand vous êtes parti(e) pour la France
   - où et à quelle heure vous êtes arrivé(e) en France
   - dans quelle sorte d'hôtel(s) vous êtes descendu(e)
   - ce que *(what)* vous avez fait chaque jour, quels sites vous avez visités et où vous avez mangé
   - ce que vous avez aimé le plus
   - quand vous avez quitté la France
   - si vous avez l'intention d'y retourner un jour

### Un voyage en France

En vous basant *(Based)* sur votre itinéraire, écrivez un blog sur votre voyage imaginaire.

**EXEMPLE** **L'été dernier, je suis allé(e) en France avec...**

# Comparaisons culturelles 

## Les loisirs des Français

Les Français ont **en moyenne** 4h43 de temps libre par jour et les Françaises 4h09. C'est-à-dire que les femmes disposent en moyenne de 34 minutes de temps libre de moins que les hommes. La télévision occupe la plus grande partie du temps de loisir des Français, mais l'Internet devient de plus en plus populaire. Les Français passent en moyenne 3h07 minutes devant la télé comparé à 2h17 minutes par jour à surfer le Web, et ils font souvent ces activités en même temps.

© Directphoto Collection/Alamy

Voici la répartition de la consommation des genres d'**émissions** sur les six **chaînes** de télévision **gratuites** en France.

| | |
|---|---|
| 25,2% | Fictions TV |
| 19,8% | Magazines et documentaires |
| 14,0% | **Journaux télévisés** |
| 9,9% | Jeux |
| 8,8% | **Publicité** |
| 5,4% | Films |
| 5,1% | Variétés |
| 4,5% | Sport |
| 4,2% | Divers |
| 3,1% | Émissions pour les jeunes |

Presqu'un **internaute** français sur deux (45%) se connecte tous les jours. Voici les activités principales des Français en ligne et le pourcentage des internautes qui font chacune.

| | |
|---|---|
| 77% | **le courrier électronique** et la recherche d'informations sur le Web |
| 38% | **les achats** en ligne |
| 31% | les communications et les échanges avec d'autres internautes |
| 18% | **le téléchargement** de musique ou de films |
| 13% | l'accès à des programmes multimédia |

**les loisirs** *(m) leisure activities* **en moyenne** *on average* **émissions** *(f) broadcasts, shows* **chaînes** *(f) channels* **gratuites** *free* **journaux télévisés** *(m) news broadcasts* **publicité** *(f) advertising* **internaute** *(m/f) Internet user* **le courrier électronique** *e-mail* **les achats** *(m) purchases* **le téléchargement** *downloading*

Les activités culturelles sont populaires en France. Voici le pourcentage des Français qui ont fait les activités suivantes l'année précédente.

| | |
|---|---|
| 70% | ont lu un livre |
| 33% | **ont assisté** à une exposition au musée |
| 32% | ont assisté à un concert ou à un spectacle |
| 17% | sont allés au théâtre |

© Lonely Planet Images/Alamy

**L'Opéra Bastille à Paris**

Une personne sur trois pratique un sport régulièrement en France. En général, les femmes préfèrent le contact avec la nature et les hommes aiment la compétition. Les sports pratiqués par un grand pourcentage des Français sont:

| | |
|---|---|
| 45% | le vélo |
| 37% | **la natation** |
| 22% | **la pétanque,** le bowling |
| 21% | **la randonnée, le trekking** |

© Jacques Pierre/hemis.fr/Hemis/Alamy

**Des jeunes jouent à la pétanque.**

## Compréhension

1. Est-ce que ce sont les hommes ou les femmes qui ont le plus de temps libre en France? Est-ce que vous trouvez cette statistique surprenante *(surprising)*?
2. Quels genres d'émissions de télévision sont les plus populaires en France? Et vous, lesquels *(which ones)* préférez-vous?
3. Qu'est-ce que les Français font le plus souvent sur Internet? Et vous, pourquoi est-ce que vous utilisez Internet?
4. Quelles activités culturelles sont les plus populaires en France? Est-ce que vous avez fait chacune de ces activités l'année dernière?
5. Quels sont les sports préférés des Français? Y a-t-il des différences entre les préférences des hommes et des femmes? Et vous, quels sports pratiquez-vous le plus?
6. Comparez les passe-temps préférés des Français avec les passe-temps préférés dans votre région. Sont-ils les mêmes? Quelles sont les différences? Pourquoi est-ce qu'il y a des différences, à votre avis *(in your opinion)*? Est-ce qu'il y a peut-être des différences de valeurs *(values)*, d'intérêts, de géographie ou de climat qui influencent les préférences des gens?

Visit **www.cengagebrain.com/shop/ISBN/0495912492** for additional cultural information and activities.

**ont assisté à** *attended* **la natation** *swimming* **la pétanque** *bocce ball, lawn bowling, petanque* **la randonnée** *hiking* **le trekking** *backpacking*

## *Passé composé*

J'ai mangé. = *I ate. / I have eaten. / I did eat.*
Ils n'ont pas beaucoup dormi. = *They didn't sleep much. / They haven't slept much.*

To say what happened in the past, put the verb in the **passé composé.** It may be translated in a variety of ways. The **passé composé** is composed of an auxiliary verb and a past participle. For most verbs the auxiliary verb is **avoir,** but for a few verbs it is **être.** All **-er** verbs have past participles with **-é** (**parler: j'ai parlé**) and most **-ir** verbs with **-i (dormir: j'ai dormi).**

| PARLER → PARLÉ | |
|---|---|
| j' **ai parlé** | nous **avons parlé** |
| tu **as parlé** | vous **avez parlé** |
| il/elle/on **a parlé** | ils/elles **ont parlé** |

—Qu'est-ce que tu **as fait** hier soir?
—J'**ai vu** un film avec des amis et après on **a pris** un verre au café.

These verbs conjugated with **avoir** have irregular past participles.

| | | | | | |
|---|---|---|---|---|---|
| avoir: | j'ai eu | mettre: | j'ai mis | être: | j'ai été |
| il y a: | il y a eu | prendre: | j'ai pris | faire: | j'ai fait |
| boire: | j'ai bu | apprendre: | j'ai appris | écrire: | j'ai écrit |
| lire: | j'ai lu | comprendre: | j'ai compris | | |
| pleuvoir: | il a plu | | | | |
| voir: | j'ai vu | | | | |

A few verbs have **être** as their auxiliary. With these verbs, the past participle agrees with the subject for gender and plurality.

| ALLER → ALLÉ | |
|---|---|
| je **suis allé(e)** | nous **sommes allé(e)s** |
| tu **es allé(e)** | vous **êtes allé(e)(s)** |
| il **est allé** | ils **sont allés** |
| elle **est allée** | elles **sont allées** |
| on **est allé(e)(s)** | |

—Est-ce que ta mère et ta tante **sont allées** à Paris avec toi?
—Oui, elles ont fait le voyage avec moi mais je **suis restée** plus longtemps. Elles **sont rentrées** une semaine avant moi.

Here are some verbs that have **être** as their auxiliary verb.

| | | | |
|---|---|---|---|
| aller: | je suis allé(e) | monter: | je suis monté(e) |
| arriver: | je suis arrivé(e) | descendre: | je suis descendu(e) |
| rester: | je suis resté(e) | venir: | je suis venu(e) |
| entrer: | je suis entré(e) | revenir: | je suis revenu(e) |
| sortir: | je suis sorti(e) | devenir: | je suis devenu(e) |
| partir: | je suis parti(e) | naître: | je suis né(e) |
| rentrer: | je suis rentré(e) | mourir: | il/elle est mort(e) |
| retourner: | je suis retourné(e) | tomber | je suis tombé(e) |

—Tu as **déjà** visité Nice?
—Non, je **n'**ai **pas encore** été à Nice.
—Qu'est-ce que ton mari et toi avez fait l'année dernière pour les vacances?
—On **n'**a **rien** fait.

To negate a verb in the **passé composé,** place **ne** immediately after the subject and **pas, rien** *(nothing),* or **jamais** after the first part of the verb. Use **ne... pas encore** to say *not yet* and **déjà** to say *already* or *ever.* **Déjà** and adverbs indicating how often **(toujours, souvent...)** and how well **(bien, mal...)** are usually placed between the two parts of the verb.

The following adverbs indicate when something happened in the past. They may be placed at the beginning or end of a clause.

| | |
|---|---|
| hier (matin, après-midi, soir) | récemment |
| le week-end (le mois) dernier | pendant deux heures (longtemps) |
| la semaine (l'année) dernière | il y a quelques secondes (cinq minutes, cinq ans...) |
| la dernière fois | |

—Tu as été en vacances **pendant combien de temps**?
—**Pendant** quinze jours.
—Tu es rentré **il y a combien de temps**?
—Je suis rentré **mardi dernier.**

## Faire

The verb **faire** *(to do, to make)* is irregular.

| FAIRE *(to do)* | |
|---|---|
| je **fais** | nous **faisons** |
| tu **fais** | vous **faites** |
| il/elle/on **fait** | ils/elles **font** |
| PASSÉ COMPOSÉ: **j'ai fait** | |

Je ne **fais** rien ce week-end.
Qu'est-ce que tu **fais?**
On **fait** quelque chose ensemble?
**Faisons** quelque chose avec mes amis.
Que **faites**-vous généralement?
Mes amis **font** beaucoup de sport.

**Faire** is also used in many weather expressions, as well as the expressions listed on page 198.

— Quel temps fait-il?
— Il fait beau (mauvais, froid, chaud, frais, du soleil, du vent).

Ils font la cuisine et nous faisons la vaisselle.

The **un, une, des, du, de la,** and **de l'** in the expressions with **faire** become **de (d')** when the verb is negated. The definite article **(le, la, l', les)** does not change.

Je ne fais jamais **d'**exercice.
Mon colocataire ne fait jamais **le** ménage.

## Ne... rien

**Ne... rien** means *nothing* or *not anything*. This expression can be the subject or object of the verb, or the object of a preposition.

**Rien n'**est en solde?
Tu **n'**achètes **rien**?
Je **n'**ai besoin de **rien.**

When negating an infinitive, place both parts of the negative expression before it.

Je préfère **ne rien** acheter.

## Direct object pronouns

The direct object pronouns are **le, la, l',** and **les.** Use **le** *(him, it)* to replace masculine singular nouns and **la** *(her, it)* to replace feminine singular nouns. **Les** *(Them)* replaces all plural nouns. **Le** and **la** become **l'** when the following word begins with a vowel or silent **h.**

—Tu prends ce sac?
—Oui, je **le** prends.
—Tu aimes cette robe aussi?
—Oui, je **l'**aime bien.

—Tu achètes tes vêtements ici?
—Oui, je **les** achète souvent ici.

| | BEFORE A CONSONANT | BEFORE A VOWEL OR SILENT *H* |
|---|---|---|
| *him, it (masculine)* | le | l' |
| *her, it (feminine)* | la | l' |
| *them* | les | les |

These pronouns are generally placed *immediately* before the verb. They go before the infinitive if there is one. If not, they go before the conjugated verb. In the negative, the pronoun remains *immediately* before the conjugated verb or the infinitive.

Je **les** achète.
Je ne **les** achète pas.
Je vais **les** acheter.
Je ne vais pas **les** acheter.

In the **passé composé,** direct object pronouns are placed just before the first part of the verb (the conjugated form of **avoir**) and the past participle agrees with them for gender and plurality by adding **-e, -s,** or **-es.**

A-t-il acheté les chaussures?
Oui, il **les** a achet**ées.**
Non, il ne **les** a pas achet**ées.**

# VOCABULAIRE

## COMPÉTENCE 1

### Saying what you did

**NOMS MASCULINS**

| | |
|---|---|
| **un homme d'affaires** | *a businessman* |
| **le journal** | *the newspaper* |
| **le petit déjeuner** | *breakfast* |

**NOM FÉMININ**

| | |
|---|---|
| **une femme d'affaires** | *a businesswoman* |

**EXPRESSIONS ADVERBIALES**

| | |
|---|---|
| **hier** | *yesterday* |
| **hier soir** | *last night, yesterday evening* |
| **samedi dernier** | *last Saturday* |
| **le week-end dernier** | *last weekend* |

**DIVERS**

| | |
|---|---|
| **dernier (dernière)** | *last* |
| **faire une promenade** | *to take a walk* |
| **ne... rien** | *nothing, not anything* |
| **prendre son petit déjeuner** | *to have one's breakfast* |
| **travaillant** | *working* |

## COMPÉTENCE 2

### Telling where you went

**NOMS MASCULINS**

| | |
|---|---|
| **un an** | *a year* |
| **un camping** | *a campground* |
| **un club** | *a club* |
| **un hôtel** | *a hotel* |
| **le lendemain** | *the next day, the following day* |
| **des parents** | *relatives* |

**NOMS FÉMININS**

| | |
|---|---|
| **la chance** | *luck* |
| **une heure** | *an hour* |
| **une minute** | *a minute* |
| **une nuit** | *a night* |
| **une seconde** | *a second* (in time) |
| **une voiture de location** | *a rental car* |

**EXPRESSIONS VERBALES**

| | |
|---|---|
| **descendre (de/dans/à)** | *to descend, to come down, to get off/out (of)* (a vehicle), *to stay (at)* |
| **entrer (dans)** | *to enter* |
| **faire un voyage** | *to take a trip* |
| **monter (dans)** | *to go up, to get on/in* |
| **mourir (mort[e])** | *to die (dead)* |
| **naître (né[e])** | *to be born (born)* |
| **partir en voyage** | *to leave on a trip* |
| **partir en week-end** | *to go away for the weekend* |
| **retourner** | *to return, to go back* |
| **tomber** | *to fall* |

**EXPRESSIONS ADVERBIALES**

| | |
|---|---|
| **l'année dernière** | *last year* |
| **déjà** | *already, ever* |
| **la dernière fois** | *the last time* |
| **hier (matin, après-midi)** | *yesterday (morning, afternoon)* |
| **hier soir** | *last night, yesterday evening* |
| **Il y a combien de temps?** | *How long ago?* |
| **il y a quelques secondes** | *a few seconds ago* |
| **longtemps** | *a long time* |
| **lundi (mardi...) dernier** | *last Monday (Tuesday . . . )* |
| **le mois dernier** | *last month* |
| **ne... pas encore** | *not yet* |
| **Pendant combien de temps?** | *For how long?* |
| **pendant deux heures** | *for two hours* |
| **récemment** | *recently* |
| **la semaine dernière** | *last week* |
| **le week-end dernier** | *last weekend* |

**DIVERS**

| | |
|---|---|
| **Quelle chance!** | *What luck!* |
| **quelques** | *some, a few* |

# COMPÉTENCE 3

## Discussing the weather and your activities

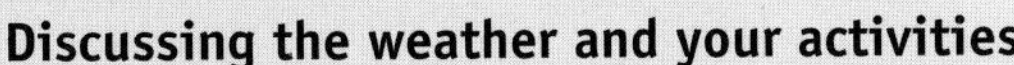

**NOMS MASCULINS**

| | |
|---|---|
| **l'automne (en automne)** | *autumn (in autumn)* |
| **l'été (en été)** | *summer (in summer)* |
| **l'hiver (en hiver)** | *winter (in winter)* |
| **un jardin** | *a garden* |
| **le printemps (au printemps)** | *spring (in spring)* |
| **le temps** | *the weather, time* |

**NOMS FÉMININS**

| | |
|---|---|
| **des distractions** | *entertainment* |
| **la neige** | *snow* |
| **la pluie** | *rain* |
| **une saison** | *a season* |

**EXPRESSIONS VERBALES**

| | |
|---|---|
| **adorer** | *to love, to adore* |
| **aller à la montagne** | *to go to the mountains* |
| **dépendre (de)** | *to depend (on)* |
| **faire de l'exercice** | *to exercise* |
| **faire des courses** | *to run errands* |
| **faire les courses** | *to buy groceries* |
| **faire du bateau** | *to go boating* |
| **faire du camping** | *to go camping* |
| **faire du jardinage** | *to garden* |
| **faire du jogging** | *to go jogging* |
| **faire du shopping** | *to go shopping* |
| **faire du ski (nautique)** | *to (water)ski* |
| **faire du sport (du tennis, du hockey...)** | *to play sports (tennis, hockey . . . )* |
| **faire du vélo** | *to go bike-riding* |
| **faire du VTT** | *to go all-terrain biking* |
| **faire la cuisine** | *to cook* |
| **faire la lessive** | *to do laundry* |
| **faire la vaisselle** | *to do the dishes* |
| **faire le ménage** | *to do housework* |
| **faire une promenade** | *to take a walk* |
| **faire un voyage** | *to take a trip* |
| **neiger** | *to snow* |
| **pleuvoir** | *to rain* |

**DIVERS**

| | |
|---|---|
| **ne... rien (de spécial)** | *nothing, not anything (special)* |
| **pendant** | *during, for* |
| **Quel temps fait-il?** | *What's the weather like?* |
| **Il fait beau / chaud / frais / froid / mauvais / du soleil / du vent.** | *It's nice / hot / cool /cold / bad / sunny / windy.* |
| **Il pleut.** | *It is raining., It rains.* |
| **Il neige.** | *It is snowing., It snows.* |
| **Quel temps va-t-il faire?** | *What's the weather going to be like?* |
| **Il va faire...** | *It's going to be . . .* |
| **Il va pleuvoir / neiger.** | *It's going to rain / to snow.* |
| **si** | *if* |

# COMPÉTENCE 4

## Deciding what to wear and buying clothes

**NOMS MASCULINS**

| | |
|---|---|
| **un anorak** | *a ski jacket* |
| **un bikini** | *a bikini* |
| **un chemisier** | *a blouse* |
| **un costume** | *a suit* (for a man) |
| **un imperméable** | *a raincoat* |
| **un jean** | *jeans* |
| **un maillot de bain** | *a swimsuit* |
| **un manteau** | *an overcoat* |
| **un pantalon** | *pants* |
| **un parapluie** | *an umbrella* |
| **un polo** | *a knit shirt* |
| **un portefeuille** | *a wallet* |
| **un pull** | *a pullover sweater* |
| **un sac** | *a purse, a sack* |
| **un short** | *shorts* |
| **un survêtement** | *a jogging suit* |
| **un tee-shirt** | *a T-shirt* |
| **un vendeur** | *a salesclerk* |

**NOMS FÉMININS**

| | |
|---|---|
| **des baskets** | *tennis shoes* |
| **des bottes** | *boots* |
| **une cabine d'essayage** | *a fitting room* |
| **des chaussures** | *shoes* |
| **une chemise** | *a shirt* |
| **une cravate** | *a tie* |
| **une jupe** | *a skirt* |
| **des lunettes (de soleil)** | *(sun)glasses* |
| **une montre** | *a watch* |
| **une robe** | *a dress* |
| **des sandales** | *sandals* |
| **une vendeuse** | *a salesclerk* |

**EXPRESSIONS VERBALES**

| | |
|---|---|
| **coûter** | *to cost* |
| **essayer** | *to try, to try on* |
| **Il/Elle me plaît.** | *I like it.* |
| **mettre (je mets, vous mettez)** | *to wear, to put, to put on* |
| **porter** | *to wear* |

**DIVERS**

| | |
|---|---|
| **Bien sûr!** | *Of course!* |
| **ce (cet, cette, ces)...-ci** | *this/these . . . over here* |
| **en solde** | *on sale* |
| **Je peux vous aider?** | *May I help you?* |
| **le (l') / la (l')** | *him, it / her, it* |
| **les** | *them* |
| **parfois** | *sometimes* |
| **par ici** | *this way* |
| **Quelle taille faites-vous?** | *What size do you wear?* |
| **Je fais du...** | *I wear size . . .* |
| **Qu'en pensez-vous?** | *What do you think about it?* |
| **voyons** | *let's see* |

# Bienvenue en Europe francophone

**En Europe,** le français est une langue officielle dans quatre pays et une principauté: la France, la Belgique, la Suisse, le Luxembourg et Monaco. **Lesquels aimeriez-vous visiter?**

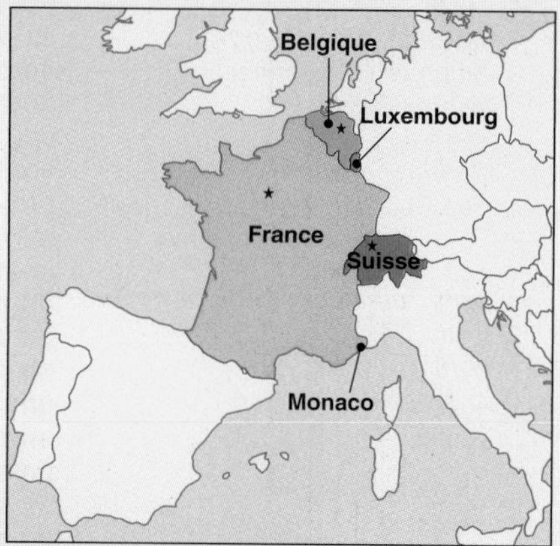

Fondée en 963, la ville de Luxembourg vous offre la possibilité de voir plus de mille ans d'histoire.

Le **Grand-Duché** de Luxembourg est un des plus petits états d'Europe. Il y a trois langues **courantes** au Luxembourg: le français, le luxembourgeois et l'allemand.

Par sa forte immigration, **surtout** des pays de l'Union européenne, le Luxembourg est devenu un microcosme de l'Europe moderne.

**Bienvenue** *Welcome* **Lesquels aimeriez-vous** *Which ones would you like* **Grand-Duché** *Grand Duchy* **courantes** *common* **surtout** *especially*

La Suisse a quatre langues officielles: l'allemand, le français, l'italien et le romanche, et **chacun de** ces groupes linguistiques a **ses propres coutumes** et traditions. Les Suisses sont très **fiers de** leur propre culture et de leur diversité multiculturelle.

**La Suisse est un paradis hivernal.**

**Qu'aimeriez-vous faire en Suisse: du ski, des randonnées en montagne ou de l'alpinisme?**

---

**chacun de** *each of* **ses propres coutumes** *its own customs* **fiers de** *proud of* **hivernal** *winter* **Qu'aimeriez-vous** *What would you like* **des randonnées** *hiking* **de l'alpinisme** *mountain climbing*

La Belgique est connue pour la variété de son architecture, pour la beauté de ses **paysages** et pour ses **nombreux** châteaux.

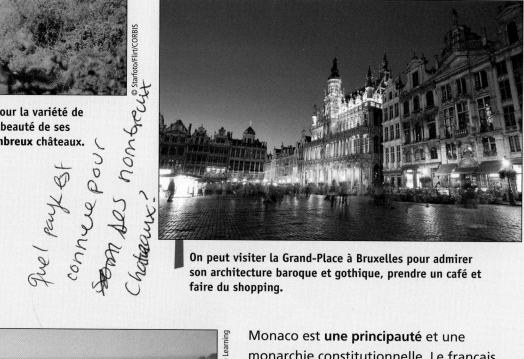

Les trois régions qui forment la Belgique, la Région **flamande,** la Région **wallonne** et la Région de Bruxelles (la capitale) donnent à la Belgique une riche diversité culturelle. Les Flamands (58% [pourcent] de la population) parlent **néerlandais.** Les Wallons (32% de la population) parlent français. Pour le reste, 9% sont bilingues et 1% parle allemand.

On peut visiter la Grand-Place à Bruxelles pour admirer son architecture baroque et gothique, prendre un café et faire du shopping.

Monaco est **une principauté** et une monarchie constitutionnelle. Le français y est la langue officielle et on y parle aussi l'anglais et l'italien. Près de 5000 personnes parlent **monégasque.**

Monaco est célèbre pour le tourisme, le luxe et pour ses casinos **ainsi que** pour son fameux Grand Prix de Formule 1.

**flamande** *Flemish* **wallonne** *French-speaking Belgian* **néerlandais** *Dutch* **paysages** *landscapes, countryside* **nombreux** *numerous* **une principauté** *a principality* **monégasque** *Monegasque* (people and language native to Monaco) **ainsi que** *as well as*

La France **comprend la France métropolitaine** et **plusieurs** départements et territoires **d'outre-mer, tels que** la Guadeloupe (dans la mer Caraïbe, près de l'Amérique centrale), Mayotte (près de l'Afrique) et la Polynésie française (dans le Pacifique). Regardez la carte du monde francophone **au début du** livre. Quelle partie de la République française **aimeriez-vous** visiter?

**Dans les villes françaises, comme ici à Strasbourg, on peut visiter les parties historiques de la ville.**

**En sortant des grandes villes, on trouve de beaux paysages et de petits villages fascinants.**

**Dans le sud de la France, on peut voir des ruines romaines comme celles-ci à Aix-en-Provence.**

**Aimeriez-vous mieux visiter un des départements ou territoires d'outre-mer, comme Mayotte?**

**comprend** *includes* **la France métropolitaine** *metropolitan France* (the part of France in Europe) **plusieurs** *several* **d'outre-mer** *overseas* **tels que** *such as* **au début du** *at the beginning of the* **aimeriez-vous** *would you like* **on peut** *one can* **En sortant des** *By leaving the* **celles-ci** *these*

## À Paris

# Les sorties

iLrn iLrn Heinle Learning Center

www.cengagebrain.com/shop/ISBN/0495912492

*Horizons* Video: Les Stagiaires

 Audio

 Internet web search

 Pair work

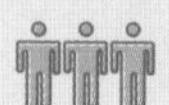 Group work

© Brigitte Merle/Photononstop/Photolibrary

# Chapitre 6

## COMPÉTENCE

**1** Inviting someone to go out

Les invitations

Issuing and accepting invitations

*Les verbes **vouloir**, **pouvoir** et **devoir***

Stratégies et Compréhension auditive

- **Pour mieux comprendre:** *Noting the important information*
- **Compréhension auditive:** *On va au cinéma?*

**2** Talking about how you spend and used to spend your time

Aujourd'hui et dans le passé

Saying how things used to be

*L'imparfait*

Talking about activities

*Les verbes **sortir**, **partir** et **dormir***

**3** Talking about the past

Une sortie

Telling what was going on when something else happened

*L'imparfait et le passé composé*

Telling what happened and describing the circumstances

*Le passé composé et l'imparfait*

**4** Narrating in the past

Les contes

Narrating what happened

*Le passé composé et l'imparfait (reprise)*

Reprise *Les Stagiaires*

Lecture et Composition

- Pour mieux lire: *Using real-world knowledge*
- Lecture: *Le cinéma français et le cinéma américain*
- Pour mieux écrire: *Using the Internet*
- Composition: *Forum: Le meilleur ou le pire du cinéma cette année*

Comparaisons culturelles *Le cinéma: les préférences des Français*

Résumé de grammaire

Vocabulaire

# Paris

Paris, la capitale de la France, est une des plus belles villes **du monde.**

La Seine sépare la ville en deux parties, **la rive** gauche et la rive droite. Les deux îles situées **au milieu de** la Seine sont l'île de la Cité et l'île St-Louis. C'est sur l'île de la Cité que la ville de Paris est née il y a plus de 2 000 ans.

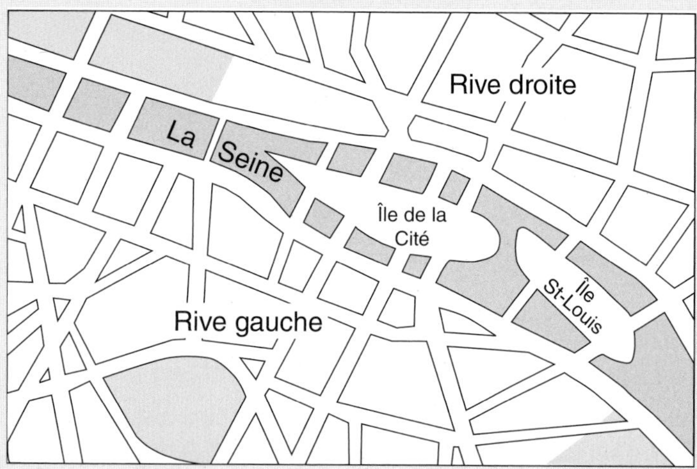

© Thomas Craig/Index Stock Imagery/PhotoLibrary

**La célèbre avenue des Champs-Élysées s'étend de la place de la Concorde à l'arc de Triomphe.**

© Mark Antman/The Image Works

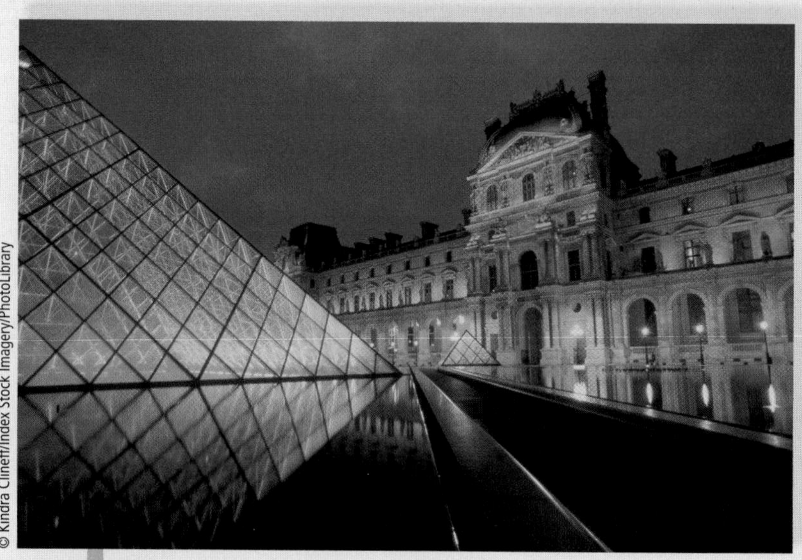

© Kindra Clineff/Index Stock Imagery/PhotoLibrary

**Le Louvre, l'un des plus grands musées d'art du monde, fait presque un kilomètre de longueur.**

Sur ces pages vous voyez quelques-uns des 180 musées et monuments à Paris. Cherchez des tours virtuels de la ville de Paris sur Internet. Faites des recherches sur un des sites parisiens que vous aimeriez *(would like)* visiter. Découvrez au moins cinq choses au sujet de ce site.

**du monde** *in the world* **la rive** *the bank* (of a river) **au milieu de** *in the middle of* **s'étend** *extends*

**Paris**

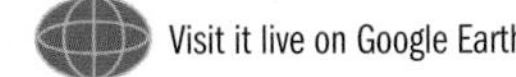

Visit it live on Google Earth!

**Nombre d'habitants: 2 203 817 (avec la région parisienne: plus de 11 700 000) (les Parisiens)**
**Département: Paris**
**Province: Île-de-France**

## Qu'en savez-vous?

Devinez quel site touristique représenté ici correspond à chaque description.

1. Cet ancien palais royal est devenu un musée en 1791. C'est aujourd'hui un des musées les plus visités du monde.
2. Dans ce quartier, Robert de Sorbon a établi en 1253 la Sorbonne, ce qui est aujourd'hui l'université de Paris. Le latin était la langue officielle dans le quartier jusqu'en 1793.
3. Cette célèbre avenue est longue de presque deux kilomètres et s'étend *(extends)* de l'arc de Triomphe jusqu'à la place de la Concorde.
4. En 1860, la ville de Paris a annexé ce quartier situé sur une colline *(a hill)* avec une vue panoramique de la ville. La basilique du Sacré-Cœur, construite entre 1875 et 1914, est le point le plus haut *(highest)* de Paris.
5. L'ingénieur qui a construit ce monument pour l'Exposition universelle en 1889 a travaillé aussi sur la statue de la Liberté à New York. C'est le site touristique le plus visité de France.

**Pour avoir une vue panoramique de la ville, on peut monter à la tour Eiffel.**

**Si vous aimez la vie de bohème, visitez le quartier de Montmartre.**

**Le Quartier latin est un des quartiers les plus sympathiques de Paris.**

---

**la vie** *life*

COMPÉTENCE 1

# Inviting someone to go out

**Note** *culturelle*

**En France, quand on sort entre amis, il est commun que chacun *(each one)* paie sa part. Mais attention! En français, l'expression *je t'invite / je vous invite* indique que vous allez payer. Quand vous sortez avec des amis, est-ce que quelqu'un paie pour tout le groupe ou est-ce qu'il est plus commun que chacun paie sa part?**

## Les invitations

Pour inviter **quelqu'un** à sortir**, vous pouvez dire...**

| À UN(E) AMI(E) | À UNE AUTRE PERSONNE OU À UN GROUPE DE PERSONNES |
|---|---|
| **Tu veux... ?** | **Vous voulez... ?** |
| Tu voudrais... ? | Vous voudriez... ? |
| Je t'invite à... | Je voudrais vous inviter à... |

Si **quelqu'un vous invite,** vous pouvez répondre...

| POUR DIRE OUI | POUR DIRE NON |
|---|---|
| Oui, je veux bien... | Je regrette mais... |
| Quelle bonne idée! | je ne suis pas libre. |
| Avec plaisir! | **je ne peux** vraiment **pas.** |
| | **je dois** travailler. |

**POUR SUGGÉRER UNE AUTRE ACTIVITÉ**

Je préfère...
J'aime mieux...
Allons plutôt à...

Les Français **utilisent** l'heure officielle pour tous **les horaires** (le train, le cinéma, **les heures d'ouverture...**). Pour lire l'heure officielle, on utilise uniquement des chiffres. Aux USA, on **appelle** cette **façon** de lire l'heure *military time.*

| L'HEURE OFFICIELLE | | L'HEURE FAMILIÈRE |
|---|---|---|
| 0h05 | zéro heure cinq | minuit cinq |
| 1h15 | une heure quinze | une heure et quart (du matin) |
| 12h20 | douze heures vingt | midi vingt |
| 13h30 | treize heures trente | une heure et demie (de l'après-midi) |
| 20h40 | vingt heures quarante | neuf heures moins vingt (du soir) |
| 20h45 | vingt heures quarante-cinq | neuf heures moins le quart (du soir) |

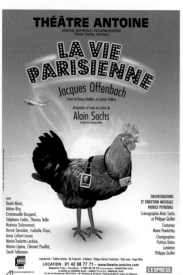

THÉÂTRE ANTOINE
LA VIE PARISIENNE
Jacques Offenbach
Alain Sachs
LOCATION : 01 42 08 77 71 - www.theatre-antoine.com
Séances selon les jours
15h30 17h00 20h30 21h00

"La Vie Parisienne" from Théâtre Antoine, Paris

**quelqu'un** *someone* **vous pouvez (pouvoir** *can, may, to be able*) **dire** *to say* **Tu veux (vouloir** *to want*) **Vous voulez (vouloir** *to want*) **quelqu'un vous invite** *someone invites you* **je ne peux pas (pouvoir** *can, may, to be able*) **je dois (devoir** *must, to have to*) **utiliser** *to use, to utilize* **un horaire** *a schedule* **les heures d'ouverture** *opening times* **appeler** *to call* **une façon** *a way*

CD 2-19

Éric téléphone à sa petite amie Michèle.

MICHÈLE: Allô?
ÉRIC: Salut, Michèle. C'est moi, Éric. Ça va?
MICHÈLE: Oui, très bien. Et toi?
ÉRIC: Moi, ça va. Écoute, tu es libre ce soir? Tu voudrais sortir?
MICHÈLE: Oui, je veux bien. Qu'est-ce que tu as envie de faire?
ÉRIC: **Je pensais** aller voir la nouvelle comédie qu'on **passe** au cinéma Gaumont.
MICHÈLE: Tu sais, moi, je n'aime pas **tellement** les comédies. Je préfère les films d'**amour.** Allons plutôt voir le nouveau film d'amour au cinéma Rex.
ÉRIC: Bon, je veux bien. À quelle heure?
MICHÈLE: Il y a **une séance** à vingt heures quarante-cinq.
ÉRIC: Alors, je passe chez toi vers huit heures?
MICHÈLE: D'accord. Alors, au revoir.
ÉRIC: À tout à l'heure, Michèle.

**A. Invitations.** Utilisez une variété d'expressions pour inviter un(e) partenaire. Il/Elle va accepter ou refuser chacune de vos invitations ou proposer une autre activité.

INVITEZ UN(E) AMI(E) À...

1. aller danser samedi soir
2. dîner au restaurant ce soir
3. aller voir une exposition demain
4. aller prendre un verre aujourd'hui après les cours

INVITEZ UN GROUPE D'AMIS À...

5. aller voir un film d'amour demain
6. étudier ensemble ce soir
7. faire du vélo au parc ce week-end
8. aller au match de football américain / de basket ce week-end

**B. À quelle heure?** Regardez la liste des séances de la pièce *La Vie parisienne* à la page précedente. Exprimez l'heure de chaque séance de deux façons.

**EXEMPLE** 15h30
**La première séance est à quinze heures trente; c'est-à-dire *(that is to say)* à trois heures et demie de l'après-midi.**

## À vous!

Avec un(e) partenaire, relisez à haute voix la conversation entre Michèle et Éric. Ensuite, adaptez la conversation pour faire des projets pour aller au cinéma ensemble. Servez-vous du ***Vocabulaire supplémentaire*** et parlez de quel(s) genre(s) de film vous aimez, de quel film vous voudriez voir et d'où et comment vous allez vous retrouver *(you are going to meet up).*

Vocabulaire supplémentaire

LES FILMS

**un dessin animé** *a cartoon*
**un drame**
**un film d'aventure**
**un film d'épouvante** *a horror film*
**un film de science-fiction**
**un film policier**

POUR SE RETROUVER

**Je passe chez toi / chez vous.** *I'll come by your place.*
**Passe / Passez chez moi.** *Come by my place.*
**Rendez-vous à...** *Let's meet at . . .*

You can find a list of the new words from this ***Compétence*** on page 254 and audio for each item of this list at **www.cengagebrain.com/shop/ISBN/0495912492.**

**Je pensais** *I was thinking* **passer (un film)** *to show (a movie)* **tellement** *so much* **l'amour** *(m) love* **une séance** *a showing*

**Pour vérifier**

**1.** What does **vouloir** mean? What are three meanings of **pouvoir**? What are the meanings of **devoir**? What are the conjugations of these three verbs?

**2.** The **nous** and **vous** forms have the same vowels in the stem as the infinitive. What vowels do the other forms have?

**3.** What auxiliary verb do you use to form the **passé composé** of these three verbs? What are their past participles?

**Sélection musicale.** Search the Web for the song **Tu veux ou tu ne veux pas** by Brigitte Bardot to enjoy a musical selection containing these structures.

# Issuing and accepting invitations

## *Les verbes* ***vouloir, pouvoir*** *et* ***devoir***

The verbs **vouloir** *(to want)* and **pouvoir** *(can, may, to be able)* are useful when inviting someone to do something. They have similar conjugations.

| **VOULOIR** *(to want)* | |
|---|---|
| je **veux** | nous **voulons** |
| tu **veux** | vous **voulez** |
| il/elle/on **veut** | ils/elles **veulent** |
| PASSÉ COMPOSÉ: **j'ai voulu** | |

| **POUVOIR** *(can, may, to be able)* | |
|---|---|
| je **peux** | nous **pouvons** |
| tu **peux** | vous **pouvez** |
| il/elle/on **peut** | ils/elles **peuvent** |
| PASSÉ COMPOSÉ: **j'ai pu** | |

Je **veux** sortir mais je ne **peux** pas. *I **want** to go out, but I **can't**.*

Use **devoir** followed by an infinitive to say what you *must* or *have to* do. **Devoir** also means *to owe.*

| **DEVOIR** *(must, to have to, to owe)* | |
|---|---|
| je **dois** | nous **devons** |
| tu **dois** | vous **devez** |
| il/elle/on **doit** | ils/elles **doivent** |
| PASSÉ COMPOSÉ: **j'ai dû** | |

Je **dois** travailler demain. *I **have to** work tomorrow.*
Je **dois** 100 dollars à mon frère. *I **owe** my brother 100 dollars.*

In the **passé composé, devoir** can mean that someone *had to* do something or *must have* done something. Context will clarify the meaning.

Michèle n'est pas chez elle. Elle **a dû** partir.
*Michèle isn't home. She **had to** leave. / She **must have*** left.

Il n'a pas pu sortir parce qu'il **a dû** travailler.
*He wasn't able to go out because he **had to** work.*

**A. Activités.** Demandez à votre partenaire ce que chacune de ces personnes veut faire aux moments indiqués. Si votre partenaire n'est pas sûr(e), il/elle doit proposer quelque chose.

**EXEMPLE** toi (aujourd'hui après les cours?)
**—Qu'est-ce que tu veux faire aujourd'hui après les cours?**
**—Je veux rentrer à la maison.**

1. toi (ce soir? demain soir? ce week-end?)
2. tes amis et toi (vendredi soir? samedi après-midi? dimanche matin?)
3. ton meilleur ami / ta meilleure amie (demain soir? ce week-end? pendant les prochaines vacances?)
4. les autres étudiants (après les cours aujourd'hui? au prochain cours de français? ce week-end?)

**B. En cours.** Dites si ces personnes peuvent faire chacune des choses indiquées en cours de français.

**EXEMPLE** Je... manger **Je ne peux pas manger en cours.**

1. Je...
   parler aux autres étudiants
   boire un café
2. Nous...
   fumer
   poser des questions
3. Le prof...
   quitter la classe maintenant
   toujours comprendre les étudiants
4. Les étudiants...
   souvent partir en avance *(early)*
   répondre à leur portable

**C. Qu'est-ce qu'on doit faire?** Pour chaque paire d'activités proposées, indiquez ce que chacun doit et ne doit pas faire en cours de français.

**EXEMPLE** Le prof (être patient / être impatient)
**Le prof doit être patient. Il ne doit pas être impatient.**

1. Le prof (insulter les étudiants / aider les étudiants)
   (toujours parler anglais en classe / parler français en classe)
2. Les étudiants (dormir en cours / écouter le prof)
   (faire leurs devoirs / sortir tous les soirs)
3. Moi, je (bien préparer mes cours / toujours sortir avec des amis)
   (dormir en cours / écouter en cours)

**D. On veut...** Aujourd'hui, les Pérez ne peuvent pas faire ce qu'ils veulent. Jouez le rôle d'Alice et expliquez ce que chacun veut et doit faire.

**EXEMPLE** **Moi, je veux dormir, mais je dois sortir le chien.**

Moi...

1. Éric...

2. Éric et Cathy...

3. Vincent...

4. Nos amis...

5. Michel...

**E. Encore des explications.** Plus tard, Alice dit que chacun n'a pas pu faire ce qu'il voulait *(wanted)* et elle explique ce qu'ils ont dû faire. Qu'est-ce qu'elle dit? Utilisez le passé composé.

**EXEMPLE** **Moi, je n'ai pas pu dormir. J'ai dû sortir le chien.**

## Stratégies et Compréhension auditive

### Pour mieux comprendre: *Noting the important information*

When making plans, we often jot down important information for later reference. If a friend invited you to do something, what sort of information would you want to remember? Look at the following invitation and think about what information is given.

Invitation
Nous vous attendons
le Samedi 18 novembre
à 19 heures.
Notre adresse:
85 boulevard St Michel
Téléphone 02.43.29.69.50
R.S.V.P.


© Heinle/Cengage Learning

CD 2-20

**A. Prenez des notes.** Trois amis invitent Éric à faire quelque chose. Écoutez chaque invitation et prenez des notes en français. Qu'est-ce qu'ils vont faire? Où? Quel jour? À quelle heure?

**B. À vous.** Éric demande à Michèle de l'accompagner. Utilisez vos notes de l'exercice précédent pour jouer les rôles d'Éric et de Michèle avec un(e) partenaire.

**EXEMPLE** —**Je vais jouer au tennis avec Marc demain à... Est-ce que tu voudrais jouer avec nous?**
—**Oui, je veux bien!**

CD 2-21

## Compréhension auditive: On va au cinéma?

Vincent demande à Alice si elle voudrait aller au cinéma. Lisez les questions de l'exercice suivant. Ensuite, écoutez la conversation et notez les détails importants sur une feuille de papier.

**A. Quel film?** Répondez aux questions suivantes d'après la conversation entre Alice et son mari.

1. Comment est-ce qu'Alice trouve les films de science-fiction?
2. Quel genre *(type)* de film est-ce qu'ils décident d'aller voir?
3. À quelle séance est-ce qu'ils vont aller?

**B. Vos notes.** Utilisez vos notes pour recréer *(to recreate)* la conversation entre Alice et Vincent avec un(e) camarade de classe.

**C. Tu veux sortir?** Invitez un(e) camarade de classe à aller voir un film avec vous. Choisissez une séance et décidez à quelle heure vous allez passer chez votre ami(e).

**Gainsbourg - (vie héroïque)**

Biopic (02h10min) -
De Joann Sfar
Avec Eric Elmosnino, Lucy Gordon

Presse | Spectateurs

La vie de Gainsbourg, du jeune Lucien Ginsburg dans le Paris occupé des années 1940, jusqu'au poète, compositeur et chanteur célébré dans le monde entier.

**Voir la bande-annonce**

**En VF**

| 10:35 | 13:20 | 16:05 | 19:00 | 21:45 |
|---|---|---|---|---|

**Source:** www.allocine.com; Photo: © Universal Pictures International France.

COMPÉTENCE 2

# Talking about how you spend and used to spend your time

**Note** *culturelle*

**Il y a une grande différence entre un ami et un copain. Un copain, c'est quelqu'un qu'on aime bien et avec qui on sort de temps en temps. Le mot *ami* est plus souvent réservé pour parler d'une amitié *(friendship)* plus profonde. Un vrai ami, c'est presque comme de la famille. Y a-t-il des expressions comparables en anglais?**

## Aujourd'hui et dans le passé

Michèle compare sa **vie** quand **elle était** au **lycée** avec sa vie d'aujourd'hui.

Quand j'étais au lycée...

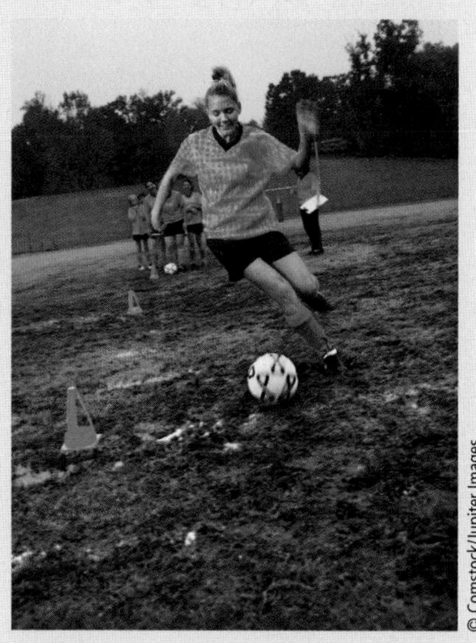

© Comstock/Jupiter Images

**J'avais 15 ans.**
J'étais **lycéenne.**
**J'habitais** avec ma famille.
**J'avais cours** du lundi au vendredi et le samedi matin aussi.
Je n'aimais pas beaucoup **l'école** *(f).*
Je rentrais souvent à la maison pour déjeuner.
Le week-end, j'étais toujours **fatiguée** et **je dormais** beaucoup.
Le vendredi soir, je passais du temps avec ma famille ou **je sortais** avec **des copains.** On allait au cinéma, au café ou à **une boum.**
Le samedi, je faisais du sport avec des amis: on jouait au foot ou **on faisait du roller.**

Aujourd'hui...

© Purestock/Alamy

J'ai 21 ans.
Je suis étudiante à l'université.
J'habite avec ma famille.
J'ai cours du lundi au vendredi.
J'aime l'université.
En général, je déjeune au **restau-u.**
Le week-end, je suis souvent fatiguée et je dors beaucoup.
Le vendredi soir, **je sors** souvent avec des copains. On va au cinéma, en boîte ou à une fête.
Chaque samedi, je joue au tennis avec des amis et je fais aussi souvent du roller.

**dans le passé** *in the past* **la vie** *life* **elle était** *she was* **le lycée** *high school* **J'avais 15 ans.** *I was fifteen.* **un(e) lycéen(ne)** *a high school student* **J'habitais** *I lived, I used to live* **J'avais cours** *I had class, I used to have class* **l'école** *(f) school* **le restau-u** *the university cafeteria* **fatigué(e)** *tired* **je dormais** *I slept, I used to sleep* **je sortais** *I went out, I used to go out* **un copain (une copine)** *a friend, a pal* **une boum** *a party* **je sors (sortir)** *I go out (to go out)* **on faisait du roller** *we went in-line skating, we used to go in-line skating*

**A. Prononcez bien!** Une amie parle de sa vie maintenant et quand elle était au lycée. D'abord, pratiquez la prononciation de chaque phrase. Ensuite, lisez à haute voix une phrase de chaque paire. Votre partenaire va dire si vous parlez du **présent** ou du **passé.**

| | **Maintenant** | **Quand j'étais au lycée** |
|---|---|---|
| **1.** | J'ai cours tous les jours. | J'avais cours tous les jours. |
| **2.** | J'étudie beaucoup. | J'étudiais beaucoup. |
| **3.** | Mon meilleur ami aime le sport. | Mon meilleur ami aimait le sport. |
| **4.** | Il joue au basket. | Il jouait au basket. |
| **5.** | Nous aimons sortir ensemble. | Nous aimions sortir ensemble. |
| **6.** | Nous allons souvent au cinéma. | Nous allions souvent au cinéma. |
| **7.** | Mes parents travaillent beaucoup. | Mes parents travaillaient beaucoup. |
| **8.** | Ils sont souvent fatigués. | Ils étaient souvent fatigués. |

Maintenant, changez chaque phrase pour parler de vous.

**EXEMPLE** **Maintenant, j'ai cours le mardi et le jeudi. Quand j'étais au lycée, j'avais cours du lundi au vendredi.**

**B. La jeunesse.** Interviewez un(e) camarade de classe pour savoir ce qu'il/elle faisait quand il/elle était au lycée.

**EXEMPLE** fumer / ne pas aimer ça
**—Tu fumais quand tu étais au lycée ou tu n'aimais pas ça?**
**—Je fumais. / Je n'aimais pas ça.**

1. aller presque toujours en cours / être souvent absent(e)
2. avoir beaucoup de copains / passer beaucoup de temps seul(e)
3. faire souvent du sport / préférer faire autre chose
4. pouvoir sortir tard / devoir rentrer tôt
5. aimer dormir tard le week-end / avoir beaucoup d'énergie le matin

Maintenant, avec votre partenaire, préparez six questions pour votre professeur. Demandez ce qu'il/elle faisait quand il/elle était à l'université.

**Quand j'avais dix ans, j'aimais jouer avec mon chien.**

**C. Chez nous.** Que faisaient ces personnes quand vous aviez dix ans? Dites au moins trois choses pour chacune.

**EXEMPLE** Mon père...
**Mon père était très patient. Il travaillait souvent le week-end et il rentrait tard. Il n'était pas souvent à la maison.**

1. Mes parents...
2. Mes amis…
3. Ma mère...
4. Mon père...
5. Dans ma famille, nous...
6. Mes copains et moi...

| | |
|---|---|
| avoir beaucoup d'amis / un chien | arriver à l'école à... heures |
| être patient(e)(s) / impatient(e)(s) | rentrer à... heures |
| travailler le week-end | jouer au golf / à des jeux vidéo... |
| aimer lire / dormir… | faire souvent du roller / du sport... |
| être à la maison le week-end | voyager souvent |
| faire le ménage / du shopping... | aller souvent voir mes cousins... |
| aimer les maths / les sciences... | aller à la plage / au cinéma... |

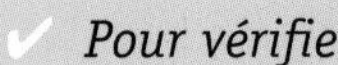

> **✓ Pour vérifier**
>
> 1. What are the conjugations of **sortir, partir,** and **dormir**? Which auxiliary verb is used with each one in the **passé composé**?
> 2. How do you say *to go out **of**? to leave **from**? to leave **for**?*
> 3. How do you say *to leave for the weekend? to leave on vacation? to leave on a trip?*
> 4. What is the difference in pronunciation between **il sort** and **ils sortent**?

> **Note** *de vocabulaire*
>
> Remember that **quitter** means *to leave* a person or a place and is *always* used with a direct object. In the **passé composé,** it is conjugated with **avoir.**
>
> J'**ai quitté** la maison à midi.

## Talking about activities

### *Les verbes **sortir, partir** et **dormir***

The verbs **sortir, partir,** and **dormir** have similar patterns of conjugation.

| SORTIR *(to go out)* | PARTIR *(to leave)* | DORMIR *(to sleep)* |
|---|---|---|
| je **sors** | je **pars** | je **dors** |
| tu **sors** | tu **pars** | tu **dors** |
| il/elle/on **sort** | il/elle/on **part** | il/elle/on **dort** |
| nous **sortons** | nous **partons** | nous **dormons** |
| vous **sortez** | vous **partez** | vous **dormez** |
| ils/elles **sortent** | ils/elles **partent** | ils/elles **dorment** |
| P.C. **je suis sorti(e)** | P.C. **je suis parti(e)** | P.C. **j'ai dormi** |
| IMP. **je sortais** | IMP. **je partais** | IMP. **je dormais** |

You have already seen that **sortir** can mean *to go out,* in the sense of going out with friends. It can also mean *to go / come out of,* in the sense of going out of a place. It is the opposite of **entrer.** Use **de** to say *of.*

Je suis sorti **de** l'appartement en pyjama pour aller chercher le journal.

**Partir** means *to leave* in the sense of *to go away.* It is the opposite of **arriver.** Some common expressions with **partir** are: **partir en week-end, partir en vacances, partir en voyage.** To name the place you are leaving, use **partir de.** To say where you are leaving *for,* use **partir pour.**

Il part en vacances aujourd'hui. Il est parti **de** son bureau à trois heures et il est parti **pour** l'aéroport vers cinq heures.

CD 2-24

## Prononciation

### *Les verbes **sortir, partir** et **dormir***

You can distinguish aurally between the **il/elle** singular and **ils/elles** plural forms of verbs like **sortir, partir,** and **dormir.** Compare these sentences.

| **ALICE** | **ALICE ET SA FILLE** |
|---|---|
| Elle dort bien. | Elles dorment bien. |
| Elle sort ce soir. | Elles sortent ce soir. |
| Elle part demain. | Elles partent demain. |

When a word ends with a pronounced consonant sound in French, it must be released. Note that when you pronounce the boldfaced consonants in the following English phrases, your tongue or lips do not have to move back and release them.

What par**t**?　　What sor**t**?　　In the dor**m.**

Compare how the boldfaced consonants in the following plural verb forms are released.

Ils par**t**ent.　　Ils sor**t**ent.　　Ils dor**m**ent.

CD 2-25 **A. Prononcez bien!** Pour chaque phrase que vous entendez, dites si Alice parle **d'Éric** ou **d'Éric et de Cathy.**

**B. Activités.** Complétez ces phrases avec la forme correcte des verbes indiqués et dites si elles sont vraies pour vous. Corrigez les phrases fausses.

**EXEMPLE** Je **sors** (sortir) souvent le lundi soir.
**C'est faux. Je sors rarement le lundi soir.**

1. Mon meilleur ami (Ma meilleure amie) ne _____ (sortir) presque jamais avec moi le week-end, mais nous _____ (sortir) souvent en semaine.
2. Quand je _____ (sortir) avec mes amis le samedi soir, je suis toujours fatigué(e) le dimanche matin et je _____ (dormir) souvent jusqu'à midi.
3. Mes amis _____ (sortir) souvent pendant la semaine sans moi. Ils _____ (dormir) souvent pendant leurs cours.
4. Je _____ (partir) souvent en vacances avec mes parents. Généralement, nous _____ (partir) en vacances en juillet.

Maintenant dites si ces personnes faisaient ces choses quand vous étiez lycéen(ne).

**EXEMPLE** **Quand j'étais au lycée, je ne sortais jamais le lundi soir.**

**C. Vos habitudes.** Formez des phrases pour parler de ce que vous faites les jours du cours de français et quand vous sortez avec des amis. Demandez à votre partenaire s'il/si elle fait les mêmes choses.

**EXEMPLES** Les jours du cours de français... je / dormir jusqu'à... heures
**—Les jours du cours de français, je dors jusqu'à 7 heures. Et toi? Tu dors jusqu'à 7 heures aussi?**
**—Non, je dors jusqu'à 8 heures.**

Quand je sors avec des amis... nous / sortir le plus souvent le... soir
**—Quand je sors avec des amis, nous sortons le plus souvent le samedi soir. Et vous? Vous sortez le plus souvent le samedi soir aussi?**
**—Oui, nous sortons le plus souvent le samedi soir aussi.**

Les jours du cours de français...

1. je / dormir jusqu'à... heures
2. je / quitter la maison à... heures
3. je / sortir de mon dernier cours à... heures

Quand je sors avec des amis...

4. nous / sortir le plus souvent le... soir
5. nous / quitter la maison à... heures
6. je / dormir jusqu'à... le lendemain

**D. Toujours des questions!** Parlez avec votre partenaire de la dernière fois qu'il/elle est sorti(e) avec des amis. Posez les questions indiquées.

**EXEMPLE** quand / sortir ensemble
**—Quand est-ce que vous êtes sortis ensemble?**
**—On est sortis ensemble hier.**

1. quand / sortir ensemble
2. où / aller ensemble
3. qu'est-ce que / faire
4. à quelle heure / quitter la maison
5. jusqu'à quelle heure / dormir le lendemain

# Talking about the past

**Note** *culturelle*

**Aujourd'hui en France un repas *(meal)* sur sept est pris en dehors du *(outside of)* domicile, comparé à un repas sur deux aux États-Unis. À votre avis, pourquoi est-ce que les Américains mangent plus de trois fois plus en dehors du domicile que les Français? Est-ce une question de prix? de qualité? de temps? de tradition?**

## Une sortie

Cathy parle de la dernière fois qu'elle a dîné avec des amis. Et vous? La dernière fois que vous êtes sorti(e) avec des ami(e)s, comment était la soirée? **Qu'est-ce qui s'est passé?**

Il pleuvait quand j'ai quitté l'appartement.

Il était sept heures et demie quand je suis arrivée au restaurant.

On n'avait pas très faim et on n'a pas mangé **tout de suite.**

**Le repas** était **délicieux** et j'ai beaucoup mangé.

Après le repas, nous étions fatigués et je suis partie.

Quand je suis rentrée chez moi, il était environ dix heures.

Le lendemain, c'était dimanche et je suis restée au lit jusqu'à dix heures.

**Qu'est-ce qui s'est passé?** *What happened?* **tout de suite** *right away* **Le repas** *The meal* **délicieux (délicieuse)** *delicious*

CD 2-26

Cathy et une amie parlent de leurs activités du week-end dernier.

MICHELINE: Je suis allée au restaurant avec des copines ce week-end.
CATHY: Vous êtes allées où?
MICHELINE: Au Bistro Romain.
CATHY: **Ça t'a plu**?
MICHELINE: Beaucoup. C'était délicieux. On a bien mangé et on a beaucoup parlé. C'était vraiment bien!
CATHY: Et qu'est-ce que tu as fait après?
MICHELINE: **Rien du tout.** J'étais fatiguée et je suis rentrée. Et toi, qu'est-ce que tu as fait ce week-end?
CATHY: Moi aussi, je suis sortie avec des copains. On est allés au cinéma.

**A. Au restaurant.** La dernière fois que vous êtes allé(e) au restaurant, qu'est-ce qui s'est passé? Changez les mots en italique pour parler de votre sortie.

1. Quand j'ai quitté *la maison*, il était *huit heures* et il *faisait froid.*
2. Quand je suis arrivé(e) au restaurant, il était *neuf heures.*
3. On *avait très faim* et on *a mangé tout de suite.*
4. Le repas était vraiment *médiocre* et j'ai *peu* mangé.
5. Après le repas, nous avions envie de *continuer la soirée* et nous *sommes allés en boîte.*
6. Quand je suis rentré(e), il était *onze heures* et j'*étais fatigué(e).*
7. Le lendemain, c'était *dimanche* et je *suis resté(e) au lit.*

**Note** *de grammaire*

You usually answer a question in the same tense in which it is asked.

**B. La journée d'Alice.** Décrivez la journée d'Alice vendredi dernier.

1. Alice était seule quand elle a quitté l'appartement? Quelle heure était-il? Est-ce qu'il pleuvait? Est-ce qu'il faisait froid? Quels vêtements est-ce qu'elle portait?
2. Alice était seule au café? Elle a mangé quelque chose? A-t-elle bu quelque chose?
3. Quelle heure était-il quand elle est rentrée chez elle?

## À vous!

Avec un(e) partenaire, relisez à haute voix la conversation entre Micheline et Cathy. Ensuite, adaptez la conversation pour parler de la dernière fois que vous avez mangé avec des copains.

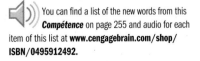

You can find a list of the new words from this ***Compétence*** on page 255 and audio for each item of this list at **www.cengagebrain.com/shop/ISBN/0495912492.**

**Ça t'a plu?** *Did you like it?* **Rien du tout.** *Nothing at all.*

✓ *Pour vérifier*

**1.** With a sequence of events that happen one after another, are the verbs in the **passé composé** or the **imparfait**?

**2.** If one action interrupts another one that is already in progress, which one is in the **passé composé** and which one is in the **imparfait**?

**Sélection musicale.** Search the Web for the song **Lili voulait aller danser** by Julien Clerc to enjoy a musical selection containing these structures.

**iLrn** Grammar Tutorials

## Telling what was going on when something else happened

### *L'imparfait et le passé composé*

In French, the **passé composé** and **imparfait** convey different meanings. In English, the use of different past tenses also changes a message. Is the message the same in these sentences?

*When her husband came home, they kissed.*
*When her husband came home, they were kissing.*

Use the **passé composé** for a sequence of events that happened one after another.

Ce matin, **j'ai quitté** la maison à midi et **je suis arrivé** à l'université à midi vingt.

When saying what was going on when something else occurred, use the **imparfait** for the action in progress and use the **passé composé** to say what happened, interrupting it.

| ACTIONS IN PROGRESS | INTERRUPTING ACTIONS |
|---|---|
| **IMPARFAIT** | **PASSÉ COMPOSÉ** |
| Le professeur parlait... | quand je suis entré(e) dans la salle de classe. |
| Il pleuvait ce matin... | quand j'ai quitté la maison. |

## Prononciation

CD 2-27

### *Le passé composé et l'imparfait*

Since the use of the **passé composé** or the **imparfait** imparts a different message, it is important that you pronounce each tense distinctly. Listen to these pairs of sentences. Where do you hear a difference?

| | | | |
|---|---|---|---|
| Je travaillais. | Elle mangeait. | Tu parlais. | Il allait. |
| J'ai travaillé. | Elle a mangé. | Tu as parlé. | Il est allé. |

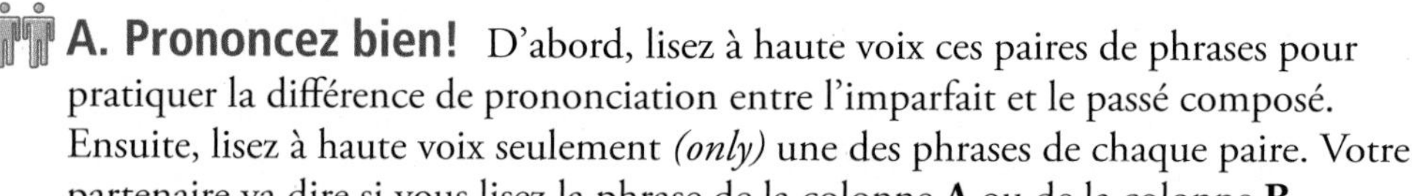

**A. Prononcez bien!** D'abord, lisez à haute voix ces paires de phrases pour pratiquer la différence de prononciation entre l'imparfait et le passé composé. Ensuite, lisez à haute voix seulement *(only)* une des phrases de chaque paire. Votre partenaire va dire si vous lisez la phrase de la colonne **A** ou de la colonne **B.**

| **A** | **B** |
|---|---|
| **L'IMPARFAIT: CE QUI SE PASSAIT** ***(WHAT WAS GOING ON)*** | **LE PASSÉ COMPOSÉ: CE QUI S'EST PASSÉ** ***(WHAT HAPPENED)*** |
| Je travaillais. | J'ai travaillé. |
| Je rentrais. | Je suis rentré(e). |
| Mon ami mangeait. | Mon ami a mangé. |
| Mes enfants étudiaient. | Mes enfants ont étudié. |
| Tu regardais la télé. | Tu as regardé la télé. |
| Nous parlions. | Nous avons parlé. |
| Je dansais. | J'ai dansé. |

**B. Quand ils sont rentrés...** Deux couples ont laissé leurs enfants avec une nouvelle baby-sitter le week-end dernier. Qui faisait les choses suivantes quand ils sont rentrés?

**EXEMPLE** porter les vêtements de sa mère
**Annick portait les vêtements de sa mère quand ils sont rentrés.**

1. embrasser *(to kiss)* son petit ami
2. parler au téléphone
3. fumer
4. jouer dans l'escalier
5. jouer à des jeux vidéo
6. manger quelque chose sur la table
7. dormir sur le canapé
8. être surpris(e)

**C. Que faisaient-ils?** Expliquez ce qui s'est passé.

**EXEMPLE** Alice (lire un livre) / quand une amie (arriver)
**Alice lisait un livre quand une amie est arrivée.**

vincent jouait au golf quand il a commencé à plu

**1.**

Cathy (préparer ses cours) / quand un ami (téléphoner)

**2.**

Vincent (jouer au golf) / quand il (commencer à pleuvoir)

**3.**

Michèle (embrasser *[to kiss]* un copain) / Éric (arriver)

il pleuvait quand vincent jouait au golf.

**4.**

Quand le chien (entrer) / le chat (dormir)

**5.**

Alice (faire la cuisine) / quand le chat (voir le chien)

**6.**

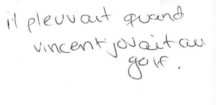

Quand Vincent (rentrer) / Alice (nettoyer *[to clean]* la cuisine)

*Pour vérifier*

**1.** Do you generally use the **passé composé** or the **imparfait** to say what happened at a specific moment, for a specific duration, or a specific number of times? to describe how things were or used to be or to talk about actions in progress?

**2.** Which would you use to talk about how you were feeling? to describe a change in a mental or physical state?

**3.** Which tense do you use to say what was going to happen?

## Telling what happened and describing the circumstances

### *Le passé composé et l'imparfait*

You know to use the **imparfait** to tell how things used to be or what was going on when something else occurred. The **imparfait** is used to describe continuing actions or states, whereas the **passé composé** is used for actions that happened and were finished.

| USE THE *IMPARFAIT* TO SAY: | USE THE *PASSÉ COMPOSÉ* TO SAY: |
|---|---|
| **1. HOW THINGS USED TO BE OR WHAT USED TO HAPPEN**<br>• continuing actions, states, or situations<br>• repeated or habitual actions of an unspecified duration | **1. WHAT HAPPENED AT A PRECISE MOMENT OR FOR A SPECIFIC DURATION OR NUMBER OF TIMES**<br>• completed actions<br>• actions that occurred for a specific duration or a specific number of times |
| Notre amie habitait à côté de chez nous.<br>*Our friend lived next to us.*<br>Elle invitait toujours des amis chez elle.<br>*She always invited friends over.* | Elle a fait une soirée le mois dernier.<br>*She had a party last month.*<br>Nous sommes allées à cinq de ses soirées.<br>*We have gone to five of her parties.* |
| **2. WHAT THINGS WERE LIKE OR HOW SOMEONE FELT**<br>• physical or mental states | **2. WHAT CHANGED**<br>• changes in states |
| Tout le monde allait bien, mais moi, j'étais fatiguée.<br>*Everyone was doing fine, but I was tired.* | Tout à coup, j'ai eu peur.<br>*All of a sudden, I got frightened.* |

Watch for words like **tout d'un coup** *(all at once)*, **tout à coup** *(all of a sudden)*, **soudain** *(suddenly)*, **une fois** *(once)*, and **un jour** *(one day)* indicating changes in states.

| | |
|---|---|
| **3. WHAT SOMEONE WAS GOING TO DO** | **3. WHAT ONE WENT TO DO** |
| On allait partir.<br>*We were going to leave.* | Je suis allée chercher mon sac.<br>*I went to get my purse.* |

**Note** *de grammaire*

You generally use the verb **vouloir** in the **imparfait** to say what someone wanted to do. Use **pouvoir** in the **imparfait** to say what people could do if they might have wanted to, but use it in the **passé composé** to say what they managed to do on an occasion when they tried. Use **devoir** in the **imparfait** to say what one was supposed to do, but in the **passé composé** for what one must have done, or had to do on a specific occasion.

**A. Pourquoi?** Expliquez pourquoi Cathy a fait ou n'a pas fait ces choses. Quel verbe doit être au passé composé et lequel *(which one)* doit être à l'imparfait?

**EXEMPLE** Cathy **était** (être) malade, alors elle **n'a pas travaillé** (ne pas travailler).

1. Cathy ______ (ne pas sortir) parce qu'elle ______ (être) malade.
2. Elle ______ (être) trop fatiguée, alors elle ______ (ne pas faire) ses devoirs.
3. Elle ______ (faire) du shopping parce qu'elle ______ (vouloir) acheter une nouvelle robe.
4. Elle ______ (mettre) un pull parce qu'elle ______ (avoir) froid.
5. Elle ______ (avoir) besoin de préparer son examen, alors elle ______ (ne pas sortir) avec ses amis.

**B. Ce matin chez les Pérez.** Alice Pérez décrit la journée de sa famille. Qu'est-ce qu'elle dit? Mettez les verbes au passé composé ou à l'imparfait.

**EXEMPLE** **Moi, j'ai fait du jogging ce matin. Je voulais dormir.**

**1.**

Moi...
faire du jogging ce matin
vouloir dormir
avoir sommeil
ne pas avoir envie de sortir
sortir à sept heures
rentrer une heure plus tard
avoir besoin d'un bain *(bath)*
aller dans la salle de bains
prendre un long bain

**2.**

Éric et Cathy...
préparer le déjeuner aujourd'hui
vouloir faire du shopping
déjeuner avant de sortir
aller au centre commercial à une heure
avoir l'intention d'acheter des vêtements
aller rentrer vers cinq heures
avoir faim
retrouver des amis au restaurant
rentrer à neuf heures

**C. Entretien.** Parlez à votre partenaire de la dernière fois qu'il/elle est allé(e) au restaurant avec des amis.

La dernière fois que tu es allé(e) au restaurant avec des amis...

1. Quel temps faisait-il? Qu'est-ce que tu as mis pour sortir? un jean? une robe?
2. Quelle heure était-il quand tu es arrivé(e) au restaurant?
3. Avais-tu très faim? As-tu mangé tout de suite? Comment était le repas?
4. Qu'est-ce que tu as fait après le repas?
5. Quelle heure était-il quand tu es rentré(e)? Étais-tu fatigué(e)? Est-ce que tu es allé(e) tout de suite au lit? As-tu bien dormi?
6. Le lendemain, jusqu'à quelle heure es-tu resté(e) au lit?

# COMPÉTENCE 4

## Narrating in the past

**Note** *culturelle*

**Le cinéma est né en France et la France joue un rôle très important dans l'histoire du cinéma. Quels films français connaissez-vous? Comment est-ce que ces films diffèrent des films faits à Hollywood?**

### Les contes

Éric et Michèle sont allés voir le film classique ***La Belle et la Bête*** de Jean Cocteau. **Connaissez-vous** ce film? Connaissez-vous **le conte de fées** sur **lequel** ce film est basé?

**Il était une fois** un vieux **marchand** qui avait trois filles. Sa plus jeune fille, Belle, était très jolie, **douce** et **gracieuse.**

Un jour, la Bête a emprisonné le marchand. Belle **a promis** à la Bête de venir prendre la place de son père.

La Bête était horrible! Il était grand et laid et il avait l'air **féroce. Au début,** Belle avait très peur de lui. Mais elle était toujours gentille et patiente avec lui.

Petit à petit les choses ont changé. Belle et la Bête ont commencé à **se parler.** La Bête a beaucoup changé et Belle a appris à apprécier le monstre. Finalement, Belle **est tombée amoureuse de** lui! Et la Bête a aussi appris à aimer.

**À suivre...**

**Note** *de grammaire*

**Tomber** takes **être** as its auxiliary verb in the **passé composé (Elle est tombée...).**

CD 2-28

Cathy parle à son frère de ses activités du week-end dernier.

CATHY: Tu es sorti ce week-end?
ÉRIC: Oui, je suis allé au cinéclub avec Michèle.
CATHY: Quel film est-ce que vous avez vu?
ÉRIC: Nous avons vu *La Belle et la Bête* de Cocteau.
CATHY: C'est un classique! Il t'a plu?
ÉRIC: Oui, il m'a beaucoup plu. C'était très intéressant. Les acteurs **ont bien joué. Les effets spéciaux** étaient excellents et il n'y avait pas **trop de** violence.

**un conte** *a story* ***La Belle et la Bête*** *Beauty and the Beast* **Connaissez-vous... ?** *Do you know . . . ?* **un conte de fées** *a fairy tale* **lequel (laquelle)** *which* **Il était une fois...** *Once upon a time there was . . .* **un marchand** *a merchant, a shopkeeper* **doux (douce)** *sweet, soft, gentle* **gracieux (gracieuse)** *gracious* **elle a promis (promettre** *to promise* [past participle **promis**]) **féroce** *ferocious* **Au début** *At the beginning* **se parler** *to talk to each other* **tomber amoureux (amoureuse) de** *to fall in love with* **À suivre** *To be continued* **bien jouer** *to act well* (in movies and theater) **Les effets spéciaux** *The special effects* **trop de** *too much*

**A. C'est qui?** Décidez lequel des personnages les adjectifs suivants décrivent: **le père de Belle, Belle** ou **la Bête.** N'oubliez pas d'utiliser l'imparfait pour faire une description!

**EXEMPLE** douce **Belle était douce.**

| | |
|---|---|
| **1.** jolie | **5.** vieux |
| **2.** grande et laide | **4.** gracieuse |
| **3.** toujours gentille | **6.** horrible |

Maintenant, dites qui a fait les choses suivantes. N'oubliez pas d'utiliser le passé composé pour décrire le déroulement de l'action *(sequence of events)*!

**EXEMPLE** promettre de venir prendre la place de son père
**Belle a promis de venir prendre la place de son père.**

1. emprisonner le marchand
2. prendre la place de son père
3. commencer à parler avec la Bête
4. apprendre à apprécier la Bête
5. tomber amoureuse de Belle
6. beaucoup changer

**B. Une sortie au cinéma.** Alice parle à une amie du week-end. Complétez la conversation en mettant les verbes au passé composé ou à l'imparfait.

— Tu (1) ______ (passer) un bon week-end?
— Assez bon. Mon amie (2) ______ (vouloir) aller voir un film au cinéma, alors je (3) ______ (sortir) avec elle et je (4) ______ (rentrer) tard.
— C'(5) ______ (être) samedi?
— Non, on (6) ______ (sortir) vendredi.
— Quelle heure (7) ______ (être)-il quand tu (8) ______ (rentrer)?
— On (9) ______ (rester) au cinéma jusqu'à 10h30 et après on (10) ______ (avoir) faim, alors on (11) ______ (aller) manger quelque chose. Il y (12) ______ (avoir) beaucoup de gens au restaurant et on (13) ______ (devoir) attendre pour avoir une table. Il (14) ______ (être) environ 1h00 quand on (15) ______ (partir) du restaurant.
— Quel film est-ce que vous (16) ______ (voir)?
— C'(17) ______ (être) le nouveau film avec Audrey Tautou.
— Qu'est-ce que tu (18) ______ (faire) samedi et dimanche?
— Je (J') (19) ______ (travailler) samedi. Dimanche, j' (20) ______ (être) fatiguée et il (21) ______ (faire) mauvais, alors je (22) ______ (rester) à la maison.

## À vous!

Avec un(e) partenaire, relisez à haute voix la conversation entre Cathy et Éric. Ensuite, adaptez la conversation pour parler d'un film que vous avez vu récemment.

You can find a list of the new words from this ***Compétence*** on page 255 and audio for each item of this list at **www.cengagebrain.com/shop/ISBN/0495912492.**

*Pour vérifier*

If you were describing a play that you saw, would you use the **passé composé** or the **imparfait** to describe the setting and what was happening on stage when the curtain went up? Which tense would you use to explain the actions of the actors that advanced the story?

For a chart summarizing all of the uses of the **passé composé** and the **imparfait**, see the ***Résumé de grammaire*** on page 253.

**Sélection musicale.** Search the Web for the song **Ce monsieur-là** by Yves Montand to enjoy a musical selection containing these structures.

## Narrating what happened

### *Le passé composé et l'imparfait (reprise)*

When telling a story in the past, you use both the **passé composé** and the **imparfait.**

| USE THE *IMPARFAIT* TO SAY: | USE THE *PASSÉ COMPOSÉ* TO SAY: |
|---|---|
| WHAT WAS ALREADY GOING ON | WHAT HAPPENED NEXT / WHAT CHANGED |
| • descriptions of the scene / setting<br>• background information about the characters<br>• interrupted actions in progress | • sequence of events that advance the storyline<br>• actions interrupting something in progress |

If you were telling the old French tale ***Cendrillon*** *(Cinderella)*, you might begin . . .

> Il **était** une fois une belle jeune fille qui **s'appelait** Cendrillon. Son père **était** mort et elle **habitait** avec sa belle-mère et ses deux demi-sœurs. Sa belle-mère **était** cruelle et ses demi-sœurs **étaient** laides, bêtes et très gâtées *(spoiled).* C'**était** Cendrillon qui **faisait** tout le travail, mais elle **était** toujours belle et gracieuse. Un jour, le prince **a décidé** de donner un bal au palais et un messager **est allé** chez Cendrillon avec une invitation.

There are only two events that occur advancing the story: the prince decided to give a ball and the messenger went to Cinderella's house. These two verbs are in the **passé composé.** All the rest of the paragraph is background information, setting the scene, so the verbs are in the **imparfait.**

When deciding whether to put a verb in the **passé composé** or the **imparfait,** learn to ask yourself whether you are talking about background information or something that was already in progress **(imparfait),** or the next thing that happened in the story **(passé composé).**

**A. La journée d'Alice.** Alice parle de sa journée. Décidez si chaque phrase décrit la scène / la situation ou raconte le déroulement de l'action *(sequence of events).* Récrivez les phrases dans chaque colonne.

> Il est sept heures. Il pleut. Je quitte la maison. Il y a beaucoup de voitures sur la route. J'arrive au bureau en retard. Mon patron *(boss)* n'est pas content. Je travaille beaucoup. Je ne déjeune pas. Je rentre à cinq heures. Je suis fatiguée. Il n'y a rien à manger. Nous allons au restaurant. Nous rentrons. Je prends un bain. Il est 11 heures. Je vais au lit.

**EXEMPLE**

| LA SCÈNE / LA SITUATION | LE DÉROULEMENT DE L'ACTION |
|---|---|
| Il est sept heures. | Je quitte la maison. |

Maintenant, récrivez le paragraphe en mettant les verbes qui présentent le déroulement de l'action au passé composé et les verbes qui décrivent la scène ou la situation à l'imparfait.

**B. Il était une fois...** Récrivez le début de l'histoire de *La Belle et la Bête* au passé en mettant les verbes en caractères gras à l'imparfait ou au passé composé.

**EXEMPLE** **Il y avait un marchand très riche...**

Il y (1) **a** un marchand très riche qui (2) **a** trois filles. Ils (3) **habitent** tous ensemble dans une belle maison en ville. Mais un jour, des voleurs *(thieves)* (4) **prennent** toute sa fortune et le marchand et ses filles (5) **doivent** aller habiter dans une petite maison à la campagne.

Ses deux filles aînées (6) **sont** très malheureuses *(unhappy)*. Elles (7) **parlent** constamment des choses qu'elles (8) **veulent.** Belle (9) **est** la plus jeune de ses filles. Elle (10) **est** très jolie et aussi très douce. Elle (11) **accepte** sa nouvelle vie et elle (12) **est** heureuse *(happy)*.

Un jour, le marchand (13) **part** pour la ville voisine *(neighboring)*. Il (14) **neige** et il (15) **fait** très froid et en route, il ne (16) **peut** rien voir dans la forêt. Le marchand (17) **pense** qu'il (18) **va** mourir quand, soudain, il (19) **trouve** un château. La porte du château (20) **est** ouverte et il (21) **décide** d'entrer. Il (22) **remarque** [remarquer *to notice*] une grande table couverte de plats délicieux. Il (23) **mange,** puis il (24) **fait** une sieste *(nap)*.

Après sa sieste, il (25) **sort** dans le jardin où il (26) **trouve** une jolie rose qu'il (27) **veut** rapporter *(to bring back)* à Belle. À ce moment-là, un monstre horrible (28) **arrive** et (29) **commence** à crier *(to shout)* qu'il (30) **veut** que Belle vienne habiter chez lui. Sinon *(Otherwise),* la Bête (31) **va** tuer *(to kill)* le marchand.

**C. La Belle et la Bête.** Continuez l'histoire de *La Belle et la Bête* en mettant les verbes entre parenthèses au passé composé ou à l'imparfait.

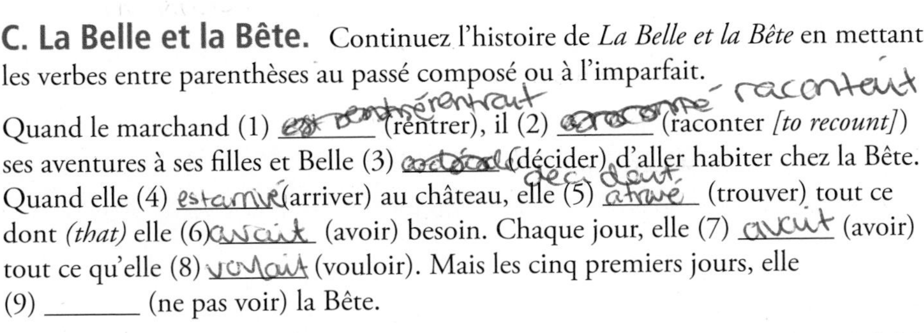

Quand le marchand (1) _______ (rentrer), il (2) _______ (raconter *[to recount]*) ses aventures à ses filles et Belle (3) _______ (décider) d'aller habiter chez la Bête. Quand elle (4) _______ (arriver) au château, elle (5) _______ (trouver) tout ce dont *(that)* elle (6) _______ (avoir) besoin. Chaque jour, elle (7) _______ (avoir) tout ce qu'elle (8) _______ (vouloir). Mais les cinq premiers jours, elle (9) _______ (ne pas voir) la Bête.

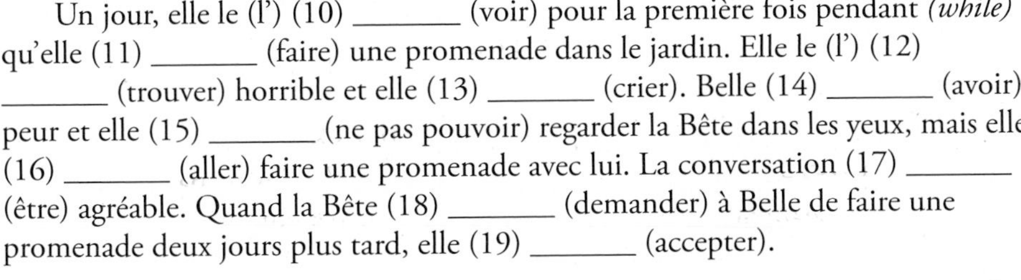

Un jour, elle le (l') (10) _______ (voir) pour la première fois pendant *(while)* qu'elle (11) _______ (faire) une promenade dans le jardin. Elle le (l') (12) _______ (trouver) horrible et elle (13) _______ (crier). Belle (14) _______ (avoir) peur et elle (15) _______ (ne pas pouvoir) regarder la Bête dans les yeux, mais elle (16) _______ (aller) faire une promenade avec lui. La conversation (17) _______ (être) agréable. Quand la Bête (18) _______ (demander) à Belle de faire une promenade deux jours plus tard, elle (19) _______ (accepter).

Après ce jour-là, ils (20) _______ (faire) une promenade chaque après-midi. Ils (21) _______ (parler) de tout. Au début, Belle (22) _______ (avoir) très peur de la Bête mais, finalement, Belle (23) _______ (apprendre) à avoir confiance en lui. Après un certain temps, Belle (24) _______ (commencer) à aimer le monstre et un jour elle l' (25) _______ (embrasser *[to kiss]*). Tout à coup, le visage *(face)* de la Bête (26) _______ (changer) et il (27) _______ (devenir) un beau et jeune prince.

# Reprise

## *Les Stagiaires*

See the ***Résumé de grammaire*** section at the end of each chapter for a review of all the grammar presented in the chapter.

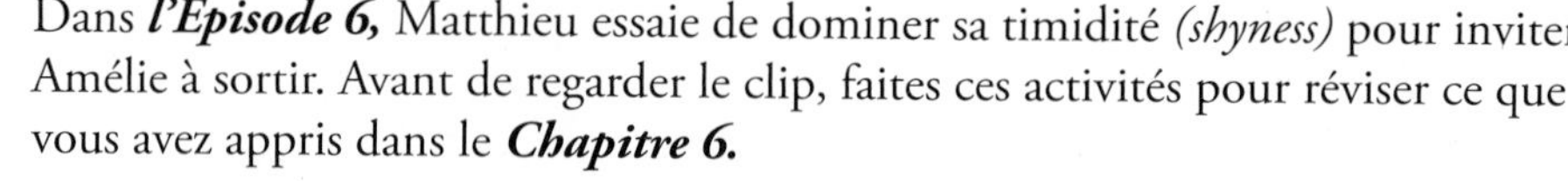

Dans ***l'Épisode 6,*** Matthieu essaie de dominer sa timidité *(shyness)* pour inviter Amélie à sortir. Avant de regarder le clip, faites ces activités pour réviser ce que vous avez appris dans le ***Chapitre 6.***

**A. Invitations.** Matthieu voudrait inviter Amélie à sortir. Comment est-ce qu'on invite un(e) ami(e) à sortir? Invitez un(e) camarade de classe à faire les choses suivantes. Il/Elle va accepter une de vos invitations, refuser une de vos invitations et suggérer une autre activité pour la troisième. Utilisez des expressions variées.

**EXEMPLE** aller au cinéma demain
**—Tu voudrais aller au cinéma demain?**
**—Oui, je voudrais bien.**

1. aller prendre un verre après les cours
2. aller danser samedi soir
3. aller voir une exposition au musée dimanche après-midi

**B. On ne peut pas toujours faire ce qu'on veut!** Camille explique ce que ses collègues ont envie de faire et ce qu'ils ont besoin de faire. Répétez ce qu'elle dit, en utilisant les verbes **vouloir, pouvoir** et **devoir** comme dans l'exemple.

**EXEMPLE** Christophe a envie de lire un manga, mais il a besoin de faire des photocopies pour son père.
**Christophe veut lire un manga, mais il ne peut pas parce qu'il doit faire des photocopies pour son père.**

1. Monsieur Vieilledent a envie de boire du café, mais il a besoin de prendre moins de caféine.
2. Rachid et Amélie ont envie de partir tôt du bureau aujourd'hui, mais ils ont besoin de finir leur travail.
3. J'ai envie de prendre un long déjeuner aujourd'hui pour faire du shopping, mais j'ai besoin de rentrer au bureau.
4. Nous avons tous envie de moins travailler, mais nous avons besoin de terminer *(to finish)* ce projet pour des clients.

**C. Au bureau.** Camille décrit les habitudes de ses collègues. Complétez chacune de ses phrases en mettant le verbe donné à la forme convenable du présent. Ensuite, dites si les autres personnes indiquées font la même chose.

**EXEMPLE** Le lundi matin, Monsieur Vieilledent **part** (partir) pour le travail avant huit heures. Et vous?
**Moi aussi, je pars pour le travail avant huit heures le lundi.**

1. Céline _______ (partir) souvent en week-end. Et vous? Et vos amis?
2. Christophe _______ (dormir) souvent jusqu'à midi le week-end. Et vous? Et vos amis?
3. Rachid et Amélie _______ (sortir) souvent danser le samedi soir. Et vos amis et vous?

4. Amélie _______ (sortir) avec ses camarades de classe. Et vous?
5. Amélie ne _______ (dormir) jamais en cours. Et le professeur de français? Et les autres étudiants et vous?

**D. Hier soir.** Matthieu parle de ce qu'il a fait hier soir. Complétez ce qu'il dit en mettant les verbes donnés au passé composé ou à l'imparfait.

J'aime beaucoup faire la cuisine et hier, j' __1__ (inviter) des amis à dîner chez moi. Vers quatre heures, je __2__ (sortir) pour aller faire les courses. J' __3__ (acheter) tout ce dont *(that)* j' __4__ (avoir) besoin et je __5__ (rentrer). Je/J' __6__ (commencer) à préparer le repas *(meal)* quand le téléphone __7__ (sonner *[to ring]*). C' __8__ (être) un de mes amis qui __9__ (vouloir) me dire *(to tell me)* qu'ils __10__ (aller) arriver un peu en retard *(late)*. Il __11__ (être) déjà huit heures quand ils __12__ (arriver) et nous __13__ (avoir) tous très faim, alors, nous __14__ (commencer) à manger tout de suite. Après, nous __15__ (jouer) à des jeux vidéo jusqu'à minuit. Quand mes amis __16__ (partir), j' __17__ (être) fatigué et je/j' __18__ (aller) au lit.

**E. Quelle soirée!** Amélie est allée à une fête chez des amis, les Fédor. Regardez l'illustration et racontez *(tell)* ce qui s'est passé à la fête. Utilisez **le voleur** pour *the thief*, **voler** pour *to steal* et **entrer par la fenêtre** pour *to come in through the window.* Avant de commencer, réfléchissez *(think)* aux questions suivantes.

- What night was it?
- What time was it?
- What was the weather like?
- How many people were in the Fédors' living room?
- Why were they there?
- What was each person doing?
- What was in the bedroom?
- What happened?
- What happened next?

le voleur

Les Dupont Hassan Amélie Les Fédor

Access the Video ***Les Stagiaires*** at iLrn and on the *Horizons* Premium Website.

## Épisode 6: Je t'invite…

Dans ce clip, Matthieu invite Amélie à sortir. Avant de regarder le clip, faites une liste de trois phrases qu'on peut utiliser pour inviter quelqu'un. Ensuite, regardez le clip pour déterminer quand Matthieu et Amélie vont sortir et où ils vont aller.

# Lecture et Composition

## Lecture

### Pour mieux lire: *Using real-world knowledge*

The more familiar you are with a topic, the easier it is to understand what you read in French. When selecting readings to practice French outside of class, select topics of interest about which you already know something. Use what you know about the topic to predict what you will find in the reading.

You are going to read some opinions about French and American movies. What things might someone talk about when comparing the films made in one country to those made in another? What types of Hollywood movies are usually the biggest hits? Can you compare that to what is popular in films from other countries or independent films? What French movies have you seen?

**Titres de films.** Lisez la liste des films les plus vus en France de 1945 à 2008 à la page 251. Est-ce que vous pouvez donner leurs titres en anglais?

**Note.** Mathilde Seigner, Daniel Auteuil, Michel Blanc et Isabelle Carré sont des acteurs français.

### *Le cinéma français et le cinéma américain*

Le cinéma **est né** en France avec **la découverte,** en 1895, de la projection d'images par les frères Lumière. Plus de cent ans après, la France reste **toujours** un des principaux producteurs de films **au monde. Cependant, depuis la Seconde Guerre mondiale,** le cinéma américain a plus de succès que le cinéma français dans le monde et en France. Cette prédominance du cinéma américain provoque beaucoup de discussions et d'explications chez les Français. Voici trois points de vue trouvés sur des forums d'Internet. Qu'en pensez-vous?

«Les cinéastes américains **savent** transporter les spectateurs **loin d'eux-mêmes, en misant sur** des aspirations universelles: l'amour, **le dépassement de soi,** l'héroïsme… alors que les cinéastes français préfèrent explorer **les recoins** – comiques ou dramatiques – de **la vie quotidienne, forcément** moins glamour qu'une love story à NY ou une grande **bataille** dans la Perse antique. Les cinéastes français ont peut-être aussi l'ambition de questionner, d'**éduquer,** de dénoncer… alors que les cinéastes américains préfèrent conforter leur public dans son mode de vie et ses idéaux. La bataille est forcément **inégale**!».

«Je vois le cinéma français un peu comme une transposition à **l'écran** de la vie de tous les jours, c'est **plat** et **sans saveur.** À quoi bon aller au ciné pour voir des choses que tu vois dans la vie de tous les jours?»

«C'est sûr qu'**on ne verra jamais** Mathilde Seigner sauver **le monde,** Daniel Auteuil **se battre contre** des extraterrestres, Michel Blanc **fusiller** une armée de **flics** ou Isabelle Carré ayant pour objectif de **faire sauter** l'Élysée. Et c'est bien pour ça que je vote pour les films français!»

http://telephonemaison.blogs.allocine.fr / www.comlive.net / http://fr.answers.yahoo.com

**est né** *was born* **la découverte** *the discovery* **toujours** *still* **au monde** *in the world* **Cependant, depuis la Seconde Guerre mondiale** *However, since the Second World War* **savent** *know how to* **loin d'eux-mêmes** *far from their own world* **en misant sur** *relying on* **le dépassement de soi** *surpassing oneself* **les recoins** *the nooks and corners* **la vie quotidienne** *daily life* **forcément** *inevitably* **bataille** *battle* **éduquer** *to educate* **inégale** *unequal* **l'écran** *the screen* **plat(e)** *flat* **sans saveur** *flavorless* **on ne verra jamais** *one will never see* **le monde** *the world* **se battre contre** *fight against* **fusiller** *shoot down* **flics** *cops* **faire sauter** *to blow up*

## Compréhension

Parmi les personnes qui font les commentaires dans la lecture, qui serait probablement d'accord *(would probably agree)* avec les phrases suivantes: **la première, la deuxième** ou **la troisième**?

1. Je préfère les films français qui transmettent un message social.
2. Les films français sont plus réalistes que les films américains.
3. Généralement, je trouve les films français ennuyeux. Je préfère les films un peu plus fantastiques.
4. Il y a beaucoup de violence dans les films américains. Ça ne me plaît pas!
5. Les cinéastes français veulent souvent que les spectateurs pensent aux problèmes de tous les jours mais les cinéastes américains veulent souvent qu'ils les oublient *(forget)*.

# Composition

### Pour mieux écrire: *Using the Internet*

The Internet can be a useful tool when you are not sure how to word something in French. For example, imagine that you want to say *the worst movie of the year,* but you are not sure whether to place **pire** *(worst)* before or after the word **film.** You can find out what people say by going to a French search engine such as http://www.google.fr or http://fr.yahoo.com and searching **"le pire film de l'année"** and **"le film pire de l'année"** and comparing how many Web pages you find with each phrase.

**Organisez-vous.** Vous allez écrire votre avis *(opinion)* sur le meilleur ou le pire film de l'année dans un blog. D'abord, faites une liste de cinq films que vous avez vus et cherchez leurs titres en français sur Internet.

Ensuite, utilisez Internet pour déterminer quelle expression dans chaque paire qui suit est correcte.

1. "les deux derniers films" / "les derniers deux films"
2. "les acteurs ont joué très bien" / "les acteurs ont très bien joué"
3. "la célèbre actrice" / "l'actrice célèbre"
4. "que j'ai aimé beaucoup" / "que j'ai beaucoup aimé"
5. "l'ami qui j'étais avec" / "l'ami avec qui j'étais"

## Forum: Le meilleur ou le pire du cinéma cette année

Utilisez le passé composé et l'imparfait pour écrire un paragraphe d'au moins six phrases pour un blog sur le meilleur ou le pire film que vous avez vu récemment. Expliquez pourquoi vous avez aimé ce film ou pas.

# Comparaisons culturelles

© Pathe Film/Everett Collection

**L'acteur Dany Boon joue un des rôles principaux dans le film *Bienvenue chez les Ch'tis*. Ce film, avec ses plus de 20,4 millions d'entrées, tient le record du film français le plus vu de tous les temps.**

## Le cinéma: les préférences des Français

Le cinéma, **que ce soit** les films passés au cinéma, à la télévision ou en DVD, occupe une place centrale dans le temps libre des Français. Avant de lire les renseignements **qui suivent** sur le cinéma en France, essayez de **deviner** comment compléter les phrases. Est-ce que la situation du cinéma en France est comparable à la situation dans votre région?

### Les films

Les Français préfèrent...

❏ les films français ❏ les films étrangers

Les Français aiment **autant** les films étrangers que les films français. En général, les films français représentent à peu près 40% des entrées au cinéma.

Comme films étrangers, ils préfèrent...

❏ les films américains ❏ les films européens

Parmi les films étrangers, ce sont les films américains qui sont les plus populaires. Des dix films les plus populaires en France depuis 1945, sept sont de production américaine.

Comme genre, les Français préfèrent...

❏ les drames ❏ les films d'aventure

Ce sont les films qui **attirent** un public jeune qui sont les plus populaires en France: films d'aventure, d'horreur... Les Français aiment aussi les comédies et les films à grand spectacle et on voit une popularité **croissante** des films avec un message social et des films d'amour.

**D'après** les Français, **les cinéastes** français font les meilleurs...

❏ films à grand spectacle ❏ films comiques et satires sociales

**tandis que** les Américains font les meilleurs...

❏ films à grand spectacle ❏ films comiques et satires sociales

**D'après les sondages** chez les Français, les cinéastes français font les meilleures comédies et satires sociales et les Américains sont plus forts pour le grand spectacle.

### Les spectateurs

La majorité des spectateurs...

❏ ont plus de 50 ans ❏ ont entre 25–34 ans ❏ ont moins de 25 ans

**que ce soit** *whether it be* **qui suivent** *that follow* **deviner** *to guess* **autant** *as many* **attirent** *attract* **croissante** *growing* **D'après** *According to* **les cinéastes** *film-makers* **tandis que** *whereas* **D'après les sondages** *According to surveys*

Les moins de 25 ans représentent 35% des spectateurs et deux-tiers (2/3) des gens qui vont au cinéma au moins une fois par mois.

En général, les Français vont au cinéma...

| | | |
|---|---|---|
| ❑ pendant la semaine | ❑ le week-end | ❑ le mercredi, jour où il y a un changement de film |
| ❑ en hiver | ❑ en été | ❑ également en toute saison |

En France, la saison du cinéma, c'est l'hiver et on y va le plus souvent le week-end.

Source: *Francoscopie 2010,* Gérard Mermet, Larousse, 2009.

Voici une liste des dix films les plus vus au cinéma en France depuis 1945. Qu'est-ce que vous remarquez?

**Les Césars du public**
*Les plus grands succès du cinéma de 1945 à 2008 (en France, en millions d'entrées)*

| | |
|---|---|
| Titanic (États-Unis) | 20,64 |
| Bienvenue chez les Ch'tis (France) | 20,46 |
| La Grande Vadrouille (France, G.-B.) | 17,27 |
| Autant en emporte le vent (États-Unis) | 16,72 |
| Le Livre de la jungle (États-Unis) | 15,29 |
| Il était une fois dans l'Ouest (États-Unis) | 14,86 |
| Les 101 Dalmatiens (États-Unis) | 14,66 |
| Astérix et Obélix: mission Cléopâtre (Fr.) | 14,37 |
| Les Dix Commandements (États-Unis) | 14,23 |
| Blanche-Neige et les sept nains (États-Unis) | 13,88 |

## Compréhension

1. Qu'est-ce que vous pouvez dire au sujet des spectateurs français et de leurs préférences en matière de *(with regards to)* films? Quelles sont les préférences des gens où vous habitez?
2. Combien de films du tableau ci-dessus *(chart above)* sont américains? français? Certains Français trouvent qu'il y a trop d'influence américaine dans les salles de cinéma en France et que la culture française en est menacée *(is threatened by this).* Est-ce que ce sentiment est justifié? Quel est le rôle du gouvernement dans la préservation de la culture? Est-ce qu'il doit y avoir une censure? des quotas? des subventions *(subsidies)*?
3. D'après la majorité des Français, quels genres de films est-ce que les cinéastes français font mieux? Et les cinéastes américains? Est-ce que l'industrie cinématographique d'un pays est un reflet de *(a reflection of)* sa culture? Si oui, quelles comparaisons culturelles peut-on faire entre les Français et les Américains?

Visit **www.cengagebrain.com/shop/ISBN/0495912492** for additional cultural information and activities.

## The verbs *vouloir, pouvoir,* and *devoir*

Je **veux** sortir ce soir mais je ne **peux** pas. Je **dois** travailler.

Here are the conjugations of **vouloir** *(to want),* **pouvoir** *(can, may, to be able),* and **devoir** *(must, to have to, to owe).*

| VOULOIR | POUVOIR | DEVOIR |
|---|---|---|
| je **veux** | je **peux** | je **dois** |
| tu **veux** | tu **peux** | tu **dois** |
| il/elle/on **veut** | il/elle/on **peut** | il/elle/on **doit** |
| nous **voulons** | nous **pouvons** | nous **devons** |
| vous **voulez** | vous **pouvez** | vous **devez** |
| ils/elles **veulent** | ils/elles **peuvent** | ils/elles **doivent** |
| P.C. **j'ai voulu** | P.C. **j'ai pu** | P.C. **j'ai dû** |
| IMP. **je voulais** | IMP. **je pouvais** | IMP. **je devais** |

Nous **voulions** partir en vacances, mais nous n'**avons** pas **pu.** Nous **avons dû** travailler.

Elle **a dû** quitter la maison très tôt. Elle **devait** arriver à sept heures.
*She must have left / had to leave the house very early. She was supposed to arrive at seven o'clock.*

You generally use the verb **vouloir** in the **imparfait** to say what someone wanted to do. Use **pouvoir** in the **imparfait** to say what people could do if they might have wanted to, but use it in the **passé composé** to say what they managed to do on an occasion when they tried. Use **devoir** in the **imparfait** to say what one was supposed to do, but in the **passé composé** for what one must have done, or had to do on a specific occasion.

## The verbs *sortir, partir,* and *dormir*

Here are the conjugations of **sortir** *(to go out),* **partir** *(to leave),* and **dormir** *(to sleep).*

| SORTIR | PARTIR | DORMIR |
|---|---|---|
| je **sors** | je **pars** | je **dors** |
| tu **sors** | tu **pars** | tu **dors** |
| il/elle/on **sort** | il/elle/on **part** | il/elle/on **dort** |
| nous **sortons** | nous **partons** | nous **dormons** |
| vous **sortez** | vous **partez** | vous **dormez** |
| ils/elles **sortent** | ils/elles **partent** | ils/elles **dorment** |
| P.C. **je suis sorti(e)** | P.C. **je suis parti(e)** | P.C. **j'ai dormi** |
| IMP. **je sortais** | IMP. **je partais** | IMP. **je dormais** |

Je **dors** jusqu'à sept heures et je **pars** pour l'université à huit heures.

Ce matin j'**ai dormi** jusqu'à sept heures et demie et je **suis partie** pour l'université en retard *(late).*

Avant, je **sortais** souvent avec des amis mais nous ne **sommes** pas **sortis** le week-end dernier.

Je **sors** souvent avec ma sœur le samedi. Nous **sortons** de la maison vers neuf heures.
Il **quitte** Paris pour aller travailler à Nice. Il **part** demain.

**Sortir** means *to go out* both in the sense of going out with friends and going out of a place. Use **partir** to say *to leave* in the sense of *to go away.* **Quitter** means *to leave* a person or a place and *must* be used with a direct object.

Je sors **de** la maison à neuf heures.
Je pars **pour** Nice demain.
Je pars **de** chez moi à huit heures.

Use these prepositions with these verbs:

*to go out (of)* = **sortir (de)**
*to leave (from)* = **partir (de)**
*to leave (for)* = **partir (pour)**

## *L'imparfait* and *le passé composé*

All verbs except **être** form the **imparfait** by dropping the **-ons** from the present tense **nous** form and adding these endings. The stem for **être** is **ét-.**

| | PARLER (nous parl~~ons~~ → parl-) | FAIRE (nous fais~~ons~~ → fais-) | PRENDRE (nous pren~~ons~~ → pren-) | ÊTRE (ét-) |
|---|---|---|---|---|
| je (j') | parl**ais** | fais**ais** | pren**ais** | ét**ais** |
| tu | parl**ais** | fais**ais** | pren**ais** | ét**ais** |
| il/elle/on | parl**ait** | fais**ait** | pren**ait** | ét**ait** |
| nous | parl**ions** | fais**ions** | pren**ions** | ét**ions** |
| vous | parl**iez** | fais**iez** | pren**iez** | ét**iez** |
| ils/elles | parl**aient** | fais**aient** | pren**aient** | ét**aient** |

Quand j'**avais** 12 ans, j'**allais** au lycée. Je **passais** beaucoup de temps avec mes copains. On **aimait** faire du roller.

Verbs with spelling changes in the present tense **nous** form, like **manger** and **commencer,** retain the spelling changes in the **imparfait** only before endings beginning with an **a.**

Nous **mangions** bien, mais je **mangeais** peu.

Vous **commenciez** vos cours à midi, mais moi, je **commençais** mes cours à 11 heures.

Note these expressions in the **imparfait:**

| | | |
|---|---|---|
| il y a | → | il y avait |
| il pleut | → | il pleuvait |
| il neige | → | il neigeait |

**Il y avait** du vent, il **pleuvait** et **il faisait** froid, mais **il** ne **neigeait** pas.

When talking about the past, you will use both the **passé composé** and the **imparfait.** Note their uses:

**USE THE *IMPARFAIT* TO SAY:**

1. **HOW THINGS USED TO BE OR WHAT USED TO HAPPEN**
   - continuous actions or states
   - repeated or habitual actions of an unspecified duration
2. **WHAT WAS GOING ON**
   - scene or setting
   - interrupted actions in progress
3. **WHAT THINGS WERE LIKE OR HOW SOMEONE FELT**
   - physical or mental states
4. **WHAT SOMEONE WAS GOING TO DO**

**USE THE *PASSÉ COMPOSÉ* TO SAY:**

1. **WHAT HAPPENED AT A PRECISE MOMENT, FOR A SPECIFIC DURATION, OR A SPECIFIC NUMBER OF TIMES**
   - completed actions
   - actions within a specific duration
   - actions done a specific number of times
2. **WHAT HAPPENED NEXT**
   - sequence of events
   - actions interrupting something in progress
3. **WHAT CHANGED**
   - changes in states
4. **WHAT SOMEONE WENT TO DO**

Cendrillon **pleurait** *(was crying)* quand sa marraine *(fairy godmother)* **est arrivée.** La marraine **a aidé** Cendrillon et Cendrillon **est allée** au bal du prince. Le prince **est tombé** immédiatement amoureux de Cendrillon. Ils **ont dansé** et ils **ont** beaucoup **parlé.** À minuit, Cendrillon **est partie** sans dire au prince qui elle **était,** mais elle **a laissé** tomber *(dropped)* une de ses chaussures.

# VOCABULAIRE

## COMPÉTENCE 1

### Inviting someone to go out

**NOMS MASCULINS**

| | |
|---|---|
| **l'amour** | *love* |
| **un film d'amour** | *a romantic movie, a love story* |
| **un groupe** | *a group* |
| **un horaire** | *a schedule* |

**NOMS FÉMININS**

| | |
|---|---|
| **une comédie** | *a comedy* |
| **une façon** | *a way* |
| **l'heure officielle** | *official time* |
| **l'heure d'ouverture** | *opening time* |
| **une idée** | *an idea* |
| **une invitation** | *an invitation* |
| **une personne** | *a person* |
| **une séance** | *a showing* |

**EXPRESSIONS VERBALES**

| | |
|---|---|
| **appeler** | *to call* |
| **devoir** | *must, to have to, to owe* |
| **dire** | *to say, to tell* |
| **passer chez...** | *to stop by . . . 's house* |
| **passer un film** | *to show a movie* |
| **pouvoir** | *can, may, to be able* |
| **regretter** | *to regret, to be sorry* |
| **répondre (à)** | *to answer, to respond (to)* |
| **suggérer** | *to suggest* |
| **téléphoner (à)** | *to phone* |
| **utiliser** | *to use, to utilize* |
| **vouloir** | *to want* |

**DIVERS**

| | |
|---|---|
| **allô** | *hello* (on the telephone) |
| **avec plaisir** | *gladly, with pleasure* |
| **Je pensais** | *I was thinking* |
| **Je t'invite...** | *I'm inviting you . . .* |
| **Je voudrais vous inviter...** | *I'd like to invite you . . .* |
| **Quelle bonne idée!** | *What a good idea!* |
| **quelqu'un** | *someone, somebody* |
| **tellement** | *so much, so* |
| **uniquement** | *uniquely, only* |
| **Vous voudriez... ?** | *Would you like . . . ?* |

## COMPÉTENCE 2

### Talking about how you spend and used to spend your time

**NOMS MASCULINS**

| | |
|---|---|
| **un copain** | *a friend, a pal* |
| **un lycée** | *a high school* |
| **un lycéen** | *a high school student* |
| **un restau-u** | *a university cafeteria* |

**NOMS FÉMININS**

| | |
|---|---|
| **une boum** | *a party* |
| **une copine** | *a friend, a pal* |
| **une école** | *a school* |
| **une lycéenne** | *a high school student* |
| **les vacances** | *vacation* |
| **la vie** | *life* |

**EXPRESSIONS VERBALES**

| | |
|---|---|
| **avoir cours** | *to have class* |
| **comparer** | *to compare* |
| **dormir** | *to sleep* |
| **faire du roller** | *to go in-line skating* |
| **faire du skateboard** | *to skateboard* |
| **partir (de/pour)** | *to leave (from/for), to go away (from/to)* |
| **partir en vacances** | *to leave on vacation* |
| **partir en voyage** | *to leave on a trip* |
| **partir en week-end** | *to go away for the weekend* |
| **quitter** | *to leave* |
| **sortir (de)** | *to go out (of)* |

**DIVERS**

| | |
|---|---|
| **ce que** | *what* |
| **dans le passé** | *in the past* |
| **fatigué(e)** | *tired* |
| **rien de spécial** | *nothing special* |

## COMPÉTENCE 3

### Talking about the past

| | |
|---|---|
| **NOMS MASCULINS** | |
| **un bistro** | *a pub, a restaurant* |
| **un repas** | *a meal* |
| **NOMS FÉMININS** | |
| **une fois** | *once, one time* |
| **une soirée** | *a party* |
| **une sortie** | *an outing* |
| **EXPRESSIONS ADVERBIALES** | |
| **un jour** | *one day* |
| **soudain** | *suddenly* |
| **tout à coup** | *all of a sudden* |
| **tout de suite** | *right away* |
| **tout d'un coup** | *all at once* |
| **DIVERS** | |
| **Ça t'a plu?** | *Did you like it?* |
| **délicieux (délicieuse)** | *delicious* |
| **Qu'est-ce qui s'est passé?** | *What happened?* |
| **rien du tout** | *nothing at all* |
| **tout le monde** | *everybody, everyone* |

## COMPÉTENCE 4

### Narrating in the past

| | |
|---|---|
| **NOMS MASCULINS** | |
| **un acteur** | *an actor* |
| **un bal** | *a ball* |
| **un classique** | *a classic* |
| **un conte** | *a story* |
| **un conte de fées** | *a fairy tale* |
| **les effets spéciaux** | *special effects* |
| **un marchand** | *a merchant, a shopkeeper* |
| **un messager** | *a messenger* |
| **un monstre** | *a monster* |
| **un palais** | *a palace* |
| **le travail** | *work* |
| **NOMS FÉMININS** | |
| **une actrice** | *an actress* |
| **une bête** | *a beast* |
| **une demi-sœur** | *a stepsister* |
| **une marchande** | *a merchant, a shopkeeper* |
| **une messagère** | *a messenger* |
| **la violence** | *violence* |
| **EXPRESSIONS VERBALES** | |
| **apprécier** | *to appreciate* |
| **à suivre** | *to be continued* |
| **changer** | *to change* |
| **Connaissez-vous... ?** | *Do you know . . . ?* |
| **décider** | *to decide* |
| **emprisonner** | *to imprison* |
| **jouer** | *to act* (in movies and theater) |
| **se parler** | *to talk to each other* |
| **prendre la place de** | *to take the place of* |
| **promettre** | *to promise* |
| **tomber amoureux (amoureuse) de** | *to fall in love with* |
| **ADJECTIFS** | |
| **amoureux (amoureuse) (de)** | *in love (with)* |
| **basé(e) (sur)** | *based (on)* |
| **cruel(le)** | *cruel* |
| **doux (douce)** | *sweet, soft, gentle* |
| **excellent(e)** | *excellent* |
| **féroce** | *ferocious* |
| **gâté(e)** | *spoiled* |
| **gracieux (gracieuse)** | *gracious* |
| **horrible** | *horrible* |
| **patient(e)** | *patient* |
| **DIVERS** | |
| **au début (de)** | *at the beginning (of)* |
| **finalement** | *finally* |
| **Il était une fois...** | *Once upon a time there was . . .* |
| **ça m'a plu** | *I liked it* |
| **lequel (laquelle)** | *which, which one* |
| **petit à petit** | *little by little* |
| **trop de** | *too much* |

# Interlude musical

© Simon Isabelle/SIPA

**La troupe Amélie-les-crayons est connue pour la qualité de son spectacle ainsi que *(as well as)* pour la qualité de sa musique.**

You can access these songs at the iTunes playlist on **www.cengagebrain.com/shop/ISBN/0495912492.**

## La garde-robe d'Élizabeth

### Amélie-les-crayons

Amélie-les-crayons, la chanteuse *(singer)* de la troupe du même nom, a fait ses débuts dans les cafés et bars de Lyon. Plus tard, elle s'est jointe aux trois autres musiciens, Heiko, Michel et Laurent, pour former la troupe. Dans leurs chansons, ils parlent de la vie de tous les jours, souvent sur un ton humoristique. Dans **La garde-robe d'Élizabeth,** Élizabeth désespère *(becomes exasperated)* parce qu'elle n'arrive pas à choisir quels vêtements elle veut mettre. Faites les activités qui suivent pour comprendre plus facilement les paroles *(lyrics).*

**A. Élizabeth devant sa garde-robe.** Voici de nouveaux mots qui se trouvent dans les paroles *(lyrics)* de **La garde-robe d'Élizabeth.** Organisez ces mots en trois listes: noms de vêtements, verbes et divers. Quels sont les vêtements que vous mettez le plus souvent?

**EXEMPLE**

| VÊTEMENTS | VERBES | DIVERS |
|---|---|---|
| **un anorak** | **s'arracher** | **allumé(e)** |
| **des bas** | **attendre** | **à pois** |

allumé(e) *turned on*
un anorak *a ski jacket*
à pois *polka-dotted*
s'arracher *to pull out*
attendre *to wait*
attraper *to grab*
des bas *hose, stockings*
des baskets *tennis shoes*
les bras *the arms*
des bretelles *suspenders*
un body *a body suit*
un cadeau *a gift*
un châle *a shawl*
le choix *the choice*
un col roulé *a turtle neck sweater*
un col V *a V-necked sweater*
se coucher *to lie down*
craquer *to crack*
criser *to panic*
croire *to believe*
une culotte *panties*
un débardeur *a tank top*
se dérober *to give way*
désespérer *to despair*
en boule *in a ball*
en croix *crossed*
s'énerver *to get upset*
enlever *to take off*
entendre *to hear*
en train de *in the process of*
fagoté(e) *done up, dressed*
un fer *an iron*
fouiller *to dig around*
un foulard *a scarf*
un froc *a frock*
une garde-robe *a wardrobe*
un gilet *a vest*
de grandes manches *puffy sleeves*
s'habiller *to dress oneself*
les info(rmation)s *news*
les jambes *legs*
des jambières *leggings*
lâcher *to let go, to release*
laver *to wash*
louper *to miss*
un maillot *a jersey*
la météo *the weather forecast*
mitigé(e) *mixed, uncertain*
un nu-dos *an open-backed outfit*
un pantalon *slacks*
repasser *to iron*
se ressaisir *to get hold of oneself*
un tablier *an apron*
sentir *to feel*
une tache *a spot*

**B. Qu'est-ce qu'elle fait?** Complétez les phrases suivantes avec le choix logique.

1. Élizabeth s'arrache ______________ (les jambes / les cheveux). Elle ne sait pas comment s'habiller!
2. Elle se couche par terre devant sa garde-robe, les ______________ (bras / cheveux) en croix, le regard en l'air.
3. Élizabeth attrape quelque chose dans sa garde-robe, les ______________ (bras / yeux) fermés.
4. Elle se regarde dans le miroir et elle n'en croit pas ______________ (ses yeux / ses bras)! Elle voit une tache sur son gilet!

© Tito Atchaa/Riser/Getty Images

## Michèle

### GÉRARD LENORMAN

Dans ses chansons, Gérard Lenorman parle souvent du monde heureux de la jeunesse. Dans **Michèle,** il chante l'amour entre les jeunes. Faites l'activité qui suit pour mieux comprendre les paroles *(lyrics).*

© Eric Fougere/ VIP Images/Corbis Entertainment/Corbis

**Gérard Lenorman, né en Normandie, savait depuis sa jeunesse qu'il voulait être chanteur. Il a écrit la chanson qui serait *(that would be)* son premier disque, *Le vagabond*, à l'âge de 12 ans.**

**Michèle.** Dans la première partie de la chanson, Lenorman parle de la petite amie de sa jeunesse et de ce qu'ils faisaient ensemble. Pour mieux comprendre, complétez les phrases suivantes en conjugant les verbes à l'imparfait.

IMPARFAIT

Elle __1__ (avoir) à peine *(barely)* 15 ans et elle __2__ (porter) des rubans *(ribbons)* dans ses cheveux qui *(which)* __3__ (voler *[to fly]*) derrière elle. Elle __4__ (habiter) à Paris, près du musée du Grand Palais. Le matin, ils __5__ (prendre) le train ensemble pour aller au lycée. Pendant la récré *(break),* ils __6__ (aller) ensemble au café où ils __7__ (prendre) quelque chose et il l' __8__ (embrasser *[to kiss]*). Le jeudi après-midi, ils __9__ (aller) au cinéma.

Dans la dernière partie de la chanson, le chanteur explique en quoi les choses ont changé. Pour mieux comprendre, complétez les phrases suivantes en conjugant les verbes au présent.

PRÉSENT

Il n' __10__ (être) plus son Prince Charmant. Elle est mariée et elle __11__ (continuer) à vivre *(to live)* à Paris. Tous ces souvenirs *(memories)* __12__ (être) sont très loin et lui, il __13__ (avoir) l'impression que les rues, les cafés et les trains de banlieue se moquent de *(could care less about)* ses souvenirs.

© Jean-Luc Armand/Photononstop/Photolibrary

La Normandie

# La vie quotidienne

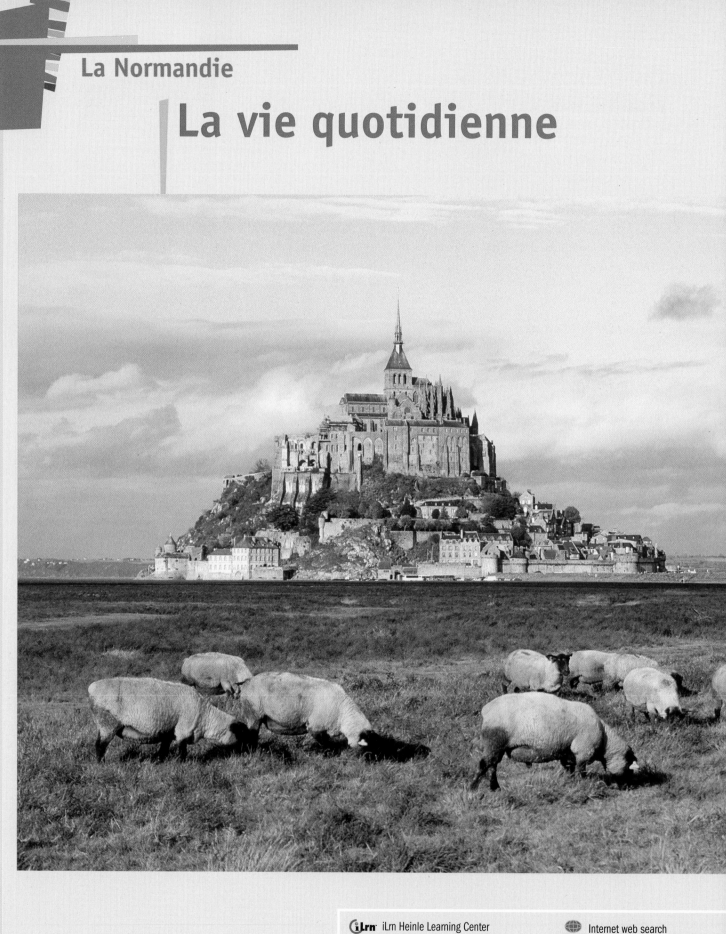

iLrn Heinle Learning Center

www.cengagebrain.com/shop/ISBN/0495912492

*Horizons* Video: Les Stagiaires

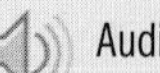

Audio

Internet web search

Pair work

Group work

© age fotostock/SuperStock

# Chapitre 7

## COMPÉTENCE

# La France et sa diversité

Existe-t-il une identité française? un caractère français? Quand vous pensez à la culture française et au peuple français, comment est-ce que vous les imaginez?

En réalité, la France n'a pas **une seule** identité ou une seule culture. La France est un pays riche en diversité où chaque région a son **propre** héritage culturel.

© Marc Garanger/CORBIS

© Hemis/Alamy

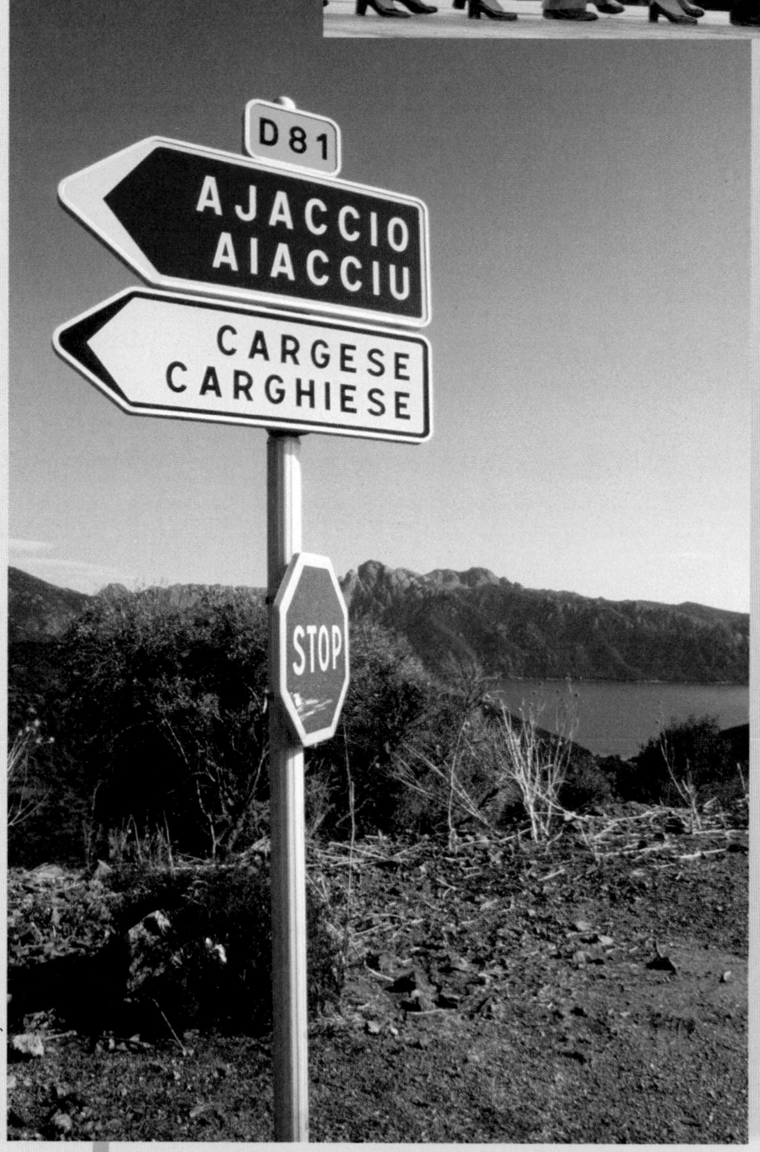


© AWPhoto/Alamy

**Chacune** des régions de la France a ses traditions, sa cuisine, sa musique, ses danses et **même parfois** sa langue.

L'immigration est depuis longtemps la source de beaucoup de débats politiques et sociaux en France. Recherchez des informations sur Internet à ce sujet. Quelles sont les questions qu'on se pose à ce sujet? Est-ce que les attitudes des Français au sujet de l'immigration sont semblables à celles *(similar to those)* qu'on a chez vous?

**une seule** *a single* **propre** *own* **Chacune** *Each one* **même parfois** *even at times*

**La Normandie**

Visit it live on Google Earth!

**Nombre d'habitants: 3 260 000 habitants (les Normands)**
**Capitale: Rouen**

© Vladimir Pcholkin/Taxi/Getty Images

**Pourtant, malgré** cette diversité, les Français **se sentent** bien français! Une histoire qui date de plus de 2 000 ans, **un patrimoine** riche en architecture et en culture et une tradition **à la fois laïque** et catholique donnent aux Français leur unité, le sens d'être «français».

© Heinle/Cengage Learning

Récemment, l'immigration a beaucoup changé le visage de la France. Les nouveaux immigrés cherchent à **maintenir** leurs langues et leurs traditions.

## Qu'en savez-vous?

Complétez ces phrases.

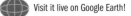

1. La France n'a pas une seule identité ou une seule culture. C'est un pays riche en diversité culturelle, grâce à *(due to)* la variété d'héritages culturels de ses ____________ et à ____________ récente.
2. Dans certaines régions de la France, les gens parlent non seulement *(not only)* le français, mais aussi une langue régionale. De ces trois langues régionales, devinez laquelle *(guess which one)* est parlée dans chacune des régions suivantes: niçois, corse, breton.
   En Bretagne, certains parlent ____________.
   En Corse, il y a des gens qui parlent ____________.
   Dans la région près de Nice, on entend *(hears)* parfois parler ____________.
3. Malgré cette diversité, les Français se sentent bien français. La France a un héritage culturel «français» basé surtout sur ____________ ____________ ____________.
4. À cause de la diversité des cultures qui font aujourd'hui partie de la culture française, les Français cherchent à trouver une réponse à deux questions importantes: ____________ ____________.

© Nogues Alain/CORBIS SYGMA

**Ainsi,** aujourd'hui la France **fait face à** des questions importantes: Comment peut-on préserver l'identité de la culture française **tout en respectant** les divers groupes ethniques qui habitent dans le pays? Est-il possible de combiner l'unité et la diversité?

**Pourtant, malgré** *However, in spite of* **se sentent** *feel* **un patrimoine** *a heritage* **à la fois laïque** *at the same time secular* **maintenir** *to maintain* **Ainsi** *Thus* **fait face à** *is facing* **tout en respectant** *while still respecting*

COMPÉTENCE 1

# Describing your daily routine

**Note** *culturelle*

**En France, on utilise souvent l'expression «métro, boulot, dodo» *("subway, work, bedtime")* pour exprimer *(to express)* la monotonie de la vie quotidienne. Y a-t-il une expression en anglais pour exprimer cette même idée?**

**Note** *de vocabulaire*

When saying that people are doing something to a part of their body, you generally use the definite article **(le, la, l', les)** in French, rather than a possessive adjective as in English.

Je me lave **les** mains. *I'm washing **my** hands.*

**Sélection musicale.** Search the Web for the song **C'est lundi** by Jesse Garon to enjoy a musical selection related to this vocabulary.

## La vie de tous les jours

Quelle est votre **routine quotidienne**?

D'habitude le matin... Je **fais ma toilette.**

Je me réveille vers six heures.

Je me lève tout de suite.

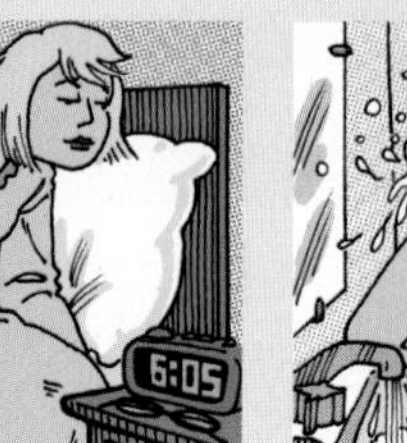

Je me lave **la figure** et **les mains** *(f).*

Je prends un bain ou **une douche.**

Je me brosse les cheveux.

Je me brosse les dents.

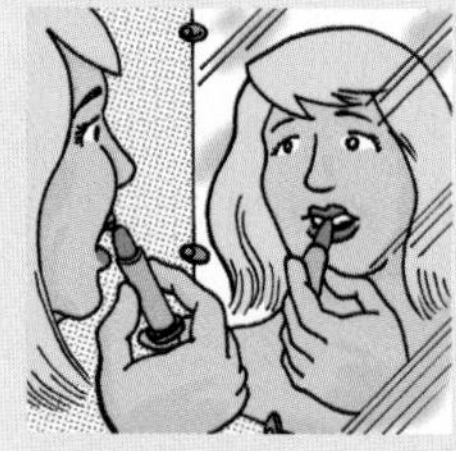

Je me maquille.

Je m'habille.

Le soir...

Quelquefois, **je me repose.**

**D'autres fois,** je m'amuse avec des amis.

Parfois, quand je suis seule, **je m'ennuie.**

Je me déshabille.

Je me couche et **je m'endors** facilement.

**la routine quotidienne** *daily routine* **faire sa toilette** *to wash up* **la figure** *the face* **les mains** *(f) the hands* **une douche** *a shower* **je me repose** (**se reposer** *to rest*) **D'autres fois** *Other times* **je m'ennuie** (**s'ennuyer** *to be bored, to get bored*) **je m'endors** (**s'endormir** *to fall asleep*)

CD 2-29

Rosalie Toulouse Richard, d'origine française, habite à Atlanta **depuis** son mariage avec un Américain. **Veuve** maintenant, elle retourne en France avec sa **petite-fille** Rose qui ne **connaît** pas du tout la France. **Comme** elles partagent une chambre **pendant** leur **séjour,** elles parlent de leurs routines le matin.

**ROSALIE:** Tu te lèves vers quelle heure d'habitude?

**ROSE:** Entre six heures et six heures et demie. Je fais **vite** ma toilette, je m'habille et puis je me maquille. Je suis prête en une demi-heure.

**ROSALIE:** C'est parfait. Moi, je prends quelquefois une douche le matin mais je préfère prendre mon bain le soir. Je peux très bien **attendre** jusqu'à sept heures pour faire ma toilette.

**ROSE:** Et moi, je ne quitte jamais la maison avant huit heures et demie. Alors si tu veux, on peut prendre le petit déjeuner ensemble tous les matins.

## A. Et ensuite...

Trouvez la suite logique pour compléter chaque phrase.

1. Je me lève...
2. Je me brosse...
3. Je prends...
4. L'après-midi, je m'amuse...
5. Je me déshabille et puis...
6. Je me couche et...

a. avec des amis.
b. je me couche.
c. vers huit heures.
d. les dents.
e. une douche ou un bain.
f. je m'endors.

## B. Ma routine.

Complétez les phrases avec une expression de la liste.

**EXEMPLE** Je me réveille avant six heures.
**Je me réveille rarement avant six heures.**
**Je ne me réveille jamais avant six heures.**

| | |
|---|---|
| toujours | tous les jours |
| souvent | le lundi, le mardi... |
| quelquefois | le matin, l'après-midi, le soir |
| de temps en temps | une (deux...) fois par jour (semaine...) |
| rarement | |
| ne... jamais | |

1. Je me réveille après neuf heures.
2. Je me lève tout de suite.
3. Je prends une douche ou un bain.
4. Je me lave les mains.
5. Je me lave les cheveux.
6. Je me brosse les dents.
7. Je m'habille vite.
8. Je m'ennuie.
9. Je me repose.
10. Je m'amuse bien.
11. Je me couche tard.
12. Je m'endors sur le canapé.

**Note** *de grammaire*

To form the negative of a reflexive verb, place **ne** directly after the subject and **pas, jamais,** or **rien** directly after the verb. Remember that **toujours, souvent,** and **rarement** go right after the verb, but the other adverbial phrases listed go at the end of the sentence.

## À vous!

Avec un(e) partenaire, relisez à haute voix la conversation entre Rosalie et Rose. Ensuite, imaginez que vous voyagez ensemble et adaptez la conversation pour parler de votre routine le matin.

You can find a list of the new words from this ***Compétence*** on page 298 and audio for each item of this list at **www.cengagebrain.com/shop/ISBN/0495912492.**

**depuis** *since* **Veuve (Veuf)** *Widow (Widower)* **une petite-fille (un petit-fils)** *a granddaughter (a grandson)* **elle connaît (connaître** *to know)* **Comme** *Since, As* **pendant** *during* **un séjour** *a stay* **vite** *quickly, fast* **attendre** *to wait (for)*

## Pour vérifier

**1.** What is the difference in usage between the reflexive verb **se laver** and the non-reflexive verb **laver**?

**2.** What are the different reflexive pronouns that are used with each subject pronoun when you conjugate a reflexive verb like **se laver**?

**3.** Where do you place **ne... pas** when negating reflexive verbs?

**4.** How is **s'endormir** conjugated?

**5.** In which forms do verbs like **se lever, s'appeler,** and **s'ennuyer** have spelling changes? What are the changes? Which forms do not have spelling changes?

iLrn Grammar Tutorials

# Describing your daily routine

## *Les verbes réfléchis au présent*

You can do something to or for yourself or to or for another person or thing. When someone performs an action on or for himself/herself, a reflexive verb is generally used in French. Compare these sentences.

| REFLEXIVE | NON-REFLEXIVE |
|---|---|
|  |  |
| Je me lave les mains. | Je lave la voiture. |

The infinitive of reflexive verbs is preceded by the reflexive pronoun **se.** When you conjugate these verbs, change the reflexive pronoun according to the subject. In the negative, place **ne** directly after the subject and **pas** after the conjugated verb.

| SE LAVER *(to wash [oneself])* | | NE PAS SE LAVER | |
|---|---|---|---|
| je me lave | nous nous lavons | je ne me lave pas | nous ne nous lavons pas |
| tu te laves | vous vous lavez | tu ne te laves pas | vous ne vous lavez pas |
| il/elle/on se lave | ils/elles se lavent | il/elle/on ne se lave pas | ils/elles ne se lavent pas |

**Me, te,** and **se** change to **m', t',** and **s'** before a vowel sound: **je m'habille, tu t'habilles, elle s'habille, ils s'habillent.**

Here are some reflexive verbs you can use to talk about your daily life:

| | |
|---|---|
| s'amuser | *to have fun* |
| s'appeler | *to be named* |
| se brosser (les cheveux, les dents) | *to brush (one's hair, one's teeth)* |
| se coucher / se recoucher | *to go to bed / to go back to bed* |
| s'endormir | *to fall asleep* |
| s'ennuyer | *to be bored, to get bored* |
| s'habiller / se déshabiller | *to get dressed / to get undressed* |
| se laver (les mains, la figure) | *to wash (one's hands, one's face)* |
| se lever | *to get up* |
| se maquiller | *to put on make-up* |
| se raser | *to shave* |
| se reposer | *to rest* |
| se réveiller | *to wake up* |

The verb **s'endormir** is conjugated like **dormir.**

| S'ENDORMIR *(to fall asleep)* | |
|---|---|
| je m'endors | nous nous endormons |
| tu t'endors | vous vous endormez |
| il/elle/on s'endort | ils/elles s'endorment |

Remember that in verbs ending in **-yer,** such as **s'ennuyer,** the letter **y** changes to **i** in all forms except those of **nous** and **vous.**

| **S'ENNUYER** ***(to be bored, to get bored)*** | |
|---|---|
| je m'ennu**i**e | nous nous ennuyons |
| tu t'ennu**i**es | vous vous ennuyez |
| il/elle/on s'ennu**i**e | ils/elles s'ennu**i**ent |

There is an accent spelling change in the conjugation of **se lever.** Its conjugation is similar to that of **acheter. S'appeler** changes its spelling by doubling the final consonant of the stem in all present tense forms except those of **nous** and **vous.**

| **SE LEVER** ***(to get up)*** | |
|---|---|
| je me l**è**ve | nous nous levons |
| tu te l**è**ves | vous vous levez |
| il/elle/on se l**è**ve | ils/elles se l**è**vent |

| **S'APPELER** ***(to be named)*** | |
|---|---|
| je m'appe**ll**e | nous nous appelons |
| tu t'appe**ll**es | vous vous appelez |
| il/elle/on s'appe**ll**e | ils/elles s'appe**ll**ent |

**A. Équivalents.** Trouvez le verbe réfléchi correspondant à chaque définition.

**1.** aller au lit
**2.** sortir du lit
**3.** mettre des vêtements
**4.** faire quelque chose d'amusant
**5.** faire quelque chose d'ennuyeux
**6.** ne rien faire
**7.** commencer à dormir

**a.** s'endormir
**b.** s'ennuyer
**c.** se reposer
**d.** se lever
**e.** s'amuser
**f.** se coucher
**g.** s'habiller

**B. D'abord...** Indiquez l'ordre logique des activités données.

**EXEMPLE** prendre un bain / se lever
**D'abord, on se lève et puis on prend un bain.**

**1.** se réveiller / se lever
**2.** se laver la figure / se maquiller
**3.** s'habiller / prendre un bain ou une douche
**4.** quitter la maison / s'habiller
**5.** se reposer / rentrer à la maison après les cours
**6.** s'amuser / retrouver des amis
**7.** se déshabiller / se coucher
**8.** s'endormir / se coucher

**C. Un samedi typique.** Voilà la routine de Rose le samedi. Qu'est-ce qu'elle fait?

Le samedi matin…

**EXEMPLE**

… vers neuf heures.
**Elle se réveille vers neuf heures.**

**1.** … tout de suite.

**2.** … la figure et les mains.

**3.** … les dents.

**4.** … les cheveux.

**5.** … en jean.

Le samedi soir…

**6.** … avec des amis.

**7.** … vers deux heures du matin et… facilement.

**D. Et vous?** Regardez les illustrations de ***C. Un samedi typique.*** Est-ce que vous faites ces mêmes choses le samedi?

Le samedi matin…

**EXEMPLE**

… vers neuf heures
**Je me réveille vers neuf heures.**
**Je ne me réveille pas vers neuf heures.**

**E. Le week-end.** Demandez à votre partenaire s'il/si elle fait les choses suivantes le week-end.

EXEMPLE se réveiller tôt ou tard le samedi matin
**—Est-ce que tu te réveilles tôt ou tard le samedi matin?**
**—En général, je me réveille tôt.**

1. se lever tôt ou tard le samedi matin
2. prendre un bain ou une douche
3. s'amuser ou s'ennuyer le week-end
4. se coucher tôt ou tard le samedi soir
5. s'endormir facilement

**F. Questions.** En groupes, préparez cinq questions à poser au professeur au sujet de sa routine quotidienne. Utilisez des verbes réfléchis.

EXEMPLE **Est-ce que vous vous couchez tôt ou tard d'habitude?**
**À quelle heure est-ce que vous vous couchez d'habitude?**

**G. Un week-end entre amis.** Demandez à votre partenaire ce qu'il/elle fait avec ses amis quand ils passent un week-end ensemble dans une autre ville.

EXEMPLE se réveiller tôt ou tard
**—Est-ce que vous vous réveillez tôt ou tard?**
**—Nous nous réveillons tard. / On se réveille tard.**

1. se réveiller avant ou après dix heures
2. se lever tôt ou tard
3. se reposer plus souvent le matin, l'après-midi ou le soir
4. s'amuser plus souvent le matin, l'après-midi ou le soir
5. s'ennuyer quelquefois
6. se coucher tôt ou tard

**H. Vous faites du baby-sitting.** Vous faites du baby-sitting pour les deux enfants d'un(e) ami(e). Demandez ces renseignements à votre ami(e). Votre partenaire va jouer le rôle de votre ami(e) et imaginer ses réponses.

*Find out . . .*

EXEMPLE *what time they wake up*
**—À quelle heure est-ce qu'ils se réveillent?**
**—Ils se réveillent vers huit heures.**

1. *if they get up right away*
2. *if they take a bath or a shower in the morning or the evening*
3. *if they rest in the afternoon*
4. *what time they go to bed*
5. *if they fall asleep easily*

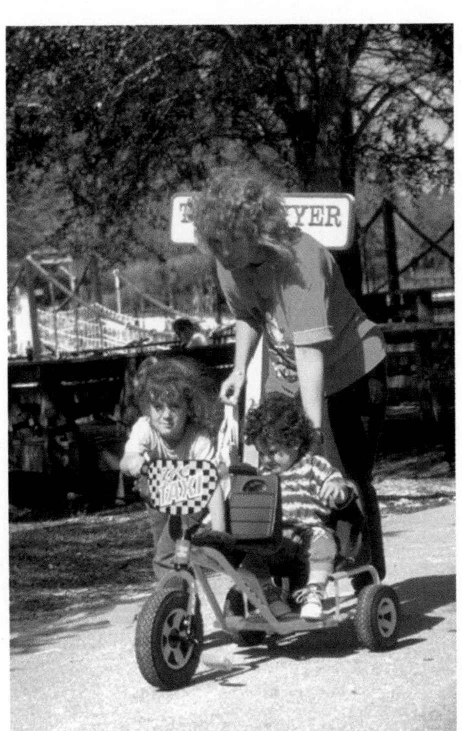

## Stratégies et Lecture

### Pour mieux lire: *Using word families and watching out for faux amis*

Recognizing words that belong to the same word family can make reading easier. Can you supply the missing meanings below?

| | | | |
|---|---|---|---|
| **la vie** | **vivre** | **se marier** | **le mariage** |
| *life* | *to live* | *to marry* | *marriage* |
| **l'arrêt** | **s'arrêter** | **espérer** | **l'espoir** |
| *the stop* | *???* | *to hope* | *???* |

Using cognates and word families can help you understand new texts more easily. However, beware of **faux amis,** words that look like cognates but have different meanings. For example, **rester** does not mean *to rest,* but *to stay.* Use cognates, but if a word does not seem right in the context, look it up.

**A. Familles de mots.** Vous allez voir ces mots dans l'histoire qui suit. Servez-vous du sens des mots donnés pour déterminer le sens des autres mots.

| | | | |
|---|---|---|---|
| **rêver** | **un rêve** | **dire** | **dit(e)** |
| *to dream* | *a dream* | *to say, to tell* | *said, told* |
| **se souvenir de** | **des souvenirs** | **connaître** | **connu(e)** |
| *to remember* | *???* | *to know* | *???* |
| **saluer** | **une salutation** | **reconnaître** | **reconnu(e)** |
| *to greet* | *???* | *to recognize* | *???* |

**B. Faux amis.** Donnez le sens des faux amis en caractères gras selon le contexte.

M. Dupont est dans un fauteuil au jardin quand une jolie jeune fille qui passe **attire** son attention. Il la **salue** et lui dit: «Bonjour, mademoiselle.» Cette fille ressemble à quelqu'un qu'il connaissait dans le passé et il commence à rêver. Il a de beaux **souvenirs** du temps où il était jeune. Il aimait une jeune fille et il **garde** toujours l'espoir de la revoir un jour.

CD 2-30

### Lecture: Il n'est jamais trop tard!

*Rosalie Toulouse Richard, qui habite à Atlanta depuis son mariage avec un Américain, retourne à Rouen avec sa petite-fille Rose. Son vieil ami, André Dupont, ne sait pas encore que Rosalie est à Rouen.*

André Dupont a toujours aimé passer des heures à travailler dans son jardin. Il a une passion pour les roses et depuis des années, il plante des rosiers de toutes les variétés et de toutes les couleurs dans son jardin.

Ses rosiers font l'admiration de tous les gens du quartier et beaucoup d'entre eux passent devant chez lui pour regarder son beau jardin. Aujourd'hui, trois jeunes filles s'arrêtent devant son jardin et lui disent bonjour. Il reconnaît deux d'entre elles, ce sont les petites-filles de son ami Jean Toulouse, mais c'est la troisième qui attire son attention. Il ne l'a jamais vue, et pourtant il a l'impression de la connaître! Elle ressemble à quelqu'un... quelqu'un qu'il a connu il y a très longtemps.

Les souvenirs lui reviennent, comme si c'était hier. C'était il y a longtemps, il avait dix-huit ans et il était amoureux fou d'une jolie jeune fille de son âge. Elle s'appelait Rosalie... ! Il voulait lui dire combien il l'aimait, mais il n'en avait pas le courage. Il était trop timide. Un beau jour, il s'est décidé à tout lui dire. Il a choisi des fleurs de son jardin pour en faire un bouquet, il a pris son vélo et il est allé chez Rosalie. Mais en arrivant, il a trouvé Rosalie en compagnie d'un jeune Américain et elle regardait ce jeune homme d'un regard de femme amoureuse. André, lui, est rentré chez lui sans jamais parler à Rosalie.

Quelques mois après, Rosalie s'est mariée avec le jeune Américain et ils sont partis vivre aux États-Unis. De temps en temps, André avait des nouvelles car le frère de Rosalie et lui étaient de bons amis. Il savait qu'elle habitait à Atlanta, qu'elle avait eu trois enfants, et il y a trois ans, il a appris que son mari était mort. Il gardait toujours l'espoir de la revoir, mais les années passaient et elle ne revenait toujours pas.

—Vos rosiers sont magnifiques, monsieur!

C'est Rosalie qui parle! En un instant, André Dupont revient au présent et ouvre les yeux. C'est la jeune fille qui parle... celle qu'il ne connaît pas.

—Rosalie???

—Moi, monsieur? Non, je m'appelle Rose. Rosalie, c'est ma grand-mère.

—Ta grand-mère?

—Oui. Vous connaissez ma grand-mère?

—Rosalie Toulouse? Oui, je la connais, mais...

—Eh bien, venez la voir, elle est chez son frère Jean! Je suis sûre qu'elle sera contente de revoir un ami d'ici! Allez, venez donc avec nous!

Quoi? C'est trop beau! Est-ce qu'il rêve? Rosalie, ici à Rouen! Comme la vie est à la fois belle et bizarre! Va-t-elle le reconnaître? A-t-il le courage de lui dire qu'il l'aime toujours, après toutes ces années? André Dupont choisit les plus belles roses de son jardin et en fait un magnifique bouquet. Il va enfin pouvoir les offrir à la femme pour qui il a planté tous ces rosiers au cours des années.

**Qui parle?** Qui parle: André, Rosalie ou Rose?

1. J'adore les fleurs et j'aime faire du jardinage.
2. J'ai eu trois enfants et mon mari est mort il y a trois ans.
3. Je suis passée devant une maison où il y avait des roses splendides.
4. Un monsieur m'a parlé. Il connaît ma grand-mère mais il ne l'a pas vue depuis longtemps.
5. J'ai invité ce monsieur à venir nous voir.
6. Je me suis mariée avec un Américain et je suis allée vivre aux États-Unis.
7. J'étais amoureux de Rosalie mais je n'ai jamais eu le courage de le lui dire.
8. Je garde toujours l'espoir de dire à Rosalie que je l'aime.

COMPÉTENCE 2

# Talking about relationships

**Note** *culturelle*

**Depuis un certain temps, on redéfinit la notion traditionnelle du couple et de la famille. Aujourd'hui en France, 33% (pour cent) des adultes habitent seuls et à peu près 50% des naissances ont lieu hors *(of births take place outside of)* mariage. Est-ce que la situation est la même dans votre région?**

**Note** *de grammaire*

**Se souvenir de** is conjugated like **venir.**

| | |
|---|---|
| je me | souviens |
| tu te | souviens |
| il/elle/on se | souvient |
| nous nous | souvenons |
| vous vous | souvenez |
| ils/elles se | souviennent |

## La vie sentimentale

André va chez les Toulouse et André et Rosalie **se rencontrent** pour la première fois depuis des années. Voilà **ce qui se passe.**

André et Rosalie se regardent.

Ils s'embrassent. C'est **le coup de foudre**!

Ils se parlent pendant des heures.

Ils se quittent vers sept heures.

Pendant les semaines qui **suivent,** André et Rosalie passent beaucoup de temps ensemble. Ils **se souviennent de** leur **jeunesse** ensemble. C'est **le grand amour**!

Ils se retrouvent en ville chaque après-midi.

Quelquefois, ils se disputent.

Mais **la plupart du temps, ils s'entendent** bien.

**Enfin,** André et Rosalie **prennent une décision.** Ils vont se marier et vont **s'installer à** Rouen. Ils vont être très **heureux.**

CD 2-31

Un soir, Rosalie parle à sa petite-fille Rose de sa relation avec André.

ROSE: Alors, **mamie,** tu as passé une bonne journée?
ROSALIE: Oui. André et moi, nous sommes allés visiter le Mont-Saint-Michel.
ROSE: Alors, vous vous entendez bien?
ROSALIE: Très bien. Nous nous retrouvons tous les jours, nous passons des heures ensemble et nous nous parlons de tout.
ROSE: **Formidable!** Moi, je **rêve d'une telle** relation.
ROSALIE: Et ton petit ami et toi, ça va?
ROSE: Pas très bien. Nous nous disputons souvent et nous ne nous entendons pas très bien.
ROSALIE: **C'est dommage!**

**se rencontrer** *to meet each other (by chance), to run into each other* **ce qui** *what* **se passer** *to happen* **le coup de foudre** *love at first sight* **suivent** (**suivre** *to follow*) **se souvenir de** *to remember* **la jeunesse** *youth* **le grand amour** *true love* **la plupart du temps** *most of the time* **s'entendre** *to get along* **Enfin** *Finally* **prendre une décision** *to make a decision* **s'installer (à / dans)** *to settle (in), to move (into)* **heureux (heureuse)** *happy* **mamie** *grandma* **Formidable!** *Great!* **rêver (de)** *to dream (of)* **un(e) tel(le)** *such a* **C'est dommage!** *That's too bad!*

**A. Test.** Faites ce test pour savoir si vous êtes romantique.

## Êtes-vous romantique ?

### I. Indiquez vos opinions sur ces sujets.

**1** Pensez-vous que le grand amour...
- **a.** arrive une fois dans la vie?
- **b.** n'existe pas?
- **c.** est sans importance?

**2** Pensez-vous qu'un couple peut s'aimer pour toujours?
- **a.** Certainement.
- **b.** Je ne sais pas, on peut essayer.
- **c.** Probablement pas: la vie est trop longue.

**3** Au restaurant, **vous voyez** des amoureux qui se regardent dans les yeux pendant tout le dîner. Vous trouvez ça...
- **a.** un peu bête mais charmant.
- **b.** ridicule.
- **c.** adorable.

### II. Comment êtes-vous en couple?

**1** Vous vous rencontrez **par hasard** et c'est le coup de foudre. Que pensez-vous?
- **a.** C'est juste un désir sexuel.
- **b.** C'est peut-être l'amour.
- **c.** **Attention!**

**2** Vous vous disputez. Quelle est la meilleure manière de vous réconcilier?
- **a.** Nous devons nous embrasser.
- **b.** Nous devons essayer de parler calmement du problème.
- **c.** Nous devons nous quitter pendant un certain temps.

**3** Vous vous adorez. Vous voulez...
- **a.** essayer de vous voir tous les jours.
- **b.** vous téléphoner tous les jours et vous voir trois ou quatre fois par semaine.
- **c.** vous retrouver le week-end, si vous n'avez pas d'autres projets.

**SCORE:** **Partie I.** 1. a–2 points 2. a–2 points, b–1 point 3. c–2 points, a–1 point
**Partie II.** 1. b–2 points, a–1 point 2. a–2 points, b–1 point 3. a–2 points, b–1 point

- Si vous avez 10–12 points, vous êtes une personne très (peut-être même un peu trop?) romantique. Attention! **Ne perdez pas votre temps** à attendre un amour parfait. Essayez d'être un peu plus réaliste, quand même.
- Si vous avez 6–9 points, vous êtes romantique, mais vous n'exagérez pas. Vous êtes prêt(e) à aimer quand le bon moment arrivera, mais vous ne perdez pas votre temps à chercher l'amour idéal partout.
- Si vous avez 0–5 points, vous êtes réaliste, cynique même! Ne voulez-vous pas mettre un peu plus de poésie dans votre vie?

**B. En couple.** Est-ce qu'on fait ces choses **dans un couple heureux** ou **dans un couple malheureux** *(unhappy)*?

**EXEMPLE** On se dispute rarement.
On se dispute rarement **dans un couple heureux.**

1. On se dispute tout le temps.
2. On se parle de tout.
3. On ne s'entend pas bien du tout.
4. On s'amuse ensemble.
5. On s'ennuie ensemble.
6. On s'embrasse tout le temps.

## À vous!

Avec un(e) partenaire, relisez à haute voix la conversation entre Rose et Rosalie. Ensuite, adaptez la conversation pour parler de votre relation avec votre mari, votre femme, votre petit(e) ami(e), votre meilleur(e) ami(e) ou votre camarade de chambre.

You can find a list of the new words from this ***Compétence*** on page 298 and audio for each item of this list at **www.cengagebrain.com/shop/ISBN/0495912492.**

**vous voyez** *you see* **par hasard** *by chance* **Attention!** *Watch out!* **Ne perdez pas votre temps** *Don't waste your time*

## Pour vérifier

**1.** When do you use a reciprocal verb?

**2.** What verbs can be made into reciprocal verbs? How would you say *to look at each other* or *to listen to each other?*

**3.** When a reflexive or reciprocal verb is used in the infinitive, does the reflexive pronoun change with the subject? How would you say *I am going to get up at 6:00? I am not going to get up at 6:00?*

## Note de grammaire

Note that although the verbs **se fiancer** and **se marier** are reflexive, **divorcer** is not.

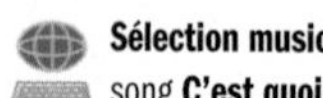
**Sélection musicale.** Search the Web for the song **C'est quoi, c'est l'habitude** by Isabelle Boulay to enjoy a musical selection illustrating the use of this structure.

# Saying what people do for each other

## *Les verbes réciproques au présent et les verbes réfléchis et réciproques au futur immédiat*

You have seen that reflexive verbs are used when someone is doing something to or for himself/herself. You use similar verbs to describe reciprocal actions; that is, to indicate that people are doing something to or for each other. Here are some reflexive and reciprocal verbs commonly used to describe relationships:

| | |
|---|---|
| s'aimer | *to like each other, to love each other* |
| se détester | *to hate each other* |
| se disputer | *to argue* |
| s'embrasser | *to kiss each other, to embrace each other* |
| s'entendre (bien / mal) | *to get along (well / badly) with each other* |
| se fiancer | *to get engaged* |
| se marier | *to get married* |
| se quitter | *to leave each other* |
| se réconcilier | *to make up* |
| se regarder | *to look at each other* |
| se rencontrer | *to meet* (for the first time), *to run into each other* (by chance) |
| se retrouver | *to meet* (by design) |
| se téléphoner | *to telephone each other* |

The verb **s'entendre** *(to get along)* is a regular **-re** verb. You will learn how to conjugate other **-re** verbs in the next section on page 276. The forms of **s'entendre** are:

| S'ENTENDRE *(to get along)* | |
|---|---|
| je m'entends | nous nous entendons |
| tu t'entends | vous vous entendez |
| il/elle/on s'entend | ils/elles s'entendent |

Most verbs indicating actions done to other people can be used reciprocally.

| | |
|---|---|
| retrouver quelqu'un *(to meet someone)* | Je retrouve **Jim** au café. |
| se retrouver *(to meet each other)* | Nous **nous** retrouvons souvent au café. |

As with other verbs, use **aller** + an infinitive to form the immediate future of reflexive and reciprocal verbs. When reflexive or reciprocal verbs are used in the infinitive, the pronoun is placed before the infinitive, and it matches the subject. In the negative, place **ne** after the subject and **pas, jamais,** or **rien** after the first verb.

| SE LEVER *(to get up)* | |
|---|---|
| je vais me lever | nous allons nous lever |
| tu vas te lever | vous allez vous lever |
| il/elle/on va se lever | ils/elles vont se lever |

**Je** ne vais pas **me** lever tôt. **Nous** aimons **nous** retrouver au café.

**A. Une histoire d'amour.** Isabelle, la cousine de Rose, rencontre Luc et ils tombent amoureux. Qu'est-ce qui se passe?

| | | | |
|---|---|---|---|
| se téléphoner | se regarder | se rencontrer au parc | se marier |
| s'embrasser | s'installer dans une maison | se quitter | se fiancer |
| se réconcilier | se parler | se disputer | |

**EXEMPLE**  **Ils se téléphonent.**

1.  

2. 

3. 

4. 

5. 

6. 

7. 

8. 

9. 

**B. Questions.** Rose veut en savoir plus *(to know more)* sur Isabelle et Luc. Avec un(e) partenaire, imaginez ses questions et les réponses qu'Isabelle lui donne.

**EXEMPLE** se disputer
**—Est-ce que vous vous disputez souvent?**
**—Non, nous ne nous disputons pas souvent.**

| | |
|---|---|
| tous les jours | ne... jamais |
| souvent | bien |
| quelquefois | mal |
| la plupart du temps | beaucoup |

**1.** se réconcilier facilement
**2.** se téléphoner
**3.** se retrouver
**4.** s'embrasser
**5.** s'entendre
**6.** s'aimer

**C. Isabelle et Luc.** Tout va très bien entre Isabelle et Luc. Ils se parlent et ils se retrouvent en ville tous les jours. Est-ce qu'ils vont faire les choses suivantes demain?

**EXEMPLE** se disputer
**Non, ils ne vont pas se disputer.**

1. se téléphoner
2. se retrouver en ville
3. se parler de tout
4. bien s'entendre
5. s'ennuyer ensemble
6. s'embrasser

**D. Et demain chez Rose.** Dites ce que Rose va faire demain d'après les illustrations.

**EXEMPLE**

... vers neuf heures.
**Elle va se réveiller vers neuf heures.**

1. ... tout de suite.

2. ... la figure et les mains.

3. ... les dents.

4. ... les cheveux.

5. ... en jean.

6. ... vers deux heures du matin.

 **E. Et toi?** Regardez chaque illustration de ***D. Et demain chez Rose.*** Demandez à un(e) partenaire s'il/si elle va faire la même chose demain.

**EXEMPLE**

... vers neuf heures.
—**Est-ce que tu vas te réveiller vers neuf heures?**
—**Oui, je vais me réveiller vers neuf heures.**
**Non, je ne vais pas me réveiller vers neuf heures.**

**F. Ce week-end.** Dites si ces personnes vont probablement faire ces choses ce week-end.

**EXEMPLE** Moi, je... (se lever tôt)
**Moi, je vais me lever tôt. / Moi, je ne vais pas me lever tôt.**

1. Samedi matin, moi, je...
   se réveiller tard
   se lever tout de suite
   rester au lit quelques minutes
2. Samedi matin, mon meilleur ami / ma meilleure amie...
   se réveiller tôt
   se lever facilement
   prendre son petit déjeuner avec moi
3. Ce week-end, cet(te) ami(e) et moi, nous...
   se retrouver en ville
   s'amuser
   s'ennuyer
   s'entendre bien

**G. Partons en week-end.** Vous allez faire du camping avec un groupe d'amis ce week-end. Travaillez avec un petit groupe d'étudiants et faites des projets.

**EXEMPLE** **On va se réveiller tôt.**

| se lever tôt / tard | se laver dans la rivière *(river)* | faire des randonnées *(to go hiking)* | nager |
|---|---|---|---|
| se coucher tôt / tard | s'amuser | dormir sous une tente | se brosser les dents avec l'eau de la rivière |

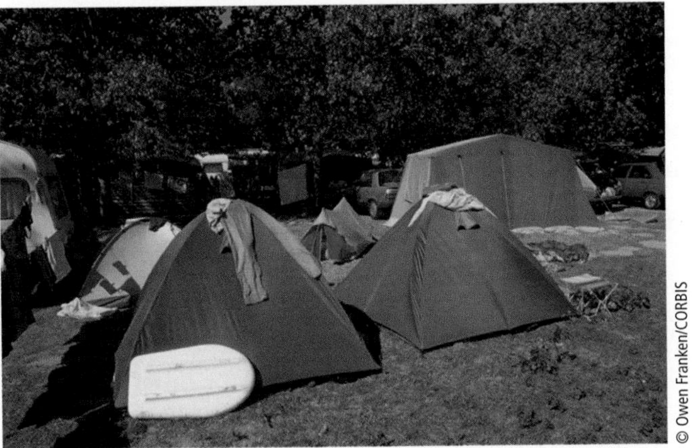



**H. Entretien.** Interviewez votre partenaire.

1. Est-ce que tu te réveilles facilement ou avec difficulté? Tu te lèves tôt ou tard pendant la semaine en général? Tu te lèves tout de suite? À quelle heure est-ce que tu vas te lever demain?
2. Après les cours, est-ce que tu préfères te reposer ou t'amuser avec des amis? Est-ce que tu vas te reposer ce soir après les cours? Et demain soir?
3. Est-ce que tu te couches tôt ou tard pendant la semaine d'habitude? À quelle heure vas-tu te coucher ce soir? Vas-tu te lever tôt ce week-end? À quelle heure vas-tu te lever? Est-ce que tu préfères te lever tôt ou tard?

Pour vérifier

**1.** What ending do you add for each subject pronoun after dropping the **-re** from the infinitive of these verbs? What is the conjugation of **perdre**?

**2.** Which of these **-re** verbs are conjugated with **être** in the **passé composé**?

## Talking about activities

### *Les verbes en -re*

Many verbs that end in **-re** follow a regular pattern of conjugation

| ATTENDRE *(to wait for)* | |
|---|---|
| j'attend**s** | nous attend**ons** |
| tu attend**s** | vous attend**ez** |
| il/elle/on attend | ils/elles attend**ent** |

PASSÉ COMPOSÉ: **j'ai attendu**
IMPARFAIT: **j'attendais**

The following are some common **-re** verbs.

| | |
|---|---|
| attendre | *to wait (for)* |
| descendre (de) (à) | *to go down, to get off (of), to stay (at)* |
| entendre | *to hear* |
| s'entendre (bien / mal) avec | *to get along (well / badly) with* |
| perdre | *to lose, to waste* |
| perdre du temps | *to waste time* |
| se perdre | *to get lost* |
| rendre quelque chose à quelqu'un | *to return something to someone, to turn in something to someone* |
| rendre visite à quelqu'un | *to visit someone* |
| répondre (à) | *to answer, to respond (to)* |
| vendre / revendre | *to sell / to sell back, to resell* |

In the **passé composé, descendre** and the reflexive verbs are conjugated with **être** as the auxiliary verb. The other verbs in this list are all conjugated with **avoir.**

J'ai rendu visite à une amie à Paris. Je suis descendu(e) à l'hôtel Étoile.

**Note** *de grammaire*

Do not use **pour** after **attendre** to say *for* whom or what you are waiting.

**J'attends des amis.** *I'm waiting for friends.*

**Note** *de vocabulaire*

Use **rendre visite à** or **aller voir** to say that you visit a person, but use **visiter** to say that you visit a place.

iLrn Grammar Tutorials

**A. Votre vie.** Est-ce que ces personnes font toujours (souvent, quelquefois, rarement, jamais...) les choses suivantes?

**EXEMPLE** Moi, je... (attendre l'autobus pour aller en cours)
**Moi, je n'attends jamais l'autobus pour aller en cours.**

**1.** Moi, je...
rendre visite à mes parents
attendre le week-end avec impatience
revendre mes livres à la fin *(end)* du semestre / trimestre

**2.** Mes amis...
descendre en ville le week-end
s'entendre bien
se rendre visite

**3.** Mon meilleur ami / Ma meilleure amie...
perdre patience avec moi
s'entendre bien avec mes autres amis
se perdre

**4.** En cours de français, nous...
perdre du temps
répondre bien
rendre les devoirs au professeur à la fin *(end)* du cours

**B. La routine de Rose.** En vous servant des illustrations et des phrases proposées, décrivez la routine de Rose quand elle est à Atlanta.

**EXEMPLE** Rose: attendre l'autobus le matin / aller en cours à pied
**Rose attend l'autobus le matin. Elle ne va pas en cours à pied.**

**1.** 

**2.** 

**3.** 

**4.** 

1. Rose: perdre patience si l'autobus est en retard *(late)* / attendre patiemment
2. Rose: perdre son temps dans l'autobus / préférer lire
3. Rose: descendre chez un ami / descendre à l'université
4. Rose: répondre mal en cours / répondre bien en cours

**5.** 

**6.** 

**7.** 

**8.** 

5. Les étudiants: travailler bien en cours / perdre leur temps
6. Les étudiants: garder *(to keep)* leurs devoirs / rendre leurs devoirs au professeur
7. Après les cours, Rose: rentrer chez elle / rendre visite à son ami Daniel
8. Rose et son ami: s'entendre mal / s'entendre bien

**C. Et toi?** Choisissez le verbe logique et complétez les questions. Ensuite, posez les questions à votre partenaire. Utilisez le présent ou le passé composé comme indiqué.

**AU PRÉSENT**

1. Tu _______ souvent visite à tes parents? (rendre, entendre) Ta famille et toi, vous _______ bien la plupart du temps? (perdre, s'entendre) Est-ce que tu _______ souvent patience avec tes parents? (perdre, répondre) Est-ce qu'ils _______ souvent patience avec toi? (perdre, répondre)
2. Tu _______ tes prochaines vacances avec impatience? (attendre, entendre) Tu _______ facilement quand tu es dans une autre ville? (se perdre, vendre) Quand tu voyages avec des amis, vous _______ quelquefois dans un hôtel de luxe? (vendre, descendre)

**AU PASSÉ COMPOSÉ**

3. Tu _______ visite à tes parents récemment? (revendre, rendre) La dernière fois que tu as vu tes parents, est-ce qu'ils _______ patience avec toi? (perdre, vendre)
4. La dernière fois que vous êtes partis en week-end ensemble, est-ce que vous _______ à l'hôtel? (descendre, entendre)

# Talking about what you did and used to do

**Note** *culturelle*

**D'après une enquête récente *(According to a recent survey)*, parmi *(among)* les habitants des pays industrialisés, les Français dorment le plus, suivis des *(followed by the)* Américains. Le Français moyen dort 8h50 par jour et l'Américain moyen 8h38. En France, on passe le plus de temps à table aussi, 2h15 par jour. Les Américains, au contraire, passent peu de temps à table, 1h15. Et vous? Combien d'heures dormez-vous? Combien de temps passez-vous à table?**

## Les activités d'hier

Rose parle de ce qu'elle a fait hier.

**Le réveil a sonné** et je me suis réveillée.

Je me suis levée.

J'ai pris un bain.

Je me suis brossé les dents.

Je me suis peignée.

Je me suis habillée.

J'ai passé le reste de la journée avec ma cousine et son nouvel ami.

**Nous nous sommes promenés.**

**Nous nous sommes arrêtés** au restaurant pour manger.

Nous nous sommes bien amusés.

Nous nous sommes quittés vers 10 heures et je me suis couchée vers 11 heures.

**Note** *de grammaire*

**Se promener** is a spelling change verb like **se lever** and **acheter:**

| | |
|---|---|
| je me | prom**è**ne |
| tu te | prom**è**nes |
| il/elle/on se | prom**è**ne |
| nous nous | promenons |
| vous vous | promenez |
| ils/elles se | prom**è**nent |

**Le réveil** *The alarm clock* **sonner** *to ring* **se promener** *to go for a walk* **s'arrêter** *to stop*

CD 2-32

Rose parle à sa cousine, Isabelle, qui **raconte** comment elle a rencontré son ami, Luc.

**ROSE:** Alors, Luc et toi, vous vous êtes rencontrés où?

**ISABELLE:** J'étais au parc et Luc était à côté de moi. On s'est vus et on s'est parlé un peu. Quelques jours plus tard, il était dans une librairie où j'achetais un livre et **on s'est reconnus.** Il m'a demandé si je voulais aller prendre un verre et j'ai accepté son invitation. On a passé le reste de la journée ensemble.

**ROSE:** Vous vous êtes bien entendus, **donc**?

**ISABELLE:** **Parfaitement** bien. On s'est très bien amusés et on s'est retrouvés le lendemain pour aller au cinéma. **Depuis cela,** on s'est téléphoné ou on s'est vus presque tous les jours.

**A. Récemment.** Quand avez-vous fait ces choses?

| | | |
|---|---|---|
| ce matin | hier soir | il y a deux semaines |
| cet après-midi | hier matin | il y a un mois |
| ??? | lundi dernier | il y a longtemps |

1. Le réveil a sonné et je me suis levé(e) tout de suite...
2. J'ai pris un bain ou une douche...
3. Je me suis brossé les cheveux ou je me suis peigné(e)...
4. Mes amis et moi, nous nous sommes bien amusés ensemble...
5. Nous nous sommes promenés en ville...
6. Je me suis arrêté(e) dans un fast-food pour manger...
7. Je me suis couché(e) après minuit...

**B. Ils se sont retrouvés.** Décrivez la première fois que Rosalie et André se sont revus après toutes ces années en mettant ces phrases dans l'ordre logique.

_____ Ils se sont embrassés.
__1__ André et Rosalie se sont vus.
_____ Ils se sont quittés.
_____ Ils se sont reconnus.
_____ Ils se sont parlé pendant plusieurs heures et ils se sont souvenus du passé.

## À vous!

Avec un(e) partenaire, relisez à haute voix la conversation entre Rose et Isabelle. Ensuite, parlez avec votre partenaire de comment vous avez rencontré votre meilleur(e) ami(e) ou votre petit(e) ami(e).

You can find a list of the new words from this ***Compétence*** on page 299 and audio for each item of this list at **www.cengagebrain.com/shop/ISBN/0495912492.**

**raconte** *to tell* **on s'est reconnus** (**passé composé** of **se reconnaître** *to recognize each other*) **donc** *then, thus, so* **Parfaitement** *Perfectly* **Depuis cela** *Since then* (**cela** *that*)

## Pour vérifier

**1.** Do you use **être** or **avoir** as the auxiliary verb with reflexive and reciprocal verbs in the **passé composé**?

**2.** Where are reflexive pronouns placed with respect to the auxiliary verb? How do you conjugate **s'amuser** in the **passé composé**?

**3.** Where do you place **ne... pas** in the negative? How do you say *I didn't wake up early*?

**4.** When does the past participle agree with the reflexive pronoun and subject? When does it not agree? What are three verbs that you know that do not have agreement?

## Note de grammaire

**1.** Remember that the past participles of regular **-er** verbs end in **-é (je me suis ennuyé[e]),** those of regular **-ir** verbs end in **-i (je me suis endormi[e]),** and those of regular **-re** verbs end in **-u (nous nous sommes entendu[e]s).**
**2.** When **on** means *we*, its verb may either be left in the masculine singular form **(on s'est levé)** or it may agree **(on s'est levé[e][s]).** Either form is considered correct.
**3. Se souvenir (de)** is conjugated like **venir: je me souviens, je me suis souvenu(e).**

**Sélection musicale.** To enjoy a musical selection illustrating the use of this structure, search the Web for the song **Une belle histoire** by Michel Fugain, which has been sung by numerous artists, including Charles Benevuto.

iLrn Grammar Tutorials

# Saying what people did

## *Les verbes réfléchis et réciproques au passé composé*

All reflexive and reciprocal verbs have **être** as the auxiliary verb in the **passé composé.** Always place the reflexive pronoun directly before the auxiliary verb.

| SE LEVER | |
|---|---|
| je me suis levé(e) | nous nous sommes levé(e)s |
| tu t'es levé(e) | vous vous êtes levé(e)(s) |
| il s'est levé | ils se sont levés |
| elle s'est levée | elles se sont levées |
| on s'est levé(e)(s) | |

To negate a reflexive verb, place **ne** directly after the subject and **pas** or **jamais** directly after the conjugated form of **être.**

Je me suis réveillé(e) tôt mais je **ne** me suis **pas** levé(e) tout de suite.

In the **passé composé,** the past participle agrees in gender and number with the reflexive pronoun (and the subject) when it is the direct object of the verb.

Rosalie **s'**est lev**é**e tôt. André et Rosalie **se** sont mari**és.**

In this chapter, make the past participle agree except in these cases:

- There is no agreement when a reflexive verb is followed by a noun that is the direct object of the verb. Past participles of verbs like **se laver, se maquiller,** or **se brosser** do not agree with the subject when they are followed by the name of a part of the body.

  Rose et Rosalie se sont lav**ées.** BUT Rose et Rosalie se sont lavé **les mains.**
  Rose s'est maquill**ée.** Rose s'est maquillé **les yeux.**

- With the verbs **se parler, se téléphoner,** and **s'écrire,** there is no agreement because the reflexive pronoun is an *indirect* object, not a *direct* object.

  Ils se sont parlé. Nous nous sommes téléphoné. Ils se sont écrit.

**A. Hier chez Henri et Patricia.** Patricia, la cousine de Rose, parle de ce qu'elle a fait hier. Que dit-t-elle?

**EXEMPLE** **Je me suis réveillée à six heures.**

**EXEMPLE** Je...

**1.** Je...

**2.** Je...

3. Je...

4. Je...

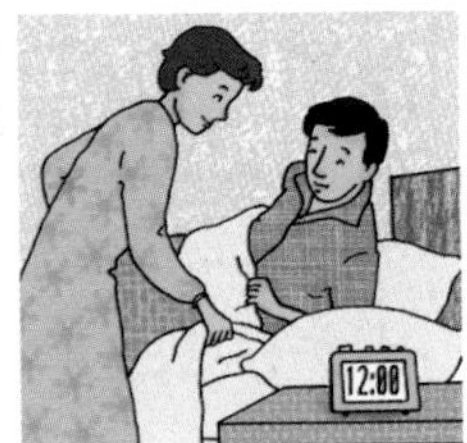


5. Henri et moi, nous...

**B. Hier.** Regardez les illustrations de ***A. Hier chez Henri et Patricia*** et expliquez ce que Patricia a fait.

**EXEMPLE**

**Patricia s'est réveillée à six heures.**

**C. Et toi?** Demandez à votre partenaire s'il/si elle a fait les choses suivantes hier.

**EXEMPLE** se lever tôt
**—Tu t'es levé(e) tôt hier?**
**—Oui, je me suis levé(e) tôt hier.**
**Non, je ne me suis pas levé(e) tôt hier.**

1. se réveiller tôt
2. se lever tout de suite
3. prendre un café au lit
4. prendre un bain ou une douche
5. se laver les cheveux
6. passer la soirée à la maison
7. s'ennuyer
8. s'amuser
9. se coucher tard
10. s'endormir facilement

**D. Je veux tout savoir.** Utilisez les verbes suivants pour poser des questions à votre partenaire sur ses interactions avec son meilleur ami (sa meilleure amie) cette semaine.

**EXEMPLE** se téléphoner
**—Est-ce que vous vous êtes téléphoné cette semaine?**
**—Oui, on s'est téléphoné hier.**
**Non, on ne s'est pas téléphoné cette semaine.**

| | |
|---|---|
| se retrouver en ville | se disputer |
| se promener au parc | s'ennuyer |
| se voir beaucoup | s'amuser |

**E. Entretien.** Posez ces questions à votre partenaire.

1. À quelle heure est-ce que tu t'es couché(e) hier soir? Tu as bien dormi? Tu as dormi jusqu'à quelle heure ce matin? Tu t'es levé(e) facilement?
2. Avec qui est-ce que tu es sorti(e) récemment? Où est-ce que vous vous êtes retrouvé(e)s? Qu'est-ce que vous avez fait? Vous vous êtes bien amusé(e)s?

## ✓ Pour vérifier

**1.** How do you form the **imparfait** of all verbs except **être**? What is the **imparfait** of **je m'amuse**? of **je ne m'amuse pas**?

**2.** Do you use the **imparfait** or the **passé composé** to say what happened on a specific occasion? to say how things used to be?

## Note de grammaire

Before doing the exercises in this section, review the specific uses of the **passé composé** and the **imparfait** on page 253.

# Saying what people did and used to do

## *Les verbes réfléchis et réciproques à l'imparfait et reprise de l'usage du passé composé et de l'imparfait*

As with all other verbs (except **être**), the **imparfait** of reflexive verbs is formed by dropping the **-ons** from the present tense **nous** form and adding the endings shown.

| SE LEVER | NE PAS SE LEVER |
|---|---|
| je me lev**ais** | je ne me lev**ais** pas |
| tu te lev**ais** | tu ne te lev**ais** pas |
| il/elle/on se lev**ait** | il/elle/on ne se lev**ait** pas |
| nous nous lev**ions** | nous ne nous lev**ions** pas |
| vous vous lev**iez** | vous ne vous lev**iez** pas |
| ils/elles se lev**aient** | ils/elles ne se lev**aient** pas |

Remember to use the **imparfait** to tell *what things were like in general* or *what was going on when something else happened* and the **passé composé** to tell *what happened on specific occasions* or to recount *a sequence of events.*

Ce matin, **je me suis levé(e)** à six heures.
Quand j'étais au lycée, **je me levais** à sept heures.

**A. À seize ans.** Parlez de votre routine quotidienne à l'âge de 16 ans.

**EXEMPLE** se réveiller souvent tôt
**À l'âge de seize ans, je me réveillais souvent tôt.**
**Je ne me réveillais pas souvent tôt.**

1. se réveiller souvent avant six heures
2. se lever facilement
3. prendre un bain / une douche le matin
4. se laver les cheveux tous les jours
5. prendre toujours le petit déjeuner
6. aller toujours en cours
7. s'ennuyer quelquefois en cours

**B. Et hier?** Utilisez les verbes de l'exercice précédent pour parler de ce que vous avez fait hier.

**EXEMPLE** se réveiller tôt
**Hier, je me suis réveillé(e) tôt.**
**Hier, je ne me suis pas réveillé(e) tôt.**

## C. Et alors? 
Rosalie parle de ce qui s'est passé hier. Complétez ses phrases logiquement en mettant les verbes donnés au passé composé ou à l'imparfait.

**EXEMPLE** Hier matin, j' _______ (être) fatiguée et alors, je _______ (rester) au lit.
Hier matin, j'**étais** fatiguée et alors, je **suis restée** au lit.

1. Je (J') _______ (vouloir) préparer le petit déjeuner et alors, je _______ (se laver) les mains.
2. Vers midi, André et moi, nous _______ (avoir) faim et alors, nous _______ (se préparer) des sandwichs.
3. Nous _______ (boire) deux bouteilles d'eau minérale aussi parce que nous _______ (avoir) très soif.
4. Après, André _______ (se coucher) parce qu'il _______ (être) fatigué.
5. Il _______ (se lever) vers trois heures parce qu'il n'_______ (être) plus *(no longer)* fatigué.
6. Il _______ (faire) très beau. Alors, nous _______ (se promener).
7. Quand nous _______ (rentrer), Rose et ses copains _______ (être) à la maison.
8. Nous _______ (se quitter) assez tôt parce que nous _______ (vouloir) nous reposer.

## D. Le mariage d'André et de Rosalie. 
André et Rosalie se sont enfin mariés. Décrivez le jour de leur mariage en mettant les verbes donnés au passé composé ou à l'imparfait.

Le jour de son mariage, Rosalie __1__ (se lever) tôt. André __2__ (arriver) vers neuf heures mais tout de suite après, il __3__ (se souvenir) d'une course qu'il __4__ (devoir) faire et il __5__ (repartir). Il __6__ (aller) acheter une nouvelle cravate.

Il __7__ (être) trois heures quand André __8__ (revenir). La cérémonie __9__ (commencer) à quatre heures. Tous les invités *(guests)* __10__ (être) dans le jardin. Il __11__ (faire) beau et Rosalie et André __12__ (être) contents. Rosalie __13__ (porter) une jolie robe beige et André __14__ (porter) un costume noir. Rosalie __15__ (être) très jolie! Après la cérémonie, les amis __16__ (rester) et ils __17__ (manger) du gâteau *(cake)*. Ils __18__ (s'amuser) bien quand tout d'un coup il __19__ (commencer) à pleuvoir et alors, ils __20__ (rentrer) dans la maison.

André __21__ (partir) et il __22__ (revenir) avec assez de chaises pour tout le monde. Vers huit heures les invités __23__ (partir). André et Rosalie __24__ (se regarder) et ils __25__ (commencer) à sourire *(to smile)*. Ils __26__ (être) fatigués mais très, très heureux.

## E. Entretien. 
Interviewez votre partenaire.

1. Tu t'entendais bien avec tes parents quand tu avais quinze ans? Qu'est-ce que vous faisiez en famille? Vous vous disputiez quelquefois? Vous vous êtes disputés récemment?
2. À quelle heure est-ce que tu t'es réveillé(e) ce matin? Tu t'es levé(e) tout de suite? Qu'est-ce que tu as fait ensuite? À quelle heure est-ce que tu te levais quand tu étais au lycée? Tu te levais facilement?

COMPÉTENCE 4

# Describing traits and characteristics

**Note** *culturelle*

**En France, les couples se rencontrent souvent pendant leurs études, au travail, chez des amis, en vacances ou dans un café ou dans un autre lieu *(place)* public. Et aujourd'hui, ils se trouvent de plus en plus souvent par moyen d'une agence matrimoniale sur Internet. Où est-ce que les couples se rencontrent chez vous?**

## Le caractère

### Rencontres en ligne: Test de compatibilité

**Rangez** chaque groupe de réponses de 1 (la réponse qui **exprime** le mieux vos sentiments) à 4 (la réponse qui exprime le moins bien vos sentiments).

Je préfère partager la vie avec quelqu'un qui **s'intéresse...**

1 2 3 4 aux arts
1 2 3 4 au sport
1 2 3 4 à la politique
1 2 3 4 à la nature

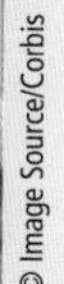

© Image Source/Corbis

Je préfère quelqu'un qui cultive...

1 2 3 4 sa spiritualité
1 2 3 4 son **corps**
1 2 3 4 son **esprit**
1 2 3 4 sa vie professionnelle

Le trait que j'apprécie le plus chez un(e) partenaire, c'est...

1 2 3 4 un bon sens de l'humour
1 2 3 4 la passion
1 2 3 4 la beauté
1 2 3 4 **la compréhension**

Un trait que je ne **supporte** pas chez une autre personne, c'est...

1 2 3 4 l'indécision *(f)*
1 2 3 4 l'inflexibilité *(f)*
1 2 3 4 **l'insensibilité** *(f)*
1 2 3 4 la vanité

© Olivia Baumgartner/Sygma/Corbis

**Ce que** je supporte le moins dans une relation, c'est...

1 2 3 4 la jalousie
1 2 3 4 l'indifférence *(f)*
1 2 3 4 l'infidélité *(f)*
1 2 3 4 la violence

Chez un(e) partenaire, ce qui a le moins d'importance pour moi, c'est...

1 2 3 4 son argent
1 2 3 4 sa profession
1 2 3 4 sa religion
1 2 3 4 son **aspect physique**

**ranger** *to arrange, to order* **exprimer** *to express* **s'intéresser à** *to be interested in* **le corps** *the body* **l'esprit** *(m) the mind, the spirit* **la compréhension** *understanding* **supporter** *to bear, to tolerate, to put up with* **l'insensibilité** *insensitivity* **Ce que** *What* **l'aspect physique** *(m) physical appearance*

CD 2-33

Rose parle à sa cousine, Isabelle, de son petit ami, Luc.

**ROSE:** Alors, tu as trouvé **le bonheur** avec ton nouvel ami, Luc? Il est comment?

**ISABELLE:** Il a un bon sens de l'humour et il est sympa. Son seul trait que je n'aime pas, c'est qu'il est un peu **jaloux** si je ne passe pas tout mon temps avec lui.

**ROSE:** Vous vous intéressez aux mêmes choses?

**ISABELLE:** Oui et non. On aime plus ou moins la même musique et les mêmes films et il s'intéresse à la politique comme moi, mais il est **de droite** et moi, tu sais, je suis plutôt **de gauche.**

**A. Et vous?** Changez les mots en italique pour décrire votre propre situation ou pour exprimer votre opinion.

1. J'ai beaucoup d'amis qui s'intéressent *au sport.*
2. Je ne m'intéresse pas du tout *à la politique.*
3. Je ne supporte pas quelqu'un qui *parle tout le temps des autres.*
4. Dans une relation, je supporte *l'infidélité* moins bien que *la jalousie.*
5. Pour moi, *la beauté* est plus important*e* que *le sens de l'humour.*
6. Je pense que *la religion* d'une personne est plus important*e* que *sa profession.*

**B. Entretien.** Interviewez votre partenaire.

1. Tu t'intéresses au sport? aux arts? au cinéma? à la politique? à la philosophie? Est-ce que tu t'ennuies si quelqu'un parle de ces choses?
2. Tu passes plus de temps à cultiver ton corps, ton esprit, ta spiritualité ou ta vie professionnelle? Qu'est-ce que tu fais pour le (la) cultiver?
3. Où est-ce que tu as rencontré ton meilleur ami (ta meilleure amie)? Quels sont ses meilleurs traits? Est-ce qu'il/elle fait des choses quelquefois que tu ne supportes pas? Vous vous disputez de temps en temps?

**C. Test de compatibilité.** Travaillez avec un(e) partenaire pour préparer deux questions supplémentaires pour le test de compatibilité.

**EXEMPLE** **Quelle activité aimez-vous le moins faire avec une autre personne?**

**1 2 3 4 faire la cuisine**
**1 2 3 4 faire de l'exercice**
**1 2 3 4 faire du shopping**
**1 2 3 4 voyager**

## À vous!

Avec un(e) partenaire, relisez à haute voix la conversation entre Rose et Isabelle. Ensuite, adaptez la conversation pour parler d'un(e) ami(e), de votre petit(e) ami(e) ou de votre mari ou femme. Commencez la conversation en disant: **Alors, tu passes beaucoup de temps avec...** (au lieu de dire *[instead of saying]:* **Alors, tu as trouvé le bonheur avec...**).

You can find a list of the new words from this ***Compétence*** on page 299 and audio for each item of this list at **www.cengagebrain.com/shop/ISBN/0495912492.**

---

**le bonheur** *happiness* **jaloux (jalouse)** *jealous* **de droite** *conservative* **de gauche** *liberal*

**Pour vérifier**

**1.** Can **qui, que,** and **dont** all be used for both people and things?

**2.** Which relative pronoun functions as the subject of a verb? Which one functions as the direct object of a verb? Which one replaces the preposition **de** and its object? Does **qui** or **que** change to **qu'** before a vowel sound?

**3.** Where are relative clauses placed with respect to the noun they describe?

**Note** *de grammaire*

Remember that past participles agree with preceding direct objects and therefore agree with the noun that **que** represents: **Je sors avec une femme que j'ai rencontrée pendant mes vacances.**

**Sélection musicale.** Search the Web for the song **Quelqu'un que j'aime, quelqu'un qui m'aime** by Céline Dion to enjoy a musical selection illustrating the use of this structure.

**iLrn** **Grammar Tutorials**

## Specifying which one

### *Les pronoms relatifs* ***qui, que*** *et* ***dont***

A relative clause gives more information about a person or object you are talking about in a sentence. A relative clause begins with a relative pronoun, a word like *who, that,* or *which* that refers back to the noun being described.

Je sors avec une femme { **qui** est beaucoup plus âgée que moi. / **que** j'ai rencontrée pendant mes vacances. / **dont** je suis amoureux. }

*I'm going out with a woman* { ***who*** *is a lot older than I am.* / ***whom*** *I met during my vacation.* / ***with whom*** *I'm in love.* }

The relative pronouns **qui, que,** and **dont** are all used for both people and things. The choice depends on how the pronoun functions in the relative clause. Note how relative pronouns are used to combine two sentences talking about the same thing. The relative clause is placed immediately after the noun it describes.

- Use **qui** for both people or things when they are the *subject* of the relative clause. Since **qui** is the subject, it is followed by a verb and it can mean *that, which,* or *who.* Note that **qui** does not make elision before a vowel sound.

  Comment s'appelle ton ami? **Ton ami** habite à New York.
  Comment s'appelle ton ami **qui** habite à New York?

- Use **que (qu')** for people or things when they are the *direct object* in the relative clause. **Que (qu')** can mean *that, which,* or *whom,* or it may be omitted in English. Note that the pronoun **que** makes elision **(qu')** before a vowel sound.

  Comment s'appelle ton ami? Tu as invité **cet ami** hier.
  Comment s'appelle ton ami **que** tu as invité hier?

- Use **dont** to replace the preposition ***de*** + *a person or thing* in relative clauses with verbs such as the following. It can mean *whom, of (about, with) whom, whose, that,* or *of (about, with) which.*

  | | |
  |---|---|
  | avoir besoin de | se souvenir de |
  | avoir envie de | parler de |
  | avoir peur de | rêver de |
  | être amoureux (amoureuse) de | tomber amoureux (amoureuse) de |
  | être jaloux (jalouse) de | faire la connaissance de (*to make the acquaintance of, to meet* [for the first time]) |

  Comment s'appelle ton ami? Ta sœur parlait **de cet ami** hier.
  Comment s'appelle ton ami **dont** ta sœur parlait hier?

## A. Préférences. Complétez ces phrases comme dans les exemples. Pour chaque section, utilisez le pronom relatif indiqué.

Utilisez le pronom relatif **qui** et conjuguez le verbe.

**EXEMPLE** Je préfère les personnes... (avoir un bon sens de l'humour, avoir beaucoup d'argent)
**Je préfère les personnes qui ont un bon sens de l'humour.**

1. Je préfère un(e) colocataire... (sortir tout le temps, rester souvent à la maison)
2. Je préfère les films... (avoir beaucoup d'action, avoir peu de violence)
3. Je préfère un(e) partenaire... (cultiver son corps, cultiver son esprit)

Utilisez le pronom relatif **que (qu').**

**EXEMPLE** Je préfère les personnes... (je rencontre en cours, je rencontre en boîte)
**Je préfère les personnes que je rencontre en boîte.**

1. Je préfère les personnes... (on rencontre au club de gym, on rencontre à la bibliothèque)
2. Je préfère les activités... (je fais seul[e], je fais en groupe)
3. Je préfère la musique... (on fait maintenant, on faisait il y a vingt ans)

Utilisez le pronom relatif **dont.**

**EXEMPLE** L'argent est une chose... (j'ai très envie, je n'ai pas très envie)
**L'argent est une chose dont je n'ai pas très envie.**

1. L'amour est quelque chose... (j'ai très besoin dans ma vie, je n'ai pas vraiment besoin pour le moment)
2. La ville où je suis né(e) est un endroit *(place)*... (je me souviens bien, je ne me souviens pas bien)
3. Ma vie amoureuse, c'est une chose... (j'aime bien parler, je n'aime pas beaucoup parler)

## B. Identification. Complétez les descriptions suivantes avec **qui, que** ou **dont.** Ensuite, donnez les renseignements demandés.

**EXEMPLE** Un film ______ j'aime beaucoup, c'est...
Un film **que** j'aime beaucoup, c'est ***Un prophète.***

1. Un film ______ a gagné beaucoup d'Oscars, c'est...
2. Un film ______ j'ai vu plusieurs fois, c'est...
3. Un film ______ on parle beaucoup en ce moment, c'est...

4. Un acteur (Une actrice) ______ je trouve beau (belle), c'est...
5. Un acteur (Une actrice) ______ tout le monde parle souvent, c'est...
6. Un acteur (Une actrice) ______ n'a vraiment pas de talent, c'est...

7. Une émission *(program)* de télévision ______ est à la télé depuis longtemps, c'est...
8. Une émission de télévision de mon enfance *(childhood)* ______ je me souviens, c'est...
9. Une émission de télévision ______ j'aime beaucoup regarder, c'est...

# Reprise

## Les Stagiaires

See the ***Résumé de grammaire*** section at the end of each chapter for a review of all the grammar presented in the chapter.

Dans l'***Épisode 7*** de la vidéo ***Les Stagiaires,*** Amélie et Céline parlent de la soirée qu'Amélie a passée avec Matthieu. Avant de regarder l'épisode, faites ces exercices pour réviser ce que vous avez appris dans le ***Chapitre 7.***

**A. Au bureau.** Amélie parle à une amie de ses collègues et de son travail à Technovert. Complétez chaque phrase avec la forme correcte du verbe logique entre parenthèses.

**EXEMPLE** Technovert **vend** (rendre / vendre) des produits technologiques verts.

1. Je prends le bus pour aller au travail et je _______ (descendre / entendre) juste en face du bureau.
2. M. Vieilledent est le directeur, mais son assistante Camille _______ (s'entendre / répondre) à toutes nos questions sur le fonctionnement de l'entreprise.
3. Christophe est un peu paresseux et il _______ (rendre / attendre) toujours jusqu'au dernier moment pour faire son travail.
4. Camille et Céline _______ (perdre / vendre) souvent patience avec Christophe.
5. Je (J')_______ (entendre / s'entendre) souvent Camille parler de ses frustrations concernant le travail de Christophe.
6. Il _______ (perdre / descendre) beaucoup de temps au bureau en lisant *(reading)* des mangas.
7. J'habite avec la responsable des ventes, Céline. Nous _______ (entendre / s'entendre) bien. Il n'y a jamais de problèmes entre nous.
8. Céline _______ (attendre / rendre) souvent visite à ses parents le week-end, alors je suis seule dans l'appartement.

**B. Chez Christophe.** Christophe parle de ses parents. Complétez les phrases suivantes avec la forme correcte du verbe réfléchi ou réciproque indiqué entre parenthèses.

**EXEMPLE** Je **m'entends** *(get along)* mieux avec mon père qu'avec ma mère.

1. Ma mère et moi, on _______ *(argue)* souvent.
2. Mon père et moi, nous ne _______ *(talk to each other)* pas beaucoup.
3. Le week-end, mon père est toujours très occupé. Il ne _______ *(rests)* jamais.
4. Mon père _______ *(wakes up)* à six heures le samedi.
5. Moi, je _______ *(get up)* vers midi.
6. Le samedi soir, mes amis et moi, on _______ *(meet one another)* presque toujours en ville.
7. Je _______ *(get bored)* si je reste à la maison le week-end.
8. Je _______ *(have fun)* plus avec mes amis qu'avec ma famille.

Maintenant changez les phrases précédentes pour décrire votre situation.

**EXEMPLE** **Je m'entends aussi bien avec mon père qu'avec ma mère. / Je m'entends bien avec ma mère, mais je m'entends moins bien avec mon père.**

**C. Conseils.** Matthieu pose des questions à un ami à propos des relations humaines. Complétez ses questions avec le pronom relatif **(qui, que, dont)** approprié.

1. Quand tu sors avec des amis, quels sont les sujets de conversation _______ vous parlez le plus souvent?
2. As-tu plus d'amis _______ s'intéressent aux arts, au sport ou à la politique?
3. Tu penses que c'est une bonne idée de sortir en couple avec quelqu'un _______ on rencontre au travail?
4. Est-ce que tu as beaucoup d'amis _______ sont mariés?
5. Est-ce qu'on doit se marier avec la première personne _______ on tombe amoureux?
6. Est-ce que le mariage est quelque chose _______ tu trouves important ou _______ n'est pas important pour toi?
7. Y a-t-il des choses _______ tu as peur dans une relation?
8. Est-ce que tu préfères être avec quelqu'un _______ est jaloux ou indifférent?

Maintenant interviewez un(e) autre étudiant(e) en utilisant les questions précédentes.

**D. Hier soir.** Après sa soirée avec Amélie, Matthieu parle à son ami. Complétez le paragraphe suivant en mettant les verbes entre parenthèses au passé composé ou à l'imparfait.

Amélie et moi, on __1__ (se retrouver) au restaurant. J'__2__ (être) déjà au restaurant quand elle __3__ (arriver). Au début, quand j' __4__ (attendre), j' __5__ (être) nerveux, mais après, on __6__ (commencer) à parler et j'ai découvert *(discovered)* qu'elle aimait les mêmes choses que moi. Le restaurant __7__ (être) très agréable et on y __8__ (rester) presque deux heures. Après le dîner, on ne __9__ (vouloir) pas rentrer, alors on __10__ (se promener) un peu et on __11__ (s'arrêter) dans un café pour prendre un verre. Il __12__ (être) assez tard quand on __13__ (se quitter).

Access the Video ***Les Stagiaires*** at iLrn and on the *Horizons* Premium Website.

## Épisode 7: Vous vous êtes amusés?

Dans ce clip, Céline parle à Amélie de son rendez-vous d'hier soir avec Matthieu. Avant de le regarder, imaginez trois choses dont Amélie et Matthieu ont peut-être parlé. Ensuite, regardez le clip et répondez aux questions suivantes: De quoi est-ce que Matthieu et Amélie ont parlé? Vers quelle heure est-ce qu'ils se sont quittés?

# Lecture et Composition

## Lecture

### Pour mieux lire *Recognizing conversational style*

You are going to read a story by Eugène Ionesco (1912–1994) in which a father finds himself alone one morning with his two- or three-year-old daughter.

Sometimes a writer uses language that is not completely "correct" to portray how someone speaks. To appreciate this style and how it tells something about the character who is speaking, you can compare this conversational language with the more "correct" version of the language. In Ionesco's story, the author modifies his language to represent the way a little girl would speak or how someone might speak to a young child.

**Du vocabulaire enfantin.** Regardez ces phrases. Comment dit-on la même chose d'une façon plus correcte?

1. Tu laves ta figure.
2. Je rase ma barbe.
3. Tu laves ton «dérère» *(backside).*

## Conte pour enfants de moins de trois ans

Ce matin, comme d'habitude, Josette **frappe** à la porte de la chambre à coucher de ses parents. Papa n'a pas très bien dormi. Maman est partie à la campagne pour quelques jours. Alors papa a profité de cette absence pour manger beaucoup de **saucissons,** pour boire de la bière, pour manger du **pâté de cochon,** et beaucoup d'autres choses que maman **l'empêche de** manger parce que c'est pas bon pour **la santé.** Alors, voilà, papa **a mal au foie, il a mal à l'estomac, il a mal à la tête,** et ne voudrait pas se réveiller. Mais Josette frappe toujours à la porte. Alors, papa **lui dit** d'entrer. Elle entre, elle va chez son papa. Il n'y a pas maman. Josette demande:

—*Où elle est maman?*

Papa répond: *Ta maman est allée se reposer à la campagne chez sa maman à elle.*

Josette répond: *Chez Mémée?*

Papa répond: *Oui, chez Mémée.*

—*Écris à maman,* dit Josette. *Téléphone à maman,* dit Josette.

Papa dit: ***Faut pas** téléphoner.* Et puis papa dit pour **lui-même:** *Parce qu'elle est peut-être **autre part...***

Josette dit: ***Raconte** une histoire avec maman et toi, et moi.*

—*Non,* dit papa, *je vais aller au travail. Je me lève, je vais m'habiller.*

**frappe** *knocks* **saucissons** *salami* **pâté de cochon** *pork pâté* **l'empêche de** *keeps him from* **la santé** *health* **a mal au foie, il a mal à l'estomac, il a mal à la tête** *has indigestion, he has a stomach ache, he has a headache* **lui dit** *tells her* **Faut pas** *We must not* **lui-même** *himself* **autre part** *somewhere else* **Raconte** *Tell*

Et papa se lève. Il met **sa robe de chambre** rouge, **par dessus** son pyjama, il met les **pieds** dans ses **pantoufles.** Il va dans la salle de bains. Il ferme la porte de la salle de bains. Josette est à la porte de la salle de bains. Elle frappe avec ses petits **poings,** elle **pleure.**

Josette dit: *Ouvre-moi la porte.*

Papa répond: *Je ne peux pas. Je suis* ***tout nu,*** *je me lave, après je me rase.*

Josette dit: *Et tu fais pipi-caca.*

—*Je me lave,* dit papa.

Josette dit: *Tu laves ta figure, tu laves tes* ***épaules,*** *tu laves tes* ***bras,*** *tu laves ton* ***dos,*** *tu laves ton «dérère», tu laves tes pieds.*

—*Je rase ma barbe,* dit papa.

— *Tu rases ta barbe avec* ***du savon,*** dit Josette. *Je veux entrer. Je veux voir.*

Papa dit: *Tu ne peux pas me voir, parce que je* ***ne*** *suis* ***plus*** *dans la salle de bains.*

Josette dit (derrière la porte): *Alors, où tu es?*

Papa répond: *Je ne sais pas, va voir. Je suis peut-être dans la salle à manger, va me chercher.*

Josette **court** dans la salle à manger, et papa commence sa toilette. Josette court avec ses petites **jambes,** elle va dans la salle à manger. Papa est tranquille, mais pas pour longtemps. Josette arrive **de nouveau** devant la porte de la salle de bains, elle **crie à travers** la porte:

Josettte: *Je t'ai cherché. Tu n'es pas dans la salle à manger.*

Papa dit: *Tu n'as pas bien cherché. Regarde sous la table.*

Josette retourne dans la salle à manger. Elle revient.

Elle dit: *Tu n'es pas sous la table.*

Papa dit: *Alors va voir dans le salon. Regarde bien si je suis sur le fauteuil, sur le canapé, derrière les livres, à la fenêtre.*

Josette s'en va. Papa est tranquille, mais pas pour longtemps.

Josette revient.

Elle dit: *Non, tu n'es pas dans le fauteuil, tu n'es pas à la fenêtre, tu n'es pas sur le canapé, tu n'es pas derrière les livres, tu n'es pas dans la télévision, tu n'es pas dans le salon.*

Papa dit: *Alors, va voir si je suis dans la cuisine.*

Josette dit: *Je vais te chercher dans la cuisine.*

---

**sa robe de chambre** *his robe* **par dessus** *over* **pieds** *feet* **pantoufles** *slippers* **poings** *fists* **pleure** *cries* **tout nu** *completely naked* **épaules** *shoulders* **bras** *arms* **dos** *back* **du savon** *soap* **ne... plus** *no longer* **court** *runs* **jambes** *legs* **de nouveau** *again* **crie à travers** *yells through*

Josette court à la cuisine. Papa est tranquille, mais pas pour longtemps. Josette revient.

Elle dit: *Tu n'es pas dans la cuisine.*

Papa dit: *Regarde bien, sous la table de la cuisine, regarde bien si je suis dans le buffet, regarde bien si je suis dans* ***les casseroles,*** *regarde bien si je suis dans* ***le four*** *avec le poulet.*

Josette va et vient. Papa n'est pas dans le four, papa n'est pas dans les casseroles, papa n'est pas dans le buffet, papa n'est pas sous **le paillasson,** papa n'est pas dans **la poche** de son pantalon, dans la poche du pantalon il y a **seulement le mouchoir.**

Josette revient devant la porte de la salle de bains.

Josette dit: *J'ai cherché partout. Je ne t'ai pas trouvé. Où tu es?*

Papa dit: *Je suis là.*

Et papa, qui a eu le temps de faire sa toilette, qui s'est rasé, qui s'est habillé, ouvre la porte.

Il dit: *Je suis là.*

Il prend Josette **dans ses bras,** et voilà aussi la porte de la maison qui s'ouvre, **au fond** du couloir, et c'est maman qui arrive. Josette **saute** des bras de son papa, elle **se jette** dans les bras de sa maman, elle l'embrasse, elle dit:

*Maman, j'ai cherché papa sous la table, dans l'armoire, sous le tapis, derrière* ***la glace,*** *dans la cuisine, dans* ***la poubelle,*** *il n'était pas là.*

Papa dit à maman: ***Je suis content que tu sois revenue.*** *Il faisait beau à la campagne? Comment va ta mère?*

Josette dit: *Et Mémée, elle va bien? On va chez elle?*

Eugène Ionesco; *Conte no. 4* © Éditions Gallimard, www.gallimard.fr

## Compréhension

1. Pourquoi est-ce que le père de Josette a mal à la tête et à l'estomac?
2. Quel jeu a-t-il inventé pour pouvoir faire sa toilette?
3. Dans quelles pièces est-ce que la petite fille cherche son papa?
4. Où est-ce qu'elle l'a cherché dans la cuisine?
5. Qui rentre à la fin du conte? Quelle est la réaction du papa?

---

**les casseroles** *the pans* **le four** *the oven* **le paillasson** *the doormat* **la poche** *the pocket* **seulement le mouchoir** *only the handkerchief* **dans ses bras** *in his arms* **au fond** *at the end* **saute** *jumps* **se jette** *throws herself* **la glace** *the mirror* **la poubelle** *the trash can* **Je suis content que tu sois revenue.** *I'm glad you came back.*

Voulez-vous avoir des enfants? Pourquoi ou pourquoi pas?

## Composition

### Pour mieux écrire *Organizing a paragraph*

You know how to use words like **et, ou, mais,** and **parce que** to link ideas together to form sentences. Also use words like **d'abord, ensuite, alors,** and **et puis** to connect your sentences into a well-ordered paragraph. You can also link ideas with the word **pour** to say *in order to*. In this case, **pour** is followed by an infinitive.

**Je quitte la maison avant sept heures pour arriver à huit heures.**
*I leave the house before seven (in order) to arrive before eight.*

To say that you do something *before* you do something else, use **avant de.** It is followed by an infinitive.

**Je m'habille avant de prendre mon petit déjeuner.**
*I get dressed before I have (before having) breakfast.*
**Avant de m'habiller, je prends une douche.**
*Before I get dressed (Before dressing), I take a shower.*

**Organisez-vous.** Vous allez décrire votre routine matinale. Avant de commencer, traduisez les phrases qui suivent.

1. *I'm tired in the morning, so I don't wake up easily.*
2. *First, I eat breakfast. Next, I take a shower. Then, I get dressed. And then, I leave.*
3. *I eat quickly in order to be on time.*
4. *Before I eat, I get dressed. Then, I brush my teeth.*
5. *I take a bath before I put on make-up / shave.*

### Le matin chez moi

Décrivez votre routine du matin. Utilisez des mots comme **d'abord, ensuite** et **avant de** pour indiquer l'ordre de vos actions.

**EXEMPLE** **Le matin, je me lève vers six heures. D'abord...**

# Comparaisons culturelles 

## L'amour et le couple

**L'âge moyen** pour se marier en France est de 30,5 ans pour les hommes et 29,8 pour les femmes. Voici les résultats de **sondages** sur les opinions des Français sur le couple et les relations entre hommes et femmes. Quelles sont vos opinions?

### Les Français et le mariage

**Quel est l'âge idéal pour se marier?**

| Hommes: 31,9 | Femmes: 30,8 |
|---|---|

**Quel est l'âge idéal pour avoir un enfant?**

31,3

**À quel âge est-on le plus séducteur/séductrice?**

| Hommes: 40 | Femmes: 30 |
|---|---|

© Bill Bachmann/Alamy

### Les femmes parlent de la vie en couple

**Quel est le meilleur moyen de rencontrer quelqu'un?**

| **Le hasard** 27% | Les amis 23% | Les activités personnelles 20% |
|---|---|---|

**Pouvez-vous envisager de vivre avec un partenaire aux origines sociales différentes?**

| **Les sondées** les plus jeunes—Oui: 82% | Les sondées les plus âgées—Oui: 66% |
|---|---|

**Pouvez-vous envisager de vivre avec un partenaire aux origines culturelles différentes?**

| Les sondées les plus jeunes—Oui: 77% | Les sondées les plus âgées—Oui: 57% |
|---|---|

**Pouvez-vous envisager de vivre avec un partenaire aux origines ethniques différentes?**

| Les sondées les plus jeunes—Oui: 73% | Les sondées les plus âgées—Oui: 53% |
|---|---|

© B2M Productions/Jupiter Images

**L'âge moyen** *The average age* **sondages** *polls* **le meilleur moyen** *the best way* **Le hasard** *Chance* **envisager de vivre** *to imagine living* **Les sondées** *The women polled*

**Croyez-vous au grand amour qui dure toute la vie?**

| Oui: 67% |
|---|

**Pouvez-vous envisager une séparation en cas de crise?**

| Oui: 73% |
|---|

**Quels sont les motifs principaux de séparation?**

| L'infidélité: 59% | Ne pas être heureuse 45% | Projets de vie incompatibles 33% |
|---|---|---|

**Quels sont les ingrédients principaux de longévité du couple?**

| **La confiance:** 55% | **La complicité:** 51% | L'amour: 49% |
|---|---|---|

**Accordez-vous de l'importance à la vie sexuelle?**

| Oui: 75% |
|---|

http://www.harrisinteractive.fr/news/2008/HI_FR_Ages_amour_Meetic_avril_08_FR.pdf

## Compréhension

**A. Vrai ou faux?** D'abord, complétez les phrases suivantes avec le pronom relatif convenable: **qui** ou **que.** Ensuite, dites si les phrases sont vraies ou fausses.

1. En France, on trouve que ce sont les hommes et les femmes _____ ont entre 20 et 30 ans _____ sont les plus séducteurs et séductrices.
2. Pour la majorité des Françaises, l'amour _____ dure toute la vie n'existe pas.
3. L'infidélité est quelque chose _____ la majorité des Françaises acceptent dans une relation.
4. L'amour est l'ingrédient _____ les Françaises trouvent le plus important dans une relation.
5. Une bonne relation sexuelle est quelque chose _____ la majorité des Français trouvent important pour être heureux en amour.

**B. Comparaisons.** Discutez des questions suivantes.

1. Que trouvez-vous de surprenant *(surprising)* dans les réponses aux sondages des Français? Qu'est-ce qui ne vous surprend pas? Pourquoi?
2. Posez les questions du sondage aux étudiants de votre classe. Quelles différences y a-t-il dans leurs réponses? Pouvez-vous expliquer ces différences?
3. Dans un sondage sur ce sujet fait dans votre pays, quelles autres questions est-ce qu'on poserait *(would one ask)*? Voyez-vous des attitudes différentes sur ce sujet?

© Bronwyn Kidd/Photodisc/Getty Images

Visit **www.cengagebrain.com/shop/ISBN/0495912492** for additional cultural information and activities.

**dure** *lasts* **la vie** *life* **La confiance** *Trust* **La complicité** *Bonding* **Accordez-vous** *Do you give*

## Reflexive verbs

Reflexive verbs are used to say that people do something to or for themselves. In French, the reflexive pronoun corresponding to the subject is placed before the verb.

Je **me** réveille à six heures et puis, je réveille mes enfants à sept heures.
*I wake **(myself)** up at six o'clock, and then I wake up my children at seven.*

| SE COUCHER *(to go to bed)* | |
|---|---|
| je **me** couche | nous **nous** couchons |
| tu **te** couches | vous **vous** couchez |
| il/elle/on **se** couche | ils/elles **se** couchent |

The reflexive pronouns **me, te,** and **se** become **m', t',** and **s'** before vowel sounds. Also note the spelling changes with **s'ennuyer, s'appeler,** and **se lever.** Remember that all verbs ending with **-yer,** such as **envoyer, essayer,** and **payer,** follow the same pattern as **s'ennuyer. Se promener** is conjugated like **se lever.**

Mon fils de trois ans **s'**habille tout seul.
*My three-year-old son dresses all by himself.*

—Tu **ne** t'ennu**i**es **pas** dans ce cours?
—Non, mes camarades et moi, nous **ne** nous y ennu**y**ons **jamais**!

—Comment vous appel**e**z-vous?
—Je m'appe**ll**e Catherine Faure.

—À quelle heure est-ce que vous vous l**e**vez?
—Je me l**è**ve très tôt.

| S'ENNUYER *(to be / get bored)* | S'APPELER *(to be named)* | SE LEVER *(to get up)* |
|---|---|---|
| je m'ennu**i**e | je m'appe**ll**e | je me l**è**ve |
| tu t'ennu**i**es | tu t'appe**ll**es | tu te l**è**ves |
| il/elle/on s'ennu**i**e | il/elle/on s'appe**ll**e | il/elle/on se l**è**ve |
| nous nous ennuyons | nous nous appelons | nous nous levons |
| vous vous ennuyez | vous vous appelez | vous vous levez |
| ils/elles s'ennu**i**ent | ils/elles s'appe**ll**ent | ils/elles se l**è**vent |

To negate reflexive verbs, place **ne** directly after the subject and **pas** or **jamais** directly after the conjugated verb.

Mon père **s'**achète une nouvelle voiture chaque année.
*My father buys **himself** a new car each year.*

Verbs that are reflexive in English, such as *to amuse* ***oneself*** or *to buy* ***oneself*** *something* will generally also be reflexive in French. Many other verbs are reflexive in French that are not in English. Consult the end-of-chapter vocabulary list to find all the reflexive verbs learned in this chapter.

Je me brosse **les** dents trois fois par jour.
*I brush* ***my*** *teeth three times a day.*

Verbs indicating that people are doing something to their own body are generally reflexive in French. After such verbs, in French, you use the definite article **(le, la, l', les)** with a following body part, rather than the possessive adjective *(my, your, his . . . ).*

## Reciprocal verbs

Reciprocal verbs indicate that two or more people do something to or for one another. Most verbs naming something one person might do to another can be made reciprocal by adding a reciprocal pronoun.

Vous **vous** retrouvez après les cours?
*Do you meet* ***each other*** *after class?*

Mes voisins ne **se** parlent pas.
*My neighbors don't talk* ***to one another.***

| | | | |
|---|---|---|---|
| aimer | *to love* | s'aimer | *to love each other* |
| détester | *to hate* | se détester | *to hate each other* |
| regarder | *to look at* | se regarder | *to look at each other* |

When reflexive / reciprocal verbs are used in the infinitive, the reflexive / reciprocal pronoun changes to match the subject of the conjugated verb.

—**Vous** voulez **vous** marier?
—Oui, et **nous** allons **nous** installer dans un petit appartement.

## Past tenses of reflexive and reciprocal verbs

All reflexive / reciprocal verbs are conjugated with **être** in the **passé composé.** The past participle agrees in gender and number with the reflexive / reciprocal pronoun (and the subject) when it is the direct object of the verb.

| S'AMUSER | |
|---|---|
| je me suis amusé(e) | nous nous sommes amusé(e)s |
| tu t'es amusé(e) | vous vous êtes amusé(e)(s) |
| il s'est amusé | ils se sont amusés |
| elle s'est amusée | elles se sont amusées |
| on s'est amusé(e)(s) | |

—Tous tes amis se sont retrouvé**s** chez toi?
—Oui, et on s'est bien amusé**s** jusqu'à très tard. Mon amie Rose s'est endormi**e** sur le canapé.

With negated verbs, place **ne** directly after the subject and **pas** after the conjugated form of **être.**

—Vous **ne** vous êtes **pas** vus hier?
—Non, mais nous nous sommes téléphoné trois fois.

Past participles do not agree with reflexive / reciprocal pronouns that are indirect objects. For this reason, there is no agreement with **se parler, se téléphoner, s'écrire,** or when a reflexive verb is followed directly by a noun that is the direct object of the verb, such as a part of the body.

Ma petite sœur s'est maquillé**e.**
Ma petite sœur s'est maquillé **les yeux.**

As with all verbs except **être,** form the imperfect of reflexive verbs by dropping the **-ons** from the **nous** form of the verb and adding the imperfect endings: **-ais, -ais, -ait, -ions, -iez, -aient.**

—Tu te levais plus tôt l'année dernière?
—Oui, je me levais à six heures.

## Regular *-re* verbs

The following verbs are conjugated like **répondre: descendre, entendre, s'entendre (bien / mal) (avec), perdre, se perdre, rendre visite à quelqu'un, rendre quelque chose à quelqu'un, vendre, revendre.** They all take **avoir** in the **passé composé** except **descendre** and the reflexive verbs.

| RÉPONDRE *(to answer)* | |
|---|---|
| je répond**s** | nous répond**ons** |
| tu répond**s** | vous répond**ez** |
| il/elle/on répond | ils/elles répond**ent** |
| PASSÉ COMPOSÉ: **j'ai répondu** | |
| IMPARFAIT: **je répondais** | |

—Tu ne rends jamais visite à ton ex-petite amie?
—Non, on a perdu contact. On ne s'entend pas très bien. Si je téléphone chez elle, elle ne répond pas au téléphone.

## Relative pronouns

A relative clause is a phrase that describes a noun. The word that begins the phrase, referring back to the noun described is a relative pronoun. The relative pronouns **qui, que,** and **dont** are all used for both people and things. The choice of relative pronoun depends on the pronoun's function in the relative clause. **Qui** replaces the subject of the relative clause, **que (qu')** replaces the direct object, and **dont** replaces the preposition **de** and its object.

Place relative clauses directly after the noun they describe. When **que** is the object of a verb in the **passé composé,** the past participle agrees in number and gender with the noun it represents.

La femme **qui** habite à côté est française. (= La femme est française. **Cette femme** habite à côté.)
La femme **que** j'ai invité**e** est française. (= La femme est française. J'ai invité **cette femme.**)
La femme **dont** je parle souvent est française. (= La femme est française. Je parle souvent **de cette femme.**)

# VOCABULAIRE

## COMPÉTENCE 1

### Describing your daily routine

| | |
|---|---|
| **NOMS MASCULINS** | |
| **un bain** | *a bath* |
| **le mariage** | *marriage* |
| **un petit-fils** | *a grandson* |
| **un séjour** | *a stay* |
| **un veuf** | *a widower* |
| **NOMS FÉMININS** | |
| **une demi-heure** | *a half hour* |
| **les dents** | *the teeth* |
| **une douche** | *a shower* |
| **la figure** | *the face* |
| **la main** | *the hand* |
| **une petite-fille** | *a granddaughter* |
| **une routine** | *a routine* |
| **une veuve** | *a widow* |
| **EXPRESSIONS VERBALES** | |
| **s'amuser** | *to have fun* |
| **s'appeler** | *to be named* |
| **attendre** | *to wait (for)* |
| **se brosser (les cheveux / les dents)** | *to brush (one's hair / one's teeth)* |
| **connaître** | *to be familiar with, to be acquainted with, to know* |
| **se coucher / se recoucher** | *to go to bed / to go back to bed* |
| **s'endormir** | *to fall asleep* |
| **s'ennuyer** | *to be bored, to get bored* |
| **faire sa toilette** | *to wash up* |
| **s'habiller / se déshabiller** | *to get dressed / to get undressed* |
| **se laver (la figure / les mains)** | *to wash (one's face / one's hands)* |
| **se lever** | *to get up* |
| **se maquiller** | *to put on makeup* |
| **prendre un bain / une douche** | *to take a bath / a shower* |
| **se raser** | *to shave* |
| **se reposer** | *to rest* |
| **se réveiller** | *to wake up* |
| **DIVERS** | |
| **comme** | *since, as* |
| **d'autres fois** | *other times* |
| **depuis** | *since, for* |
| **d'origine...** | *of . . . origin* |
| **facilement** | *easily* |
| **parfait(e)** | *perfect* |
| **pendant** | *during* |
| **quotidien(ne)** | *daily* |
| **vite** | *quick(ly), fast* |

## COMPÉTENCE 2

### Talking about relationships

| | |
|---|---|
| **NOMS MASCULINS** | |
| **le coup de foudre** | *love at first sight* |
| **le grand amour** | *true love* |
| **NOMS FÉMININS** | |
| **la jeunesse** | *youth* |
| **une relation** | *a relationship* |
| **EXPRESSIONS VERBALES** | |
| **s'aimer** | *to like each other, to love each other* |
| **attendre** | *to wait (for)* |
| **descendre** | *to go down, to get off, to stay* (at a hotel) |
| **se détester** | *to hate each other* |
| **se disputer** | *to argue* |
| **s'embrasser** | *to kiss each other, to embrace each other* |
| **entendre** | *to hear* |
| **s'entendre (bien / mal) (avec)** | *to get along (well / badly) (with)* |
| **se fiancer** | *to get engaged* |
| **s'installer (dans / à)** | *to move (into), to settle (in)* |
| **se marier (avec)** | *to get married (to)* |
| **se parler** | *to talk to each other* |
| **se passer** | *to happen* |
| **perdre** | *to lose* |
| **perdre du temps** | *to waste time* |
| **se perdre** | *to get lost* |
| **prendre une décision** | *to make a decision* |
| **se quitter** | *to leave each other* |
| **se réconcilier** | *to make up with each other* |
| **se regarder** | *to look at each other* |
| **se rencontrer** | *to meet each other* (by chance, for the first time), *to run into each other* |
| **rendre quelque chose à quelqu'un** | *to return something to someone* |
| **rendre visite à quelqu'un** | *to visit someone* |
| **répondre (à)** | *to answer, to respond (to)* |
| **se retrouver** | *to meet each other* (by design) |
| **revendre** | *to sell back* |
| **rêver (de)** | *to dream (of, about)* |
| **se souvenir de** | *to remember* |
| **suivre** | *to follow* |
| **se téléphoner** | *to phone each other* |
| **vendre** | *to sell* |
| **DIVERS** | |
| **ce qui** | *what* |
| **C'est dommage!** | *That's too bad!* |
| **enfin** | *finally* |
| **formidable** | *great* |
| **heureux (heureuse)** | *happy* |
| **la plupart du temps** | *most of the time* |
| **mamie** | *grandma* |
| **sentimental(e) (*mpl* sentimentaux)** | *sentimental, emotional* |
| **un(e) tel(le)** | *such a* |

## COMPÉTENCE 3

### Talking about what you did and used to do

**NOMS MASCULINS**

| | |
|---|---|
| **le reste (de)** | *the rest (of)* |
| **un réveil** | *an alarm clock* |

**EXPRESSIONS VERBALES**

| | |
|---|---|
| **accepter** | *to accept* |
| **s'arrêter** | *to stop* |
| **se peigner** | *to comb one's hair* |
| **se promener** | *to go walking* |
| **raconter** | *to tell* |
| **se reconnaître** | *to recognize each other* |
| **sonner** | *to ring* |
| **se voir** | *to see each other* |

**DIVERS**

| | |
|---|---|
| **cela** | *that* |
| **depuis cela** | *since then* |
| **donc** | *then, so, thus, therefore* |
| **parfaitement** | *perfectly* |

## COMPÉTENCE 4

### Describing traits and characteristics

**NOMS MASCULINS**

| | |
|---|---|
| **l'aspect physique** | *physical appearance* |
| **le bonheur** | *happiness* |
| **le corps** | *the body* |
| **l'esprit** | *the mind, the spirit* |
| **un groupe** | *a group* |
| **un partenaire** | *a partner* |
| **un sens de l'humour** | *a sense of humor* |
| **un sentiment** | *a feeling* |
| **un test** | *a test* |
| **un trait** | *a trait* |

**NOMS FÉMININS**

| | |
|---|---|
| **la beauté** | *beauty* |
| **la compatibilité** | *compatibility* |
| **la compréhension** | *understanding* |
| **l'importance** | *the importance* |
| **l'indécision** | *indecision* |
| **l'indifférence** | *indifference* |
| **l'infidélité** | *infidelity* |
| **l'inflexibilité** | *inflexibility* |
| **l'insensibilité** | *insensitivity* |
| **la jalousie** | *jealousy* |
| **la nature** | *nature* |
| **une partenaire** | *a partner* |
| **la passion** | *passion* |
| **la politique** | *politics* |
| **la profession** | *the profession* |
| **la religion** | *religion* |
| **une rencontre** | *an encounter* |
| **la spiritualité** | *spirituality* |
| **la vanité** | *vanity* |

**VERBES**

| | |
|---|---|
| **cultiver** | *to cultivate* |
| **exprimer** | *to express* |
| **faire la connaissance de** | *to make the acquaintance of, to meet* (for the first time) |
| **s'intéresser à** | *to be interested in* |
| **ranger** | *to arrange, to order* |
| **supporter** | *to bear, to tolerate, to put up with* |

**DIVERS**

| | |
|---|---|
| **ce que** | *what* |
| **chez (une personne)** | *with, in (a person)* |
| **de droite** | *conservative* |
| **de gauche** | *liberal* |
| **dont** | *whom, of (about, with) whom, whose, that, of (about, with) which* |
| **en ligne** | *online* |
| **jaloux (jalouse)** | *jealous* |
| **le mieux** | *the best* |
| **professionnel(le)** | *professional* |
| **que** | *that, which, whom* |
| **qui** | *that, which, who* |

En Normandie

# La bonne cuisine

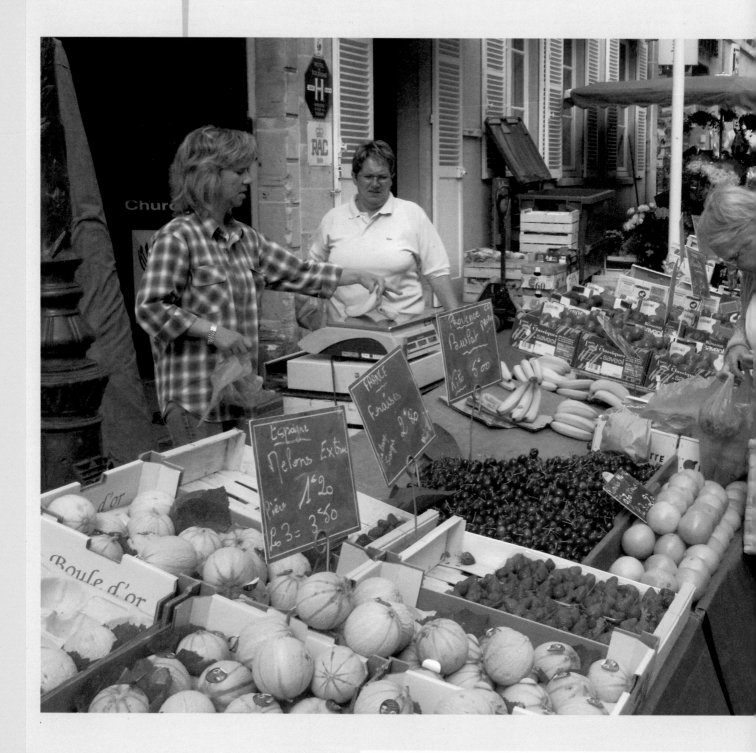

iLrn Heinle Learning Center

www.cengagebrain.com/shop/ISBN/0495912492

*Horizons* Video: Les Stagiaires

Audio

 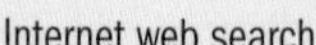 Internet web search

 Pair work

 Group work

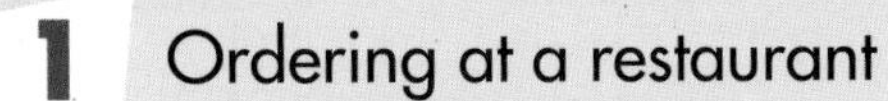

# Chapitre 8

## COMPÉTENCE

# La Normandie

Comment imaginez-vous la Normandie?
Pensez-vous à...

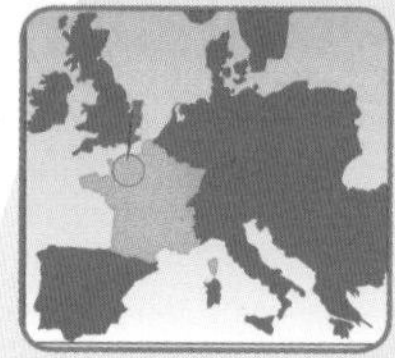

© Heinle/Cengage Learning

des bateaux de pêche?

© John Miller/Robert Harding Picture Library Ltd/Alamy

des fermes normandes?

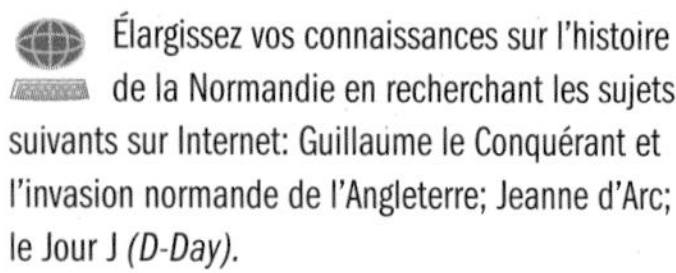

Élargissez vos connaissances sur l'histoire de la Normandie en recherchant les sujets suivants sur Internet: Guillaume le Conquérant et l'invasion normande de l'Angleterre; Jeanne d'Arc; le Jour J *(D-Day)*.

© Photononstop/SuperStock

d'anciennes villes?

**de pêche** *fishing* **des fermes normandes** *Norman farms*

Visit it live on Google Earth!

**Rouen**

**Nombre d'habitants: 110 000 habitants (avec ses agglomérations *[metropolitan region]*: 534 000) (les Rouennais)**

**des falaises isolées?**

**des villes au bord de la mer?**

La Normandie, **c'est tout cela! Et encore plus!**

**La tapisserie de Bayeux raconte en images la conquête de l'Angleterre par Guillaume le Conquérant, duc de Normandie.**

## Qu'en savez-vous?

Que savez-vous de *(What do you know about)* l'histoire de la Normandie? Trouvez la date qui correspond à chacun de ces événements historiques.

**a.** 1066 **b.** le 6 juin 1944
**c.** 820–911 **d.** 1453

1. le Jour J, jour du débarquement en Normandie des forces alliées (américaines, anglaises, canadiennes et françaises)
2. la conquête de la région par les Vikings (Normandie veut dire *«Land of the Northmen»*.)
3. la fin de la guerre de Cent Ans entre la France et l'Angleterre *(England)* (que la France a gagnée grâce surtout aux batailles *[thanks especially to the battles]* gagnées par Jeanne d'Arc)
4. la conquête de l'Angleterre par Guillaume le Conquérant, duc de Normandie

**des falaises** *cliffs* **au bord de la mer** *at the seaside* **c'est tout cela! Et encore plus!** *it's all that! And even more!*

COMPÉTENCE 1

# Ordering at a restaurant

**Note** *culturelle*

**En France, le repas traditionnel composé de plusieurs *(several)* plats successifs se limite de plus en plus aux fêtes. Pour la grande majorité des Français, le repas principal du jour se prend le soir et se compose de deux plats, le plus souvent d'un plat principal et d'un dessert. Est-ce la même chose dans votre région?**

**Note** *de grammaire*

The article you see in front of many of these nouns is called the partitive. It expresses the idea of *some* or *any*. Why are there four different forms?

**du pâté** *some pâté*
**de la soupe** *some soup*
**de l'eau** *some water*
**des œufs** *some eggs*

You will learn how to use the partitive article in the next section.

The irregular verb **servir** *(to serve)* is conjugated like **sortir: je sers, tu sers, il/elle/on sert, nous servons, vous servez, ils/elles servent; PASSÉ COMPOSÉ: j'ai servi; IMPARFAIT: je servais.**

## Au restaurant

Les Français aiment bien les grands repas traditionnels.

On commence par **une entrée** ou **un hors-d'œuvre:**

de la soupe à l'oignon

du pâté

des œufs *(m)* durs à la mayonnaise

**des crudités** *(f)*

de la salade de tomates

des escargots *(m)*

Sur la table, il y a aussi...

du sel et du poivre

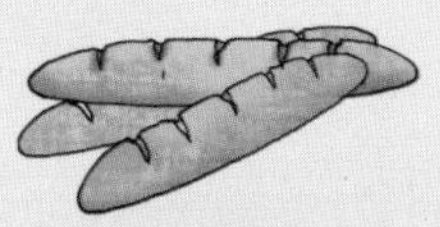
du pain

de l'eau minérale

Ensuite, on **sert** le plat principal:

DE LA VIANDE

DU POISSON

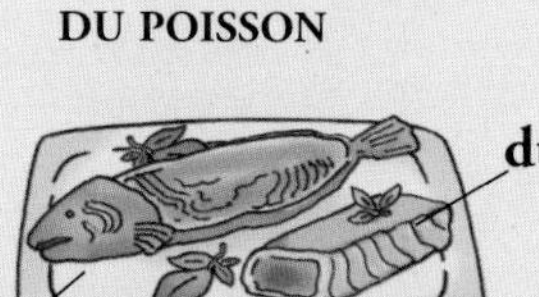

DE LA VOLAILLE

du poulet

**du canard**

DES FRUITS *(m)* DE MER

**des moules** *(f)*

**du homard**

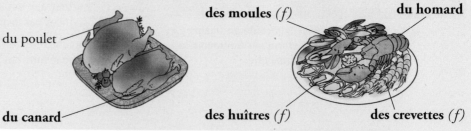

**des huîtres** *(f)*

**des crevettes** *(f)*

**une entrée** *a first course* **un hors-d'œuvre** *an appetizer* **des crudités** *(f) raw vegetables* **sert** (**servir** *to serve*)
**de la viande** *meat* **du poisson** *fish* **du thon** *tuna* **du saumon** *salmon* **de la volaille** *poultry* **du canard** *duck*
**des fruits** *(m)* **de mer** *shellfish* **des moules** *(f) mussels* **du homard** *lobster* **des huîtres** *(f) oysters* **des crevettes** *(f) shrimp*

Le plat principal **comprend** aussi **du riz** et des légumes *(m)*:

On sert généralement la salade verte après le plat principal. On sert le fromage après ou avec la salade.

On finit le repas avec des fruits—ou un dessert.

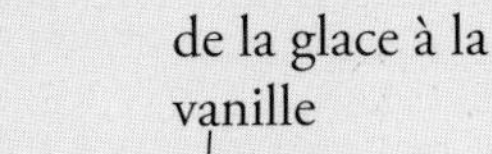

Pour finir, on sert le café. Prenez-vous **du sucre,** du lait ou de la crème dans votre café?

Vocabulaire supplémentaire

**bleu(e)** *very rare*
**saignant(e)** *rare*
**à point** *medium rare*
**cuit(e)** *medium*
**bien cuit(e)** *well-done*
**végétarien(ne)** *vegetarian*
**végétalien(ne)** *vegan*
**D'AUTRES PLATS** *(DISHES):*
- **de l'agneau** *(m) lamb*
- **du bifteck haché** *ground meat*
- **des coquilles St-Jacques** *(f) scallops*
- **de la dinde** *turkey*
- **du rôti de porc** *pork roast*
- **de la sole** *sole*
- **de la truite** *trout*
- **du veau** *veal*

**POUR METTRE LA TABLE** *(TO SET THE TABLE):*
- **une assiette** *a plate*
- **un bol** *a bowl*
- **un couteau** *a knife*
- **une cuillère (cuiller)** *a spoon*
- **une fourchette** *a fork*
- **une nappe** *a tablecloth*
- **une serviette** *a napkin*
- **une tasse** *a cup*
- **un verre** *a glass*

Pour une liste de fruits et de légumes, voir la page 315.

**Sélection musicale.** Search the Web for the song **Les cornichons** by Nino Ferrer to enjoy a musical selection containing some of this vocabulary.

## Prononciation

CD 3-2

### *Le **h** aspiré*

In French, **h** is never pronounced and there is usually liaison and elision before it.

J'aime les ‿ huîtres. Il y a beaucoup **d'**huile *(oil)* dans la salade.

Before a few words beginning with **h,** there is no liaison or elision, even though the **h** is silent. These words are said to begin with **h aspiré.** In vocabulary lists, they are indicated by an asterisk (*). English words that begin with *h* often have an **h aspiré** when used in French. The following words have **h aspiré:**

**le homard** **les haricots** **les hors-d'œuvre** **les hot-dogs** **les hamburgers**

---

**comprend** (**comprendre** *to include*) **du riz** *rice* **du sucre** *sugar*

**Note** *culturelle*

**Dans un restaurant français, on peut commander «à la carte», ce qui permet de choisir *(which allows one to choose)* les plats qu'on préfère, ou on peut choisir un menu «à prix fixe». Dans ce cas, on a un choix plus limité mais à un prix plus raisonnable. Regardez la carte à la page 309. Choisissez *(Choose)* une entrée, un plat principal et un dessert et faites le total. Comparez le prix de votre repas à la carte avec le prix des menus à prix fixe (à la page 308). Est-il moins cher de commander un menu à prix fixe ou de commander à la carte? Est-ce qu'il y a des restaurants chez vous qui servent des menus à prix fixe?**

CD 3-3

André a invité Rosalie au restaurant Maraîchers. Regardez le menu de ce restaurant aux pages 308–309.

LE SERVEUR: Bonsoir, monsieur. Bonsoir, madame. Aimeriez-vous **un apéritif** avant de commander?
ANDRÉ: Rosalie?
ROSALIE: Non, merci, pas ce soir.
ANDRÉ: Pour moi non plus.
LE SERVEUR: Et pour dîner? Est-ce que vous avez décidé?
ANDRÉ: Nous allons prendre le menu à 22 euros.
LE SERVEUR: Très bien, monsieur. Et qu'est-ce que vous désirez **comme** entrée?
ANDRÉ: Pour madame, le saumon fumé, s'il vous plaît. Et pour moi, les huîtres.
LE SERVEUR: Et comme plat principal?
ROSALIE: **La raie** pour moi, s'il vous plaît.
ANDRÉ: Et pour moi, **le pavé de saumon.**
LE SERVEUR: Bien, monsieur. Et comme boisson?
ANDRÉ: Une carafe de vin blanc et **une bouteille d'**eau minérale.
LE SERVEUR: Évian ou Perrier?
ROSALIE: Évian, s'il vous plaît.
LE SERVEUR: Très bien, madame.

**A. Prononcez bien!** Demandez à votre partenaire s'il/si elle aime ces choses. Faites attention à la prononciation du **h aspiré** et du **h non-aspiré.**

1. *le homard 2. *les haricots verts 3. *les hamburgers 4. les‿huîtres

**B. Préférences.** Demandez à votre partenaire ce qu'il/elle aime mieux. Pour répondre *neither . . . nor . . .*, utilisez **ne... ni... ni...** comme dans l'exemple.

**EXEMPLE** la viande ou le poisson
**— Est-ce que tu aimes mieux la viande ou le poisson?**
**— J'aime mieux la viande. / J'aime les deux. / Je n'aime ni la viande ni le poisson.**

1. la viande rouge ou la volaille
2. les légumes ou la viande
3. le poisson ou les fruits de mer
4. les crudités ou la salade verte
5. les pommes de terre ou le riz
6. les haricots verts ou les petits pois
7. les escargots ou les œufs durs
8. les crevettes ou le homard

**C. Catégories logiques.** Quel mot ne va pas logiquement avec les autres? Pourquoi?

**EXEMPLE** le thé, le jus de fruit, le sel, le lait, l'eau
**Le sel, parce que ce n'est pas une boisson.**

1. le pain, les petits pois, les pommes de terre, les haricots verts
2. le gâteau au chocolat, le poivre, la tarte aux pommes, la glace
3. la salade de tomates, le pâté, la soupe à l'oignon, le rosbif
4. le déjeuner, le dîner, le petit déjeuner, le sel
5. le homard, le rosbif, les crevettes, les huîtres, les moules
6. les pommes de terre, les petits pois, les haricots verts, le gâteau

**un serveur (une serveuse)** *a server* **un apéritif** *a before-dinner drink* **comme** *for, as a* **la raie** *skate, rayfish*
**le pavé de saumon** *salmon steak* **une bouteille de** *a bottle of*

**D. Aujourd'hui on sert...** Regardez la liste et indiquez ce qu'il y a par catégorie.

| de l'eau minérale du vin du canard du thon<br>des crevettes des huîtres<br>des petits pois des pommes de terre du gâteau<br>de la tarte aux pommes des côtes de porc du bifteck<br>du pâté des œufs durs du poulet |
|---|

**EXEMPLE** viande
**Comme viande, il y a des côtes de porc et...**

**1.** entrée
**2.** volaille
**3.** viande
**4.** poisson
**5.** dessert
**6.** légume
**7.** boisson
**8.** fruits de mer

**E. Comparaisons culturelles.** Pour chaque catégorie, comparez votre préférence à celle des Français (indiquée par un X).

**1.** Je préfère...
X le café noir ou avec du sucre.
__ le café au lait.
__ le café vanille ou le café noisette *(hazelnut)*.
__ Je n'aime pas le café.

**2.** Quand je participe à la préparation d'un grand dîner, je préfère préparer...
X l'entrée.
__ le plat principal.
__ le dessert.

**3.** Je préfère prendre la salade...
__ avant le plat principal.
__ avec le plat principal.
X après le plat principal.
__ Je ne prends jamais de salade.

**4.** Pour terminer un repas, j'aimerais mieux *(I would prefer)* prendre...
__ du gâteau ou de la tarte.
__ un fruit.
X un yaourt ou un fromage blanc *(a creamy soft cheese)*.
__ Je ne prends jamais de dessert.

**5.** Comme glace, je préfère...
X la glace à la vanille.
__ la glace au chocolat.
__ la glace à la fraise.
__ Je n'aime pas la glace.

**F. Un dîner.** Voici ce que Rosalie a mangé hier soir. Qu'est-ce qu'elle a mangé? Dans quel ordre? Et vous? Qu'est-ce que vous avez mangé hier soir? Dans quel ordre?

## À vous!

Avec deux camarades de classe, relisez à haute voix la conversation au restaurant. Ensuite, imaginez que vous dînez au restaurant Maraîchers avec un(e) ami(e). Commandez un repas complet. Le (La) troisième camarade de classe va jouer le rôle du serveur (de la serveuse).

You can find a list of the new words from this ***Compétence*** on page 342 and audio for each item of this list at **www.cengagebrain.com/shop/ISBN/0495912492.**

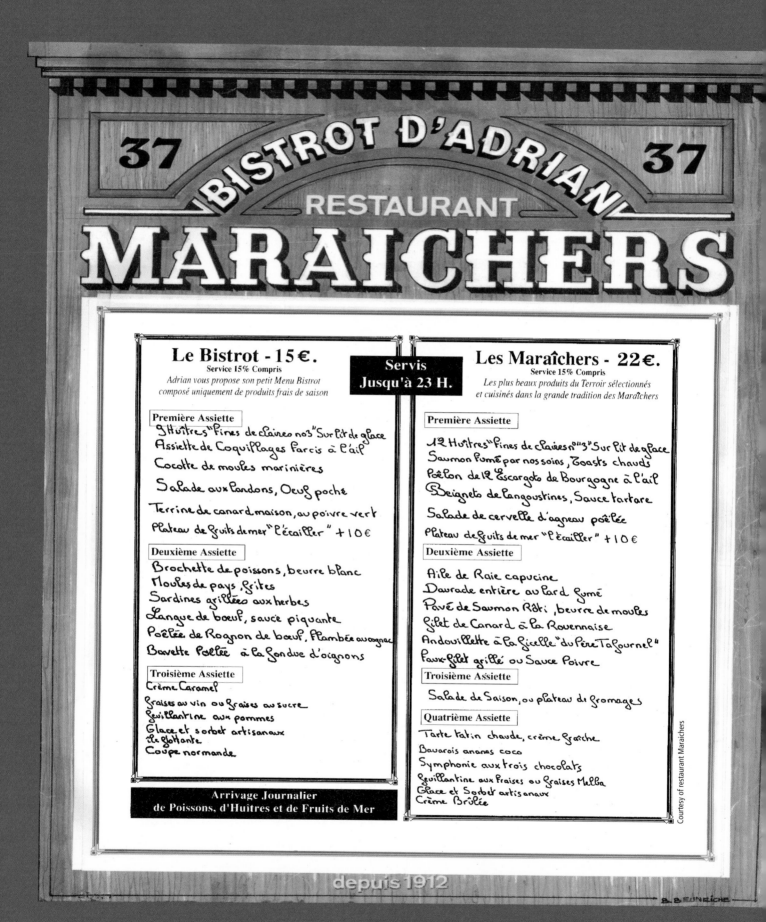

37 BISTROT D'ADRIAN 37

RESTAURANT

# MARAICHERS

**Servis Jusqu'à 23 H.**

## Le Bistrot - 15€.

Service 15% Compris

*Adrian vous propose son petit Menu Bistrot composé uniquement de produits frais de saison*

**Première Assiette**

9 Huîtres "fines de claires n°3" sur lit de glace
Assiette de Coquillages farcis à l'ail
Cocotte de moules marinières
Salade aux lardons, Oeuf poché
Terrine de canard maison, au poivre vert
Plateau de fruits de mer "l'écailler" +10€

**Deuxième Assiette**

Brochette de poissons, beurre blanc
Moules de pays, frites
Sardines grillées aux herbes
Langue de boeuf, sauce piquante
Poêlée de Rognon de boeuf, flambée au cognac
Bavette Poêlée à la fondue d'oignons

**Troisième Assiette**

Crème Caramel
Fraises au vin ou fraises au sucre
Feuillantine aux pommes
Glace et sorbet artisanaux
île flottante
Coupe normande

**Arrivage Journalier de Poissons, d'Huîtres et de Fruits de Mer**

## Les Maraîchers - 22€.

Service 15% Compris

*Les plus beaux produits du Terroir sélectionnés et cuisinés dans la grande tradition des Maraîchers*

**Première Assiette**

12 Huîtres "fines de claires n°3" sur lit de glace
Saumon fumé par nos soins, toasts chauds
Poêlon de 12 Escargots de Bourgogne à l'ail
Beignets de langoustines, Sauce tartare
Salade de cervelle d'agneau poêlée
Plateau de fruits de mer "l'écailler" +10€

**Deuxième Assiette**

Aile de Raie capucine
Daurade entière au lard fumé
Pavé de Saumon Rôti, beurre de moules
Filet de Canard à la Rouennaise
Andouillette à la ficelle "du Père Tafournel"
Faux-filet grillé ou Sauce Poivre

**Troisième Assiette**

Salade de Saison, ou plateau de fromages

**Quatrième Assiette**

Tarte tatin chaude, crème fraîche
Bavarois ananas coco
Symphonie aux trois chocolats
Feuillantine aux fraises ou fraises Melba
Glace et Sorbet artisanaux
Crème Brûlée

depuis 1912

Courtesy of restaurant Maraichers

## La Carte

Service 15% Compris

**Servie Jusqu'à Minuit**

### Nos Huîtres et Fruits de Mer (Arrivage Journalier)

12 Huîtres "Fines de claires" Sur lit de glace n°3 "14€" n°2 "16€"
12 Huîtres "Spéciales St Vaast" Sur lit de glace n°3 "15€" n°2 "17€"
Plateau de fruits de mer "l'écailler" 18€ "le mareyeur" 30€ "le Royal" 60€ 1 ou 2 personnes avec 1 Homard frais

### Fraîcheur du Marché & Préparations Maison

Soupe de poissons maison, sa rouille et ses croûtons, 6€ Assiette de coquillages farcis 6€
Moules à la crème 7€ _ Salade aux lardons, œuf poché 6€ Terrine de canard maison au poivre 6€
Salade de cervelle d'agneau poêlée 8€ Beignets de langoustines, Sauce Tartare 10€
Saumon fumé par nos soins Toasts chauds 10€ Poêlon de 12 Escargots de Bourgogne à l'ail 10€

### Poissons Frais d'Arrivage

_ Brochette de poissons frais, beurre Blanc 7,50€ Moules de pays frites 7,50€
_ Sardines grillées aux herbes 7,50€ Pavé de Saumon Rôti, Beurre de Moules 10,50€
_ Aile de Raie capucine 10,50€ Daurade entière au lard fumé 10,50€
_ Sole Meunière ou Sole Normande 19€

### Traditionnels & Spécialités

Langue de Boeuf, sauce piquante 7,50€ Tête de veau ravigote 7,50€ Bavette poêlée
à la fondue d'oignons 7,50€ Poêlée de Rognon de bœuf flambée au cognac 7,50€ Faux-filet
Grillé ou Sauce Poivre 10,50€ Filet de canard à la Rouennaise 10,50€ Andouillette à la ficelle 10,50€
Coeur de filet au Poivre flambé au calvados 15€ Chateaubriand Grillé Beurre Persillé 14,50€

### Desserts

Plateau de Fromages 5,50€

Île flottante au caramel 4€ Crème au Caramel 4€ Baiser de vierge 5€ Glace et Sorbet
artisanaux 5€ Fraises au vin ou sucrées 5€ After eight 5€ Coupe normande 5€ Feuillantine aux
pommes 5,50€ Tarte Tatin crème fraîche 5,50€ Crème Brûlée 5,50€ Bavarois ananas coco 5,50€
Feuillantine aux fraises 6€ Fraises Melba 6€ Symphonie aux trois chocolats 6,50€

depuis 1912

Courtesy of restaurant maraichers

> **Pour vérifier**
>
> **1.** How do you express the idea of *some* in French? What are the forms of the partitive and when do you use each? Can you drop the word for *some* or *any* in French, as you can in English?
>
> **2.** In what two circumstances do you use **de** instead of the partitive?

## Talking about what you eat

### *Le partitif*

To express the idea of *some* or *any,* use the partitive article **(du, de la, de l', des).**

| MASCULINE SINGULAR BEFORE A CONSONANT SOUND | FEMININE SINGULAR BEFORE A CONSONANT SOUND | SINGULAR BEFORE A VOWEL SOUND | PLURAL |
|---|---|---|---|
| du pain | de la glace | de l'eau | des fruits |

The words *some* or *any* may be left out in English, but the partitive article must be used in French.

Je voudrais **du café.** — *I'd like **(some) coffee.***

The partitive article becomes **de (d'):**

- after negated verbs (except after the verb **être**).

  Tu **ne** veux **pas de café**? — *Don't you want **(any) coffee**?*

- after expressions of quantity like **beaucoup, combien,** and **trop.**

  J'ai acheté **trop de café.** — *I bought **too much coffee.***

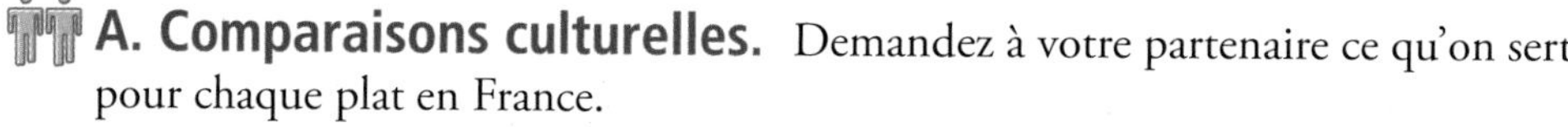

**A. Comparaisons culturelles.** Demandez à votre partenaire ce qu'on sert pour chaque plat en France.

**EXEMPLE** Comme entrée... du riz, de la soupe, du gâteau ou de la glace?
— **Comme entrée, est-ce qu'on sert du riz, de la soupe, du gâteau ou de la glace?**
— **On sert de la soupe.**

Comme entrée...
1. des œufs durs, des petits pois ou de la tarte?
2. des haricots verts, de la salade de tomates ou du rosbif?

Comme plat principal...
1. du pâté, du saumon ou de la salade verte?
2. du gâteau, des crevettes ou des œufs durs?

Comme légume...
1. des petits pois, des huîtres ou du rosbif?
2. des pommes, de la volaille ou des pommes de terre?

Après le plat principal...
1. de la salade verte, des escargots ou de la soupe?
2. des œufs durs, des fruits de mer ou du fromage?

**B. Je prends...** Dites si vous prenez souvent les choses suivantes.

**EXEMPLE** vin
**Je prends souvent (rarement) du vin.**
**Je ne prends jamais de vin.**

1. pain
2. œufs
3. eau minérale
4. viande rouge
5. crevettes
6. poisson
7. volaille
8. soupe

**C. Comparaisons culturelles.** Indiquez si les Français prennent souvent ces choses **comme entrée, comme plat principal, comme boisson, comme dessert** ou **comme légume.** Ensuite, dites si vous faites souvent la même chose.

**EXEMPLE** pâté
**Les Français prennent souvent du pâté comme entrée.**
**Moi aussi, je prends souvent du pâté comme entrée.**
**Moi, je ne prends jamais de pâté comme entrée.**

**1.** salade de tomates
**2.** eau minérale
**3.** petits pois
**4.** saumon
**5.** canard
**6.** tarte
**7.** gâteau
**8.** vin
**9.** pâté

**D. Sur la table.** Rose est invitée à une fête où il y a beaucoup à manger et à boire. Voici la table de la salle à manger et la table de la cuisine. Travaillez en groupes pour faire des comparaisons entre les deux.

**EXEMPLE** **Il y a des chips dans la cuisine et dans la salle à manger.**
**Il y a de l'eau minérale dans la salle à manger mais il n'y a pas d'eau minérale dans la cuisine.**

la salle à manger

la cuisine

**E. Entretien.** Interviewez votre partenaire.

1. Qu'est-ce que tu aimes manger le soir? Qu'est-ce que tu préfères boire avec tes repas? Qu'est-ce que tu as mangé hier soir?
2. Quand tu vas au restaurant, tu commandes plus souvent de la viande, du poisson, des légumes, des fruits de mer, des pâtes *(pasta)* ou du riz? Manges-tu souvent des légumes avec tes repas?
3. Est-ce que tu manges souvent ou rarement un dessert? Est-ce que tu prends plus souvent de la glace, de la tarte ou du gâteau?

**F. Préparatifs.** Vous allez inviter des amis pour un grand repas traditionnel à la française. Avec un(e) partenaire, faites des projets pour ce dîner.

Parlez de:

- quand et où vous allez faire ce dîner et qui vous allez inviter.
- ce que vous allez servir. (Imaginez que tout le monde n'aime pas les mêmes choses et proposez au moins trois possibilités comme entrée, comme plat principal, comme dessert et comme boisson.)

## Stratégies et Compréhension auditive

### Pour mieux comprendre: *Planning and predicting*

Since no two cultures are identical, you may sometimes find yourself lacking the cultural knowledge to understand what you hear in French. For example, if the waiter asks **«Évian ou Perrier?»,** you will not be able to answer unless you recognize that these are brand names of French mineral waters. In such situations, try to infer what is being asked from the context. Also, when possible, prepare and predict from previous experiences what might be asked or said. For example, before ordering mineral water, glance at the menu to see what kinds are sold.

CD 3-4

**A. Pendant le repas.** Vous êtes au restaurant. Est-ce qu'on vous dit les choses que vous entendez **avant le repas** ou **à la fin du repas**?

**B. Questions.** Faites une liste de trois questions qu'un(e) client(e) pose souvent au serveur ou à la serveuse dans un restaurant.

## Compréhension auditive: Au restaurant

CD 3-5

Deux touristes sont dans un restaurant français. Écoutez leur conversation. Qu'est-ce qu'ils commandent? Nommez au moins quatre choses.

**Que demandent-ils?** Écoutez encore une fois la conversation au restaurant et écrivez deux questions que les clients posent à la serveuse.

© Sergio Pitamitz/PhotoLibrary

MENU à 9,90 €
Uniquement le midi - 18h le week-end
Soupe de légumes frais Maison
Quiche aux trois fromages
Salade mêlée aux noix
* * *
Penne au Gorgonzola et Parmesan
Galette Complète ou Paysanne
Risotto crémeux aux Champignons
* * *
Fromage blanc au Miel
Crêpe au beurre-sucre
Coupe de glaces
MENU à 10,50 €
Spécial Crêpes
Galettes au choix
Complète ou Scandinave ou Fromagère
* * *
Crêpes classiques au choix
Chocolat Amande - Confiture - Miel
sucre - citron
* * *
1 Bolée de cidre
MENU à 12,90 €
Entrée - Plat - Dessert
Rillette de Thon, citron et ciboulette
Soupe Maison aux légumes frais
Tomate Mozzarella, huile d'olive,
Salade mixte (salade - tomate -
* * *
Tranche de Boeuf rôti au poivre
Tagliatelles fraîches au
Sauté de Poulet au Curry,
Galette Parisienne au
* * *
Crème Renversée à la
Crêpe au chocolat ou au
Tarte chaude aux
Fondant au chocolat
MENU à 19,90 €
Entrée - Plat - Dessert
Assiette de Saumon fumé et toasts
Foie gras de Canard, Mi-cuit
Crottin de chèvre chaud
Salade au Roquefort et noix
* * *
Confit de Canard doré au Thym
Tranche de Boeuf rôti, sauce Roquefort
Galette Scandinave au Saumon

Perrier
Perrier

CHAMPAGNE
COSTE-FOLCHER
EPERNAY

# COMPÉTENCE 2

## Buying food

**Note** *culturelle*

**Dans le passé, les Français faisaient leurs courses presque tous les jours chez les petits commerçants. Aujourd'hui, certains Français font une grande partie de leurs achats *(purchases)* dans les maxidiscomptes *(discount supercenters)*, d'autres dans les hypermarchés *(supercenters)* et supermarchés, et encore d'autres chez les petits commerçants et au marché. Ces habitudes varient en partie selon les ressources financières, le niveau d'éducation, la situation géographique (milieu urbain ou rural) et l'attitude envers la nourriture *(towards food)*. Combien de fois par semaine faites-vous vos courses? Où préférez-vous les faire?**

**Sélection musicale.** Search the Web for the song **Sur la table** by Charles Aznavour to enjoy a musical selection related to this vocabulary.

Vocabulaire supplémentaire

**la confiserie** *the candy shop, the confectioner's shop*
**la crémerie** *the dairy store*
**la fromagerie** *the cheese shop*
**le marchand de fruits et légumes** *the fruit and vegetable market*

## Les courses

De plus en plus de Français font leurs courses dans les supermarchés et **les grandes surfaces** où on vend de tout. Mais beaucoup préfèrent aller chez les petits **commerçants** du quartier où le service est plus personnalisé.

À la boulangerie-pâtisserie, on peut acheter du pain et **des pâtisseries** *(f)*:

une baguette

un pain au chocolat

**un pain complet**

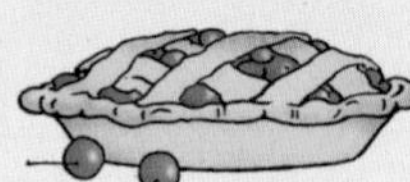
une tarte aux **cerises**

une tartelette aux **fraises**

À la boucherie, on achète de la viande:

du poulet

du bœuf

du porc

À la charcuterie, on achète **de la charcuterie** et **des plats préparés:**

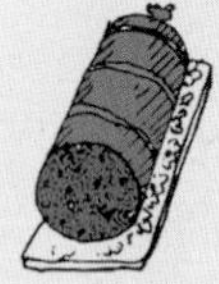
du saucisson

du jambon

des saucisses *(f)*

des plats préparés

On achète du poisson et des fruits de mer à la poissonnerie.

Et on va à l'épicerie pour acheter des fruits, des légumes, **des conserves** *(f)* et des produits **surgelés.**

**une grande surface** *a superstore* **un(e) commerçant(e)** *a shopkeeper* **une pâtisserie** *a pastry* **un pain complet** *a loaf of whole-grain bread* **une cerise** *a cherry* **une fraise** *a strawberry* **de la charcuterie** *deli meats, cold cuts* **un plat préparé** *a ready-to-serve dish* **des conserves** *(f) canned goods* **surgelé(e)** *frozen*

Beaucoup de Français **disent** que pour avoir un bon **choix** de légumes et de fruits vraiment **frais, il faut** aller au marché.

Au marché, on peut acheter:

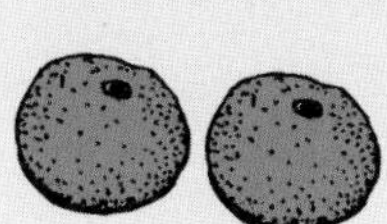
des oranges *(f)*

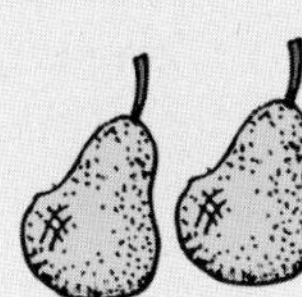
des poires *(f)*

des bananes *(f)*

des pêches *(f)*

du raisin

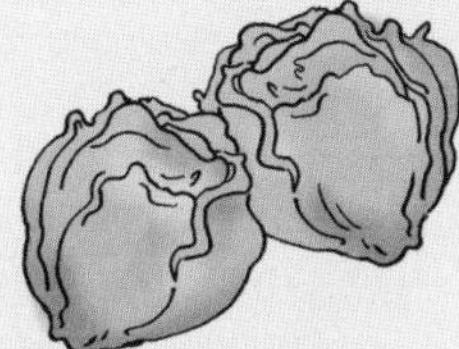
**des laitues** *(f)*

des oignons *(m)*

des carottes *(f)*

Vocabulaire supplémentaire

**LÉGUMES**

**un artichaut** *an artichoke*
**des asperges** *(f) asparagus*
**une aubergine** *an eggplant*
**du brocoli**
**des champignons** *(m) mushrooms*
**du chou** *cabbage*
**du chou-fleur** *cauliflower*
**des choux de Bruxelles** *(m) Brussels sprouts*
**un concombre** *a cucumber*
**une courgette** *a zucchini*
**des épinards** *(m) spinach*
**du maïs** *corn*
**un radis** *a radish*

**FRUITS**

**un abricot** *an apricot*
**un ananas** *a pineapple*
**des bleuets** *(m) blueberries* (Canada)
**un citron vert** *a lime*
**des framboises** *(f) raspberries*
**un kiwi**
**une mandarine** *a tangerine*
**un melon**
**des myrtilles** *(f) blueberries* (France)
**une nectarine**
**un pamplemousse** *a grapefruit*
**une pastèque** *a watermelon*
**une prune** *a plum*
**un pruneau** *a prune*
**des raisins secs** *(m) raisins*

---

**disent (dire** *to say, to tell*) **un choix** *a choice* **frais (fraîche)** *fresh* **il faut** *it is necessary, one needs, one must*
**une laitue** *a head of lettuce*

CD 3-6

Rosalie fait ses courses au marché.

| | |
|---|---|
| ROSALIE: | Bonjour, monsieur. |
| LE MARCHAND: | Bonjour, madame. **Qu'est-ce qu'il vous faut aujourd'hui?** |
| ROSALIE: | Euh... voyons... un kilo de pommes de terre, **une livre** de tomates... Vous avez des haricots verts? |
| LE MARCHAND: | Non, madame, pas aujourd'hui. Mais j'ai des petits pois. Regardez comme ils sont beaux. |
| ROSALIE: | Non, merci, pas de petits pois aujourd'hui. |
| LE MARCHAND: | Alors, qu'est-ce que je peux vous proposer d'autre? |
| ROSALIE: | Donnez-moi aussi 500 grammes de fraises. |
| LE MARCHAND: | Et voilà, 500 grammes. Et avec ça? |
| ROSALIE: | C'est tout, merci. Ça fait combien? |
| LE MARCHAND: | Voilà... Alors, un kilo de pommes de terre—1,20 €, une livre de tomates—1,36 € et 500 grammes de fraises—1,50 €. Ça fait 4,06 €. |
| ROSALIE: | Voici 5 euros. |
| LE MARCHAND: | Et voici votre monnaie. Merci, madame, et à bientôt! |
| ROSALIE: | Merci. Au revoir, monsieur. |

**Note** *culturelle*

**En France, on utilise le système métrique.**

**1 kilo (kg) = 1 000 grammes = 2.2 *pounds***

**500 grammes (g) = 1.1 *pounds***

**1 litre (l) = 1.057 *quarts***

**Pour désigner 500 grammes de quelque chose, on dit souvent aussi une livre *(a pound).***

**Si vous achetiez les choses suivantes en France, quelle quantité devriez-vous *(should you)* préciser (kilos, litres, grammes...)?**

**trois ________ d'oranges**

**deux ________ de lait**

**800 ________ de cerises**

## A. Devinettes. Qu'est-ce que c'est?

**EXEMPLE** C'est un fruit rond, orange et plein de vitamine C.
**C'est une orange.**

1. C'est le légume préféré de Bugs Bunny.
2. C'est un fruit long et jaune que les chimpanzés adorent.
3. C'est un fruit qui peut être jaune, rouge ou vert. On peut le manger cru *(raw)*, mais on peut aussi faire des gâteaux, des tartes, du jus ou du cidre avec.
4. C'est le légume vert qui est l'ingrédient principal d'une salade.
5. On utilise ce fruit pour faire du vin.
6. Ce sont de petits légumes ronds et verts.
7. Ce sont de petits fruits rouges qu'on utilise souvent pour faire une tarte.

## B. Fruits et légumes. En groupes, faites une liste pour chaque catégorie. Écrivez autant de noms de fruits ou de légumes que possible dans chacune des catégories. Le groupe qui a la liste la plus longue gagne.

| **FRUITS** | **LÉGUMES** |
|---|---|
| rouges: | blancs: |
| verts: | verts: |
| jaunes: | jaunes: |
| orange: | orange: |
| violets: | marron: |

## C. C'est... Est-ce que chacun des aliments suivants est **un légume, un plat préparé, une viande, un fruit, de la charcuterie, un fruit de mer** ou **un produit surgelé**?

**EXEMPLE** le rosbif
**Le rosbif, c'est une viande.**

| | | |
|---|---|---|
| 1. le saucisson | 4. le pâté | 7. le bœuf |
| 2. la glace | 5. le porc | 8. le homard |
| 3. le raisin | 6. la laitue | 9. le jambon |

**Qu'est-ce qu'il vous faut aujourd'hui?** *What do you need today?* **une livre** *half a kilo (≈ a pound)*

**D. Qu'est-ce qu'on vend?** Nommez au moins quatre choses qu'on vend dans les endroits suivants.

**EXEMPLE** À la charcuterie
**À la charcuterie, on vend du jambon...**

| | |
|---|---|
| à la charcuterie | à l'épicerie |
| à la boucherie | à la boulangerie-pâtisserie |
| au marché | à la poissonnerie |

**À la charcuterie**

**E. Entretien.** Interviewez votre partenaire.

1. Aimes-tu faire les courses? Combien de fois par semaine est-ce que tu fais les courses? Où est-ce que tu fais tes courses d'habitude? Est-ce que tu achètes quelquefois des choses chez les petits commerçants?
2. En France, où est-ce qu'on achète du pain? des plats préparés? des fruits et des légumes frais? Qu'est-ce qu'on vend à l'épicerie? à la boulangerie-pâtisserie? à la poissonnerie?
3. Aimes-tu les fruits? les légumes? Préfères-tu les fruits ou les légumes? Quels légumes préfères-tu? Quels légumes est-ce que tu n'aimes pas? Quels fruits préfères-tu? Quels fruits est-ce que tu n'aimes pas?

## À vous!

Avec un(e) partenaire, relisez à haute voix la conversation entre Rosalie et le marchand. Ensuite, imaginez que vous êtes à la boulangerie-pâtisserie. Achetez au moins trois choses.

You can find a list of the new words from this ***Compétence*** on page 342 and audio for each item of this list at **www.cengagebrain.com/shop/ISBN/0495912492.**

> ✓ *Pour vérifier*
>
> What word follows quantity expressions before nouns? Do you use **de** or **des** after a quantity expression followed by a plural noun?

## Saying how much

### *Les expressions de quantité*

Use these expressions to specify how much you want at the market or in a restaurant.

| | | | |
|---|---|---|---|
| un verre de | *a glass of* | une boîte de | *a box of, a can of* |
| un litre de | *a liter of* | un pot de | *a jar of* |
| une carafe de | *a carafe of* | un paquet de | *a bag of, a sack of* |
| une bouteille de | *a bottle of* | une douzaine de | *a dozen* |
| une tranche de | *a slice of* | 300 grammes de | *300 grams of* |
| un morceau de | *a piece of* | un kilo (et demi) de | *a kilo (and a half) of* |
| | | une livre de | *a half a kilo (1.1 pounds) of* |

After quantity expressions like those above, use **de (d')** before a noun instead of **du, de la, de l',** or **des.** This is also true for less specific quantities such as:

| | |
|---|---|
| combien de | *how much, how many* |
| (un) peu de | *(a) little* |
| assez de | *enough* |
| beaucoup de | *a lot of* |
| trop de | *too much, too many* |
| beaucoup trop de | *much too much, much too many* |
| plus de | *more* |
| moins de | *less* |

J'ai acheté une bouteille **de** vin rouge, un kilo **de** viande et beaucoup **de** légumes!

**A. C'est assez?** Dans chaque situation, est-ce que la quantité indiquée est suffisante?

**EXEMPLE** Vous prenez le petit déjeuner seul(e) le matin et il y a un verre de lait dans le réfrigérateur.
**Il y a trop de lait. / Il y a assez de lait. / Il y a trop peu de lait.**

| beaucoup trop | trop | assez | trop peu |
|---|---|---|---|

1. Vous êtes quatre au restaurant et il y a une demi-bouteille d'eau.
2. Vous allez préparer une salade de tomates pour deux personnes. Vous avez un kilo de tomates.
3. Vous allez faire une omelette pour deux personnes et vous avez un seul œuf.
4. C'est le matin et il y a un verre de lait dans le réfrigérateur chez vous.
5. Vous dînez seul(e) au restaurant et il y a trois carafes d'eau.
6. Vous voulez préparer des carottes pour six personnes et vous avez deux carottes.

**B. Mon régime.** Quelle quantité de ces aliments mangez-vous?

**EXEMPLE** poisson
**Je mange peu de poisson. / Je ne mange jamais de poisson.**

**1.** raisin
**2.** pêches
**3.** huîtres
**4.** poulet
**5.** bananes
**6.** crevettes
**7.** produits surgelés
**8.** viande rouge
**9.** salade verte

**C. Je voudrais...** Précisez quelque chose de logique pour chacune des quantités proposées.

Je voudrais...

**1.** une bouteille de
**2.** un paquet de
**3.** une boîte de
**4.** une livre de
**5.** deux kilos de
**6.** un morceau de
**7.** un litre de
**8.** dix tranches de

| | | |
|---|---|---|
| thon | cerises | jambon |
| vin | tomates | fromage |
| jus de fruit | rosbif | lait |
| sel | sucre | riz |

**D. Donnez-moi...** Demandez les quantités indiquées des produits suivants.

**EXEMPLE**  **Une bouteille de vin, s'il vous plaît.**

**1.** 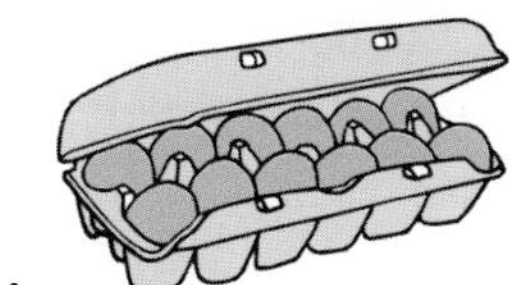

**2.** 

**3.** 

**4.** 

**5.** 

**6.** 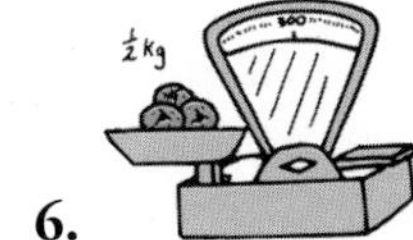


**7.** 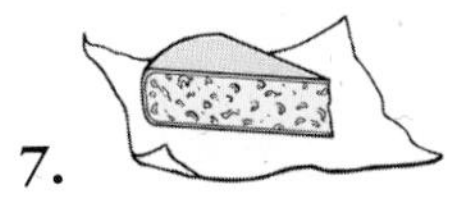

**8.** 

**9.** 

**10.** 

**11.** 

✓ *Pour vérifier*

**1.** Which article do you use to say *a* in French? Which articles do you use to express the idea of *some* or *any*?

**2.** Which article do you use to say *the*? to talk about likes, dislikes, and preferences? to make statements about entire categories?

**3.** Which articles change to **de**? When do they make this change? Which articles never change?

## Talking about foods

### *L'usage des articles*

Each article you use with a noun conveys a different meaning.

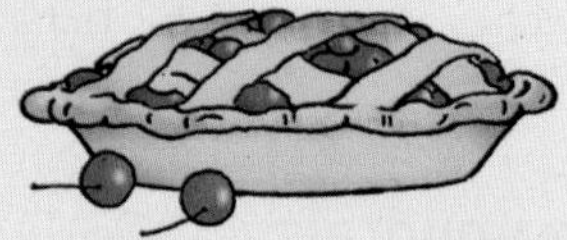

Vous voulez **de la** tarte?
*Do you want **(some)** pie?*
(This refers to a portion.)

Vous voulez **une** tarte?
*Do you want **a** pie?*
(This refers to a whole pie.)

- To say *a* or talk about a whole, use **un** or **une**. To say *some* or *any*, use **du, de la, de l'**, or **des.**

  Il a acheté **un rosbif, des haricots** et **du lait.** — *He bought **a roast, (some) beans,** and **(some) milk.***

- Remember that after a negative or an expression of quantity, **un, une, du, de l', de la,** and **des** all change to **de (d').**

  Elle ne mange jamais **de viande.** — *She never eats **meat.***
  Elle mange beaucoup **de légumes.** — *She eats a lot **of vegetables.***

- To say *the* or refer to a specific item, such as on a menu, use **le, la, l',** or **les.** Also use these articles to talk about likes and dislikes and to talk about something as a general category.

  Comme entrée, je voudrais **les huîtres.** — *As an appetizer, I'd like **the oysters.***
  **Les huîtres** qu'ils servent ici sont bonnes. — ***The oysters** that they serve here are good.*
  J'aime **la viande** mais je n'aime pas **le poisson.** — *I like **meat,** but I don't like **fish.***
  Mais **le poisson** a moins de calories que **la viande.** — *But **fish** has fewer calories than **meat.***

- Remember that **le, la, l',** and **les** do *not* change to **de** after a negative or an expression of quantity.

  Je n'aime pas **le poisson,** mais j'aime beaucoup **les fruits de mer.** — *I don't like **fish,** but I like **shellfish** a lot.*

| | IN AFFIRMATIVE STATEMENTS, USE: | IN NEGATIVE STATEMENTS AND AFTER QUANTITY EXPRESSIONS, USE: |
|---|---|---|
| To say *a* or to talk about a whole: | **un, une**<br>(J'achète **une** tarte.) | **de (d')**<br>(Je n'achète pas **de** tarte.)<br>(Je mange trop **de** tarte.) |
| To say *some* or *any:* | **du, de la, de l', des**<br>(J'achète **du** lait.) | **de (d')**<br>(Je n'achète pas **de** lait.)<br>(J'achète beaucoup **de** lait.) |
| To say *the*, to talk about likes and dislikes, or to make generalizations about categories: | **le, la, l', les**<br>(**Le** thon est bon.)<br>(J'aime **le** thon.)<br>(**Le** thon est un poisson.) | **le, la, l', les**<br>(**Le** thon n'est pas bon.)<br>(Je n'aime pas **le** thon.)<br>(**Le** thon n'est pas une viande.)<br>(Je n'aime pas trop **le** thon.) |

**Note** *de grammaire*

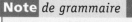

Note that **je voudrais** expresses a want or desire, not a preference, and is often followed by a partitive article: **Je voudrais *du* jambon et *des* légumes.**

**A. Manges-tu bien?** Demandez à votre partenaire s'il/si elle mange souvent les choses suivantes.

**EXEMPLE** pâté
— **Manges-tu souvent du pâté?**
— **Je mange rarement du pâté. / Je ne mange jamais de pâté.**

1. escargots
2. tarte
3. légumes
4. viande rouge
5. poulet
6. crudités
7. glace
8. tarte aux pommes
9. carottes

Maintenant, demandez à votre partenaire s'il/si elle aime ces mêmes choses.

**EXEMPLE** pâté
— **Aimes-tu le pâté?**
— **J'aime assez le pâté. / Je n'aime pas le pâté.**

**B. Vos préférences.** Dites si vous achetez souvent les choses suivantes et expliquez pourquoi.

**EXEMPLE** café
**J'achète souvent du café parce que j'aime le café.**
**Je n'achète jamais de café parce que je n'aime pas le café.**

1. fromage
2. bananes
3. viande rouge
4. raisin
5. eau minérale
6. jambon
7. huîtres
8. jus de fruit
9. crevettes

**C. Vos goûts.** Complétez les phrases suivantes avec le nom d'un aliment *(food)* ou d'une boisson logique. Utilisez les articles appropriés.

1. Moi, j'adore...
2. J'aime bien...
3. Comme viande, je mange souvent...
4. Chez moi, il n'y a jamais...
5. Pour le déjeuner, je prends souvent...

**D. Ce soir.** Rosalie parle du dîner qu'elle va préparer ce soir. Complétez ses phrases avec l'article qui convient: **un, une, du, de la, de l', des, le, la, l', les** ou **de.**

Ce soir, je vais servir __1__ soupe de légumes, __2__ poulet, __3__ riz et __4__ petits pois. Et comme dessert, je pense préparer __5__ tarte aux cerises. Moi, je préfère __6__ gâteau, mais André aime beaucoup __7__ tarte! Cet après-midi, je dois aller acheter __8__ sucre, 500 grammes __9__ cerises et beaucoup __10__ légumes. Il y a un marché tout près où __11__ légumes sont toujours très frais! Je ne mets pas __12__ oignons dans la soupe parce qu'André n'aime pas __13__ oignons. C'est dommage parce que __14__ oignons sont bons pour la santé *(health)*.

**E. Entretien.** Interviewez votre partenaire.

1. Quels fruits de mer aimes-tu? Quelles viandes? Est-ce que tu manges plus de fruits de mer ou plus de viande?
2. Manges-tu plus souvent des fruits ou des légumes? Quel fruit préfères-tu? Quel légume préfères-tu? Quels fruits et légumes est-ce que tu n'aimes pas? Est-ce que tu achètes plus de légumes surgelés, frais ou en conserve?

# Talking about meals

**Note** *culturelle*

**La grande majorité des Français prennent le petit déjeuner tous les matins, normalement chez eux *(at home)*. La plupart *(Most)* des adultes mangent à la française (pain ou croissant et boisson). Beaucoup de jeunes et d'enfants prennent des céréales et du jus de fruit le matin. Qu'est-ce que les gens prennent normalement le matin dans votre région?**

## Les repas

En France, le petit déjeuner est généralement un repas **léger.** On prend:

du café au lait

du thé

**des tartines** *(f)* ou des croissants *(m)*

du chocolat

du beurre

de la confiture

De plus en plus de Français, **surtout** les jeunes, prennent aussi des céréales le matin.

Les Américains et les Canadiens prennent souvent un petit déjeuner plus **copieux.** Ils prennent:

des œufs au bacon

des céréales *(f)*

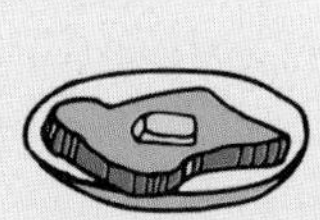

du pain grillé

des fruits

À midi, certains Français prennent un déjeuner complet. D'autres prennent un repas rapide. Dans les cafés, les fast-foods et les self-services, on peut manger:

| | | |
|---|---|---|
| une soupe | une salade | une pizza |
| une omelette | un hamburger | un sandwich |
| **un steak-frites** | | |

Les gens qui prennent un repas rapide à midi mangent souvent un repas plus complet le soir. **Ceux** qui mangent un repas plus copieux à midi mangent **seulement** de la soupe, des légumes, de la charcuterie, une salade, du fromage ou une omelette comme dîner.

**léger (légère)** *light* **une tartine** *bread with butter and jelly* **surtout** *especially* **copieux (copieuse)** *copious, large* **un steak-frites** *steak and fries* **Ceux (Celles)** *Those* **seulement** *only*

CD 3-7

Rose prépare le petit déjeuner avec sa cousine Lucie.

**Lucie:** Tu as faim? Je peux te faire des œufs au bacon si tu veux—un vrai petit déjeuner à l'américaine.

**Rose:** Merci, c'est gentil, mais je mange très peu le matin. **Pourtant je prendrais volontiers** des céréales et du thé si tu **en** as.

**Lucie:** Ah, je regrette... il **n'**y a **plus** de thé. Mais il y a du café. Tu en veux?

**Rose:** Oui, je veux bien. Et toi? Qu'est-ce que tu vas prendre?

**Lucie:** Le matin, **je bois** toujours du chocolat chaud et quelquefois je prends des tartines.

**Rose:** Oh, regarde! **Il n'y a presque plus** de pain.

**Lucie:** Mais **si**! Il y a **encore** une baguette, **là.**

Vocabulaire supplémentaire

**des gaufres** *(f) waffles*
**des muffins** *(m)* **anglais**
**des pancakes** *(m)*
**des petites saucisses** *breakfast sausages*
**du sirop d'érable** *maple syrup*
**du porridge d'avoine au lait** *oatmeal*
**une barre de céréales**
**du pain perdu** *French toast*

## A. Vrai ou faux? Corrigez les phrases fausses.

1. En France, on prend plus souvent des œufs le soir ou à midi que le matin.
2. Les Français prennent un repas copieux le matin.
3. Beaucoup de Français prennent seulement du pain et du café le matin.
4. Certains, surtout les jeunes, aiment prendre des céréales.

## B. Chez nous. Aux États-Unis et au Canada, à quel(s) repas mange-t-on le plus souvent ces choses: **au petit déjeuner, au déjeuner** ou **au dîner**?

**EXEMPLE** une omelette
**On mange plus souvent une omelette au petit déjeuner.**

1. des croissants
2. des céréales
3. du poisson
4. un hamburger
5. de la soupe
6. du pain grillé
7. du saumon
8. des œufs au bacon
9. des légumes

## C. Comparaisons culturelles. Avec d'autres étudiants, devinez comment le plus grand nombre de Français ont répondu aux questions suivantes dans des sondages *(polls)*. Après, faites un sondage des étudiants de votre classe.

1. Combien de temps prenez-vous pour le petit déjeuner tous les matins?
(moins de 10 minutes / de 10 à 15 minutes / plus de 15 minutes / Je ne prends pas de petit déjeuner.)
2. Que mangez-vous au petit déjeuner?
(des céréales / du pain ou des biscottes *[melba toast]* / des viennoiseries *[sweet breads]* / des œufs / rien)
3. Quelle est votre confiture préférée?
(cerises / orange / fraises / abricots / framboises *[raspberry]*)
4. Qu'est-ce que vous aimez manger quand vous avez un peu faim entre les repas?
(un fruit / des chips / du fromage / des biscuits *[cookies, crackers]* / du yaourt)

## À vous!

Avec un(e) partenaire, relisez à haute voix la conversation entre Rose et Lucie. Ensuite, imaginez que vous passez des vacances avec un(e) ami(e) français(e). Parlez de ce que vous mangez d'habitude le matin.

You can find a list of the new words from this ***Compétence*** on page 343 and audio for each item of this list at **www.cengagebrain.com/shop/ISBN/0495912492.**

**Pourtant** *However* **je prendrais volontiers** *I would gladly have* **en** *some, any* **ne... plus** *no more, no longer* **je bois (boire** *to drink*) **Il n'y a presque plus** *There is almost no more* **si** *yes* (in response to a question / statement in the negative) **encore** *still, again, more* **là** *there*

*Pour vérifier*

**1.** In what three instances do you use the pronoun **en**? How is **en** usually translated in English? Can you omit **en** in French as you often can its equivalent in English?

**2.** How do you say *to drink* in French? What is the conjugation of this verb? How do you say *I drank some coffee this morning? I used to drink a lot of coffee?*

## Saying what you eat and drink

### *Le pronom* ***en*** *et le verbe* ***boire***

Use the pronoun **en** *(some, any, of it, of them)* to replace a noun preceded by a partitive article, an expression of quantity, **un, une, des,** or a number. Although the equivalent expression may be omitted in English, **en** is always used in French.

— Tu veux un croissant? — *Do you want a croissant?*
— Oui, j'**en** veux un. — *Yes, I want one (of them).*

**En** is placed *immediately* before the verb. It goes before the infinitive if there is one. If not, it goes before the conjugated verb. In the **passé composé,** it is placed before the auxiliary verb.

— Tu prends du gâteau?
— Oui, je vais **en** prendre. / Oui, j'**en** prends. / Non, merci, j'**en** ai déjà pris.

Use **en** to replace:

- a noun preceded by **de, du, de la, de l', or des.**

  — Tu veux **du café**? — *Do you want **some coffee**?*
  — Non merci, je n'**en** veux pas. — *No thanks, I don't want **any**.*

- a noun preceded by an expression of quantity. (In this case, repeat the expression of quantity in the sentence containing **en,** unless it is negative.)

  — Vous voulez un kilo **de cerises**? — *Do you want a kilo **of cherries**?*
  — Oui, j'**en** veux un kilo. — *Yes, I want a kilo **(of them)**.*
  Non, je n'**en** veux pas. *No, I don't want **any**.*

- a noun preceded by **un, une,** or a number. (In this case, include **un, une,** or the number in the sentence containing **en,** unless it is negative.)

  — Tu as mangé **une tartelette**? — *You ate **a tart**?*
  — Oui, j'**en** ai mangé une. — *Yes, I ate one **(of them)**.*
  Non, je n'**en** ai pas mangé. *No, I didn't eat **any**.*

Here is the conjugation of **boire** *(to drink).*

| **BOIRE** *(to drink)* | |
|---|---|
| je **bois** | nous **buvons** |
| tu **bois** | vous **buvez** |
| il/elle/on **boit** | ils/elles **boivent** |
| PASSÉ COMPOSÉ: j'**ai bu** | |
| IMPARFAIT: je **buvais** | |

Vous avez bu du vin hier soir? Je buvais du lait quand j'étais petit.

**Sélection musicale.** Search the Web for the song **Bois ton café** by L'affaire Louis' trio to enjoy a musical selection containing the verb **boire.**

**A. À table.** Un(e) ami(e) vous propose les choses suivantes au petit déjeuner. Comment répondez-vous? Utilisez le pronom **en** dans vos réponses.

**EXEMPLE** du café
**— Tu veux du café?**
**— Non merci, je n'en veux pas. / Oui, j'en veux bien.**

**1.** du café **3.** des œufs **5.** des tartines
**2.** du thé **4.** de l'eau **6.** des céréales

**B. Des courses.** Voilà la liste de Rosalie pour les courses. Combien va-t-elle acheter de chaque chose? Utilisez le pronom **en** dans vos réponses.

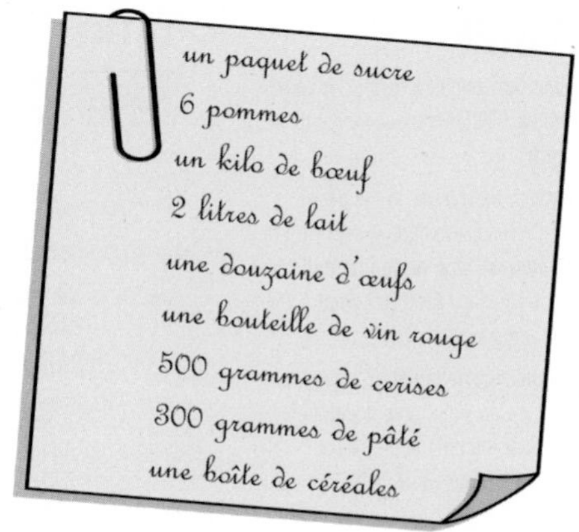

un paquet de sucre
6 pommes
un kilo de bœuf
2 litres de lait
une douzaine d'œufs
une bouteille de vin rouge
500 grammes de cerises
300 grammes de pâté
une boîte de céréales


**EXEMPLE** du sucre
**Elle va en acheter un paquet.**

1. des pommes
2. du bœuf
3. du lait
4. des œufs
5. du vin rouge
6. des cerises
7. du pâté
8. des céréales

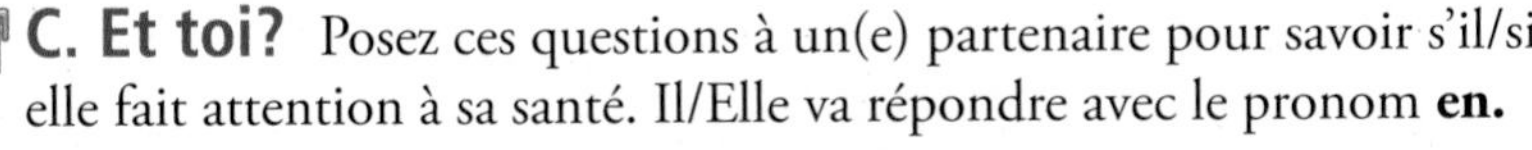

**C. Et toi?** Posez ces questions à un(e) partenaire pour savoir s'il/si elle fait attention à sa santé. Il/Elle va répondre avec le pronom **en.**

**EXEMPLE** **—Tu manges des œufs?**
**—Oui, j'en mange trop / beaucoup / assez / peu.**
**Oui, mais je n'en mange pas assez.**
**Non, je n'en mange pas.**

1. Tu bois de l'eau?
2. Tu manges des desserts?
3. Tu fais de l'exercice?
4. Tu manges des fruits?
5. Tu manges du poisson?
6. Tu fumes des cigarettes?
7. Tu manges des légumes?
8. Tu manges de la viande?

**D. Boissons.** Complétez les phrases logiquement en utilisant le verbe **boire.**

**EXEMPLE** Le matin, je **bois du lait.**

1. Au petit déjeuner, les Français...
2. Au petit déjeuner, les Américains / Canadiens...
3. Le matin, je...
4. Quand j'étais jeune, le matin, je...
5. Ce matin, j'...
6. Avec un hamburger, on...
7. Dans cette région, quand il fait chaud, nous...
8. Quand j'ai très soif, je...
9. *[À un(e) camarade de classe]* À une fête, qu'est-ce que tu... ?
10. *[Au professeur]* Est-ce que vous... beaucoup de café?

**E. Entretien.** Interviewez votre partenaire. Utilisez le pronom **en** dans les réponses.

1. Manges-tu souvent des légumes? Est-ce que tu en as déjà mangé aujourd'hui? Manges-tu souvent de la viande rouge? En manges-tu tous les jours? Est-ce que tu vas en manger demain?
2. Fais-tu souvent de l'exercice? Combien de fois par semaine est-ce que tu en fais?
3. Est-ce que tu bois du café? En bois-tu trop? Quand est-ce que tu en bois? Et tes amis, est-ce qu'ils en boivent souvent?

✓ *Pour vérifier*

**1.** How do you find the stem of a regular **-ir** verb? What are the endings? What is the conjugation of **grandir**? of **grossir**?

**2.** What auxiliary verb do you use in the **passé composé** with the verbs listed here, except with the reflexive verb **se nourrir**? How do you form the past participle? How do you say *I finished*? What is the conjugation of **-ir** verbs in the imperfect?

**3.** How do you pronounce an initial **s**? a single **s** between vowels? How do you pronounce double **ss**? How can you hear the difference between the singular and plural forms of **-ir** verbs in the present tense?

**Note** *de vocabulaire*

Notice that some **-ir** verbs are based on a related adjective: **(gros → grossir, grand → grandir).**

## Talking about choices

### *Les verbes en -ir*

To conjugate regular **-ir** verbs in the present tense, drop the **-ir** and add the following endings. All **-ir** verbs presented here form the **passé composé** with **avoir,** except **se nourrir.**

| **CHOISIR** ***(to choose)*** | |
|---|---|
| je chois**is** | nous chois**issons** |
| tu chois**is** | vous chois**issez** |
| il/elle/on chois**it** | ils/elles chois**issent** |

PASSÉ COMPOSÉ: j'**ai choisi**
IMPARFAIT: je **choisissais**

Here are some common **-ir** verbs.

| | |
|---|---|
| choisir (de faire) | *to choose (to do)* |
| finir (de faire) | *to finish (doing)* |
| grandir | *to grow (up), to grow taller* |
| grossir | *to get fatter* |
| maigrir | *to get thinner, to slim down* |
| (se) nourrir | *to feed, to nourish, to nurture (oneself)* |
| obéir (à quelqu'un / à quelque chose) | *to obey (somebody / something)* |
| réfléchir (à) | *to think (about)* |
| réussir (à) | *to succeed (at), to pass* [a test] |

iLrn Grammar Tutorials

## Prononciation

CD 3-8

### *La lettre s et les verbes en -ir*

To remember whether to spell words like **choisir** and **réussir** with one **s** or two, it is helpful to know the rules for pronouncing the letter **s.**

Pronounce an **s** as [s] when it is the first letter of the word, it is followed by a consonant, or it appears as a double **s** between two vowels, as in **réussir.**

salade seulement surtout steak restaurant sport dessert réussir grossir

Pronounce an **s** as [z] when it appears in liaison or as a single **s** between two vowels, as in **choisir.**

les apéritifs mes enfants les entrées serveuse choisir copieuse

Notice that in the present tense, an **s** sound in the ending of **-ir** verbs indicates that you are talking about more than one person.

il grandit / ils grandissent elle finit / elles finissent il choisit / ils choisissent

**A. Prononcez bien!** D'abord, prononcez chaque paire de mots en faisant attention à la prononciation de la lettre **s.** Ensuite, prononcez un seul mot de chaque paire. Votre partenaire va dire si vous prononcez **le premier mot** ou **le deuxième mot.**

**1.** russe / ruse
**2.** basse / base
**3.** coussin / cousin
**4.** poisson / poison
**5.** dessert / désert
**6.** il grossit / ils grossissent
**7.** il réussit / ils réussissent
**8.** il choisit / ils choisissent

**A. Des conseils.** C'est **un bon conseil** ou **un mauvais conseil** pour la santé?

1. Il faut faire de l'exercice plusieurs fois par semaine.
2. On devrait manger plus de viande rouge et moins de légumes.
3. Il est important de faire de l'aérobic.
4. On devrait éviter les matières grasses.
5. Les plats sains et légers sont bons pour la santé.
6. On peut devenir plus fort si on fait de la muscu.
7. On devrait manger plus vite pour éviter de trop manger.
8. On devrait manger des produits bios.
9. On ferait mieux de rester très stressé, ça donne de l'énergie.
10. Si vous voulez améliorer votre santé, n'oubliez pas de boire assez d'eau.

**B. Habitudes.** Deux amis parlent de ce qu'ils font pour améliorer leur santé. Mettez chaque verbe entre parenthèses à la forme correcte dans le blanc logique.

**EXEMPLE** Je **maigris** parce que je **choisis** des plats sains et légers. (choisir, maigrir)

1. Les enfants _____ si on les _____ mal. (grossir, nourrir)
2. Je _____ à ne pas fumer, mais je _____ parce que je mange quand j'ai envie d'une cigarette. (réussir, grossir)
3. Mon meilleur ami _____ parce qu'il _____ toujours des desserts avec beaucoup de sucre. (choisir, grossir)
4. Dans notre famille, nous _____ beaucoup à notre régime *(diet)*: on _____ bien et on _____ rarement le dîner avec un dessert. (réfléchir, finir, se nourrir)
5. Nos enfants _____ toujours et ils _____ tous leurs légumes. (obéir, finir)
6. Tu ne _____ pas à contrôler le stress parce que tu _____ trop à tes problèmes. (réussir, réfléchir)

**C. Entretien.** Interviewez votre partenaire.

1. Est-ce que tu te sens souvent fatigué(e)? Dors-tu assez?
2. Fais-tu attention à ta santé? Que fais-tu pour ta santé?
3. Manges-tu bien? Manges-tu beaucoup de fruits et de légumes? beaucoup de plats sains et légers? beaucoup de produits bios? Est-ce que tu prends des vitamines?
4. Est-ce que tu évites l'alcool ou est-ce que tu en bois? Est-ce que tu fumes?
5. Es-tu stressé(e)? Que fais-tu pour contrôler le stress?
6. Aimes-tu faire de l'exercice? Fais-tu de l'aérobic? de la muscu? des randonnées?

## À vous!

Avec un(e) partenaire, relisez à haute voix la conversation entre Rosalie et Patricia. Ensuite, imaginez que vous voulez faire plus attention à votre santé. Demandez des conseils à votre partenaire.

You can find a list of the new words from this ***Compétence*** on page 343 and audio for each item of this list at **www.cengagebrain.com/shop/ISBN/0495912492.**

**Pour vérifier**

**1.** What other verb tense has the same endings as the conditional? What is the stem for the conditional of most verbs? What are 13 verbs with irregular stems in the conditional? What is the stem of each? Do they use the regular conditional endings?

**2.** How do you say *there would be? it would rain? it would be necessary?*

**3.** How do you express *could* and *should* in French?

**4.** When do you use the conditional?

**Note** *de prononciation*

An unaccented **e** is usually not pronounced if you can drop it without bringing three pronounced consonants together **(samedi)**. This is called **e caduc** and often occurs in the pronunciation of conditional verb forms **(j'habiterais)**.

This occurs in many words in English, as in the words **reference, difference,** and **reverence.**

**Sélection musicale.** Search the Web for the song **Mourir demain** by Natasha St Pier and Pascal Obispo to enjoy a musical selection containing verbs in the conditional form.

iLrn Grammar Tutorials

## Saying what you would do

### *Le conditionnel*

To say what one *would* do, use the conditional form of the verb.

To say *would* + verb, use the conditional form of the verb.

| | |
|---|---|
| ***I would like** to lose weight.* | **Je voudrais** maigrir. / **J'aimerais** maigrir. |
| *If he cooked, **he'd eat** better.* | S'il faisait la cuisine, **il mangerait** mieux. |

The verb stem used to form the conditional of all regular and most irregular verbs is the verb's infinitive. If an infinitive ends in **-e,** the **e** is dropped. The endings are identical to those used in the imparfait: **-ais, -ais, -ait, -ions, -iez, -aient.**

| regular *-er* verbs | | regular *-ir* verbs | | regular *-er* verbs | |
|---|---|---|---|---|---|
| je | parler**ais** | je | finir**ais** | je | perdr**ais** |
| tu | parler**ais** | tu | finir**ais** | tu | perdr**ais** |
| il/elle/on | parler**ait** | il/elle/on | finir**ait** | il/elle/on | perdr**ait** |
| nous | parler**ions** | nous | finir**ions** | nous | perdr**ions** |
| vous | parler**iez** | vous | finir**iez** | vous | perdr**iez** |
| ils/elles | parler**aient** | ils/elles | finir**aient** | ils/elles | perdr**aient** |

All regular and most irregular verbs follow this same pattern.

dormir → je dormirais... prendre → je prendrais... boire → je boirais...

Spelling change verbs like **acheter, appeler,** and **payer** have spelling changes in all forms of the conditional; but verbs like **préférer** or **répéter** do not change their accent marks in any conditional form.

| | |
|---|---|
| j'achèterais / nous achèterions | je préférerais / nous préférerions |
| j'appellerais / nous appellerions | je répéterais / nous répéterions |
| je paierais / nous paierions | |

The following verbs have irregular stems in the conditional. The endings are regular.

| Stem ends with r. | | Stem ends with dr / vr. | | Stem ends with rr. | |
|---|---|---|---|---|---|
| aller | **ir-** | venir | **viendr-** | voir | **verr-** |
| avoir | **aur-** | revenir | **reviendr-** | envoyer | **enverr-** |
| être | **ser-** | devenir | **deviendr-** | pouvoir | **pourr-** |
| faire | **fer-** | vouloir | **voudr-** | mourir | **mourr-** |
| | | devoir | **devr-** | | |

Also note these conditional forms:

| | | | |
|---|---|---|---|
| il y a | → | il y aurait | *there would be* |
| falloir | → | il faudrait | *it would be necessary* |
| il pleut | → | il pleuvrait | *it would rain* |

In the conditional, use **devoir** to say what one *should* do and **pouvoir** to say what one *could* do.

To say *should* + verb, use the conditional of **devoir** plus an infinitive.
To say *could* + verb, use the conditional of **pouvoir** plus an infinitive.

| | |
|---|---|
| ***You should eat** more vegetables.* | **Tu devrais manger** plus de légumes. |
| ***You could eat** better.* | **Tu pourrais** mieux **manger.** |

Use the conditional:

- to make polite requests or offers.

**Pourrais-tu** me passer le sel? — ***Could you*** *pass me the salt?*
**Voudriez-vous** du café? — ***Would you like*** *some coffee?*

- to say what someone would do if circumstances were different (to make hypothetical or contrary-to-fact statements).

Si je faisais la cuisine, **je mangerais** mieux.
*If I cooked,* ***I would eat*** *better.*

In statements such as the one above, the **si** clause is in the imperfect and the result clause is in the conditional. Note that either clause can come first.

**si** + imperfect → conditional

Si **nous avions** plus de temps libre, **nous nous reposerions** plus.
*If* ***we had*** *more free time,* ***we would rest*** *more.*

**Nous nous reposerions** plus si **nous avions** plus de temps libre.
***We would rest*** *more if* ***we had*** *more free time.*

CD 3-10

## Prononciation

### *La consonne* **r** *et le conditionnel*

The conditional stem of all verbs in French ends in **-r.** To pronounce a French **r,** arch the back of the tongue firmly in the back of the mouth, as if to pronounce a *g,* and pronounce a strong English *h* sound.

je pourrais    tu trouverais    nous serions    il reviendrait    ils devraient

**A. Prononcez bien!** Dites ce que les personnes indiquées feraient dans les circonstances données. Faites attention à la prononciation de la consonne **r.**

**1.** Si j'avais plus de temps,...
*je voudrais / je ne voudrais pas* faire plus souvent de l'exercice.
*je mangerais / je ne mangerais pas* mieux.
*je me reposerais / je ne me reposerais pas* plus.
*je dormirais / je ne dormirais pas* plus.

**2.** Si mes amis et moi pouvions passer plus de temps ensemble,...
*nous dînerions / nous ne dînerions pas* plus au restaurant.
*nous voyagerions / nous ne voyagerions pas* plus ensemble.
*nous ferions / nous ne ferions pas* plus d'exercice ensemble.
*nous irions / nous n'irions pas* danser ensemble.

**3.** Si on voulait améliorer sa santé,...
*on éviterait / on n'éviterait pas* le tabac.
*on irait / on n'irait pas* souvent au club de gym.
*on mangerait plus / moins* de matières grasses.
*on devrait / on ne devrait pas* manger plus de légumes.

**B. Temps libre.** Demandez à votre partenaire s'il/si elle ferait les choses suivantes s'il/si elle avait plus de temps libre.

**EXEMPLE** préparer plus souvent des plats sains
— **Si tu avais plus de temps libre, préparerais-tu plus souvent des plats sains?**
— **Oui, je préparerais plus souvent des plats sains.**
**Non, je ne préparerais pas plus souvent des plats sains.**

1. dormir plus
2. être moins stressé(e)
3. pouvoir te reposer plus
4. partir souvent en week-end
5. aller plus souvent au parc
6. faire plus d'exercice
7. voir plus souvent tes amis
8. rendre plus souvent visite à ta famille

**C. Scrupules.** Que feriez-vous dans ces circonstances?

1. Si vous voyiez *(saw)* la fiancée de votre frère embrasser un autre garçon, est-ce que vous...
   **a.** le diriez *(would tell)* à votre frère?
   **b.** ne feriez rien?
   **c.** demanderiez 50 dollars à sa fiancée pour garder le silence?

2. Si vous voyiez une copie de l'examen de fin de semestre / trimestre sur le bureau du prof deux jours avant l'examen, est-ce que vous...
   **a.** la prendriez?
   **b.** ne feriez rien?
   **c.** liriez l'examen tout de suite?

3. Si vous trouviez un chien dans la rue, est-ce que vous...
   **a.** téléphoneriez à la Société protectrice des animaux?
   **b.** prendriez le chien et chercheriez son maître *(owner)*?
   **c.** ne feriez rien?

4. Si vous ne veniez pas en cours le jour d'un examen important parce que vous n'étiez pas préparé(e), est-ce que vous...
   **a.** expliqueriez *(explain)* la situation au professeur?
   **b.** diriez au professeur que vous étiez malade?
   **c.** accepteriez d'avoir un zéro à l'examen?

5. Si vous voyiez quelqu'un qui attaquait votre professeur de français, est-ce que vous...
   **a.** téléphoneriez à la police?
   **b.** resteriez là pour aider votre professeur?
   **c.** resteriez là pour aider l'agresseur?

**D. Une interview.** Un journaliste vous interviewe. Comment lui répondez-vous? Jouez les deux rôles avec votre partenaire.

1. Si vous habitiez dans une autre ville, où voudriez-vous habiter?
2. Si vous étiez un animal, quel animal seriez-vous: un chien, un chat, un poisson, un rat ou un oiseau *(a bird)*?
3. Si vous étiez une saison, quelle saison seriez-vous: l'hiver, l'été... ?
4. Si votre vie était un morceau de musique, est-ce que ce serait de la musique populaire, de la musique classique, du rock, du blues... ?
5. Si votre vie était un film, est-ce que ce serait un drame, une comédie, un film d'épouvante *(horror)* ou un film d'aventure?

**E. Situations.** Qu'est-ce que ces gens feraient ou ne feraient pas dans les situations suivantes?

EXEMPLE Si nous n'avions pas cours aujourd'hui, mes amis et moi... (aller au parc)
**Si nous n'avions pas cours aujourd'hui, nous irions au parc.**
**Si nous n'avions pas cours aujourd'hui, nous n'irions pas au parc.**

1. Si nous n'avions pas cours aujourd'hui, mes amis et moi... (manger au restaurant, faire de l'aérobic, aller prendre un verre, se reposer)
2. Si Rose voulait améliorer sa santé, elle... (fumer beaucoup, devoir faire plus d'exercice, prendre des vitamines, boire assez d'eau)
3. Si les étudiants voulaient mieux réussir en cours de français, ils... (faire tous les devoirs, aller à tous les cours, dormir en cours, boire plus de vin français)
4. Si mes parents allaient en vacances en France, ils... (être contents, manger dans des restaurants français, boire du vin français, marcher beaucoup)

**F. Décisions.** Qu'est-ce que ces gens feraient dans les circonstances données?

EXEMPLE Si je pouvais quitter la classe maintenant, **je rentrerais chez moi.**

1. Si je pouvais faire ce que je voulais en ce moment, je (j')...
2. Si j'avais des vacances la semaine prochaine, je (j')...
3. Si mon meilleur ami (ma meilleure amie) pouvait faire ce qu'il/elle voulait en ce moment, il/elle...
4. S'il/Si elle gagnait à la loterie, il/elle...
5. Si nous pouvions sortir ensemble ce soir, nous...
6. Si nous avions envie de faire de l'exercice, nous...
7. Si mes parents gagnaient à la loterie, ils...
8. S'ils pouvaient partir en vacances maintenant, ils...
9. Si le professeur nous disait *(told us)* qu'il n'y aurait plus d'examens dans ce cours, nous...

**G. Par politesse.** Mettez ces phrases au conditionnel pour être plus poli(e) *(polite).*

EXEMPLE Veux-tu rester en forme?
**Voudrais-tu rester en forme?**

1. Tu veux faire de l'exercice?
2. Quand as-tu le temps d'aller au club de gym avec moi?
3. Peux-tu passer chez moi vers dix heures?
4. Ton amie veut venir aussi?
5. Qu'est-ce que vous voulez faire après?
6. On peut aller au restaurant végétarien?
7. Est-ce que vous voulez manger leur nouvelle salade?

# Reprise

## Les Stagiaires

See the ***Résumé de grammaire*** section at the end of each chapter for a review of all the grammar presented in the chapter.

Dans l'***Épisode 8***, tout le monde semble *(seems)* maintenant être au courant *(aware)* de sa sortie avec Matthieu, et Amélie n'apprécie pas cette situation. Mais elle répond aux questions de Rachid et lui parle du restaurant où elle a dîné avec Matthieu. Avant de regarder le clip, faites ces activités pour réviser ce que vous avez appris dans le ***Chapitre 8.***

**A. Un grand dîner.** Matthieu va préparer un grand dîner avec un groupe d'amis. Qu'est-ce qu'ils pourraient servir? Travaillez avec un(e) partenaire pour nommer autant de choses que possible pour chaque catégorie.

**EXEMPLE** Comme entrée, **ils pourraient servir du pâté...**

Comme entrée...
Comme plat principal...
Comme légumes...
Comme dessert...
Comme boisson...

Matthieu fait les courses pour le dîner. Dites où il va aller pour acheter chacune des choses indiquées.

**EXEMPLE** **Il va aller à l'épicerie pour acheter un pot de confiture.**

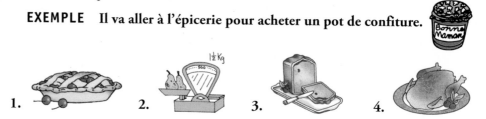

1. 
2. 

3. 
4. 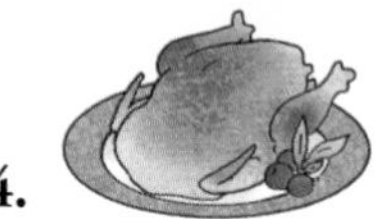

**B. La bonne santé.** Camille fait très attention à sa santé, mais elle n'arrive pas à convaincre *(she's not able to convince)* Monsieur Vieilledent de boire moins de café et de manger moins de croissants. Répondez à ces questions en employant le pronom **en.**

**EXEMPLE** Camille mange beaucoup *de pâtisseries*?
**Non, elle n'en mange pas beaucoup.**

1. Camille mange *de la viande rouge* tous les soirs?
2. Elle fait *de l'exercice* tous les jours?
3. Elle a bu beaucoup *de vin* hier soir?
4. Monsieur Vieilledent va boire moins *de café*?
5. Il va prendre *des croissants* ce matin?

**C. Comparaisons culturelles.** Monsieur Vieilledent dîne avec un client américain. Son client parle des différences entre les habitudes alimentaires des Américains et les habitudes alimentaires des Français. Complétez ses phrases. Nommez autant de choses que possible.

**EXEMPLE** au petit déjeuner
**En France, au petit déjeuner, vous mangez des tartines ou des croissants et vous buvez du café. Chez nous, on mange...**

1. au petit déjeuner
2. dans un fast-food
3. pour un dîner léger
4. comme entrée, pour un repas traditionnel
5. comme plat principal, pour un repas traditionnel
6. comme dessert, pour un repas traditionnel
7. comme légume, pour un repas traditionnel

**D. À table!** Continuez à faire des comparaisons culturelles en complétant ces phrases avec la forme correcte de l'article approprié.

Ce qu'on mange varie d'une culture à l'autre. Aux États-Unis, par exemple, on prend __1__ petit déjeuner copieux. On mange souvent __2__ œufs au bacon et __3__ pain grillé. En France, __4__ petit déjeuner est un repas léger. On boit __5__ café au lait, __6__ thé ou __7__ chocolat chaud et on mange __8__ tartines.

À midi, on peut manger dans un café où on peut prendre __9__ omelette, __10__ salade ou __11__ sandwich avec __12__ vin ou __13__ eau minérale. __14__ vins français sont très bons, mais __15__ eau minérale est très populaire aussi. On peut finir son repas avec __16__ café avec un peu __17__ sucre ou un peu __18__ lait.

**E. Qu'est-ce qu'ils font?** Amélie parle à Rachid des habitudes alimentaires des gens à Technovert. Complétez ses phrases logiquement.

**EXEMPLE** Je ne veux pas grossir. Alors, je (finir) tous mes repas avec un dessert.
Je ne veux pas grossir. Alors, je **ne finis pas** tous mes repas avec un dessert.

1. Céline et moi faisons attention à notre santé. Alors, nous (choisir) des plats sains.
2. Céline et son chien (maigrir) parce qu'ils marchent tous les jours.
3. Toi, tu n'aimes pas les boissons alcoolisées. Alors, tu (boire) beaucoup de bière.
4. Camille et Céline veulent rester en bonne forme. Alors, elles (boire) très rarement de la bière.
5. Monsieur Vieilledent ne fait pas attention à sa santé. Il (boire) beaucoup de café et il (choisir) toujours des croissants au petit déjeuner.
6. Tes amis et toi, vous voulez rester en forme. Alors, vous (choisir) de bien manger et vous (boire) trop de café.

**F. Si...** Amélie dit ce que tous les gens de Technovert feraient s'ils avaient plus de temps libre. Qu'est-ce qu'elle dit?

**EXEMPLE** Monsieur Vieilledent (voyager plus, passer plus de temps avec ses enfants)
**Si Monsieur Vieilledent avait plus de temps libre, il voyagerait plus et il passerait plus de temps avec ses enfants.**

1. Matthieu (inventer des jeux vidéo, apprendre à danser)
2. Moi, je (réfléchir plus à mon avenir, sortir plus souvent)
3. Camille et Céline (faire de l'exercice, se reposer plus)
4. Christophe (dormir plus, lire plus de mangas, aller plus souvent au cinéma)
5. Rachid et moi (réussir mieux à nos cours, être moins stressés)

Access the Video ***Les Stagiaires*** at iLrn and on the *Horizons* Premium Website.

## Épisode 8: Qu'est-ce qu'ils servent?

Dans ce clip, Amélie parle du restaurant où elle est allée avec Matthieu. Avant de regarder le clip, citez au moins trois choses qu'on sert dans un restaurant que vous aimez bien. Ensuite, regardez le clip et déterminez ce que Matthieu et Amélie ont commandé au restaurant.

# Lecture et Composition

## Lecture

### Pour mieux lire *Reading a poem*

To appreciate a poem, it is important to read it with the right rhythm. Traditionally, French poems have verses with an even number of syllables, with regular pauses in the middle. Modern poets such as Jacques Prévert often use more irregular rhythms to create different moods. Prevert's poem *Déjeuner du matin* can be read in more than one way, creating different impressions. Do the following activity to help you read it.

**Sentiments.** Jacques Prévert (1900–1977), l'un des poètes les plus célèbres du vingtième siècle *(century),* aimait parler de la vie de tous les jours dans sa poésie. Lisez les phrases suivantes du poème *Déjeuner du matin* en faisant une pause à la fin de chaque vers *(line).* Ensuite, relisez les phrases sans pause. Pour vous, quels sentiments sont évoqués par les différentes manières de lire les vers?

| | | | | |
|---|---|---|---|---|
| l'hésitation | la confusion | la compréhension | l'accord | le désaccord |
| la décision | l'indécision | l'indifférence | la réflexion | la patience |
| l'impatience | le calme | l'angoisse | ??? | |

Il a mis
Son chapeau sur sa tête *(head)*

Il a fait des ronds *(rings)*
Avec la fumée *(smoke)*

Et moi, j'ai pris
Ma tête *(head)* dans mes mains
Et j'ai pleuré *(cried)*

## *Déjeuner du matin*

**Jacques Prévert**

Il a mis le café
Dans **la tasse**
Il a mis le lait
Dans la tasse de café
Il a mis le sucre
Dans le café au lait
Avec la petite **cuiller**
Il a tourné
Il a bu le café au lait
Et il a reposé la tasse
Sans me parler
Il a allumé
Une cigarette
Il a fait des ronds
Avec la fumée
Il a mis **les cendres**
Dans le cendrier
Sans me parler
Sans me regarder
Il s'est levé
Il a mis
Son chapeau sur sa tête
Il a mis
Son manteau de pluie
Parce qu'il pleuvait
Et il est parti
Sous la pluie
Sans **une parole**
Sans me regarder
Et moi j'ai pris
Ma tête dans mes mains
Et j'ai pleuré.

© James Leynse/CORBIS

**la tasse** *the cup* **cuiller** *spoon* **les cendres** *the ashes* **une parole** *a word*

## Compréhension

**Qu'est-ce qui s'est passé?** Qu'est-ce qui s'est passé dans le poème?

1. Faites une liste des choses qu'il a faites.
2. Nommez deux choses qu'il n'a pas faites.
3. Quelle a été la réaction de l'autre personne?
4. Qui sont ces personnages? Sont-ils amis? parents? Sont-ils mariés, divorcés... ?
5. Pourquoi est-ce qu'ils ne se parlent pas? Qu'est-ce qui s'est passé?

# Composition

### Pour mieux écrire: *Finding the right word*

You are going to write a review of a restaurant. When you write, try to use the most precise word possible to get your message across. Note how, in the following sentence, the word *small* can convey different messages.

It is a *small* restaurant with only fifteen tables.
Positive: It is a *cozy (intimate)* restaurant with only fifteen tables.
Negative: It is a *cramped (crowded)* restaurant with only fifteen tables.

To find the right word to express your meaning in French, you may need to use a synonym dictionary. Once you select a French word from an English-French dictionary, double check that you understand its use by looking it up in a French-English or French-French dictionary, or search it on the Internet in the context in which you wish to use it.

**Organisez-vous.** Dans les phrases suivantes, voici quelques mots qu'on pourrait utiliser au lieu des mots en italique pour décrire un restaurant. Trouvez un mot supplémentaire pour chaque liste en cherchant dans un dictionnaire de synonymes sur Internet ou à la bibliothèque.

Le décor est *joli* (beau, charmant, harmonieux, pittoresque, ???).
Le décor est *laid* (atroce, hideux, grotesque, vulgaire, ???).

Le menu est *intéressant* (exotique, varié, extraordinaire, sensationnel, phénoménal, ???).
Le menu est *ennuyeux* (médiocre, ordinaire, limité, commun, insuffisant, banal, ???).

La cuisine est *bonne* (délicieuse, savoureuse, délectable, exquise, succulente, ???).
La cuisine est *mauvaise* (insipide, déplorable, révoltante, fade, désastreuse, ???).

L'ambiance est *agréable* (sympathique, chaleureuse, intime, charmante, confortable, ???).
L'ambiance est *désagréable* (déplaisante, inhospitalière, froide, ???).

Le service est *bon* (rapide, animé, enthousiaste, immédiat, plaisant, gracieux, ???).
Le service est *mauvais* (lent, impoli, hostile, inconsistant, honteux, exaspérant, ???).

## Une critique gastronomique

Écrivez une critique gastronomique d'un restaurant de votre ville. Parlez du décor, du menu, de la cuisine, de l'ambiance et du service.

# Comparaisons culturelles

## À table!

Ce qui est considéré «normal» ou **«poli»** diffère souvent d'une culture à l'autre. Chaque société a ses **propres coutumes** à table, ses plats préférés, et même sa propre **façon** de manger. En France, par exemple, **on garde** toujours les deux mains sur la table. **Après avoir coupé** la viande, on garde sa **fourchette** dans la main gauche. On ne boit jamais de lait avec les repas comme le font certains Américains. De nombreux restaurants et cafés acceptent que leurs clients viennent en compagnie de leur chien, du moment qu'il **se comporte** correctement.

Regardez ces photos. Qu'est-ce que vous **remarquez**?

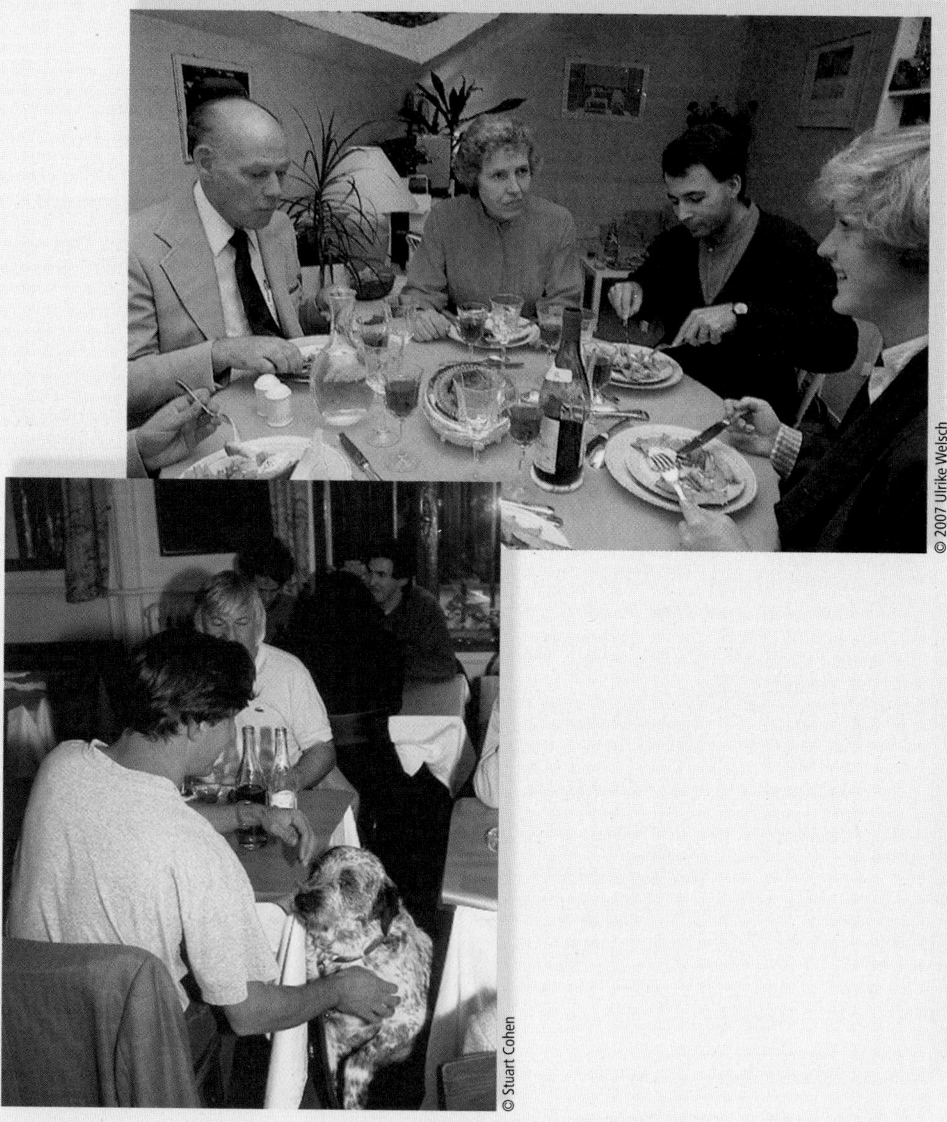





**poli** *polite* **propres coutumes** *own customs* **façon** *way, manner* **on garde** *one keeps* **Après avoir coupé** *After cutting* **fourchette** *fork* **se comporte** *behaves* **remarquez** *notice*

Lisez ces phrases concernant les coutumes et les bonnes manières. Lesquelles sont vraies dans votre région? Et en France?

| | CHEZ NOUS | EN FRANCE |
|---|---|---|
| **1.** Avant de manger, on dit souvent «bon appétit»! | ☐ | ☐ |
| **2.** On boit quelquefois du lait aux repas. | ☐ | ☐ |
| **3.** On mange souvent des œufs le matin. | ☐ | ☐ |
| **4.** On mange plus souvent des œufs le soir ou à midi. | ☐ | ☐ |
| **5.** On mange assez souvent dans des fast-foods. | ☐ | ☐ |
| **6.** La présentation est presque aussi importante que le goût *(taste)* d'un plat. | ☐ | ☐ |
| **7.** Le pain est presque indispensable à tous les repas. | ☐ | ☐ |
| **8.** Le pain se mange généralement sans beurre, sauf le matin. | ☐ | ☐ |
| **9.** On fait assez souvent les courses chez les petits commerçants. | ☐ | ☐ |
| **10.** On mange beaucoup de choses avec les mains. | ☐ | ☐ |
| **11.** On mange très peu de choses avec les mains et certains mangent même les fruits avec un couteau et une fourchette. | ☐ | ☐ |
| **12.** Quand on mange, on garde toujours les deux mains sur la table. | ☐ | ☐ |
| **13.** On met le pain directement sur la table, pas sur l'assiette *(plate)*. | ☐ | ☐ |
| **14.** Au restaurant, on peut commander à la carte ou on peut choisir un menu à prix fixe. | ☐ | ☐ |
| **15.** La carte est toujours affichée *(posted)* à l'extérieur d'un restaurant. | ☐ | ☐ |

*Pour la France - Vrai: 1, 4, 5, 6, 7, 8, 9, 11, 12, 13, 14, 15*

## Compréhension

1. Quelles différences est-ce qu'il y a entre ce qu'on fait chez vous et ce qu'on fait en France? Quelles ressemblances?
2. Les opinions des Français ne sont pas toujours reflétées *(reflected)* dans leur vie de tous les jours. Comment pouvez-vous expliquer ce contraste entre ce que les Français pensent et ce qu'ils font?

Visit **www.cengagebrain.com/shop/ISBN/0495912492** for additional cultural information and activities.

| Opinions | Actions |
|---|---|
| Manger, c'est un art et un plaisir et les qualités esthétiques d'un plat *(dish)* (sa qualité, sa fraîcheur, son apparence, sa présentation...) sont presque aussi importantes que son goût *(taste)*. | Aujourd'hui, les Français se contentent de menus plus simples et passent moins de temps à table. On passe de moins en moins de temps à préparer les repas en se servant *(using)* de produits tout prêts, de produits surgelés et du four à micro-ondes *(microwave)*. |
| Les repas sont un moment pour se retrouver en famille ou entre amis et pour apprécier la bonne cuisine. | Les repas sont pris moins souvent en famille et plus souvent devant la télé. |
| Le service et la qualité sont meilleurs chez les petits commerçants que dans les grandes surfaces. | On fait de plus en plus souvent les courses dans les grandes surfaces. |

## The partitive and review of article use

Je vais acheter **de l'eau**, **du** pain, **de la** crème et **des** légumes.
*I'm going to buy **(some)** water, **(some)** bread, **(some)** cream and **(some)** vegetables.*

— Je vais prendre **un** sandwich et **des** frites.
— Je **ne** prends **pas de** frites parce qu'elles ont **trop de** calories.

— Tu **n'**aimes **pas les** frites?
— Mais si, j'aime **beaucoup les** frites, mais **le** riz est meilleur pour **la** santé.
— Mais **les** frites qu'ils servent ici sont délicieuses.

In French, always use the partitive to convey the idea of *some* or *any,* even when *some* or *any* can be omitted in English. Use **de l'** before all singular nouns beginning with a vowel sound, **du** before masculine singular nouns beginning with a consonant, **de la** before feminine singular nouns beginning with a consonant, and **des** before all plural nouns.

**Un** and **une** mean *a* and **du, de la, de l',** and **des** express the idea of *some* or *any.* All of these forms change to **de (d')** after most negated verbs and after expressions of quantity. (See page 318 for a list of quantity expressions.)

Use the definite article **(le, la, l', les)** to say *the,* to express likes, dislikes, and preferences, or to make statements about entire categories. The definite article does *not* change to **de** after a negative or quantity expression.

## The verb *boire* and regular *-ir* verbs

Le matin, je **bois** du thé mais mon mari **boit** du café. À midi, nous **buvons** de l'eau.
Qu'est-ce que tu **as bu** ce matin?
Qu'est-ce qu tu **buvais** quand tu étais petit?

The verb **boire** *(to drink)* is irregular.

| **BOIRE** *(to drink)* | |
|---|---|
| je **bois** | nous **buvons** |
| tu **bois** | vous **buvez** |
| il/elle/on **boit** | ils/elles **boivent** |
| PASSÉ COMPOSÉ: **j'ai bu** | |
| IMPARFAIT: **je buvais** | |

Les étudiants **réussissent** bien au cours. Tu **réussis** à tes cours?
J'**ai fini** mes devoirs.
Je ne **réfléchissais** pas beaucoup à mon avenir *(future)* quand j'étais jeune.

The stem for the present tense of regular **-ir** verbs is obtained by dropping the **-ir.** Add the following endings for the present tense.

| **RÉUSSIR** *(to succeed)* | |
|---|---|
| je réuss**is** | nous réuss**issons** |
| tu réuss**is** | vous réuss**issez** |
| il/elle/on réuss**it** | ils/elles réuss**issent** |
| PASSÉ COMPOSÉ: **j'ai réussi** | |
| IMPARFAIT: **je réussissais** | |

See page 326 for a list of common **-ir** verbs. All **-ir** verbs presented in this chapter form the **passé composé** with **avoir,** except the reflexive verb **se nourrir.**

## The pronoun *en*

— Tu veux **de l'eau**?
— Oui, j'**en** veux bien.
Non merci, je n'**en** veux pas.
— Tu prends un **sandwich**?
— Oui, j'**en** prends **un.**
Non, j'**en** prends **deux.**
Non, je n'**en** prends pas.
— Tu as acheté un kilo **de carottes**?
— Oui, j'**en** ai acheté **un kilo.**
Non, j'**en** ai acheté **une livre.**
Non, je n'**en** ai pas acheté.

**En** replaces a noun preceded by a partitive article, an expression of quantity, **un, une,** or a number. When replacing a noun preceded by **un, une,** a number, or an expression of quantity, repeat the **un, une,** number, or expression of quantity in the sentence containing **en,** unless it's negative. In English, **en** is usually translated by *some, any, of it,* or *of them.* Although the equivalent expression may be omitted in English, **en** is always used in French.

**En** is placed *immediately* before the verb. It goes before the infinitive if there is one. If not, it goes before the conjugated verb. In the **passé composé,** place it before the auxiliary verb.

Je vais **en** prendre.
J'**en** prends.
J'**en** ai pris.

## The conditional *(Le conditionnel)*

Use the conditional to say what someone *would, could,* or *should* do. To form the conditional of most verbs, add the same endings as the **imparfait** to the infinitive of the verb. If an infinitive ends in **-e,** drop the **e** before adding the endings.

| PARLER | FINIR | PERDRE |
|---|---|---|
| je parler**ais** | je finir**ais** | je perdr**ais** |
| tu parler**ais** | tu finir**ais** | tu perdr**ais** |
| il/elle/on parler**ait** | il/elle/on finir**ait** | il/elle/on perdr**ait** |
| nous parler**ions** | nous finir**ions** | nous perdr**ions** |
| vous parler**iez** | vous finir**iez** | vous perdr**iez** |
| ils/elles parler**aient** | ils/elles finir**aient** | ils/elles perdr**aient** |

Si j'avais plus de temps, **je préparerais** mieux mes cours. **Je finirais** tous mes devoirs et **le prof perdrait** moins souvent patience avec moi.

Most irregular verbs follow this same pattern.

dormir → je dormirais, tu dormirais...
prendre → je prendrais, tu prendrais...
boire → je boirais, tu boirais...

Si tu voulais être en bonne forme, **tu dormirais** plus, **tu prendrais** des vitamines et **tu boirais** assez d'eau.

Spelling-change verbs like **se lever, appeler,** and **payer** have spelling changes in all forms of the conditional; but verbs like **préférer** or **répéter** do not change their accent marks in any conditional form.

Si nous étions en vacances, **nous nous lèverions** plus tard. **Mon ami préférerait** se lever vers neuf heures.

The following verbs have irregular stems in the conditional. The endings are regular.

aller → j'irais, tu irais...
avoir → j'aurais, tu aurais...
être → je serais, tu serais...
faire → je ferais, tu ferais...
devoir → je devrais, tu devrais...
vouloir → je voudrais, tu voudrais...
venir → je viendrais, tu viendrais...
devenir → je deviendrais, tu deviendrais...
revenir → je reviendrais, tu reviendrais...
voir → je verrais, tu verrais...
envoyer → j'enverrais, tu enverras...
pouvoir → je pourrais, tu pourrais...
mourir → je mourrais, tu mourrais...

Si j'avais plus de temps libre, **je ferais** beaucoup de choses. **J'irais** plus souvent au parc, **je verrais** plus souvent mes amis et **je serais** content!

Also learn the following:

il y a → il y aurait     il pleut → il pleuvrait     il faut → il faudrait

Si tu visitais la Normandie au printemps, **il y aurait** du vent et **il pleuvrait. Il** te **faudrait** un parapluie!

To say *should,* use the conditional of **devoir** plus an infinitive. To say *could,* use the conditional of **pouvoir** plus an infinitive.

— **Pourrais-tu** me donner des conseils pour rester en bonne santé?
— **Tu devrais** bien manger et faire de l'exercice.

Use the conditional:

- to make polite requests or offers.
- to say what someone would do if circumstances were different.

**Voudrais-tu** y aller avec moi?
S'il faisait la cuisine, **il mangerait** mieux.

# VOCABULAIRE

## COMPÉTENCE 1

### Ordering at a restaurant

**NOMS MASCULINS**

| | |
|---|---|
| **un apéritif** | *a before-dinner drink* |
| **un dessert** | *a dessert* |
| **un fruit** | *a fruit* |
| **des fruits de mer** | *shellfish, crustaceans* |
| ***des haricots (verts)** | *(green) beans* |
| ***un hors-d'œuvre** | *an hors d'œuvre, an appetizer* |
| **du lait** | *milk* |
| **des légumes** | *vegetables* |
| **un menu à prix fixe** | *a set-price menu* |
| **du pain** | *bread* |
| **un pavé (de)** | *a thick slice (of)* |
| **des petits pois** | *peas* |
| **le plat (principal)** | *the (main) dish* |
| **du poisson (fumé)** | *(smoked) fish* |
| **du poivre** | *pepper* |
| **un repas** | *a meal* |
| **du riz** | *rice* |
| **du sel** | *salt* |
| **un serveur** | *a server, a waiter* |
| **du sucre** | *sugar* |

**NOMS FÉMININS**

| | |
|---|---|
| **une bouteille (de)** | *a bottle (of)* |
| **une carafe (de)** | *a carafe (of)* |
| **la carte** | *the menu* |
| **de la crème** | *cream* |
| **une entrée** | *a first course* |
| **une pomme** | *an apple* |
| **une pomme de terre** | *a potato* |
| **de la raie** | *rayfish, skate* |
| **une salade** | *a salad* |
| **une serveuse** | *a server, a waitress* |
| **de la viande** | *meat* |
| **de la volaille** | *poultry* |

**DIVERS**

| | |
|---|---|
| **Aimeriez-vous... ?** | *Would you like . . . ?* |
| **comme** | *for, as (a)* |
| **comprendre** | *to include* |
| **décider** | *to decide* |
| **du, de la, de l', des** | *some, any* |
| **finir** | *to finish* |
| **fumé(e)** | *smoked* |
| **servir** | *to serve* |
| **traditionnel(le)** | *traditional* |

*Pour les noms des différentes sortes d'entrées, voir la page 304.*
*Pour les noms des différentes sortes de viandes, de volailles, de poissons et de fruits de mer, voir la page 304.*
*Pour voir les différentes possibilités pour finir un repas, voir la page 305.)*

## COMPÉTENCE 2

### Buying food

**NOMS MASCULINS**

| | |
|---|---|
| **du bœuf** | *beef* |
| **un choix** | *a choice* |
| **un commerçant** | *a shopkeeper* |
| **un marché** | *a market* |
| **un oignon** | *an onion* |
| **un pain au chocolat** | *a chocolate-filled croissant* |
| **un pain complet** | *a loaf of whole-grain bread* |
| **un plat préparé** | *a ready-to-serve dish* |
| **du porc** | *pork* |
| **un produit** | *a product* |
| **du raisin** | *grapes* |
| **du saucisson** | *salami* |
| **le service personnalisé** | *personal service* |
| **un supermarché** | *a supermarket* |

**NOMS FÉMININS**

| | |
|---|---|
| **une baguette** | *a loaf of French bread* |
| **une banane** | *a banana* |
| **la boucherie** | *the butcher's shop* |
| **la boulangerie-pâtisserie** | *the bakery-pastry shop* |
| **une carotte** | *a carrot* |
| **une cerise** | *a cherry* |
| **la charcuterie** | *the deli* |
| **de la charcuterie** | *deli meats, cold cuts* |
| **une commerçante** | *a shopkeeper* |
| **des conserves** | *canned goods* |
| **l'épicerie** | *the grocery store* |
| **une fraise** | *a strawberry* |
| **une grande surface** | *a superstore* |
| **une laitue** | *a head of lettuce* |
| **une orange** | *an orange* |
| **une pâtisserie** | *a pastry* |
| **une pêche** | *a peach* |
| **une poire** | *a pear* |
| **la poissonnerie** | *the fish market* |
| **des saucisses** | *sausages* |
| **une tartelette (aux fraises / aux cerises)** | *a (strawberry / cherry) tart* |

**DIVERS**

| | |
|---|---|
| **C'est tout.** | *That's all.* |
| **de plus en plus (de)** | *more and more (of)* |
| **dire** | *to say, to tell* |
| **frais (fraîche)** | *fresh* |
| **il faut** | *it is necessary, one needs, one must* |
| **Qu'est-ce que je peux vous proposer d'autre?** | *What else can I get you?* |
| **Qu'est-ce qu'il vous faut?** | *What do you need?* |
| **surgelé(e)** | *frozen* |

*Pour les expressions de quantité, voir la page 318.*

## COMPÉTENCE 3

### Talking about meals

| | |
|---|---|
| **NOMS MASCULINS** | |
| **du bacon** | *bacon* |
| **du beurre** | *butter* |
| **du chocolat** | *chocolate* |
| **un croissant** | *a croissant* |
| **le déjeuner** | *lunch* |
| **le dîner** | *dinner* |
| ***un hamburger** | *a hamburger* |
| **du pain grillé** | *toast* |
| **un self-service** | *a self-service restaurant* |
| **un steak-frites** | *a steak and fries* |
| **NOMS FÉMININS** | |
| **des céréales** | *cereal* |
| **de la confiture** | *jelly* |
| **une omelette** | *an omelet* |
| **une pizza** | *a pizza* |
| **une tartine** | *bread with butter and jelly* |
| **EXPRESSIONS VERBALES** | |
| **boire** | *to drink* |
| **choisir (de faire)** | *to choose (to do)* |
| **finir (de faire)** | *to finish (doing)* |
| **grandir** | *to grow, to grow up, to get taller* |
| **grossir** | *to get fatter* |
| **maigrir** | *to get thinner, to slim down* |
| **(se) nourrir** | *to feed, to nourish, to nurture (oneself)* |
| **obéir (à)** | *to obey* |
| **réfléchir (à)** | *to think (about)* |
| **réussir (à)** | *to succeed (at, in), to pass* [a test] |
| **DIVERS** | |
| **à l'américaine** | *American-style* |
| **ceux (celles)** | *those* |
| **complet (complète)** | *complete* |
| **copieux (copieuse)** | *copious, large* |
| **en** | *some, any, of it, of them* |
| **encore** | *still, again, more* |
| **grillé(e)** | *toasted, grilled* |
| **je prendrais** | *I would have, I would take* |
| **là** | *there* |
| **léger (légère)** | *light* |
| **ne... plus** | *no more, no longer* |
| **pourtant** | *however* |
| **rapide** | *rapid, fast, quick* |
| **seulement** | *only* |
| **si** | *yes* (in response to a question or statement in the negative) |
| **surtout** | *especially* |
| **volontiers** | *gladly* |
| **vrai(e)** | *true* |

## COMPÉTENCE 4

### Choosing a healthy lifestyle

| | |
|---|---|
| **NOMS MASCULINS** | |
| **l'alcool** | *alcohol* |
| **des conseils** | *advice* |
| **des produits bios** | *organic products* |
| **le stress** | *stress* |
| **le tabac** | *tobacco* |
| **NOMS FÉMININS** | |
| **des matières grasses** | *fats* |
| **la santé** | *health* |
| **des vitamines** | *vitamins* |
| **EXPRESSIONS VERBALES** | |
| **améliorer** | *to improve* |
| **contrôler** | *to control* |
| **éviter** | *to avoid* |
| **faire attention (à)** | *to pay attention (to), to watch out (for)* |
| **faire de l'aérobic** | *to do aerobics* |
| **faire de la méditation** | *to meditate* |
| **faire de la muscu(lation)** | *to do weight training, to do bodybuilding* |
| **faire des randonnées** | *to go hiking* |
| **faire du yoga** | *to do yoga* |
| **faire mieux (de)** | *to do better (to)* |
| **marcher** | *to walk* |
| **on devrait** | *one should* |
| **oublier** | *to forget* |
| **se sentir** | *to feel* |
| **DIVERS** | |
| **à votre avis** | *in your opinion* |
| **content(e)** | *content, happy* |
| **en forme** | *in shape* |
| **fort(e)** | *strong* |
| **lentement** | *slowly* |
| **plusieurs** | *several* |
| **régulièrement** | *regularly* |
| **sain(e)** | *healthy* |
| **sans doute** | *without doubt, doubtless* |

# Interlude musical

© Tony Barson/WireImage/Getty Images

**Née en banlieue parisienne, Chimène Badi a grandi en Aquitaine, dans le sud-ouest *(southwest)* de la France.**

You can access these songs at the iTunes playlist on **www.cengagebrain.com/shop/ISBN/0495912492.**

## Retomber amoureux

### Chimène Badi

Chimène Badi chante du rhythm and blues. Elle est connue pour sa voix puissante *(known for her powerful voice)*. Dans **Retomber amoureux,** elle chante la joie de retomber amoureux de quelqu'un qu'on avait cessé *(had ceased)* d'aimer.

**Retomber amoureux.** Pour mieux comprendre cette chanson, lisez les phrases suivantes. Indiquez si chacune d'elles s'applique à...

**a.** quand ils ne s'aimaient plus
ou
**b.** quand ils sont retombés amoureux

_________ on ne se parlait plus
_________ on ne se faisait plus de dîners aux chandelles *(candlelight)*
_________ on était heureux d'être heureux
_________ on ne se plaisait *(didn't please each other)* plus
_________ on ne se parlait plus des prénoms possibles pour les enfants
_________ tout a recommencé
_________ on ne se prenait pas pour Adam et Ève
_________ on ne croquait *(didn't bite into)* plus dans le même pain
_________ on s'est dit «on se quitte»
_________ on s'est dit de nouveau «je t'aime»
_________ on ne s'est plus jamais quittés
_________ on était heureux d'être deux, différents mais toujours les mêmes

© Fotosearch Value/Photolibrary

© Chad Ehlers/Photolibrary

## Comme d'habitude

### Karim Kacel

Enfant, Karim Kacel écoutait toutes sortes de musique: du jazz, du rock, de la musique arabe; mais il aimait surtout la chanson française classique. Cette passion pour les classiques français est évidente dans ses reprises de tubes *(remakes of hits)* du passé, comme la chanson **Comme d'habitude,** chantée à l'origine par le célèbre chanteur Claude François. La chanson *My Way,* de Frank Sinatra, est une reprise en anglais de ce classique français.

**Comme d'habitude** décrit une rélation où le couple est trop habitué *(used to)* à la vie quotidienne ensemble. Pour mieux comprendre la chanson, faites les exercices suivants avant de l'écouter.

© Francis Vernhet

**Karim Kacel est né en banlieue parisienne où il a grandi avec des parents immigrés venus d'Algérie.**

**A. Dans une bonne relation?** Est-ce qu'un couple heureux ferait les choses suivantes?

1. se bousculer *(to bump into each other)*
2. se caresser les cheveux
3. se tourner le dos *(to turn their backs to each other)*
4. remonter le drap *(to pull up the sheet)* si l'autre a froid
5. faire semblant *(to pretend)* d'être heureux
6. sourire *(to smile)*
7. rentrer dans une maison vide *(empty)*
8. rire *(to laugh)*
9. se coucher seul(e) dans un lit froid
10. cacher ses larmes *(to hide one's tears)*

**B. Le futur.** Dans la chanson **Comme d'habitude,** il y a quelques verbes au futur. Les formes du futur et du conditionnel se ressemblent en français. Utilisez les quatre premiers exemples pour traduire les dernières paires de phrases suivantes.

| LE CONDITIONNEL | LE FUTUR |
|---|---|
| Le jour s'en irait. *The day would pass.* | Le jour s'en ira. *The day will pass.* |
| Tu serais sortie. *You would have gone out.* | Tu seras sortie. *You will have gone out.* |
| Je t'attendrais. *I would wait for you.* | Je t'attendrai. *I will wait for you.* |
| Tu me sourirais. *You would smile at me.* | Tu me souriras. *You will smile at me.* |
| Je reviendrais. | Je reviendrai. |
| J'irais me coucher. | J'irai me coucher. |
| Je cacherais mes larmes. | Je cacherai mes larmes. |
| Tu rentrerais. | Tu rentreras. |
| Tu te déshabillerais. | Tu te déshabilleras. |
| Tu te coucherais. | Tu te coucheras. |
| On s'embrasserait. | On s'embrassera. |

© Bernd Dpitz/Taxi/Getty Images

Aux Antilles

# En vacances

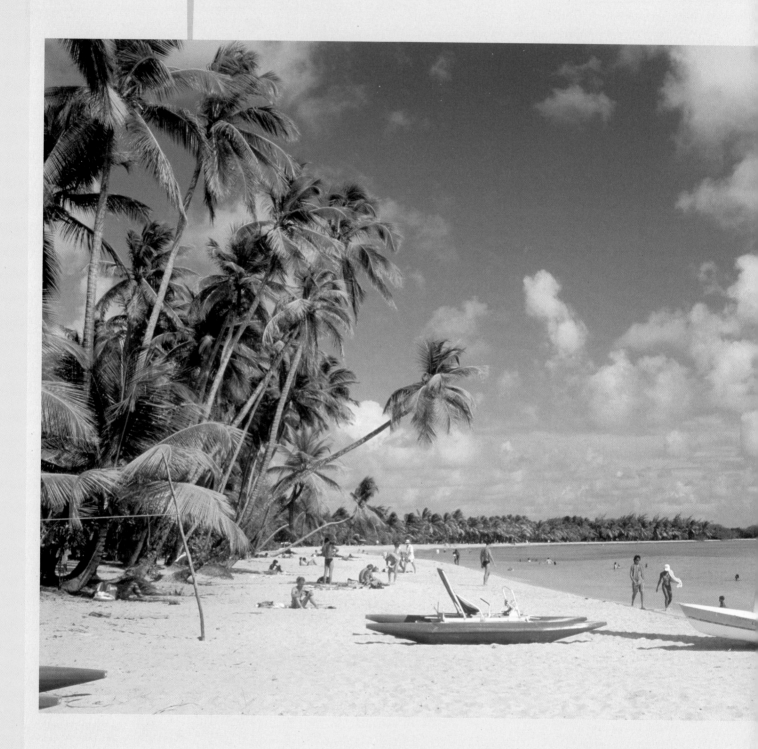

iLrn iLrn Heinle Learning Center

www.cengagebrain.com/shop/ISBN/0495912492

*Horizons* Video: Les Stagiaires

Audio

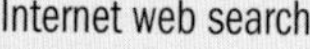
Internet web search

Pair work

Group work

© Chad Ehiers/Nordic Photos/PhotoLibrary

# Chapitre 9

## COMPÉTENCE

### 1 Talking about vacation

Les vacances

Talking about how things will be

*Le futur*

Stratégies et Lecture

- **Pour mieux lire:** *Recognizing compound tenses*
- **Lecture:** *Quelle aventure!*

### 2 Preparing for a trip

Les préparatifs

Communicating with people

*Les verbes* ***dire, lire*** *et* ***écrire***

Avoiding repetition

*Les pronoms compléments d'objet indirect* ***(lui, leur)*** *et reprise des pronoms compléments d'objet direct* ***(le, la, l', les)***

### 3 Buying your ticket

À l'agence de voyages

Saying what people know

*Les verbes* ***savoir*** *et* ***connaître***

Indicating who does what to whom

*Les pronoms* ***me, te, nous*** *et* ***vous***

### 4 Deciding where to go on a trip

Un voyage

Saying where you are going

*Les expressions géographiques*

Reprise *Les Stagiaires*

Lecture et Composition

- Pour mieux lire: *Understanding words with multiple meanings*
- Lecture: *Ma grand-mère m'a appris à ne pas compter sur les yeux des autres pour dormir*
- Pour mieux écrire: *Revising what you write*
- Composition: *Un itinéraire*

Comparaisons culturelles *Le créole*

Résumé de grammaire

Vocabulaire

# La France d'outre-mer

Savez-vous que l'Hexagone (la France métropolitaine en Europe) est seulement une partie de la République française?

**En effet,** la République française **comprend:**

- la France métropolitaine
- cinq départements d'outre-mer (les DOM)
- plusieurs collectivités d'outre-mer (les COM)
- la Nouvelle-Calédonie
- les **Terres australes** et antarctiques françaises

Les cinq DOM—la Guadeloupe, la Martinique, la Guyane, La Réunion et Mayotte **font partie de** la France **tout comme** Hawaii fait partie des États-Unis.

Saint-Denis, chef-lieu de La Réunion

Fort-de-France, chef-lieu de la Martinique

L'Île du Diable, célèbre bagne de la Guyane, fermé en 1945

Connaissez-vous bien la France d'outre-mer? Regardez la liste des départements d'outre-mer et des territoires d'outre-mer de la France. Choisissez une des régions nommées et faites des recherches sur Internet pour trouver des informations à son sujet. Préparez une présentation sur un aspect de cette région que vous trouvez intéressant.

**d'outre-mer** *overseas* **En effet** *In fact* **comprend** *includes* **Terres australes** *Southern Lands* **font partie de** *are part of* **tout comme** *just as* **chef-lieu** *administrative center* **L'Île du Diable** *Devil's Island* **célèbre bagne** *famous penal colony*

Les collectivités d'outre-mer—la Polynésie française, Wallis-et-Futuna et Saint-Pierre-et-Miquelon—sont des territoires de la France, **pareils** aux territoires américains de Puerto Rico et Guam.

**L'ancien** territoire de la Nouvelle-Calédonie a **un statut particulier** comme «pays d'outre-mer **au sein de** la République».

La France possède aussi les Terres australes et antarctiques françaises (TAAF), composées de plusieurs îles dans l'océan Indien et d'une partie du continent antarctique.

**La Guadeloupe**

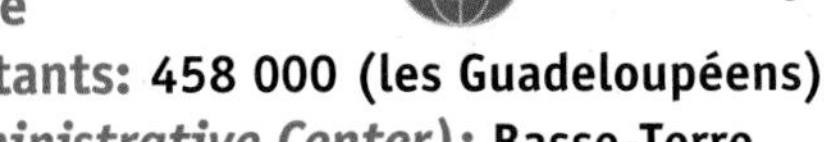

**Nombre d'habitants: 458 000 (les Guadeloupéens)**
**Chef-lieu *(Administrative Center)*: Basse-Terre**

**La Martinique**
**Nombre d'habitants: 401 000 (les Martiniquais)**
**Chef-lieu: Fort-de-France**

## Qu'en savez-vous?

Servez-vous des renseignements et des photos sur ces pages et aussi de la carte du monde au début du livre *(the world map in the front of the book)* pour répondre à ces questions. Devinez *(Guess)* si nécessaire.

**Guadeloupe Guyane Martinique**
**Nouvelle-Calédonie Réunion**
**Saint-Pierre-et-Miquelon collectivités d'outre-mer**
**départements d'outre-mer**

1. Les ______________ font partie de la France, tout comme Hawaii fait partie des États-Unis. Les ______________ sont des territoires de la France, pareils aux territoires américains de Puerto Rico et Guam.
2. La ______________ et la ______________ sont deux îles dans la mer *(sea)* des Caraïbes. La majorité des habitants de ces deux départements sont des descendants d'esclaves africains emmenés *(African slaves brought)* dans ces îles pour travailler dans les plantations.
3. La ______________ est en Amérique du Sud. Au 19e siècle, la France envoyait ses prisonniers politiques au bagne de cette région.
4. ______________ est composé d'un groupe d'îles près de Terre-Neuve *(Newfoundland)*. Au printemps, on peut voir la migration des baleines *(whales)* de ses côtes *(coasts)*.
5. La ______________ est située dans l'océan Indien près de Madagascar. C'est le département d'outre-mer le plus peuplé, avec une société multi-ethnique: des Africains, des Européens, des Indiens, des Chinois et des Malgaches *(inhabitants of Madagascar)*.
6. La ______________ a un statut particulier. En 2014, ses habitants vont voter sur l'indépendance. Cette région a une biodiversité extraordinaire avec une très grande variété de plantes, de reptiles, d'oiseaux *(birds)*, d'insectes, de poissons et d'autres animaux.

**La biodiversité en Nouvelle-Calédonie**

**Les Terres australes et antarctiques françaises**

**pareils** *similar* **L'ancien** *The former* **un statut particulier** *a unique status* **au sein de** *within*

COMPÉTENCE 1

# Talking about vacation

**Note** *culturelle*

**En Guadeloupe ou en Martinique, vous pouvez goûter la cuisine créole, un mélange *(mixture)* de fruits tropicaux, de poissons et fruits de mers, de rhum, d'épices d'Inde *(spices from India)* avec des influences africaines. L'importance de la cuisine dans la culture de ces îles est reflétée dans la Fête des cuisinières *(cooks)*, une fête importante célébrée chaque année au mois d'août en Guadeloupe. Quels plats traditionnels est-ce que les visiteurs peuvent goûter dans votre région?**

**Note** *de grammaire*

The verb **courir** is irregular: **je cours, tu cours, il/elle/on court, nous courons, vous courez, ils/elles courent. Passé composé: j'ai couru; Imparfait: je courais; Conditionnel: je courrais.**

Vocabulaire supplémentaire

**faire du tuba** *to go snorkeling*
**faire de la plongée sous-marine** *to go scuba diving*
**faire de la planche à voile** *to go windsurfing*

## Les vacances

Luc, un jeune Parisien, va passer ses vacances en Guadeloupe. Et vous? Où aimez-vous passer vos vacances?

dans un pays étranger ou exotique

sur une île tropicale ou **à la mer**

dans une grande ville

à la montagne

Qu'est-ce qu'on peut faire dans chaque **endroit**?

admirer **les paysages** *(m)*

visiter des sites *(m)* historiques et touristiques

profiter des activités culturelles

**bronzer** ou **courir** le long des plages

**goûter** la cuisine locale **assis** sur la terrasse d'un restaurant

faire des randonnées *(f)*

CD 3-11

Luc parle à son ami Alain de ses prochaines vacances en Guadeloupe.

LUC: Je vais bientôt partir en vacances.
ALAIN: Et tu vas où?
LUC: Je vais aller en Guadeloupe.
ALAIN: La Guadeloupe? Quelle chance! Tu pars quand?
LUC: Je vais partir le 20 juillet et je **compte** passer trois semaines **là-bas.**
ALAIN: Génial! J'espère que **ça te plaira**!

**à la mer** *at the coast, by the sea* **un endroit** *a place* **les paysages** *(m) the scenery, the landscapes* **bronzer** *to tan* **courir** *to run* **goûter** *to taste* **assis(e)** *seated* **compter** *to plan on, to count on* **là-bas** *over there* **ça te plaira** *you'll like it*

## A. Où? Où fait-on les choses suivantes?

**EXEMPLE**

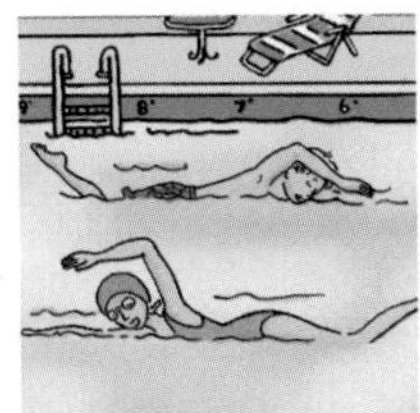

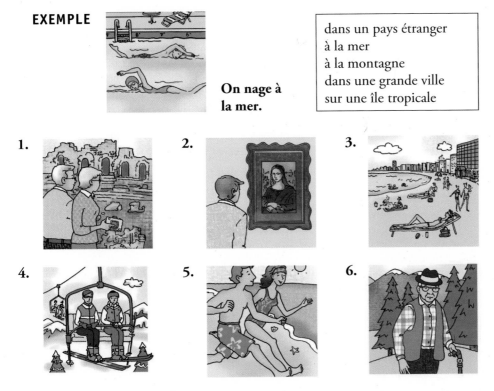

**On nage à la mer.**

dans un pays étranger
à la mer
à la montagne
dans une grande ville
sur une île tropicale

1. 

2. 

3. 

4. 

5. 

6. 

## B. Voyages. Imaginez qu'un(e) ami(e) a passé ses vacances dans les endroits suivants. Préparez une conversation dans laquelle vous parlez de l'endroit où il/elle est allé(e) et de ce qu'il/elle a fait, comme dans l'exemple.

**EXEMPLE** en Espagne
**—Alors, tu as passé tes vacances dans un pays étranger?**
**—Oui, je suis allé(e) en Espagne.**
**—Qu'est-ce que tu as fait en Espagne?**
**—J'ai visité des sites historiques et touristiques.**

1. à New York
2. en France
3. à Tahiti
4. dans les Alpes

## C. Entretien. Interviewez votre partenaire.

1. Préférerais-tu visiter une île tropicale ou visiter une grande ville? aller à la mer ou à la montagne? faire une randonnée ou faire du ski? faire de l'exercice à l'hôtel ou courir le long des plages? bronzer ou nager?
2. Où est-ce que tu aimerais passer tes prochaines vacances? Qu'est-ce qu'on peut faire dans cette région? Où est-ce que tu as passé tes meilleures vacances? Pourquoi as-tu trouvé ces vacances agréables? Qu'est-ce que tu as fait?

## À vous!

Avec un(e) partenaire, relisez à haute voix la conversation entre Luc et Alain. Ensuite, imaginez que vous allez faire le voyage de vos rêves *(dreams)* et changez la conversation pour dire où vous allez, avec qui, quand et combien de temps vous comptez rester.

You can find a list of the new words from this ***Compétence*** on page 380 and audio for each item of this list at **www.cengagebrain.com/shop/ISBN/0495912492**

## Talking about how things will be

### *Le futur*

You have used **aller** + *infinitive* to say what someone *is going* to do. You can use the future tense to say what someone *will* do. Form the future tense by adding the boldfaced endings below to the same stem you use for the conditional.

| PARLER | ÊTRE | VENIR |
|---|---|---|
| je parler**ai** | je ser**ai** | je viendr**ai** |
| tu parler**as** | tu ser**as** | tu viendr**as** |
| il/elle/on parler**a** | il/elle/on ser**a** | il/elle/on viendr**a** |
| nous parler**ons** | nous ser**ons** | nous viendr**ons** |
| vous parler**ez** | vous ser**ez** | vous viendr**ez** |
| ils/elles parler**ont** | ils/elles ser**ont** | ils/elles viendr**ont** |

The future is generally used in French as it is in English. However, one difference is its use in clauses with **quand** referring to the future. English has the present in such clauses.

**quand** + future → future

Quand j'**arriverai** en Guadeloupe, je **prendrai** un taxi pour aller à l'hôtel.
*When I **arrive** in Guadeloupe, I'**ll take** a taxi to go to the hotel.*

As in English, use the future tense to say what will happen if another event occurs. Use the present tense in the clause with **si.**

**si** + present → future

Si je **peux** visiter la Martinique, je **serai** vraiment content!
*If I **can** visit Martinique, I **will be** really happy!*

### ✓ *Pour vérifier*

**1.** What do most verbs have as the stem in the future tense? Which verbs have irregular stems? What other verb form has the same stem as the future?

**2.** What endings do you use to form the future tense in French?

**3.** What verb tense is used in clauses with **quand** referring to the future in French? How do you say *When I finish, I'll go home?*

### Note *de grammaire*

The future/conditional stem always ends with **-r.** Do you remember these irregular ones?

| | |
|---|---|
| aller | ir- |
| avoir | aur- |
| être | ser- |
| faire | fer- |
| devoir | devr- |
| vouloir | voudr- |
| venir | viendr- |
| revenir | reviendr- |
| devenir | deviendr- |
| voir | verr- |
| envoyer | enverr- |
| pouvoir | pourr- |
| mourir | mourr- |
| courir | courr- |

Note these forms in the future:

| | |
|---|---|
| il y a | il y aura |
| il faut | il faudra |
| il pleut | il pleuvra |

### Note *de grammaire*

As in the conditional, verbs like **se lever, payer,** and **appeler** have spelling changes in *all* forms of the future **(je me lèverai, je paierai, j'appellerai).** Those like **préférer** do not **(je préférerai).**

### Note *de prononciation*

As in the conditional forms, an unaccented **e** is usually not pronounced in future tense forms if you can drop it without bringing together three pronounced consonants **(j'habit~~e~~rai, nous invit~~e~~rons).**

**iLrn Grammar Tutorials**

**Sélection musicale.** Search the Web for the song **Mon île** by Sonia Dersion from Martinique to enjoy a musical selection illustrating the use of this structure.

**A. Boule de cristal.** Vous pouvez voir l'avenir *(the future)* dans une boule de cristal. Comment sera la vie des personnes suivantes dans cinq ans?

**EXEMPLE** Moi, je... (être riche)
**Je serai riche. / Je ne serai pas riche.**

**1.** Moi, je (j')...
habiter ici
avoir mon diplôme
devoir travailler
aller souvent en France

**2.** Mon meilleur ami (Ma meilleure amie)...
venir souvent me voir
réussir dans la vie
sortir souvent avec moi
faire souvent des voyages

3. La personne de mes rêves et moi, nous...
se marier
avoir des enfants
acheter une maison
faire beaucoup de voyages ensemble

4. Tous les membres de ma famille...
s'entendre bien
se rendre souvent visite
se voir souvent
voyager souvent ensemble

5. *[à un(e) autre étudiant(e)]*
Toi, tu...
finir tes études
trouver un bon travail
apprendre beaucoup
avoir beaucoup de problèmes

6. *[au professeur]* Vous...
travailler toujours *(still)* ici
avoir toujours cours à 7 heures du matin
pouvoir prendre votre retraite *(retirement)*
être heureux (heureuse)

**B. Je... quand...** Luc parle à un ami avant de partir en Guadeloupe. Complétez la phrase suivante en mettant les deux actions dans l'ordre logique. Mettez les deux verbes au futur.

Je... quand...

**EXEMPLE** partir en vacances / pouvoir se reposer
**Je pourrai me reposer quand je partirai en vacances.**

1. aller en Guadeloupe / être dans l'avion pendant onze heures
2. arriver / envoyer un texto à tout le monde
3. s'amuser / être en Guadeloupe
4. faire des excursions / ne pas être à la plage
5. visiter les sites touristiques / voir des choses intéressantes
6. aller voir le volcan la Soufrière / prendre beaucoup de photos
7. écrire un blog de voyage sur ma page d'Internet / rentrer à l'hôtel chaque soir
8. faire le blog / mettre mes photos sur Internet

**C. Si...** Complétez logiquement ces phrases.

**EXEMPLE** S'il pleut ce week-end, je **resterai à la maison.**

1. S'il fait beau ce week-end, je (j')...
2. S'il fait mauvais ce week-end, je (j')...
3. Si je sors avec des amis ce week-end, nous...
4. Si je peux partir en vacances cette année, je (j')...
5. Si un jour je peux visiter la France, je (j')...
6. Si mes amis et moi décidons de visiter une autre ville, nous...

**D. Entretien.** Pensez à un voyage (réel ou imaginaire) que vous ferez pendant les prochaines vacances. Votre partenaire vous posera des questions au sujet de ce voyage. Après, changez de rôles.

1. Où iras-tu? Comment est-ce que tu voyageras?
2. Quand est-ce que tu partiras? Quand est-ce que tu reviendras?
3. Qui fera le voyage avec toi? Qu'est-ce que chacun *(each one)* devra apporter *(to bring)*?
4. Où descendrez-vous?
5. Qu'est-ce que vous ferez pendant le voyage? Qu'est-ce que vous verrez d'intéressant? Quels sites touristiques est-ce que vous visiterez?

## Stratégies et Lecture

### Pour mieux lire: *Recognizing compound tenses*

French has other compound tenses which, like the **passé composé,** are formed with the auxiliary verb **avoir** or **être** and a past participle (**dansé, mangé, vu,** etc.). To translate these tenses, change the auxiliary verb *have* in English to the same tense as in French (imperfect, future, conditional): *They had (will have, would have) arrived.*

In the **passé composé,** where the auxiliary verb is in the *present* tense, translate it as the simple past or as *has/have + past participle.*

| | |
|---|---|
| J'**ai** commencé.<br>*I began. / I **have** begun.* | Elle **est** rentrée.<br>*She returned. / She **has** returned.* |

If the auxiliary verb is in the *imperfect,* translate it as *had + past participle.*

| | |
|---|---|
| J'**avais** déjà commencé.<br>*I **had** already begun.* | Il n'**était** pas encore rentré.<br>*He **hadn't** returned yet.* |

If the auxiliary verb is in the *conditional,* translate it as *would have + past participle.*

| | |
|---|---|
| J'**aurais** déjà commencé.<br>*I **would have** already begun.* | Nous ne **serions** pas encore rentrés.<br>*We **wouldn't have** returned yet.* |

If it is in the *future,* translate it as *will have + past participle.*

| | |
|---|---|
| J'**aurai** déjà commencé.<br>*I **will have** already begun.* | Tu ne **seras** pas encore rentré(e).<br>*You **will** not **have** returned yet.* |

**A. Et vous?** Traduisez les phrases suivantes en anglais.

1. J'ai déjà visité la Guadeloupe.
2. L'année dernière, j'y suis resté un mois.
3. Avant de partir en vacances, j'avais réservé une chambre d'hôtel.
4. J'ai visité la Martinique aussi. J'y étais déjà allé(e) deux fois avant.
5. Si j'avais eu assez d'argent, j'aurais passé mes vacances en Europe.
6. Mes vacances auraient été plus agréables s'il n'avait pas plu tout le temps.
7. Quand j'aurai fini mes études, je ferai un long voyage.
8. Je visiterai la France quand j'aurai fini mes quatre semestres de français.

**B. Le temps des verbes.** Dans le texte qui suit, traduisez tous les verbes *en italique*.

CD 3-12

## Lecture: Quelle aventure!

Luc, un jeune Parisien qui passe ses vacances en Guadeloupe, raconte ses aventures dans un mail à son ami Alain.

Salut Alain:

Je passe des vacances formidables ici en Guadeloupe! *Je t'aurais écrit* plus tôt si *je n'avais pas été* si occupé. Ici, tout est à mon goût... la cuisine, le paysage, les femmes! En fait, j'ai rencontré une jeune Guadeloupéenne très sympa. Elle s'appelle Micheline et nous passons beaucoup de temps ensemble depuis notre rencontre assez comique au parc naturel.

*J'étais allé* au parc pour faire l'escalade de la Soufrière, un énorme volcan en repos... mais comme j'allais bientôt le voir, pas si «en repos» que ça! En montant vers le volcan, *j'avais remarqué* qu'il y avait un peu de vapeur qui sortait du cratère, mais *je n'avais pas fait trop attention.* Quand j'étais presque au sommet du volcan, je m'étais assis par terre pour me reposer un peu et c'est là que la comédie a commencé. Là où j'étais assis, la terre était toute chaude, mais vraiment chaude, et je voyais des jets de vapeur qui sortaient du sommet! J'ai pensé que le volcan allait exploser!

**La Soufrière**

J'ai commencé à crier aux autres touristes: «Attention! Attention! Le volcan entre en éruption, il va exploser!» Heureusement, Micheline était parmi le groupe et elle nous a expliqué calmement: «Mais non, mais non... calmez-vous! C'est tout à fait normal. Le volcan est en repos, il n'y a pas de danger!» Si *elle n'avait pas été* avec nous, *on aurait* tous *commencé* à courir, paniqués.

Sur le moment, j'ai eu l'impression d'être complètement ridicule! Mais cette impression n'a pas duré. On a commencé à parler et nous avons continué l'escalade du volcan ensemble. Arrivés au sommet, nous avons trouvé une vue impressionnante... la lave..., les fissures..., l'odeur... C'était un paysage presque irréel. Pendant un instant, j'ai eu l'impression d'être sur une autre planète!

Alors, tout est bien qui finit bien. Si *je n'avais pas fait* cette bêtise, *Micheline et moi n'aurions jamais commencé à parler* et *je n'aurais pas fait la connaissance* de cette femme extraordinaire. Elle est super sympa et nous sortons ensemble presque tous les soirs!

À bientôt,
Luc

**Compréhension.** Répondez aux questions suivantes d'après la lecture.

1. Quel site touristique est-ce que Luc visitait quand il a rencontré Micheline?
2. Qu'est-ce que Luc avait vu avant de commencer à crier que le volcan allait exploser?
3. Qu'est-ce que tous les touristes auraient fait si Micheline n'avait pas été là pour les calmer?
4. Pourquoi est-ce que Luc dit que «tout est bien qui finit bien»?

# COMPÉTENCE 2

## Preparing for a trip

**Note** *culturelle*

**Comme en France métropolitaine, l'euro est la monnaie utilisée dans les départements d'outre-mer français (la Guadeloupe, la Martinique, La Réunion, la Guyane et Mayotte), à Saint-Pierre-et-Miquelon et aux Terres australes et antarctiques françaises. En Polynésie française, à Wallis-et-Futuna et en Nouvelle-Calédonie, la monnaie est le franc pacifique (FCFP). Quelle est la monnaie des territoires américains tels que *(such as)* Puerto Rico et Guam?**

### Les préparatifs

Avant de faire un voyage **à l'étranger,** il faut faire beaucoup de préparatifs *(m)*. D'abord, vous devez acheter votre **billet** *(m)* **d'avion** dans une agence de voyages ou votre **billet électronique** sur Internet.

Il faut aussi...

**vous informer** sur des sites Web et **obtenir** des renseignements.

lire des guides *(m)* touristiques.

téléphoner à l'hôtel pour réserver une chambre.

dire à votre famille où vous allez.

demander à **vos voisins** de **donner à manger à** votre chien.

**faire vos valises** *(f)*.

**Note** *de grammaire*

**Obtenir** is conjugated like **venir (j'obtiens, tu obtiens, il/elle/on obtient, nous obtenons, vous obtenez, ils/elles obtiennent).** The past participle is **obtenu** and the **passé composé** is formed with **avoir (j'ai obtenu...).** The stem of the future and conditional is **obtiendr- (j'obtiendrai...).**

À votre arrivée, vous devez...

montrer votre passeport *(m)*.

passer la douane.

changer de l'argent ou **des chèques** *(m)* **de voyage.**

**Les préparatifs** *(m) Preparations* **à l'étranger** *in another country, abroad* **un billet d'avion** *a plane ticket* **un billet électronique** *an e-ticket* **s'informer** *to find out information* **obtenir** *to obtain* **un(e) voisin(e)** *a neighbor* **donner à manger à** *to feed* **faire sa valise** *to pack one's bag* **des chèques** *(m)* **de voyage** *traveler's checks*

CD 3-13

Alain parle à sa femme du mail qu'**il a reçu** de son ami Luc.

**CATHERINE:** Qu'est-ce que **tu lis**?
**ALAIN:** C'est un mail que j'ai reçu de Luc. Il **m'**écrit de la Guadeloupe où il passe ses vacances.
**CATHERINE:** Et **ça lui plaît,** la Guadeloupe?
**ALAIN:** Ça lui plaît beaucoup.
**CATHERINE:** La Guadeloupe doit être jolie. J'aimerais bien voir les plages et les paysages tropicaux.
**ALAIN:** Luc dit qu'il aime beaucoup le paysage, la cuisine et le climat. Il me parle aussi d'une «femme extraordinaire» qu'il a rencontrée là-bas.

**A. Avant le départ ou après l'arrivée?** Quand on voyage, est-ce qu'il faut faire les choses suivantes **avant le départ** ou **après l'arrivée**?

**EXEMPLE** acheter un billet d'avion
**Il faut acheter un billet d'avion avant le départ.**

1. passer la douane
2. écrire pour obtenir des renseignements
3. s'informer sur des sites Web
4. acheter des chèques de voyage
5. changer des chèques de voyage
6. réserver une chambre
7. montrer son passeport
8. lire des guides touristiques
9. demander à un ami de donner à manger à son chien
10. faire des préparatifs

**B. Mon dernier voyage?** Dites si vous avez fait chaque chose de l'activité précédente lors de *(at the time of)* vos dernières vacances.

**EXEMPLE** acheter un billet d'avion
**Je n'ai pas acheté de billet d'avion. J'ai pris ma voiture.**

**C. Que fait-on?** Faites une liste de ce qu'on fait dans chacun des endroits suivants.

1. à l'agence de voyages
2. à l'aéroport
3. à la banque
4. à l'hôtel
5. sur des sites Web

## À vous!

Avec un(e) partenaire, relisez à haute voix la conversation entre Alain et Catherine. Ensuite, imaginez que vous recevez un mail d'un(e) ami(e) qui visite une autre région francophone. Parlez avec votre partenaire de vos impressions de cette région et dites pourquoi vous voudriez ou ne voudriez pas y aller.

You can find a list of the new words from this ***Compétence*** on page 380 and audio for each item of this list at **www.cengagebrain.com/shop/ISBN/0495912492**

**il a reçu (recevoir** *to receive***)** **tu lis (lire** *to read***)** **me (m')** *me, to me* **Ça lui plaît? (plaire** *to please***)** *Does he like it?*

✓ *Pour vérifier*

**1.** What are the conjugations of **dire, lire,** and **écrire**? What do you need to remember about the **vous** form of **dire**? What are the future and conditional stems of these verbs?

**2.** Which two of these verbs have similar past participles? What are they? What is the past participle of **lire**?

**Sélection musicale.** Search the Web for the song **Dis-moi pourquoi** by the Guadelupian Janse Fostin to enjoy a musical selection illustrating the use of this structure.

## Communicating with people

### *Les verbes **dire, lire** et **écrire***

You have already seen the verbs **dire** *(to say, to tell)*, **lire** *(to read)*, and **écrire** *(to write)*. Here are their full conjugations. The verb **décrire** *(to describe)* is conjugated like **écrire.**

| **DIRE** *(to say, to tell)* | **LIRE** *(to read)* | **ÉCRIRE** *(to write)* |
|---|---|---|
| je **dis** | je **lis** | j' **écris** |
| tu **dis** | tu **lis** | tu **écris** |
| il/elle/on **dit** | il/elle/on **lit** | il/elle/on **écrit** |
| nous **disons** | nous **lisons** | nous **écrivons** |
| vous **dites** | vous **lisez** | vous **écrivez** |
| ils/elles **disent** | ils/elles **lisent** | ils/elles **écrivent** |
| PASSÉ COMPOSÉ: j'**ai dit** | PASSÉ COMPOSÉ: j'**ai lu** | PASSÉ COMPOSÉ: j'**ai écrit** |
| IMPARFAIT: je **disais** | IMPARFAIT: je **lisais** | IMPARFAIT: j'**écrivais** |
| CONDITIONNEL: je **dirais** | CONDITIONNEL: je **lirais** | CONDITIONNEL: j'**écrirais** |
| FUTUR: je **dirai** | FUTUR: je **lirai** | FUTUR: j'**écrirai** |

Here are some things you might want to read or write.

**un article** *an article*
**une carte postale** *a postcard*
**un mail** *an e-mail*
**une histoire** *a story*
**un journal** (*pl* **des journaux**) *a newspaper*
**une lettre** *a letter*
**un magazine** *a magazine*
**un poème** *a poem*
**une rédaction** *a composition*
**un roman** *a novel*

**A. En cours de français.** Est-ce que ces personnes font souvent les choses indiquées en cours de français?

| souvent | quelquefois | rarement | ne... jamais |
|---|---|---|---|

**EXEMPLE** je / écrire des poèmes
**Je n'écris jamais de poèmes en cours de français.**

1. le professeur / écrire au tableau
2. les étudiants / écrire au tableau
3. je / écrire quelque chose dans mon cahier
4. nous / écrire une rédaction
5. les autres étudiants et moi / s'écrire des mails après le cours
6. je / lire le journal
7. le professeur / lire des poèmes à la classe
8. nous / lire des phrases à haute voix *(aloud)*
9. les étudiants / lire des romans en français

Maintenant, dites si ces personnes ont fait ces choses en cours la semaine dernière.

**EXEMPLE** je / écrire des poèmes
**Je n'ai pas écrit de poèmes en cours de français la semaine dernière.**

**B. Qu'est-ce qu'on dit?** Dites si ces personnes font les choses indiquées.

**EXEMPLE** je / dire «merci» quand le professeur me rend mes devoirs
**Je (ne) dis (pas) «merci» quand le professeur me rend mes devoirs.**

1. le prof / dire «bonjour» quand il arrive en cours
2. les autres étudiants et moi / se dire «bonjour» en cours
3. les étudiants / dire la vérité *(the truth)* au prof
4. nous / le dire au prof quand nous ne comprenons pas
5. je / dire «au revoir» quand je quitte la classe
6. je / dire «merci» au prof

Maintenant, dites si ces personnes ont dit les choses indiquées au dernier cours.

**EXEMPLE** je / dire «merci» quand le professeur me rend mes devoirs.
**J'ai dit (Je n'ai pas dit) «merci» quand le professeur m'a rendu mes devoirs.**

**C. En vacances.** Vous faites le voyage de vos rêves avec un(e) ami(e). Avec un(e) partenaire, faites des phrases logiques en utilisant un élément de chaque colonne. Faites au moins deux phrases pour chaque sujet.

**EXEMPLE** Je lis des guides touristiques.

| | | |
|---|---|---|
| Je...<br>Nous...<br>L'agent de voyages *(The travel agent)*... | dire<br>écrire<br>lire | des cartes postales<br>des mails<br>un mail pour réserver une chambre<br>des sites Web pour obtenir des renseignements<br>des guides touristiques<br>à des voisins de donner à manger aux animaux<br>«au revoir» à nos amis<br>le nom de notre hôtel à ma famille<br>le prix *(price)* du voyage |

**D. Entretien.** Interviewez votre partenaire.

1. Est-ce que tu écris plus de lettres ou plus de mails? Est-ce que tu as écrit un mail ce matin? À qui? Quand tu voyages, est-ce que tu écris des cartes postales? des mails? Est-ce que tu envoies des textos?
2. Lis-tu le journal tous les jours? Quel journal préfères-tu lire? Le liras-tu ce soir? Est-ce que tu l'as lu ce matin? Quel magazine lis-tu le plus souvent? Est-ce que tu l'as lu ce mois-ci?
3. Lis-tu beaucoup de romans? Lis-tu plus de romans d'aventures ou d'amour? Quel est le dernier roman que tu as lu? Quand est-ce que tu l'as lu?

✓ *Pour vérifier*

**1.** What are the direct object pronouns *him, her, it, them*? What are the indirect object pronouns *(to) him / (to) her / (to) them*?

**2.** How can you often recognize a noun that is an indirect object in French? What types of verbs are frequently followed by indirect objects?

**3.** Where do you place the object pronoun when there is an infinitive in the same clause? Where does it go otherwise?

**4.** Where do you place the object pronoun in the **passé composé**? When does the past participle agree with an object?

**Note** *de grammaire*

In French, a direct object generally follows the verb directly, whereas an indirect object is preceded by a preposition, usually **à**.

J'invite **mes amis** chez moi. (direct object)
Je **les** invite chez moi.

Je téléphone **à mes amis.** (indirect object)
Je **leur** téléphone.

## Avoiding repetition

### *Les pronoms compléments d'objet indirect* ***(lui, leur)*** *et reprise des pronoms compléments d'objet direct* ***(le, la, l', les)***

In ***Chapitre 5,*** you learned that you can replace the direct object of the verb with the direct object pronouns **le, la, l',** and **les.**

—Tu fais **ta valise** maintenant?
—Oui, je **la** fais.

—Tu as acheté **ton billet**?
—Oui, je **l'**ai acheté.

Replace the indirect object of the verb with the indirect object pronouns **lui** *([to] him, [to] her)* and **leur** *([to] them).* Generally, indirect objects in French can only be people or animals, not places or things. You can recognize a noun that is an indirect object because it is usually preceded by the preposition **à (à, au, à la, à l', aux).**

Verbs indicating communication or exchanges, such as **parler à, téléphoner à, dire à, écrire à, demander à, rendre visite à,** and **donner à,** are often followed by indirect objects.

—Tu écris **à ta mère**?
—Oui, je **lui** écris un mail.

—Tu vas rendre visite **à tes parents**?
—Oui, je vais **leur** rendre visite ce week-end.

| DIRECT OBJECT PRONOUNS | | INDIRECT OBJECT PRONOUNS | |
|---|---|---|---|
| **le (l')** | *him, it* (m) | **lui** | *(to) him* |
| **la (l')** | *her, it* (f) | **lui** | *(to) her* |
| **les** | *them* | **leur** | *(to) them* |

Indirect object pronouns follow the same placement rules as direct object pronouns. Generally, place them *immediately* before the verb. They go before the infinitive if there is one in the same clause. If not, they go before the conjugated verb. In the **passé composé,** they go before the auxiliary verb.

| | |
|---|---|
| —Luc va téléphoner **à Micheline**? | —*Is Luc going to call* ***Micheline****?* |
| —Oui, il va **lui** téléphoner. | —*Yes, he's going to call* ***her.*** |
| —Il écrit **à son ami**? | —*Is he writing* ***to his friend****?* |
| —Oui, il **lui** écrit. | —*Yes, he is writing* ***(to) him.*** |
| —Il a parlé **à ses parents**? | —*Has he talked* ***to his parents****?* |
| —Non, il ne **leur** a pas parlé. | —*No, he hasn't talked* ***to them.*** |

In negated sentences, place **ne** immediately after the subject and **pas, rien,** or **jamais** immediately after the first verb.

Je ne veux pas **lui** écrire.
Je ne **lui** écris jamais.
Je ne **lui** ai pas écrit.

In the **passé composé,** the past participle agrees with direct object pronouns, but not with indirect objects.

| | |
|---|---|
| Luc a invité Micheline. | Luc **l'**a invité**e.** |
| Luc a téléphoné à Micheline. | Luc **lui** a téléphoné. |

**A. En voyage.** Quel genre de voyageur (voyageuse) êtes-vous? Formez des phrases pour parler de vos habitudes en voyage. Utilisez les pronoms **le, la, l', les.**

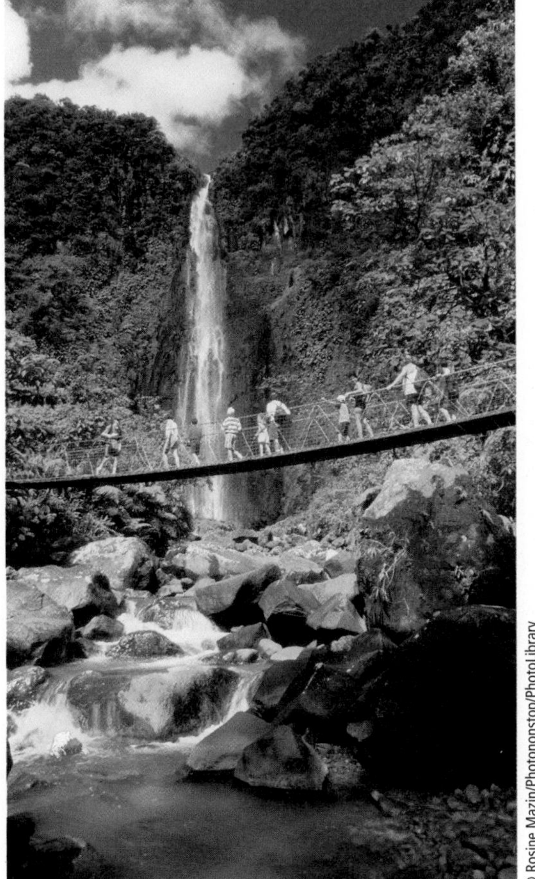

© Rosine Mazin/Photononstop/PhotoLibrary

**EXEMPLE** J'écris *mes cartes postales* (le premier jour / juste avant de rentrer).
**Je les écris le premier jour.**

1. Je réserve *mon hôtel* (dans une agence de voyages / sur Internet).
2. Je fais *ma valise* (au dernier moment / à l'avance *[in advance]*).
3. Je lis *le guide touristique* (avant de partir / à l'hôtel au dernier moment).
4. Je visite *les sites touristiques* (avec un guide / sans guide).

Maintenant, utilisez les pronoms **lui** et **leur** pour remplacer les noms compléments d'objet indirect.

5. Je dis (toujours / quelquefois / rarement) *à mes parents* où je vais.
6. J'écris (souvent / quelquefois / rarement) des mails *à mes amis.*
7. (Je téléphone / Je ne téléphone pas) *à mon meilleur ami (à ma meilleure amie).*
8. J'envoie des photos *à mon meilleur ami (à ma meilleure amie).*

**B. La prochaine fois.** Refaites les phrases de ***A. En voyage*** pour parler de ce que vous allez faire la prochaine fois que partirez en voyage.

**EXEMPLE** J'écris *mes cartes postales* (le premier jour / juste avant de rentrer).
**La prochaine fois, je vais les écrire le premier jour.**

Maintenant, refaites ces mêmes phrases au passé composé pour dire ce que vous avez fait la dernière fois que vous êtes parti(e) en voyage.

**EXEMPLE** J'écris *mes cartes postales* (le premier jour / juste avant de rentrer).
**La dernière fois, je les ai écrites le premier jour.**

**C. Habitudes de voyage.** Parlez de vos voyages en répondant à ces questions. Utilisez **le, la, l', les, lui** ou **leur.**

**EXEMPLE** Vous demandez de l'argent *à vos parents*?
**Non, je ne leur demande pas d'argent.**

En général...

1. Vous réservez *votre chambre d'hôtel* sur Internet?
2. Vous achetez *votre billet* sur Internet ou dans une agence de voyages?
3. Vous proposez *à vos parents* d'y aller avec vous?
4. Vous invitez *votre meilleur(e) ami(e)*?
5. Vous demandez *à vos voisins* de donner à manger à votre chien ou à votre chat?
6. Vous lisez *le magazine de la compagnie aérienne* dans l'avion?

Et la dernière fois que vous êtes parti(e) en voyage...

7. Vous avez téléphoné *à votre mère* pendant le voyage?
8. Vous avez écrit des cartes postales *à vos amis*?
9. Vous avez passé *vos soirées* à l'hôtel?
10. À votre retour *(return),* vous avez parlé du voyage *à vos parents*?
11. Vous avez montré *vos photos du voyage* à vos amis?
12. Vous avez mis *vos photos* sur Internet?
13. Vous avez décrit le voyage *à vos amis*?

COMPÉTENCE 3

# Buying your ticket

**Note** *culturelle*

**Les salariés en France ont un minimum de 30 jours ouvrables *(workdays)* de vacances chaque année, c'est-à-dire trois fois plus que les Américains. La majorité des vacanciers français restent en France où ils aiment aller (en ordre de préférence) à la mer, à la campagne, en ville et à la montagne. Combien de semaines de vacances avez-vous généralement? Quelles sont les destinations préférées des vacanciers dans votre région?**

## À l'agence de voyages

Pour voyager à l'étranger, il faut avoir...

un passeport
des chèques de voyage
un billet d'avion
une carte de crédit
**une carte bancaire**

Il faut aussi **savoir...**

le numéro du **vol**
l'heure de départ
l'heure d'arrivée
**la porte d'embarquement**
**la porte d'arrivée**

Aimez-vous préparer vos voyages à l'avance? Il faut lire des guides touristiques pour mieux **connaître...**

l'histoire et la géographie de la région et les gens et leur culture

le système de **transports** *(m)* **en commun**

CD 3-14

Avant son voyage, Luc va acheter son billet à l'agence de voyages.

**LUC:** Bonjour, monsieur. Je voudrais acheter un billet Paris–Pointe-à-Pitre.
**L'AGENT DE VOYAGES:** Très bien, monsieur. Vous voulez un billet aller-retour ou un aller simple?
**LUC:** Un billet aller-retour.
**L'AGENT DE VOYAGES:** À quelle date est-ce que vous voulez partir?
**LUC:** Le 20 juillet.
**L'AGENT DE VOYAGES:** Quand est-ce que vous voudriez rentrer?
**LUC:** Le 12 août.
**L'AGENT DE VOYAGES:** Vous voulez un billet de première classe ou de classe touriste?
**LUC:** De classe touriste.
**L'AGENT DE VOYAGES:** Très bien. Il y a un vol le 20 juillet, départ Paris-Orly à 15h15, arrivée à Pointe-à-Pitre à 17h30. Pour le retour, il y a un vol qui part de Pointe-à-Pitre le 12 août à 20h15 et qui arrive à Paris-Orly à 10h15 le 13 août. **Ça vous convient?**
**LUC:** Oui, c'est parfait. Combien coûte le billet?
**L'AGENT DE VOYAGES:** C'est 759 euros.
**LUC:** Bon. Alors, faites ma réservation. Voilà ma carte de crédit.

**savoir** *to know* **une carte bancaire** *a bank/debit card* **un vol** *a flight* **la porte d'embarquement** *the departure gate* **la porte d'arrivée** *the arrival gate* **connaître** *to know, to be familiar with, to be acquainted with* **les transports** *(m)* **en commun** *public transportation* **Ça vous convient?** *Is that good for you?*

**A. Le voyage de Luc.** Lisez le résumé du voyage de Luc et répondez à ces questions.

1. Est-ce que Luc a acheté un billet aller-retour ou un aller simple?
2. Est-ce que Luc voyagera en première classe ou en classe touriste?
3. Quelle est la date de son départ? de son retour? De quel aéroport partira-t-il?
4. Il devra arriver à l'aéroport combien d'heures avant le départ?
5. À quelle heure est son départ de Paris? À quelle heure est son arrivée à Pointe-à-Pitre?
6. Est-ce qu'un repas sera servi en route?
7. Quelle est la date de son retour à Paris? C'est quel jour de la semaine?

RÉSUMÉ DE VOTRE VOYAGE

Passager: Moreau/Luc

**Aller:** Mardi 20 juillet:

Départ de Paris-Orly 15h15

Air France-Vol 624 Classe touriste

Arrivée à Pointe-à-Pitre 17h30

- Un repas et une collation seront servis en vol.

**Retour:** Jeudi 12 août:

Départ de Pointe-à-Pitre 20h15

Air France-Vol 625 Classe touriste

Arrivée à Paris-Orly 10h15

- Un repas et une collation seront servis en vol.

Prix du billet aller-retour: 759€.

Prévoyez d'arriver à l'aéroport deux heures avant l'heure de départ et n'oubliez pas de reconfirmer votre retour 72 heures avant le départ.

BON VOYAGE!

**B. Et vous?** Choisissez la phrase qui vous décrit le mieux quand vous voyagez.

1. **a.** Je préfère préparer mes voyages bien à l'avance.
   **b.** Je prépare tout quelques jours avant de partir.
   **c.** Je préfère voyager à l'imprévu *(without planning)*.
2. **a.** J'arrive à l'aéroport bien en avance.
   **b.** J'arrive à l'aéroport au dernier moment.
   **c.** Je manque *(miss)* quelquefois mon vol.
3. **a.** Pendant le voyage, je préfère tout payer par carte de crédit.
   **b.** Je préfère tout payer par carte bancaire ou en espèces *(in cash)*.
   **c.** Pendant le voyage, je préfère tout payer en chèques de voyage.
4. **a.** Dans une grande ville comme Paris, j'utilise les moyens de transport en commun.
   **b.** Je prends toujours un taxi ou je loue une voiture.
   **c.** Je ne sors pas de l'hôtel.
5. **a.** J'aime lire un guide pour connaître l'histoire et la culture d'une région.
   **b.** J'aime mieux m'informer sur des sites Web pour connaître la région.
   **c.** Je préfère tout découvrir *(discover)* pendant le voyage.

## À vous!

Avec un(e) partenaire, relisez à haute voix la conversation entre Luc et l'agent de voyages. Ensuite, imaginez que vous êtes dans une agence de voyages d'une ville francophone et que vous achetez un billet pour rentrer chez vous. Votre partenaire jouera le rôle de l'agent de voyages.

You can find a list of the new words from this ***Compétence*** on page 381 and audio for each item of this list at **www.cengagebrain.com/shop/ISBN/0495912492**

✓ *Pour vérifier*

**1.** What is the conjugation of **savoir**? of **connaître**?

**2.** Do you use **savoir** or **connaître** when *to know* is followed by a verb? by a question word, **si, que,** or **ce que**? to say that one knows a language? if *to know* is followed by a noun that indicates a fact or information? by a noun that indicates that someone is familiar with a person, place or thing?

iLrn Grammar Tutorials

# Saying what people know

## *Les verbes **savoir** et **connaître***

Both **savoir** and **connaître** mean *to know*. The verb **reconnaître** *(to recognize)* has the same conjugation as **connaître.**

| SAVOIR *(to know [how])* | | CONNAÎTRE *(to know, to be familiar with, to be acquainted with)* | |
|---|---|---|---|
| je **sais** | nous **savons** | je **connais** | nous **connaissons** |
| tu **sais** | vous **savez** | tu **connais** | vous **connaissez** |
| il/elle/on **sait** | ils/elles **savent** | il/elle/on **connaît** | ils/elles **connaissent** |

SAVOIR:
PASSÉ COMPOSÉ: j'**ai su** *(I found out)*
IMPARFAIT: je **savais** *(I knew)*
CONDITIONNEL: je **saurais**
FUTUR: je **saurai**

CONNAÎTRE:
PASSÉ COMPOSÉ: j'**ai connu** *(I met)*
IMPARFAIT: je **connaissais** *(I knew)*
CONDITIONNEL: je **connaîtrais**
FUTUR: je **connaîtrai**

Use **savoir** to say you *know* . . .

**FACTS OR INFORMATION:**
Est-ce que tu **sais** la réponse?
Nous ne **savons** pas où ils sont.

**A LANGUAGE:**
Je **sais** le français.
Je ne **sais** pas l'allemand.

**HOW TO DO SOMETHING:**
Je **sais** nager.
Je ne **sais** pas danser.

Use **connaître** to say you *know (of)* or *are familiar or acquainted with* . . .

**PEOPLE:**
Vous **connaissez** mon amie Micheline?
Je la **connais** bien.

**PLACES:**
Tu **connais** bien la Guadeloupe?
Qui **connaît** ce quartier?

**THINGS:**
Je ne **connais** pas ce monument.
Tu **connais** l'histoire de Guadeloupe?

Use **savoir** when *to know* is followed by a verb, a question word **(qui, où...)**, or by **si, que,** or **ce que.** When *to know* is followed by a noun, use **savoir** to say one *knows a language, a fact, or information*, and **connaître** to say one is *familiar with a person, place, or thing.*

**A. Quel pays?** Luc vous parle des gens qu'il connaît et des pays où ils habitent. Quels pays est-ce que ces personnes connaissent bien? Quelles langues savent-elles parler?

**EXEMPLE** J'habite à Paris.
**Je connais bien la France. Je sais parler français.**

la France
l'Allemagne
le Canada
l'Espagne
les États-Unis
le Sénégal

français
anglais
allemand
espagnol

1. Mon amie Sophie habite à Berlin. Elle...
2. Mes cousins habitent à Barcelone. Ils...
3. Mes parents et moi habitons à Paris. Nous...
4. Mon frère habite à Dakar. Il...
5. *[au professeur]* Et vous, vous habitez à *[votre ville]*. Alors, vous... ?

© Superstock/Photolibrary

**Connaissez-vous la Guadeloupe? Savez-vous parler français?**

**B. Qui sait faire ça?** Dites qui sait faire les choses suivantes dans votre famille. Dites **Personne ne sait...** pour dire *No one knows how to . . .*

**EXEMPLE** nager
**Tout le monde sait nager dans ma famille.**
**Moi, je sais nager mais les autres ne savent pas nager.**
**Personne ne sait nager dans ma famille.**

1. bien faire la cuisine
2. faire du ski
3. bien danser
4. jouer au tennis
5. bien chanter
6. parler français

Maintenant demandez aux personnes de votre classe si elles savent faire ces choses.

**EXEMPLE** nager
**—Marc, tu sais nager?**
**—Oui, je sais nager. / Non, je ne sais pas nager.**

**C. Et vous?** Complétez ces phrases avec **je sais / je ne sais pas** ou avec **je connais / je ne connais pas** pour parler de vos connaissances.

1. _____ bien le campus. _____ où se trouvent *(is located)* la bibliothèque et d'autres endroits importants.
2. En cours, d'habitude, _____ répondre aux questions du prof. _____ très bien le français. _____ bien les conjugaisons des verbes que nous avons étudiés. _____ qu'il est très important de bien apprendre toutes les conjugaisons.
3. _____ le nom de tous mes camarades de classe. _____ bien ces étudiants. _____ ce qu'ils vont tous faire après les cours aujourd'hui.
4. _____ bien la bibliothèque. _____ où se trouvent tous les livres en français.
5. _____ utiliser Internet pour trouver comment dire ce que je veux en français. _____ des (de) sites Web avec de bons dictionnaires.

**D. Les voyages et la géographie.** Complétez chaque question avec la forme correcte de **connaître** ou de **savoir** et posez-la à votre partenaire.

1. _____-tu une bonne agence de voyages? Est-ce que tu _____ combien coûte un billet d'ici à Paris? _____-tu s'il y a un vol direct d'ici à Paris? _____-tu combien de temps prend un vol d'ici à Paris?
2. Combien de langues est-ce que tu _____ parler? Est-ce que tu _____ l'allemand? _____-tu un peu l'Europe? _____-tu quelle ville est la capitale de la Belgique?
3. _____-tu la Guadeloupe? Est-ce que tu _____ quelle ville est le chef-lieu *(administrative center)* de la Guadeloupe? _____-tu bien l'histoire et la géographie de la Guadeloupe?

*Pour vérifier*

What four pronouns are used for both direct and indirect objects? Where are they usually placed in a sentence with an infinitive in the same clause? Where are they placed otherwise?

**Sélection musicale.** Search the Web for the song **Je voudrais la connaître** by Patricia Kaas to enjoy a musical selection illustrating the use of this structure, as well as **savoir** and **connaître** from the preceding section.

iLrn Grammar Tutorials

## Indicating who does what to whom

### *Les pronoms* **me, te, nous** *et* **vous**

The pronouns **me** *(me, to me),* **te** *(you, to you),* **nous** *(us, to us),* and **vous** *(you, to you)* are used as both direct and indirect objects.

| | | |
|---|---|---|
| **me (m')** | *me, to me* | Tu ne **m'**attends pas? |
| **te (t')** | *you, to you* (familiar) | Nous **t'**avons attendu(e) une heure. |
| **nous** | *us, to us* | Tu peux venir **nous** chercher? |
| **vous** | *you, to you* (plural / formal) | Je **vous** téléphonerai plus tard. |

All object pronouns go immediately before an infinitive if there is one in the same clause; otherwise they go before the conjugated verb. In the **passé composé,** they go before the auxiliary verb.

Je vais **te** voir demain. Il ne **nous** connaît pas bien. Je **vous** ai vu(e)(s).

In the **passé composé,** the past participle agrees with preceding *direct* objects, but not with *indirect* objects.

Il **nous** a **vus** mais il ne **nous** a pas **parlé.**

The expression **il faut** followed by an infinitive generally means *it is necessary* or *one must.*

Il faut arriver une heure à l'avance.
*It is necessary to arrive (One must arrive) one hour in advance.*

Use **il faut** with the indirect object pronouns **me, te, nous, vous, lui,** and **leur** to say that someone needs something or needs to do something.

Il me faut aller au consulat. Il me faut un passeport.
*I need to go to the consulate. I need a passport.*

**A. Que voulez-vous?** Dites la même chose en utilisant l'expression **il me faut, il te faut, il lui faut, il nous faut, il vous faut** ou **il leur faut.**

**EXEMPLE** J'ai besoin d'un passeport.
**Il me faut un passeport.**

1. Tu as besoin d'une carte de crédit.
2. Nous avons besoin d'un guide.
3. Vous avez besoin d'un billet.
4. J'ai besoin d'un nouveau bikini.
5. Tu as besoin d'une pièce d'identité *(identification).*
6. Vous avez besoin d'une réservation.
7. Il a besoin d'un passeport.
8. Ils ont besoin d'une carte d'embarquement *(boarding pass).*

Maintenant, expliquez pourquoi chacun a besoin de ces choses.

**EXEMPLE** J'ai besoin d'un passeport.
**Il me faut un passeport pour faire un voyage à l'étranger.**

| changer un chèque de voyage | avoir une chambre d'hôtel | |
|---|---|---|
| faire un voyage à l'étranger | payer le voyage | |
| monter dans l'avion | préparer un itinéraire | aller à la plage |

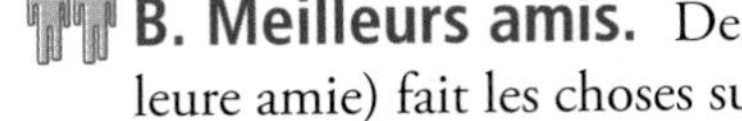

**B. Meilleurs amis.** Demandez à votre partenaire si son meilleur ami (sa meilleure amie) fait les choses suivantes. Utilisez le pronom **te (t')** dans vos questions.

**EXEMPLE** téléphoner souvent
**—Il/Elle te téléphone souvent?**
**—Non, il/elle ne me téléphone pas souvent.**
**Oui, il/elle me téléphone souvent.**

1. parler tous les jours
2. retrouver souvent en ville
3. écouter toujours
4. comprendre bien
5. rendre toujours visite le week-end
6. embêter *(to annoy)* quelquefois
7. donner de l'argent
8. demander beaucoup de services *(favors)*

**C. Je te promets!** Un jeune homme dit à sa fiancée qu'il fait et qu'il va faire tout ce qu'elle veut. Elle lui pose les questions suivantes. Comment répond-il?

**EXEMPLE** Tu m'aimes vraiment beaucoup?
**Oui, je t'aime vraiment beaucoup.**

1. Tu m'adores?
2. Tu me trouves laide?
3. Tu me comprends?
4. Tu m'écoutes quand je te parle?
5. Tu veux me voir tous les jours?
6. Tu vas venir me voir demain?
7. Tu vas me donner ta photo?
8. Tu vas m'aider avec mon travail?
9. Tu vas m'abandonner?
10. Tu vas m'aimer pour toujours?

**D. Professeurs et étudiants.** En groupes, dites au professeur trois choses que les autres étudiants et vous faites pour lui et trois choses que le professeur fait pour vous. Faites deux listes sur une feuille de papier.

**EXEMPLES** **Nous vous écoutons...**
**Vous nous donnez trop de devoirs...**

**E. Entretien.** Interviewez votre partenaire.

1. Est-ce que tes amis t'invitent souvent à partir en voyage avec eux *(them)*?
2. As-tu des amis qui te téléphonent d'un autre pays de temps en temps?
3. De tous les endroits où tu as passé tes vacances, quelle ville est-ce que tu me recommandes de visiter? Pourquoi?

# Deciding where to go on a trip

## Note *culturelle*

**De tous les pays du monde *(in the world)*, la France est le pays le plus visité par les étrangers chaque année, et la grande majorité des Français y passent leurs vacances aussi. Les Français qui partent à l'étranger préfèrent visiter d'autres pays européens. Quelles sont les destinations étrangères les plus populaires des gens que vous connaissez? Pourquoi?**

## Note *de vocabulaire*

The term **Océanie** is commonly used in French when talking about the major geographical regions of the world to refer to Australia and surrounding South Pacific islands, whereas the term *Oceania* is less common in English.

### Vocabulaire supplémentaire

**EN AFRIQUE** **l'Afrique** *(f)* **du Sud**
**la Tunisie**

**EN ASIE** **la Corée**
**l'Inde** *(f)*
**l'Indonésie** *(f)*
**l'Iran** *(m)*
**l'Irak** *(m)*
**la Turquie**

**EN EUROPE** **le Danemark**
**la Grèce**
**la Norvège**
**la Pologne**
**le Portugal**
**la République tchèque**
**la Suède** *(Sweden)*

## Un voyage

Luc visite la Guadeloupe. Et vous? Quels continents et pays aimeriez-vous visiter?

Moi, j'aimerais visiter...

l'Afrique *(f)*: **le Maroc,** l'Algérie *(f)*, l'Égypte *(f)*, le Sénégal, la Côte d'Ivoire

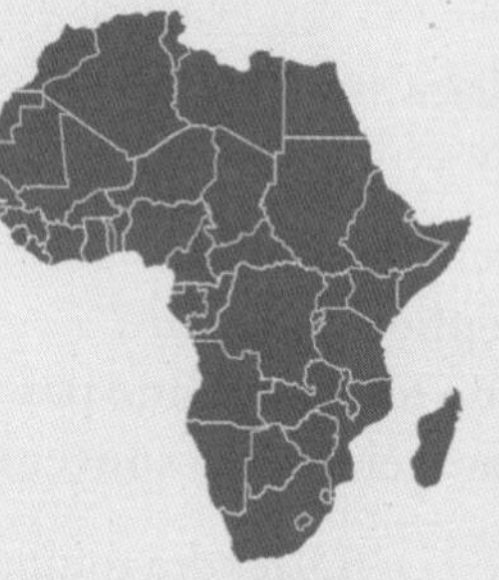

**L'oasis Kerzaz, Algérie**

l'Asie *(f)* et **le Moyen-Orient:** la Chine, Israël *(m)*, le Japon, le Viêt Nam

l'Amérique *(f)* du Nord ou l'Amérique centrale: **les Antilles** *(f)*, le Canada, les États-Unis *(m)*, le Mexique

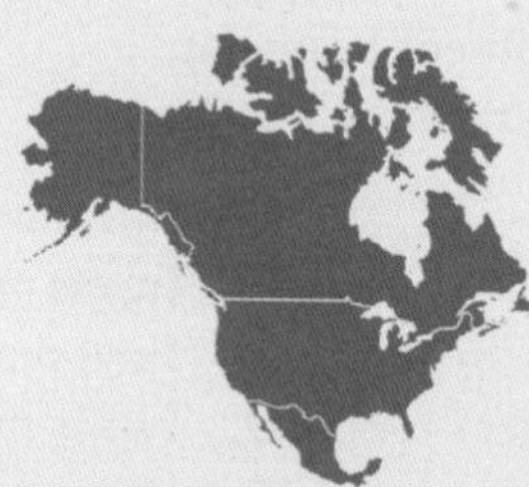

**La Guadeloupe**

l'Amérique *(f)* du Sud: l'Argentine *(f)*, le Brésil, le Pérou, la Colombie, le Chili, la Guyane

l'Océanie *(f)*: l'Australie *(f)*, la Nouvelle-Calédonie, la Polynésie française

**L'Arcade du Cinquantenaire, Bruxelles**

l'Europe *(f)*: l'Allemagne *(f)*, la Belgique, l'Espagne *(f)*, la France, **le Royaume-Uni,** l'Italie *(f)*, la Russie, la Suisse

**le Maroc** *Morocco* **le Moyen-Orient** *the Middle East* **les Antilles** *(f pl) the West Indies* **le Royaume-Uni** *the United Kingdom*

CD 3-15

Luc et Micheline parlent des voyages qu'ils ont faits.

| | |
|---|---|
| **MICHELINE:** | Pourquoi es-tu venu tout seul en Guadeloupe? Tu aimes voyager? |
| **LUC:** | Oui, j'adore ça! |
| **MICHELINE:** | Quels pays étrangers as-tu visités? |
| **LUC:** | J'ai visité les États-Unis, la Chine et le Canada. Et toi? Tu aimes voyager à l'étranger? |
| **MICHELINE:** | Je n'ai jamais quitté la Guadeloupe, mais j'aimerais bien visiter l'Afrique un jour. |
| **LUC:** | Où aimerais-tu aller en Afrique? |
| **MICHELINE:** | Moi, j'aimerais surtout visiter le Sénégal et la Côte d'Ivoire. |

**A. Quel continent?** Où se trouvent *(are located)* ces pays?

| | | |
|---|---|---|
| en Amérique du Nord | en Afrique | en Amérique du Sud |
| en Océanie | en Asie | en Europe |

**EXEMPLE** la Chine
**La Chine se trouve en Asie.**

1. les États-Unis
2. l'Algérie
3. le Japon
4. l'Australie
5. l'Allemagne
6. le Sénégal
7. la Guyane
8. le Maroc

**B. Quels pays?** Dites quels pays vous aimeriez visiter dans la région indiquée.

**EXEMPLE** en Europe
**En Europe, j'aimerais visiter la France, l'Espagne...**

1. en Asie et au Moyen-Orient
2. en Amérique du Nord et du Sud
3. en Océanie
4. en Afrique
5. en Europe

**C. Associations.** Travaillez avec un(e) partenaire pour trouver l'endroit de chaque groupe qui ne va pas avec les autres. Expliquez pourquoi.

**EXEMPLE** l'Allemagne, les États-Unis, la France, la Suisse
**les États-Unis: Tous les autres sont en Europe.**

1. le Canada, l'Argentine, l'Espagne, le Pérou, le Mexique
2. l'Australie, la Polynésie française, la Martinique, le Sénégal
3. la France, les États-Unis, l'Australie, le Royaume-Uni
4. le Sénégal, l'Égypte, le Brésil, l'Algérie, le Maroc
5. la France, la Belgique, le Sénégal, la Suisse, le Mexique

## À vous!

Avec un(e) partenaire, relisez à haute voix la conversation entre Micheline et Luc en haut de la page. Ensuite, changez la conversation pour parler des régions et pays que vous avez visités et de ceux que vous aimeriez visiter.

You can find a list of the new words from this ***Compétence*** on page 381 and audio for each item of this list at **www.cengagebrain.com/shop/ISBN/0495912492**

✓ *Pour vérifier*

**1.** With which one of the following do you generally not use a definite article when it is the subject or direct object of a verb: cities, states, provinces, countries, or continents? Would you use **le, la, l',** or **les** before the following place names: ______ **Italie,** ______ **Antilles,** ______ **Ohio,** ______ **Japon,** ______ **France?**

**2.** Which countries, states or provinces are generally feminine? masculine?

**3.** How do you say *to* or *in* with a city? with a feminine country? with a masculine country beginning with a vowel sound? with a masculine country beginning with a consonant? with plural countries?

**Note** *de grammaire*

**1.** The following places are exceptions to the rule that countries and states ending in **-e** are feminine: **le Royaume-Uni, le Mexique, le Delaware, le Maine, le New Hampshire, le Nouveau-Mexique, le Rhode Island, le Tennessee.**

**2.** You also say **dans le** with masculine states **(dans le Vermont).**

**3.** You say **(dans) l'état de New York** and **(dans) l'état de Washington** to clarify that you are talking about the states rather than the cities with the same names.

**Sélection musicale.** Search the Web for the song **Sénégal fast-food** by Amadou & Mariam to enjoy a musical selection illustrating the use of this structure.

## Saying where you are going

### *Les expressions géographiques*

When a place name is used as the subject or object of a verb, you generally need to use the definite article with continents, countries, states, and provinces, but not with cities. Most continents, countries, states, and provinces ending in **-e** are feminine, whereas most others are masculine. **Le Mexique** and **le Royaume-Uni** are exceptions.

J'adore **l'**Europe. **La** France est très belle. Nous allons visiter Londres, Paris et Nice. J'aimerais aussi voir **les** États-Unis: **la** Californie, **le** Texas et **la** Floride.

To say *to* or *in* with a geographical location, the preposition you use varies.

| | *to / in* | |
|---|---|---|
| **à** | with cities | **à** Paris |
| **aux** | with any plural country or region | **aux** États-Unis |
| **en** | with any feminine country or region and with any masculine one beginning with a vowel | **en** France<br>**en** Ontario |
| **au** | with any masculine country or region beginning with a consonant | **au** Canada |

**A. C'est connu!** D'abord, mettez la forme convenable de l'article défini devant le nom de chaque pays. Ensuite, demandez à votre partenaire quel pays est connu *(known)* pour les choses indiquées.

______ Royaume-Uni ______ Égypte ______ Suisse
______ Colombie ______ États-Unis ______ France
______ Mexique ______ Italie ______ Brésil

**EXEMPLE** **—Quel pays est connu pour le café?**
**—La Colombie.**

Quel pays est connu pour... ?

1. le fromage et le vin
2. le carnaval
3. le chocolat
4. le thé
5. les spaghetti
6. les pyramides
7. la musique rock
8. le sphinx

**B. Leçon de géographie.** Votre ami(e) n'est pas très fort(e) en géographie et il/elle vous pose des questions. Répondez-lui. D'abord, donnez la préposition convenable pour dire *to / in* avec chaque pays. Ensuite, jouez les deux rôles avec votre partenaire.

**EXEMPLE** Londres (______ Royaume-Uni, ______ Canada)
**—Londres se trouve *(is located)* au Royaume-Uni ou au Canada?**
**—Londres se trouve au Royaume-Uni.**

1. Tokyo (______ Chine, ______ Japon)
2. Mexico (______ Mexique, ______ Pérou)
3. Moscou (______ Italie, ______ Russie)
4. Berlin (______ Espagne, ______ Allemagne)
5. Hanoi (______ Viêt Nam, ______ Brésil)
6. Alger (______ Algérie, ______ Maroc)

7. Le Caire (_____ Maroc, _____ Égypte)
8. Dakar (_____ Sénégal, _____ Côte d'Ivoire)
9. La Nouvelle-Orléans (_____ États-Unis, _____ France)
10. Abidjan (_____ Côte d'Ivoire, _____ Sénégal)

**C. C'est où?** Devinez où dans le monde francophone se trouvent *(are located)* ces sites touristiques.

**EXEMPLE** Le palais de Versailles
**Le palais de Versailles se trouve à Versailles en France.**

| | |
|---|---|
| Dakar (Sénégal) | Versailles (France) |
| Bruxelles (Belgique) | Fès (Maroc) |
| Québec (Canada) | Papeete (Polynésie française) |

**Le Palais de Versailles**

1. 

**La Grand-Place**

2. 

**Le Château Frontenac**

3. 

**La Médina**

4. 

**Le Marché de Papeete**

5. 

**La Grande Mosquée**

# Reprise

## Les Stagiaires

See the ***Résumé de grammaire*** section at the end of each chapter for a review of all the grammar of the chapter.

Dans l'***Épisode 9*** de la vidéo ***Les Stagiaires,*** M. Vieilledent fait des projets pour des vacances en Martinique. Avant de regarder l'épisode, faites ces exercices pour réviser ce que vous avez appris dans le ***Chapitre 9.***

**A. Qu'est-ce qu'on fait?** Avant de décider où aller en vacances, M. Vieilledent parle à ses amis de ce qu'il pourrait faire dans les différents endroits où il pense peut-être aller. Avec un(e) partenaire, faites une liste de ce qu'il pourrait faire dans les endroits suivants: **dans une grande ville, à la mer, à la montagne.**

**EXEMPLE** dans une grande ville
**Dans une grande ville, il pourrait profiter des activités culturelles...**

**B. Destinations.** Tout le monde à Technovert parle des vacances. Donnez l'article défini qui correspond aux endroits suivants.

| | | | |
|---|---|---|---|
| ______ Égypte | ______ Maroc | ______ Suisse | ______ Antilles |
| ______ États-Unis | ______ Algérie | ______ Japon | ______ Brésil |

Maintenant, complétez chaque blanc avec l'un des endroits de la liste précédente et la préposition appropriée **(en, au, aux).**

**EXEMPLE** Christophe voudrait aller **au Japon** parce qu'il adore les mangas.

1. Matthieu voudrait aller ______________ pour pratiquer son anglais.
2. Rachid est marocain. Il est né ______________, mais il a visité tous les pays africains au nord du Sahara. L'année dernière il a voyagé ______________ et ______________.
3. Amélie aime passer les vacances d'hiver ______________ où elle fait du ski dans les Alpes.
4. Cette année, Céline a l'intention d'aller ______________ pour fêter le carnaval à Rio.
5. M. Vieilledent va bientôt partir pour la Martinique, ______________, où il va passer deux semaines à la fin du mois.

**C. En Martinique.** M. Vieilledent dit à Camille qu'il va partir en vacances. Complétez les phrases suivantes en mettant les verbes au futur dans le blanc le plus logique.

**EXEMPLE** (être, prendre) Je **prendrai** des vacances à la fin de ce mois, alors je ne **serai** pas au bureau.

1. (partir, rentrer) Si possible, je __________ pour la Martinique le quinze et je __________ le vingt-neuf.
2. (arriver, décider, visiter) Je __________ peut-être la Guadeloupe aussi, mais je __________ ça quand j'__________ en Martinique.
3. (être, faire) Céline __________ mon travail et elle __________ responsable du bureau pendant mon absence.
4. (communiquer, lire) Je __________ mes mails pendant les vacances et je __________ avec vous si nécessaire.
5. (avoir, pouvoir) Vous __________ aussi le numéro de téléphone de mon hôtel en Martinique quand ma chambre sera réservée, alors vous __________ me téléphoner en cas d'urgence.

**D. Renseignements.** M. Vielledent parle à Camille de son voyage en Martinique. Complétez chaque phrase avec la forme correcte du verbe **savoir** ou **connaître.**

1. Vous ______ à quel hôtel je vais descendre en Martinique?
2. ______-vous un bon site Web où on peut comparer des hôtels?
3. Je ne ______ pas la région. Ce sera mon premier voyage aux Antilles.
4. Je ______ qu'il y a des plantations de café que je voudrais voir.
5. ______-vous combien d'heures dure *(lasts)* le vol d'ici en Martinique?

**E. Un mail.** Lisez la conversation suivante entre Céline et Amélie et complétez chaque blanc avec la forme correcte du verbe indiqué entre parenthèses.

CÉLINE: Qu'est-ce que tu __1__ (lire)?
AMÉLIE: C'est un mail de Matthieu.
CÉLINE: Vous __2__ (s'écrire) beaucoup de mails, on dirait, non?
AMÉLIE: Oui, Matthieu m'__3__ (écrire) souvent. Il est un peu timide quand on est face à face et il __4__ (dire) plus facilement ce qu'il pense dans un mail.
CÉLINE: Alors, ça devient sérieux entre vous deux si vous __5__ (se dire) tous vos secrets.
AMÉLIE: Je ne lui __6__ (dire) pas encore tous mes secrets,... mais je le trouve sympa.

**F. Interactions.** Matthieu pense souvent à Amélie et rêve de leurs interactions. Décrivez tout ce que Matthieu fait dans ses rêves en faisant des phrases avec les verbes suivants et le pronom convenable, **la (l')** ou **lui.**

**EXEMPLES** écouter avec attention quand elle parle
**Il l'écoute avec attention quand elle parle.**
envoyer beaucoup de textos
**Il lui envoie beaucoup de textos.**

1. parler de tout
2. téléphoner tous les jours
3. inviter à sortir le week-end
4. retrouver en ville
5. acheter des fleurs *(flowers)*
6. dire tous ses secrets

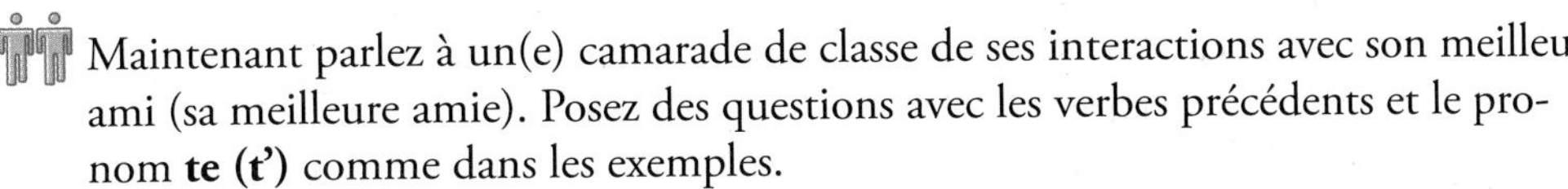

Maintenant parlez à un(e) camarade de classe de ses interactions avec son meilleur ami (sa meilleure amie). Posez des questions avec les verbes précédents et le pronom **te (t')** comme dans les exemples.

**EXEMPLES** écouter avec attention quand elle parle
**—Est-ce que ton meilleur ami (ta meilleure amie) t'écoute avec attention quand tu parles?**
**—Il/Elle m'écoute en général.**

Access the ***Horizons*** Vidéo ***Les Stagiaires*** at iLrn and on the *Horizons* Premium Website.

## Épisode 9: J'ai acheté vos billets

Dans ce clip, Camille aide M. Vieilledent à choisir un hôtel pour son voyage en Martinique et elle lui donne les renseignements sur les réservations pour son billet d'avion. Avant de regarder l'épisode, imaginez quel genre d'hôtel M. Vieilledent pourrait préférer et les installations *(facilities)* qu'il voudrait y trouver. Ensuite, regardez le clip et répondez aux questions suivantes: Quel genre d'hôtel est-ce que M. Vieilledent a choisi? À quelle heure partira son vol pour la Martinique et à quelle heure arrivera-t-il?.

# Lecture et Composition

© Alyx Kellington/Index Stock Imagery

## Lecture

### Pour mieux lire: *Understanding words with multiple meanings*

You are going to read an extract from a work by Dany Bébel-Gisler (1935–2003), whose stories depict the culture of the Antilles. As you will find in this reading, words often have more than one meaning. Learning to be flexible about the meanings of words will help you read more easily. Consider the multiple meanings of these words.

| | | |
|---|---|---|
| **apprendre** | *to learn* | *to teach* |
| **la terre** | *the ground* | *the earth* |
| **serrer** | *to squeeze* | *to wrap around* |
| **une berceuse** | *a lullaby* | *a rocking chair* |
| **soigner** | *to care for* | *to cure* |
| **frais (fraîche)** | *cool* | *fresh* |
| **finir** | *to finish* | **finir par** *to end up* |
| **compter** | *to count, to plan* | **compter sur** *to depend on, to count on* |

**Quel sens?** Traduisez les phrases suivantes. Choisissez selon le contexte le sens le plus logique pour les mots en italique. Voir la liste ci-dessus. *(See the above list.)*

1. Ma grand-mère *m'a appris* à ne pas trop *compter sur* les autres.
2. Elle m'a appris le travail de *la terre,* à reconnaître les plantes qui *soignent* les maladies.
3. Je *serre* ma tête *(head)* avec ce madras [a type of Caribbean scarf].
4. Ma grand-mère avait la tête *fraîche,* elle s'asseyait *(used to sit)* dans sa *berceuse.*
5. Ils *finissaient par* devenir riches.

## Ma grand-mère m'a appris à ne pas compter sur les yeux des autres pour dormir

Je suis restée avec grand-mère moins longtemps qu'avec maman. Maman était en meilleure santé, elle ne buvait pas, mais grand-mère a plus fait pour moi que maman. Elle m'a beaucoup appris. Et surtout à ne pas compter sur les yeux des autres pour dormir.

Elle m'**a enseigné** le travail de la terre, à organiser un jardin, à planter des légumes. À reconnaître aussi les plantes qui soignent, celles qui sont bonnes pour **le ventre,** pour **la toux,** pour **les blessures.**

[Quand **j'ai très mal,** ma grand-mère m'avait donné **un mouchoir.** Alors je prends ce mouchoir—ce que l'on appelle un madras chez nous ici—et je serre **ma tête** avec ce madras et je me sens très forte.]

La nuit venue, quand grand-mère **était d'attaque, debout** sur ses deux pieds, la tête bien fraîche, elle s'asseyait dans sa berceuse et me lançait: ***Yékrik!*** Je répondais: ***Yékrak!*** et allais m'installer **sur ses genoux.** Ma petite main dans **la sienne, j'enfouissais** ma tête entre ses deux **seins.** Alors grand-mère me faisait voyager dans **un monde étrange, celui** des contes... J'aimais beaucoup les contes où les **enfants orphelins, pauvres, à force de lutter contre la misère,** de marcher, de marcher, de marcher, **d'employer la ruse comme Compère Lapin,** finissaient, une fois grands, par devenir riches et respectés par tous.

Dany Bébel-Gisler, *À la recherche d'une odeur de grand-mère* © Éditions Jasor, 2000.

**a enseigné** *taught* **le ventre** *the belly* **la toux** *coughing* **les blessures** *injuries* **j'ai très mal** *I hurt very badly* **un mouchoir** *a handkerchief* **ma tête** *my head* **était d'attaque, debout** *was feeling fit, standing* **Yékrik! Yékrak!** *a cry used to begin a story* **sur ses genoux** *on her lap* **la sienne** *hers* **j'enfouissais** *I buried* **seins** *breasts* **un monde étrange, celui** *a strange world, the one* **enfants orphelins, pauvres** *orphaned children, poor* **à force de lutter contre la misère** *by fighting poverty* **d'employer la ruse comme Compère Lapin** *using trickery like Compère Lapin (equivalent of Brer Rabbit)*

## Compréhension

1. Avec qui est-ce que la petite fille aimait passer son temps? Pourquoi?
2. Qu'est-ce qu'elle a appris de sa grand-mère?
3. Quelle sorte de contes est-ce qu'elle aimait?

# Composition

### Pour mieux écrire: *Revising what you write*

Editing and revising what you write is an important final step in the writing process. Once you finish a composition, reread it and make sure you have an introductory and a concluding sentence and that your sentences and paragraphs are clear and well organized. Then, check each sentence against this checklist:

Are the verbs in the proper form for the subject and the tense?

Do all of your adjectives agree (masculine, feminine, singular, plural) with the nouns they modify?

Are all the words spelled correctly (including accents) and do the nouns have the correct article **(un, une, le, du, de,...)**, possessive adjective **(mon, ton, ses,...)**,**...** ? Did you use the correct forms of the prepositions **de (du, de la,...)** and **à (au, à la,...)**?

**Révisons!** Lisez ce paragraphe. D'abord, trouvez une bonne phrase pour commencer le paragraphe et une autre pour le terminer. Ensuite, trouvez les 15 erreurs *(errors)* dans le paragraphe et corrigez-les.

Philippe préfère voyagé à l'étranger, mais Marie préfère reste dans son propre *(own)* pays. Quand ils voyage ensemble, Philippe passe très peu du temps au hôtel mais Marie aime passer toutes les soirées dans son chambre. Philippe préfère visiter une grand ville et profiter de les activités culturelles. Marie préfère les activités de plein air et elle aime passer sa vacances à la montange ou à la mère. L'année prochain, ils visiteront Nice ou Philippe iront au musées et Marie passera sa temps à la plage.

## Un itinéraire

Imaginez que votre classe de français va faire un voyage d'une semaine dans un pays francophone. Écrivez une description détaillée du voyage que la classe fera ensemble. Dans la description, donnez les renseignements suivants:

- où vous irez, quand vous partirez et quand vous reviendrez
- comment vous voyagerez et combien coûtera le voyage par personne
- où vous descendrez et où vous prendrez les repas
- ce que vous ferez chaque jour de la semaine

N'oubliez pas de relire votre composition et de la réviser si nécessaire.

© Chad Ehlers/PhotoLibrary

# Comparaisons culturelles

## Le créole

Le français est la langue officielle des Antilles françaises. La population locale parle aussi créole. Par définition une langue créole est une langue formée d'une combinaison de plusieurs langues. Le créole antillais est **un mélange de** français avec des langues **indigènes** et africaines, avec des mots **provenant de** l'espagnol, du portugais, de l'anglais et du hindi.

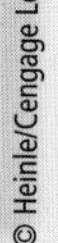

**Le créole, c'est plus qu'une langue, c'est «également une façon de vivre, et l'histoire d'un peuple, évoquant à la fois l'Afrique, l'esclavage, mais aussi la danse, la musique, les îles, la fête... »[1]**

---

**un mélange de** *a mixture of* **indigènes** *indigenous* **provenant de** *derived from* **également une façon de vivre** *equally a way of life* **évoquant à la fois** *evoking at the same time* **l'esclavage** *slavery*

[1] http://www.webcaraibes.com/guadeloupe/culture.htm

Voici quelques expressions créoles avec leurs équivalents français. Prononcez chacune d'elles et indiquez où vous remarquez une similarité avec la prononciation de la version française.

| | |
|---|---|
| Bonjou | *Bonjour* |
| Sa ki là? | *Qui est là?* |
| Doudou | *Chérie* (Darling) |
| Resté là, mwen ka vini | *Reste là, j'arrive* |
| Mwen là | *Ça va, je suis là* |
| Ki laj ou? | *Quel âge as-tu?* |
| Mwen aimé ou doudou | *Chérie je t'aime* |
| Ba mwen | *Donne-moi* |
| Ou ka comprendre? | *Tu comprends?* |
| Es ou tann' sa mwen di ou? | *Tu entends ce que je te dis?* |
| Mi bel plési! | *Quel plaisir!* |
| Tanzantan | *De temps en temps* |
| An ti sèk | *Un verre de rhum sec* |
| I bon (memm) | *C'est bon* |
| Vini là | *Viens ici* |
| Boug mwen | *Mon ami* |
| Pani problem | *Pas de problème* |
| Méssyé zé dam | *Messieurs et Mesdames* |
| Bonswa | *Bonsoir* |

## Compréhension

1. Quelle est la langue officielle des Antilles françaises? Quelle autre langue est-ce que la population locale parle?
2. Quelle est la définition d'une langue créole? Le créole antillais est un mélange de quelles langues?
3. Pensez à l'histoire des îles caraïbes, une histoire de colonisation, de plantations et d'esclavage. Comment est-ce que cette histoire explique le développement de la langue créole?
4. Regardez la liste des expressions créoles et leurs équivalents français. Pouvez-vous déterminer comment on dit les mots suivants en créole?
   je/moi/mon    tu/toi/ton    bon
5. Est-ce qu'il y a une langue officielle dans votre pays? Est-ce qu'il devrait y en avoir une? *(Should there be one?)* Pourquoi ou pourquoi pas?

© Sylvain Grandadam/Riser/Getty Images

Visit **www.cengagebrain.com/shop/ISBN/0495912492** for additional cultural information and activities.

## The future tense *(Le futur)*

Use the future tense to say what someone *will* do. Form it by adding the boldfaced endings below to the same stem that you used for the conditional. For most verbs, it is the infinitive, but drop the final **e** of infinitives ending with **-re.**

**Je prendrai** des vacances en été.
**Tu resteras** ici?
**Tu partiras** tout seul?
**Mes parents voyageront** avec moi.

| VISITER | | CONNAÎTRE | | FINIR | |
|---|---|---|---|---|---|
| je | visiter**ai** | je | connaîtr**ai** | je | finir**ai** |
| tu | visiter**as** | tu | connaîtr**as** | tu | finir**as** |
| il/elle/on | visiter**a** | il/elle/on | connaîtr**a** | il/elle/on | finir**a** |
| nous | visiter**ons** | nous | connaîtr**ons** | nous | finir**ons** |
| vous | visiter**ez** | vous | connaîtr**ez** | vous | finir**ez** |
| ils/elles | visiter**ont** | ils/elles | connaîtr**ont** | ils/elles | finir**ont** |

The following verbs have irregular stems.

**J'irai** en Europe.
Combien de temps **serez-vous** en Europe?
**On reviendra** après trois semaines.

| -r- | | -vr- / -dr- | | -rr- | |
|---|---|---|---|---|---|
| aller: | ir- | devoir: | devr- | voir: | verr- |
| être: | ser- | pleuvoir: | pleuvr- | pouvoir: | pourr- |
| faire: | fer- | vouloir: | voudr- | mourir: | mourr- |
| avoir: | aur- | venir: | viendr- | courir: | courr- |
| savoir: | saur- | devenir: | deviendr- | envoyer: | enverr- |
| | | revenir: | reviendr- | | |
| | | obtenir | obtiendr- | | |

S'il **peut,** mon frère **ira** en vacances avec nous.
**Il décidera** quand **on saura** la date exacte de notre départ.

As in English, use the future tense in *if / then* sentences to say what will happen if something else occurs. Use the present tense in the clause with **si.** Unlike English, use the future in French in clauses with **quand** referring to the future. English has the present tense in such clauses.

## The verbs *dire, lire,* and *écrire*

The verbs **dire, lire,** and **écrire** are irregular in the present tense and the **passé composé (j'ai dit, j'ai lu, j'ai écrit).** As with other verbs, use the stem for **nous** in the present tense to form the imperfect **(je disais, je lisais, j'écrivais).** Obtain the future / conditional stem by dropping the final **e** of the infinitive **(je dirai, je lirai, j'écrirai).**

Est-ce que **tu lis** ton mail quand tu voyages?
**J'écris** à mes amis et je leur montre des photos de mon voyage.
**Mes parents disent** que la Méditerranée est très jolie.

| DIRE | | LIRE | | ÉCRIRE | |
|---|---|---|---|---|---|
| je | **dis** | je | **lis** | j' | **écris** |
| tu | **dis** | tu | **lis** | tu | **écris** |
| il/elle/on | **dit** | il/elle/on | **lit** | il/elle/on | **écrit** |
| nous | **disons** | nous | **lisons** | nous | **écrivons** |
| vous | **dites** | vous | **lisez** | vous | **écrivez** |
| ils/elles | **disent** | ils/elles | **lisent** | ils/elles | **écrivent** |

## The verbs *savoir* and *connaître*

**Savoir** and **connaître** both mean *to know*. Use **savoir** when *to know* is followed by a verb, a question word **(qui, où...)**, or by **si, que,** or **ce que,** or to say that one knows a language. When *to know* is followed by a noun, use **savoir** to say one *knows a fact or information*, and **connaître** to say one is *familiar with a person, place, or thing.*

| | SAVOIR | CONNAÎTRE |
|---|---|---|
| | je **sais** | je **connais** |
| | tu **sais** | tu **connais** |
| | il/elle/on **sait** | il/elle/on **connaît** |
| | nous **savons** | nous **connaissons** |
| | vous **savez** | vous **connaissez** |
| | ils/elles **savent** | ils/elles **connaissent** |
| P. C.: | j'**ai** **su** *(I found out)* | j'**ai** **connu** *(I met)* |
| IMPARFAIT: | je **savais** *(I knew)* | je **connaissais** *(I knew)* |
| CONDITIONNEL: | je **saurais** | je **connaîtrais** |
| FUTUR: | je **saurai** | je **connaîtrai** |

Quelles langues **sais-tu**?
**Je sais** parler français et **mes parents savent** l'allemand.

**Savez-vous** si vous allez visiter l'Allemagne?
On ira à Berlin, où **mes parents connaissent** beaucoup de gens.

**Je ne connais pas** du tout l'Europe. Est-ce que **tu connais** bien l'histoire de la région?

## Direct and indirect object pronouns

Direct object pronouns replace nouns that are the direct object of the verb. Indirect object pronouns replace nouns that are the indirect object of the verb. Generally, indirect objects are people or animals, not things, and they follow the preposition **à.** They often are used with verbs indicating communication or exchanges **(parler à, téléphoner à, dire à, écrire à, demander à, rendre visite à, donner à).**

Est-ce que tu **m'**écriras si je **te** donne mon adresse mail?

Mon frère habite à Paris. Je vais **te** donner son numéro de téléphone et tu pourras **lui** téléphoner quand tu seras en France.

| DIRECT OBJECT PRONOUNS | | | | INDIRECT OBJECT PRONOUNS | | | |
|---|---|---|---|---|---|---|---|
| **me (m')** | *me* | **nous** | *us* | **me (m')** | *(to) me* | **nous** | *(to) us* |
| **te (t')** | *you* | **vous** | *you* | **te (t')** | *(to) you* | **vous** | *(to) you* |
| **le (l')** | *him, it* | **les** | *them* | **lui** | *(to) him* | **leur** | *(to) them* |
| **la (l')** | *her, it* | | | **lui** | *(to) her* | | |

Both direct and indirect object pronouns have the same placement rules. They go immediately before the infinitive if there is one in the same clause. If not, they go before the conjugated verb. In the **passé composé,** they go before the auxiliary verb. The past participle agrees with direct object pronouns, but not with indirect objects.

Les amis de mes parents **nous** ont demandé de **leur** rendre visite. Mes parents ne **les** ont pas vus depuis vingt ans, la dernière fois qu'ils **leur** ont rendu visite.

## Geographical expressions

Use the definite article with names of continents, countries, states, and provinces used as the subject or object of a verb, but not with cities. Most continents, countries, states, and provinces ending in **e** are feminine, whereas most others are masculine.

Je voudrais visiter **les** États-Unis, **le** Canada et **la** Colombie.

To say *to* or *in* with a geographical location, use...

| | |
|---|---|
| **à** | with cities |
| **aux** | with any plural country or region |
| **en** | with any feminine country or region and with any masculine one beginning with a vowel sound |
| **au** | with any masculine country or region beginning with a consonant |

Pendant notre voyage, on ira **à** Berlin **en** Allemagne, **à** Copenhague **au** Danemark, **à** Amsterdam **aux** Pays-Bas et **à** Paris et **à** Nice **en** France.

# VOCABULAIRE

## COMPÉTENCE 1

### Talking about vacation

**NOMS MASCULINS**

| | |
|---|---|
| **un endroit** | *a place* |
| **un Parisien** | *a Parisian* |
| **le paysage** | *the landscape, the scenery* |
| **un site** | *a site, a spot* |

**NOMS FÉMININS**

| | |
|---|---|
| **une île** | *an island* |
| **la mer** | *the sea* |
| **une Parisienne** | *a Parisian* |
| **une terrasse** | *a terrace* |

**EXPRESSIONS VERBALES**

| | |
|---|---|
| **admirer** | *to admire* |
| **bronzer** | *to tan* |
| **compter** | *to count on, to plan on* |
| **courir** | *to run* |
| **goûter** | *to taste* |
| **profiter de** | *to take advantage of* |

**ADJECTIFS**

| | |
|---|---|
| **assis(e)** | *seated* |
| **exotique** | *exotic* |
| **historique** | *historic* |
| **local(e)** (*mpl* **locaux**) | *local* |
| **touristique** | *touristic* |
| **tropical(e)** (*mpl* **tropicaux**) | *tropical* |

**DIVERS**

| | |
|---|---|
| **Ça te plaira.** | *You'll like it.* |
| **là-bas** | *over there* |
| **le long de** | *along* |

## COMPÉTENCE 2

### Preparing for a trip

**NOMS MASCULINS**

| | |
|---|---|
| **un article** | *an article* |
| **un billet (électronique)** | *a(n) (e-)ticket* |
| **un chèque de voyage** | *a travelers' check* |
| **le climat** | *the climate* |
| **un guide** | *a guidebook, a guide* |
| **un magazine** | *a magazine* |
| **un passeport** | *a passport* |
| **un poème** | *a poem* |
| **des préparatifs** | *preparations* |
| **un roman** | *a novel* |
| **un site Web** | *a website* |
| **un voisin** | *a neighbor* |

**NOMS FÉMININS**

| | |
|---|---|
| **une agence de voyages** | *a travel agency* |
| **une arrivée** | *an arrival* |
| **une carte postale** | *a postcard* |
| **la douane** | *customs* |
| **une histoire** | *a story* |
| **une lettre** | *a letter* |
| **une rédaction** | *a composition* |
| **une valise** | *a suitcase* |
| **une voisine** | *a neighbor* |

**EXPRESSIONS VERBALES**

| | |
|---|---|
| **changer** | *to change, to exchange* |
| **décrire** | *to describe* |
| **dire** | *to say, to tell* |
| **donner à manger à** | *to feed* |
| **écrire** | *to write* |
| **faire sa valise** | *to pack one's bag* |
| **s'informer** | *to find out information* |
| **lire** | *to read* |
| **obtenir** | *to obtain* |
| **passer** | *to pass (through)* |
| **recevoir** | *to receive* |
| **réserver** | *to reserve* |

**DIVERS**

| | |
|---|---|
| **à l'étranger** | *in another country, abroad* |
| **Ça lui plaît?** | *Does he/she like it?* |
| **extraordinaire** | *extraordinary, great* |
| **leur** | *(to) them* |
| **lui** | *(to) him, (to) her* |
| **me (m')** | *(to) me* |
| **sur Internet** | *on the Internet* |

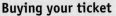

## COMPÉTENCE 3

### Buying your ticket

**NOMS MASCULINS**

| | |
|---|---|
| **un agent de voyages** | *a travel agent* |
| **un aller simple** | *a one-way ticket* |
| **un billet aller-retour** | *a round-trip ticket* |
| **un départ** | *a departure* |
| **le retour** | *the return* |
| **le système de transports en commun** | *the public transportation system* |
| **un vol** | *a flight* |

**NOMS FÉMININS**

| | |
|---|---|
| **une carte bancaire** | *a bank card, a debit card* |
| **une carte de crédit** | *a credit card* |
| **la classe touriste** | *tourist class, coach* |
| **la culture** | *the culture* |
| **la géographie** | *the geography* |
| **l'heure d'arrivée** | *the arrival time* |
| **l'heure de départ** | *the departure time* |
| **la porte d'arrivée** | *the arrival gate* |
| **la porte d'embarquement** | *the departure gate* |
| **la première classe** | *first class* |

**EXPRESSIONS VERBALES**

| | |
|---|---|
| **connaître** | *to know, to be familiar with, to be acquainted with* |
| **faire une réservation** | *to make a reservation* |
| **reconnaître** | *to recognize* |
| **savoir** | *to know* |

**DIVERS**

| | |
|---|---|
| **à l'avance** | *in advance* |
| **Ça te/vous convient?** | *Does that work for you?* |
| **il me (te/nous/vous/lui/leur) faut** | *I (you/we/you/he [she]/they) need* |
| **me** | *(to) me* |
| **nous** | *(to) us* |
| **te** | *(to) you* |
| **vous** | *(to) you* |

## COMPÉTENCE 4

### Deciding where to go on a trip

**NOMS MASCULINS**

| | |
|---|---|
| **le Brésil** | *Brazil* |
| **le Canada** | *Canada* |
| **le Chili** | *Chile* |
| **un continent** | *a continent* |
| **les États-Unis** | *the United States* |
| **Israël** | *Israel* |
| **le Japon** | *Japan* |
| **le Maroc** | *Morocco* |
| **le Mexique** | *Mexico* |
| **le Moyen-Orient** | *the Middle East* |
| **l'Ontario** | *Ontario* |
| **le Pérou** | *Peru* |
| **le Royaume-Uni** | *the United Kingdom* |
| **le Sénégal** | *Senegal* |
| **le Texas** | *Texas* |
| **le Viêt Nam** | *Vietnam* |

**NOMS FÉMININS**

| | |
|---|---|
| **l'Afrique** | *Africa* |
| **l'Algérie** | *Algeria* |
| **l'Allemagne** | *Germany* |
| **l'Amérique centrale** | *Central America* |
| **l'Amérique du Nord** | *North America* |
| **l'Amérique du Sud** | *South America* |
| **les Antilles** | *the West Indies* |
| **l'Argentine** | *Argentina* |
| **l'Asie** | *Asia* |
| **l'Australie** | *Australia* |
| **la Belgique** | *Belgium* |
| **la Californie** | *California* |
| **la Chine** | *China* |
| **la Colombie** | *Colombia* |
| **la Côte d'Ivoire** | *Ivory Coast* |
| **l'Égypte** | *Egypt* |
| **l'Espagne** | *Spain* |
| **l'Europe** | *Europe* |
| **la Floride** | *Florida* |
| **la France** | *France* |
| **la Guyane** | *French Guiana* |
| **l'Italie** | *Italy* |
| **la Nouvelle-Calédonie** | *New Caledonia* |
| **l'Océanie** | *Oceania* |
| **la Polynésie française** | *French Polynesia* |
| **la Russie** | *Russia* |
| **la Suisse** | *Switzerland* |

**DIVERS**

| | |
|---|---|
| **adorer** | *to adore, to love* |

Aux Antilles

# À l'hôtel

iLrn iLrn Heinle Learning Center

www.cengagebrain.com/shop/ISBN/0495912492

*Horizons* Video: Les Stagiaires

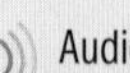

Audio

Internet web search

Pair work

Group work

© Robert Fried/Alamy

# Chapitre 10

## COMPÉTENCE

# Les Antilles

Les Antilles françaises **comprennent** la Martinique et la Guadeloupe et son **archipel.** La Guadeloupe et la Martinique sont des **départements d'outre-mer** de la France, ce qui donne à leurs **citoyens** tous les **droits** et toutes les responsabilités des citoyens français. Ces deux îles offrent donc aux visiteurs **un monde** caraïbe **à la française.**

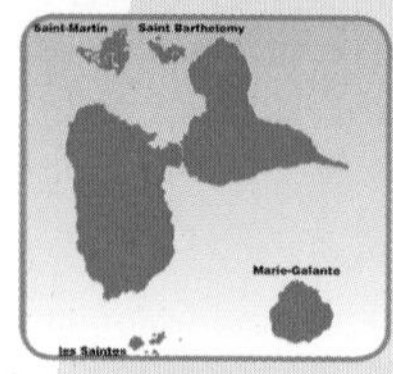


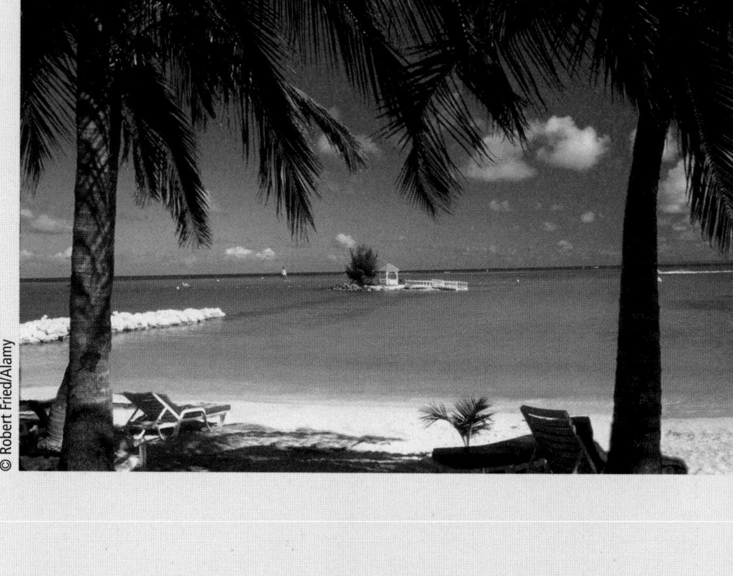



La Martinique est connue pour la beauté de ses paysages et **la chaleur** de son peuple.

**Fort-de-France, le chef-lieu de la Martinique, est une ville pleine d'activité.**

**Saint-Pierre, son ancien chef-lieu, a été détruit par une éruption volcanique en 1902. Près de 30 000 personnes sont mortes. Un seul habitant a survécu, un prisonnier protégé par les murs de la prison. Au milieu de la ville d'aujourd'hui, on peut voir des ruines de l'ancienne ville.**

Aux Antilles, on parle français aussi en Haïti. Faites des recherches sur cette région sur Internet.

**comprennent** *include* **archipel** *archipelago* **départements d'outre-mer** *overseas departments* **citoyens** *citizens* **droits** *rights* **un monde** *a world* **à la française** *French-style* **la chaleur** *the warmth* **le chef-lieu** *the administrative center* **pleine de** *full of* **ancien** *former* **détruit** *destroyed* **a survécu** *survived* **Au milieu de** *In the middle of*

La Guadeloupe est composée de deux îles en forme de **papillon:** Grande-Terre et Basse-Terre.

**La Guadeloupe**
**Nombre d'habitants: 458 000 (les Guadeloup**
**Chef-lieu *(Administrative center)*: Basse-Terre**

**La Martinique**
**Nombre d'habitants: 401 000 (les Martiniquais)**
**Chef-lieu: Fort-de-France**

Visit

© Marc Garanger/Documentary Value/CORBIS

**Grande-Terre a un climat sec et aride. Ses plages sont couvertes d'un sable blanc comme le marbre. Cette île est recouverte de nombreuses plantations de canne à sucre.**

## Qu'en savez-vous?

Complétez ces phrases en vous servant des expressions données.

**Basse-Terre Grande-Terre Fort-de-France Martinique Guadeloupe départements une éruption volcanique Pointe-à-Pitre la ville de Basse-Terre**

1. Les Antilles françaises comprennent la _____ et la _____ et son archipel.
2. Les citoyens de ces deux îles ont tous les droits et toutes les responsabilités des citoyens français parce que la Guadeloupe et la Martinique sont des _____ français.
3. _____ est aujourd'hui le chef-lieu de la Martinique. Son ancien chef-lieu a été détruit par _____.
4. La Guadeloupe est composée de deux îles. _____ est montagneuse et volcanique, mais _____ a un climat sec et aride.
5. _____ est la plus grande ville de la Guadeloupe, mais _____ est son chef-lieu.

© Philippe Giraud/Sygma/Corbis

**Basse-Terre est montagneuse et volcanique. C'est une île au climat tropical recouverte de forêt dense et humide. Pour protéger sa biodiversité unique, un parc national a été établi en 1989. La Soufrière, un volcan actif, domine la partie sud de l'île.**

© Robert Fried/Alamy

**Pointe-à-Pitre, la plus grande ville de la Guadeloupe, se trouve sur Grande-Terre.**

**papillon** *a butterfly* **sec** *dry* **couvertes d'un sable** *covered with a sand* **le marbre** *marble* **recouverte de** *covered with* **canne à sucre** *sugar cane* **établi** *established* **sud** *south* **se trouve** *is located*

it live on Google Earth!

éens)

# stay

## Le logement

Les hôtels en France et dans ses départe-ments d'outre-mer sont réglementés ***(regulated)*** **par le gouvernement français. Il y a six catégories d'hôtels: les hôtels une, deux, trois ou quatre étoiles *(stars)*, les hôtels de luxe et les hôtels sans étoile. Les prix pour chaque catégorie d'hôtel sont fixés, sauf pour les hôtels de luxe. En général, les hôtels sans étoile ou une étoile sont petits et simples. Les chambres ont un lavabo et la salle de bains est à l'étage. Dans les hôtels deux et trois étoiles, les chambres sont généralement avec salle de bains. Dans les hôtels quatre étoiles et les hôtels de luxe, toutes les chambres ont une salle de bains. Est-ce que les hôtels sont réglementés dans votre région? Comment faites-vous pour juger la qualité d'un hôtel avant de réserver une chambre?**

**Note** *de vocabulaire*

**Les auberges de jeunesse** *(youth hostels)* offer inexpensive basic accommodations throughout the world and are good places for meeting other young travelers.

Quand vous êtes en vacances, est-ce que vous aimez mieux descendre dans... ?

un hôtel (de luxe)

**une auberge de jeunesse**

un chalet de ski

**une station estivale**

Préférez-vous avoir une chambre... ?

fumeur ou non-fumeur

à deux lits ou avec un grand lit

avec ou sans salle de bains et **W.-C.**

avec douche

avec balcon

avec mini-bar, télévision plasma / LCD et wi-fi **gratuit**

Préférez-vous **régler la note en espèces,** en chèques de voyage ou par carte de crédit?

CD 3-16

Luc a quitté la Guadeloupe pour aller passer quelques jours en Martinique. Il arrive à la réception d'un hôtel.

| | |
|---|---|
| **LUC:** | Bonjour, monsieur. |
| **L'HÔTELIER:** | Bonjour, monsieur. |
| **LUC:** | Avez-vous une chambre pour ce soir? |
| **L'HÔTELIER:** | Eh bien... nous avons une chambre avec salle de bains et W.-C. privés. |
| **LUC:** | C'est combien la nuit? |
| **L'HÔTELIER:** | 108 euros, monsieur. |
| **LUC:** | Vous avez quelque chose de moins cher? |
| **L'HÔTELIER:** | Voyons... nous avons une chambre avec douche et **lavabo** à 88 euros, si vous préférez. |
| **LUC:** | Je préfère une chambre calme. |
| **L'HÔTELIER:** | Alors, **il vaut mieux** prendre la chambre avec douche. C'est **côté cour** et il y a moins de **bruit.** |

**une auberge de jeunesse** *a youth hostel* **une station estivale** *a summer resort* **un W.-C.** *a toilet, a restroom* **gratuit** *free* **régler la note** *to pay the bill* **en espèces** *(f) in cash* **un lavabo** *a sink* **il vaut mieux** *it's better* **côté cour** *on the courtyard side* **le bruit** *noise*

| | |
|---|---|
| LUC: | Bon, d'accord. Le petit déjeuner est **compris**? |
| L'HÔTELIER: | Non, monsieur. Il y a un supplément de 6 euros. Il est servi entre sept heures et neuf heures dans la salle à manger. |
| LUC: | Eh bien, je vais prendre la chambre avec douche. Vous préférez que je vous paie maintenant? |
| L'HÔTELIER: | Non, monsieur. Vous pouvez régler la note à votre départ. Voici **la clé.** C'est la chambre 210. C'est au bout du couloir. |
| LUC: | Y a-t-il un restaurant dans le quartier? |
| L'HÔTELIER: | Je vous recommande Le Tropical. |
| LUC: | Est-ce qu'il faut réserver? |
| L'HÔTELIER: | Oui, il vaut mieux. |
| LUC: | Merci, monsieur. |
| L'HÔTELIER: | **Bon séjour.** |

**A. Préférences.** Indiquez vos préférences.

1. Quand je pars en vacances, je préfère *visiter un autre pays / rester dans mon propre* (my own) *pays.*
2. J'aime mieux *visiter une grande ville / aller à la montagne / aller à la mer / ???.*
3. Comme activités en vacances, j'aime *nager / goûter la cuisine locale / ???.*
4. Je préfère descendre dans *un hôtel pas cher / un hôtel de luxe / une auberge de jeunesse / une station estivale / ???. (Ça dépend de qui va payer!)*
5. À mon avis, *il vaut mieux réserver une chambre d'hôtel à l'avance / on peut toujours trouver un hôtel à son arrivée.*
6. Je préfère une chambre *fumeur / non-fumeur* et *avec douche / avec salle de bains. (Je préfère la chambre la moins chère.)*
7. Je préfère *une chambre avec mini-bar, balcon, télévision plasma et wi-fi gratuit / la chambre la moins chère.*
8. Quand je descends dans un hôtel, je préfère prendre mon petit déjeuner *dans ma chambre / dans le restaurant de l'hôtel / dans un autre restaurant / dans un fast-food / ???. (Je ne prends pas de petit déjeuner.)*
9. Je préfère régler la note *en espèces / en chèques de voyage / par carte de crédit.*

**B. Votre chambre.** Un(e) ami(e) et vous allez passer six jours dans un hôtel en Martinique. Répondez aux questions de l'hôtelier selon vos goûts. Jouez les deux rôles avec un(e) partenaire.

1. Vous voulez une chambre pour une seule personne?
2. C'est pour combien de nuits?
3. Vous voulez une chambre à deux lits ou avec un grand lit?
4. Vous préférez une chambre avec ou sans salle de bains?
5. Nous avons une chambre à 75 euros. Vous préférez régler la note maintenant ou à votre départ?
6. Il y a un supplément de 6 euros pour le petit déjeuner. Vous allez prendre le petit déjeuner à l'hôtel?
7. Comment voulez-vous payer?
8. C'est à quel nom?

## À vous!

Avec un(e) partenaire, relisez à haute voix la conversation entre Luc et l'hôtelier. Ensuite, imaginez que vous allez visiter la Martinique ensemble. Parlez de quelle sorte de chambres vous voulez et comment vous allez payer.

You can find a list of the new words from this ***Compétence*** on page 418 and audio for each item of this list at **www.cengagebrain.com/shop/ISBN/0495912492.**

**compris(e)** *included* **la clé** *the key* **Bon séjour** *Enjoy your stay*

## Giving general advice

### *Les expressions impersonnelles et l'infinitif*

Use the following expressions to give advice and state opinions. When making generalizations, follow them with an infinitive.

Notice that although **il faut** means *it is necessary,* **il ne faut pas** means *one should not* or *one must not.* Use **il n'est pas nécessaire** to say *it is not necessary.*

| | |
|---|---|
| Il faut | Il faut payer un supplément pour le petit déjeuner. |
| Il ne faut pas | Il ne faut pas faire trop de bruit. |
| Il vaut mieux | Il vaut mieux réserver à l'avance. |
| Il est nécessaire (de) | Il est nécessaire de réserver. |
| Il n'est pas nécessaire (de) | Il n'est pas nécessaire de téléphoner à l'avance. |
| Il est essentiel (de) | Il est essentiel de régler la note. |
| Il est important (de) | Il est important de ne pas perdre la clé. |
| Il est bon (de) | Il est bon de choisir une chambre calme. |
| Il est mauvais (de) | Il est mauvais de faire trop de bruit. |
| C'est bien (de)... | C'est bien de profiter de la piscine. |

*Pour vérifier*

**1.** What are two ways to say *it is necessary*? How do you say *it's not necessary*? What does **il ne faut pas** mean? How do you say *it's better? it's important? it's good? it's bad?*

**2.** When offering general advice, what form of the verb do you use following these impersonal expressions? How do you negate an infinitive?

**Notes** *de grammaire*

**1.** Note that the expressions that have **être (Il est important / essentiel / bon... )** require the preposition **de (d')** before an infinitive.
**2. C'est bien...** is less formal than **Il est bon...** and is more likely to be used when talking with a friend. You will also hear **C'est important / essentiel / bon...** in less formal conversation.
**3.** Remember to place both parts of a negative expression before the infinitive when negating an infinitive: **Il est important de ne pas perdre la clé.**

**Sélection musicale.** Search the Web for the song **Il faut tout oublier** by the zouk artist Jamice to enjoy a musical selection illustrating the use of this structure.

**A. Préparatifs.** Un ami fait les préparatifs pour un voyage que vous allez faire ensemble. Utilisez un élément de chaque colonne pour lui expliquer ce qu'il faut faire.

**EXEMPLE** **Il vaut mieux réserver une chambre à l'avance.**

| | |
|---|---|
| Il faut | réserver une chambre à l'avance |
| Il vaut mieux | obtenir les passeports bien à l'avance |
| Il est bon de | oublier les billets |
| Il n'est pas bon de | savoir le numéro et l'heure de départ du vol |
| Il est important de | tout payer par carte de crédit |
| Il n'est pas important de | choisir une chambre côté rue |
| Il ne faut pas | choisir une chambre côté cour |
| | faire beaucoup de bruit dans l'hôtel |

**B. On doit...** Demandez à votre partenaire ce qu'il faut faire dans les situations suivantes quand on voyage.

**EXEMPLE** si on est fatigué
**—Que faut-il faire si on est fatigué?**
**—Il faut rentrer à l'hôtel!**

rentrer à l'hôtel — aller au restaurant — se coucher — téléphoner à l'ambassade *(embassy)* — téléphoner à des amis — acheter un plan *(map)* de la ville — changer d'hôtel — aller à la banque — acheter un guide touristique

**1.** si on perd son passeport
**2.** si on veut visiter la ville
**3.** si on a faim
**4.** s'il y a trop de bruit à l'hôtel
**5.** si on cherche le nom d'un bon restaurant
**6.** si on a sommeil
**7.** si on se sent un peu seul *(lonely)*
**8.** si on a besoin de changer de l'argent

**C. Comparaisons culturelles.** Pour chaque paire de phrases, dites s'il faut faire les choses suivantes quand on est invité à dîner chez des Français. Un des conseils de chaque paire de phrases est quelque chose qu'il ne faut pas faire. Complétez chaque phrase avec:

| il faut | il ne faut pas | il vaut mieux |
|---|---|---|

**1.** ______ offrir des fleurs ou un autre cadeau à votre hôtesse en arrivant.
______ apporter *(bring)* de chrysanthèmes.
**2.** ______ apporter une bouteille de vin pour le dîner.
______ laisser *(let)* votre hôte choisir le vin.
**3.** ______ serrer *(to shake)* la main des autres invités en arrivant.
______ garder *(to keep)* les mains dans vos poches *(pockets)*.
**4.** ______ garder *(to keep)* les deux mains sur la table pendant qu'on mange.
______ poser la main gauche sur vos genoux *(lap, knees)*.
**5.** ______ manger des frites avec les doigts *(fingers)*.
______ manger un fruit avec une fourchette et un couteau *(fork and knife)*.
**6.** ______ parler de cuisine, d'art, de musique ou de l'actualité *(current events)*.
______ parler d'argent ou demander où les autres travaillent.
**7.** ______ annoncer que vous allez aux toilettes.
______ quitter la table discrètement et seulement si nécessaire.

**D. Chez vous.** Un ami va venir visiter votre région. Donnez-lui des conseils.

**EXEMPLE** Il est essentiel d'aller **au City Arts Museum.**

1. Il vaut mieux venir au mois de (d')...
2. Il ne faut pas venir au mois de (d')...
3. Il est important d'apporter *(to bring)*...
4. Il est essentiel de ne pas oublier...
5. Il est bon de descendre à l'hôtel...
6. Pour goûter la cuisine locale, il est bon d'aller au restaurant...
7. Il est essentiel de voir...

**Que faut-il faire pour préparer un voyage en Martinique?**

## Stratégies et Compréhension auditive

### Pour mieux comprendre: *Anticipating a response*

When you cannot understand everything you hear, use what you can understand, as well as non-verbal cues such as circumstances, tone of voice, and written materials such as ads or signs to anticipate what someone will say. Read the two hotel ads at the bottom of this page and on the next page and list five things you learned about each hotel from its ad.

CD 3-17

**A. Quel hôtel?** On parle de l'hôtel de l'Anse Bleue ou de l'hôtel Bakoua?

CD 3-18

**B. Le ton de la voix.** Écoutez le début de ces conversations dans un hôtel. Pour chacune, écoutez le ton de la voix *(tone of voice)* pour deviner la suite *(what follows),* **a** ou **b.**

1. **a.** C'est bien. Nous allons prendre la chambre.
   **b.** Est-ce que vous avez quelque chose de moins cher?
2. **a.** Nous préférons une chambre avec salle de bains.
   **b.** Bon, c'est bien. Je vais prendre cette chambre.
3. **a.** Voici votre clé, monsieur. Vous avez la chambre numéro 385.
   **b.** Je regrette, mais nous n'avons pas de réservation à votre nom.

CD 3-19

## Compréhension auditive: À la réception

Deux touristes arrivent dans un hôtel. Écoutez cette conversation pour déterminer le prix de leur chambre.

**À l'hôtel.** Écoutez la conversation une seconde fois et répondez à ces questions.

1. Pourquoi est-ce que les touristes ne veulent pas la première chambre?
2. Combien coûte le petit déjeuner? Où est-ce qu'il est servi?
3. Quel est le numéro de leur chambre?

Trois-Ilets Magazine

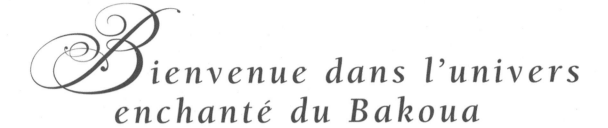

# Bienvenue dans l'univers enchanté du Bakoua

Charme suranné des splendeurs coloniales... Ici le temps semble s'être arrêté. A la Pointe du Bout, face à l'une des plus belles baies du monde : une oasis de confort et de volupté pour votre plus grand plaisir.

- Un hôtel Sofitel Coralia 4 étoiles du Groupe Accor.
- 132 chambres grand confort climatisées avec terrasse ou balcon.
- 6 suites de luxe de style colonial.
- 2 restaurants proposant une cuisine raffinée créole et internationale.
- 2 bars face à la piscine ou sur la plage.

INFORMATIONS - RÉSERVATIONS

Tél. : 0596 66 02 02 • Fax : 0596 66 00 41

SOFITEL BAKOUA CORALIA
LA POINTE DU BOUT
97229 LES TROIS ILETS

Trois-Ilets Magazine

# Going to the doctor

**Note** *culturelle*

**Les Français consultent leur médecin en moyenne sept fois par an et dépensent à peu près *(spend more or less)* 11% de leur PIB *(GNP)* pour les soins médicaux *(medical care)*. 77% de leurs dépenses médicales sont remboursées par la Sécurité sociale. Est-ce que la situation est semblable dans votre pays?**

## Chez le médecin

Luc tombe **malade** pendant son séjour en Martinique. Savez-vous communiquer avec le médecin si vous tombez malade **au cours d'**un voyage?

—Où est-ce que vous **avez mal**?

—J'ai mal à la tête et au ventre.

—Quels autres symptômes avez-vous?

—Je tousse.

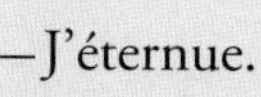

—J'éternue.

—J'ai une indigestion et j'ai envie de vomir.

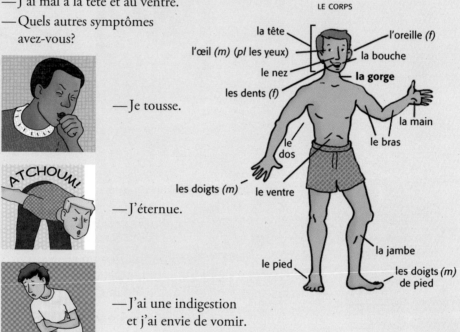

LE CORPS

la tête
l'œil *(m)* (*pl* les yeux)
le nez
les dents *(f)*
l'oreille *(f)*
la bouche
**la gorge**
la main
le bras
le dos
les doigts *(m)*
le ventre
la jambe
le pied
les doigts *(m)* de pied

Avez-vous **la grippe**? **un rhume**? un virus? des allergies?
Êtes-vous **enceinte**?

CD 3-20

Luc va chez le médecin.

| | |
|---|---|
| **LE MÉDECIN:** | Bonjour, monsieur. **Qu'est-ce qui ne va pas** aujourd'hui? |
| **LUC:** | Je ne sais pas exactement. Je me sens mal. Je tousse, j'**ai des frissons** et j'ai mal un peu partout. |
| **LE MÉDECIN:** | Vous avez mal à la gorge? |
| **LUC:** | Oui, très. |
| **LE MÉDECIN:** | Eh bien, vous avez tout simplement la grippe. |
| **LUC:** | Qu'est-ce que je dois faire? |
| **LE MÉDECIN:** | Je vais vous donner **une ordonnance.** Il faut que vous preniez ces médicaments trois fois par jour. Il est important que vous finissiez tous ces médicaments. N'oubliez pas de boire beaucoup de liquides, mais il ne faut pas que vous buviez d'alcool et il est essentiel que vous restiez au lit. |

**le médecin** *the doctor* **malade** *sick* **au cours de** *in the course of, during, while on* **avoir mal (à)...** *one's . . . hurts* **la gorge** *the throat* **la grippe** *the flu* **un rhume** *a cold* **enceinte** *pregnant* **Qu'est-ce qui ne va pas?** *What's wrong?* **avoir des frissons** *to have the shivers* **une ordonnance** *a prescription*

**A. J'ai mal partout!** Un hypocondriaque va voir son médecin. Selon lui *(According to him)*, il a mal partout, de la tête jusqu'aux pieds. De quoi se plaint-il? *(What does he complain about?)*

EXEMPLE **Mon Dieu, docteur! J'ai mal à la tête, j'ai mal aux yeux...**

**B. Associations.** Quelle(s) partie(s) du corps associez-vous aux verbes suivants?

EXEMPLE écrire **la main et les doigts**

1. fumer
2. se brosser
3. écouter
4. voir
5. éternuer
6. faire du jogging
7. toucher
8. embrasser

**C. Qu'est-ce qui ne va pas?** Quels symptômes ont-ils?

EXEMPLE **Il a mal aux yeux.**

1.

2.

3.
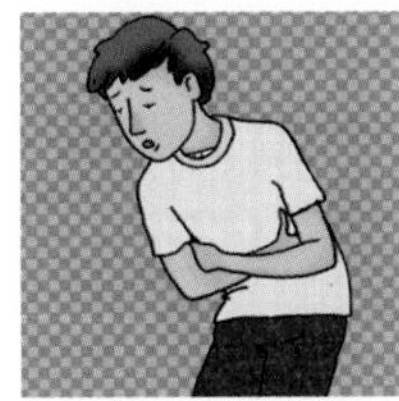

4.

5.

**D. Des symptômes.** Nommez autant de symptômes que possible pour chaque situation.

EXEMPLE Quand on a la grippe, **on a mal partout. On a des frissons et...**

1. Quand on a un rhume...
2. Quand on a un virus intestinal...

**E. Entretien.** Posez ces questions à votre partenaire pour parler de la dernière fois qu'il/elle a été malade.

1. La dernière fois que tu as été malade, est-ce que tu avais mal à la tête? à la gorge? Est-ce que tu avais des frissons? Quels symptômes avais-tu? Qu'est-ce que tu avais? *(What was wrong?)*
2. Est-ce que tu es allé(e) chez le médecin? Est-ce que le médecin t'a donné une ordonnance? Est-ce que tu as pris des médicaments?

## À vous!

Avec un(e) partenaire, relisez à haute voix la conversation entre Luc et le médecin. Ensuite, imaginez que vous êtes malade et créez une conversation entre le médecin et vous.

Vocabulaire supplémentaire

**un antibiotique** *an antibiotic*
**un antihistaminique** *an antihistamine*
**une aspirine** *an aspirin*
**des pastilles** *(f)* **contre la toux** *cough drops*
**du sirop** *cough syrup*
**avoir de la fièvre** *to have a fever*
**avoir le nez bouché** *to have a stuffy nose*
**avoir le nez qui coule** *to have a runny nose*
**se brûler / se casser / se couper / se fouler la cheville** *to burn / break / cut / sprain one's ankle*
**faire une piqûre** *to give a shot*

You can find a list of the new words from this ***Compétence*** on page 418 and audio for each item of this list at **www.cengagebrain.com/shop/ISBN/0495912492.**

*Pour vérifier*

1. When do you use the subjunctive?
2. What do you use as the subjunctive stem for all verb forms except **nous** and **vous**? What endings do you use?
3. For most verbs, the **nous** and **vous** forms of the subjunctive look just like what other verb tense?

**Note** *de grammaire*

The **de** in expressions like **il est important de** is replaced by **que** in these structures. Remember that verbs ending in **-ier,** like **étudier** and **oublier,** will have two **i**'s in the **nous** and **vous** forms of the subjunctive, just as they did in the **imparfait: nous oubliions, vous étudiiez.**

**iLrn Grammar Tutorials**

## Giving advice to someone in particular

### *Les expressions impersonnelles et les verbes réguliers au subjonctif*

You know you can use impersonal expressions like **il faut** and **il est important de** followed by an infinitive to give general advice or state opinions. When talking to or about a particular person, you can use these same expressions followed by **que** and a second clause with a conjugated verb.

| | |
|---|---|
| Il est important **de bien manger.** | Il est important **que tu manges mieux.** |
| *It's important* ***to eat well.*** | *It's important* ***that you eat better.*** |

When giving advice to a particular person, the verb in the second clause is in a form called the subjunctive. You have used verbs in the indicative mode to say what happens. The subjunctive is another verb mode. The subjunctive is generally used in the second clause of a sentence, when the first clause expresses a feeling, attitude, or opinion about what should or might be done, rather than simply stating what is happening. The present subjunctive may imply either present or future actions.

| | |
|---|---|
| Il faut que | Il faut que tu restes au lit. |
| Il ne faut pas que | Il ne faut pas que tu sortes du lit. |
| Il vaut mieux que | Il vaut mieux que tu ne travailles pas. |
| Il est nécessaire que | Il est nécessaire que tu prennes ces médicaments. |
| Il n'est pas nécessaire que | Il n'est pas nécessaire que tu prennes de l'aspirine. |
| Il est essentiel que | Il est essentiel que tu finisses tous tes médicaments. |
| Il est important que | Il est important que tu te reposes. |
| Il est bon que | Il est bon que tu te sentes mieux. |
| Il est mauvais que | Il est mauvais que tu boives de l'alcool. |
| C'est bien que | C'est bien que tu ne fumes plus. |

For most verbs, the subjunctive is formed as follows:

- For **nous** and **vous,** the subjunctive looks like the imperfect.
- For the other forms, find the stem of the subjunctive by dropping the **-ent** ending of the **ils/elles** form of the present indicative and use the endings: **-e, -es, -e, -ent.**

| | PARLER | FINIR | RENDRE |
|---|---|---|---|
| que je | parl**e** | finiss**e** | rend**e** |
| que tu | parl**es** | finiss**es** | rend**es** |
| qu'il/elle/on | parl**e** | finiss**e** | rend**e** |
| que nous | parl**ions** | finiss**ions** | rend**ions** |
| que vous | parl**iez** | finiss**iez** | rend**iez** |
| qu'ils/elles | parl**ent** | finiss**ent** | rend**ent** |

Most irregular verbs follow the same rule.

| | | |
|---|---|---|
| connaître | que je connaiss**e** | que nous connaiss**ions** |
| dire | que je dis**e** | que nous dis**ions** |
| dormir | que je dorm**e** | que nous dorm**ions** |
| écrire | que j'écriv**e** | que nous écriv**ions** |
| lire | que je lis**e** | que nous lis**ions** |
| partir | que je part**e** | que nous part**ions** |
| sortir | que je sort**e** | que nous sort**ions** |

These verbs follow the same rule, but have a different stem for the **nous** and **vous** forms.

| | | |
|---|---|---|
| acheter | que j'achèt**e** | que nous achet**ions** |
| boire | que je boiv**e** | que nous buv**ions** |
| devoir | que je doiv**e** | que nous dev**ions** |
| payer | que je pai**e** | que nous pay**ions** |
| prendre | que je prenn**e** | que nous pren**ions** |
| venir | que je vienn**e** | que nous ven**ions** |

**A. Conseils.** Selon les circonstances indiquées, dites s'**il faut** ou s'**il ne faut pas** que ces personnes fassent ces choses.

**EXEMPLE** Je suis fatigué(e). Alors... je (se reposer, sortir)
**Il faut que je me repose. Il ne faut pas que je sorte.**

© Warren Morgan/Surf/CORBIS

1. J'ai la grippe. Alors... je (j') (se reposer, rendre visite à ma famille, acheter des médicaments, prendre de l'aspirine, boire beaucoup d'eau)
2. *(à votre professeur)* Vous avez la grippe aussi? Alors... vous (boire beaucoup d'eau, venir en cours, finir vos médicaments, fumer)
3. Les autres étudiants et moi voulons réussir au cours de français. Alors... nous (faire tous les exercices, le dire au professeur quand nous ne comprenons pas, apprendre toutes les conjugaisons, dormir en cours)
4. Mon meilleur ami veut réussir à ses examens. Alors... il (finir tous ses devoirs, obéir à ses professeurs, attendre ses professeurs s'ils arrivent en retard, regarder les examens des autres)
5. Mes amies s'ennuient. Alors... elles (trouver de nouveaux passe-temps, s'amuser plus, rester toujours à la maison, partir en voyage, sortir plus, apprendre quelque chose de nouveau, venir me voir)

**B. Encore des conseils.** Choisissez une des situations données et demandez des conseils à ce sujet à votre partenaire. Il/Elle va vous donner des conseils en employant les expressions données. Ensuite, changez de rôles. Parlez des quatre situations données.

**EXEMPLE** **—Je suis toujours fatigué(e) en cours. Qu'est-ce que je devrais faire?**
**—Il est important que tu... / Il ne faut pas que tu...**

Je suis toujours fatigué(e) en cours.
———
Il est important que tu... / Il ne faut pas que tu...

Je voudrais devenir plus fort(e).
———
Il est nécessaire que tu... / Il est bon que tu...

Je mange mal et j'ai toujours mal au ventre.
———
Il est mauvais que tu... / Il est essentiel que tu...

Je prépare un voyage à l'étranger.
———
Il ne faut pas que tu... / Il vaut mieux que tu...

> ✓ *Pour vérifier*
>
> **1.** What are seven verbs that are irregular in the subjunctive?
>
> **2.** Which four of these verbs have a different stem for the **nous** and **vous** forms?
>
> **3.** What are the conjugations of these seven verbs in the subjunctive?
>
> **4.** What is the subjunctive of **il y a**? of **il pleut**?

## Giving advice

### *Les verbes irréguliers au subjonctif*

The following seven verbs are irregular in the subjunctive. Note that **être, avoir, aller,** and **vouloir** have a different stem for the **nous** and **vous** forms. All except **être** and **avoir** have the regular subjunctive endings.

| | ÊTRE | AVOIR | ALLER | VOULOIR |
|---|---|---|---|---|
| | *soi- / soy-* | *ai- / ay-* | *aill- / all-* | *veuill- / voul-* |
| que je (j') | sois | aie | aille | veuille |
| que tu | sois | aies | ailles | veuilles |
| qu'il/elle/on | soit | ait | aille | veuille |
| que nous | soyons | ayons | allions | voulions |
| que vous | soyez | ayez | alliez | vouliez |
| qu'ils/elles | soient | aient | aillent | veuillent |

**Sélection musicale.** Search the Web for the song **Il faut que tu t'en ailles** by Marie-Mai to enjoy a musical selection illustrating the use of this structure.

| | FAIRE | POUVOIR | SAVOIR |
|---|---|---|---|
| | *fass-* | *puiss-* | *sach-* |
| que je | fasse | puisse | sache |
| que tu | fasses | puisses | saches |
| qu'il/elle/on | fasse | puisse | sache |
| que nous | fassions | puissions | sachions |
| que vous | fassiez | puissiez | sachiez |
| qu'ils/elles | fassent | puissent | sachent |

The subjunctive of **il y a** is **qu'il y ait.**
The subjunctive of **il pleut** is **qu'il pleuve.**

**A. Réactions.** Une amie vous parle des habitudes de sa famille. Réagissez *(React)* à ce qu'elle dit avec **c'est bien que...** ou **ce n'est pas bien que...** Jouez les deux rôles avec un(e) partenaire.

**EXEMPLE** —**Je ne fume plus.**
—**C'est bien que tu ne fumes plus.**

1. Je veux améliorer ma santé.
2. Je vais souvent au club de gym.
3. Mes enfants font très attention à leur santé.
4. Mon mari n'est pas en forme.
5. Il a souvent mal à la tête.
6. Le médecin ne sait pas pourquoi.
7. Mon mari ne veut pas arrêter de fumer.
8. Nous sommes stressés.
9. Nous avons beaucoup de problèmes.
10. Nous ne pouvons pas bien dormir la nuit.
11. Nous ne savons pas contrôler le stress.
12. Nous voulons apprendre à faire du yoga.
13. Nous faisons des promenades ensemble.
14. Nous allons au club de gym ensemble aussi.

**B. La grossesse.** Une femme enceinte parle avec son médecin. Lui dit-il qu'**il faut** ou qu'**il ne faut pas** qu'elle fasse les choses indiquées?

**EXEMPLES** **Il faut que vous mangiez bien.**
**Il ne faut pas que vous fumiez.**

manger bien
fumer
se reposer assez
avoir beaucoup de stress
faire attention à votre santé
être très agitée
boire de l'alcool
savoir contrôler le stress
grossir beaucoup
prendre des vitamines

**C. Conseils.** Vous êtes conseiller (conseillère) familial(e). Expliquez à des parents s'**il faut** ou s'**il ne faut pas** que leurs enfants fassent ces choses.

**EXEMPLE** dormir assez
**Il faut qu'ils dorment assez.**

1. faire de l'exercice
2. aller toujours en cours
3. manger toujours dans un fast-food
4. avoir des responsabilités à la maison
5. savoir que vous les aimez
6. pouvoir faire tout ce qu'ils veulent
7. vouloir réussir à l'école
8. être toujours sages

**D. Préparatifs.** Une amie va bientôt partir en vacances. Donnez-lui des conseils. Basez vos réponses sur les illustrations et utilisez une de ces expressions:

il (n')est (pas) essentiel / nécessaire / important / bon / mauvais que...
il vaut mieux que... il faut que... il ne faut pas que...

faire ta valise bien à l'avance
passer la douane
s'informer sur des sites Web
dire à tes parents où tu vas
lire des guides
téléphoner à l'hôtel pour réserver une chambre

**EXEMPLE**

**Il vaut mieux que tu t'informes sur des sites Web.**

1. 

2.

3. 

4. 

5. 

**E. L'ange et le diable.** Lisez à haute voix chacune des situations suivantes. Un(e) camarade de classe jouera rôle d'un ange *(angel)* et un(e) autre le rôle du diable *(devil)*. Ils vous diront ce que vous devez faire en utilisant des expressions telles que les suivantes: **Il faut que... / Il ne faut pas que... / Il vaut mieux que... / Il n'est pas bon que...**, etc. Changez de rôles chaque fois.

**EXEMPLE** Mes amis m'ont invité(e) à sortir ce soir, mais j'ai un examen demain.
Le diable: **Il faut que tu sortes!**
L'ange: **Il ne faut pas que tu sortes! Il est important que tu prépares ton examen!**

1. Je devrais aller en cours, mais je suis fatigué(e) et je voudrais rentrer.
2. J'aime fumer, mais le médecin m'a dit d'arrêter de fumer.
3. J'ai envie d'aller au cinéma, mais j'ai des devoirs à faire.
4. J'ai acheté un cadeau *(gift)* pour une amie, mais maintenant je voudrais le garder *(to keep it)*.
5. Ma mère veut que je l'aide à la maison samedi, mais je voudrais sortir.
6. Ma sœur veut qu'on sorte ensemble ce soir, mais je préfère sortir avec mon meilleur ami.

COMPÉTENCE 3

# Running errands on a trip

## Note *culturelle*

**En France, on voit de moins en moins de cabines téléphoniques et celles-ci n'acceptent pas les pièces de monnaie. Pour appeler d'une cabine téléphonique, vous devez utiliser une carte téléphonique ou une carte de crédit. Vous pouvez acheter une carte téléphonique dans un bureau de poste, dans un café, dans un tabac *(tobacco shop)* et dans un kiosque à journaux. Comment est la situation dans votre région?**

## Notes *de grammaire*

**1.** Remember that **envoyer** is a spelling change verb **(j'envoie, nous envoyons).** The stem for the future and conditional is **enverr-.**
**2.** Remember that nouns ending in **-eau,** like **cadeau,** form their plurals with **-x (des cadeaux).**

## Des courses en voyage

Luc et Micheline ont beaucoup de choses à faire aujourd'hui. Où vont-ils aller?

Il faut qu'il/qu'elle aille...

au **distributeur de billets** pour **retirer** de l'argent

à la banque pour changer des chèques de voyage

à la pharmacie pour acheter de l'aspirine

chez le marchand de **cadeaux** pour acheter un cadeau pour Micheline

au kiosque pour acheter le journal et une carte téléphonique

au bureau de poste pour envoyer des cartes postales et acheter **des timbres** *(m)*

CD 3-21

Luc quitte la Martinique pour retourner en Guadeloupe. Il parle au téléphone avec Micheline.

| | |
|---|---|
| MICHELINE: | Je suis contente que tu reviennes bientôt de Martinique. Quand penses-tu arriver en Guadeloupe? |
| LUC: | Je prends l'avion vendredi matin. |
| MICHELINE: | Voudrais-tu que j'**aille** te **chercher** à l'aéroport? |
| LUC: | Non, non, je ne veux pas que tu perdes ton temps à l'aéroport si l'avion arrive **en retard. J'aimerais autant** prendre **la navette.** |
| MICHELINE: | Mais non, j'insiste! L'avion arrive à quelle heure? |
| LUC: | À 10 heures. |
| MICHELINE: | Alors, je viendrai te chercher devant la porte principale de l'aéroport vers dix heures et quart. Et si tu n'as pas d'autres projets, nous pouvons passer la journée à Pointe-à-Pitre. |
| LUC: | Bonne idée! J'aimerais faire un tour de la ville. |
| MICHELINE: | Parfait. À demain, alors. |
| LUC: | Oui, au revoir, à demain. |

**un distributeur de billets** *an ATM machine* **retirer** *to withdraw* **un cadeau** *a gift* **un timbre** *a stamp* **aller / venir chercher** *to go / come pick up* **en retard** *late* **J'aimerais autant** *I would just as soon* **la navette** *the shuttle*

**A. Des courses.** Où dit-on les choses suivantes?

**EXEMPLE** C'est combien pour envoyer cette carte postale en Belgique?
**au bureau de poste**

1. Une carte téléphonique de dix euros, s'il vous plaît.
2. Qu'est-ce que vous recommandez pour les allergies? J'éternue beaucoup.
3. Je voudrais changer des dollars, s'il vous plaît.
4. C'est combien pour ces paniers *(baskets)* traditionnels? Je cherche un cadeau pour ma femme.
5. Avez-vous des magazines africains?
6. Trois timbres à 54 centimes, s'il vous plaît.

| |
|---|
| à la banque |
| à un restaurant |
| au distributeur de billets |
| à la pharmacie |
| au bureau de poste |
| à la réception de l'hôtel |
| chez le marchand de cadeaux |
| au kiosque |
| à l'aéroport |

**B. Où faut-il aller?** Complétez ces phrases d'une façon logique.

**EXEMPLE** Notre vol va partir dans deux heures.
Il faut que nous **allions à l'aéroport.**

1. Vous voulez changer des chèques de voyage. Il faut que vous...
2. Tu as perdu la clé de ta chambre? Il faut que tu...
3. Tes amis ont besoin d'acheter une carte téléphonique. Il faut qu'ils...
4. J'ai besoin de retirer de l'argent. Il faut que j'...
5. Nous voulons envoyer des cartes postales. Il faut que nous...
6. Luc veut acheter de l'aspirine. Il faut qu'il...
7. Micheline a besoin d'acheter des timbres. Il faut qu'elle...
8. Luc veut acheter un cadeau pour Micheline. Il faut qu'il...

**C. Une journée chargée.** Pourquoi est-ce que Luc est probablement allé aux endroits indiqués?

**EXEMPLE** Luc est allé au marché pour **acheter des fruits.**

1. Luc est allé au bureau de poste pour...
2. Il est allé à la pharmacie pour...
3. Il a cherché un distributeur de billets pour...
4. Il est allé à la banque pour...
5. Il est allé au restaurant pour...
6. Il est allé au kiosque pour...
7. Il est allé à l'agence de voyages pour...
8. Il est allé chez le marchand de cadeaux pour...

## À vous!

Avec un(e) partenaire, relisez à haute voix la conversation entre Luc et Micheline. Ensuite, imaginez qu'un(e) ami(e) va venir vous rendre visite. Créez une conversation dans laquelle vous parlez de quel jour il/elle va arriver, d'où vous allez vous retrouver et de ce que vous allez faire ensemble.

You can find a list of the new words from this ***Compétence*** on page 419 and audio for each item of this list at **www.cengagebrain.com/shop/ISBN/0495912492.**

**Pour vérifier**

**1.** What are eight expressions that indicate feelings that trigger the subjunctive? What expressions do you know that indicate desires, doubts, fears, opinions, and requests that trigger the subjunctive?

**2.** Do you use the subjunctive after the verb **espérer** *(to hope)*?

**3.** Does the present subjunctive always indicate present time?

**Notes** *de grammaire*

**1.** Although most verbs that express desires trigger the subjunctive, **espérer** *(to hope)* does not.

J'espère que tu **es** heureuse ici.

**2.** Traditionally, **ne** was always used in a clause following the expression **avoir peur que.** This **ne explétif** does not change the meaning of the clause and is now optional.

J'ai peur qu'il **n'**arrive en retard. = J'ai peur qu'il arrive en retard. = *I'm afraid he'll arrive late.*

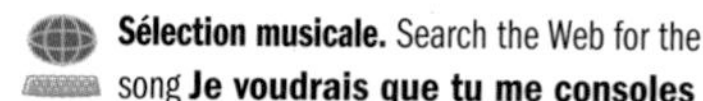

**Sélection musicale.** Search the Web for the song **Je voudrais que tu me consoles** by Julie Zenatti to enjoy a musical selection illustrating the use of this structure.

## Expressing wishes and emotions

### *Les expressions d'émotion et de volonté et le subjonctif*

The indicative mood is used to talk about reality. The subjunctive mood conveys subjectivity: feelings, desires, opinions, requests, doubts, and fears.

You know to use the subjunctive to give advice and state opinions about someone in particular after impersonal expressions like **il faut que** and **il vaut mieux que.**

Also use the subjunctive in a second clause beginning with **que** when:

- the verb in the first clause "triggers" the subjunctive in the second clause by expressing a feeling, desire, doubt, fear, opinion, or request.
- the subject of the first clause is not the same as the subject of the second clause.

Verbal expressions such as these will "trigger" the subjunctive in the second clause.

**FEELINGS**

être content(e) que *to be glad that*
être heureux (heureuse) que *to be happy that*
être furieux (furieuse) que *to be furious that*
être surpris(e) que *to be surprised that*
être étonné(e) que *to be astonished that*
être triste que *to be sad that*
être désolé(e) que *to be sorry that*
regretter que *to regret that*

**DESIRES**

vouloir que *to want that*
préférer que *to prefer that*
aimer mieux que *to prefer that*
souhaiter que *to wish that*

**DOUBTS AND FEARS**

douter que *to doubt that*
avoir peur que *to be afraid that*

**OPINIONS**

accepter que *to accept that*
c'est dommage que *it's too bad that*
il est bon / mauvais, etc., que *it's good / bad, etc., that*

**REQUESTS / DEMANDS**

insister que *to insist that*

Je suis désolé que votre chambre n'ait pas de vue sur la mer.
Je préfère que la chambre soit au premier étage.
J'ai peur que le quartier de l'hôtel ne soit pas calme.
C'est dommage que votre lit ne soit pas confortable.
J'insiste que nous changions d'hôtel.

Remember that the present subjunctive refers to either the present or the future.

Je doute qu'elle soit ici. — *I doubt she **is / will be** here.*
Je doute qu'il arrive demain. — *I doubt he **will arrive** tomorrow.*

**A. Écoutez la guide!** Micheline guide un groupe de touristes au sommet du volcan la Soufrière. Dites si **elle veut** ou si **elle ne veut pas** que les touristes fassent les choses indiquées.

**EXEMPLE** rester près d'elle / se perdre
**Elle veut qu'ils restent près d'elle.**
**Elle ne veut pas qu'ils se perdent.**

1. se perdre / venir avec elle
2. rester avec le groupe / se promener seuls
3. s'amuser / s'ennuyer
4. avoir peur / rester calmes
5. être satisfaits du tour / avoir de mauvais souvenirs du tour
6. apprendre quelque chose / trouver le tour ennuyeux
7. revenir un jour en Guadeloupe / passer un séjour désagréable

**B. Il se plaint!** Un des touristes qui fait partie d'un groupe guidé par Micheline se plaint de tout *(complains about everything)*. Donnez la réaction de Micheline à ce qu'il lui dit. Jouez les deux rôles avec un(e) partenaire.

| |
|---|
| Je regrette que... |
| C'est dommage que... |
| Je suis désolée que... |

**EXEMPLE** je / se sentir mal
**—Je me sens mal.**
**—C'est dommage que vous vous sentiez mal.**

**EXEMPLE** je / se sentir mal

**1.** je / avoir un rhume

**2.** notre chambre / être vraiment laide

**3.** le restaurant de l'hôtel / servir de la cuisine très médiocre

**4.** on / ne pas pouvoir acheter de beaux cadeaux à notre hôtel

**5.** le distributeur de billets / ne pas accepter notre carte bancaire

**C. Quel hôtel?** Vous allez faire un voyage. Quelle sorte d'hôtel préférez-vous? Donnez votre réaction comme indiqué.

| |
|---|
| Je veux absolument que... |
| Je préfère que... |
| Il n'est pas important que... |

**EXEMPLE** l'hôtel / être près des sites touristiques
**Je préfère que l'hôtel soit près des sites touristiques.**

1. quelqu'un de l'hôtel / aller nous chercher à l'aéroport
2. l'hôtel / avoir une piscine
3. le réceptionniste / parler anglais
4. l'hôtel / accepter les cartes de crédit
5. la chambre / être grande
6. la chambre / avoir un mini-bar et une télévision plasma
7. on / pouvoir acheter de beaux cadeaux dans la boutique

**D. Réactions.** Vous êtes parti(e) en voyage organisé en Martinique et vous partagez votre chambre d'hôtel avec un(e) autre touriste. Donnez votre réaction à ce qu'il/elle vous dit. Jouez les deux rôles avec un(e) partenaire.

**EXEMPLE** **—Je parle français couramment** *(fluently)*.
**—Je suis content(e) que vous parliez français couramment.**

| |
|---|
| Je (ne) suis (pas) content(e) que... |
| Je suis furieux (furieuse) que... |
| Je suis désolé(e) que... |
| Je regrette que... |

1. Notre hôtel est tout près de la mer.
2. Notre chambre a un grand balcon.
3. Je fume dans la chambre.
4. Je ne dors pas bien la nuit.
5. Je tousse toute la nuit.
6. L'hôtel n'accepte pas les cartes de crédit.
7. Il n'y a pas de distributeur de billets à l'hôtel.
8. Je n'ai pas assez d'argent pour payer ma part de la chambre.

**E. Un voyage ensemble.** Votre partenaire et vous pensez peut-être partir en voyage ensemble. Posez ces questions à votre partenaire pour parler de ses habitudes quand il/elle est en vacances. Réagissez chaque fois à sa réponse.

**EXEMPLE** **—Tu passes beaucoup de temps à l'hôtel?**
**—Non, je ne passe pas beaucoup de temps à l'hôtel.**
**—Je suis content(e) que tu ne passes pas beaucoup de temps à l'hôtel.**

1. Tu préfères aller à la plage ou à la montagne?
2. Tu descends dans un hôtel de luxe ou dans un hôtel moins cher?
3. Tu sors souvent le soir ou tu restes à l'hôtel?
4. Tu préfères une chambre fumeur ou non-fumeur?
5. Tu dînes dans un restaurant ou dans ta chambre?

**F. Un voyage en Afrique.** Luc veut que Micheline et sa sœur fassent un voyage avec lui en Afrique. Qu'est-ce qu'il dit à Micheline pour la persuader de l'accompagner? Commencez chaque phrase avec **j'aimerais que...** ou **je ne voudrais pas que....**

**EXEMPLE** aller en vacances avec moi / me dire non
**J'aimerais que vous alliez en vacances avec moi.**
**Je ne voudrais pas que vous me disiez non.**

1. rater *(to lose out on)* cette occasion de voir l'Afrique / faire ce voyage avec moi
2. être timide / dire ce que vous voulez
3. visiter plusieurs pays africains avec moi / rentrer tout de suite en Guadeloupe
4. pouvoir rester au moins un mois en Afrique avec moi / prendre moins de quatre semaines de vacances
5. sortir seules la nuit / rester avec moi
6. avoir peur / se sentir à l'aise *(at ease)*
7. s'amuser / s'ennuyer
8. se souvenir de ce voyage / oublier notre voyage en Afrique

**G. Comparaisons culturelles.** Voici le résultat de plusieurs sondages *(polls)* sur ce que les Françaises veulent chez les hommes. Complétez les phrases logiquement en mettant les verbes entre parenthèses au subjonctif.

1. (faire, être, avoir)
   Pour la majorité des femmes, il est plus important qu'un homme _____ un bon sens de l'humour et qu'il les _____ rire *(laugh)*. Il est moins important qu'il _____ sexy.

2. (être, accepter)
   Les femmes veulent qu'un homme _____ moderne et convaincu *(convinced)* des valeurs du féminisme, et qu'il _____ l'égalité sociale, politique et économique de la femme.

3. (avoir, montrer, payer)
   Elles veulent aussi qu'il _____ des valeurs traditionnelles. Elles veulent encore qu'il _____ le chemin *(way)* et qu'il _____ l'addition au restaurant.

4. (être, avoir)
Pour 37% (pour cent) des femmes, il faut absolument que leur partenaire ______ fidèle, mais 9% acceptent sans problèmes qu'il ______ d'autres partenaires.
5. (se séparer, rester)
Si un couple avec un jeune enfant ne s'entend plus, 19% des femmes pensent qu'il est nécessaire que le couple ______ ensemble mais 73% disent qu'il vaut mieux que le couple ______.
6. (être, avoir)
La moitié *(half)* des Françaises veulent que leur partenaire ______ une dimension spirituelle, mais pour l'autre moitié il n'est pas important qu'il ______ religieux.

**H. Et vous?** Pour vous, quelles sont les qualités les plus importantes chez un(e) partenaire? Exprimez vos opinions en vous servant des éléments donnés.

| | | |
|---|---|---|
| j'insiste que<br>je préfère que<br>je ne voudrais pas<br>je souhaite que<br>il n'est très important que<br>je n'accepterais pas que | cette personne | être riche<br>être intelligente<br>avoir beaucoup d'ambition<br>avoir les mêmes valeurs que moi<br>fumer<br>vouloir passer tout son temps avec moi |

**I. Un couple heureux.** Travaillez avec un groupe d'étudiants pour expliquer ce qu'il faut faire pour être un couple heureux. Complétez les phrases suivantes. Quel groupe peut faire le plus grande nombre de phrases logiques?

Il est très important qu'un couple / qu'une femme / qu'un homme...
Il est assez important qu'un couple / qu'une femme / qu'un homme...
Il n'est pas important qu'un couple / qu'une femme / qu'un homme...

**Pour vérifier**

**1.** Do you use the infinitive or the subjunctive when people have feelings about what *others* should or might do? when they have feelings about what *they themselves* should or might do?

**2.** When do you use the infinitive after impersonal expressions such as **il faut**? When do you use the subjunctive?

## Saying who you want to do something

### *Le subjonctif ou l'infinitif?*

Use the subjunctive in a second clause when the first clause expresses feelings, desires, doubts, fears, requests, or opinions about what someone else does, might do, or should do. In this case, the subjunctive is used only when there are different subjects in the main and dependent clauses. When there is no change of subject, you normally use the infinitive.

| FEELINGS ABOUT SOMEONE ELSE | FEELINGS ABOUT ONESELF |
|---|---|
| Je veux que tu le fasses.<br>*I want you to do it.* | Je veux le faire.<br>*I want to do it.* |
| Nous préférons qu'il soit à l'heure.<br>*We prefer that he be on time.* | Nous préférons être à l'heure.<br>*We prefer to be on time.* |

Use **de** before an infinitive after the verb **regretter** or phrases that include the verb **être.**

Je regrette **de** partir demain. Elle est contente **de** venir.

Remember to use an infinitive after expressions such as **il faut** or **il est important de** to talk about people in general, rather than someone specific.

| TALKING ABOUT SOMEONE SPECIFIC | TALKING ABOUT PEOPLE IN GENERAL |
|---|---|
| Il faut que nous le fassions.<br>*We have to do it.* | Il faut le faire.<br>*It has to be done.* |
| Il est important qu'il y aille.<br>*It's important for him to go there.* | Il est important d'y aller.<br>*It's important to go there.* |

**A. De bons conseils.** Dites s'**il faut,** s'**il vaut mieux** ou s'**il ne faut pas** faire ces choses quand on voyage à l'étranger.

**EXEMPLE** prendre la photo d'un tableau avec un flash dans un musée
**Il ne faut pas prendre la photo d'un tableau avec un flash dans un musée.**

© Comstock/PhotoLibrary

1. arriver à l'aéroport bien à l'avance
2. oublier son passeport
3. passer la sécurité
4. fumer dans l'avion
5. montrer son passeport à la douane
6. réserver une chambre avant de partir
7. faire beaucoup de bruit à l'hôtel
8. savoir parler un peu la langue

Maintenant, imaginez que vous donnez ces mêmes conseils à un groupe de jeunes qui partent en voyage.

**EXEMPLE** prendre la photo d'un tableau avec un flash dans un musée
**Il ne faut pas que vous preniez la photo d'un tableau avec un flash dans un musée.**

**B. Préférences.** Choisissez les mots entre parenthèses qui décrivent le mieux vos préférences quand vous voyagez. Conjuguez le verbe au subjonctif ou utilisez l'infinitif comme il convient.

1. Pour un long voyage, je préfère... (prendre l'avion, prendre le train, prendre ma voiture, ???)
2. Je préfère que mon vol... (être le matin, être l'après-midi, être le soir)
3. Pendant le vol, j'aime... (lire, voir le film, écouter de la musique, dormir, parler avec d'autres passagers, ???)
4. Je n'aime pas que les autres passagers près de moi... (parler tout le temps, avoir un petit bébé, se lever tout le temps, ???)
5. Je préfère que l'hôtel... (être de grand luxe, être beau mais pas trop cher, être dans une rue calme et tranquille, ???)
6. Je préfère que ma chambre d'hôtel... (avoir le wi-fi gratuit, être propre, avoir une belle vue, ???)
7. Généralement, j'aime... (dîner dans ma chambre d'hôtel, manger au restaurant de l'hôtel, sortir dîner dans un restaurant du quartier)
8. À l'hôtel, je préfère... (payer en chèques de voyage, payer par carte de crédit, payer en espèces)

**C. Des courses.** Micheline et sa sœur se préparent pour aller voir leur oncle qui habite dans une autre ville. Micheline préfère faire ce qu'on peut faire à la maison et elle veut que sa sœur aille faire les courses. Que dit-elle à sa sœur de faire?

**EXEMPLE** faire le ménage / faire des courses
**Je voudrais que tu fasses des courses. Moi, je préfère faire le ménage.**

1. aller retirer de l'argent au distributeur de billets / faire les valises
2. acheter un cadeau pour l'oncle Jean / lui faire un gâteau
3. écrire un mail à l'oncle Jean / envoyer ces lettres
4. téléphoner à l'hôtel / aller à la pharmacie
5. chercher des renseignements sur la région sur Internet / acheter un plan de la ville
6. aller en ville / rester à la maison

**D. Entretien.** Interviewez votre partenaire sur un voyage qu'il/elle voudrait faire.

1. Où est-ce que tu voudrais faire un voyage? Quand est-ce que tu voudrais le faire? Est-ce que tu aimerais que ta famille ou que tes amis voyagent avec toi?
2. Est-ce que tu préfères que ton hôtel soit un hôtel de luxe ou pas cher? Est-il important qu'il y ait une piscine? Aimes-tu nager dans la piscine d'un hôtel?
3. Aimes-tu voyager en avion? Aimes-tu parler avec les personnes à côté de toi dans l'avion ou préfères-tu dormir? Quand tu arrives, préfères-tu prendre la navette ou un taxi pour te rendre à ta destination ou préfères-tu que quelqu'un vienne te chercher?

# Giving directions

**Note** *culturelle*

**Sur le plan de Pointe-à-Pitre, vous pouvez voir le musée Schœlcher. Victor Schœlcher, homme politique français, était à la tête du mouvement pour l'abolition de l'esclavage *(slavery)* dans les colonies françaises. En 1848, il a réussi à faire accomplir son but *(goal)* et par le décret d'abolition de l'esclavage du 27 avril 1848, l'esclavage a été aboli. Que savez-vous de l'histoire de l'abolition de l'esclavage?**

## Les indications

Luc et Micheline visitent Pointe-à-Pitre. Ils sont à l'office de tourisme. Voici un plan du centre-ville. Qu'est-ce qu'il y a dans le quartier?

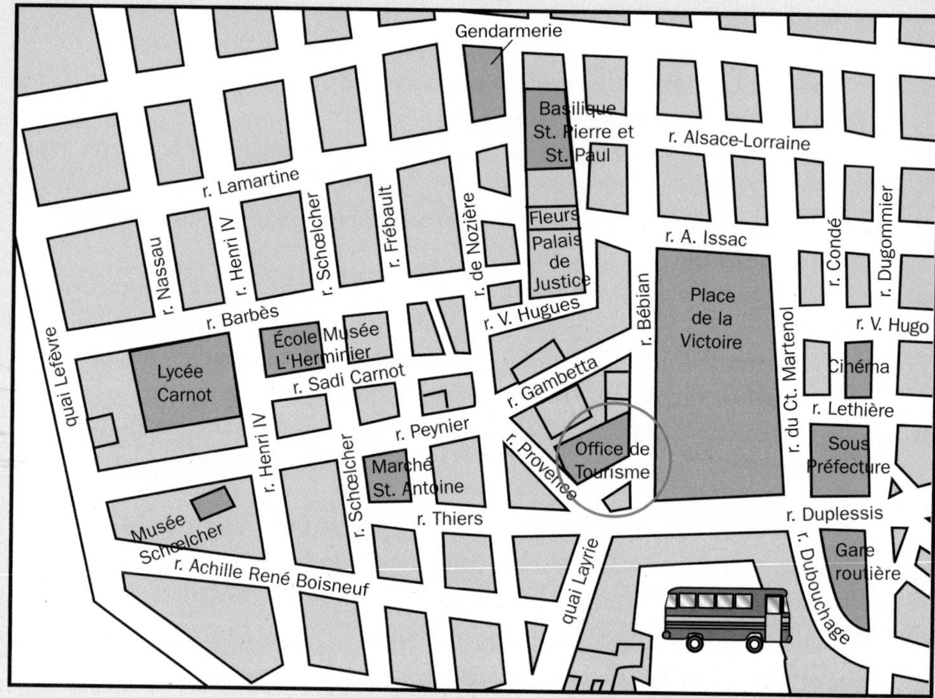


L'employé à l'office de tourisme va **expliquer** à Luc et à Micheline comment arriver au musée Schœlcher. Voici quelques expressions **utiles** pour **indiquer le chemin.**

| | |
|---|---|
| Prenez la rue... | **Traversez la place...** |
| Continuez **tout droit jusqu'à...** | C'est dans la rue... |
| Tournez à droite. | sur le boulevard... |
| Tournez à gauche. | sur l'avenue... |
| Descendez la rue... | sur la place... |
| Montez la rue... | C'est **au coin de** la rue. |

**expliquer** *to explain* **utile** *useful* **indiquer le chemin** *to give directions, to show the way* **tout droit jusqu'à...** *straight ahead until / as far as / up to . . .* **traverser** *to cross, to go across* **la place** *the square* **au coin de** *on the corner of*

CD 3-22

Micheline demande à l'office de tourisme comment aller au musée Schœlcher.

**MICHELINE:** S'il vous plaît, monsieur, pourriez-vous m'expliquer comment aller au musée Schœlcher?

**L'EMPLOYÉ:** Bien sûr, mademoiselle, il n'y a rien de plus simple. C'est tout près. Montez la rue Provence jusqu'à la rue Peynier. Tournez à gauche...

**MICHELINE:** À gauche dans la rue Peynier?

**L'EMPLOYÉ:** Oui, c'est ça. Continuez tout droit et le musée Schœlcher est sur votre gauche, juste après la rue Henri IV.

**MICHELINE:** Je vous remercie, monsieur.

**L'EMPLOYÉ:** Je vous en prie, mademoiselle.

**A. Où allez-vous?** Imaginez que vous êtes à l'office de tourisme avec Luc et Micheline. D'abord, complétez les explications suivantes en traduisant les mots entre parenthèses. Ensuite regardez le plan à la page précédente et dites où vous arrivez.

1. ______ *(Go up)* la rue Provence ______ *(as far as)* la rue Peynier. ______ *(Turn left)*. ______ *(Continue straight ahead)* et il est sur votre gauche, juste après la rue Henri IV.
2. ______ *(Cross)* la place de la Victoire et prenez la rue Lethière. ______ *(Continue straight ahead)* jusqu'à la rue Condé et ______ *(turn left)*. Il est sur votre ______ *(right)* entre la rue Victor Hugo et la rue Lethière.
3. ______ *(Go up)* la rue Bébian ______ *(as far as)* la rue Alsace-Lorraine. ______ *(Turn left)*. Elle est juste devant vous.
4. ______ *(Go up)* la rue Provence, ______ *(turn left)* dans la rue Peynier. ______ *(Continue straight ahead)* et il est sur votre gauche, entre la rue Frébault et la rue Schœlcher.

© Stuart Cohen/The Image Works

## À vous!

D'abord, avec un(e) partenaire, relisez à haute voix la conversation entre Micheline et l'employé. Ensuite, votre partenaire va vous demander comment aller à votre restaurant préféré en partant de *(leaving from)* l'université. Expliquez-lui comment y aller. Il/Elle va créer un plan selon vos indications.

Vous pouvez utiliser aussi ces mots:

**au feu** *at the light*
**au stop** *at the stop sign*
**Prenez l'autoroute 35.** *Take freeway 35.*
**Prenez la sortie 7.** *Take exit 7.*
**vers le nord / le sud / l'est / l'ouest** *toward the north / the south / the east / the west*

You can find a list of the new words from this ***Compétence*** on page 419 and audio for each item of this list at **www.cengagebrain.com/shop/ISBN/0495912492.**

Pour vérifier

**1.** How do you form the imperative of most verbs? Which verbs drop the final **s** in the **tu** form of the imperative? Which two verbs are irregular in the imperative and what are their forms?

**2.** Where do you place **y, en,** and object and reflexive pronouns in negative commands? Where do you place **y, en,** and object and reflexive pronouns in affirmative commands? What happens to **me** and **te** in an affirmative command?

**3.** When do you reattach the **s** to a **tu** form command?

iLrn Grammar Tutorials

**Sélection musicale.** Search the Web for the song **Fais pas ci, fais pas ça** by Jacques Dutronc to enjoy a musical selection illustrating the use of this structure.

## Telling how to go somewhere

### *Reprise de l'impératif et les pronoms avec l'impératif*

You use the **impératif** (command) form of the verb to give directions. As you have seen, the imperative of most verbs is the **tu, vous,** or **nous** form of the verb without the subject pronoun.

| | |
|---|---|
| Descends cette rue! | *Go down this street!* |
| Traversez la place! | *Cross the square!* |
| Allons à la banque! | *Let's go to the bank!* |

Remember to drop the final **s** of **-er** verbs and of **aller,** but not of other verbs, in **tu** form commands.

| | | | | |
|---|---|---|---|---|
| | Tourne à gauche! | *Turn left!* | Va en ville! | *Go to town!* |
| BUT: | Prend**s** la navette! | *Take the shuttle!* | Fai**s** ta valise! | *Pack your bag!* |

Review the irregular command forms of **être** and **avoir.**

| | | | |
|---|---|---|---|
| Sois calme! | *Be calm!* | Aie de la patience! | *Have patience!* |
| Soyons gentils! | *Let's be nice!* | Ayons confiance! | *Let's have confidence!* |
| Soyez à l'heure! | *Be on time!* | Ayez pitié! | *Have pity!* |

In negative commands, reflexive pronouns, direct and indirect object pronouns, **y,** and **en** are placed before the verb.

| | |
|---|---|
| Ne te perds pas! | *Don't get lost!* |
| Ne les prends pas! | *Don't take them!* |
| N'y va pas! | *Don't go there!* |

In affirmative commands, pronouns are attached to the end of the verb with a hyphen.

| | |
|---|---|
| Attends-le à l'aéroport. | *Wait for him at the airport.* |
| Dis-lui que nous arriverons bientôt. | *Tell her that we will arrive soon.* |

When **me** and **te** are attached to the end of the verb, they become **moi** and **toi.**

| | | | |
|---|---|---|---|
| Attendez-moi! | *Wait for me!* | Lève-toi! | *Get up!* |

When **y** or **en** follows a **tu** form command, the final **s** is reattached to the end of the verb and it is pronounced in liaison.

| | | | |
|---|---|---|---|
| Va**s**‿-y! | *Go ahead!* | Mange**s**‿-y! | *Eat there!* |
| Achète**s**‿-en! | *Buy some!* | Mange**s**‿-en! | *Eat some!* |

**A. Le chemin.** Consultez le plan à la page 406 et expliquez comment aller...

- de l'office de tourisme à la gendarmerie *(police station)*
- de la gendarmerie au musée Schœlcher
- du musée Schœlcher à la sous-préfecture *(administrative building)*

**B. Un drôle de touriste.** Votre nouvel ami, un extraterrestre, descend dans un hôtel. Dites-lui ce qu'il faut et ce qu'il ne faut pas faire.

EXEMPLE Je m'habille avant de prendre une douche?
**Non, ne t'habille pas avant de prendre une douche. Habille-toi après.**

1. Je me couche par terre?
2. Je m'habille dans le jardin?
3. Je me brosse les mains?
4. Je me lave à la réception?
5. Je me lève à minuit?
6. Je me couche à midi?
7. Je me déshabille dans le couloir?
8. Je me brosse les dents avec l'eau de la piscine?

**C. Luc est amoureux.** Luc est tombé amoureux de Micheline et il ne veut pas qu'elle l'oublie quand il sera de retour en France. Vous êtes son ami(e). Répondez à ses questions. Dites-lui de faire ou de ne pas faire chaque chose.

EXEMPLE **—Est-ce que je devrais lui écrire des mails de France?**
**—Oui, écris-lui des mails.**
**Non, ne lui écris pas de mails. Téléphone-lui.**

1. Est-ce que je devrais l'inviter à venir me voir l'été prochain?
2. Je devrais lui téléphoner deux fois par jour?
3. Est-ce que je devrais lui dire que je suis amoureux d'elle?
4. Est-ce que je devrais lui envoyer des fleurs *(flowers)*?
5. Est-ce que je devrais l'oublier?
6. Je ferais mieux de la quitter pour toujours?
7. Est-ce que je devrais l'embrasser avant de partir?

**D. Micheline aussi!** Micheline aussi est amoureuse de Luc. Est-ce qu'elle lui dirait de faire les choses indiquées dans ***C. Luc est amoureux***?

EXEMPLE **Écris-moi des mails. / Ne m'écris pas de mails. Téléphone-moi.**

**E. Conseils.** Répondez aux questions d'un touriste. Utilisez l'impératif et le pronom convenable. Jouez les deux rôles avec un(e) partenaire.

EXEMPLE **—Quand est-ce que je devrais confirmer mon vol?**
**—Confirmez-le 72 heures avant votre départ.**

1. Quand est-ce que je règle la note de la chambre?
2. Comment est-ce que je peux régler la note?
3. Où est-ce que je peux prendre le petit déjeuner?
4. Où est-ce que je peux changer un chèque de voyage?
5. Où est-ce que je peux acheter des timbres?
6. Où est-ce que je peux acheter un plan de la ville?
7. Comment est-ce que je peux aller à l'aéroport?
8. Où est-ce que je peux acheter de l'aspirine?

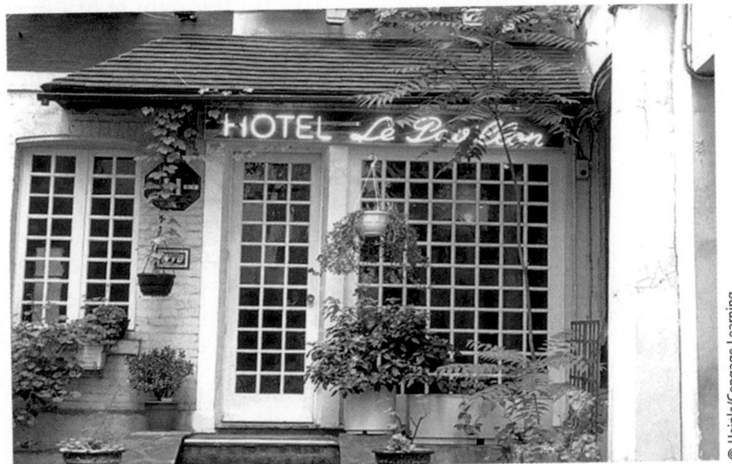

# Reprise

## Les Stagiaires

See the ***Résumé de grammaire*** section at the end of each chapter for a review of all the grammar presented in the chapter.

© Heinle/Cengage Learning

Comme vous l'avez découvert dans l'épisode précédent de la vidéo, Monsieur Vieilledent va partir en voyage aux Antilles. Faites les exercices qui suivent pour en savoir un peu plus *(to know a little more)* sur son voyage et pour réviser ce que vous avez appris dans ce chapitre avant de regarder le dernier clip de la vidéo.

**A. À l'étranger.** C'est le grand jour: Monsieur Vieilledent part en vacances! D'abord, dites ce qu'il vaut mieux faire en général quand on part en voyage.

**EXEMPLE** apporter *(to bring)* beaucoup de choses ou apporter une seule valise?
**Il vaut mieux apporter une seule valise.**

1. chercher un hôtel à l'arrivée ou réserver une chambre à l'avance?
2. faire les valises à l'avance ou faire les valises au dernier moment?
3. arriver à l'aéroport juste avant le départ ou être à l'aéroport au moins deux heures avant le départ?
4. se souvenir de prendre sa carte d'identité ou oublier sa carte d'identité à la maison?

Maintenant, dites à Monsieur Vieilledent ce qu'il vaut mieux qu'il fasse. Utilisez les phrases precédentes.

**EXEMPLE** **Il vaut mieux que vous apportiez une seule valise.**

**B. Des préparatifs.** Vous aussi, vous partez à l'étranger avec un(e) ami(e) et vous faites les préparatifs. Dites à votre ami(e) ce que vous préférez faire et ce que vous préférez qu'il/elle fasse.

**EXEMPLE** choisir l'hôtel / choisir le vol
**Je préfère choisir le vol et je préfère que tu choisisses l'hôtel.**

1. faire les réservations d'hôtel / louer une voiture
2. lire le guide touristique / chercher des renseignements sur le Web
3. dormir dans le lit / dormir sur le canapé
4. acheter des timbres au bureau de poste / changer des chèques de voyage
5. payer le voyage / ne rien payer

**C. En voyage.** Votre ami(e) vous pose les questions suivantes pendant votre voyage. Répondez en utilisant l'impératif avec un pronom complément d'objet direct. Jouez les deux rôles avec un(e) partenaire.

**EXEMPLE** —**Je mets le réveil** *(set the alarm)* **pour six heures ou pour huit heures?**
—**Ne le mets pas pour six heures. Mets-le pour huit heures.**

1. Je paie l'hôtel avec ma carte de crédit ou avec ta carte de crédit?
2. Je fais le lit ou je le laisse pour la femme de chambre *(maid)*?
3. Je prends la clé avec moi ou je la laisse à la réception?
4. J'appelle le taxi une heure ou deux heures avant le vol?
5. J'écris ces cartes postales avant de partir ou je les écris dans l'avion?

**D. Il est malade!** Pauvre Monsieur Vieilledent tombe malade pendant son voyage. Il dit les choses suivantes à Camille au téléphone. Donnez les réactions de Camille à ce qu'il dit.

**EXEMPLE** Je me sens très malade et j'ai très mal à la tête.
**Je suis désolée que vous vous sentiez très malade et que vous ayez très mal à la tête.**

| Je regrette que... | Je suis désolée que... | C'est dommage que… |
|---|---|---|
| Il est bon que... | Il n'est pas bon que... | Il est important que… |

1. Je n'ai pas d'appétit et je ne mange presque rien.
2. Je reste au lit et je me repose.
3. L'hôtelier connaît un très bon médecin et il va lui téléphoner.
4. Je tousse toute la nuit et je ne peux pas dormir.
5. Je bois beaucoup de liquides et je prends de l'aspirine.

**E. Quelques ennuis.** Monsieur Vieilledent se trouve dans les situations suivantes pendant son voyage. Avec un(e) partenaire, préparez une conversation pour chacun de ces scénarios.

Pauvre Monsieur Vieilledent! On a perdu sa réservation d'hôtel, alors il cherche un autre hôtel. Il discute des choses suivantes avec le (la) réceptionniste.

- *He says that he is looking for a room for two weeks.*
- *He describes what sort of room he is looking for. [Use your imagination!]*
- *They discuss the price, including breakfast.*

Monsieur Vieilledent est toujours malade. Préparez la conversation suivante entre le médecin et lui.

- *The doctor greets him and asks what is wrong.*
- *He says that he is coughing and has a sore throat and a headache.*
- *The doctor says he has the flu and gives him a prescription for medicine. The doctor says that it is important that he take it every morning and gives him other advice on what else to do.*

Monsieur Vieilledent va enfin mieux et il a décidé de passer deux ou trois jours en Guadeloupe. Il est perdu dans Pointe-à-Pitre. Consultez le plan de Pointe-à-Pitre à la page 406. Monsieur Vieilledent est à la gare routière dans la rue Dubouchage. (Cherchez le petit autobus.) Il veut aller au marché St. Antoine et il demande le chemin à un(e) passant(e). Jouez la scène avec un(e) partenaire. Ensuite, changez de rôles. Cette fois, Monsieur Vieilledent voudrait aller de la gare routière au lycée Carnot.

Access the Video ***Les Stagiaires*** at iLrn and on the *Horizons* Premium Website.

## Épisode 10: Au revoir et merci!

Dans cet épisode final, c'est le dernier jour de stage pour Rachid et Amélie et Monsieur Vieilledent, de retour de *(back from)* vacances, et tous leurs collègues de Technovert se réunissent *(get together)* pour leur dire au revoir. C'est surtout difficile pour Matthieu! Est-ce qu'il reverra Amélie?

Avant de regarder le clip, pensez à une chose que vous pourriez leur dire si vous étiez Monsieur Vieilledent et à une chose que vous pourriez dire si vous étiez Amélie ou Rachid.

Ensuite, regardez le clip pour découvrir ce qui se passe—ou non—entre Matthieu et Amélie.

# Lecture et Composition

© Michel Spingler/AFP/Getty Images

**Yannick Noah, d'origine française et camerounaise, a fondé une organisation bénévole pour aider les enfants pauvres.**

Look for this song and others performed by Yannick Noah on the Internet.

## Lecture

### Pour mieux lire: *Using your knowledge of the world*

Social problems are a common theme in many songs. In ***Donne-moi une vie,*** Yannick Noah makes an impassioned plea for help for the poor children of the world. Knowledge of various social problems and situations should help you read the song more easily. Before reading the lyrics, do this activity to help you understand them.

**Enfants perdus.** Avec vos camarades de classe, parlez de comment devrait être la vie *(life)* des enfants suivants, tous mentionnés dans la chanson.

| | |
|---|---|
| les mendiants | *beggars* |
| les gosses à la colle | *kids sniffing glue* |
| les filles qu'on solde / les gamins vendus | *girls who are sold / sold kids* |
| les enfants soldats | *children soldiers* |

## *Donne-moi une vie* (Paroles et musique: Gildas Arzel / Erk Music Sony/BMG www.sonybmg.fr)

**De tous les ailleurs et d'ici**
Des mendiants du Pérou
Des gosses à la colle de Manille
**Monte une voix**

De Calcutta en Haïti
Des sous-sols de Moscou
Des filles qu'on solde en Roumanie
Une seule voix
Qui répète ça

Donne-moi une vie
**Un espoir, une envie**
Donne-moi une vie
Quelque chose à perdre aussi.

Du Darfour **brûlant** à Grosnyï
**De décharges en égouts**
Des gamins vendus de Bali
Monte une voix.

De Gaza, d'Irak, d'Éthiopie
Les enfants soldats de partout
De Kaboul, **de celles** qu'on oublie
Une seule voix
Qui répète ça.

Donne-moi une vie
Un espoir, une envie
Donne-moi une vie
Un demain à aujourd'hui
Quelque chose à perdre aussi.

Donne-moi **au moins le début**
D'un possible à finir
Donne-moi mieux qu'un jour
de plus
De plus **à tenir**
Quelque chose **à remplir**
Qui me fera vieillir
**Un avenir,** un avenir.

Donne-moi une vie
Un espoir, une envie
Donne-moi une vie
Un demain à aujourd'hui
Quelque chose à perdre aussi.

*Donne-moi use vie,* Kevin Organisation Éditions.

**De tous les ailleurs et d'ici** *From everywhere else and from here* **Monte une voix** *Rises a voice* **Un espoir, une envie** *A hope, a desire* **brûlant** *burning* **De décharges en égouts** *From dumps to sewage ditches* **de celles** *from those* **au moins le début** *at least the start* **à tenir** *to hold on to* **à remplir** *to fill, to fulfill* **Un avenir** *A future*

## Compréhension

Nommez cinq choses que, selon cette chanson *(song),* les enfants veulent qu'on leur donne.

# Composition

### Pour mieux écrire: *Softening or hardening your tone*

In ***Donne-moi une vie,*** the imperative is used to make a plea. When making suggestions or trying to persuade someone to do something in French, you can sound more forceful or more gentle by using the subjunctive, the imperative, or the conditional to harden or soften your tone. Generally, using the imperative will sound more demanding and the conditional will sound more polite. Expressions that are followed by the subjunctive can range from soft to harsh.

**Organisez-vous.** Vous allez parler d'un problème et suggérer des changements. Avant d'écrire votre rédaction, considérez les phrases suivantes et mettez-les dans l'ordre, de la plus douce *(soft)* à la plus sévère.

1. Faites-le! / Pourriez-vous le faire? / Il faut que vous le fassiez.
2. Vous devriez être plus réalistes. / Soyez plus réalistes! / Il vaut mieux être plus réalistes.
3. Il faut que ça change. / Je préfère que ça change. / Je préférerais que ça change.
4. Je ne veux pas que ça continue. / Je regrette que ça continue. / Je suis furieux (furieuse) que ça continue.
5. Il est essentiel de dire ce qu'on pense. / Il vaut mieux dire ce qu'on pense. / Il est important de dire ce qu'on pense.
6. J'insiste que tout le monde sache la vérité *(the truth).* / Je voudrais que tout le monde sache la vérité. / Je veux que tout le monde sache la vérité.

## Il faut changer le monde!

Vous allez parler d'une situation ou d'un problème particulier. Donnez autant de *(as many)* détails que possible à son sujet et expliquez clairement pourquoi vous voulez une fin ou une solution à ce problème. Cette situation peut être quelque chose de votre vie personnelle, une situation politique ou un problème social comme dans la chanson ***Donne-moi une vie*** à la page précédente. Ensuite, suggérez ce qu'il faut faire, à votre avis *(opinion),* pour améliorer la situation.

# Comparaisons culturelles

## La musique francophone: les influences africaines et antillaises

Le Français moyen écoute au moins 2 heures de musique par jour et la diversité **croissante** de la société française est reflétée dans sa musique. La chanson française traditionnelle reste la musique préférée de la plupart des Français, mais la musique africaine et antillaise est de plus en plus populaire.

© AP Photo/Keystone, Fabrice Coffrini

Youssou N'Dour

© AP Photo/Jason DeCrow

Angélique Kidjo

## La musique francophone africaine

Dans la musique francophone d'Afrique, on trouve cinq genres d'influence régionale importants.

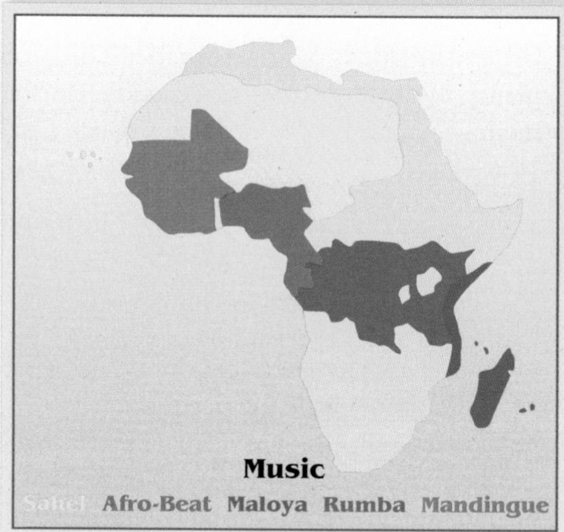


**la rumba**
Pays francophones d'origine: la République démocratique du Congo, le Congo
Instruments typiques: **les tambours, les trompes,** les flûtes et les xylophones
Artistes: Papa Wemba, Zao, Tabu Ley Rochereau, Wendo Kolosay

**la musique Sahel**
Pays francophones d'origine: le Sénégal, le Burkina Faso, la Mauritanie, le Mali, le Niger
Instruments typiques: les luths et les tambours
Artistes: Youssou N'Dour, Wasis Diop, Ismaël Lô, Ali Farka Touré

**l'afrobeat**
Pays francophones d'origine: le Togo, le Bénin, le Cameroun, la République centrafricaine
Instruments typiques: la percussion
Artistes: Angélique Kidjo, Francis Bebey, Lapiro Mbanga, Sally Nyolo

**la musique Mandingue**
Pays francophones d'origine: le Sénégal, la Côte d'Ivoire, la Guinée
Instruments typiques: **la kora, le balafon,** la percussion
Artistes: Amadou & Mariam, Tiken Jah Fakoly, Alpha Blondy, Salif Keïta

**la musique Maloya**
Pays francophones d'origine: Madagascar, l'Île Maurice, La Réunion, les Seychelles et les Comores
Instruments typiques: **la cithare** et l'accordéon
Artistes: René Lacaille, Danyel Waro, Abou Chihabi

**croissante** *growing* **les tambours** *drums* **les trompes** *horns* **la kora** *the kora* (a 21 string harp lute) **le balafon** *the balaphone* (an instrument similar to the xylophone) **la cithare** *the zither*

## La musique francophone antillaise

Quand on pense à la musique antillaise, on pense surtout au reggae et au zouk.

Le reggae, né en Jamaïque pendant les années 60, est devenu populaire chez les Français. Dans un sondage sur les genres de musique les plus appréciés en France, 38% des jeunes hommes de 15 à 24 ans mentionnent le reggae.

Le zouk, né en Guadeloupe et en Martinique dans les années 80, est chanté en français ou en créole et le verbe *zouker* est devenu un synonyme de *danser* dans la région. Comme beaucoup de musiques aux Caraïbes, cette musique montre des influences de la rumba africaine.

Le succès du reggae et des artistes du zouk antillais, comme Jocelyne Béroard, Sonia Dersion, Zouk Machine et surtout du groupe Kassav', a servi d'inspiration pour une renaissance de la musique populaire en Afrique. L'interaction artistique entre les Antilles et l'Afrique est signe des **liens** culturels forts entre leurs peuples.

## Compréhension

1. Quels sont cinq genres de musique africaine qui ont influencé la musique francophone? Est-ce que la musique africaine a influencé la musique de votre pays? Quels genres de musique?
2. Quels sont deux genres de musique antillaise populaires en France? Dans lequel de ces genres est-ce qu'on trouve souvent des chansons en créole? Qui est Kassav'? Est-ce qu'on écoute ces genres de musique dans votre région?

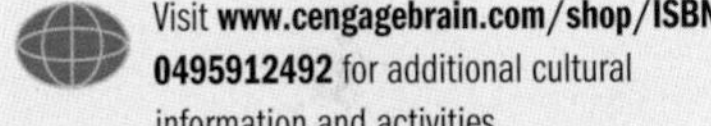

Visit **www.cengagebrain.com/shop/ISBN/0495912492** for additional cultural information and activities.

**Zouker, c'est danser.**

**Jean-Philippe Martheley avec le groupe Kassav' et Jocelyne Béroard**

**liens** *ties*

## Impersonal expressions and the infinitive

Use an infinitive after the following expressions to state general advice and opinions. Notice that **il faut** means *it is necessary,* **il ne faut pas** means *one should / must not,* and **il n'est pas nécessaire** means *it is not necessary.*

Pour préparer un voyage à l'étranger, **il faut obtenir** des passeports. **Il vaut mieux réserver** une chambre à l'avance. **Il ne faut pas attendre** le dernier moment.

Il faut... / Il ne faut pas...
Il est nécessaire de... / Il n'est pas nécessaire de...
Il vaut mieux...
Il est essentiel / important / bon / mauvais de...
C'est bien de...

## The subjunctive *(Le subjonctif)*

The indicative mood expresses reality. The subjunctive mood conveys subjectivity; that is, feelings, desires, doubts, fears, opinions, and requests about what happens or might happen. The present subjunctive may imply either present or future actions.

The subjunctive is used in a second clause preceded by **que:**

S'il est malade, il faut **qu'il téléphone** au médecin.
J'ai peur **qu'il soit** très malade.
Je suis content **qu'il aille** chez le médecin.

- to give advice for someone in particular after impersonal expressions like those listed above. (In expressions like **il est bon de, que** replaces **de.**)
- when the verb in the first clause "triggers" the subjunctive in the second clause by expressing feelings, desires, doubts, fears, opinions, or requests; provided that the subject of the first clause is not the same as the subject of the second clause. (See page 400 for a list of such "trigger" verbs.)

For most verbs, form the subjunctive as follows.

- For **nous** and **vous,** the subjunctive looks like the imperfect.
- For the other forms, drop the **-ent** ending of the **ils/elles** form of the present indicative and add the endings: **-e, -es, -e, -ent.**

Le médecin veut **qu'il reste** au lit et **qu'il finisse** tous ses médicaments. Il vaut mieux **qu'il ne rende pas visite** à ses amis.

| | PARLER | FINIR | RENDRE |
|---|---|---|---|
| que je | parl**e** | finiss**e** | rend**e** |
| que tu | parl**es** | finiss**es** | rend**es** |
| qu'il/elle/on | parl**e** | finiss**e** | rend**e** |
| que nous | parl**ions** | finiss**ions** | rend**ions** |
| que vous | parl**iez** | finiss**iez** | rend**iez** |
| qu'ils/elles | parl**ent** | finiss**ent** | rend**ent** |

Most irregular verbs follow the same rule.

| | | |
|---|---|---|
| connaître | que je connais**se** | que nous connaiss**ions** |
| dire | que je dis**e** | que nous dis**ions** |
| dormir | que je dorm**e** | que nous dorm**ions** |
| écrire | que j'écriv**e** | que nous écriv**ions** |
| lire | que je lis**e** | que nous lis**ions** |
| partir | que je part**e** | que nous part**ions** |
| sortir | que je sort**e** | que nous sort**ions** |

Il ne veut pas **que je dise** à ses parents qu'il est malade.
Il faut **qu'il dorme** beaucoup. Il ne faut pas **qu'il sorte** ce soir.

These verbs follow the same rule, but have a different stem for the **nous** and **vous** forms.

| | | |
|---|---|---|
| acheter | que j'achèt**e** | que nous achet**ions** |
| boire | que je boiv**e** | que nous buv**ions** |
| devoir | que je doiv**e** | que nous dev**ions** |
| payer | que je pai**e** | que nous pay**ions** |
| prendre | que je prenn**e** | que nous pren**ions** |
| venir | que je vienn**e** | que nous ven**ions** |

Il faut **que nous achetions** ces médicaments à la pharmacie.
Il veut **que tu viennes** le voir.

Only seven verbs are irregular in the subjunctive: **avoir, être, aller, faire, vouloir, savoir,** and **pouvoir.** Memorize their conjugations from the charts on page 396. The subjunctive of **il y a** is **qu'il y ait** and the subjunctive of **il pleut** is **qu'il pleuve.**

Je regrette **qu'il soit** malade mais je suis content **qu'il aille** voir le médecin.

## The subjunctive or the infinitive?

The subjunctive is used when there are different subjects in the main and dependent clauses. When there is no change of subject, you normally use the infinitive. Also remember to use an infinitive after expressions such as **il faut** or **il est important de** to talk about what should be done as a general rule, rather than what specific people should do. Use **de** before an infinitive after the verb **regretter** or phrases that include the verb **être.**

Je ne veux pas **changer** mes chèques de voyage. Je préfère **que tu changes** tes chèques de voyage.

## Commands and using pronouns with commands

The imperative (command form) of most verbs is the **tu, nous,** or **vous** form of the verb without the subject pronoun. Remember to drop the final **s** of **-er** verbs and of **aller,** but not of other verbs, in **tu** form commands.

**Prends** la rue Provence, **va** jusqu'à la rue Thiers et **tourne** à gauche.
**Prenons** la rue Provence.
**Prenez** la rue Provence.

**Être** and **avoir** have irregular command forms: **sois, soyons, soyez** and **aie, ayons, ayez.**

**Sois** à l'heure.
**Aie** de la patience.

In negative commands, reflexive and object pronouns, **y,** and **en** are placed before the verb. In affirmative commands, pronouns are attached to the end of the verb with a hyphen, and **me** and **te** become **moi** and **toi.** When **y** or **en** follows a **tu** form command, the final **s** is reattached to the end of the verb.

**Ne lui achète pas** de cadeau dans la boutique de l'aéroport.
**Achète-lui** un cadeau au marché.
**Réveille-toi** tôt et **vas-y** le matin.

# VOCABULAIRE

## COMPÉTENCE 1

### Deciding where to stay

**NOMS MASCULINS**

**un balcon** *a balcony*
**un bruit** *a noise*
**un chalet de ski** *a ski lodge*
**un hôtelier** *a hotel manager*
**un lavabo** *a washbasin, a sink*
**le logement** *lodging*
**un mini-bar** *a mini-bar*
**un supplément** *an extra charge, a supplement*
**le wi-fi** *wi-fi*

**NOMS FÉMININS**

**une auberge de jeunesse** *a youth hostel*
**une clé** *a key*
**une hôtelière** *a hotel manager*
**la réception** *the front desk*
**une station estivale** *a summer resort*
**une télévision plasma / LCD** *a plasma / LCD television*

**EXPRESSIONS VERBALES**

**C'est bien de...** *It's good to . . .*
**Il est bon de...** *It's good to . . .*
**Il est essentiel de...** *It's essential to . . .*
**Il est important de...** *It's important to . . .*
**Il est mauvais de...** *It's bad to . . .*
**Il est nécessaire de...** *It's necessary to . . .*
**Il n'est pas nécessaire de...** *It's not necessary to . . .*
**Il faut...** *One must . . . , It's necessary to . . .*
**Il ne faut pas...** *One shouldn't . . . , One must not . . .*
**Il vaut mieux...** *It's better to . . .*
**recommander** *to recommend*

**ADJECTIFS**

**calme** *calm*
**compris(e)** *included*
**gratuit(e)** *free*
**privé(e)** *private*
**servi(e)** *served*

**DIVERS**

**bon séjour** *enjoy your stay*
**côté cour** *on the courtyard side*
**de luxe** *deluxe*
**en espèces** *in cash*
**fumeur / non-fumeur** *smoking / non-smoking*
**régler la note** *to pay the bill*

## COMPÉTENCE 2

### Going to the doctor

**NOMS MASCULINS**

**les frissons** *the shivers*
**un liquide** *a liquid*
**un médecin** *a doctor*
**un médicament** *a medecine, a medication*
**un rhume** *a cold*
**un symptôme** *a symptom*
**un virus** *a virus*

**NOMS FÉMININS**

**une allergie** *an allergy*
**de l'aspirine** *some aspirin*
**la grippe** *the flu*
**une indigestion** *indigestion*
**une ordonnance** *a prescription*

**LES PARTIES DU CORPS**

**la bouche** *the mouth*
**le bras** *the arm*
**le corps** *the body*
**les dents** *(f)* *the teeth*
**les doigts** *(m)* *the fingers*
**les doigts** *(m)* **de pied** *the toes*
**le dos** *the back*
**la gorge** *the throat*
**la jambe** *the leg*
**la main** *the hand*
**le nez** *the nose*
**l'œil** *(m)* (*pl* **les yeux**) *the eye*
**l'oreille** *(f)* *the ear*
**le pied** *the foot*
**la tête** *the head*
**le ventre** *the stomach*

**EXPRESSIONS VERBALES**

**avoir des frissons** *to have the shivers*
**avoir mal à...** *one's . . . hurt(s)*
**communiquer** *to communicate*
**éternuer** *to sneeze*
**tomber malade** *to get sick*
**tousser** *to cough*
**vomir** *to vomit, to throw up*

**DIVERS**

**au cours de** *in the course of, during, while on*
**enceinte** *pregnant*
**exactement** *exactly*
**Qu'est-ce qui ne va pas?** *What's wrong?*
**tout simplement** *quite simply*

## COMPÉTENCE 3

### Running errands on a trip

**NOMS MASCULINS**

| | |
|---|---|
| **un aéroport** | *an airport* |
| **un bureau de poste** | *a post office* |
| **un cadeau** (*pl* **des cadeaux**) | *a present* |
| **un distributeur de billets** | *an ATM machine* |
| **un kiosque** | *a kiosk* |
| **un marchand de cadeaux** | *a gift shop* |
| **un timbre** | *a stamp* |

**NOMS FÉMININS**

| | |
|---|---|
| **une banque** | *a bank* |
| **une carte téléphonique** | *a telephone card* |
| **une navette** | *a shuttle* |
| **une pharmacie** | *a pharmacy* |

**EXPRESSIONS VERBALES**

| | |
|---|---|
| **accepter que...** | *to accept that . . .* |
| **aller / venir chercher quelqu'un** | *to go / come pick someone up* |
| **c'est dommage que...** | *it's too bad that . . .* |
| **douter que...** | *to doubt that . . .* |
| **être content(e) que...** | *to be happy that . . .* |
| **être désolé(e) que...** | *to be sorry that . . .* |
| **être étonné(e) que...** | *to be astonished that . . .* |
| **être furieux (furieuse) que...** | *to be furious that . . .* |
| **être heureux (heureuse) que...** | *to be happy that . . .* |
| **être surpris(e) que...** | *to be surprised that . . .* |
| **être triste que...** | *to be sad that . . .* |
| **insister que...** | *to insist that . . .* |
| **j'aimerais autant...** | *I would just as soon . . .* |
| **regretter que...** | *to regret that . . .* |
| **retirer de l'argent** | *to withdraw money* |
| **souhaiter que...** | *to wish that . . .* |

**DIVERS**

| | |
|---|---|
| **en retard** | *late* |
| **principal(e)** (*mpl* **principaux**) | *principal, main* |

## COMPÉTENCE 4

### Giving directions

**NOMS MASCULINS**

| | |
|---|---|
| **un employé** | *an employee* |
| **l'office de tourisme** | *the Tourist Office* |
| **un plan** | *a map* |

**NOMS FÉMININS**

| | |
|---|---|
| **une employée** | *an employee* |
| **une expression** | *an expression* |
| **les indications** | *the directions* |
| **une place** | *a (town) square, a plaza* |

**EXPRESSIONS VERBALES**

| | |
|---|---|
| **avoir pitié (de)** | *to have pity (on)* |
| **continuer (tout droit)** | *to continue (straight ahead)* |
| **descendre la rue...** | *to go down . . . Street* |
| **expliquer** | *to explain* |
| **indiquer le chemin** | *to give directions, to show the way* |
| **monter la rue...** | *to go up . . . Street* |
| **prendre la rue...** | *to take . . . Street* |
| **remercier** | *to thank* |
| **tourner (à droite / à gauche)** | *to turn (right / left)* |
| **traverser** | *to cross, to go across* |

**EXPRESSIONS PRÉPOSITIONNELLES**

| | |
|---|---|
| **au coin de** | *on the corner of* |
| **dans la rue...** | *on . . . Street* |
| **jusqu'à** | *until, up to, as far as* |
| **sur l'avenue / le boulevard / la place...** | *on . . . Avenue / Boulevard / Square* |

**DIVERS**

| | |
|---|---|
| **juste** | *just* |
| **tout droit** | *straight (ahead)* |
| **utile** | *useful* |

# Interlude musical

## Tes vacances avec moi

### Sonia Dersion

Dans sa chanson **Tes vacances avec moi,** Sonia Dersion invite un ami à partir en vacances avec elle. Quelles sont les activités qu'on peut faire en couple en vacances?

You can access these songs on the iTunes playlist on **www.cengagebrain.com/shop/ISBN/0495912492.**

**Tes vacances avec moi.** Voici quelques phrases qu'on entend dans la chanson de Sonia Dersion, **Tes vacances avec moi.** En vous servant des mots que vous reconnaissez et de ce que vous pouvez deviner, trouvez l'équivalent de ces phrases en anglais.

| | |
|---|---|
| **1.** serre-moi dans tes bras | **a.** *my heart beats so fast* |
| **2.** le soleil tape si fort | **b.** *it's all the same to me* |
| **3.** tu m'emmènes avec toi | **c.** *hold me in your arms* |
| **4.** je m'évade | **d.** *I avoid boys* |
| **5.** je garde la cadence | **e.** *the sun's so strong* |
| **6.** mon cœur bat si vite | **f.** *you take me with you* |
| **7.** j'évite les garçons | **g.** *I keep the beat* |
| **8.** je te suivrais | **h.** *I get away from it all* |
| **9.** ça m'est égal | **i.** *I would follow you* |

**Bien que *(Although)* née en Guadeloupe, Sonia Dersion a passé toute sa jeunesse en Bretagne. Pourtant, le rythme des Antilles est évident dans sa musique.**

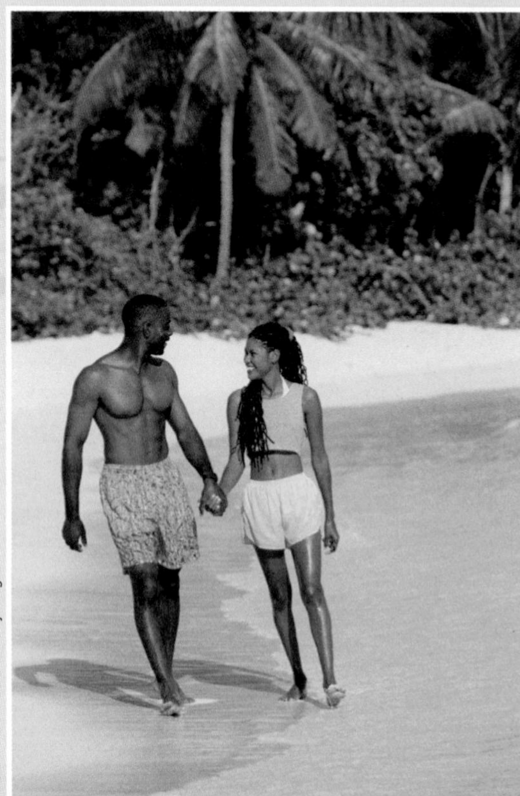



**Pourquoi pense-t-on souvent aux endroits tropicaux quand on envisage *(considers)* des vacances? Que faut-il pour des vacances idéales?**

## Plus rien ne m'étonne

### Tiken Jah Fakoly

Dans ses chansons, Tiken Jah Fakoly parle souvent de l'injustice, de l'oppression, de la colonisation, de la mondialisation *(globalization)* et des droits de l'homme *(human rights)*. Actuellement *(Currently)*, il vit *(lives)* en exil au Mali.

© Alain Jocard/AFP/Getty Images

**L'Ivoirien Tiken Jah Fakoly, chanteur de musique reggae, dit qu'il fait de la musique pour «éveiller *(to awaken)* les consciences».**

**A. Paroles.** Voici quelques nouveaux mots utilisés dans les paroles *(lyrics)* de la chanson **Plus rien ne m'étonne.** Est-ce que vous pouvez imaginer de quoi *(about what)* Tiken Jah Fakoly pourrait parler en utilisant ces mots dans le contexte de la colonisation ou de la mondialisation?

l'uranium
l'aluminium
les gisements *(mineral deposits)*
le blé *(wheat)*
l'or *(gold)*

**B. Régions.** Les endroits suivants sont mentionnés dans la chanson. Qu'est-ce que vous savez de l'histoire récente de ces endroits?

| | |
|---|---|
| la Thétchénie | l'Afghanistan |
| l'Arménie | le Pakistan |
| Haïti | l'Irak |
| Bangui | le Kurdistan |

Tiken Jah Fakoly mentionne aussi ces groupes ethniques. Informez-vous sur ces peuples sur Internet.

| | |
|---|---|
| les Mandingues | les Wolofs |
| les Mossis | les Soussous |

© AP Photo/Brennan Linsley

# Bienvenue en Afrique francophone

**LE FRANÇAIS** est une langue importante dans 22 pays d'Afrique et plus de 200 millions d'habitants de ce continent parlent français. Allons visiter trois régions africaines francophones!

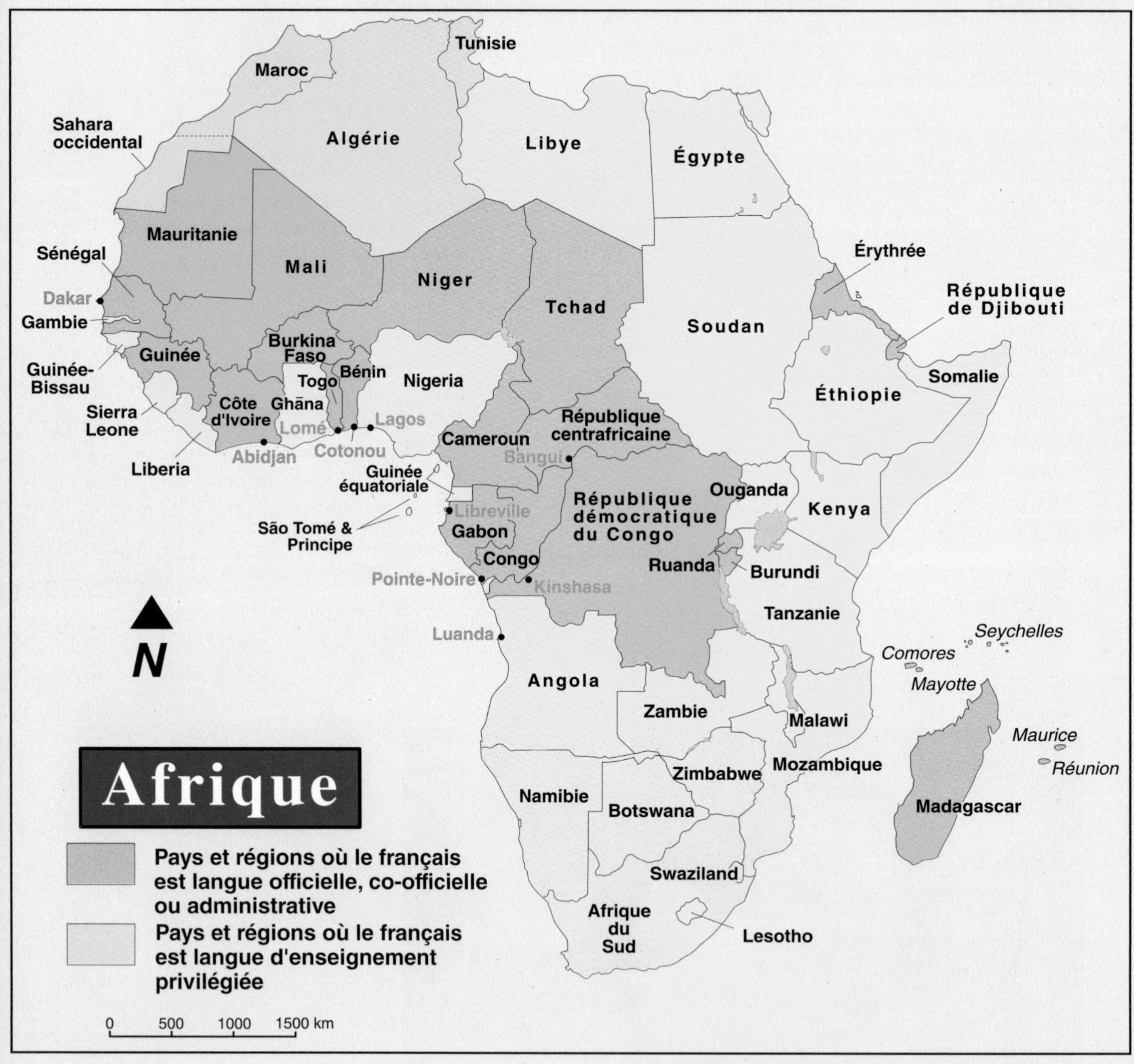

La Côte d'Ivoire est un pays fascinant par sa diversité géographique et culturelle. Dans ce seul pays, vous pouvez voir des régions géographiques très variées.

Bruce Paton/Panas Pictures

David Reed/Panos Pictures

Le long de **la côte**, il y a des plages et **des falaises.** Au centre, il y a la jungle et des forêts tropicales. Dans le nord, il y a la savane.

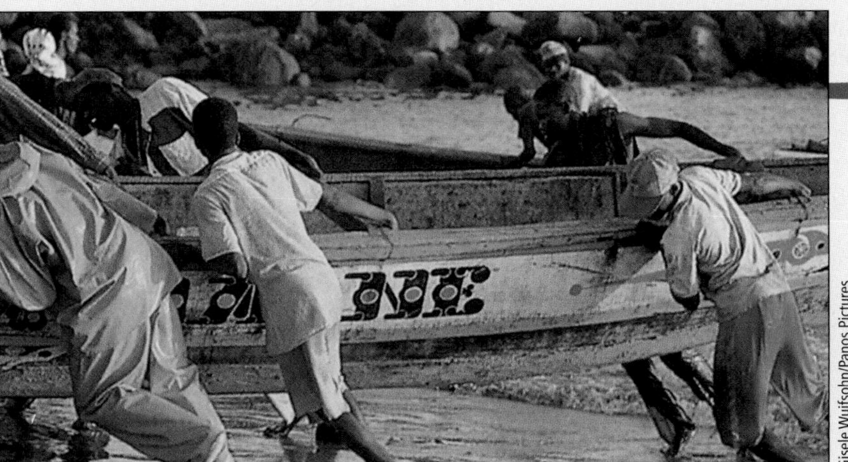

Gisele Wulfsohn/Panos Pictures

Il y a plus de 60 **tribus** différentes en Côte d'Ivoire, **chacune** avec ses **propres** traditions.

En Afrique, on trouve le moderne juxtaposé au traditionnel. Abidjan, la plus grande ville ivoirienne, est une belle ville moderne qu'on appelait **autrefois** le «Paris de l'Afrique».

Charles O. Cecil/Alamy

**la côte** *the coast* **des falaises** *cliffs* **tribus** *tribes* **chacune** *each one* **propres** *own* **autrefois** *in the past*

L'île de La Réunion, **qui se trouve** près de Madagascar dans l'Océan indien et à plus de 10 000 kilomètres de Paris, est un département de la France, tout comme Hawaii est un état des États-Unis.

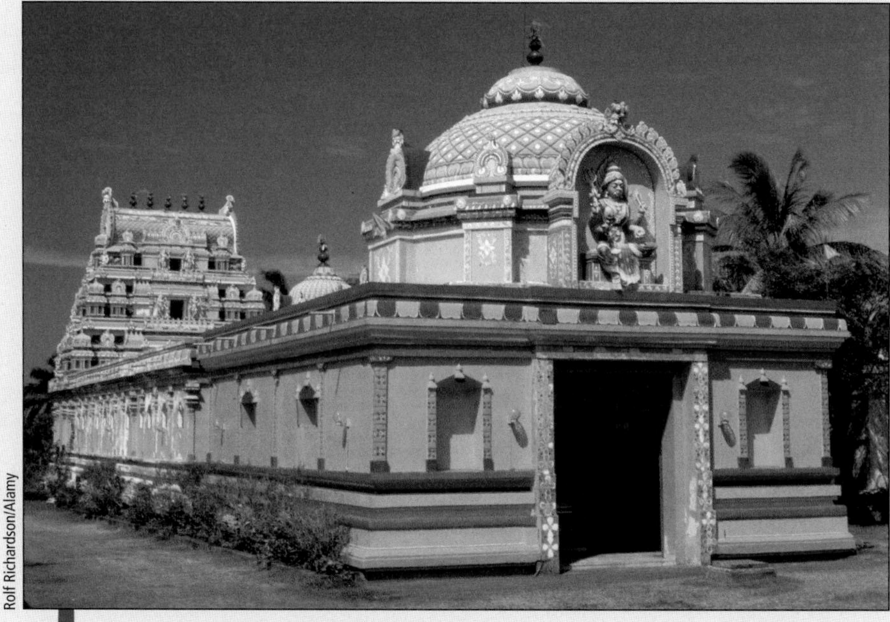

Rolf Richardson/Alamy

**La Réunion est une société riche de différentes cultures: française, africaine, hindoue, malaisienne, chinoise, créole... toutes au parfum tropical! Cette diversité se révèle dans une variété de traditions, de styles architecturaux, de musique et de cuisine.**

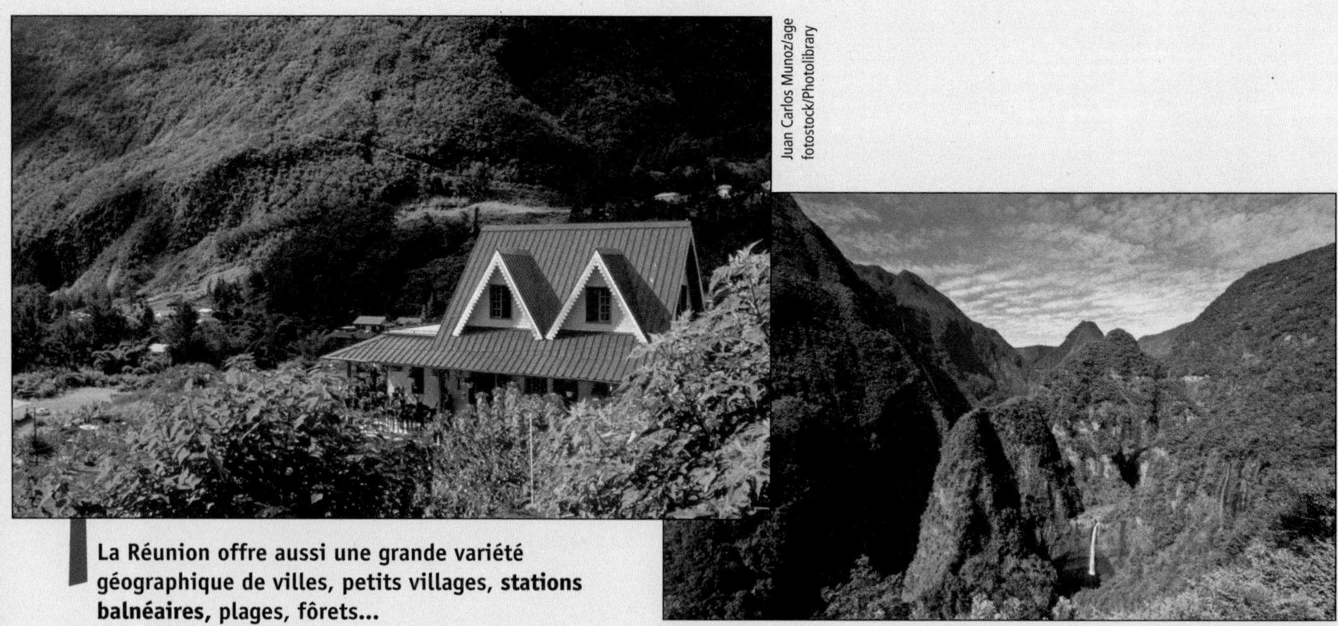

Juan Carlos Munoz/age fotostock/Photolibrary

Jean Francois Ferdinand/istockphoto.com

**La Réunion offre aussi une grande variété géographique de villes, petits villages, stations balnéaires, plages, fôrets...**

**qui se trouve** *which is located* **malaisienne** *Malaysian* **stations balnéaires** *seaside resorts*

Le Maroc, aussi appelé «le pays du soleil couchant» *(al-Maghrib al-aqsa)*, est l'état le plus occidental de l'Afrique du Nord. Par sa situation entre la Méditerranée, l'Atlantique et le Sahara, le Maroc **appartient à la fois** au monde méditerranéen, occidental et berbère.

Apollon/Iconotec/PhotoLibrary

**Composé de montagnes, de déserts, de plages, de côtes escarpées et de forêts, et doté de villes fascinantes (Rabat, Casablanca, Marrakech), le Maroc est un des plus beaux pays du monde.**

Richard Maschmeyer/age fotostock/Photolibrary

**Le Maroc est un trésor de sites historiques et archéologiques.**

Robert van der Hilst/CORBIS

**Encore plus attirante que la beauté de ses paysages, la culture marocaine est très riche car elle reflète l'histoire et les traditions du peuple marocain, tant d'origine arabe que berbère et saharienne.**

**appartient à la fois** *belongs at the same time* **côtes escarpées** *rocky coasts* **doté de** *endowed with* **attirante** *attractive* **car** *because* **tant de (d')** *as much*

En Belgique

# Un drôle de mystère

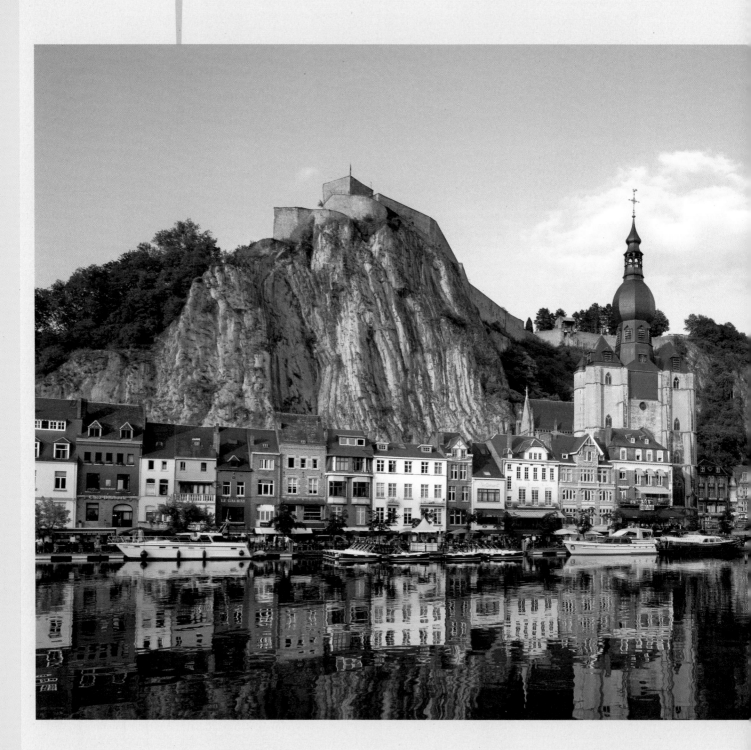

iLrn Heinle Learning Center

www.cengagebrain.com/shop/ISBN/0495912492

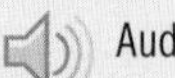

Audio

Internet web search

Pair work

Group work

# Chapitre de révision

© D A Barnes/Alamy

Quelqu'un a été assassiné et c'est à vous, le détective, de trouver le criminel. En même temps, vous allez faire une révision de ce que vous avez appris dans *Horizons*. Si vous avez des difficultés en faisant un exercice, référez-vous aux pages indiquées en marge *(in the margin)*.

# La Belgique

Avez-vous visité l'Europe? Connaissez-vous la Belgique? Voudriez-vous y aller?

La Belgique a **une frontière** commune avec la France au sud, **les Pays-Bas** au nord et l'Allemagne et le Luxembourg **à l'est.** Du point de vue culturel, la Belgique est **un mélange de** cultures latines, celtiques et germaniques, et cette diversité culturelle est reflétée dans la division culturelle et linguistique du pays.

En Belgique, il y a trois langues officielles: le français, **le flamand** (un dialecte **néerlandais**) et l'allemand.

Dans la Région flamande, au nord du pays, on parle flamand.

Dans la Région **wallonne,** au sud, on parle français.

Bruxelles, la capitale belge, est une ville bilingue.

© Steve Vidler/SuperStock

**La Grand-Place de Bruxelles est charmante.**

© Kevin Burke/Spirit/Corbis

**Liège est la plus grande ville wallonne.**

© Morton Beebe/Encyclopedia/CORBIS

**Anvers est la plus grande ville de la Région flamande.**

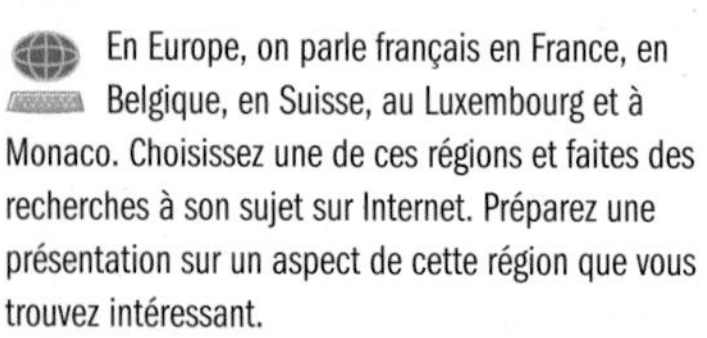

En Europe, on parle français en France, en Belgique, en Suisse, au Luxembourg et à Monaco. Choisissez une de ces régions et faites des recherches à son sujet sur Internet. Préparez une présentation sur un aspect de cette région que vous trouvez intéressant.

**une frontière** *a border* **les Pays-Bas** *the Netherlands* **à l'est** *to the east* **un mélange de** *a mixture of* **le flamand** *Flemish* **néerlandais** *Dutch* **wallonne** *Walloon* (French-speaking Belgian)

Visit it live on Google Earth!

**La Belgique (le Royaume de Belgique)**
**Nombre d'habitants: 10 826 000 (les Belges)**
**Capitale: Bruxelles**

L'opposition linguistique entre les Flamands et les Wallons est souvent reflétée dans une opposition politique. Pour dissiper cet antagonisme, un effort de décentralisation a donné plus de **pouvoir** aux trois régions: la Région flamande, la Région wallonne et la Région de Bruxelles.

La Belgique, un des membres fondateurs de l'Union européenne, est **le siège** du Conseil de l'Union européenne et aussi le siège européen de **l'OTAN.**

## Qu'en savez-vous?

1. La culture belge est un mélange de cultures _____, _____ et _____.
2. Les trois langues officielles de la Belgique sont _____, _____ et _____.
3. La Belgique est divisée en trois régions: la Région _____ au nord, la Région _____ au sud et la Région de _____ (la capitale).
4. Il y a souvent une opposition politique entre les _____ et les _____.
5. La Belgique est un des membres fondateurs de l'_____.
6. La Belgique est le siège du Conseil de l'_____ et aussi le siège européen de l'_____.

**Le bâtiment Justus Lipsius, siège du Conseil de l'Union européenne à Bruxelles**

**pouvoir** *power* **le siège** *the headquarters* **l'OTAN** *NATO*

# Les personnages

Dans ce chapitre, vous allez **résoudre** l'énigme d'un crime. C'est **un meurtre** qui **a lieu** dans un vieux château de la forêt des Ardennes, dans le sud de la Belgique. En résolvant le mystère, vous allez aussi réviser ce que vous avez appris dans ce livre. D'abord, faisons la connaissance des personnages de l'histoire.

Regardez les personnages suivants. Comment sont-ils?

François Fédor, millionnaire excentrique

Laurent Lavare, **le comptable** de François Fédor

Valérie Veutoux, l'ex-femme de François Fédor

Bernard Boncorps, le neveu de François Fédor

Nathalie Lanana, la petite amie de Bernard Boncorps

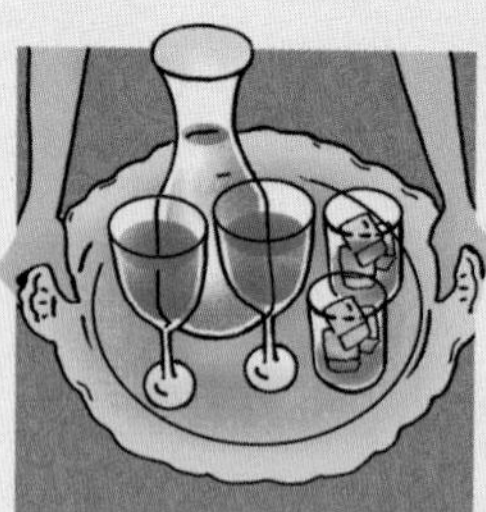

le/la domestique

le détective

Il y a encore un dernier petit détail. Le/La domestique sera joué(e) par votre professeur. Et le détective, qui est-ce? Oui, **vous avez deviné juste** (comme un bon détective); c'est vous!

**résoudre** *to resolve* **un meurtre** *a murder* **a lieu** *takes place* **le comptable** *the accountant* **vous avez deviné juste** *you guessed right*

**A. Descriptions.** Choisissez quatre adjectifs pour décrire chacun des personnages.

• Pour réviser l'accord des adjectifs, voir les pages 34, 40 et 48.

riche    bête    ???    intelligent
???    paresseux    (mal)heureux    ???
malhonnête *(dishonest)*    laid    désagréable    sportif
blond    sexy    matérialiste
beau    suspect    froid    frivole
???    méchant    hostile    sérieux
âgé    sympathique    grand    intéressant
???    irresponsable    petit    snob

**B. Explications.** Avec un(e) partenaire, devinez qui va être la victime et qui va commettre le crime. Imaginez une explication. Utilisez un dictionnaire si nécessaire.

• Pour réviser le futur immédiat, voir la page 158.

**C. Stratégies.** Vous avez appris plusieurs stratégies pour lire plus facilement en français. Avant de lire *Un mystère dans les Ardennes,* révisez les stratégies suivantes.

**a.** Utilisez les mots apparentés et le contexte pour donner le sens de ces phrases.

1. L'aptitude de François Fédor à faire fortune était sans égal. Et on pouvait dire la même chose de son aptitude à se faire des ennemis.
2. Dans le village, où il n'allait jamais, on l'appelait le vieux Midas parce qu'on disait que tout ce qu'il touchait se transformait en or.

**b.** Utilisez les mots entre parenthèses pour deviner le sens des mots en italique.

1. (jeune) On disait que François Fédor avait fait fortune en Afrique pendant sa *jeunesse.*
2. (attendre) Cette *attente* avait duré presque deux jours.

**c.** Vous avez appris à reconnaître la signification des temps composés. Comparez ces phrases.

| | | | |
|---|---|---|---|
| Je l'**ai** fait. | *I **have** done it.* | Il **est** parti. | *He **has** left.* |
| Je l'**avais** fait. | *I **had** done it.* | Il **était** parti. | *He **had** left.* |
| Je l'**aurai** fait. | *I **will have** done it.* | Il **sera** parti. | *He **will have** left.* |
| Je l'**aurais** fait. | *I **would have** done it.* | Il **serait** parti. | *He **would have** left.* |

Donnez le sens des expressions en italique dans les phrases suivantes.

1. François Fédor *avait toujours fait* ce qu'il voulait et il *avait toujours négligé* (négliger *[to neglect]*) les membres de sa famille.
2. Ils acceptaient son argent chaque mois sans poser de questions et ils *n'auraient jamais pensé* que François Fédor puisse choisir un acte de charité plus méritoire *(deserving).*
3. Si M. Lavare, le comptable, *n'avait pas été* là, on *n'aurait pas dit* quatre mots durant tout le dîner.

Maintenant, utilisez ces stratégies pour lire le dossier *(file)* sur ce cas aux pages suivantes.

## Un mystère dans les Ardennes

CD 3-23

Certains l'admiraient, d'autres le détestaient. Il avait toujours fait ce qu'il voulait et **personne ne discutait** ce qu'il faisait. François Fédor habitait dans un vieux château **au fond de** la forêt des Ardennes. Dans le village, où il n'allait jamais, on l'appelait le vieux Midas parce qu'on disait que tout ce qu'il touchait se transformait en or. Personne ne savait exactement d'où venait sa fortune, mais on disait qu'il avait fait fortune en Afrique pendant sa jeunesse.

Son aptitude à faire fortune était sans égal. Et on pouvait dire la même chose de son aptitude à se faire des ennemis. François Fédor avait toujours négligé les membres de sa famille et il n'avait jamais pris le temps de se faire des amis. Quand je dis qu'il avait négligé les membres de sa famille, je ne veux pas donner l'impression qu'il ne partageait pas sa richesse avec **eux;** au contraire, ils ne **manquaient de** rien. Comme dans **un trou** noir, chaque mois, François Fédor **versait** une petite fortune sur **les comptes en banque** de son neveu Bernard Boncorps et de son ex-femme Valérie Veutoux. Il payait cet argent depuis vingt ans sans avoir **le moindre** contact avec l'un ou l'autre. En fait, il n'avait jamais rencontré son neveu, qui **vivait** une vie de play-boy à Monaco **grâce à** son vieil oncle. Et eux non plus, ils n'avaient jamais essayé de venir le voir. Ils acceptaient son argent chaque mois sans poser de questions et ils n'auraient jamais pensé que François Fédor puisse choisir un jour un acte de charité plus **méritoire.**

C'était donc avec grande surprise que son neveu et son ex-femme avaient reçu un coup de téléphone de Laurent Lavare, le comptable de François Fédor, quelques semaines **auparavant.** Ils étaient **priés de se rendre** chez le vieux Midas le dernier jour du mois **courant** avant midi. Chacun se demandait ce que le vieux Fédor pouvait bien vouloir après tout ce temps. Mais M. Lavare avait refusé de leur donner plus de détails. Quand ils étaient arrivés au grand château sombre, Valérie Veutoux, Bernard Boncorps et sa petite amie Nathalie Lanana s'étaient sentis un peu **mal à l'aise.** Après avoir passé deux journées entières dans le château sans voir leur hôte, les invités avaient senti leur **malaise** se transformer en panique. Mais que pouvaient-ils faire sinon accepter **les caprices** de leur **bienfaiteur** et chercher une manière de passer le temps? Quand Bernard n'était pas avec Nathalie, il jouait au billard pendant qu'elle nageait dans la piscine. Valérie Veutoux restait toute la journée dans sa chambre. Cette attente avait duré presque deux jours quand le/la domestique les avait enfin informés qu'ils verraient M. Fédor au dîner à huit heures, dans la salle à manger.

**personne ne discutait** *no one questioned* **au fond de** *deep in* **eux** *them* **manquaient de** *lacked* **un trou** *a hole* **versait** *poured, deposited* **les comptes en banque** *the bank accounts* **le moindre** *the least* **vivait** *lived* **grâce à** *thanks to* **méritoire** *deserving* **auparavant** *beforehand* **priés de se rendre** *requested to appear* **courant** *current* **mal à l'aise** *ill at ease* **malaise** *uneasiness* **les caprices** *the whims* **bienfaiteur** *benefactor*

Accompagné de son comptable, François Fédor les attendait, assis à table, quand ils étaient descendus. Sans dire un mot, le vieil hôte leur avait indiqué d'un geste de la main où chacun devait **s'asseoir,** à l'autre bout de la table. Le/La domestique avait servi un excellent dîner mais les invités, qui n'avaient pas l'habitude d'apprécier ce qu'on leur donnait, **n'**avaient fait **aucun** compliment. Ils étaient trop curieux de connaître la raison de cette réunion soudaine et **inattendue.** Si M. Lavare, le comptable, n'avait pas été là, on n'aurait pas dit quatre mots durant tout le dîner.

Le repas fini, François Fédor s'était retiré à la bibliothèque et il avait demandé au/à la domestique de faire entrer son neveu et son ex-femme l'un après l'autre pour boire un cognac avec lui... Il avait quelque chose d'important à leur dire. Ils avaient eu avec M. Fédor une conférence d'une demi-heure chacun, puis le/la domestique les avait raccompagnés à leur chambre et leur avait souhaité une bonne nuit. Devinaient-ils la scène qui les attendrait le lendemain matin en sortant de leur chambre? Savaient-ils qu'un détective voudrait leur parler et qu'ils seraient **soupçonnés** d'un meurtre? Au moins une personne présente cette nuit-là le savait. Mais qui était-ce?

Quand ils s'étaient levés, ils avaient appris que tôt le matin, le/la domestique avait téléphoné à la police pour dire que François Fédor avait été victime d'un meurtre au cours de la nuit. Qui avait **commis** ce crime? Quel était **le mobile** du meurtre? Pourquoi est-ce que François Fédor leur avait demandé de venir? Qu'est-ce qu'il leur avait dit dans la bibliothèque? Qu'est-ce que M. Lavare savait? Et le/la domestique? Qu'est-ce qui s'était passé ce soir-là?

C'est à vous de résoudre le mystère. Qu'est-ce que le célèbre inspecteur Maigret aurait fait à votre place? Vous allez sans doute vouloir poser beaucoup de questions et prendre des notes.

**Un château de la forêt des Ardennes**

**D. Détails.** Lisez le texte *Un mystère dans les Ardennes* et répondez aux questions suivantes.

1. Où est-ce que François Fédor habitait?
2. D'où venait sa fortune?
3. Avait-il beaucoup d'amis?
4. Qui profitait aussi de son argent?
5. Qui a téléphoné à Bernard Boncorps et à Valérie Veutoux pour les inviter au château?
6. Combien de temps ont-ils dû attendre avant de voir François Fédor?
7. À votre avis *(opinion),* qu'est-ce que François Fédor a dit à Bernard Boncorps et à Valérie Veutoux dans la bibliothèque?

**s'asseoir** *to sit* **ne... aucun** *no, not any* **inattendue** *unexpected* **soupçonnés** *suspected* **commis** *committed* **le mobile** *the motive*

• Pour réviser le **passé composé**, voir les pages 184, 190 et 280.

• Pour réviser l'imparfait, voir la page 232.

• Pour réviser comment dire l'heure, voir les pages 16-17.

CD 3-24

**E. Vous êtes le détective.** Pour commencer votre enquête *(investigation)*, écoutez la déclaration de chacun des personnages qui a passé la nuit au château. En les écoutant, notez les réponses aux questions qui suivent sur une feuille de papier.

Bernard Boncorps

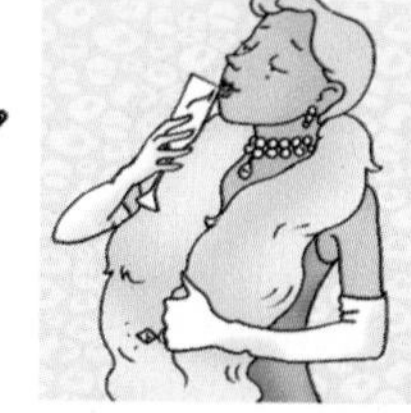

Valérie Veutoux

Laurent Lavare

le/la domestique

1. Qu'est-ce que chaque personne a fait après le dîner?
2. À quelle heure est-ce que chacun s'est couché?
3. Qu'est-ce que chacun a entendu dans le couloir pendant la nuit?

Écoutez une fois de plus les déclarations de Valérie Veutoux, de Laurent Lavare et de Bernard Boncorps et notez qui faisait chaque chose à l'heure indiquée.

**EXEMPLE** être déjà au lit
**À dix heures et demie, Valérie Veutoux était déjà au lit.**

1. avoir mal à la tête
travailler sur l'ordinateur
être au village

2. prendre un verre au café
lire
parler au téléphone

3. jouer aux cartes
dormir

**F. Il a disparu.** Le corps de François Fédor a disparu *(disappeared)*. Vous devez bien examiner le lieu *(place)* du crime. Observez bien tous les indices *(clues)*. Voici la chambre de François Fédor avant le dîner et le lendemain du crime. Quelles différences y a-t-il?

• Pour réviser les prépositions, voir la page 118.

• Pour réviser les meubles, voir les pages 114 et 120.

avant le dîner

le lendemain du crime

Regardez encore une fois les deux dessins. Demandez au/à la domestique si chaque chose qui se trouve *(is located)* dans la chambre le lendemain du crime et qui n'était pas là la nuit précédente appartenait *(belonged)* à François Fédor. Dites à qui pourraient appartenir les choses qui n'étaient pas à lui.

• Pour réviser comment exprimer la possession, voir les pages 122 et 124.

**EXEMPLE** **—Est-ce que c'était son ordinateur?**
**—Non, ce n'était pas l'ordinateur de M. Fédor.**
**—Alors, c'est peut-être l'ordinateur de M. Lavare.**

• Pour réviser les prépositions, voir la page 118.

CD 3-25

**G. Dans quelle chambre?** Tout le monde a dormi le long du même couloir hier soir. Écoutez le/la domestique pour déterminer qui a dormi dans chaque chambre.

**EXEMPLE** **Mme Veutoux était au bout du couloir, en face de la salle de bains.**

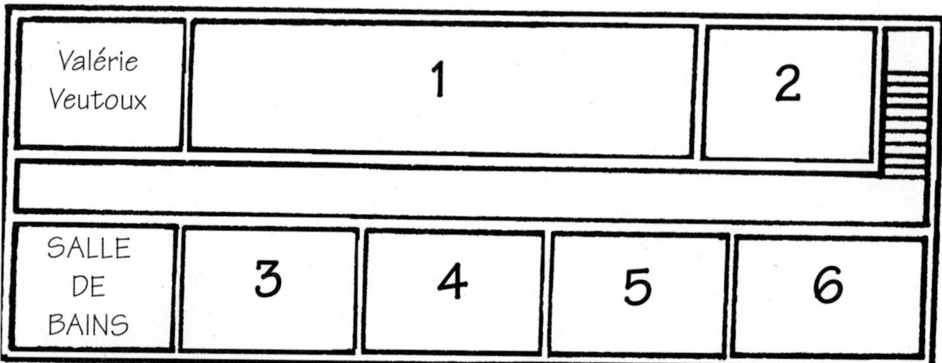


• Pour réviser les pronoms compléments d'objet direct et indirect, voir les pages 202, 360 et 366.

CD 3-26

**H. Relations.** Utilisez le pronom **le** ou le pronom **lui** avec les verbes suivants à l'imparfait pour interroger le/la domestique sur ses relations avec M. Fédor. Écoutez ses réponses.

**EXEMPLE** connaître M. Fédor depuis longtemps
**—Est-ce que vous le connaissiez depuis longtemps?**
**—Je le connaissais depuis 15 ans.**

1. aimer bien M. Fédor
2. parler à M. Fédor de sa famille
3. emprunter *(to borrow)* quelquefois de l'argent à M. Fédor
4. réveiller M. Fédor à la même heure tous les jours
5. trouver M. Fédor sévère

CD 3-27

Maintenant demandez au/à la domestique si M. Fédor faisait les choses suivantes. Écoutez ses réponses.

**EXEMPLE** vous irriter quelquefois
**—Est-ce que M. Fédor vous irritait quelquefois?**
**—Oui, il m'irritait quelquefois. Ce n'était pas un homme facile.**

1. vous dire tout 2. bien vous payer 3. vous parler de sa vie privée

• Pour réviser le subjonctif, voir les pages 394–395, 396 et 400.

**I. Je ne veux pas que...** Dites aux suspects ce qu'ils doivent et ne doivent pas faire.

**EXEMPLE** **Je veux que vous restiez près du château.**

| | |
|---|---|
| Il faut que...<br>Il ne faut pas que...<br>Je veux que...<br>Je ne veux pas que...<br>Il vaut mieux que... | rester près du château<br>dire tout ce que vous savez<br>être calmes<br>avoir peur<br>toucher aux affaires *(things)* de M. Fédor<br>faire une déposition<br>parler à la presse<br>m'obéir<br>être patients |

**J. Savoir ou connaître?** Votre enquête *(investigation)* progresse. Dites si vous savez ou si vous connaissez les choses ou les personnes suivantes en utilisant le verbe **savoir** ou le verbe **connaître.**

• Pour réviser **savoir** et **connaître,** voir la page 364.

1. la date du crime
2. le/la domestique de M. Fédor
3. l'heure approximative du crime
4. le château de M. Fédor
5. tous les amis de M. Fédor
6. tous les détails de la vie de M. Fédor
7. des mobiles *(motives)* possibles
8. l'identité de l'assassin

**K. Il faut penser comme le/la criminel(le).** Pour attraper le/la criminel(le), il faut penser comme lui/elle. Si vous étiez le/la criminel(le), est-ce que vous feriez les choses suivantes? Utilisez le conditionnel.

• Pour réviser le conditionnel, voir les pages 330-331.

Si j'étais le/la criminel(le),...

**EXEMPLE** faire quelque chose d'inhabituel
**Si j'étais le/la criminel(le), je ne ferais rien d'inhabituel.**

1. être calme
2. parler beaucoup du crime
3. connaître tous les détails du crime
4. obéir à la police
5. s'intéresser beaucoup à l'enquête
6. dire la vérité *(truth)*
7. avoir envie de partir
8. devenir de plus en plus nerveux (nerveuse)
9. accuser quelqu'un d'autre
10. ???

**L. Une matinée typique.** Voici comment François Fédor passait ses matinées. Décrivez sa journée typique. Utilisez l'imparfait.

• Pour réviser les verbes réfléchis, voir les pages 264-265, 272, 280 et 282.

• Pour réviser l'imparfait, voir la page 232.

• Pour réviser comment dire l'heure, voir les pages 16-17.

1. 

2. 

3. 

4. 

5. 

6. 

• Pour réviser le passé composé et l'imparfait, voir les pages 238, 240 et 244.

**M. Accusations.** Dans le château Fédor, chacun des suspects vient vous expliquer pourquoi il/elle soupçonne *(suspects)* les autres. Complétez les paragraphes suivants en mettant les verbes entre parenthèses au passé composé ou à l'imparfait.

**BERNARD BONCORPS**

Je crois que c'est Laurent Lavare, le comptable de mon oncle qui l' (1) _____ (assassiner). J' (2) _____ (entendre) dire récemment qu'il (3) _____ (avoir) des problèmes d'argent. Certains disent qu'il (4) _____ (emprunter *[to borrow]*) des millions d'euros à mon oncle sans le lui dire. En fait, un ami suisse qui travaille à la banque de mon oncle me (m') (5) _____ (dire) qu'il y (6) _____ (avoir) très peu d'argent sur son compte. Je pense que mon oncle (7) _____ (apprendre) ce qui (8) _____ (se passer) et je suis certain qu'il (9) _____ (dire) à M. Lavare qu'il (10) _____ (aller) le dénoncer à la police.

**VALÉRIE VEUTOUX**

Il faut que vous sachiez que Bernard Boncorps (11) _____ (être) furieux contre son oncle. François Fédor (12) _____ (penser) que son neveu (13) _____ (faire) des études de droit à l'université de Nice. En vérité, Bernard (14) _____ (passer) tout son temps sur les plages et dans les casinos de Monaco. Quand son oncle (15) _____ (comprendre) la situation, il (16) _____ (se fâcher *[to get angry]*) et il (17) _____ (dire) à son neveu qu'il (18) _____ (vouloir) qu'il vienne finir ses études en Belgique, à l'université de Liège. Quand sa sœur, la mère de Bernard, (19) _____ (mourir), elle lui (20) _____ (demander) de se charger de l'éducation de son neveu. Bernard (21) _____ (ne pas comprendre) pourquoi son oncle, qu'il n'avait jamais vu, (22) _____ (s'intéresser) après tout ce temps à ce qu'il (23) _____ (faire). Bernard (24) _____ (ne pas vouloir) abandonner sa vie de play-boy sur la Côte d'Azur et il (25) _____ (avoir) peur que sa petite amie, Nathalie Lanana, refuse de venir ici avec lui. Et puis, il faut ajouter aussi que Bernard (26) _____ (avoir) des dettes énormes dans les casinos. Il (27) _____ (ne pas pouvoir) payer ses dettes avec l'argent que son oncle lui (28) _____ (donner) chaque mois. Bernard (29) _____ (ne pas vouloir) attendre la mort naturelle de son oncle pour hériter de sa part de la fortune.

**LAURENT LAVARE**

Je suis presque certain que Valérie Veutoux (30) _____ (assassiner) François Fédor. Récemment, elle (31) _____ (faire) la connaissance de Jean Jigaulaux, un jeune homme de 25 ans, et elle (32) _____ (tomber) amoureuse de lui. Ils (33) _____ (sortir) quelques mois ensemble, puis il lui (34) _____ (demander) de l'épouser *(to marry)*. La vieille Veutoux (35) _____ (ne pas comprendre) qu'il ne (36) _____ (vouloir) que *(only)* son argent et le jeune Jigaulaux (37) _____ (ne pas savoir) qu'elle ne recevrait plus un centime de François Fédor si elle (38) _____ (se remarier). La vaniteuse Valérie Veutoux (39) _____ (sans doute comprendre) qu'elle n'aurait jamais le joli Jigaulaux tant que *(as long as)* François Fédor (40) _____ (être) en vie et elle (41) _____ (se débarrasser *[to get rid]*) de lui.

Répondez aux questions suivantes au sujet des suspects. Utilisez un pronom dans chaque réponse pour remplacer les mots en italique.

• Pour réviser les pronoms compléments d'objet direct et indirect, **y** et **en,** voir les pages 152, 202, 324, 360 et 366.

Laurent Lavare

1. Qui a accusé *Laurent Lavare* du crime?
2. D'après son accusateur, est-ce que Laurent Lavare avait *des problèmes financiers*?
3. Disait-il *à François Fédor* qu'il lui empruntait de l'argent?
4. Combien empruntait-il *à François Fédor*?
5. D'après le banquier, ami de Bernard Boncorps, combien *d'argent* y avait-il sur le compte de son oncle?

Bernard Boncorps

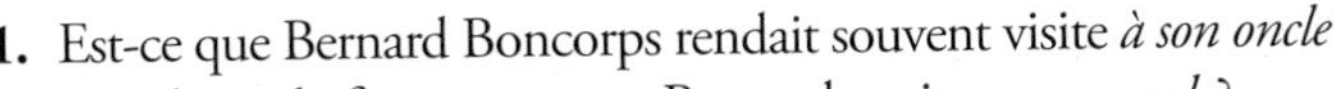

1. Est-ce que Bernard Boncorps rendait souvent visite *à son oncle*?
2. Combien de fois est-ce que Bernard avait vu *son oncle*?
3. Est-ce que Bernard voulait aller *à Liège* pour finir ses études?
4. Combien de temps passait-il *sur les plages et dans les casinos*?
5. Est-ce qu'il avait *des dettes*?
6. Est-ce que Bernard avait assez *d'argent* pour payer *ses dettes*?

Valérie Veutoux

1. Qui pense que Valérie Veutoux a assassiné *François Fédor*?
2. Après combien de temps est-ce que Jean Jigaulaux a demandé *à Valérie Veutoux* de l'épouser?
3. Pourquoi est-ce que le jeune Jigaulaux aimait *la vieille Veutoux*?

**N. Qui est-ce?** Que savons-nous des suspects? Complétez les phrases suivantes avec **il est** ou **c'est.** Ensuite, dites si vous pensez que chaque phrase décrit plutôt Laurent Lavare ou Bernard Boncorps.

• Pour réviser l'usage de **c'est** et **il/elle est,** voir les pages 34 et 48.

**EXEMPLE** **C'est** quelqu'un qui travaille beaucoup.
**C'est Laurent Lavare.**

1. _____ le neveu de François Fédor.
2. _____ comptable.
3. _____ suisse.
4. _____ jeune.
5. _____ un play-boy.
6. _____ peut-être l'assassin.

**O. Le dîner.** Complétez l'explication du/de la domestique avec l'article défini **(le, la, l', les),** l'article indéfini **(un, une, des),** le partitif **(du, de la, de l')** ou **de.**

• Pour réviser les produits alimentaires, voir les pages 88, 304-305, 314-315 et 322.

• Pour réviser les articles, voir les pages 46, 52, 310 et 320.

(1) _____ soir où M. Fédor est mort, M. Fédor et M. Lavare sont descendus vers sept heures et demie et ils ont pris (2) _____ vin blanc avant de dîner. Pendant le repas, M. Fédor n'avait pas très faim; il a mangé (3) _____ soupe et un peu (4) _____ pain. Ensuite, il a pris (5) _____ poulet et un peu (6) _____ riz. Il n'a pas pris (7) _____ légumes ni *(nor)* (8) _____ tarte aux pommes. Il a pris un peu (9) _____ fromage à la fin du repas. Normalement, il mangeait beaucoup. Il aimait bien (10) _____ viande et (11) _____ pommes de terre mais il ne prenait pas beaucoup (12) _____ choses sucrées. Je pense qu'il n'avait pas (13) _____ appétit ce soir-là, parce que ses problèmes le préoccupaient. Il n'a pas bu (14) _____ vin rouge avec son repas, seulement (15) _____ eau minérale et il a pris (16) _____ café quand j'ai servi (17) _____ dessert. Après (18) _____ dîner, M. Fédor s'est retiré à (19) _____ bibliothèque où il a bu un verre (20) _____ cognac. Il est resté assis dans (21) _____ fauteuil près de (22) _____ porte pendant (23) _____ heure après avoir parlé avec M. Boncorps et Mme Veutoux, puis il est monté se coucher.

Maintenant, dites si François Fédor a mangé ou a bu les choses suivantes le soir de son meurtre.

**EXEMPLE** **Il n'a pas mangé de pâté. Il a mangé de la soupe.**

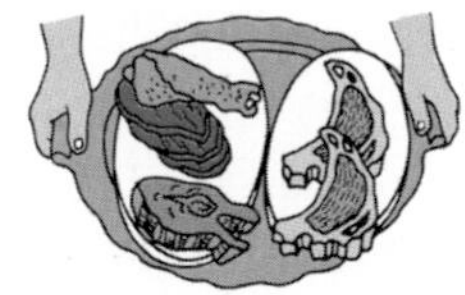

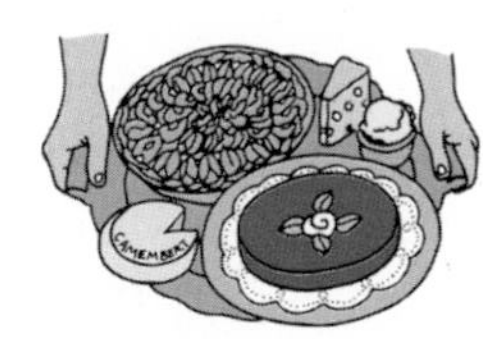

• Pour réviser les pronoms relatifs, voir la page 286.

**P. Les gens du village.** Vous demandez aux gens du village ce qu'ils savaient au sujet de François Fédor. Faites des phrases en utilisant un élément de chaque colonne.

| | | |
|---|---|---|
| François Fédor était un homme... | qui...<br>que (qu')...<br>dont... | ne parlait pas beaucoup.<br>avait un passé mystérieux.<br>avait une personnalité un peu bizarre.<br>beaucoup de gens trouvaient difficile.<br>n'avait pas beaucoup d'amis.<br>je ne connaissais pas bien.<br>faisait toujours ce qu'il voulait.<br>tout le monde avait un peu peur. |

• Pour réviser le passé composé et l'imparfait, voir les pages 238, 240 et 244.

**Q. Valérie se marie.** Vous avez demandé à des collègues d'observer les activités de chacun des suspects. Celui qui suit *(The one who is following)* Valérie Veutoux a rapporté ces photos prises le lendemain du crime. Vous lui demandez de vous raconter la journée de Valérie Veutoux mais ses notes sont en désordre. D'abord, remettez ses notes dans l'ordre; ensuite, racontez la journée de Valérie Veutoux en mettant les verbes au passé composé ou à l'imparfait.

**EXEMPLE** **Mme Veutoux est sortie de sa chambre à 8h20 du matin. Elle est descendue...**

- M. Jigaulaux *arrive* ici quelques heures après. Il *retrouve* Mme Veutoux dans la forêt à midi et ils *s'embrassent* passionnément.
- Comme M. Jigaulaux *est* fatigué, il *prend* une chambre à l'hôtel du village, où il *passe* l'après-midi.
- Mme Veutoux *sort* de sa chambre à 8h20 du matin. Elle *descend* au rez-de-chaussée et elle *téléphone* à M. Jigaulaux au Luxembourg. Ensuite, elle *téléphone* à une agence de voyages à Bruxelles.
- Ils *quittent* le restaurant à 20h50. À ce moment-là, un chien m'*attaque* dans les rosiers derrière lesquels je m'étais caché et je les *perds* de vue.
- À 17h00, M. Jigaulaux et Mme Veutoux *se retrouvent* devant l'hôtel, ils *montent* dans la voiture de M. Jigaulaux et *vont* dans le village voisin où ils *se marient* en secret à 18h20.
- Après la cérémonie, ils *dînent* au restaurant du village. À part le serveur, ils *sont* seuls dans le restaurant.
- Pendant le dîner, je les *observe* de l'extérieur. M. Jigaulaux ne *parle* pas beaucoup mais Mme Veutoux lui *explique* quelque chose.

**R. Réactions.** Valérie Veutoux est furieuse. Imaginez sa réaction quand vous lui dites les choses suivantes. Utilisez une expression de la liste.

• Pour réviser le subjonctif, voir les pages 394–395, 396 et 400.

| | |
|---|---|
| Il est bon que... | C'est dommage que... |
| Il est nécessaire que... | Il est ridicule que... |
| Il est impossible que... | Il est essentiel que... |

**EXEMPLE** Vous ne pouvez pas partir pour quelques jours.
**Il est ridicule que je ne puisse pas partir.**

1. Oui, madame, vous êtes suspecte.
2. Nous ne savons pas où se trouve *(is located)* le corps de la victime.
3. M. Lavare dit que vous aviez des raisons d'assassiner M. Fédor.
4. Nous savons que vous avez retrouvé M. Jigaulaux dans la forêt.
5. Nous avons des photos de M. Jigaulaux avec vous.
6. Je veux lui parler demain.
7. Il pourra partir après l'interrogatoire.
8. Vous devez tout nous expliquer.

CD 3-28

**S. Deux billets pour Tahiti.** Pendant l'enquête, vous apprenez que François Fédor enregistrait *(recorded)* toutes les conversations téléphoniques chez lui. Vous découvrez que Valérie Veutoux a téléphoné à une agence de voyages à Bruxelles le lendemain du crime. Écoutez la conversation entre Valérie Veutoux et l'agent de voyages. Sur une autre feuille de papier, complétez les détails qui manquent sur les vols de Valérie ci-dessous.

**On parle français à Tahiti.**

• Pour réviser comment acheter un billet d'avion, voir la page 362.

**À l'intention de:** ***(Nom)*** **et de** ***(Nom)***

**Air France—Vol** ***(Numéro)***
**Boeing 747**
**Première classe/Vol direct**

ALLER
***(Date)***
**Départ de Bruxelles** ***(Heure)***

***(Date)***
**Arrivée à Tahiti** ***(Heure)***
**Prix du billet:** ***(Prix)***
**Total des deux billets:** ***(Prix)***

**Prévoyez d'arriver à l'aéroport deux heures avant l'heure de départ.**
BON VOYAGE!

• Pour réviser le futur, voir la page 352.

## T. Une conversation téléphonique.

Voici une transcription de la conversation téléphonique entre Valérie Veutoux et son amant *(lover)*, Jean Jigaulaux, le lendemain du crime. La première partie a été effacée *(erased)* accidentellement. Complétez ce qui reste en mettant les verbes entre parenthèses au futur ou à l'impératif.

• Pour réviser l'impératif, voir les pages 154 et 408.

—... Après cela, François ne __1__ (faire) plus obstacle à notre bonheur *(happiness)*. Nous __2__ (pouvoir) nous marier quand tu __3__ (vouloir).
—Je __4__ (venir) aujourd'hui et nous __5__ (se marier) ce soir. Je vais partir tout de suite et j'__6__ (arriver) un peu avant midi.
—À deux kilomètres d'ici, il y a une vieille école abandonnée. __7__ (Tourner) à gauche juste après cette école et __8__ (entrer) dans la forêt. Là, personne ne nous __9__ (voir). Je t'__10__ (attendre) à cet endroit à midi.
—On __11__ (être) heureux ensemble.
—Après-demain, nous __12__ (partir) pour Tahiti et nous __13__ (commencer) notre nouvelle vie ensemble.

• Pour réviser les chiffres, voir les pages 10, 90 et 110.

## U. Le compte en banque.

Quand vous comparez les relevés de compte *(bank statements)* de François Fédor, vous remarquez que quelqu'un avait retiré presque tout son argent ces derniers mois. Combien d'argent est-ce qu'il y avait aux dates suivantes de l'année dernière et de cette année?

• Pour réviser les dates, voir la page 160.

**EXEMPLE** 30/9 20 789 067 euros
**Le 30 septembre de l'année dernière, il y avait 20 789 067 euros sur son compte.**

**1.** 15/10 16 136 978 euros
**2.** 10/11 12 194 456 euros
**3.** 24/12 8 714 387 euros
**4.** 1/1 1 000 090 euros
**5.** 15/2 90 506 euros
**6.** 4/3 11 871 euros

• Pour réviser comment poser une question, voir les pages 42, 84 et 86.

## V. Une vidéo révélatrice.

Vous venez de découvrir qu'une caméra de sécurité cachée dans le couloir filmait chaque personne qui entrait dans la chambre de François Fédor. Entre 20h et 8h du matin, la caméra a enregistré une seule personne qui est entrée dans la chambre de la victime. La caméra s'est arrêtée à 8h30 le lendemain matin. Préparez cinq questions que vous voudriez poser à Valérie Veutoux.

pourquoi combien de temps que
??? comment quand
à quelle heure ??? qui où

## W. La dernière volonté de François.

Vous avez interrogé Valérie Veutoux et elle a répondu que François Fédor n'était pas fâché *(upset)* qu'elle ait un amant, mais, qu'au contraire, il l'avait encouragée à l'épouser *(to marry him)*. Elle vous raconte ce que François Fédor lui a dit. Est-ce qu'il voulait qu'elle fasse les choses suivantes ou est-ce qu'il voulait les faire lui-même *(himself)*?

• Pour réviser l'usage de l'infinitif ou du subjonctif, voir la page 404.

**EXEMPLES** se marier avec Jean Jigaulaux
**Il voulait que je me marie avec Jean Jigaulaux.**

nous offrir un cadeau de mariage
**Il voulait nous offrir un cadeau de mariage.**

1. tout savoir sur Jean Jigaulaux
2. dire à Jean Jigaulaux de venir ici
3. se marier tout de suite
4. nous offrir un voyage de noces *(honeymoon trip)*
5. téléphoner pour réserver le billet pour Tahiti le lendemain
6. partir pour Tahiti cette semaine
7. être heureuse
8. venir dans sa chambre après le dîner pour prendre l'argent pour payer le voyage

CD 3-29

## X. Que faisait le/la domestique?

Reformulez les questions suivantes avec l'inversion et posez-les au/à la domestique. Ensuite, écoutez ses réponses.

• Pour réviser l'inversion, voir la page 86.

1. À quelle heure est-ce que vous vous êtes levé(e) le lendemain du crime?
2. Qu'est-ce que vous avez fait après?
3. Est-ce que les autres invités dormaient encore dans le château?
4. Quand est-ce que vous avez découvert *(discover)* que François Fédor était mort?
5. Est-ce que vous avez été surpris(e)?
6. Pourquoi est-ce que vous n'avez pas crié *(scream)*?
7. Est-ce que vous avez réveillé quelqu'un pour vous aider?
8. Vous avez téléphoné à la police à 8h12. À quelle heure est-ce que vous êtes entré(e) dans la chambre?
9. Combien de portes est-ce qu'il y a pour entrer dans la chambre de la victime?
10. Pourquoi est-ce que vous ne dites pas la vérité *(truth)*?
11. Ne faites pas l'innocent(e)! Comment est-ce que vous saviez que François Fédor était mort sans entrer dans sa chambre?
12. Pourquoi est-ce que vous n'êtes pas sur la vidéo de sécurité?
13. Pourquoi est-ce que la vidéo s'arrête à 8h30?
14. Alors, est-ce que vous voulez dire que François Fédor n'est pas mort?

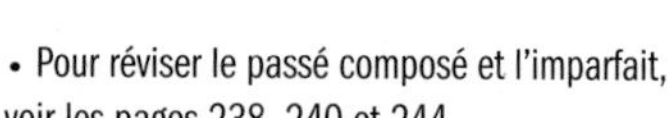

• Pour réviser le passé composé et l'imparfait, voir les pages 238, 240 et 244.

**Y. Une confession.** Le/La domestique confesse que François Fédor n'est pas mort. En lisant sa confession, mettez les verbes entre parenthèses au passé composé ou à l'imparfait.

Je (1) _____ (ne pas vouloir) le faire mais c' (2) _____ (être) la seule manière! C' (3) _____ (être) la seule manière de sauver le château. M. Fédor m' (4) _____ (expliquer) que M. Lavare venait de l'informer *(had just told him)* qu'il avait tout perdu. Il avait tout investi dans une société qui avait fait faillite *(had gone bankrupt)*. Il (5) _____ (devoir) vendre le château pour payer les créanciers *(creditors)*. «Mais, non», je lui (6) _____ (dire). Il (7) _____ (savoir) que j' (8) _____ (adorer) ce château et que je ferais tout pour ne pas le perdre. Je (9) _____ (naître) pas loin d'ici. Quand j' (10) _____ (être) jeune, je (j') (11) _____ (rêver) d'habiter ici un jour et j' (12) _____ (inventer) des histoires fantastiques qui (13) _____ (avoir) lieu *(to take place)* ici. Mais toutes ces histoires-là (14) _____ (finir) toujours bien. Puis, M. Fédor (15) _____ (suggérer) qu'il y (16) _____ (avoir) peut-être un moyen de garder le château et que, si on (17) _____ (réussir), il me le donnerait. Le château serait à moi pour toujours. C'est alors qu'il me (m') (18) _____ (révéler) son plan. Il prendrait une assurance vie de 10 000 000 d'euros et j'en serais le/la bénéficiaire.

M. Fédor (19) _____ (ne jamais le dire), mais j' (20) _____ (avoir) l'impression que c' (21) _____ (être) M. Lavare qui avait inventé ce plan. Je sais que M. Lavare avait dit à M. Fédor que Mme Veutoux avait pris ce M. Jigaulaux comme amant. Cela (22) _____ (rendre) M. Fédor furieux. Chaque fois que M. Fédor (23) _____ (parler) de son ex-femme avec M. Lavare, l'un (24) _____ (devenir) tout rouge et l'autre tout pâle. La vérité, c'est que c' (25) _____ (être) elle qui avait quitté M. Fédor il y a 15 ans et pas le contraire, comme tout le monde le disait. Il (26) _____ (ne jamais lui pardonner) et il (27) _____ (toujours vouloir) contrôler sa vie. Il (28) _____ (ne pas être) obligé de lui donner cet argent depuis le divorce, mais M. Lavare l'avait persuadé de continuer à lui en donner beaucoup. Il (29) _____ (dire) à M. Fédor que si Mme Veutoux (30) _____ (dépendre) de lui financièrement, il pourrait contrôler sa vie. M. Fédor me (m') (31) _____ (dire) que M. Lavare inviterait M. Boncorps et Mme Veutoux à la maison. M. Fédor expliquerait à son neveu qu'il (32) _____ (ne plus pouvoir) lui donner d'argent. Mais il dirait à Mme Veutoux qu'il (33) _____ (vouloir) qu'elle soit heureuse et qu'il (34) _____ (avoir) l'intention de lui offrir un voyage à Tahiti pour sa lune de miel *(honeymoon)* si elle (35) _____ (se marier) tout de suite.

D'après le plan, tout le monde penserait que Mme Veutoux avait assassiné M. Fédor et qu'elle était partie pour Tahiti. On la verrait sur la vidéo entrer dans sa chambre la nuit du meurtre et on penserait qu'elle l'avait assassiné pour pouvoir se marier avec son jeune amant. Mais en réalité, on assassinerait Mme Veutoux et on laisserait son corps au fond de la forêt. M. Fédor s'habillerait comme elle et il partirait pour Tahiti à sa place. À l'aéroport de Bruxelles, on verrait Mme Veutoux partir pour Tahiti et personne ne saurait que c' (36) _____ (être) elle la vraie victime. On accuserait Mme Veutoux de s'être échappée *(of having escaped)* après le meurtre de M. Fédor et on ne la reverrait plus. M. Fédor me laisserait le château et après quelques mois, je mettrais les 10 000 000 d'euros d'assurance sur un compte secret pour M. Fédor.

*À ce moment-là, pendant la confession, un policier* (37) _____ *(entrer) et il* (38) _____ *(annoncer) que des chasseurs* (hunters) *avaient trouvé le corps d'une femme morte dans la forêt et qu'ils avaient donné la description de Mme Veutoux.*

# Épilogue

CD 3-30

Vous pensez probablement avoir compris le mystère du meurtre de François Fédor. Vous pensez que le/la domestique va être **arrêté(e)** et que le vieux Midas est parti vivre sur une île tropicale. Mais êtes-vous certain(e) d'avoir trouvé les vrais criminels? Ah! Les voilà **en croisière** quelque part dans l'océan Pacifique. Écoutons un peu leur conversation.

—Quel coup! Tu es **un** vrai **génie,** mon chéri. Qui aurait pensé que nous pourrions réussir! Tout le monde pense que je suis morte et que François est l'assassin. Après toutes ces années, nous allons enfin pouvoir vivre ensemble **sans nous préoccuper de** ce vieux tyran. Je me souviens de la première fois que je t'ai vu quand tu as commencé à travailler pour lui! Quel coup de foudre! Et le pauvre François! Il n'avait aucune idée que je l'ai quitté parce que nous étions amants.

—Je trouve toujours **incroyable** qu'il ait investi toute sa fortune dans cette société qui n'existait pas. Il avait tellement confiance en moi! Ha ha ha!

—Mais pourquoi pas? Le vrai vieux Midas, c'était toi. Tu avais multiplié dix fois sa fortune. Sans toi, cet imbécile aurait perdu tout son argent longtemps avant! Mais maintenant, toute cette fortune est à nous! S'il avait su que tous ces **créanciers** que tu payais n'étaient personne d'autre que moi, son ex-femme! Ha ha ha! Qu'est-ce que tu as fait de son corps?

—Il était vraiment surpris quand, **au lieu de l'amener à** l'aéroport de Bruxelles, nous sommes allés au fond des Ardennes! Quand je lui ai expliqué que toi et moi, nous étions amants depuis le début, j'ai pensé pendant un moment que je n'aurais pas besoin de l'assassiner. Le pauvre, **il a failli avoir** une attaque! Et il était très comique, habillé comme toi.

—Quel dommage que nous n'ayons pas de photos! J'aurais aimé voir ça! Ha ha ha! Mais qu'est-ce qu'on dira si on trouve son corps?

—On pensera sans doute que c'est le/la domestique qui l'a assassiné pour ces 10 000 000 d'euros d'assurance!

—Mais il y a un dernier détail que je ne comprends pas. Comment est-ce que tu as persuadé ton jeune associé de jouer le rôle de Jean Jigaulaux? Il a si bien joué! Pendant un moment, j'ai vraiment eu l'impression que j'allais me marier avec lui.

—Ce jeune homme était tellement ambitieux qu'il aurait fait **n'importe quoi** pour avoir ma clientèle. Je lui ai promis de lui laisser tous mes clients, mais il ne savait pas que je n'en avais qu'un seul, et que c'était François Fédor.

—Ça, c'est trop! Tu es cruel… vicieux! C'est pour ça que je t'aime! Ha ha ha!

Naturellement Valérie Veutoux et Laurent Lavare ont dû changer de noms. Si on vous les présente aujourd'hui, vous ferez la connaissance d'Anabelle Atout et de son mari Richard!

---

**arrêté(e)** *arrested* **en croisière** *on a cruise* **un génie** *a genius* **sans nous préoccuper de** *without worrying about* **incroyable** *unbelievable* **créanciers** *creditors* **au lieu de l'amener à** *instead of taking him to* **il a failli avoir** *he almost had* **n'importe quoi** *anything*

# L'alphabet phonétique

## Voyelles

[a] m**a**dame
[e] th**é**
[ɛ] **ê**tre
[ə] qu**e**
[i] qu**i**
[o] **eau**
[ɔ] p**o**rte
[ø] p**eu**
[œ] s**œu**r
[u] v**ou**s
[y] s**u**r

## Semi-voyelles

[j] b**i**en
[ɥ] p**u**is
[w] **ou**i

## Voyelles nasales

[ɑ̃] qu**an**d
[ɛ̃] v**in**
[ɔ̃] n**on**

## Consonnes

[b] **b**leu
[d] **d**ormir
[f] **f**aire
[g] **g**ris
[ʒ] **j**aune
[k] **qu**and
[l] **l**ire
[m] **m**arron
[n] **n**ouveau
[ɲ] ensei**gn**er
[p] **p**arler
[ʀ] **r**ester
[s] **s**ur
[ʃ] c**h**at
[t] **t**riste
[v] **v**ers
[z] ro**s**e

# APPENDICE B

## Tableau des verbes

### Verbes auxiliaires

| VERBE INFINITIF | INDICATIF PRÉSENT | PASSÉ COMPOSÉ | IMPARFAIT | FUTUR | CONDITIONNEL PRÉSENT | SUBJONCTIF PRÉSENT | IMPÉRATIF |
|---|---|---|---|---|---|---|---|
| **avoir** | ai | ai eu | avais | aurai | aurais | aie | |
| *to have* | as | as eu | avais | auras | aurais | aies | aie |
| | a | a eu | avait | aura | aurait | ait | |
| | avons | avons eu | avions | aurons | aurions | ayons | ayons |
| | avez | avez eu | aviez | aurez | auriez | ayez | ayez |
| | ont | ont eu | avaient | auront | auraient | aient | |
| **être** | suis | ai été | étais | serai | serais | sois | |
| *to be* | es | as été | étais | seras | serais | sois | sois |
| | est | a été | était | sera | serait | soit | |
| | sommes | avons été | étions | serons | serions | soyons | soyons |
| | êtes | avez été | étiez | serez | seriez | soyez | soyez |
| | sont | ont été | étaient | seront | seraient | soient | |

### Verbes réguliers

| VERBE INFINITIF | INDICATIF PRÉSENT | PASSÉ COMPOSÉ | IMPARFAIT | FUTUR | CONDITIONNEL PRÉSENT | SUBJONCTIF PRÉSENT | IMPÉRATIF |
|---|---|---|---|---|---|---|---|
| **-er** verbs | | | | | | | |
| **parler** | parle | ai parlé | parlais | parlerai | parlerais | parle | |
| *to talk,* | parles | as parlé | parlais | parleras | parlerais | parles | parle |
| *to speak* | parle | a parlé | parlait | parlera | parlerait | parle | |
| | parlons | avons parlé | parlions | parlerons | parlerions | parlions | parlons |
| | parlez | avez parlé | parliez | parlerez | parleriez | parliez | parlez |
| | parlent | ont parlé | parlaient | parleront | parleraient | parlent | |
| **-ir** verbs | | | | | | | |
| **finir** | finis | ai fini | finissais | finirai | finirais | finisse | |
| *to finish* | finis | as fini | finissais | finiras | finirais | finisses | finis |
| | finit | a fini | finissait | finira | finirait | finisse | |
| | finissons | avons fini | finissions | finirons | finirions | finissions | finissons |
| | finissez | avez fini | finissiez | finirez | finiriez | finissiez | finissez |
| | finissent | ont fini | finissaient | finiront | finiraient | finissent | |
| **-re** verbs | | | | | | | |
| **vendre** | vends | ai vendu | vendais | vendrai | vendrais | vende | |
| *to sell* | vends | as vendu | vendais | vendras | vendrais | vendes | vends |
| | vend | a vendu | vendait | vendra | vendrait | vende | |
| | vendons | avons vendu | vendions | vendrons | vendrions | vendions | vendons |
| | vendez | avez vendu | vendiez | vendrez | vendriez | vendiez | vendez |
| | vendent | ont vendu | vendaient | vendront | vendraient | vendent | |

## Verbes réfléchis

| VERBE INFINITIF | INDICATIF PRÉSENT | PASSÉ COMPOSÉ | IMPARFAIT | FUTUR | CONDITIONNEL PRÉSENT | SUBJONCTIF PRÉSENT | IMPÉRATIF |
|---|---|---|---|---|---|---|---|
| **se laver** | me lave | me suis lavé(e) | me lavais | me laverai | me laverais | me lave | |
| *to wash* | te laves | t'es lavé(e) | te lavais | te laveras | te laverais | te laves | lave-toi |
| *oneself* | se lave | s'est lavé(e) | se lavait | se lavera | se laverait | se lave | |
| | nous lavons | nous sommes lavé(e)s | nous lavions | nous laverons | nous laverions | nous lavions | lavons-nous |
| | vous lavez | vous êtes lavé(e)(s) | vous laviez | vous laverez | vous laveriez | vous laviez | lavez-vous |
| | se lavent | se sont lavé(e)s | se lavaient | se laveront | se laveraient | se lavent | |

## Verbes à changements orthographiques

| VERBE INFINITIF | INDICATIF PRÉSENT | PASSÉ COMPOSÉ | IMPARFAIT | FUTUR | CONDITIONNEL PRÉSENT | SUBJONCTIF PRÉSENT | IMPÉRATIF |
|---|---|---|---|---|---|---|---|
| **préférer** | préf**è**re | ai préféré | préférais | préférerai | préférerais | préf**è**re | |
| *to prefer* | préf**è**res | as préféré | préférais | préféreras | préférerais | préf**è**res | préf**è**re |
| | préf**è**re | a préféré | préférait | préférera | préférerait | préf**è**re | |
| | préférons | avons préféré | préférions | préférerons | préférerions | préférions | préférons |
| | préférez | avez préféré | préfériez | préférerez | préféreriez | préfériez | préférez |
| | préf**è**rent | ont préféré | préféraient | préféreront | préféreraient | préf**è**rent | |
| **acheter** | ach**è**te | ai acheté | achetais | ach**è**terai | ach**è**terais | ach**è**te | |
| *to buy* | ach**è**tes | as acheté | achetais | ach**è**teras | ach**è**terais | ach**è**tes | ach**è**te |
| | ach**è**te | a acheté | achetait | ach**è**tera | ach**è**terait | ach**è**te | |
| | achetons | avons acheté | achetions | ach**è**terons | ach**è**terions | achetions | achetons |
| | achetez | avez acheté | achetiez | ach**è**terez | ach**è**teriez | achetiez | achetez |
| | ach**è**tent | ont acheté | achetaient | ach**è**teront | ach**è**teraient | ach**è**tent | |
| **appeler** | appe**ll**e | ai appelé | appelais | appe**ll**erai | appe**ll**erais | appe**ll**e | |
| *to call* | appe**ll**es | as appelé | appelais | appe**ll**eras | appe**ll**erais | appe**ll**es | appe**ll**e |
| | appe**ll**e | a appelé | appelait | appe**ll**era | appe**ll**erait | appe**ll**e | |
| | appelons | avons appelé | appelions | appe**ll**erons | appe**ll**erions | appelions | appelons |
| | appelez | avez appelé | appeliez | appe**ll**erez | appe**ll**eriez | appeliez | appelez |
| | appe**ll**ent | ont appelé | appelaient | appe**ll**eront | appe**ll**eraient | appe**ll**ent | |
| **essayer** | essa**i**e | ai essayé | essayais | essa**i**erai | essa**i**erais | essa**i**e | |
| *to try* | essa**i**es | as essayé | essayais | essa**i**eras | essa**i**erais | essa**i**es | essa**i**e |
| | essa**i**e | a essayé | essayait | essa**i**era | essa**i**erait | essa**i**e | |
| | essayons | avons essayé | essayions | essa**i**erons | essa**i**erions | essayions | essayons |
| | essayez | avez essayé | essayiez | essa**i**erez | essa**i**eriez | essayiez | essayez |
| | essa**i**ent | ont essayé | essayaient | essa**i**eront | essa**i**eraient | essa**i**ent | |
| **manger** | mange | ai mangé | mang**e**ais | mangerai | mangerais | mange | |
| *to eat* | manges | as mangé | mang**e**ais | mangeras | mangerais | manges | mange |
| | mange | a mangé | mang**e**ait | mangera | mangerait | mange | |
| | mang**e**ons | avons mangé | mangions | mangerons | mangerions | mangions | mang**e**ons |
| | mangez | avez mangé | mangiez | mangerez | mangeriez | mangiez | mangez |
| | mangent | ont mangé | mang**e**aient | mangeront | mangeraient | mangent | |
| **commencer** | commence | ai commencé | commen**ç**ais | commencerai | commencerais | commence | |
| *to begin* | commences | as commencé | commen**ç**ais | commenceras | commencerais | commences | commence |
| | commence | a commencé | commen**ç**ait | commencera | commencerait | commence | |
| | commen**ç**ons | avons commencé | commencions | commencerons | commencerions | commencions | commen**ç**ons |
| | commencez | avez commencé | commenciez | commencerez | commenceriez | commenciez | commencez |
| | commencent | ont commencé | commen**ç**aient | commenceront | commenceraient | commencent | |

## Verbes irréguliers

| VERBE INFINITIF | INDICATIF PRÉSENT | INDICATIF PASSÉ COMPOSÉ | INDICATIF IMPARFAIT | INDICATIF FUTUR | CONDITIONNEL PRÉSENT | SUBJONCTIF PRÉSENT | IMPÉRATIF |
|---|---|---|---|---|---|---|---|
| **aller** | vais | suis allé(e) | allais | irai | irais | aille | |
| *to go* | vas | es allé(e) | allais | iras | irais | ailles | va |
| | va | est allé(e) | allait | ira | irait | aille | |
| | allons | sommes allé(e)s | allions | irons | irions | allions | allons |
| | allez | êtes allé(e)(s) | alliez | irez | iriez | alliez | allez |
| | vont | sont allé(e)s | allaient | iront | iraient | aillent | |
| **s'asseoir** | m'assieds | me suis assis(e) | m'asseyais | m'assiérai | m'assiérais | m'asseye | |
| *to sit* | t'assieds | t'es assis(e) | t'asseyais | t'assiéras | t'assiérais | t'asseyes | assieds-toi |
| *(down)* | s'assied | s'est assis(e) | s'asseyait | s'assiéra | s'assiérait | s'asseye | |
| | nous asseyons | nous sommes assis(es) | nous asseyions | nous assiérons | nous assiérions | nous asseyions | asseyons-nous |
| | vous asseyez | vous êtes assis(es) | vous asseyiez | vous assiérez | vous assiériez | vous asseyiez | asseyez-vous |
| | s'asseyent | se sont assis(es) | s'asseyaient | s'assiéront | s'assiéraient | s'asseyent | |
| **battre** | bats | ai battu | battais | battrai | battrais | batte | |
| *to beat* | bats | as battu | battais | battras | battrais | battes | bats |
| | bat | a battu | battait | battra | battrait | batte | |
| | battons | avons battu | battions | battrons | battrions | battions | battons |
| | battez | avez battu | battiez | battrez | battriez | battiez | battez |
| | battent | ont battu | battaient | battront | battraient | battent | |
| **boire** | bois | ai bu | buvais | boirai | boirais | boive | |
| *to drink* | bois | as bu | buvais | boiras | boirais | boives | bois |
| | boit | a bu | buvait | boira | boirait | boive | |
| | buvons | avons bu | buvions | boirons | boirions | buvions | buvons |
| | buvez | avez bu | buviez | boirez | boiriez | buviez | buvez |
| | boivent | ont bu | buvaient | boiront | boiraient | boivent | |
| **conduire** | conduis | ai conduit | conduisais | conduirai | conduirais | conduise | |
| *to drive* | conduis | as conduit | conduisais | conduiras | conduirais | conduises | conduis |
| | conduit | a conduit | conduisait | conduira | conduirait | conduise | |
| | conduisons | avons conduit | conduisions | conduirons | conduirions | conduisions | conduisons |
| | conduisez | avez conduit | conduisiez | conduirez | conduiriez | conduisiez | conduisez |
| | conduisent | ont conduit | conduisaient | conduiront | conduiraient | conduisent | |
| **connaître** | connais | ai connu | connaissais | connaîtrai | connaîtrais | connaisse | |
| *to be* | connais | as connu | connaissais | connaîtras | connaîtrais | connaisses | connais |
| *acquainted* | connaît | a connu | connaissait | connaîtra | connaîtrait | connaisse | |
| *with,* | connaissons | avons connu | connaissions | connaîtrons | connaîtrions | connaissions | connaissons |
| *to know* | connaissez | avez connu | connaissiez | connaîtrez | connaîtriez | connaissiez | connaissez |
| | connaissent | ont connu | connaissaient | connaîtront | connaîtraient | connaissent | |
| **courir** | cours | ai couru | courais | courrai | courrais | coure | |
| *to run* | cours | as couru | courais | courras | courrais | coures | cours |
| | court | a couru | courait | courra | courrait | coure | |
| | courons | avons couru | courions | courrons | courrions | courions | courons |
| | courez | avez couru | couriez | courrez | courriez | couriez | courez |
| | courent | ont couru | couraient | courront | courraient | courent | |
| **croire** | crois | ai cru | croyais | croirai | croirais | croie | |
| *to believe* | crois | as cru | croyais | croiras | croirais | croies | crois |
| | croit | a cru | croyait | croira | croirait | croie | |
| | croyons | avons cru | croyions | croirons | croirions | croyions | croyons |
| | croyez | avez cru | croyiez | croirez | croiriez | croyiez | croyez |
| | croient | ont cru | croyaient | croiront | croiraient | croient | |

## Verbes irréguliers (suite)

| VERBE | INDICATIF | | | | CONDITIONNEL | SUBJONCTIF | |
|---|---|---|---|---|---|---|---|
| INFINITIF | PRÉSENT | PASSÉ COMPOSÉ | IMPARFAIT | FUTUR | PRÉSENT | PRÉSENT | IMPÉRATIF |
| **devoir** | dois | ai dû | devais | devrai | devrais | doive | |
| *must,* | dois | as dû | devais | devras | devrais | doives | |
| *to have to,* | doit | a dû | devait | devra | devrait | doive | |
| *to owe* | devons | avons dû | devions | devrons | devrions | devions | |
| | devez | avez dû | deviez | devrez | devriez | deviez | |
| | doivent | ont dû | devaient | devront | devraient | doivent | |
| **dire** | dis | ai dit | disais | dirai | dirais | dise | |
| *to say,* | dis | as dit | disais | diras | dirais | dises | dis |
| *to tell* | dit | a dit | disait | dira | dirait | dise | |
| | disons | avons dit | disions | dirons | dirions | disions | disons |
| | dites | avez dit | disiez | direz | diriez | disiez | dites |
| | disent | ont dit | disaient | diront | diraient | disent | |
| **dormir** | dors | ai dormi | dormais | dormirai | dormirais | dorme | |
| *to sleep* | dors | as dormi | dormais | dormiras | dormirais | dormes | dors |
| | dort | a dormi | dormait | dormira | dormirait | dorme | |
| | dormons | avons dormi | dormions | dormirons | dormrions | dormions | dormons |
| | dormez | avez dormi | dormiez | dormirez | dormiriez | dormiez | dormez |
| | dorment | ont dormi | dormaient | dormiront | dormiraient | dorment | |
| **écrire** | écris | ai écrit | écrivais | écrirai | écrirais | écrive | |
| *to write* | écris | as écrit | écrivais | écriras | écrirais | écrives | écris |
| | écrit | a écrit | écrivait | écrira | écrirait | écrive | |
| | écrivons | avons écrit | écrivions | écrirons | écririons | écrivions | écrivons |
| | écrivez | avez écrit | écriviez | écrirez | écririez | écriviez | écrivez |
| | écrivent | ont écrit | écrivaient | écriront | écriraient | écrivent | |
| **envoyer** | envoie | ai envoyé | envoyais | enverrai | enverrais | envoie | |
| *to send* | envoies | as envoyé | envoyais | enverras | enverrais | envoies | envoie |
| | envoie | a envoyé | envoyait | enverra | enverrait | envoie | |
| | envoyons | avons envoyé | envoyions | enverrons | enverrions | envoyions | envoyons |
| | envoyez | avez envoyé | envoyiez | enverrez | enverriez | envoyiez | envoyez |
| | envoient | ont envoyé | envoyaient | enverront | enverraient | envoient | |
| **faire** | fais | ai fait | faisais | ferai | ferais | fasse | |
| *to do,* | fais | as fait | faisais | feras | ferais | fasses | fais |
| *to make* | fait | a fait | faisait | fera | ferait | fasse | |
| | faisons | avons fait | faisions | ferons | ferions | fassions | faisons |
| | faites | avez fait | faisiez | ferez | feriez | fassiez | faites |
| | font | ont fait | faisaient | feront | feraient | fassent | |
| **falloir** | faut | a fallu | fallait | faudra | faudrait | faille | |
| *to be necessary* | | | | | | | |
| **lire** | lis | ai lu | lisais | lirai | lirais | lise | |
| *to read* | lis | as lu | lisais | liras | lirais | lises | lis |
| | lit | a lu | lisait | lira | lirait | lise | |
| | lisons | avons lu | lisions | lirons | lirions | lisions | lisons |
| | lisez | avez lu | lisiez | lirez | liriez | lisiez | lisez |
| | lisent | ont lu | lisaient | liront | liraient | lisent | |
| **mettre** | mets | ai mis | mettais | mettrai | mettrais | mette | |
| *to put (on),* | mets | as mis | mettais | mettras | mettrais | mettes | mets |
| *to place,* | met | a mis | mettait | mettra | mettrait | mette | |
| *to set* | mettons | avons mis | mettions | mettrons | mettrions | mettions | mettons |
| | mettez | avez mis | mettiez | mettrez | mettriez | mettiez | mettez |
| | mettent | ont mis | mettaient | mettront | mettraient | mettent | |

## Verbes irréguliers (suite)

| VERBE | INDICATIF | | | | CONDITIONNEL | SUBJONCTIF | |
|---|---|---|---|---|---|---|---|
| INFINITIF | PRÉSENT | PASSÉ COMPOSÉ | IMPARFAIT | FUTUR | PRÉSENT | PRÉSENT | IMPÉRATIF |
| **obtenir** | obtiens | ai obtenu | obtenais | obtiendrai | obtiendrais | obtienne | |
| *to obtain* | obtiens | as obtenu | obtenais | obtiendras | obtiendrais | obtiennes | obtiens |
| | obtient | a obtenu | obtenait | obtiendra | obtiendrait | obtienne | |
| | obtenons | avons obtenu | obtenions | obtiendrons | obtiendrions | obtenions | obtenons |
| | obtenez | avez obtenu | obteniez | obtiendrez | obtiendriez | obteniez | obtenez |
| | obtiennent | ont obtenu | obtenaient | obtiendront | obtiendraient | obtiennent | |
| **ouvrir** | ouvre | ai ouvert | ouvrais | ouvrirai | ouvrirais | ouvre | |
| *to open* | ouvres | as ouvert | ouvrais | ouvriras | ouvrirais | ouvres | ouvre |
| | ouvre | a ouvert | ouvrait | ouvrira | ouvrirait | ouvre | |
| | ouvrons | avons ouvert | ouvrions | ouvrirons | ouvririons | ouvrions | ouvrons |
| | ouvrez | avez ouvert | ouvriez | ouvrirez | ouvririez | ouvriez | ouvrez |
| | ouvrent | ont ouvert | ouvraient | ouvriront | ouvriraient | ouvrent | |
| **partir** | pars | suis parti(e) | partais | partirai | partirais | parte | |
| *to leave* | pars | es parti(e) | partais | partiras | partirais | partes | pars |
| | part | est parti(e) | partait | partira | partirait | parte | |
| | partons | sommes parti(e)s | partions | partirons | partirions | partions | partons |
| | partez | êtes parti(e)(s) | partiez | partirez | partiriez | partiez | partez |
| | partent | sont parti(e)s | partaient | partiront | partiraient | partent | |
| **pleuvoir** | pleut | a plu | pleuvait | pleuvra | pleuvrait | pleuve | |
| *to rain* | | | | | | | |
| **pouvoir** | peux | ai pu | pouvais | pourrai | pourrais | puisse | |
| *to be able,* | peux | as pu | pouvais | pourras | pourrais | puisses | |
| *can* | peut | a pu | pouvait | pourra | pourrait | puisse | |
| | pouvons | avons pu | pouvions | pourrons | pourrions | puissions | |
| | pouvez | avez pu | pouviez | pourrez | pourriez | puissiez | |
| | peuvent | ont pu | pouvaient | pourront | pourraient | puissent | |
| **prendre** | prends | ai pris | prenais | prendrai | prendrais | prenne | |
| *to take* | prends | as pris | prenais | prendras | prendrais | prennes | prends |
| | prend | a pris | prenait | prendra | prendrait | prenne | |
| | prenons | avons pris | prenions | prendrons | prendrions | prenions | prenons |
| | prenez | avez pris | preniez | prendrez | prendriez | preniez | prenez |
| | prennent | ont pris | prenaient | prendront | prendraient | prennent | |
| **recevoir** | reçois | ai reçu | recevais | recevrai | recevrais | reçoive | |
| *to receive* | reçois | as reçu | recevais | recevras | recevrais | reçoives | reçois |
| | reçoit | a reçu | recevait | recevra | recevrait | reçoive | |
| | recevons | avons reçu | recevions | recevrons | recevrions | recevions | recevons |
| | recevez | avez reçu | receviez | recevrez | recevriez | receviez | recevez |
| | reçoivent | ont reçu | recevaient | recevront | recevraient | reçoivent | |
| **rire** | ris | ai ri | riais | rirai | rirais | rie | |
| *to laugh* | ris | as ri | riais | riras | rirais | ries | ris |
| | rit | a ri | riait | rira | rirait | rie | |
| | rions | avons ri | riions | rirons | ririons | riions | rions |
| | riez | avez ri | riiez | rirez | ririez | riiez | riez |
| | rient | ont ri | riaient | riront | riraient | rient | |
| **savoir** | sais | ai su | savais | saurai | saurais | sache | |
| *to know* | sais | as su | savais | sauras | saurais | saches | sache |
| | sait | a su | savait | saura | saurait | sache | |
| | savons | avons su | savions | saurons | saurions | sachions | sachons |
| | savez | avez su | saviez | saurez | sauriez | sachiez | sachez |
| | savent | ont su | savaient | sauront | sauraient | sachent | |

## Verbes irréguliers (suite)

| VERBE INFINITIF | INDICATIF PRÉSENT | INDICATIF PASSÉ COMPOSÉ | INDICATIF IMPARFAIT | INDICATIF FUTUR | CONDITIONNEL PRÉSENT | SUBJONCTIF PRÉSENT | IMPÉRATIF |
|---|---|---|---|---|---|---|---|
| **sortir** | sors | suis sorti(e) | sortais | sortirai | sortirais | sorte | |
| *to go out* | sors | es sorti(e) | sortais | sortiras | sortirais | sortes | sors |
| | sort | est sorti(e) | sortait | sortira | sortirait | sorte | |
| | sortons | sommes sorti(e)s | sortions | sortirons | sortirions | sortions | sortons |
| | sortez | êtes sorti(e)(s) | sortiez | sortirez | sortiriez | sortiez | sortez |
| | sortent | sont sorti(e)s | sortaient | sortiront | sortiraient | sortent | |
| **suivre** | suis | ai suivi | suivais | suivrai | suivrais | suive | |
| *to follow* | suis | as suivi | suivais | suivras | suivrais | suives | suis |
| | suit | a suivi | suivait | suivra | suivrait | suive | |
| | suivons | avons suivi | suivions | suivrons | suivrions | suivions | suivons |
| | suivez | avez suivi | suiviez | suivrez | suivriez | suiviez | suivez |
| | suivent | ont suivi | suivaient | suivront | suivraient | suivent | |
| **venir** | viens | suis venu(e) | venais | viendrai | viendrais | vienne | |
| *to come* | viens | es venu(e) | venais | viendras | viendrais | viennes | viens |
| | vient | est venu(e) | venait | viendra | viendrait | vienne | |
| | venons | sommes venu(e)s | venions | viendrons | viendrions | venions | venons |
| | venez | êtes venu(e)(s) | veniez | viendrez | viendriez | veniez | venez |
| | viennent | sont venu(e)s | venaient | viendront | viendraient | viennent | |
| **vivre** | vis | ai vécu | vivais | vivrai | vivrais | vive | |
| *to live* | vis | as vécu | vivais | vivras | vivrais | vives | vis |
| | vit | a vécu | vivait | vivra | vivrait | vive | |
| | vivons | avons vécu | vivions | vivrons | vivrions | vivions | vivons |
| | vivez | avez vécu | viviez | vivrez | vivriez | viviez | vivez |
| | vivent | ont vécu | vivaient | vivront | vivraient | vivent | |
| **voir** | vois | ai vu | voyais | verrai | verrais | voie | |
| *to see* | vois | as vu | voyais | verras | verrais | voies | vois |
| | voit | a vu | voyait | verra | verrait | voie | |
| | voyons | avons vu | voyions | verrons | verrions | voyions | voyons |
| | voyez | avez vu | voyiez | verrez | verriez | voyiez | voyez |
| | voient | ont vu | voyaient | verront | verraient | voient | |
| **vouloir** | veux | ai voulu | voulais | voudrai | voudrais | veuille | |
| *to want,* | veux | as voulu | voulais | voudras | voudrais | veuilles | veuille |
| *to wish* | veut | a voulu | voulait | voudra | voudrait | veuille | |
| | voulons | avons voulu | voulions | voudrons | voudrions | voulions | veuillons |
| | voulez | avez voulu | vouliez | voudrez | voudriez | vouliez | veuillez |
| | veulent | ont voulu | voulaient | voudront | voudraient | veuillent | |

# Vocabulaire français-anglais

This list contains words appearing in ***Horizons,*** except for absolute cognates. The definitions of active vocabulary words are followed by the number of the chapter where they are first presented. A (P) refers to the ***Chapitre préliminaire.*** When several translations, separated by commas, are listed before a chapter number, they are all considered active. Since verbs are sometimes introduced lexically in the infinitive before the conjugation of the present indicative is presented, consult the ***Index*** to find out the chapter where a conjugation is introduced. An *(m), (f),* or *(pl)* following a noun indicates that it is masculine, feminine, or plural. *Inv* means that a word is invariable. An asterisk before a word beginning with an **h** indicates that the **h** is aspirate.

## A

**à** to, at, in (P); **À bientôt.** See you soon. (P); **à cause de** due to, because of; **À ce soir.** See you tonight/this evening. (2); **à côté (de)** next to (3); **À demain.** See you tomorrow. (P); **à... heure(s)** at . . . o'clock (P); **à la campagne** in the country (3); **à la française** French-style; **à la maison** at home (P); **à la page...** on page . . . (P); **à l'avance** in advance (9); **à l'étranger** abroad (9); **à l'heure** on time (4); **à l'université** at the university (P); **à peu près** about; **à pied** on foot (4); **À plus (tard)!** See you later! (P); **À quelle heure?** At what time? (P); **à suivre** to be continued (6); **À tout à l'heure.** See you in a little while. (P); **au café** at the café (2); **au centre-ville** downtown (3); **au coin de** on the corner of (10); **au cours de** in the course of, during, while on (10); **au-dessus de** above; **au premier étage** on the second floor (3); **Au revoir.** Good-bye. (P); **à votre avis** in your opinion (8); **café au lait** coffee with milk (2); **du lundi au vendredi** from Monday to Friday *(every week)* (P); **j'habite à** *(+ city)* I live in *(+ city)* (P)

**abandonner** to abandon, to leave

**abolir** to abolish

**abonnement** *(m)* subscription

**abonner: s'abonner à** to subscribe to

**abord: d'abord** first (2)

**abricot** *(m)* apricot

**abriter** to shelter

**absolument** absolutely

**Acadie** *(f)* Acadia

**accent** *(m)* accent (P); **accent aigu / circonflexe / grave** acute / circumflex / grave accent (P); **Ça s'écrit avec ou sans accent?** That's written with or without an accent? (P)

**accepter** to accept (7)

**accès** *(m)* access

**accessoire** *(m)* accessory

**accidentellement** accidentally

**accompagner** to accompany

**accomplir** to accomplish

**accord** *(m)* agreement; **D'accord!** Okay! (2) Agreed!; **se mettre d'accord** to come to an agreement

**accordéon** *(m)* accordion

**accorder** to give; **s'accorder** to grant each other

**achat** *(m)* purchase

**acheter** to buy (4)

**acteur** *(m)* actor (6)

**actif (active)** active, working

**Action** *(f)* **de Grâce: jour** *(m)* **d'Action de Grâce** Thanksgiving Day

**activité** *(f)* activity (2)

**actrice** *(f)* actress (6)

**actuellement** currently

**adapter: s'adapter** to adapt

**addition** *(f)* check, bill

**adjectif** *(m)* adjective (3)

**administratif(-ive): centre administratif** *(m)* administration building

**admirer** to admire (9)

**adopter** to adopt

**adorer** to adore, to love (5)

**adresse** *(f)* address (3); **adresse** *(f)* **mail** e-mail address (3)

**aérien(ne)** aerial

**aérobic** *(f)* aerobics: **faire de l'aérobic** to do aerobics (8)

**aéroport** *(m)* airport (10)

**affaire** *(f)* thing, belonging, business; **femme d'affaires** businesswoman (5); **homme d'affaires** businessman (5)

**affiche** *(f)* poster (3)

**affiché(e)** posted

**africain(e)** African

**Afrique** *(f)* Africa (9); **Afrique du Sud** *(f)* South Africa

**âge** *(m)* age (4); **Quel âge a... ?** How old is . . . ? (4)

**âgé(e)** old (4)

**agence** *(f)* **de voyages** travel agency (9)

**agent** *(m)* agent; **agent** *(m)* **de police** police officer; **agent** *(m)* **de voyages** travel agent (9)

**agir** to act, to take action

**agité(e)** agitated

**agneau** *(m)* lamb

**agréable** pleasant (1)

**aider** to help (5); **Je peux vous aider?** May I help you? (5)

**aïe** ouch

**aigu(ë)** acute (P), shrill

**ail** *(m)* garlic

**aile** *(f)* wing

**ailleurs** elsewhere; **par ailleurs** furthermore

**aimable** kind, amiable

**aimer** to like, to love (2); **Aimeriez-vous... ?** Would you like . . . ? (8); **aimer mieux** to like better, to prefer (2); **Est-ce que tu aimes/vous aimez... ?** Do you like . . . ? (1); **J'aime/Je n'aime pas...** I like/I don't like . . . (1); **J'aimerais...** I would like . . . ; **J'aimerais autant...** I would just as soon . . . (10); **s'aimer** to love each other (7)

**aîné(e)** oldest *(child)*

**ainsi** thus; **ainsi que** as well as

**air** *(m)* air, look, appearance; **avoir l'air** (+ *adjective*) to look / to seem (+ *adjective*) (4); **de plein air** outdoor (4)

**aise** *(f)* ease; **mal à l'aise** ill at ease

**aisé(e): classe aisée** *(f)* upper class

**ajouter** to add

**alcool** *(m)* alcohol (8)

**alcoolisé(e)** alcoholic

**Algérie** *(f)* Algeria (9)

**algérien(ne)** Algerian

**aliment** *(m)* food

**alimentaire** food

**Allemagne** *(f)* Germany (9)

**allemand** *(m)* German (1)

**allemand(e)** German

**aller (à)** to go (to) (2); **aller à la chasse** to go hunting; **aller à la pêche** to go fishing; **aller à pied** to walk, to go on foot (4); **aller simple** *(m)* one-way ticket (9); **aller très bien à quelqu'un** to look very good on someone; **aller voir** to go see, to visit *(a person)* (4); **Allez au tableau.** Go to the board. (P); **billet aller-retour** *(m)* round-trip ticket (9); **Ça va?** How's it going? *(familiar)* (P); **Ça va.** It's going fine. (P); **Comment allez-vous?** How are you? *(formal)* (P); **Comment ça va?,** How's it going? *(familiar)* (P); **Comment? Répétez, s'il vous plaît.** What? Please repeat. (P); **Comment vas-tu?** How are you? *(informal)*; **je vais** I go, I am going (2); **Je vais** I go, I am going (2); **Je vais très bien** I'm doing very well. (P); **On va... ?** Shall we go . . . ? (2); **Qu'est-ce que vous allez prendre?** What are you going to have? (2); **Qu'est-ce qui ne va pas?** What's wrong? (10); **s'en aller** to go away

**allergie** *(f)* allergy (10)

**allié(e)** allied

**allô** hello *(on the telephone)* (6)

**allumer** to light
**alors** so, then, therefore (1); **alors que** whereas
**alpinisme** *(m)* mountain climbing; **faire de l'alpinisme** to go mountain climbing
**amande** *(f)* almond
**amant(e)** *(mf)* lover
**ambitieux(-ieuse)** ambitious
**améliorer** to improve (8)
**amener** to take, to bring
**américain(e)** American (P); **à l'américaine** American-style (8)
**amérindien(ne)** Native American
**Amérique** *(f)* America (9); **Amérique centrale** *(f)* Central America (9); **Amérique** *(f)* **du Nord** North America (9); **Amérique** *(f)* **du Sud** South America (9)
**ami(e)** *(mf)* friend (P); **petit ami** *(m)* boyfriend (2); **petite amie** *(f)* girlfriend (2)
**amitié** *(f)* friendship
**amour** *(m)* love (6); **film** *(m)* **d'amour** romantic movie (6); **le grand amour** *(m)* true love (7)
**amoureux(-euse) (de)** in love (6); **tomber amoureux(-euse) de** to fall in love with (6); **vie amoureuse** *(f)* love life
**amphithéâtre** *(m)* lecture hall (1)
**amusant(e)** fun (1)
**amuser** to amuse; **s'amuser** to have fun (7)
**an** *(m)* year (5); **avoir... ans** to be . . . years old (4); **jour** *(m)* **de l'an** *(m)* New Year's Day
**ananas** *(m)* pineapple
**anchois** *(m)* anchovy
**ancien(ne)** former, old, ancient
**andouillette** *(f)* small sausage of chitterlings
**ange** *(m)* angel
**anglais** *(m)* English (P)
**anglais(e)** English
**Angleterre** *(f)* England; **Nouvelle-Angleterre** *(f)* New England
**anglophone** English-speaking
**angoisse** *(f)* anguish
**animal** *(m)* (*pl* **animaux**) animal (3)
**animé(e)** animated; **dessin animé** *(m)* cartoon
**année** *(f)* year (4); **les années** *(fpl)* **trente** the thirties
**annexion** *(f)* annexation
**anniversaire** *(m)* birthday (4); **anniversaire** *(m)* **de mariage** wedding anniversary
**annonce** *(f)* advertisement, announcement
**anorak** *(m)* ski jacket, anorak (5)
**Antarctique** *(m)* Antarctica
**antillais(e)** West Indian
**Antilles** *(fpl)* West Indies (9)
**antique** ancient
**anxiété** *(f)* anxiety
**août** *(m)* August (4)
**apéritif** *(m)* before-dinner drink (8)
**apparence** *(f)* appearance
**apparenté(e)** related
**appartement** *(m)* apartment (3)
**appartenir (à)** to belong (to)
**appeler** to call; **Comment s'appelle... ?** What is . . . 's name? (4); **Comment t'appelles-tu?** What's your name? *(informal)*; **Comment vous appelez-vous?** What's your name? *(formal)* (P); **Il/Elle s'appelle...** His/Her name is . . . (4); **Je m'appelle...** My name is . . . (P); **s'appeler** to be named (7), to be called; **Tu t'appelles comment?** What's your name? *(informal)* (P)
**appétit** *(m)* appetite
**apporter** to bring
**apprécier** to appreciate (6)
**apprendre** to learn (4); **Apprenez les mots de vocabulaire.** Learn the vocabulary words. (P)
**apprentissage** *(m)* apprenticeship
**approcher: s'approcher (de)** to approach
**approprié(e)** appropriate
**approximatif(-ive)** approximate
**après** after (P); **après les cours** after class (2); **d'après** according to
**après-demain** the day after tomorrow
**après-midi** *(m)* afternoon (P); **cet après-midi** this afternoon (4); **Il est une heure de l'après-midi.** It's one o'clock in the afternoon. (P); **l'après-midi** in the afternoon, afternoons (P)
**arabe** *(m)* Arabic
**arbre** *(m)* tree (1)
**arc** *(m)* arch, bow
**archéologique** archeological
**archipel** *(m)* archipelago
**architecte** *(mf)* architect
**argent** *(m)* money, silver (2)
**Argentine** *(f)* Argentina (9)
**armée** *(f)* army
**arracher: s'arracher les cheveux** to pull out your hair
**arrêt** *(m)* stop; **arrêt** *(m)* **d'autobus** bus stop (3)
**arrêter** to arrest, to stop; **s'arrêter** to stop (7)
**arrivée** *(f)* arrival (9); **porte** *(f)* **d'arrivée** arrival gate (9)
**arriver** to arrive (3), to happen
**art** *(m)* art; **les beaux-arts** the fine arts (1)
**article** *(m)* article (9)
**artisanal(e)** (*mpl* **artisanaux**) handcrafted, home-made
**artiste** *(mf)* artist, performer
**ascenseur** *(m)* elevator (3)
**Asie** *(f)* Asia (9)
**aspect physique** *(m)* physical appearance (7)
**asperge** *(f)* asparagus
**aspirine** *(f)* aspirin (10)
**assassin** *(m)* murderer, assassin
**assassiner** to murder, to assassinate
**asseoir: Asseyez-vous.** Sit down.; **s'asseoir** to sit (down)
**assez** fairly, rather (P); **assez (de)** enough (of) (1)
**assiette** *(f)* plate
**assis(e)** seated (9)
**assister à** to attend
**associer** to associate; **associé(e)** associated
**assurance** *(f)* insurance
**Atlantique** *(m)* Atlantic
**atroce** atrocious, dreadful
**attaque** *(f)* attack; **attaque** *(f)* **d'apoplexie** stroke; **être d'attaque** to feel fit
**attendre** to wait (for) (7); **s'attendre à** to expect to
**attente** *(f)* waiting
**attention: faire attention (à)** to pay attention (to), to watch out (for) (8)
**attirant(e)** attractive
**attirer** to attract
**attraper** to catch, to get hold of
**aube** *(f)* dawn
**auberge** *(f)* inn; **auberge** *(f)* **de jeunesse** youth hostel (10)
**aubergine** *(f)* eggplant
**auburn** *(inv)* auburn (4)
**aucun(e): ne... aucun(e)** no, none, not one
**audacieux(-euse)** audacious, bold
**au-dessus** above
**auditif(-ive)** auditory
**augmenter** to augment, to raise
**aujourd'hui** today (P)
**auparavant** beforehand
**auprès de** among
**auquel (à laquelle, auxquels, auxquelles)** to which
**aussi** too, also (P); **aussi... que** as . . . as (1)
**austral(e)** southern
**Australie** *(f)* Australia (9)
**autant (de)... (que)** as much . . . (as), as many . . . (as); **J'aimerais autant...** I would just as soon . . . (10)
**autobus** *(m)* bus (4); **arrêt** *(m)* **d'autobus** bus stop (3); **en autobus** by bus (4)
**autocar** *(m)* bus (4); **en autocar** by bus (4)
**automne** *(m)* autumn, fall (5); **en automne** in autumn (5)
**autoportrait** *(m)* self-portrait (P)
**autour de** around
**autre** other (P); **dans un autre cours** in another class (P); **quelquefois... d'autres fois** sometimes . . . other times (7); **Qu'est-ce que je peux vous proposer d'autre?** What else can I get you? (8); **autre part** somewhere else
**autrefois** formerly, in the past
**Autriche** *(f)* Austria
**auxiliaire** *(m)* auxiliary
**avance** *(f)* advance; **à l'avance** in advance (9); **en avance** early
**avancer** to advance
**avant** before (P); **avant de quitter** before leaving; **avant tout** above all
**avantage** *(m)* advantage
**avec** with (P); **avec elle/lui** with her/him (2); **avec ma famille** with my family (P); **Avec plaisir!** With pleasure! (6)
**avenir** *(m)* future
**aventure** *(f)* adventure; **film** *(m)* **d'aventure** adventure movie
**avenue** *(f)* avenue (10)
**avion** *(m)* airplane (4); **en avion** by airplane (4)
**avis** *(m)* opinion; **à votre avis** in your opinion (8)
**avoir** to have (3); **avoir... ans** to be . . . years old (4); **avoir besoin de** to need (4); **avoir chaud** to be hot (4); **avoir cours** to have class (6); **avoir de la fièvre** to have fever; **avoir du mal à...** to have difficulty . . . , to have a hard time . . . ; **avoir envie de** to feel like, to want (4); **avoir faim** to be hungry (4); **avoir froid** to be cold (4); **avoir l'air** (+ *adjective*) to look / to seem (+ *adjective*) (4); **avoir le nez bouché** to have a stopped-up nose; **avoir le nez qui coule** to have a runny nose; **avoir les cheveux/les yeux...** to have . . . hair/eyes (4);

avoir lieu to take place; **avoir l'intention de** to plan on, to intend to (4); **avoir mal (à)** one's . . . hurts (10), to ache; **avoir peur (de)** to be afraid (of ), to fear (4); **avoir pitié (de)** to have pity (on / for ) (10); **avoir raison** to be right (4); **avoir soif** to be thirsty (4); **avoir sommeil** to be sleepy (4); **avoir tort** to be wrong (4); **j'ai faim** I'm hungry (2); **j'ai soif** I'm thirsty (2); **il y a…** there is/there are . . . (1), ago (5); **Quel âge a... ?** How old is . . . ? (4)
**avril** *(m)* April (4)
**ayant** having

## B

**baccalauréat (bac)** *(m) a comprehensive examination at the end of secondary school*
**bacon** *(m)* bacon (8)
**bagages** *(mpl)* baggage
**bagne** *(m)* penal colony
**baguette** *(f)* loaf of French bread (8)
**baie** *(f)* bay
**bain** *(m)* bath (7); **maillot** *(m)* **de bain** swimsuit (5); **prendre un bain** *(m)* **de soleil** to sunbathe (4); **salle** *(f)* **de bains** bathroom (3)
**baiser** *(m)* kiss
**baisser** to lower
**bal** *(m)* ball, dance (6)
**balcon** *(m)* balcony (10)
**baleine** *(f)* whale
**banal(e)** (*mpl* **banaux**) commonplace, banal
**banane** *(f)* banana (8)
**bancaire: carte** *(f)* **bancaire** bank card, debit card (9)
**bande-annonce** *(f)* movie trailer
**banlieue** *(f)* suburbs (3); **en banlieue** in the suburbs (3)
**banque** *(f)* bank (10)
**banquier** *(m)* banker
**barbe** *(f)* beard (4)
**barrer** to cross out
**bas** *(m)* bottom
**bas(se)** low; **table basse** *(f)* coffee table
**basé(e) sur** based on (6)
**base-ball** *(m)* baseball (2)
**basilique** *(f)* basilica
**basket** *(m)* basketball (1)
**baskets** *(fpl)* tennis shoes (5)
**bataille** *(f)* battle
**bateau** *(m)* boat (4); **en bateau** by boat (4); **faire du bateau** to go boating (5)
**bâtiment** *(m)* building (1)
**batterie** *(f)* drums (2)
**battre** to beat; **se battre** to fight
**bavarois** *(m)* Bavarian cream
**bavette** *(f)* undercut
**beau (bel, belle,** *pl* **beaux, belles)** beautiful, handsome (1); **beau-frère** *(m)* brother-in-law; **beau-père** *(m)* father-in-law (4); **beaux-arts** *(mpl)* fine arts (1); **beaux-parents** *(mpl)* stepparents, in-laws (4); **belle-mère** *(f)* mother-in-law (4); **belle-sœur** *(f)* sister-in-law; **Il fait beau.** The weather's nice. (5)
**beaucoup** a lot (P); **beaucoup (de)** a lot (of) (1)
**beauté** *(f)* beauty (7)
**bébé** *(m)* baby
**beige** beige (3)
**beignet** *(m)* fritter
**belge** Belgian
**Belgique** *(f)* Belgium (9)
**bénéfique** beneficial
**bénévole** benevolent, volunteer
**berbère** Berber
**berceuse** *(f)* lullaby
**besoin** *(m)* need; **avoir besoin de** to need (4)
**bête** *(f)* beast (6), animal
**bête** stupid, dumb (1)
**bêtise** *(f)* foolish thing, stupidity
**beurre** *(m)* butter (8)
**beurré(e)** buttered
**bibliothèque** *(f)* library (1), bookcase
**bien** well (P), very; **à bien des égards** in many regards; **bien d'autres** many others; **bien que** although; **Bien sûr!** Of course! (5); **c'est bien de…** it's good to . . . (10); **Je voudrais bien.** Sure, I'd like to.
**bien-être** *(m)* well-being
**bienfaiteur** *(m),* **bienfaitrice** *(f)* benefactor
**biens** *(mpl)* goods
**bientôt** soon (P); **À bientôt.** See you soon. (P)
**bienvenu(e)** welcome
**bière** *(f)* beer (2)
**bifteck** *(m)* steak (8); **bifteck hâché** *(m)* ground meat
**bikini** *(m)* bikini (5)
**bilingue** bilingual
**billard** *(m)* billiards
**billet** *(m)* ticket (9), bill; **distributeur** *(m)* **de billets** ATM machine (10); **billet électronique** e-ticket (9)
**biologie** *(f)* biology (1)
**bios: produits bios** *(mpl)* organic products (8)
**biscotte** *(f)* melba toast
**bise** *(f)* kiss
**bistro(t)** *(m)* restaurant, pub (6)
**blanc(he)** white (3); **vin blanc** *(m)* white wine (2)
**blanquette** *(f)* stew *(usually veal)*
**blessure** *(f)* injury
**bleu(e)** blue (3)
**bloguer** to blog
**blond(e)** blond (4)
**blouson** *(m)* windbreaker, jacket
**bœuf** *(m)* beef (8); **bœuf bourguignon** *(m)* beef burgundy
**bohème** bohemian
**boire** to drink (4)
**boisson** *(f)* drink (2)
**boîte** *(f)* box, can (8); **boîte** *(f)* **de nuit** nightclub (1)
**bol** *(m)* bowl
**bon(ne)** good (1); **Bonne année!** Happy New Year!; **Bon anniversaire!** Happy birthday!; **Bonne idée!** Good idea! (4); **Bonne journée!** Have a good day!; **Bon séjour!** Enjoy your stay! (10); **Bon week-end!** Have a good weekend!
**bonbon** *(m)* candy
**bonheur** *(m)* happiness (7)
**Bonjour.** Hello, Good morning. (P)
**bonne** *(f)* maid, nanny
**Bonsoir.** Good evening. (P)
**bord** *(m)* edge; **à bord** on board; **au bord de** at the edge of; **bord** *(m)* **de la mer** seaside
**border** to border
**botte** *(f)* boot (5)
**bouche** *(f)* mouth (10)
**bouché(e)** stopped-up; **cidre bouché** *(m)* bottled cider
**boucherie** *(f)* butcher's shop (8)
**boudin** *(m)* blood sausage
**bouillabaisse** *(f)* fish soup
**bouillir** to boil
**bouillon** *(m)* broth
**boulangerie** *(f)* bakery (8); **boulangerie-pâtisserie** bakery-pastry shop (8)
**boule** *(f)* ball
**boulevard** *(m)* boulevard (10)
**boulot** *(m)* work *(familiar)*
**boum** *(f)* party (6), bash
**bouquiniste** *(mf)* secondhand bookseller
**bourg** *(m)* town
**bout** *(m)* end (3); **au bout (de)** at the end (of) (3)
**bouteille (de)** *(f)* bottle (of) (8)
**boutique** *(f)* shop
**bras** *(m)* arm (10)
**Brésil** *(m)* Brazil (9)
**Bretagne** *(f)* Brittany
**breton** *(m)* Breton *(language)*
**brevet** *(m)* certificate, diploma
**bricoler** to do handiwork (2)
**brioche** *(f)* brioche *(a type of soft bread)*
**brique** *(f)* brick
**britannique** British
**brochette** *(f)* skewer
**brocolis** *(mpl)* broccoli
**bronzer** to tan (9)
**brosser** to brush; **se brosser (les cheveux / les dents)** to brush (one's hair / one's teeth) (7)
**brouillard** *(m)* fog, mist, haze
**bruit** *(m)* noise (10)
**brûler** to burn; **se brûler la main** to burn your hand
**brun(e)** *(with hair)* medium/dark brown (4), brunette, darkhaired
**Bruxelles** Brussels
**buffet** *(m)* buffet
**bulletin** *(m)* **d'abonnement** subscription form
**bureau** *(m)* desk (3), office (1); **bureau** *(m)* **de poste** post office (10); **bureau** *(m)* **de tabac** tobacco shop
**bus** *(m)* bus (4)
**but** *(m)* goal

## C

**ça** that (P); **Ça fait combien?** How much is it? (2); **Ça fait... euros.** That's . . . euros. (2); **Ça me plaît!** I like it! (3); **Ça lui plaît?** Does he/she like it? (9); **Ça s'écrit comment?** How is that written? (P); **Ça s'écrit…** That's written . . . (P); **Ça te/vous dit?** How does that sound to you? (4); **Ça te plaît!** You like it! (3); **Ça va?** How's it going? *(familiar)* (P); **Ça va.** It's going fine. (P); **C'est ça!** That's right!; **comme ci comme ça** so-so (2); **Comment ça va?** How's it going? *(familiar)* (P); **Qu'est-ce que ça veut dire?** What does that mean? (P)
**cabine** *(f)* **d'essayage** fitting room (5); **cabine** *(f)* **téléphonique** telephone booth

**cacher** to hide; **se cacher** to hide oneself, to be hidden
**cadien(ne)** Cajun (4)
**cadeau** *(m)* gift, present (10); **marchand** *(m)* **de cadeaux** gift shop (10)
**cadre** *(m)* frame, surroundings
**café** *(m)* café (1), coffee (2); **café** *(m)* **au lait** coffee with milk (2)
**cahier** *(m)* workbook (P), notebook; **Faites les devoirs dans le cahier.** Do the homework in the workbook. (P)
**calcul** *(m)* calculation
**calculer** to calculate
**Californie** *(f)* California (9)
**calme** calm (4)
**calmement** calmly
**calmer: se calmer** to calm down
**camarade** *(mf)* pal; **camarade** *(mf)* **de chambre** roommate (P); **camarade** *(mf)* **de classe** classmate
**camerounais(e)** Cameroonian
**campagne** *(f)* country (3), campaign; **à la campagne** in the country (3)
**camping** *(m)* camping, campground (5); **faire du camping** to go camping (5)
**campus** *(m)* campus (1)
**Canada** *(m)* Canada (9)
**canadien(ne)** Canadian (P)
**canapé** *(m)* couch (3), open-faced sandwich
**canard** *(m)* duck (8)
**candidat(e)** *(mf)* candidate, applicant
**canne à sucre** *(f)* sugar cane
**capitale** *(f)* capital
**caprice** *(m)* whim
**car** *(m)* bus (4)
**car** because
**caractère** *(m)* character; **en caractères gras** boldfaced
**carafe (de)** *(f)* carafe (of) *(a decanter)* (8)
**caraïbe** Caribbean; **mer** *(f)* **des Caraïbes** Caribbean Sea
**cardiaque** cardiac, of the heart
**carnaval** *(m)* carnival
**carotte** *(f)* carrot (8)
**carré(e)** square; **Vieux Carré** *(m)* French Quarter (4)
**carte** *(f)* menu (8), card, map; **carte** *(f)* **bancaire** bank card, debit card (9); **carte** *(f)* **de crédit** credit card (9); **carte** *(f)* **d'identité** identity card; **carte** *(f)* **postale** postcard (9); **carte** *(f)* **téléphonique** telephone card (10)
**cas** *(m)* case; **dans tous les cas** in any case
**casquette** *(f)* cap
**casser** to break; **se casser la jambe** to break one's leg
**casserole** *(f)* pan
**cassette** *(f)* cassette
**catégorie** *(f)* category
**cathédrale** *(f)* cathedral
**catholique** *(mf)* Catholic (1)
**cauchemar** *(m)* nightmare
**cause** *(f)* cause; **à cause de** because of
**CD** *(m)* CD (3); **lecteur** *(m)* **CD** CD player (3)
**ce (cet, cette)** this, that (3); **ce que** what, that which; **ce qui** what, that which (7); **ces** these, those (3); **ce semestre** this semester (P); **ce soir** tonight, this evening (2); **Ce sont...** They are . . ., These are . . . Those are . . . (1); **C'est...** It's . . . (P), he is, she is, that is, this is (1); **c'est-à-dire** in other words, that is to say; **Qu'est-ce que c'est?** What is it? (2); **Qui est-ce?** Who is it? (2)
**céder** to give up
**ceinture** *(f)* belt
**cela** that (7); **depuis cela** since then (7)
**célèbre** famous (4)
**célébrer** to celebrate
**céleri** *(m)* celery
**célibataire** single, unmarried (1)
**celtique** Celtic
**celui (celle)** the one
**cendre** *(f)* ash
**cendrier** *(m)* ashtray
**censure** *(f)* censorship
**cent** *(m)* one hundred (3)
**centime** *(m)* centime *(one hundredth part of a euro)* (2)
**central(e)** (*mpl* **centraux**) central; **Amérique** *(f)* **centrale** Central America (9)
**centre** *(m)* center; **centre administratif** *(m)* administration building; **centre commercial** *(m)* shopping center, mall (4); **centre** *(m)* **d'étudiants** student center
**centre-ville** *(m)* downtown (3)
**cependant** however
**céréales** *(fpl)* cereal (8)
**cérémonie** *(f)* ceremony
**cerise** *(f)* cherry (8)
**certain(e)** certain; **certains** some, certain people
**certainement** certainly
**certificat** *(m)* certificate
**cervelle** *(f)* brain
**cesser** to cease
**ceux (celles)** those (ones) (8)
**chacun(e)** each one
**chagrin** *(m)* sorrow
**chaîne** *(f)* chain; **chaîne de télévision** television channel; **chaîne hi-fi** *(f)* stereo (2)
**chaise** *(f)* chair (3)
**chalet de ski** *(m)* ski lodge (10)
**chaleur** *(f)* warmth
**chaleureux(-euse)** warm
**chambre** *(f)* bedroom (3); **camarade** *(mf)* **de chambre** roommate (P); **chambre** *(f)* **d'hôte** bed and breakfast
**champ** *(m)* field; **champ** *(m)* **de bataille** battlefield
**champignon** *(m)* mushroom
**chance** *(f)* luck (5); **Quelle chance!** What luck! (5)
**changement** *(m)* change
**changer** to change (6); **changer de l'argent** to exchange money (9)
**chanson** *(f)* song
**chanter** to sing (2)
**chanteur(-euse)** *(mf)* singer
**chapeau** *(m)* hat
**chapelle** *(f)* chapel
**chapitre** *(m)* chapter
**chaque** each, every (3)
**charcuterie** *(f)* delicatessen, deli meats, cold cuts (8)
**charger** to charge, to load; **chargé(e) (de)** busy, in charge (of); **se charger de** to take charge of
**charité** *(f)* charity
**charmant(e)** charming
**chasse** *(f)* hunt, hunting; **aller à la chasse** to go hunting
**chasser** to hunt, to make go away
**chasseur** *(m)* hunter
**chat** *(m)* cat (3)
**châtain** light/medium brown *(with hair)* (4)
**château** *(m)* castle
**chaud(e)** hot (2); **avoir chaud** to be hot (4); **chocolat chaud** *(m)* hot chocolate (2); **Il fait chaud.** It's hot. (5)
**chauffeur** *(m)* driver
**chaussette** *(f)* sock
**chausson** *(m)* **aux pommes** apple turnover
**chaussure** *(f)* shoe (5)
**chef** *(m)* head, boss, chief
**chef-d'œuvre** *(m)* masterpiece
**chef-lieu** *(m)* administrative center
**chemin** *(m)* road; **chemin** *(m)* **de fer** railroad; **indiquer le chemin** to give directions, to show the way (10)
**chemise** *(f)* shirt (5); **chemise** *(f)* **de nuit** nightgown
**chemisier** *(m)* blouse (5)
**chèque** *(m)* check (9); **chèque** *(m)* **de voyage** traveler's check (9)
**cher(-ère)** expensive (3), dear
**chercher** to look for (3), to seek; **aller / venir chercher quelqu'un** to go / come pick up someone (10)
**chéri(e)** *(mf)* honey, darling
**cheval** *(m)* (*pl* **chevaux**) horse; **faire du cheval** to go horseback riding
**cheveux** *(mpl)* hair (4)
**cheville** *(f)* ankle; **se fouler la cheville** to sprain one's ankle
**chèvre** *(m)* goat cheese
**chez...** at / in / to / by . . . 's house/place (2); in *(a person)* (7)
**chien** *(m)* dog (3)
**chiffre** *(m)* number, numeral (P)
**Chili** *(m)* Chile (9)
**chimie** *(f)* chemistry (1)
**Chine** *(f)* China (9)
**chinois** *(m)* Chinese
**chirurgie** *(f)* surgery
**chocolat** *(m)* chocolate (2); **gâteau au chocolat** *(m)* chocolate cake (8); **pain au chocolat** *(m)* chocolate-filled croissant (8)
**choisir (de faire)** to choose (to do) (8)
**choix** *(m)* choice (8)
**chose** *(f)* thing (3); **quelque chose** something (2)
**chou** *(m)* cabbage; **choux** *(mpl)* **de Bruxelles** Brussels sprouts
**chou-fleur** *(m)* cauliflower
**chrysanthème** *(m)* chrysanthemum
**ci: ce (cet, cette)...-ci** this . . . (5); **ce mois-ci** this month (4); **ces...-ci** these . . . (5); **ci-dessous** below; **ci-dessus** above; **comme ci comme ça** so-so (2)

**ciao** bye *(informal)*
**ciel** *(m)* sky
**cinéaste** *(mf)* filmmaker
**ciné-club** *(m)* cinema club (2)
**cinéma** *(m)* movie theater (1); **aller au cinéma** to go to the movies (2)
**cinématographique** film
**cinq** five (P)
**cinquante** fifty (2); **cinquante et un** fifty-one (2)
**cinquième** fifth (3)
**circonstance** *(f)* circumstance
**circuler** to circulate
**cithare** *(f)* zither
**citoyen(ne)** *(mf)* citizen
**citron** *(m)* lemon (2); **citron vert** *(m)* lime; **thé** *(m)* **au citron** tea with lemon (2)
**clair(e)** light, clear; **bleu clair** light blue
**claire** *(f)* oyster bed
**clairement** clearly
**classe** *(f)* class (1); **classe** *(f)* **touriste** tourist class, coach (9); **première classe** *(f)* first class (9); **salle** *(f)* **de classe** classroom (1)
**classique** classical (1), classic (2)
**clavier** *(m)* keyboard
**clé** *(f)* key (10)
**client(e)** *(mf)* customer
**climat** *(m)* climate (9)
**climatisé(e)** air-conditioned
**club** *(m)* club (5); **club** *(m)* **de gym** gym, fitness club (1); **club** *(m)* **de sport** sports club
**coca** *(m)* cola (2); **coca** *(m)* **light** diet cola (2)
**coco** *(m)* coconut
**cocotte** *(f)* casserole, primper
**code** *(m)* code; **code postal** *(m)* zip code (3)
**cœur** *(m)* heart; **au cœur de** in the heart of
**coin** *(m)* corner (3); **au coin de** on the corner of (10); **café** *(m)* **du coin** neighborhood café; **dans le coin (de)** in the corner (of) (3)
**collation** *(f)* snack
**colle** *(f)* glue
**collectionner** to collect
**collectivité** *(f)* community
**collège** *(m)* middle school
**collègue** *(mf)* colleague
**colline** *(f)* hill
**colocataire** *(mf)* housemate (P)
**Colombie** *(f)* Colombia (9)
**colon** *(m)* colonist
**colonie** *(f)* colony
**coloniser** to colonize
**colonne** *(f)* column
**combien (de)** how much, how many (3); **Ça fait combien? / C'est combien?** How much is it? (2); **Combien font... et... / moins... ?** How much is . . . plus . . . / minus . . . ? (P); **Pendant combien de temps?** For how long? (5); **Vous êtes combien dans votre (ta) famille?** How many are there in your family? (4)
**combinaison** *(f)* slip, combination
**combiner** to combine
**comédie** *(f)* comedy (6); **comédie musicale** *(f)* musical
**comique** comical
**commander** to order (2), to command
**comme** like, as, for (1), since (7), for (8); **comme ci comme ça** so-so (2); **comme tu vois** as you see (3); **tout comme** just as
**commencer (à)** to begin (to), to start (2); **Le cours de français commence à...** French class starts at . . . (P)
**comment** how (P); **Ça s'écrit comment?** How is that written? (P); **Comment allez-vous?** How are you? *(formal)* (P); **Comment ça va?** How's it going? *(familiar)* (P); **Comment dit-on... en français/en anglais?** How does one say . . . in French/in English? (P); **Comment est-il/elle (sont-ils/elles)?** What is he/she (are they) like? (1); **Comment? Répétez, s'il vous plaît.** What? Please repeat. (P); **Comment s'appelle... ?** What is . . . 's name? (4); **Comment vas-tu?** How are you? *(informal)*; **Comment vous appelez-vous?** What's your name? *(formal)* (P); **Tu t'appelles comment?** What's your name? *(informal)* (P)
**commerçant(e)** *(mf)* shopkeeper (8), merchant
**commerce** *(m)* business (1); **cours de commerce** business course (1)
**commercial: centre commercial** *(m)* shopping center, mall (4)
**commettre** to commit
**commode** *(f)* dresser, chest of drawers (3)
**commode** convenient (3)
**commodité** *(f)* convenience, comfort
**commun(e)** common
**communauté** *(f)* community
**communiquer** to communicate (10)
**compagnie** *(f)* company; **en compagnie de** accompanied by
**comparaison** *(f)* comparison
**comparé(e)** compared
**comparer** to compare (6)
**compatibilité** *(f)* compatibility (7)
**compétence** *(f)* skill, competency
**complément d'objet direct / indirect** *(m)* direct / indirect object
**complet(-ète)** complete (8); **en phrases complètes** *(f)* in complete sentences (P); **pain complet** *(m)* (loaf of ) whole-grain bread (8)
**complètement** completely
**compléter** to complete
**complicité** *(f)* bonding
**comporter: se comporter** to behave
**composer** to compose; **composé(e) de** composed of; **se composer de** to be made up of
**compréhension** *(f)* understanding (7)
**comprenant** including
**comprendre** to understand (4), to include (8); **compris(e)** included (10); **Oui, je comprends. / Non, je ne comprends pas.** Yes, I understand. / No, I don't understand. (P); **Vous comprenez?** Do you understand? (P)
**comptabilité** *(f)* accounting (1)
**comptable** *(mf)* accountant
**compte** *(m)* **en banque** bank account
**compter** to count, to plan on (9); **Comptez de... à...** Count from . . . to . . . (P)
**concentrer: se concentrer sur** to concentrate on
**concernant** concerning
**concerner** to concern
**concert** *(m)* concert (1); **de concert avec** along with
**concombre** *(m)* cucumber
**concours** *(m)* competition, competitive entrance examination
**confiance** *(f)* confidence; **avoir confiance** to have confidence (4)
**confirmer** to confirm
**confit** *(m)* **de canard** conserve of duck
**confiture** *(f)* jam, jelly (8)
**confort** *(m)* comfort
**confortable** comfortable (3)
**conforter** to comfort
**confus(e)** confused
**congé** *(m)* day off
**conjuguer** to conjugate
**connaissance** *(f)* acquaintance, knowledge; **faire la connaissance de** to meet *(for the first time)* (7)
**connaître** to know, to get to know, to be familiar / acquainted with (4); **Connaissez-vous...?** Do you know . . . ? (6); **faire connaître** to inform
**connecter** to connect; **se connecter à Internet** to log on to Internet
**connu(e)** known
**conquérant(e)** *(mf)* conqueror
**conquête** *(f)* conquest
**consacrer** to devote; **consacré(e) à** devoted to
**conseil** *(m)* piece of advice (8), council, committee
**conseiller(-ère)** *(mf)* counselor, adviser
**conséquent: par conséquent** consequently
**conserver** to keep
**conserves** *(fpl)* canned goods (8)
**considérer** to consider; **considéré(e)** considered; **se considérer** to consider oneself
**consommation** *(f)* consumption, drink
**consonne** *(f)* consonant
**constamment** constantly
**construire** to construct, to build
**construit(e)** built
**consulat** *(m)* consulate
**consulter** to consult
**conte** *(m)* story (6); **conte** *(m)* **de fées** fairy tale (6)
**contempler** to contemplate
**content(e)** happy, glad (8)
**contexte** *(m)* context
**continent** *(m)* continent (9)
**continu(e)** continuous
**continuer (tout droit)** to continue (straight ahead) (10)
**contraire** *(m)* contrary; **au contraire** on the contrary
**contraste** *(m)* contrast
**contre** against; **par contre** on the other hand
**contrôle** *(m)* control
**contrôler** to control (8); **contrôlé(e)** controlled, supervised
**convenable** appropriate, suitable
**convenir** to be suitable; **Ça te/vous convient?** Does that work for you? (9)
**cool: assez cool** pretty cool (P)
**copain** *(m)* *(male)* friend, pal (6)

**copieux(-euse)** copious, large (8)
**copine** *(f) (female)* friend, pal (6)
**coquillage** *(m)* shellfish
**coquilles St-Jacques** *(fpl)* scallops
**corporel(le)** of the body
**corps** *(m)* body (7)
**correctement** correctly
**correspondant(e)** corresponding
**correspondre (à)** to correspond (to)
**Corse** *(f)* Corsica
**corse** *(m)* Corsican *(language)*
**costume** *(m)* suit *(for a man)* (5)
**côte** *(f)* coast; **côte** *(f)* **de porc** pork chop (8)
**côté** *(m)* side (3); **à côté (de)** next to (3); **côté cour** on the courtyard side (10)
**Côte d'Azur** *(f)* Riviera
**Côte d'Ivoire** *(f)* Ivory Coast (9)
**cou** *(m)* neck
**couchant** setting
**coucher: se coucher** to go to bed (7); **chambre à coucher** *(f)* bedroom
**couler** to run *(liquids)*
**couleur** *(f)* color (3); **De quelle couleur est/sont... ?** What color is/are . . . ? (3)
**coulis** *(m)* purée
**couloir** *(m)* hall, corridor (3)
**coup** *(m)* stroke, blow; **coup** *(m)* **de foudre** love at first sight (7); **coup** *(m)* **de téléphone** telephone call; **tout à coup** all of a sudden (6); **tout d'un coup** all at once (6)
**coupe** *(f)* dessert dish
**couper** to cut; **se couper le doigt** to cut one's finger
**cour** *(f)* court, courtyard; **côté cour** on the courtyard side (10)
**couramment** fluently
**courant(e)** present, current, common; **au courant de** aware of
**courgette** *(f)* zucchini
**courir** to run (9)
**courrier** *(m)* mail; **courrier électronique** *(m)* e-mail
**cours** *(m)* class, course (P); **au cours de** in the course of, during, while on (10); **avoir cours** to have class (6); **cours** *(m)* **de français** French class (P); **dans un autre cours** in another class (P); **en cours** in class (P); **suivre un cours** to take a course
**course** *(f)* errand (5), race; **faire des courses** to run errands (5); **faire les courses** to go grocery shopping (5)
**court** *(m)* **de tennis** tennis court
**court(e)** short (4)
**cousin(e)** *(mf)* cousin (4)
**coûter** to cost (5)
**coutume** *(f)* custom
**couvert(e) de** covered with
**couverture** *(f)* blanket, cover (3)
**cravate** *(f)* tie (5)
**crayon** *(m)* pencil (P); **Prenez une feuille de papier et un crayon ou un stylo.** Take out a piece of paper and a pencil or a pen. (P)
**créancier(-ière)** *(mf)* creditor
**crèche** *(f) (government-sponsored)* day care
**crédit: carte** *(f)* **de crédit** credit card (9)
**créer** to create
**crème** *(f)* cream (8)
**créole** Creole
**crevette** *(f)* shrimp (8)
**crier** to shout
**criminel(le)** *(mf)* criminal
**crise** *(f)* crisis
**critique** *(f)* criticism
**croire (à) (que)** to believe (in) (that); **je crois** I think
**croisière** *(f)* cruise
**croissant** *(m)* croissant (8)
**croissant(e)** growing
**croix** *(f)* cross; **en croix** crossed
**croque-madame** *(m)* toasted ham-and-cheese sandwich with an egg on top
**croque-monsieur** *(m)* toasted ham-and-cheese sandwich
**cru(e)** raw
**crudités** *(fpl)* raw vegetables (8)
**cruel(le)** cruel (6)
**crustacé** *(m)* shellfish
**cuiller** *(f)* spoon
**cuir** *(m)* leather
**cuisine** *(f)* kitchen (3), cuisine, cooking (4); **faire la cuisine** to cook (5)
**cuisinier(-ère)** *(mf)* cook
**cuisinière** *(f)* stove
**cuivre** *(m)* copper
**cultiver** to cultivate (7)
**culture** *(f)* culture (9), cultivation
**culturel(le)** cultural (4)
**curieux(-euse)** curious, odd

## D

**dame** *(f)* lady
**Danemark** *(m)* Denmark
**dans** in (P); **dans la rue...** on . . . Street (10)
**danse** *(f)* dance
**danser** to dance (2)
**danseur(-euse)** *(mf)* dancer
**date** *(f)* date (4); **Quelle est la date?** What is the date? (4)
**dater de** to date from
**daurade** *(f)* sea bream
**de** of, from, about (P); **de la, de l'** some, any (8); **de luxe** deluxe (10); **De rien.** You're welcome. (P); **du lundi au vendredi** from Monday to Friday *(every week)* (P); **parler de** to talk about
**débarquement** *(m)* landing
**debout** standing
**début** *(m)* beginning (6); **au début (de)** at the beginning (of) (6)
**décédé(e)** dead; deceased (4)
**décembre** *(m)* December (4)
**décidément** decidedly, for sure
**décider** to decide (6); **se décider** to make up one's mind
**décision** *(f)* decision (7); **prendre une décision** to make a decision (7)
**décorer** to decorate
**découper** to cut out
**découverte** *(f)* discovery
**découvrir** to discover
**décret** *(m)* decree
**décrire** to describe (9)
**défini(e)** definite
**définir** to define
**degré** *(m)* degree
**déguster** to sample
**dehors** outside; **en dehors de** outside of
**déjà** already (5)
**déjeuner** *(m)* lunch; **petit déjeuner** *(m)* breakfast (5)
**déjeuner** to have/eat lunch (2)
**délicieux(-euse)** delicious (6)
**demain** tomorrow (P); **À demain!** See you tomorrow! (P)
**demande** *(f)* request
**demander** to ask (for) (2); **se demander** to wonder
**demi** *(m)* draft beer (2)
**demi(e)** half (P); **demi-heure** *(f)* half hour (7); **Il est deux heures et demie.** It's half past two. (P); **un kilo et demi de** a kilo and a half of (8)
**démocratique** democratic
**dénoncer** to denounce, to turn in
**dent** *(f)* tooth (7)
**dentaire** dental
**départ** *(m)* departure (9)
**département** *(m)* department *(a French administrative region)*
**dépassement** *(m)* **de soi** surpassing oneself
**dépendre (de)** to depend (on) (5); **Ça dépend.** That depends.
**dépense** *(f)* expense
**dépenser** to spend
**déplaisant(e)** unpleasant
**depuis** since, for (7), from; **depuis cela** since then (7); **depuis que** since
**dérivé(e)** derived
**dernier(-ère)** last (5)
**derrière** behind (3)
**des** some (1)
**dès** since, right after; **dès que** as soon as
**désaccord** *(m)* disagreement
**désagréable** unpleasant (1)
**désastreux(-euse)** disastrous
**descendre (de)** to go down, to get off (5); **descendre dans / à** to stay at *(a hotel)* (5)
**déshabiller** to undress; **se déshabiller** to get undressed (7)
**désigner** to designate, to indicate
**désir** *(m)* desire
**désirer** to desire; **Vous désirez?** What would you like?, May I help you? (2)
**désolé(e)** sorry; **être désolé(e) que** to be sorry that . . . (10)
**désordre: en désordre** in disorder (3)
**dessert** *(m)* dessert (8)
**dessin** *(m)* drawing; **dessin animé** *(m)* cartoon
**dessiner** to draw
**dessous: ci-dessous** below
**dessus: au dessus de** above; **par dessus** over
**détaillé(e)** detailed
**détendre: se détendre** to relax
**détenir** to hold, to possess
**déterminer** to determine
**détester** to hate; **se détester** to hate each other (7)
**détruit(e)** destroyed
**dette** *(f)* debt
**deux** two (P); **deux-tiers** two-thirds
**deuxième** second (3)
**devant** in front of (3)

**développement** *(m)* development
**devenir** to become (4)
**deviner** to guess
**devinette** *(f)* riddle
**devoir** must, to have to, to owe (6); **il/elle doit** he/she must (3)
**devoirs** *(mpl)* homework (P); **Faites les devoirs dans le cahier.** Do the homework in the workbook. (P)
**diabète** *(m)* diabetes
**diable** *(m)* devil
**diamant** *(m)* diamond
**dictée** *(f)* dictation
**dictionnaire** *(m)* dictionary
**dieu** *(m)* god
**différemment** differently
**différent(e)** different
**différer** to differ
**difficile** difficult (P)
**difficulté** *(f)* difficulty
**dimanche** *(m)* Sunday (P)
**diminuer** to diminish
**dinde** *(f)* turkey
**dîner** *(m)* dinner (8)
**dîner** to have dinner (2), to dine
**diplôme** *(m)* diploma, degree
**dire** to say, to tell (6); **Ça te/vous dit?** How does that sound to you? (4); **Ça veut dire…** That means . . . (P); **Comment dit-on… en français/en anglais?** How do you say . . . in French/in English? (P); **On dit…** One says . . . (P); **On dit que…** They say that . . . (4); **Qu'est-ce que ça veut dire?** What does that mean? (P)
**directement** directly
**directeur(-trice)** *(mf)* director
**direction** *(f)* direction, management
**discothèque** *(f)* dance club
**discuter** to discuss
**disparaître** to disappear; **disparu(e)** having disappeared
**disposer de** to have available
**disputer** to dispute; **se disputer (avec)** to argue (with) (7)
**disque** *(m)* record; **disque compact** *(m)* compact disc
**dissiper** to dissipate
**distraction** *(f)* entertainment (5)
**distributeur** *(m)* **de billets** ATM machine (10)
**divers(e)** diverse, different
**diversité** *(f)* diversity
**divisé(e)** divided
**divorcer** to divorce; **divorcé(e)** divorced (1)
**dix** ten (P); **dix-huit** eighteen (P); **dix-huitième** eighteenth (3); **dix-neuf** nineteen (P); **dix-sept** seventeen (P)
**dixième** tenth (3)
**doctorat** *(m)* doctorate
**documentaire** *(m)* documentary
**dodo: faire dodo** *(m)* to go beddy-bye *(familiar)*
**doigt** *(m)* finger (10); **doigt** *(m)* **de pied** toe (10)
**dollar** *(m)* dollar (3)
**domestique** *(mf)* servant
**domicile** *(m)* place of residence
**dominant(e)** dominant
**dominer** to dominate
**dommage: C'est dommage!** It's a shame! It's a pity! That's too bad! (7)
**donc** so, therefore, thus, then (7)
**donner** to give (2); **donner à manger à** to feed (9); **donner lieu à** to give rise to; **Donnez-moi votre feuille de papier.** Give me your piece of paper. (P)
**dont** of which, (among) which, whose (7)
**dormir** to sleep (2); **je dors** I'm sleeping, I sleep (2)
**dos** *(m)* back (10)
**dossier** *(m)* file
**doté(e)** endowed
**douane** *(f)* customs (9)
**douche** *(f)* shower (7)
**doute** *(m)* doubt; **sans doute** without doubt, doubtlessly, probably (8)
**douter** to doubt (10)
**doux (douce)** sweet, soft, gentle (6)
**douzaine (de)** *(f)* dozen (8)
**douze** twelve (P)
**dramatique** dramatic
**drame** *(m)* drama
**drap** *(m)* sheet
**drôle** funny, odd
**droit** *(m)* law *(field of study)*, right *(legal)*; **droits** *(mpl)* **de l'homme** human rights; **tout droit** straight (ahead) (10)
**droite** *(f)* right *(direction)*; **à droite (de)** to the right (of ) (3); **de droite** conservative (7)
**du (de la, de l', des)** some, any (8)
**dû (due, dus, dues) à** due to
**duc** *(m)* duke
**duché** *(m)* dukedom, duchy
**dur(e)** hard; **œuf dur** *(m)* hard-boiled egg (8)
**durant** during
**durer** to last
**DVD** *(m)* DVD (2); **lecteur** *(m)* **DVD** DVD player (3)
**dynamique** active (1)

## E

**eau** *(f)* water (2)
**écailler** to open *(shellfish)*
**échange** *(m)* exchange
**échanger** to exchange
**échapper** to escape; **s'échapper** to escape
**échouer** to fail
**école** *(f)* school (6); **école** *(f)* **secondaire** secondary school
**économie** *(f)* economy; **faire des économies** to save money
**économique** economic; **sciences économiques** *(fpl)* economics
**écossais(e)** plaid
**écossé(e)** shelled
**écouter** to listen (to) (2); **Écoutez la question.** Listen to the question. (P)
**écran** *(m)* screen
**écrevisse** *(f)* crawfish
**écrire** to write (2); **Ça s'écrit…** That's written . . . (P); **Ça s'écrit avec un accent ou sans accent?** That's written with or without an accent? (P); **Ça s'écrit comment?** How is that written? (P); **écrit(e)** written; **Écrivez la réponse en phrases complètes.** Write the answer in complete sentences. (P)
**écrivain** *(m)* writer
**education** *(f)* education
**éduquer** to educate
**effectuer** to carry out
**effet** *(m)* effect; **effets personnels** personal belongings (10); **effets spéciaux** special effects (6); **en effet** in fact
**égal(e)** *(mpl* **égaux***)* equal; **Ça m'est égal.** It's all the same to me.; **sans égal** unequalled
**également** also, as well, equally, likewise
**égalité** *(f)* equality
**égard** *(m)* respect
**église** *(f)* church (4)
**égoïste** selfish
**Égypte** *(f)* Egypt (9)
**électrique** electrical
**électronique** electronic; **billet** *(m)* **électronique** e-ticket (9); **courrier** *(m)* **électronique** e-mail
**élève** *(mf)* pupil, student
**élevé(e)** high, elevated
**elle** she, it (1), her; **elles** they (1), them; **elle-même** herself
**embarquement** *(m)* boarding; **porte** *(f)* **d'embarquement** departure gate (9)
**embêtant(e)** annoying (3)
**embrasser** to kiss; **s'embrasser** to kiss each other, to embrace each other (7)
**émission** *(f)* broadcast, show
**emmener** to take
**empêcher (quelqu'un de faire quelque chose)** to prevent (somebody from doing something)
**emplacement** *(m)* location
**emploi** *(m)* employment, use; **emploi** *(m)* **du temps** schedule
**employé(e)** *(mf)* employee (10)
**employer** to use; **s'employer** to be used
**emporter** to carry away
**emprisonner** to imprison (6)
**emprunter (à)** to borrow (from)
**en** some, any, about it/them, of it/them (8); **Je vous/t'en prie.** You're welcome.; **s'en aller** to go away
**en** in (P); **de temps en temps** from time to time (4); **en avance** early; **en avion** by plane (4); **en désordre** in disorder (3); **en espèces** in cash (10); **en face (de)** across from, facing (3); **en ligne** online (7); **en même temps** at the same time; **en ordre** in order (3); **en outre** in addition; **en retard** late (10); **en solde** on sale (5); **en vacances** on vacation (4); **être en train de…** to be in the process of . . . ; **partir en voyage** to leave on a trip (5); **partir en week-end** to go away for the weekend (5)
**enceinte** pregnant (10)
**enchanter** to enchant; **enchanté(e)** enchanted
**encore** still (4), again, more (8); **ne… pas encore** not yet (5)
**encourager** to encourage
**endormir: s'endormir** to fall asleep (7)
**endroit** *(m)* place (9)
**énergie** *(f)* energy
**énergique** energetic

**énerver** to irritate
**enfance** *(f)* childhood
**enfant** *(mf)* child (4)
**enfin** finally (7)
**enflé(e)** swollen
**enfouir** to bury
**engagé(e)** involved
**enlever** to take off, to remove
**ennemi(e)** *(mf)* enemy
**ennui** *(m)* trouble
**ennuyer** to bore; **s'ennuyer (de)** to get bored (with), to be bored (with) (7)
**ennuyeux(-euse)** boring (1)
**énorme** enormous
**enquête** *(f)* investigation, survey
**enregistrer** to record
**enseignement** *(m)* teaching, education; **enseignement supérieur** higher education
**enseigner** to teach
**ensemble** *(m)* whole group
**ensemble** together (2)
**ensuite** then, afterwards (4)
**entendre** to hear (7); **s'entendre bien/mal (avec)** to get along well/badly (with) (7)
**enthousiaste** enthusiastic
**entier(-ère)** entire, whole; **à part entière** complete
**entièrement** entirely, completely
**entre** between (3), among
**entrée** *(f)* appetizer, first course (8), entry ticket, entrance, entry; **entrée** *(f)* **au cinéma** cinema attendance
**entreprise** *(f)* firm, enterprise
**entrer (dans)** to enter (5), to go in
**entretien** *(m)* conversation, interview, maintenance
**envahir** to invade
**enveloppe** *(f)* envelope
**envers** towards
**envie: avoir envie de** to feel like, to want (4)
**environ** around, about (4)
**envisager** to consider, to imagine
**envoyer** to send (2); **envoyer un texto** to send a text message (2)
**épaule** *(f)* shoulder
**épice** *(f)* spice
**épicerie** *(f)* grocer's shop (8)
**épinards** *(mpl)* spinach
**époque** *(f)* time period; **à cette époque-là** at that time, in those days
**épouser** to marry; **s'épouser** to get married
**épouvante: film** *(m)* **d'épouvante** horror movie
**équipe** *(f)* team
**équipé(e)** equipped
**escalade** *(f)* (rock) climbing
**escalier** *(m)* stairs, staircase (3)
**escargot** *(m)* snail (8)
**escarpé(e)** steep
**esclavage** *(m)* slavery
**esclave** *(mf)* slave
**Espagne** *(f)* Spain (9)
**espagnol** *(m)* Spanish (P)
**espagnol(e)** Spanish
**espèce: en espèces** in cash (10)
**espérer** to hope (3)
**espion(ne)** *(mf)* spy
**espoir** *(m)* hope
**esprit** *(m)* mind, spirit (7)
**essayage: cabine** *(f)* **d'essayage** fitting room (5)
**essayer** to try on (5); **essayer (de faire)** to try (to do)
**essentiel(le)** essential; **Il est essentiel de...** It's essential to . . . (10)
**est** *(m)* east; **la partie est** the eastern part
**est-ce que** *(particle used in questions)* (1)
**estival(e): station estivale** *(f)* summer resort (10)
**estomac** *(m)* stomach
**et** and (P); **et quart/et demi(e)** a quarter past/half past (P); **Combien font... et... ?** How much is . . . plus . . . ? (P)
**établir** to establish; **s'établir** to establish oneself, to settle
**établissement** *(m)* establishment
**étage** *(m)* floor (3); **à l'étage** on the same floor, down the hall; **À quel étage?** On what floor? (3); **au premier étage** on the second floor (3)
**étagère** *(f)* shelf, bookcase (3)
**étape** *(f)* stopping place, step
**état** *(m)* state (3), condition; **État** *(m)* government; **États-Unis** *(mpl)* United States (3)
**été** *(m)* summer (5); **en été** in summer (5)
**étendre: s'étendre** to extend; **étendu(e)** stretched out
**éternuer** to sneeze (10)
**ethnique** ethnic
**étoile** *(f)* star
**étonner** to surprise, to amaze, to astonish; **être étonné(e) que...** to be astonished that . . . (10)
**étouffant(e)** stifling
**étrange** strange
**étranger(-ère)** foreign (1); **à l'étranger** abroad (9)
**être** to be (1); **c'est** it's (P), he is, she is, it is, this is, that is (1); **C'est quel jour aujourd'hui?** What day is today? (P); **Comment est / sont... ?** What is / are . . . like? (1); **être à** to belong to; **Je suis...** I'm . . . (P) **Je ne suis pas...** I'm not . . . (P); **le français est...** French is . . . (P); **Nous sommes....** There are . . . of us. (4); **Quelle est la date?** What is the date? (4); **tu es/vous êtes** you are (P)
**étroit(e)** tight, narrow
**études** *(fpl)* studies, going to school (1)
**étudiant(e)** *(mf)* student (P)
**étudier** to study (1); **J'étudie/Je n'étudie pas...** I study/I don't study . . . (1); **Qu'est-ce que vous étudiez/tu étudies?** What are you studying?, What do you study? (1)
**euro** *(m)* euro (2)
**Europe** *(f)* Europe (9)
**européen(ne)** European
**eux** them, they; **eux-mêmes** themselves
**évader: s'évader** to escape
**événement** *(m)* event
**éviter** to avoid (8)
**évoquer** to evoque
**exact(e)** accurate
**exactement** exactly (10)
**examen** *(m)* test, exam (P); **Préparez l'examen pour le prochain cours.** Prepare for the exam for the next class. (P)
**excentrique** eccentric
**excessivement** excessively
**exclamer: s'exclamer** to exclaim, to cry out
**excuser** to excuse, to forgive; **Excusez-moi.** Excuse me. (P)
**exemple** *(m)* example; **par exemple** for example (2)
**exercice** *(m)* exercise (P); **faire de l'exercice** to exercise (2); **Faites l'exercice A à la page 21.** Do exercise A on page 21. (P)
**exiger** to require
**exister** to exist
**exotique** exotic (9)
**expérience** *(f)* experience, experiment
**explication** *(f)* explanation
**expliquer** to explain (10)
**explorateur(-trice)** *(mf)* explorer
**exploser** to explode
**exposition** *(f)* exhibit (4)
**expression** *(f)* expression (10)
**expresso** *(m)* espresso (2)
**exprimer** to express
**expulser** to throw out
**exquis(e)** exquisite
**extérieur** *(m)* outside, exterior
**extra(ordinaire)** great, terrific (4)
**extrascolaire** extracurricular
**extraterrestre** *(mf)* extraterrestrial
**extraverti(e)** outgoing, extroverted (1)

## F

**fac** *(f)* university, campus (2)
**face** *(f)* face; **en face (de)** across from, facing (3); **face à** across from, confronted with; **faire face à** to face
**facile** easy (P)
**facilement** easily (7)
**faciliter** to facilitate, to make easy
**façon** *(f)* way
**faculté** *(f)* university, campus; **la fac** the university, the campus (2)
**fade** tasteless
**faillir: il a failli avoir** he almost had
**faim** *(f)* hunger; **avoir faim** to be hungry (4); **j'ai faim** I'm hungry (2)
**faire** to do, to make (2); **Ça fait... euros.** That's . . . euros. (2); **Ça ne se fait pas!** That is not done!; **Combien font... et... / moins...?** How much is . . . plus / minus . . . ? (P); **faire attention (à)** to pay attention (to), to watch out (for) (8); **faire connaître** to inform; **faire de l'aérobic** to do aerobics (8); **faire de l'alpinisme** to go mountain climbing; **faire de la méditation** to meditate (8); **faire de la musculation** to do weight training, to do bodybuilding (8); **faire de la musique** to play music (2); **faire de la planche à voile** to go windsurfing; **faire de la plongée sous-marine** to go scuba diving; **faire de la varappe** to go rock climbing; **faire de l'exercice** to exercise (2); **faire des courses** to run errands (5);

**faire des économies** to save up (money); **faire des projets** to make plans (4); **faire des randonnées** to go hiking (8); **faire du bateau** to go boating (5); **faire du camping** to go camping (5); **faire du cheval** to go horseback riding; **faire du jardinage** to garden (5); **faire du jogging** to jog (2); **faire du patin (à glace)** to go (ice-)skating; **faire du roller** to go in-line skating (6); **faire du shopping** to go shopping (2); **faire du skateboard(ing)** to skateboard (6); **faire du ski** to go skiing (2); **faire du sport** to play sports (2); **faire du tuba** to go snorkeling; **faire du vélo** to go bike-riding (2); **faire du VTT** to go all-terrain biking (5); **faire du yoga** to do yoga (8); **faire face à** to face; **faire la connaissance de** to meet *(for the first time)* (7); **faire la cuisine** to cook (5); **faire la fête** to party; **faire la lessive** to do laundry (5); **faire la vaisselle** to do the dishes (5); **faire le ménage** to do housework (5); **faire les courses** to go grocery shopping (5); **faire mal** to hurt; **faire mieux (de)** to do better (to) (8); **faire noir** to be dark; **faire partie de** to be a part of; **faire quelque chose** to do something (2); **faire sa toilette** to wash up (7); **faire sa valise** to pack your bag (9); **faire une promenade** to go for a walk (5); **faire une réservation** to make a reservation (9); **faire un tour** to take a tour, to go for a ride (4); **faire un voyage** to take a trip (5); **Faites les devoirs dans le cahier.** Do the homework in the workbook. (P); **Faites l'exercice A à la page 21.** Do exercise A on page 21. (P); **Il fait beau / chaud / du soleil / du vent / frais / froid / mauvais.** It's nice / hot / sunny / windy / cool / cold / bad. (5); **Il fait bon / du brouillard.** It's nice / foggy.; **Il va faire...** It's going to be . . . (5); **Je fais du...** I wear size. . . . (5); **Quelle taille faites-vous?** What size do you wear? (5); **Quel temps fait-il?** What's the weather like? (5); **Quel temps va-t-il faire?** What's the weather going to be like? (5); **Qu'est-ce que vous aimez faire?** What do you like to do? (2); **Qu'est-ce que vous faites/tu fais?** What are you doing? What do you do? (2)

**fait: en fait** in fact

**falaise** *(f)* cliff

**falloir: il faut...** it is necessary . . . , one must . . . , one needs . . . (8); **il me/te/nous/vous/lui/leur faut** I/you/we/you/he (she)/they need(s) (9); **il ne faut pas** one shouldn't, one must not . . . (10); **Qu'est-ce qu'il vous faut?** What do you need? (8)

**fameux(-euse)** famous

**familial(e)** (*mpl* **familiaux**) family

**familier(-ère)** familiar, informal

**famille** *(f)* family (P); **nom** *(m)* **de famille** family name, surname (3)

**fantastique** fantastic; **film fantastique** *(m)* fantasy movie

**farci(e)** stuffed

**fascinant(e)** fascinating

**fast-food** *(m)* fast-food restaurant (1)

**fatigué(e)** tired (6)

**faut** *See* **falloir.**

**fauteuil** *(m)* armchair (3)

**faux (fausse)** false

**faux-filet** *(m)* sirloin

**favoriser** to favor, to further

**fée** *(f)* fairy; **conte** *(m)* **de fées** fairy tale (6)

**femme** *(f)* woman (1), wife (2); **ex-femme** *(f)* ex-wife; **femme** *(f)* **d'affaires** business woman (5)

**fenêtre** *(f)* window (3)

**fer** *(m)* iron; **chemin** *(m)* **de fer** railroad

**férié(e): jour férié** *(m)* holiday

**ferme** *(f)* farm

**fermer** to close (2); **Fermez votre livre.** Close your book. (P)

**féroce** ferocious (6)

**festival** *(m)* festival (4)

**fête** *(f)* holiday, celebration (4), party (1); **faire la fête** to party; **fête des mères** *(f)* Mother's Day; **fête des pères** *(f)* Father's Day; **fête du travail** *(f)* Labor Day; **fête nationale** *(f)* national holiday

**fêter** to celebrate

**feu** *(m)* fire, traffic light

**feuille** *(f)* **de papier** sheet of paper (P); **Prenez une feuille de papier et un crayon ou un stylo.** Take out a piece of paper and a pencil or a pen. (P)

**feuilleté(e)** flaky (pastry)

**février** *(m)* February (4)

**fiancé(e)** engaged (1)

**fiancer: se fiancer** to get engaged (7)

**ficelle** *(f)* string

**fidélité** *(f)* faithfulness

**fier(-ère)** proud

**fièvre** *(f)* fever; **avoir de la fièvre** to have fever

**figure** *(f)* face (7)

**fille** *(f)* girl; daughter (4); **fille unique** *(f)* only child

**film** *(m)* movie, film (1); **film** *(m)* **à grand spectacle** epic film

**fils** *(m)* son (4); **fils unique** *(m)* only child

**fin** *(f)* end

**fin(e)** fine

**finalement** finally (6)

**financier(-ère)** financial

**finir (de faire)** to finish (doing) (8); **finir par faire** to end up doing; **Le cours de français finit à...** French class finishes at . . . (P)

**fissure** *(f)* crack, fissure

**fixe** fixed; **menu à prix fixe** set-price menu (8)

**fixer** to set, to fix

**flamand** *(m)* Flemish *(language)*

**fleur** *(f)* flower

**fleuri(e)** with a floral pattern

**fleuve** *(m)* river

**flic** *(m)* cop

**Floride** *(f)* Florida (9)

**flottant(e)** floating

**foie** *(m)* liver

**fois** *(f)* time (5), occasion; **à la fois** at the same time; **d'autres fois** other times (7); **Il était une fois...** Once upon a time there was . . . (6)

**folklore** *(m)* folklore (4)

**foncé(e)** dark; **bleu foncé** dark blue

**fonction** *(f)* function; **en fonction de** according to

**fonctionnement** *(m)* functioning, operation, running

**fond** *(m)* bottom, back, background; **au fond de** at the end of; **dans le fond** really, basically

**fondateur: père** *(m)* **fondateur** founding father

**fonder** to found; **fondé(e)** founded

**fontaine** *(f)* fountain

**football** *(m)* soccer (1); **football américain** *(m)* football (1); **match** *(m)* **de football américain** football game (1)

**force** *(f)* force, strength; **à force de** as a result of

**forcément** necessarily, inevitably

**forcer** to force

**forêt** *(f)* forest

**forme** *(f)* shape; **en forme** in shape (8); **en forme de** in the shape of

**former** to form, to educate

**formidable** great (7)

**formulaire** *(m)* form

**formule** *(f)* formula, expression

**fort(e)** strong (8)

**fort** very

**fou (folle)** crazy

**foudre** *(f)* lightning, thunderbolt; **coup** *(m)* **de foudre** love at first sight (7)

**foulard** *(m)* dress scarf

**fouler: se fouler la cheville** to sprain one's ankle

**four (à micro-ondes)** *(m)* (microwave) oven

**fourchette** *(f)* fork

**frais (fraîche)** fresh (8); **Il fait frais.** It's cool. (5)

**fraise** *(f)* strawberry (8)

**framboise** *(f)* raspberry

**franc** *(m)* franc

**franc (franche)** frank, honest

**français** *(m)* French (P); **cours** *(m)* **de français** French class (P)

**français(e)** French (1); **à la française** French style

**France** *(f)* France (1)

**franciscain(e)** Franciscan

**francophone** French-speaking

**francophonie** *(f)* French-speaking world

**frapper** to strike; **frapper à la porte** to knock on the door

**frère** *(m)* brother (1); **beau-frère** *(m)* brother-in-law; **demi-frère** *(m)* stepbrother, half-brother

**frigo** *(m)* refrigerator

**frire** to fry

**frisson** *(m)* shiver (10); **avoir des frissons** to have the shivers (10)

**frit(e)** fried

**frites** *(fpl)* French fries (2); **steak-frites** *(m)* steak and fries (8)

**frivole** frivolous

**froid(e)** cold (4); **avoir froid** to be cold (4); **Il fait froid.** It's cold. (5)

**fromage** *(m)* cheese (2)

**frontière** *(f)* border

**fruit** *(m)* fruit (8); **fruits** *(mpl)* **de mer** shellfish (8); **jus** *(m)* **de fruit** fruit juice (2)

**fuir** to flee, to run away

**fumé(e)** smoked (8)
**fumée** *(f)* smoke
**fumer** to smoke (3)
**fumeur(-euse)** *(mf)* smoker; **fumeur/non-fumeur** smoking/non-smoking (10)
**furieux(-euse)** furious (10)
**fusiller** to shoot down
**futur** *(m)* future (tense)

## G

**gagner** to win (2), to gain; **gagner de l'argent** to earn money, to make money
**gai(e)** gay, lively
**gamin(e)** *(mf)* kid
**garage** *(m)* garage
**garçon** *(m)* boy (4), waiter (2)
**garder** to keep
**garde-robe** *(f)* wardrobe
**gare** *(f)* train station; **gare routière** bus station
**gâté(e)** spoiled (6)
**gâteau** *(m)* cake (8)
**gauche** *(f)* left; **à gauche (de)** to the left (of) (3); **de gauche** liberal (7)
**généalogie** *(f)* genealogy
**général(e)** (*mpl* **généraux**) general; **en général** in general (2)
**généralement** generally
**génial(e)** (*mpl* **géniaux**) great (4)
**génie** *(m)* genius
**genou** *(m)* knee; **sur ses genoux** on one's lap
**genre** *(m)* gender, kind, type, genre
**gens** *(mpl)* people (1)
**gentil(le)** nice (1)
**géographie** *(f)* geography (9)
**géographique** geographical
**germanique** German
**geste** *(m)* gesture
**gilet** *(m)* vest
**glace** *(f)* ice cream (8), ice; **glace à la vanille** vanilla ice cream (8)
**glace** *(f)* mirror
**glacier** *(m)* ice cream shop
**golf** *(m)* golf (2)
**gommage** *(m)* rubbing out, scrub
**gorge** *(f)* throat (10); **soutien-gorge** *(m)* bra
**gosse** *(mf)* kid
**goût** *(m)* taste
**goûter** to taste (9)
**gouvernement** *(m)* government
**grâce** *(f)* grace; **grâce à** thanks to, due to; **jour** *(m)* **d'Action de Grâce** Thanksgiving
**gracieux(-euse)** gracious (6)
**grammaire** *(f)* grammar
**gramme** *(m)* gram (8)
**grand(e)** big, tall (1); **grande surface** *(f)* superstore (8); **le grand amour** *(m)* true love (7)
**grand-chose: ne... pas grand-chose** not much, not a lot
**grandir** to grow, to grow up, to get taller (8)
**grand-mère** *(f)* grandmother (4)
**grand-père** *(m)* grandfather (4)
**grands-parents** *(mpl)* grandparents (4)
**gras(se)** *(f)* fatty; **en caractères gras** boldfaced; **matière grasse** *(f)* fat (8)
**gratuit(e)** free (of charge)
**grave** serious, grave
**Grèce** *(f)* Greece
**grillé(e)** grilled, toasted (8); **pain grillé(e)** toast (8)
**grippe** *(f)* flu (10)
**gris(e)** gray (3)
**grog** *(m)* **au rhum** rum toddy
**gros(se)** fat (1)
**grossesse** *(f)* pregnancy
**grossir** to get fatter (8)
**groupe** *(m)* group (6); **en groupe** in a group
**grouper** to group
**gruyère** *(m)* Swiss cheese
**guerre** *(f)* war
**guichet** *(m)* ticket window
**guide** *(m)* guide, guidebook (9)
**guitare** *(f)* guitar (2)
**Guyane** *(f)* French Guiana (9)
**gym: club** *(m)* **de gym** gym, fitness club (1)
**gymnase** *(m)* gym

## H

**habiller** to dress; **s'habiller** to get dressed (7)
**habitant(e)** *(mf)* inhabitant
**habiter** to live ; **j'habite à** *(+ city)* I live in *(+ city)* (P); **Vous habitez... ?** Do you live . . . ? (P)
**habitude** *(f)* habit; **comme d'habitude** as usual; **d'habitude** usually (2)
**habitué(e) à** used to, accustomed to
*__haché(e)__ chopped (up)
*__hamburger__ *(m)* hamburger (8)
*__Hanoukka__ *(f)* Hanukkah
*__haricots verts__ *(mpl)* green beans (8)
**harmonieux (-euse)** harmonious
*__hasard: par hasard__ by chance
*__haut(e)__ high; **en haut** at the top; **là-haut** up there
*__hein?__ huh?
**héritage** *(m)* inheritance, heritage
**hériter** to inherit
**hésiter** to hesitate
**heure** *(f)* hour, time (P); **à l'heure** on time (4); **À tout à l'heure.** See you in a little while. (P); **heure d'ouverture** opening time (6); **heure officielle** official time (6), 24-hour clock; **Il est... heure(s).** It's . . . o'clock. (P); **Quelle heure est-il?** What time is it? (P); **tout à l'heure** a little while ago
**heureusement** luckily
**heureux(-euse)** happy (7)
**hideux(-euse)** hideous
**hier** yesterday (5); **hier soir** last night, yesterday evening (5)
**hi-fi: chaîne** *(f)* **hi-fi** stereo (2)
**histoire** *(f)* history (1); story (9)
**historique** historic (9)
**hiver** *(m)* winter (5); **en hiver** in winter (5)
*__hockey__ *(m)* hockey (2)
*__homard__ *(m)* lobster (8)
**homme** *(m)* man (1); **homme** *(m)* **d'affaires** businessman (5)
**honnête** honest
**honnêteté** *(f)* honesty
*__honteux (-euse)__ shameful
**hôpital** *(m)* (*pl* **hôpitaux**) hospital
**horaire** *(m)* schedule (6)
**horreur** *(f)* horror
**horrible** horrible (6)
*__hors de__ outside of
*__hors-d'œuvre__ *(m) (inv)* hors d'œuvre, appetizer (8)
**hôte** *(m)* host; **chambre** *(f)* **d'hôte** bed and breakfast
**hôtel** *(m)* hotel (5)
**hôtelier(-ère)** *(mf)* hotel manager (10)
**hôtesse** *(f)* hostess
**huile** *(f)* oil
*__huit__ eight (P); **huit jours** one week
*__huitième__ eighth (3)
**huître** *(f)* oyster (8)
**humain(e)** human; **sciences humaines** *(fpl)* social sciences (1)
**humanité** *(f)* humanity
**humeur** *(f)* mood; **de bonne humeur** in a good mood
**humour** *(m)* humor; **sens** *(m)* **de l'humour** sense of humor (7)
**hypermarché** *(m)* superstore

## I

**ici** here (P); **d'ici** from here (P); **par ici** this way (5)
**idéal** *(m)* (*pl* **idéaux**) ideal
**idéaliste** idealistic (1)
**idée** *(f)* idea (4)
**identifier** to identify
**identité** *(f)* identity; **carte** *(f)* / **pièce** *(f)* **d'identité** identity card
**il** he (1), it (P); **il faut...** it is necessary . . . , one must . . . (8); **il ne faut pas...** one shouldn't . . . , one must not . . . (10); **ils** they (1); **il y a...** there is . . . , there are . . . (1), ago (5); **Quelle heure est-il?** What time is it? (P); **Qu'est-ce qu'il y a...?** What is there . . . ? (1), What's the matter?; **s'il vous plaît** please (P)
**île** *(f)* island (9)
**image** *(f)* picture
**imaginaire** imaginary
**imaginer** to imagine
**immédiatement** immediately
**immeuble** *(m)* apartment building (3)
**immigré(e)** *(mf)* immigrant
**imparfait** *(m)* imperfect
**impatient(e)** impatient (4)
**impératif** *(m)* imperative
**imperméable** *(m)* raincoat (5)
**impoli(e)** impolite
**importance** *(f)* importance (7)
**important(e)** important
**importer** to be important; **n'importe où** (just) anywhere; **n'importe quoi** (just) anything
**impressionnant(e)** impressive
**imprimé(e)** printed
**inaccessibilité** *(f)* inaccessibility
**inattendu(e)** unexpected
**inciter à** to make one feel
**inclure** to include; **inclus(e)** included
**inconvénient** *(m)* disadvantage, inconvenience
**incroyable** incredible
**Inde** *(f)* India
**indécision** *(f)* indecision (7)

**indéfini(e)** indefinite
**indicatif(-ive)** indicative
**indications** *(fpl)* directions (10)
**indifférence** *(f)* indifference (7)
**indigène** native
**indigestion** *(f)* indigestion (10)
**indiquer** to show, to indicate (3); **indiqué(e)** indicated; **indiquer le chemin** to give directions, to show the way (10)
**indiscret(-ète)** indiscreet
**indispensable** essential
**industrialisé(e)** industrialized
**industrie** *(f)* industry
**inégalé(e)** unequaled
**infidélité** *(f)* unfaithfulness (7)
**infinitif** *(m)* infinitive
**infirmerie***(f)* health center
**inflexibilité** *(f)* inflexibility
**influencer** to influence; **s'influencer** to influence each other
**informatique** *(f)* computer science (1)
**informer** to inform; **s'informer** to find out information (9)
**infusion** *(f)* herbal tea
**ingénieur** *(m)* engineer
**inhospitalier(-ière)** inhospitable
**inoubliable** unforgettable
**inscrire** to register; **s'inscrire** to register (3)
**insensibilité** *(f)* insensitivity (7)
**insipide** tasteless, insipid
**insister** to insist (10)
**inspecteur** *(m)* inspector
**inspirer** to inspire; **s'inspirer de** to draw inspiration from
**installations** *(fpl)* arrangements, facilities
**installer: s'installer (à / dans)** to settle (in), to move (into) (7), to set up business
**instant** *(m)* instant; **Un instant!** Just a moment!
**institut** *(m)* institute
**instrument** *(m)* **de musique** musical instrument
**insuffisant** insufficient
**insulter** to insult
**intellectuel(le)** intellectual (1)
**intelligent(e)** intelligent (1)
**intention: avoir l'intention de** to plan on, to intend to (4)
**intéressant(e)** interesting (P)
**intéresser** to interest; **s'intéresser à** to be interested in (7)
**intérêt** *(m)* interest
**intérieur** *(m)* inside
**internaute** *(mf)* Internet surfer
**Internet** *(m)* Internet; **sur Internet** on the Internet (9)
**interrogatif(-ive)** interrogative, question
**interroger** to question
**interrompre** to interrupt
**intime** intimate; **ami(e) intime** *(mf)* close friend
**investir** to invest
**invitation** *(f)* invitation (6)
**invité(e)** *(mf)* guest
**inviter (à)** to invite (to) (2)
**iPod** *(m)* iPod (3)
**irréel(le)** unreal
**irresponsable** irresponsible
**irriter** to irritate
**isolé(e)** isolated
**Israël** *(m)* Israel (9)
**Italie** *(f)* Italy (9)
**italien(ne)** Italian
**italique: en italique** in italics
**itinéraire** *(m)* itinerary
**ivoirien(ne)** from Côte d'Ivoire

## J

**jalousie** *(f)* jealousy (7)
**jaloux(-ouse)** jealous (7)
**jamais: ne... jamais** never (2)
**jambe** *(f)* leg (10); **se casser la jambe** to break your leg
**jambon** *(m)* ham (2); **sandwich** *(m)* **au jambon** ham sandwich (2)
**janvier** *(m)* January (4)
**Japon** *(m)* Japan (9)
**japonais** *(m)* Japanese
**jardin** *(m)* garden (5), yard
**jardinage** *(m)* gardening; **faire du jardinage** to garden (5)
**jaune** yellow (3)
**jazz** *(m)* jazz (1)
**je (j')** I (P)
**jean** *(m)* jeans (5)
**jet** *(m)* stream
**jeter** to throw
**jeu** *(m)* game; **jeu** *(m)* **vidéo** video game (2)
**jeudi** *(m)* Thursday (P)
**jeune** young (1); **jeunes** *(pl)* young people
**jeunesse** *(f)* youth (7); **auberge** *(f)* **de jeunesse** youth hostel (10)
**jogging: faire du jogging** to jog (2)
**joie** *(f)* joy
**joindre: se joindre à** to join
**joli(e)** pretty (1)
**jouer** to act *(in movies and theater)* (6); **jouer à** to play *(a sport or game)* (2); **jouer de** to play *(an instrument)* (2)
**jour** *(m)* day (P); **C'est quel jour aujourd'hui?** What day is today? (P); **jour** *(m)* **de l'an** New Year's Day; **jour J** *(m)* D-day; **tous les jours** every day (P)
**journal** *(m)* (*pl* **journaux**) newspaper (5), journal; **journal** *(m)* **télévisé** news broadcast
**journaliste** *(mf)* journalist
**journée** *(f)* day (2), daytime; **Bonne journée!** Have a good day!; **journée continue** nine-to-five schedule; **toute la journée** the whole day (2)
**joyeux(-euse)** happy; **Joyeux Noël!** Merry Christmas!
**juger** to judge
**juif(-ive)** *(mf)* Jew
**juillet** *(m)* July (4)
**juin** *(m)* June (4)
**jumeau (jumelle)** twin (1)
**jupe** *(f)* skirt (5)
**jus (de fruit)** *(m)* (fruit) juice (2)
**jusqu'à** until, up to (2)
**juste** just (10), fair; **juste là** right there
**justement** precisely, exactly, as a matter of fact (3)
**justifier** to justify

## K

**kilo (de)** *(m)* kilo(gram) (of) *(2.2 pounds)* (8)
**kilomètre** *(m)* kilometer *(.6 miles)*
**kiosque** *(m)* kiosk (10)

## L

**la** the (1), her, it (5)
**là** there (8); **à ce moment-là** at that time; **ce...-là** that . . . ; **là-bas** over there (8); **là-haut** up there
**laboratoire** *(m)* **de langues / d'informatique** language / computer laboratory (1)
**lac** *(m)* lake
**laid(e)** ugly (1)
**laïque** lay, secular, civil
**laisser** to leave (behind) (3), to let; **laisser tomber** to drop
**lait** *(m)* milk (8); **café** *(m)* **au lait** coffee with milk (2)
**laitue** *(f)* lettuce (8)
**lampe** *(f)* lamp (3)
**lancer** to throw, to fire
**langouste** *(f)* spiny lobster
**langue** *(f)* language (1); tongue
**lapin** *(m)* rabbit
**laqué(e)** lacquered, with a gloss finish
**lard** *(m)* bacon
**lardon** *(m)* piece of bacon
**large** wide
**largement** widely
**lavabo** *(m)* washbasin, sink (10)
**lave** *(f)* lava
**laver** to wash; **se laver (la figure/les mains)** to wash (one's face/one's hands) (7)
**lave-vaisselle** *(m)* dishwasher
**le** the (1), him, it (5); **le lundi** on Mondays (P); **le matin** in the morning, mornings (P); **le week-end** on the weekend, weekends (P)
**leçon** *(f)* lesson
**lecteur (lectrice)** *(mf)* reader; **lecteur** *(m)* **CD** CD player (3); **lecteur** *(m)* **DVD** DVD player (3); **lecteur** *(m)* **MP3** MP3 player
**lecture** *(f)* reading
**léger(-ère)** light (8)
**légume** *(m)* vegetable (8)
**lendemain** *(m)* the next day (5)
**lent(e)** slow
**lentement** slowly (8)
**lequel (laquelle, lesquels, lesquelles)** which, which one(s) (6)
**les** the (1); them (5)
**lessive** *(f)* laundry (5)
**lettre** *(f)* letter (9); **lettres** *(fpl)* study of literature
**leur** (to, for) them (9)
**leur** their (1)
**lever: se lever** to get up (7)
**liaison** *(f)* linking, link
**liberté** *(f)* freedom
**librairie** *(f)* bookstore (1)
**libre** free (2); **temps libre** *(m)* free time (4); **Tu es libre ce soir?** Are you free this evening? (2)
**licence** *(f)* *three-year university degree*
**lien** *(m)* link, tie
**lier** to connect, to link; **lié(e)** linked

**lieu** *(m)* place; **au lieu de** instead of; **avoir lieu** to take place
**light: coca** *(m)* **light** diet cola (2)
**ligne** *(f)* figure; line; **en ligne** online (7)
**limande** *(f)* dab
**limité(e)** limited
**limiter** to limit, to border; **se limiter à** to limit oneself to
**linguistique** linguistic
**liquide** *(m)* liquid (10)
**lire** to read (2); **Lisez la page 17.** Read page 17. (P)
**liste** *(f)* list
**lit** *(m)* bed (3); **rester au lit** to stay in bed (2)
**litre** *(m)* liter *(approximately one quart)* (8)
**littéraire** literary
**littérature** *(f)* literature (1)
**living** *(m)* living room
**livre** *(m)* book (P); **Fermez votre livre.** Close your book. (P); **Ouvrez votre livre à la page 23.** Open your book to page 23. (P)
**livre (de)** *(f)* pound (of), half-kilo (of) (8)
**livrer: se livrer à** to participate in
**local(e)** (*mpl* **locaux**) local (9)
**locataire** *(mf)* renter
**location** *(f)* rental; **voiture** *(f)* **de location** rental car (5)
**logement** *(m)* lodging (3)
**logique** logical
**logiquement** logically
**loi** *(f)* law
**loin (de)** far (from) (3); **au loin** in the distance; **de loin** by far
**loisir** *(m)* leisure activity
**Londres** London
**long: le long de** along (9); **au long de** along
**long(ue)** long (4)
**longer** to go alongside
**longévité** *(f)* longevity
**longtemps** a long time (5)
**longueur** *(f)* length
**lors de** at the time of
**lorsque** when
**loterie** *(f)* lottery
**louer** to rent (4)
**Louisiane** *(f)* Louisiana (3)
**loyer** *(m)* rent (3)
**lui** him (6), (to, for) him/her (9); **lui-même** himself
**lundi** *(m)* Monday (P)
**lune** *(f)* moon; **lune** *(f)* **de miel** honeymoon
**lunettes** *(fpl)* glasses (4); **lunettes** *(fpl)* **de soleil** sunglasses (5)
**luth** *(m)* lute
**lutter** to struggle, to fight
**luxe** *(m)* luxury; **de luxe** deluxe (10)
**luxembourgeois** *(m)* Luxembourgish *(native language of Luxembourg)*
**lycée** *(m)* high school (6)
**lycéen(ne)** *(mf)* high school student (6)

## M

**madame (Mme)** *(f)* Mrs., madam (P)
**mademoiselle (Mlle)** *(f)* Miss (P)
**magasin** *(m)* store (4), shop
**magazine** *(m)* magazine (9)
**magnifique** magnificent
**mai** *(m)* May (4)
**maigre** skinny
**maigrir** to get thinner, to slim down (8)
**mail** *(m)* e-mail (2)
**maillon** *(m)* link
**maillot** *(m)* **de bain** swimsuit (5)
**main** *(f)* hand (7)
**maintenant** now (P)
**maintenir** to maintain
**mais** but (P)
**maïs** *(m)* corn
**maison** *(f)* house (1); **à la maison** (at) home (P)
**maître** *(m)* master
**maîtrise** *(f)* master's degree
**majorité** *(f)* majority
**mal** *(m)* bad, evil; **avoir mal à...** one's . . . hurt(s) (10); **faire mal (à)** to hurt
**mal** badly (P); **mal à l'aise** ill at ease; **pas mal** not bad(ly) (P)
**malade** *(mf)* sick person
**malade** ill, sick; **tomber malade** to get sick (10)
**maladie** *(f)* illness
**malaise** *(f)* discomfort
**Malgache** *(mf)* Madagascan
**malgré** in spite of
**malheureux(-euse)** unhappy
**malhonnête** dishonest
**maman** *(f)* mama, mom
**mamie** *(f)* granny, grandma (7)
**Manche** *(f)* English Channel
**mandarine** *(f)* tangerine
**mandat** *(m)* money order
**manger** to eat (2); **donner à manger à** to feed (9); **salle** *(f)* **à manger** dining room (3)
**manière** *(f)* manner, way
**manifestation** *(f)* demonstration; **manifestation sportive** *(f)* sports event
**manquer** to miss, to lack
**manteau** *(m)* overcoat (5)
**maquiller: se maquiller** to put on make-up (7)
**marais** *(m)* swamp
**marbre** *(m)* marble
**marchand(e)** *(mf)* merchant, shopkeeper (6); **marchand** *(m)* **de cadeaux** gift shop (10)
**marché** *(m)* market (8)
**marcher** to walk (8), to work
**mardi** *(m)* Tuesday (P); **Mardi gras** *(m)* Fat Tuesday
**marge** *(f)* margin
**mari** *(m)* husband (2); **ex-mari** *(m)* ex-husband
**mariage** *(m)* marriage (7)
**marié(e)** married (1)
**marier: se marier (avec)** to get married (to) (7)
**marinier(-ère): moules marinières** *(f)* mussels cooked with onions and white wine
**marionnettiste** *(mf)* puppeteer
**marketing** *(m)* marketing (1)
**Maroc** *(m)* Morocco (9)
**marocain(e)** Moroccan
**marquer** to mark
**marron** *(inv)* brown (3)
**mars** *(m)* March (4)
**martiniquais(e)** from Martinique
**masque** *(m)* mask, face pack
**massif** *(m)* group of mountains, clump
**match** *(m)* match, game (1)
**matelas** *(m)* mattress
**matérialiste** materialistic
**maternel(le)** maternal; **école maternelle** *(f)* kindergarten
**mathématiques (maths)** *(fpl)* mathematics (math) (1)
**maths** *(fpl)* math (1)
**matière** *(f)* matter; **matières grasses** *(fpl)* fats (8)
**matin** *(m)* morning (P); **À huit heures du matin.** At eight o'clock in the morning. (P); **le matin** mornings, in the morning (P)
**matinée** *(f)* morning (2)
**matrimonial(e)** (*mpl* **matrimoniaux**) marriage
**mauvais(e)** bad (1); **Il est mauvais de...** It's bad to . . . (10); **Il fait mauvais.** The weather's bad. (5)
**maxidiscompte** *(m)* discount supercenter
**me** (to, for) me (9), myself (7); **Ça me plaît!** I like it! (3); **il me faut...** I need . . . (9)
**méchant(e)** mean (1)
**mécontent(e)** displeased
**médecin** *(m)* doctor (10), physician
**médicament** *(m)* medication, medicine (10), drugs
**médiéval(e)** (*mpl* **médiévaux**) medieval
**médiocre** mediocre
**Méditerranée: (mer) Méditerranée** *(f)* Mediterranean (Sea)
**méditerranéen(ne)** Mediterranean
**méfiance** *(f)* mistrust
**meilleur(e)** best (1), better
**mélange** *(m)* mixture
**membre** *(m)* member
**même** same (1), even; **moi-même** myself; **quand même** all the same
**mémoire** *(f)* memory
**menacer** to threaten
**ménage** *(m)* housework (5), household
**mendiant(e)** *(mf)* beggar
**menthe** *(f)* mint
**mentionner** to mention
**mentir** to lie
**menu** *(m)* menu; **menu à prix fixe** set-price menu (8)
**mer** *(f)* sea (9); **bord** *(m)* **de la mer** seaside; **fruits** *(mpl)* **de mer** shellfish (8)
**merci** thank you, thanks (P)
**mercredi** *(m)* Wednesday (P)
**mère** *(f)* mother (4)
**mérité(e)** deserved, earned
**méritoire** deserving
**messager(-ère)** *(mf)* messenger (6)
**messieurs (MM.)** gentlemen, sirs
**mètre** *(m)* meter
**métrique** metric
**métro** *(m)* subway (4); **en métro** by subway (4)
**métropolitain(e)** metropolitan
**mettre** to put (on) (5), to place; **mettre en place** to put in place; **mettre la table** to set the table; **se mettre d'accord** to come to an agreement
**meubles** *(mpl)* furniture, furnishings (3)
**meurtre** *(m)* murder
**Mexico** Mexico City
**Mexique** *(m)* Mexico (9)
**mi-** mid-, half-; **cheveux mi-longs** *(mpl)* shoulder-length hair (4)

**micro-ondes** *(m)* microwave oven
**midi** *(m)* noon (P)
**mie: pain** *(m)* **de mie** soft sandwich bread
**mieux (que)** better (than) (2); **aimer mieux** to prefer (2); **il vaut mieux…** it's better . . . (10); **le mieux** the best (7)
**milieu** *(m)* middle, milieu, environment; **au milieu (de)** in the middle (of )
**mille** one thousand (3)
**mille-feuille** *(m)* mille-feuille *(a layered pastry)*
**million: un million (de)** *(m)* one million (3)
**mince** thin (1)
**minéral(e)** (*mpl* **minéraux**)**: eau minérale** *(f)* mineral water (2)
**mini-bar** *(m)* mini-bar (10)
**minorité** *(f)* minority
**minuit** *(m)* midnight (P)
**minute** *(f)* minute (5)
**miroir** *(m)* mirror
**miser: en misant sur** relying on
**misère** *(f)* misery
**mobile** *(m)* motive
**mobilier** *(m)* furnishings
**mode** *(f)* fashion; **mode** *(m)* **de vie** lifestyle
**modèle** *(m)* model
**moderne** modern (1)
**moi** me (P); **Donnez-moi votre feuille de papier.** Give me your piece of paper. (P); **Excusez-moi.** Excuse me. (P); **moi-même** myself; **Pour moi… s'il vous plaît.** For me . . . please. (2)
**moindre: le moindre** the least
**moins** minus (P), less; **au moins** at least; **Combien font… moins… ?** How much is . . . minus . . . ? (P); **de moins en moins** fewer and fewer, less and less; **le moins** the least; **moins de** fewer, less (8); **moins le quart** a quarter until (P); **moins... que** less . . . than (1)
**mois** *(m)* month (3); **ce mois-ci** this month (4); **par mois** per month (3)
**moitié** *(f)* half
**moment** *(m)* moment; **à ce moment-là** at that time; **au dernier moment** at the last minute
**mon (ma, mes)** my (3); **ma famille** my family (P); **mes amis** my friends (1)
**monarchie** *(f)* monarchy
**monastère** *(m)* monastery
**monde** *(m)* world, crowd; **faire le tour du monde** to take a trip around the world; **tout le monde** everybody, everyone (6)
**mondial(e)** (*mpl* **mondiaux**) world(-wide)
**monétaire** monetary
**monnaie** *(f)* change (2), currency
**monotonie** *(f)* monotony
**monsieur (M.)** *(m)* Mr., sir (P)
**monstre** *(m)* monster (6)
**mont** *(m)* mount
**montagne** *(f)* mountain (5); **aller à la montagne** to go to the mountains (5)
**montagneux(-euse)** mountainous
**monter (dans)** to go up; to get on/in (5), to set up, to climb, to raise
**montre** *(f)* watch (5)
**montrer** to show (3)
**morceau de** *(m)* piece of (8)
**mort** *(f)* death
**mort(e)** dead (5)
**mosquée** *(f)* mosque
**mot** *(m)* word (P); **Apprenez les mots de vocabulaire** Learn the vocabulary words. (P)
**motif** *(m)* reason, motive
**mouchoir** *(m)* handkerchief
**moule** *(f)* mussel (8)
**moulin** *(m)* mill
**mourir** to die (5)
**moustache** *(f)* mustache (4)
**mouton** *(m)* sheep
**mouvement** *(m)* movement
**moyen** *(m)* means; **moyen** *(m)* **de transport** means of transportation (4)
**moyen(ne)** medium, average; **de taille moyenne** medium-sized (4); **Moyen-Orient** *(m)* Middle East (9)
**moyenne** *(f)* average; **en moyenne** on average
**muet(te)** silent
**multiplier** to multiply
**mur** *(m)* wall (3)
**musculation: faire de la musculation** to do weight training, to do bodybuilding (8)
**musée** *(m)* museum (4)
**musical(e)** (*mpl* **musicaux**)**: comédie musicale** *(f)* musical
**musicien(ne)** *(mf)* musician
**musicien(ne)** musical
**musique** *(f)* music (1); **musique zydeco** zydeco music (4)
**myrtille** *(f)* blueberry
**mystère** *(m)* mystery

## N

**nager** to swim (2)
**nain(e)** *(mf)* dwarf
**naissance** *(f)* birth
**naître** to be born (5); **être né(e)** to be born (5)
**natation** *(f)* swimming
**national(e)** (*mpl* **nationaux**) national (4)
**nationalité** *(f)* nationality (3)
**nature** *(f)* nature (7); **omelette nature** *(f)* plain omelet
**naturel(le)** natural
**naturellement** naturally
**nautique: faire du ski nautique** *(m)* to go water-skiing (5)
**navette** *(f)* shuttle (10)
**ne: je ne travaille pas** I don't work (P); **ne... aucun(e)** none, not one; **ne... jamais** never (2); **ne... ni... ni...** neither . . . nor; **ne... nulle part** nowhere; **ne... pas (du tout)** not (at all) (1); **ne... pas encore** not yet (5); **ne... personne** nobody, no one; **ne... plus** no more, no longer (8); **ne... que** only; **ne... rien** nothing (5); **ne... rien que** nothing but; **n'est-ce pas?** right? (1); **n'importe où** (just) anywhere
**né(e)** born (5); **être né(e)** to be born (5)
**nécessaire** necessary (10)
**néerlandais(e)** Dutch
**négliger** to neglect
**négocier** to negociate
**neige** *(f)* snow (5)
**neiger** to snow (5)
**nerveux(-euse)** nervous
**n'est-ce pas?** right? (1)
**Net: surfer le Net** to surf the Net (2)
**neuf** nine (P)
**neuf (neuve)** brand-new
**neutre** neutral
**neveu** *(m)* (*pl* **neveux**) nephew (4)
**neuvième** ninth (3)
**nez** *(m)* nose (10); **avoir le nez bouché** to have a stopped-up nose
**ni: ne... ni... ni...** neither . . . nor
**niçois(e)** from Nice
**nièce** *(f)* niece (4)
**niveau** *(m)* level
**Noël** *(m)* Christmas
**noir(e)** black (3); **Il faisait noir.** It was dark.
**noisette** *(inv)* hazel *(with eyes)* (4)
**nom** *(m)* name, noun (3); **au nom de** in the name of; **nom de famille** family name, last name (3)
**nombre** *(m)* number
**nombreux(-euse)** numerous
**nommer** to name; **nommé(e)** named
**non** no (P); **non?** right? (1); **non plus** neither (3)
**nord** *(m)* north; **Amérique** *(f)* **du Nord** North America (9)
**normal(e)** (*mpl* **normaux**) normal
**normalement** normally
**normand(e)** from Normandy
**Normandie** *(f)* Normandy
**Norvège** *(f)* Norway
**note** *(f)* note (4), grade; **régler la note** to pay the bill (10)
**noter** to note, to notice
**notre** (*pl* **nos**) our (3)
**nourrir** to feed, to nourish, to nurture (8); **se nourrir** to feed onself, to nourish oneself, to nurture oneself (8)
**nourriture** *(f)* food, nourishment
**nous** we (1); (to, for) us (9), ourselves (7); **Nous sommes...** There are . . . of us. (4)
**nouveau (nouvel, nouvelle)** new (1); **de nouveau** again, anew; **Nouvelle-Angleterre** *(f)* New England; **Nouvelle-Calédonie** *(f)* New Caledonia (9); **La Nouvelle-Orléans** *(f)* New Orleans (4)
**novembre** *(m)* November (4)
**nu(e)** naked; **pieds nus** barefoot
**nuage** *(m)* cloud
**nuit** *(f)* night (5); **boîte** *(f)* **de nuit** nightclub (1)
**nul(le) (en)** no good (at), really bad (at); **ne… nulle part** nowhere
**numéro** *(m)* number (3), issue

## O

**obéir (à)** to obey (8)
**objectif** *(m)* objective
**objet** *(m)* object
**obliger** to force, to make; **obligé(e)** obliged, forced
**observer** to observe
**obtenir** to get, to obtain (9)
**occasion** *(f)* occasion; **vêtements** *(mpl)* **d'occasion** second-hand clothes
**occidental(e)** (*mpl* **occidentaux**) western
**occupé(e)** busy
**occuper** to occupy; **s'occuper de** to take care of

**océan** *(m)* ocean
**Océanie** *(f)* Oceania (9)
**octobre** *(m)* October (4)
**odeur** *(f)* odor, smell
**œil** (*pl* **yeux**) *(m)* eye (10); **avoir les yeux...** to have . . . eyes (4)
**œuf** *(m)* egg (8); **œuf dur** *(m)* hard-boiled egg (8)
**œuvre** *(f)* work
**office** *(m)* **de tourisme** Tourist Office (10)
**officiel(le)** official
**offrir** to offer; **offrant** offering
**oignon** *(m)* onion (8); **soupe** *(f)* **à l'oignon** onion soup (8)
**oiseau** *(m)* bird
**omelette** *(f)* omelet (8)
**on** one, they, we, people, you (4); **Comment dit-on... en français/en anglais?** How does one say . . . in French/in English? (P); **On... ?** Shall we . . . ?, How about. . . ? (4); **On dit...** One says . . .(P); **On dit que...** They say that . . . (4); **On va... ?** Shall we go . . . ? (2)
**oncle** *(m)* uncle (4)
**Ontario** *(m)* Ontario (9)
**onze** eleven (P)
**optimiste** optimistic (1)
**or** *(m)* gold
**orage** *(m)* storm
**orange** *(f)* orange (8); **jus** *(m)* **d'orange** orange juice (2)
**orange** *(inv)* orange (3)
**Orangina** *(m)* Orangina *(an orange drink)* (2)
**orchestre** *(m)* orchestra, band (4)
**ordinateur** *(m)* computer (2)
**ordonnance** *(f)* prescription (10)
**ordre** *(m)* order; **en ordre** in order (3)
**oreille** *(f)* ear (10)
**organiser** to organize; **s'organiser** to get organized
**origine** *(f)* origin; **d'origine...** of . . . origin (7)
**orphelin(e)** orphan
**orthographique** spelling
**os** *(m)* bone
**OTAN (Organisation du Traité de l'Atlantique Nord)** NATO
**ou** or (P)
**où** where (1); **d'où** from where (1); **n'importe où** (just) anywhere
**oublier** to forget (8)
**ouest** *(m)* west
**oui** yes (P)
**outre-mer** overseas
**ouvert(e)** open
**ouverture** *(f)* opening; **heure d'ouverture** opening time (6)
**ouvrable: jours ouvrables** *(m)* workdays
**ouvrir** to open; **Ouvrez votre livre à la page 23.** Open your book to page 23. (P)

## P

**pacifique** pacific, peaceful
**page** *(f)* page (P); **Faites l'exercice A à la page 21.** Do exercise A on page 21. (P); **Lisez la page 17.** Read page 17. (P); **Ouvrez votre livre à la page 23.** Open your book to page 23. (P)
**paiement** *(m)* payment
**paillasson** *(m)* doormat
**pain** *(m)* bread (8); **pain au chocolat** *(m)* chocolate-filled croissant (8); **pain complet** *(m)* loaf of whole-grain bread (8); **pain grillé** *(m)* toast (8)
**palais** *(m)* palace (6)
**pâle** pale
**pamplemousse** *(m)* grapefruit
**panique** *(f)* panic
**paniqué(e)** panicked
**panoramique** panoramic
**pantalon** *(m)* pants (5)
**pantoufles** *(fpl)* slippers
**papa** *(m)* dad, papa
**papier** *(m)* paper; **Donnez-moi votre feuille de papier.** Give me your piece of paper. (P); **feuille** *(f)* **de papier** sheet of paper (P); **Prenez une feuille de papier et un crayon ou un stylo.** Take out a piece of paper and a pencil or a pen. (P)
**papillon** *(m)* butterfly
**pâque juive** *(f)* Passover
**Pâques** *(fpl)* Easter
**paquet** *(m)* package, bag (8)
**par** per (3), by; **par ailleurs** furthermore; **par conséquent** consequently; **par contre** on the other hand; **par exemple** for example (2); **par *hasard** by chance; **par ici** this way (5); **par la fenêtre** through the window; **par mois** per month (3); **par terre** on the ground / floor (3)
**paradis** *(m)* paradise, heaven
**paraître** to appear
**parapluie** *(m)* umbrella (5)
**parc** *(m)* park (1); **parc naturel** *(m)* natural park, nature reserve
**parce que** because (P)
**Pardon.** Excuse me. (P)
**pardonner** to forgive, to pardon
**pareil(le) (à)** similar (to)
**parent** *(m)* parent (4), relative (5); **chez mes parents** at my parents' house (3)
**parenthèses** *(fpl)* parentheses
**paresseux(-euse)** lazy (1)
**parfait(e)** perfect (7)
**parfaitement** perfectly (7)
**parfois** sometimes (5)
**parfum** *(m)* perfume
**Parisien(ne)** *(mf)* Parisian (9)
**parking** *(m)* parking lot (1), parking garage
**parlementaire** parlementary
**parler** to talk, to speak (2); **Je parle/Je ne parle pas...** I speak/I don't speak . . . (P); **parler au téléphone** to talk on the phone (2); **se parler** to talk to each other (7); **Vous parlez... ?** Do you speak . . . ? (P)
**parmi** among
**paroisse** *(f)* parish
**parole** *(f)* word, lyric
**part: à part...** besides . . . ; **mettre à part** to set aside; **ne... nulle part** nowhere; **quelque part** somewhere
**part** *(f)* share
**partager** to share (3), to divide up; **partagé(e)** shared, divided (3)
**partenaire** *(mf)* partner (7)
**participer (à)** to participate (in)
**particulier(-ère)** particular, private; **en particulier** especially
**partie** part *(f)*; **en grande partie** mostly, in large part; **en partie** partially; **faire partie de** to be a part of
**partir (de... pour)** to leave (from . . . for), to go away (4); **à partir de** starting from; **partir en voyage** to leave on a trip (5)
**partout** everywhere (3)
**pas** not (P); **je ne comprends pas** I don't understand (P); **ne... pas (du tout)** not (at all) (1); **ne... pas encore** not yet (5); **Pas de problème!** No problem! (3); **Pas mal.** Not badly. (P); **pas plus** no more (4); **Pas très bien.** Not very well. (P)
**passant(e)** *(mf)* passer-by
**passé** *(m)* past (6); **dans le passé** in the past (6)
**passeport** *(m)* passport (9)
**passer** to spend, to pass (2); **passer chez** to go by . . .'s house (2); **passer le temps / la matinée** to spend one's time / the morning (2); **passer un film** to show a movie (6); **s'en passer** to do without; **se passer** to happen (7)
**passe-temps** *(m)* pastime (2)
**passion** *(f)* passion (7)
**pastèque** *(f)* watermelon
**pâte** *(f)* paste, dough; **pâtes** *(fpl)* pasta
**pâté** *(m)* pâté, meat spread (8); **pâté de cochon** pork pâté
**patience** *(f)* patience; **avoir de la patience** to have patience (4)
**patient(e)** patient (6)
**patin** *(m)* skate; **patin** *(m)* **à glace** ice-skate, ice-skating
**pâtisserie** *(f)* pastry shop, pastry
**patrimoine** *(m)* patrimony, heritage
**patron(ne)** *(mf)* owner, boss
**pauvre** poor
**pavé (de)** *(m)* thick slice (of) (8)
**payer** to pay (2)
**pays** *(m)* country (3)
**paysage** *(m)* landscape (9)
**Pays-Bas** *(mpl)* Netherlands
**Pays-de-la-Loire** *(mpl)* Loire Valley
**pêche** *(f)* peach (8), fishing; **aller à la pêche** to go fishing
**peigner: se peigner** to comb one's hair (7)
**peintre** *(m)* painter
**peinture** *(f)* painting
**pendant** during, for (5); **pendant que** while
**penser** to think (2); **je pense que le français est...** I think that French is . . . (P); **penser à** to think about; **Qu'en pensez-vous?** What do you think about it? (5)
**penseur** *(m)* thinker
**perçu(e)** perceived
**perdre** to lose (7); **perdre du temps** to waste time (7); **perdu(e)** lost; **se perdre** to get lost (7)
**père** *(m)* father (4)
**période** *(f)* period
**permettre (de)** to permit, to allow; **permis(e)** permitted, allowed
**Pérou** *(m)* Peru (9)
**Perse** *(f)* Persia
**personnage** *(m)* character

**personnalisé(e)** personalized; **service personnalisé** personal service (8)
**personnalité** *(f)* personality (1)
**personne** *(f)* person (6); **ne... personne** nobody, no one
**personnel(le)** personal; **effets personnels** *(mpl)* personal belongings (3)
**persuader** to persuade
**pessimiste** pessimistic (1)
**pétanque** *(f)* lawn bowling, petanque
**petit(e)** small, short (1); **petit ami** *(m)* boyfriend (2); **petit à petit** little by little (6); **petit déjeuner** *(m)* breakfast (5); **petite amie** *(f)* girlfriend (2); **petite annonce** *(f)* classified ad; **petits pois** *(mpl)* peas (8)
**petite-fille** *(f)* granddaughter (7)
**petit-fils** *(m)* grandson (7)
**petits-enfants** *(mpl)* grandchildren
**peu** little (P); **à peu près** approximately, about; **un peu difficile** a little difficult/hard (P)
**peuple** *(m)* people
**peuplé(e)** populated
**peur** *(f)* fear; **avoir peur (de)** to be afraid (of) (4), to fear; **faire peur à** to frighten
**peut-être** perhaps, maybe (3)
**pharmacie** *(f)* pharmacy (10)
**pharmacien(ne)** *(mf)* pharmacist
**philosophie** *(f)* philosophy (1)
**photo** *(f)* photo
**phrase** *(f)* sentence (P); **Écrivez la réponse en phrases complètes.** Write the answer in complete sentences. (P)
**physique** *(f)* physics (1)
**physique** physical; **aspect physique** *(m)* physical appearance (7)
**piano** *(m)* piano (2)
**pièce** *(f)* room (3); **pièce** *(f)* **de monnaie** coin; **pièce** *(f)* **de théâtre** play (4); **pièce** *(f)* **d'identité** identity card
**pied** *(m)* foot (10); **aller à pied** to walk, to go on foot (4); **doigt** *(m)* **de pied** toe (10); **pieds nus** barefoot
**pin** *(m)* pine
**pique-nique** *(m)* picnic
**pire** worse
**piscine** *(f)* swimming pool (4)
**pitié** *(f)* pity; **avoir pitié (de)** to have pity (on / for) (10)
**pittoresque** picturesque
**pizza** *(f)* pizza (8)
**placard** *(m)* closet (3)
**place** *(f)* square, place, plaza (10); **à sa place** in its place (3)
**plage** *(f)* beach (4)
**plaindre: se plaindre** to complain
**plaine** *(f)* plain
**plaire** to please; **Ça me plaît!** I like it! (3); **Ça t'a plu?** Did you like it? (6); **Ça te plaira!** You'll like it! (9); **Ça te plaît!** You like it! (3); **Il/Elle me plaît.** I like it. (5); **s'il vous plaît** please (P)
**plaisant(e)** pleasant
**plaisir** *(m)* pleasure; **Avec plaisir!** With pleasure! (6); **faire plaisir à** to please
**plan** *(m)* map (10), level; **plan** *(m)* **d'eau** stretch of water
**planche** *(f)* **à voile** windsurfing; **faire de la planche à voile** to windsurf
**plante** *(f)* plant (3)
**planter** to plant
**plat** *(m)* dish (8); **plat préparé** *(m)* ready-to-serve dish (8); **plat principal** main dish (8)
**plat(e)** flat; **œuf au plat** *(m)* fried egg
**plateau** *(m)* tray
**plein(e)** full; **de plein air** outdoor (4); **plein de** full of, a lot of
**pleurer** to cry
**pleuvoir** to rain (5)
**plongée sous-marine** *(f)* scuba diving
**pluie** *(f)* rain (5)
**plupart: la plupart** *(f)* the most part; **la plupart de** *(f)* the majority of; **la plupart du temps** most of the time (7)
**plus** plus; **À plus (tard)!** See you later! (P); **de plus** in addition; **de plus en plus de** more and more of (8); **en plus** besides, furthermore; **ne... plus** no more, no longer (8); **non plus** neither (3); **pas plus** no more (4); **plus de** more (8); **plus... que** more . . . than (1); **plus tard** later (4)
**plusieurs** several (8)
**plutôt** rather (1); instead (4); **plutôt que** rather than
**poche** *(f)* pocket
**poché(e)** poached
**poêlée (de)** *(f)* frying pan full (of)
**poêlon** *(m)* cast iron pan
**poème** *(m)* poem (9)
**poésie** *(f)* poetry
**poète** *(m)* poet
**poing** *(m)* fist
**point** *(m)* point; **au point de** to be about to; **point** *(m)* **de vue** viewpoint
**poire** *(f)* pear (8)
**pois: petits pois** *(mpl)* peas (8)
**poisson** *(m)* fish (8); **poisson fumé** smoked fish (8); **poissons** *(mpl)* **d'avril** April Fool's Day
**poissonnerie** *(f)* fish market (8)
**poivre** *(m)* pepper (8)
**poli(e)** polite
**police** *(f)* police, policy
**policier(-ère)** detective, police
**politesse** *(f)* politeness
**politique** *(f)* politics (7), policy
**politique** political; **homme politique** *(m)* politician
**politiquement** politically
**polo** *(m)* knit shirt (5)
**Pologne** *(f)* Poland
**Polynésie française** *(f)* French Polynesia (9)
**pomme** *(f)* apple (8); **pomme** *(f)* **de terre** potato (8)
**populaire** popular, pop (1)
**porc** *(m)* pork (8); **côte** *(f)* **de porc** pork chop (8)
**portable** *(m)* cell phone, laptop (3)
**porte** *(f)* door (3); **porte** *(f)* **d'arrivée** arrival gate (9); **porte** *(f)* **d'embarquement** departure gate (9)
**portefeuille** *(m)* wallet (5)
**porter** to wear, to carry (4)
**portugais** *(m)* Portuguese
**poser** to place; **poser une question** to ask a question (3)
**posséder** to possess, to own
**possible** possible; **Pas possible!** I don't believe it!
**possibilité** *(f)* possibility (4)
**postal(e)** (*mpl* **postaux**)**: carte postale** *(f)* postcard (9); **code postal** *(m)* zip code (3)
**poste** *(f)* post office; **bureau** *(m)* **de poste** post office (10)
**pot (de)** *(m)* jar (of) (8)
**poubelle** *(f)* trash can
**poudre** *(f)* powder
**poulet** *(m)* chicken (8)
**poumon** *(m)* lung
**pour** for (P), in order to (1); **pour cent** percent; **pour que** so that
**pourboire** *(m)* tip
**pourcentage** *(m)* percentage
**pourquoi** why (2); **Pourquoi pas?** Why not? (2)
**pourtant** however (8)
**pouvoir** *(m)* power
**pouvoir** to be able, can, may (6); **Je peux vous aider?** May I help you? (5); **on peut** one can (4)
**pratique** *(f)* practice
**pratiquer** to practice, to play *(a sport),* to do
**précédent(e)** preceding
**prêcher** to preach
**préciser** to specify
**préféré(e)** favorite (3)
**préférence** *(f)* preference
**préférer** to prefer (2); **je préfère** I prefer (1)
**premier(-ère)** first (1)
**prendre** to take (4); **Ça prend combien de temps?** How long does it take? (4); **Je vais prendre...** I'm going to have . . . (2); **prendre la place de** to take the place of (6); **prendre possession de** to take possession of; **prendre son petit déjeuner** to have one's breakfast (5); **prendre un bain** to take a bath (7); **prendre un bain de soleil** to sunbathe (4); **prendre une décision** to make a decision (7); **prendre une douche** to take a shower (7); **prendre un verre** to have a drink (2); **Prenez une feuille de papier et un crayon ou un stylo.** Take out a piece of paper and a pencil or a pen. (P); **Qu'est-ce que vous allez prendre?** What are you going to have? (2)
**prénom** *(m)* first name (3)
**préoccuper** to worry; **se préoccuper (de)** to worry (about)
**préparatifs** *(mpl)* preparations (9)
**préparer** to prepare (2); **plat préparé** ready-to-serve dish (8); **préparer les cours** to prepare for class, to study (2); **Préparez l'examen pour le prochain cours.** Prepare for the exam for the next class. (P)
**près (de)** near (1), nearly; **à peu près** approximately, about
**présent(e)** present
**présentation** *(f)* introduction, presentation
**présenter** to introduce, to present; **Je vous/te présente...** I would like to introduce . . . to you.; **se présenter** to arise, to introduce oneself

**préserver** to preserve
**presque** almost, nearly (2)
**presse** *(f)* press
**prêt(e)** ready (4)
**prêter** to loan, to lend
**prier** to beg, to request, to pray; **Je vous en prie.** You're welcome.
**prière** *(f)* prayer
**primaire: école primaire** *(f)* elementary school
**principal(e)** (*mpl* **principaux**) main (8)
**principalement** mainly
**principauté** *(f)* principality
**printemps** *(m)* spring (5); **au printemps** in spring (5)
**priorité** *(f)* priority
**prisonnier(-ère)** *(mf)* prisoner
**privatif(-ive)** private
**privé(e)** private (10)
**privilégié(e)** privileged, favored
**prix** *(m)* price; **menu** *(m)* **à prix fixe** set-price menu (8)
**probablement** probably
**problème** *(m)* problem; **pas de problème** no problem (3)
**prochain(e)** next (4); **le prochain cours** the next class (P)
**producteur(-trice)** producer
**produit** *(m)* product (8); **produits bios** *(mpl)* organic products (8)
**professeur** *(m)* professor (P); **Le professeur dit aux étudiants…** The professor says to the students . . . (P)
**profession** *(f)* profession (7)
**professionnel(le)** professional (7)
**profiter de** to take advantage of (9)
**profond(e)** deep
**programme** *(m)* program
**projet** *(m)* plan (4); **faire des projets** to make plans (4)
**promenade** *(f)* walk (5); **faire une promenade** to take a walk (5)
**promener: se promener** to go walking (7)
**promettre (de)** to promise (6)
**promouvoir** to promote
**pronom** *(m)* pronoun
**prononcer** to pronounce
**prononciation** *(f)* pronunciation
**propos: à propos de** about
**proposer** to offer, to suggest, to propose; **Qu'est-ce que je peux vous proposer d'autre?** What else can I get you? (8)
**propre** clean (3), own
**protéger** to protect; **protégé(e) par** protected by
**provençal** *(m)* Provençal
**Provence** *(f)* Provence
**provenir de** to come from
**province** *(f)* province (3)
**proviseur** *(m)* principal
**provoquer** to cause
**prune** *(f)* plum
**pruneau** *(m)* prune
**psychologie** *(f)* psychology (1)
**public(-que)** public
**publicité** *(f)* advertising, advertisement
**puis** then (4)
**puisque** since
**puissant(e)** powerful
**pull** *(m)* pullover sweater (5)
**pureté** *(f)* purity
**pyjama** *(m)* pajamas

## Q

**quai** *(m)* quay, wharf
**qualité** *(f)* quality
**quand** when (2); **quand même** all the same
**quantité** *(f)* quantity
**quarante** forty (2); **quarante et un** forty-one (2)
**quart** *(m)* quarter; **Il est deux heures et quart.** It's a quarter past two. (P)
**quartier** *(m)* neighborhood (1)
**quatorze** fourteen (P)
**quatre** four (P)
**quatre-vingts** eighty (2); **quatre-vingt-un** eighty-one (2); **quatre-vingt-dix** ninety (2); **quatre-vingt-onze** ninety-one (2)
**quatrième** fourth (3)
**que** that (P), than, as (1), what (2), which, whom (7); **ce que** what, that which; **Je pense que…** I think that . . . (P); **ne… que** only; **ne… rien que** nothing but; **que ce soit** whether it be; **qu'est-ce que** what (1); **Qu'est-ce que ça veut dire?** What does that mean? (P); **Qu'est-ce que c'est?** What is it? (2)
**quel(le)** which, what (3); **À quelle heure?** At what time? (P); **C'est quel jour aujourd'hui?** What day is today? (P); **n'importe quel(le)…** (just) any . . . ; **Quel âge a… ?** How old is . . . ? (4)
**quelque** some; **quelque chose** something (2); **quelque part** somewhere; **quelques** a few, several (5); **quelques-un(e)s** *(mf)* a few; **quelqu'un** someone, somebody (6)
**quelquefois** sometimes (2)
**quelques-un(e)s** *(mf)* a few
**question** *(f)* question (P); **Écoutez la question.** Listen to the question. (P); **Répondez à la question.** Answer the question. (P)
**questionner** to question
**qui** who (2), that, which, who (7); **ce qui** what (7); **Qu'est-ce qui ne va pas?** What's wrong? (10); **Qu'est-ce qui s'est passé?** What happened? (6); **Qui est-ce?** Who is it? (2)
**quinze** fifteen (P)
**quinzième** fifteenth (3)
**quitter** to leave (4); **se quitter** to leave each other (7)
**quoi** what; **n'importe quoi** (just) anything; **à quoi bon** what's the point
**quotidien(ne)** daily (7)

## R

**raccompagner** to (re)accompany
**racine** *(f)* root
**raconter** to tell (7), to recount
**radio** *(f)* radio (2), X-ray
**raffiné(e)** refined
**raie** *(f)* skate (fish), rayfish (8)
**raisin** *(m)* grape(s) (8); **raisins secs** *(mpl)* raisins
**raison** *(f)* reason; **avoir raison** to be right (4), **en raison de** because of
**raisonnable** reasonable
**ralentir** to slow down
**ramadan** *(m)* Ramadan
**randonnée** *(f)* hike (8); **faire des randonnées** to go hiking (8)
**rangé(e)** orderly, put away, in its place (3)
**ranger** to arrange, to order (7)
**rapide** rapid (8)
**rapport** *(m)* relationship, report
**rapporter** to bring back; **se rapporter à** to be related to
**rarement** rarely (2)
**raser: se raser** to shave (7)
**rassembler: se rassembler** to gather
**rater** to miss
**ravigote** *(f) a seasoned sauce*
**rayé(e)** striped
**réagir (à)** to react (to)
**réaliste** realistic (1)
**réalité** *(f)* reality
**récemment** recently (5)
**réception** *(f)* front desk (10), receiving
**recevoir** to receive (9)
**recherche** *(f)* research
**rechercher** to seek; **recherché(e)** sought
**réciproque** reciprocal
**recoins** *(mpl)* the nooks and corners
**recommander** to recommend (10); **recommandé(e)** recommended
**réconcilier: se réconcilier** to make up with each other (7)
**reconnaître** to recognize (9); **se reconnaître** to recognize each other (7)
**recoucher: se recoucher** to go back to bed (7)
**recouvert(e)** covered
**recréer** to recreate
**récrire** to rewrite
**rédaction** *(f)* composition (9)
**redéfinir** to redefine
**réel(le)** real
**réfléchi(e)** reflexive
**réfléchir (à)** to think (about) (8), to reflect (on)
**refléter** to reflect
**réflexion** *(f)* reflection, thought
**réfrigérateur** *(m)* refrigerator
**regard** *(m)* look
**regarder** to look at, to watch (2); **se regarder** to look at each other (7)
**régime** *(m)* diet; regime; **être au régime** to be on a diet
**région** *(f)* region (4)
**régional(e)** (*mpl* **régionaux**) regional (4)
**règlement** *(m)* payment
**réglementé(e)** regulated
**régler** to adjust; **régler la note** to pay the bill (10)
**regretter** to regret (6)
**régulier(-ière)** regular
**régulièrement** regularly (8)
**relation** *(f)* relationship (7)
**relativement** relatively
**religieux(-euse)** religious
**religion** *(f)* religion (7)
**relire** to reread
**remarquer** to notice
**rembourser** to reimburse
**remercier (de)** to thank (for) (10)

**remettre** to put back
**remonter** to go back (up)
**remplacer** to replace
**remplir** to fill up
**renaissance** *(f)* revival
**rencontre** *(f)* meeting, encounter (7)
**rencontrer** to meet for the first time or by chance, to run into (1); **se rencontrer** to run into each other (7)
**rendez-vous** *(m)* date, appointment; **Rendez-vous à...** Let's meet at . . .
**rendre (quelque chose à quelqu'un)** to return, to return something to someone (7); **rendre** (+ *adjective*) to make (+ *adjective*); **rendre visite à quelqu'un** to visit someone (7); **se rendre (à / chez)** to go (to)
**renommé(e)** renowned
**renommée** *(f)* fame
**renseignement** *(m)* piece of information (3)
**rentrer** to return, to come / go back (home) (2)
**réparti(e)** distributed
**repartir** to start again, to leave again
**répartition** *(f)* distribution
**repas** *(m)* meal (6)
**répéter** to repeat (2); **Répétez, s'il vous plaît.** Repeat, please. (P); **se répéter** to be repeated
**répondre (à)** to answer (6); **Répondez à la question.** Answer the question. (P)
**réponse** *(f)* answer (P); **Écrivez la réponse en phrases complètes.** Write the answer in complete sentences. (P)
**reposer** to set down; **se reposer** to rest (7)
**représenter** to represent
**république** *(f)* republic
**réservation** *(f)* reservation (9); **faire une réservation** to make a reservation (9)
**réserver** to reserve (9)
**résidence** *(f)* dormitory (1), residence hall
**résoudre** to solve
**respecter** to respect
**respiration** *(f)* breathing
**responsabilité** *(f)* responsiblity
**responsable** responsible
**ressemblance** *(f)* similarity
**ressembler à** to look like, to resemble
**ressortir: faire ressortir** to make stand out
**restaurant** *(m)* restaurant (1); **dîner au restaurant** to have dinner in a restaurant (2); **restau-u** *(m)* university cafeteria (6)
**reste** *(m)* rest (7); **le reste (de)** the rest (of ) (7)
**rester** to stay (2); **rester au lit** to stay in bed (2)
**résultat** *(m)* result
**résumé** *(m)* summary
**retard** *(m)* delay; **en retard** late (10)
**retirer (de l'argent)** to take out, to withdraw (money) (10); **se retirer** to retire
**retour** *(m)* return (9); **billet aller-retour** *(m)* round-trip ticket (9)
**retourner** to return (5); **se retourner** to turn around
**retrouver** to meet (4), to find (again); **se retrouver** to meet each other *(by design)* (7)
**réunion** *(f)* meeting
**réunir: se réunir** to meet
**réussir (à)** to succeed (at/in), to pass *(a test)* (8)
**revanche: en revanche** on the other hand
**rêve** *(m)* dream
**réveil** *(m)* alarm clock (7), awakening
**réveiller** to wake up; **se réveiller** to wake up (7)
**réveillon** *(m)* **du jour de l'an** New Year's Eve
**révélateur(-trice)** revealing
**révéler** to reveal; **se révéler** to be revealed
**revendre** to resell, to sell back (7)
**revenir** to come back (4)
**revenu** *(m)* income
**rêver (de)** to dream (about, of) (7)
**réviser** to review
**révision** *(f)* review
**revoir** to see again; **Au revoir.** Good-bye. (P)
**revue** *(f)* magazine
**rez-de-chaussée** *(m)* ground floor (3)
**rhum** *(m)* rum
**rhume** *(m)* cold (10)
**riche** rich (2)
**richesse** *(f)* wealth
**rideau** *(m)* curtain (3)
**ridicule** ridiculous
**rien** nothing; **de rien** you're welcome (P); **ne... rien** nothing (5); **ne... rien de spécial** nothing special (5); **ne... rien que** nothing but; **rien du tout** nothing at all (6)
**rillettes** *(fpl)* potted pork or goose
**rire** to laugh
**rive** *(f)* bank
**rivière** *(f)* river
**riz** *(m)* rice (8)
**robe** *(f)* dress (5); **robe** *(f)* **de chambre** robe
**rock** *(m)* rock music (1)
**rockeur(-euse)** *(mf)* rock singer
**rôle** *(m)* role
**roller: faire du roller** to go in-line skating (6)
**romain(e)** Roman
**roman** *(m)* novel (9)
**romanche** *(m)* Romansh
**romantique** romantic
**rond** *(m)* circle
**rosbif** *(m)* roast beef (8)
**rose** pink (3)
**rosier** *(m)* rosebush
**rôti(e)** roasted; **rôti** *(m)* **de porc** pork roast
**rouennais(e)** from Rouen
**rouge** red (3); **vin rouge** *(m)* red wine (2)
**route** *(f)* route, way
**routine** *(f)* routine (7)
**roux (rousse)** red *(with hair)* (4)
**royaume** *(m)* kingdom; **Royaume-Uni** *(m)* United Kingdom (9)
**rue** *(f)* street (3); **dans la rue...** on . . . Street (10)
**ruine** *(f)* ruin
**rural(e)** (*mpl* **ruraux**) rural
**ruse** *(f)* trick
**russe** *(m)* Russian
**Russie** *(f)* Russia (9)
**rythme** *(m)* rhythm

## S

**sable** *(m)* sand
**sac** *(m)* purse (5)
**sage** good, well-behaved (4)
**sain(e)** healthy (8)
**Saint-Valentin** *(f)* Valentine's Day
**saison** *(f)* season (5)
**salade** *(f)* salad (8); **salade** *(f)* **de tomates** tomato salad (8)
**salarié(e)** *(mf)* wage earner
**sale** dirty (3)
**salé(e)** salted
**salle** *(f)* room; **salle** *(f)* **à manger** dining room (3); **salle** *(f)* **de bains** bathroom (3); **salle** *(f)* **de classe** classroom (1)
**salon** *(m)* living room (3)
**saluer** to greet
**Salut!** Hi! (P)
**salutation** *(f)* greeting
**samedi** *(m)* Saturday (P)
**sandale** *(f)* sandal (5)
**sandwich** *(m)* sandwich (2)
**sang** *(m)* blood
**sans** without (P); **Ça s'écrit avec ou sans accent?** That's written with or without an accent? (P); **sans égal** unequaled
**santé** *(f)* health (8)
**satisfait(e)** satisfied
**sauce** *(f)* sauce, gravy, dip
**saucisse** *(f)* sausage (8)
**saucisson** *(m)* salami (8)
**sauf** except (2)
**saumon** *(m)* salmon (8)
**sauter** to jump; **faire sauter** to blow up
**sauver** to save; **sauvé(e)** saved
**savane** *(f)* savanna
**saveur** *(f)* flavor, taste
**savoir** to know (how) (9); **Je ne sais pas.** I don't know. (P)
**savon** *(m)* soap
**savoureux(-euse)** tasty
**science** *(f)* science (1); **sciences humaines** *(fpl)* social sciences (1); **sciences politiques** *(fpl)* political science, government (1)
**scientifique** scientific
**scolaire** school; **extra-scolaire** extracurricular
**scolarité** *(f)* education
**se** herself, himself, itself, oneself, themselves (7); **Il/Elle se trouve...** It is located . . .
**séance** *(f)* showing (6)
**sec (sèche)** dry
**second(e)** second
**secondaire** secondary
**seconde** *(f)* second (5)
**sécurité** *(f)* security, safety
**séducteur(-trice)** seductive
**séduire** to seduce
**séduisant(e)** attractive
**sein** *(m)* breast; **au sein de** within
**seize** sixteen (P)
**seizième** sixteenth (3)
**séjour** *(m)* stay (7)
**sel** *(m)* salt (8)
**self-service** *(m)* self-service restaurant (8)
**selon** according to
**semaine** *(f)* week (P); **en semaine** weekdays; **les jours de la semaine** the days of the week (P)
**semblable** similar
**sembler** to seem
**semestre** *(m)* semester (P)
**Sénégal** *(m)* Senegal (9)
**sens** *(m)* meaning, sense; **sens** *(m)* **de l'humour** sense of humor (7)
**sentiment** *(m)* feeling (7)
**sentimental(e)** (*mpl* **sentimentaux**) sentimental, emotional (7)

**sentir: se sentir** to feel (8)
**séparer** to separate; **séparé(e)** separated
**sept** seven (P)
**septembre** *(m)* September (4)
**septième** seventh (3)
**sérieux(-euse)** serious
**serrer** to squeeze
**serveur** *(m)* waiter (8)
**serveuse** *(f)* waitress (8)
**service** *(m)* service (8)
**serviette** *(f)* napkin, towel
**servir** to serve (4); **servi(e)** served (10); **se servir de** to use
**seul(e)** alone (P), only (1), single, lonely; **le/la seul(e)** the only one
**seulement** only (8)
**sexuel(le)** sexual
**sexy** *(inv)* sexy (2)
**shopping: faire du shopping** to go shopping (2)
**short** *(m)* shorts (5)
**si** if (5), yes (*in response to a question in the negative*) (8); **s'il vous plaît** please (P)
**siècle** *(m)* century
**siège** *(m)* seat
**sieste** *(f)* nap
**signaler** to point out, to draw attention to
**similaire (à)** similar (to)
**similarité** *(f)* similarity
**simple** simple; **aller simple** *(m)* one-way ticket (9)
**simplement** simply (10); **tout simplement** quite simply (10)
**sinon** if not, otherwise
**sirène** *(f)* mermaid, siren
**site** *(m)* site (9)
**situé(e)** situated
**six** six (P)
**sixième** sixth (3)
**skateboard(ing): faire du skateboard(ing)** to skateboard (6)
**ski** *(m)* skiing (2); **chalet de ski** *(m)* ski lodge (10); **faire du ski** to go skiing (2); **faire du ski nautique** to go (water-)skiing (5)
**social(e)** *(mpl* **sociaux)** social
**société** *(f)* company, society
**sœur** *(f)* sister (1); **belle-sœur** *(f)* sister-in-law; **demi-sœur** *(f)* stepsister (6), half-sister
**soi** oneself
**soif** *(f)* thirst; **avoir soif** to be thirsty (4); **j'ai soif** I'm thirsty (2)
**soigner** to treat, to cure
**soin** *(m)* care
**soir** *(m)* evening (P); **à huit heures du soir** at eight in the evening (P); **ce soir** tonight, this evening (2); **le soir** in the evening, evenings (P)
**soirée** *(f)* evening (4), party (6)
**soixante** sixty (2); **les années soixante** the sixties; **soixante-dix** seventy (2); **soixante et onze** seventy-one (2); **soixante et un** sixty-one (2)
**sol** *(m)* ground
**soldat** *(m)* soldier
**solde: en solde** on sale (5)
**sole** *(f)* sole (fish)
**soleil** *(m)* sun; **Il fait du soleil.** It's sunny. (5); **lunettes** *(fpl)* **de soleil** sunglasses (5); **prendre un bain de soleil** to sunbathe (4)
**sombre** dark, gloomy
**sommeil** *(m)* sleep; **avoir sommeil** to be sleepy (4)
**sommet** *(m)* summit
**son** *(m)* sound
**son (sa, ses)** her, his, its (3)
**sondage** *(m)* poll
**sonder** to poll
**sonner** to ring (7)
**sorte** *(f)* kind, sort; **en sorte que** so that
**sortie** *(f)* outing (6), exit
**sortir** to go out (2); to take out
**soudain** suddenly (6)
**soudain(e)** sudden
**soudainement** suddenly
**souhaiter** to wish (10)
**soupçonner** to suspect
**soupe** *(f)* soup (8); **soupe** *(f)* **à l'oignon** onion soup (8)
**sourire** to smile
**sous** under (3); **sous réserve de** subject to
**sous-marin(e)** underwater; **plongée sous-marine** *(f)* scuba diving
**sous-sol** *(m)* basement (3)
**sous-vêtements** *(mpl)* underwear
**soutien** *(m)* support
**souvenir** *(m)* memory
**souvenir: se souvenir (de)** to remember (7)
**souvent** often (2)
**spécial(e)** *(mpl* **spéciaux)** special; **effets spéciaux** *(mpl)* special effects (6); **ne... rien de spécial** nothing special (5)
**spécialisé(e)** specialized
**spécialité** *(f)* specialty (4)
**spectacle** *(m)* show
**spectaculaire** spectacular
**spectateur(-trice)** *(mf)* spectator, viewer
**spiritualité** *(f)* spirituality (7)
**sport** *(m)* sports (1); **faire du sport** to play sports (2)
**sportif(-ive)** athletic (1)
**stade** *(m)* stadium (1)
**stage** *(m)* internship
**stagiaire** *(mf)* intern
**station** *(f)* station; **station estivale** *(f)* summer resort (10); **station-service** *(f)* service station
**statut** *(m)* statute, status
**steak-frites** *(m)* steak and fries (8)
**stimuler** to stimulate
**stratégie** *(f)* strategy
**stress** *(m)* stress (8)
**stressé(e)** stressed (out)
**stylo** *(m)* pen (P); **Prenez une feuille de papier et un crayon ou un stylo.** Take out a piece of paper and a pencil or a pen. (P)
**sublime** sublime, amazing (2)
**subventions** *(fpl)* subsidies
**succès** *(m)* success
**sucre** *(m)* sugar (8)
**sucré(e)** sweet, sugary
**sud** *(m)* south; **Amérique** *(f)* **du Sud** South America (9)
**Suède** *(f)* Sweden
**suffire** to suffice; **Suffit!** That's enough!
**suffisant(e)** sufficient
**suggérer** to suggest (6)
**Suisse** *(f)* Switzerland (9)
**suisse** Swiss
**suite: toute de suite** right away (6)
**suivant(e)** following (3)
**suivre** to follow (7); **à suivre** to be continued (6); **suivre un cours** to take a course
**sujet** *(m)* subject; **au sujet de** about
**super** great (P)
**superficie** *(f)* area
**supérieur(e)** superior, higher
**supermarché** *(m)* supermarket (8)
**supplément** *(m)* extra charge (10)
**supplémentaire** supplementary
**supporter** to bear, to tolerate, to put up with (7)
**sur** on (1); **sept jours sur sept** seven days out of seven
**sûr(e)** sure; **Bien sûr!** Of course! (5)
**suranné(e)** old-fashioned
**surface: grande surface** *(f)* superstore (8)
**surfer le Net** to surf the Net (2)
**surgelé(e)** frozen (8)
**surgir** to arise, to come up, to appear suddenly
**surprenant(e)** surprising
**surprendre** to surprise; **surpris(e)** surprised (10)
**sursauter** to jump
**surtout** especially (8), above all
**survêtement** *(m)* jogging suit (5)
**survivre** to survive
**sympathique (sympa)** nice (1)
**symptôme** *(m)* symptom (10)
**synagogue** *(f)* synagogue
**synonyme** synonymous
**système** *(m)* system (9); **système** *(m)* **de transports en commun** public transportation system (9)

## T

**tabac** *(m)* tobacco (8); **bureau** *(m)* **de tabac** tobacco shop
**table** *(f)* table (3); **à table** at the table; **table basse** *(f)* coffee table
**tableau** *(m)* board (P), painting, picture (3), scene; **Allez au tableau.** Go to the board. (P); **tableau** *(m)* **d'affichage** bulletin board
**tache** *(f)* spot
**taille** *(f)* size (4); **de taille moyenne** medium-sized, of medium height (4); **Quelle taille faites-vous?** What size do you wear? (5)
**tailleur** *(m)* woman's suit
**talon** *(m)* heel; ***haut talon** *(m)* high heel
**tambour** *(m)* drum
**tandis que** whereas, while
**tant (de)** so much, so many; **tant que** as long as
**tante** *(f)* aunt (4)
**tapis** *(m)* rug (3)
**tapisserie** *(f)* tapestry
**tard** late (4); **À plus tard!** See you later! (P); **plus tard** later (4)
**tarte** *(f)* pie (8); **tarte** *(f)* **aux pommes** apple pie (8)
**tartelette** *(f)* **(aux fraises/aux cerises)** (strawberry/cherry) tart (8)

**tartine** *(f)* bread with butter and jelly (8)
**tas** *(m)* pile; **un tas de** a bunch of
**tasse** *(f)* cup
**taxi** *(m)* taxi (4); **en taxi** by taxi (4)
**te** (to, for) you (9), yourself (7); **Ça te dit?** How does that sound to you? (4); **Ça te plaît?** Do you like it? (3); **Je te présente...** I would like to introduce . . . to you.; **s'il te plaît** please; **Te voilà!** There you are!
**technicien(ne)** *(mf)* technician
**technique** technical (1); **cours technique** *(m)* technical course (1)
**technologie** *(f)* technology
**technologique** technological
**tee-shirt** *(m)* T-shirt (5)
**tel(le): tel(le) que** such as; **un(e) tel(le)** such a (7)
**télé** *(f)* TV (2)
**téléchargement** *(m)* downloading
**téléphone** *(m)* telephone (2); **au téléphone** on the telephone (2); **numéro** *(m)* **de téléphone** telephone number (3)
**téléphoner (à)** to phone (3); **se téléphoner** to phone each other (7)
**téléphonique: carte** *(f)* **téléphonique** telephone card (10)
**télévisé(e)** televised
**télévision (télé)** *(f)* television (2); **télévision plasma** plasma television (10)
**tellement** so much, so (6)
**température** *(f)* temperature
**temple** *(m)* temple, Protestant church
**temps** *(m)* time (2), weather (5); **Ça prend combien de temps?** How long does it take? (4); **de temps en temps** from time to time (4); **emploi** *(m)* **du temps** schedule; **en même temps** at the same time; **en tout temps** at all times, at any time; **passer du temps** to spend time; **passer le temps** to spend one's time (2); **Pendant combien de temps?** For how long? (5); **Quel temps fait-il?** What's the weather like? (5); **temps libre** *(m)* free time (4); **temps verbal** *(m)* tense
**tendance** *(f)* tendency
**tenir** to hold; **Ah tiens!** Hey!; **tenir à** to value, to be keen on; **tenir la maison** to keep house
**tennis** *(m)* tennis (1); **court** *(m)* **de tennis** tennis court
**terme** *(m)* term; **mettre terme à** to put an end to
**terminaison** *(f)* ending
**terminer** to finish
**terrasse** *(f)* terrace (9)
**terre** *(f)* earth; **par terre** on the ground / floor (3); **pomme** *(f)* **de terre** potato (8)
**terrine** *(f)* earthenware bowl, terrine
**territoire** *(m)* territory
**test** *(m)* test (7)
**tête** head (10); **prendre la tête** to take charge
**Texas** *(m)* Texas (9)
**texto** *(m)* text message (2)
**thé** *(m)* tea (2)
**théâtre** *(m)* theater, drama (1)
**thon** *(m)* tuna (8)
**tiers** *(m)* third
**timbre** *(m)* stamp (10)
**timide** shy, timid (1)
**tiroir** *(m)* drawer
**toi** you (P); **Et toi?** And you? *(familiar)* (P)
**toilette: toilettes** *(fpl)* toilet, restroom (3); **faire sa toilette** to wash up (7)
**tomate** *(f)* tomato (8)
**tomber** to fall (5); **tomber amoureux(-euse) (de)** to fall in love (with) (6); **tomber malade** to get sick (10)
**ton** *(m)* tone
**ton (ta, tes)** your (3); **tes amis** your friends (1)
**tort: avoir tort** to be wrong (4)
**tôt** early (4)
**toucher** to touch
**toujours** always (2), still
**tour** *(m)* tour, ride (4); **faire un tour** to take a tour, to go for a ride (4)
**tour** *(f)* tower
**tourisme** *(m)* tourism; **office** *(m)* **de tourisme** Tourist Office (10)
**touriste** *(mf)* tourist; **classe touriste** *(f)* tourist class, coach (9)
**touristique** touristic (9)
**tourner (à droite/à gauche)** to turn (right/left) (10), to stir, to film; **se tourner (vers)** to turn (toward); **tourné(e)** filmed
**tousser** to cough (10)
**tout (toute, tous, toutes)** everything, all (3), whole; **(À) tout à l'heure** (See you) in a little while (P), a while ago; **C'est tout.** That's all. (8); **ne... pas du tout** not at all (1); **rien du tout** nothing at all (6); **tous (toutes) les deux** both; **tous les jours** every day (P); **tous les soirs** every evening; **tout à coup** all of a sudden (6); **tout à fait** completely; **tout de suite** right away (6); **tout droit** straight (10); **tout d'un coup** all at once (6); **tout en** while; **toute la journée** the whole day (2); **tout le monde** everybody, everyone (6); **tout près (de)** right by, very near (3); **tout simplement** quite simply (10)
**toutefois** however
**toux** *(f)* cough
**traditionnel(le)** traditional (8)
**traduire** to translate
**train** *(m)* train (4); **en train** by train (4); **être en train de...** to be in the process of . . .
**trait** *(m)* trait (7)
**tranche** *(f)* slice (8)
**tranquille** tranquil, calm
**transformer: se transformer en** to change into
**transmettre** to transmit; to pass on
**transport** *(m)* transportation (4); **moyen** *(m)* **de transport** means of transportation (4); **système** *(m)* **de transports en commun** public transportation system (9)
**transporter** to transport
**travail** *(m)* (*pl* **travaux**) work (6); **fête** *(f)* **du travail** Labor Day
**travailler** to work (2); **Je travaille...** I work . . . (P); **Je ne travaille pas...** I do not work . . . (P); **Tu travailles?/Vous travaillez?** Do you work? (P)
**travers: à travers** across
**traverser** to cross, to go across (10)
**treize** thirteen (P)
**trekking** *(m)* backpacking
**trente** thirty (P)
**très** very (P); **Je vais très bien.** I'm doing very well. (P)
**tribu** *(f)* tribe
**triste** sad (10)
**trois** three (P)
**troisième** third (3)
**trompe** *(f)* horn
**trompette** *(f)* trumpet
**trop** too, too much (3); **trop de** too much, too many (6)
**tropical(e)** (*mpl* **tropicaux**) tropical (9)
**trou** *(m)* hole
**trouver** to find (4); **Il/Elle se trouve...** It is located . . ., He/She/It finds himself/herself/itself
**truc** *(m)* thing (1); **Ce n'est pas mon truc.** That's not my thing. (1)
**truite** *(f)* trout
**tu** you (P)
**tuba: faire du tuba:** to go snorkeling
**tuer** to kill
**Tunisie** *(f)* Tunisia
**Turquie** *(f)* Turkey
**typique** typical (2)
**typiquement** typically
**tyran** *(m)* tyrant

## U

**un(e)** one, a (P)
**uni(e) (à)** close (to), united, solid-colored; **Royaume-Uni** *(m)* United Kingdom (9)
**union: Union** *(f)* **européenne** European Union
**unique** only, single, unique
**uniquement** only (6)
**unité** *(f)* unity, unit
**universel(le)** universal
**universitaire** university (1)
**université** *(f)* university; **à l'université** at the university (P)
**urbain(e)** urban
**urgence** *(f)* emergency
**usage** *(m)* use
**usine** *(f)* factory
**utile** useful (10)
**utiliser** to use, to utilize

## V

**vacances** *(fpl)* vacation (4); **partir en vacances** to leave on vacation (4)
**vacancier(-ière)** *(mf)* vacationer
**vachement** really *(slang)*
**vadrouille** *(f)* stroll
**vague** *(f)* wave
**vaisselle** *(f)* dishes; **faire la vaisselle** to wash dishes (5); **lave-vaisselle** *(m)* dishwasher
**valeur** *(f)* value
**valise** *(f)* suitcase (9); **faire sa valise** to pack your bag (9)
**vallée** *(f)* valley
**valoir** to be worth; **il vaut mieux (que)...** it's better (that) . . . (10)
**valse** *(f)* waltz
**valser** to waltz
**vanille** *(f)* vanilla (8)
**vanité** *(f)* vanity (7)

**vaniteux(-euse)** vain
**varappe** *(f)* rock climbing; **faire de la varappe** to go rock climbing
**varié(e)** varied
**varier** to vary
**variété** *(f)* variety
**vaste** vast
**vaut** See **valoir**
**veau** *(m)* veal
**végétarien(ne)** vegetarian
**vélo** *(m)* bicycle (2); **à vélo** by bike (4); **faire du vélo** to go bike-riding (2)
**vendeur(-euse)** *(mf)* salesperson (5)
**vendre** to sell (7)
**vendredi** *(m)* Friday (P)
**venir** to come (4); **venir de** (+ *infinitive*) to have just (+ *past participle*); **Viens voir!** Come see! (3)
**vent** *(m)* wind; **Il fait du vent.** It's windy. (5)
**vente** *(f)* sale
**ventre** *(m)* stomach (10), belly
**verbe** *(m)* verb
**verdure** *(f)* greenery
**verglas: Il y a du verglas.** It's icy.
**vérifier** to check
**vérité** *(f)* truth
**verre** *(m)* glass (2); **prendre un verre** to have a drink (2)
**vers** *(m)* verse
**vers** toward(s), about, around (2)
**verser** to pour, to pay
**vert(e)** green (3)
**vêtements** *(mpl)* clothes (3); **sous-vêtements** *(mpl)* underwear
**veuf** *(m)* widower (7)
**veuve** *(f)* widow (7)
**viande** *(f)* meat (8)
**vicieux(-euse)** vicious
**victime** *(f)* victim
**vidéo** *(f)* video (2); **jeu vidéo** *(m)* video game (2)
**vie** *(f)* life (6)
**vieillir** to age, to get old
**viennois(e)** Viennese
**viennoiserie** *(f) baked goods sold at a bakery*
**vierge** *(f)* virgin
**Viêt Nam** *(m)* Vietnam (9)
**vieux (vieil, vieille)** old (1); **Vieux Carré** *(m)* French Quarter (4)
**vif(-ive)** lively, bright; **bleu vif** bright blue
**village** *(m)* village, town
**villageois(e)** *(mf)* villager
**ville** *(f)* city (3); **en ville** in town (3)
**vin** *(m)* wine (2)
**vingt** twenty (P)
**vingtième** twentieth
**violence** *(f)* violence (6)
**violet(te)** violet (3)
**virus** *(m)* virus (10)
**visage** *(m)* face
**visite** *(f)* visit; **rendre visite à quelqu'un** to visit someone (7)
**visiter** to visit *(a place)* (1)
**visiteur(-euse)** *(mf)* visitor
**vital(e)** *(mpl* **vitaux)** vital
**vitamine** *(f)* vitamin (8)
**vite** quick(ly), fast (7)
**vitesse** *(f)* speed
**vivoir** *(m)* living room
**vivre** to live
**vocabulaire** *(m)* vocabulary (P); **Apprenez les mots de vocabulaire.** Learn the vocabulary words. (P)
**voici** here is, here are (2)
**voilà** there is, there are (2); **Te/Vous voilà!** There you are!
**voile** *(f)* sailing; **faire de la planche à voile** *(f)* to go windsurfing
**voir** to see (1); **aller voir** to go see, to visit (4); **comme tu vois** as you see (3); **se voir** to see each other (7); **Voyons!** Let's see! (5)
**voisin(e)** *(mf)* neighbor (9)
**voiture** *(f)* car (3); **en voiture** by car (4); **voiture** *(f)* **de location** rental car (5)
**voix** *(f)* voice
**vol** *(m)* flight (9)
**volaille** *(f)* poultry (8)
**volcan** *(m)* volcano
**voleur** *(m)* thief
**volley** *(m)* volleyball (2)
**volonté** *(f)* will, wish
**volontiers** gladly (8), willingly
**volupté** *(f)* voluptuousness
**vomir** to vomit (10)
**voter** to vote
**votre** *(pl* **vos)** your (2); **Ouvrez votre livre à la page 23.** Open your book to page 23. (P)
**vouloir** to want (6); **Ça veut dire…** That means . . . (P); **Je voudrais (bien)…** I would like . . . (2); **Qu'est-ce que ça veut dire?** What does that mean? (P); **Qu'est-ce que vous voudriez faire?** What would you like to do? (2); **Tu voudrais… ?** Would you like . . . ? (2)
**vous** you (P), (to, for) you (9), yourself(-selves) (7); **Et vous?** And you? *(formal)* (P); **Je vous présente…** I would like to introduce . . . to you.; **s'il vous plaît** please (P); **vous-même** yourself; **Vous voilà!** There you are!
**voyage** *(m)* trip (4); **agence** *(f)* **de voyages** travel agency (9); **agent** *(m)* **de voyages** travel agent (9); **chèque** *(m)* **de voyage** traveler's check (9); **faire un voyage** to take a trip (5); **partir en voyage** to leave on a trip (5); **voyage** *(m)* **de noces** honeymoon
**voyager** to travel (2)
**voyelle** *(f)* vowel
**vrai(e)** true (8)
**vraiment** really, truly (2)
**VTT: faire du VTT** to go all-terrain biking (5)
**vue** *(f)* view (3); **point** *(m)* **de vue** viewpoint

## W

**wallon(ne)** Walloon
**W.-C.** *(m)* toilet, restroom
**Web** *(m)* Web; **site** *(m)* **Web** website (9)
**week-end** *(m)* weekend (P); **Bon week-end!** Have a good weekend!; **le week-end** on the weekend, weekends (P)
**wi-fi** *(m)* wi-fi

## Y

**y** there (4); **il y a** there is, there are (1), ago (5)
**yaourt** *(m)* yogurt (8)
**yeux** *(mpl)* *(sing* **œil)** eyes (4)
**Yom Kippour** *(m)* Yom Kippur

## Z

**zéro** *(m)* zero (P)
**zydeco: musique** *(f)* **zydeco** zydeco music (4)

# Vocabulaire anglais–français

The ***Vocabulaire anglais–français*** includes all words presented in *Horizons* for active use, as well as others that students may need for more personalized expression. The definitions of active vocabulary words are followed by the number of the chapter where they are first presented. A (P) refers to the ***Chapitre préliminaire.*** When several translations, separated by commas, are listed before a chapter number, they are all considered active. Since verbs are sometimes introduced lexically in the infinitive before the conjugation of the present indicative is presented, consult the ***Index*** to find out the chapter where a conjugation is introduced. An *(m), (f)* or *(pl)* following a noun indicates that it is masculine, feminine, or plural. *Inv* means that a word is invariable. An asterisk before a word beginning with an **h** indicates that the **h** is aspirate.

## A

**a** un(e) (P); **a few** quelques (5); **a lot** beaucoup (P)
**able: be able** pouvoir (6)
**about** vers (2), environ (4); **about it/them** en (8); **About what?** À propos de quoi?; **talk about** parler de (1); **think about** penser à
**above** au-dessus de; **above all** surtout (8)
**abroad** à l'étranger (9)
**absolutely** absolument
**accent** accent *(m)* (P); **without an accent** sans accent (P)
**accept** accepter (7)
**accident** accident *(m)*
**accompany** accompagner
**according to** selon
**account** compte *(m)*
**accountant** comptable *(mf)*
**accounting** comptabilité *(f)* (1)
**ache** avoir mal (à) (10)
**acquaintance: make the acquaintance of** faire la connaissance de (7)
**acquainted: be / get acquainted with** connaître (4)
**across from** en face (de) (3); **go across** traverser (10)
**act** jouer *(in movies and theater)* (6); agir
**active** dynamique (1)
**activity** activité *(f)* (2)
**actor** acteur *(m)* (6)
**actress** actrice *(f)* (6)
**actually** effectivement, réellement
**adapt** s'adapter
**add** ajouter
**address** adresse *(f)* (3); **e-mail address** adresse *(f)* mail (3)
**adjective** adjectif *(m)* (3)
**administration building** centre administratif *(m)*
**admire** admirer (9)
**adopted** adopté(e)
**adore** adorer
**adult** adulte *(mf)*
**advance** avance *(f)*; **in advance** à l'avance (9)
**advantage** avantage *(m)*; **take advantage of** profiter de (9)
**adventure** aventure *(f)*; **adventure movie** film *(m)* d'aventure
**advertisement** publicité *(f)*; **classified ad** petite annonce *(f)*
**advertising** publicité *(f)*
**advice** conseils *(mpl)* (8); **give a piece of advice** donner un conseil
**aerobics: do aerobics** faire de l'aérobic (8)
**afraid: be afraid (of )** avoir peur (de) (4)
**Africa** Afrique *(f)* (9)
**African** africain(e)
**after** après (P); **after having done . . .** après avoir fait... ; **day after tomorrow** après-demain
**afternoon** après-midi *(m)* (P); **in the afternoon, afternoons** l'après-midi (P); **It's one o'clock in the afternoon.** Il est une heure de l'après-midi. (P); **this afternoon** cet après-midi (4)
**afterwards** après (P), ensuite (4)
**again** encore (8), de nouveau
**against** contre (10)
**age** âge *(m)* (4)
**agency: travel agency** agence *(f)* de voyages (9)
**agent** agent *(m)*; **travel agent** agent *(m)* de voyages (9)
**ago** il y a (5); **How long ago?** Il y a combien de temps? (5)
**agree** être d'accord; **Agreed!** D'accord! (2)
**ahead: straight ahead** tout droit (10)
**air** air *(m)*
**airplane** avion *(m)* (4); **by airplane** en avion (4)
**airport** aéroport *(m)* (10)
**alarm: alarm clock** réveil *(m)* (7)
**alcohol** alcool *(m)* (8)
**alcoholic drink** boisson alcoolisée *(f)*
**algebra** algèbre *(f)*
**Algeria** Algérie *(f)* (9)
**alive** vivant(e)
**all** tout (toute, tous, toutes) (3); **above all** surtout (8); **all at once** tout à coup (6); **all day** toute la journée (2); **all of the time** tout le temps; **all sorts of** toutes sortes de; **all the better** tant mieux; **not at all** ne... pas du tout (1); **nothing at all** rien du tout (6); **That's all.** C'est tout. (8)
**allergy** allergie *(f)* (10)
**allow** permettre (de); **allowed** permis(e)
**almost** presque (2)
**alone** seul(e) (P)
**along** le long de (9); **get along well / badly** s'entendre bien / mal (7)
**already** déjà (5)
**also** aussi (P)
**although** bien que, quoique
**always** toujours (2)
**A.M.** du matin (P)
**amaze** étonner; **amazed** étonné(e) (10)
**America** Amérique *(f)* (9)
**American** américain(e) (P); **American-style** à l'américaine (8)
**among** parmi
**amusing** amusant(e) (1)
**an** un(e) (1)
**and** et (P)
**angry** fâché(e); **get angry** se fâcher
**animal** animal *(m)* *(pl* animaux) (3)
**animated** animé(e)
**anniversary** *(wedding)* anniversaire *(m)* de mariage
**annoying** embêtant(e) (3)
**another** un(e) autre (P); **another glass of . . .** encore un verre de... ; **another thing** autre chose; **one another** se, nous, vous (7)
**answer** réponse *(f)* (P)
**answer** répondre (à) (6); **Answer the question.** Répondez à la question. (P)
**anthropology** anthropologie *(f)*
**antibiotic** antibiotique *(f)*
**any** du, de la, de l', de, des, en (8)
**anymore: not anymore** ne... plus (8)
**anyone** quelqu'un (6); **(just) anyone** n'importe qui; **not . . . anyone** ne... personne
**anything** quelque chose (2); **(just) anything** n'importe quoi; **not . . . anything** ne... rien (5)
**anyway** quand même
**anywhere: (just) anywhere** n'importe où; **not . . . anywhere** ne... nulle part
**apartment** appartement *(m)* (3); **apartment building** immeuble *(m)* (3)
**appear** paraître
**appearance: physical appearance** aspect physique *(m)* (7)
**appetite** appétit *(m)*
**appetizer** *hors-d'œuvre *(m)* (8)
**apple** pomme *(f)* (8); **apple pie** tarte *(f)* aux pommes (8)
**appointment** rendez-vous *(m)*
**appreciate** apprécier (6)
**appropriate** approprié(e), convenable
**April** avril *(m)* (4); **April Fool's Day** les poissons *(mpl)* d'avril
**Arabic** arabe *(m)*
**architect** architecte *(mf)*
**architecture** architecture *(f)*
**Argentina** Argentine *(f)* (9)
**argue (with)** se disputer (avec) (7)
**arm** bras *(m)* (10)
**armchair** fauteuil *(m)* (3)
**around** vers (2), environ (4), autour de
**arrange** ranger (7)
**arranged** rangé(e) (3)
**arrival** arrivée *(f)* (9); **arrival gate** porte *(f)* d'arrivée (9)
**arrive** arriver (3)
**art** art *(m)*; **fine arts** beaux-arts *(mpl)* (1)
**article** article *(m)* (9)
**artist** artiste *(mf)*
**as** comme (1); **as . . . as** aussi... que (1); **as long as** tant que; **as many . . . (as)** autant de... (que); **as much . . . (as)** autant de... (que); **as soon as** aussitôt que; **as you see** comme tu vois (3)
**ashamed: be ashamed** avoir *honte
**Asia** Asie *(f)* (9)
**ask (for)** demander (2); **ask a question** poser une question (3)
**asleep: fall asleep** s'endormir (7)
**asparagus** asperge *(f)*
**aspirin** aspirine *(f)* (10)
**associate** associer
**astronomy** astronomie *(f)*
**at** à (P); **at home** à la maison (P); **at . . . 's house / place** chez... (2)
**athletic** sportif(-ive) (1)
**ATM machine** distributeur de billets *(m)* (10)
**attend** assister à
**attention** attention *(f)*; **pay attention (to)** faire attention (à) (8)
**attract** attirer
**auburn** auburn *(inv)* (4)
**August** août *(m)* (4)

**aunt** tante *(f)* (4)
**Australia** Australie *(f)* (9)
**automatic** automatique; **automatic teller machine** distributeur *(m)* de billets (10)
**autumn** automne *(m)* (5); **in autumn** en automne (5)
**available** disponible
**avenue** avenue *(f)* (10)
**average** moyen(ne) (4)
**avoid** éviter (8)
**away: go away** partir (4), s'en aller; **put away** bien rangé(e) (3); **right away** tout de suite (6)

## B

**baby** bébé *(m)*
**back** dos *(m)* (10)
**back: bring back** rapporter; **come back** revenir (4); **give back** rendre (7); **go back** rentrer (2), retourner (5); **go back to bed** se recoucher (7); **in the back of** au fond de; **sell back** revendre (7)
**bacon** bacon *(m)* (8)
**bad** mauvais(e) (1); **really bad** nul(le); **That's too bad!** C'est dommage (7); **The weather's bad.** Il fait mauvais. (5)
**badly** mal (P); **not badly** pas mal (P)
**bag** sac *(m)* (5), paquet *(m)* (8); **pack your bag** faire sa valise (9)
**baggage** bagages *(mpl)*
**bakery** boulangerie *(f)* (8); **bakery-pastry shop** boulangerie-pâtisserie (8)
**balcony** balcon *(m)*
**bald** chauve
**ball** balle *(f)*, *(inflated)* ballon *(m)*
**banana** banane *(f)* (8)
**band** orchestre *(m)* (4), groupe *(m)*
**bank** banque *(f)* (10); **bank card** carte bancaire *(f)* (9)
**banker** banquier *(m)*
**bar** bar *(m)*
**baseball** base-ball *(m)* (2)
**based: based on** basé(e) sur (6)
**basement** sous-sol *(m)* (3)
**basketball** basket *(m)* (1)
**bath** bain *(m)* (7); **take a bath** prendre un bain (7)
**bathe** prendre un bain (7), se baigner
**bathroom** salle *(f)* de bains (3)
**be** être (1); **be able** pouvoir (6); **be afraid (of)** avoir peur (de) (4); **be ashamed** avoir *honte; **be bored** s'ennuyer (7); **be born** naître, (être) né(e) (5); **be cold** avoir froid (4); **be familiar with** connaître (4); **be hot** avoir chaud (4); **be hungry** avoir faim (4); **be interested in** s'intéresser à (7); **be named** s'appeler (7); **be right** avoir raison (4); **be sleepy** avoir sommeil (4); **be thirsty** avoir soif (4); **be wrong** avoir tort (4); **be . . . years old** avoir... ans (4); **here is/are** voici (2); **How are you?** Comment allez-vous? (P); **How is it going?** Comment ça va? (P); **I am . . .** Je suis... (P); **I'm hungry.** J'ai faim. (2); **I'm thirsty.** J'ai soif. (2); **isn't it?** n'est-ce pas?, non? (1); **It is located...** Il/Elle se trouve... ; **It's Monday.** C'est lundi. (P); **My name is . . .** Je m'appelle... (P); **There are . . . of us.** Nous sommes.... (4); **there is/are** il y a (1), voilà (2); **The weather's nice / bad / cold / cool / hot / sunny / windy.** Il fait beau / mauvais / froid / frais / chaud / du soleil / du vent. (5); **to be continued** à suivre (6); **you are** tu es/ vous êtes (P)
**beach** plage *(f)* (4)
**beans: green beans** *haricots verts *(mpl)* (8)
**bear** supporter (7)
**beard** barbe *(f)* (4)
**beast** bête *(f)* (6)
**beat** battre
**beautiful** beau (bel, belle, *pl* beaux, belles) (1)
**beauty** beauté (7)
**because** parce que (P); **because of** à cause de
**become** devenir (4)
**bed** lit *(m)* (2); **bed and breakfast** chambre *(f)* d'hôte; **go back to bed** se recoucher (7); **go to bed** se coucher (7); **stay in bed** rester au lit (2)
**bedroom** chambre *(f)* (3)
**beef** bœuf *(m)* (8); **roast beef** rosbif *(m)* (8)
**beer** bière *(f)* (2); **draft beer** demi *(m)* (2)
**before** avant (P); **before (doing)** avant de (faire); **before-dinner drink** apéritif *(m)* (8)
**beforehand** auparavant
**begin** commencer (2); **French class begins at . . .** Le cours de français commence à... (P)
**beginning** début *(m)*; **at the beginning (of)** au début (de) (6)
**behaved: well-behaved** sage (4)
**behind** derrière (3)
**beige** beige (3)
**Belgium** Belgique *(f)* (9)
**believe (in)** croire (à)
**belong to** appartenir à, être à
**belongings** effets personnels *(mpl)* (3), affaires *(fpl)*
**belt** ceinture *(f)*
**beside** à côté de (3)
**besides** de plus, d'ailleurs
**best** (le/la) meilleur(e) *(adjective)* (1), (le) mieux *(adverb)*
**better** meilleur(e) *(adjective)*, mieux *(adverb)* (2); **do better (to) . . .** faire mieux (de)... (8); **it's better . . .** il vaut mieux... (10)
**between** entre (3)
**beverage** boisson *(f)* (2)
**bicycle** vélo *(m)* (3)
**bicycle-riding: go bicycle-riding** faire du vélo (2)
**big** grand(e) (1), gros(se) (1)
**bike** vélo *(m)* (2); **by bike** à vélo (4); **ride a bike** faire du vélo (2)
**bikini** bikini *(m)* (5)
**bilingual** bilingue
**bill** *(restaurant)* addition *(f)*, *(utilities)* facture *(f)*; **pay the bill** *(at a hotel)* régler la note (10)
**billiards** billard *(m)*
**biology** biologie *(f)* (1)
**bird** oiseau *(m)*
**birth** naissance *(f)*; **date of birth** date *(f)* de naissance
**birthday** anniversaire *(m)* (4)
**bizarre** bizarre
**black** noir(e) (3)
**blackboard** tableau *(m)* (P)
**blanket** couverture *(f)* (3)
**blond** blond(e) (4)
**blood** sang *(m)*
**blouse** chemisier *(m)* (5)
**blue** bleu(e) (3)
**blueberry** myrtille *(f)*
**blues** *(music)* blues *(m)*
**board** tableau *(m)* (P)
**boat** bateau *(m)* (4); **by boat** en bateau (4)
**boating: go boating** faire du bateau (5)
**body** corps *(m)* (7)
**bodybuilding: to do bodybuilding** faire de la musculation (8)
**book** livre *(m)* (P)
**bookcase** étagère *(f)* (3)
**bookstore** librairie *(f)* (1)
**boot** botte *(f)* (5)
**border** frontière *(f)*
**bored: be bored** s'ennuyer (7)
**boring** ennuyeux(-euse) (1)
**born** né(e) (5); **be born** naître (5); **He/She was born . . .** Il/Elle est né(e)... (5)
**borrow** emprunter
**boss** patron(ne) *(mf)*
**both** les deux
**bottle (of)** bouteille (de) *(f)* (8)
**boulevard** boulevard *(m)* (10)
**bowl** bol *(m)*
**box (of)** boîte (de) *(f)*
**boy** garçon *(m)* (4)
**boyfriend** petit ami *(m)* (2)
**bracelet** bracelet *(m)*
**brave** courageux(-euse)
**Brazil** Brésil *(m)* (9)
**bread** pain *(m)* (8); **bread with butter and jelly** tartine *(f)* (8); **loaf of French bread** baguette *(f)* (8); **(loaf of) whole-grain bread** pain complet *(m)* (8)
**break** casser; **break down** *(machine)* tomber en panne; **break one's arm** se casser le bras
**breakfast** petit déjeuner *(m)* (5); **bed and breakfast** chambre *(f)* d'hôte; **to have one's breakfast** prendre son petit déjeuner (5)
**breathe** respirer
**brief** bref (brève)
**briefly** brièvement
**briefs** slip *(m)*
**bright** *(colors)* vif(-ive)
**bring** *(a thing)* apporter, *(a person)* amener; **bring back** rapporter
**Britain: Great Britain** Grande-Bretagne *(f)*
**broccoli** brocoli *(m)*
**brother** frère *(m)* (1); **brother-in-law** beau-frère *(m)*
**brown** marron *(inv)* (3), brun(e) (4), **medium/ dark brown** *(with hair)* châtain (4)
**brunette** brun(e)
**brush (one's hair/one's teeth)** se brosser (les cheveux/les dents) (7)
**Brussels sprouts** choux *(mpl)* de Bruxelles
**build** construire
**building** bâtiment *(m)* (1); **administration building** centre administratif *(m)*; **apartment building** immeuble *(m)* (3)
**burn (oneself)** (se) brûler
**bus** *(in city)* autobus *(m)* (3), *(between cities)* autocar *(m)* (4); **bus stop** arrêt *(m)* d'autobus (3)
**business** affaires *(fpl)*; **business course** cours *(m)* de commerce (1)
**businessman** homme *(m)* d'affaires (5)
**businesswoman** femme *(f)* d'affaires (5)
**busy** chargé(e), occupé(e)
**but** mais (P); **nothing but** ne... rien que
**butcher's shop** boucherie *(f)* (8)
**butter** beurre *(m)* (8); **bread with butter and jelly** tartine *(f)* (8)
**buy** acheter (4)
**by** par; **by bike / boat / bus / car / plane / taxi** à vélo / en bateau / en autobus (autocar) / en voiture / en avion / en taxi (4); **by chance** par *hasard; **by the way** à propos; **go by . . .'s house** passer chez... (2); **right by** tout près (de) (3)
**Bye!** Salut!, Ciao!

## C

**cab** taxi *(m)* (4)
**cabbage** chou *(m)*
**café** café *(m)* (1)
**cafeteria** cafétéria *(f)*; **university cafeteria** restau-u *(m)* (6)
**Cajun** cadien(ne) (4)
**cake** gâteau *(m)* (8); **chocolate cake** gâteau au chocolat (8)
**calculator** calculatrice *(f)*
**Caledonia: New Caledonia** Nouvelle-Calédonie *(f)* (9)
**California** Californie *(f)* (9)
**call** communication *(f)*; appel *(m)*
**call** téléphoner (3), appeler (6); **Who's calling?** Qui est à l'appareil?
**calm** calme (4), tranquille
**calm down** se calmer

**camera** appareil photo *(m)*
**campground** camping *(m)* (5)
**camping** camping *(m)* (5); **go camping** faire du camping (5)
**campus** campus *(m)* (1); fac(ulté) *(f)* (2)
**can (of)** boîte (de) *(f)* (8)
**can (be able)** pouvoir (6); **one can** on peut (4)
**Canada** Canada *(m)* (9)
**Canadian** canadien(ne) (P)
**canceled** annulé(e)
**candy** bonbon *(m)*
**canned goods** conserves *(fpl)* (8)
**cap** casquette *(f)*
**capital** capitale *(f)*
**car** voiture *(f)* (3); **by car** en voiture (4); **rental car** voiture *(f)* de location (5)
**carafe (of)** carafe (de) *(f)* (8)
**card** carte *(f)*; **bank card** carte bancaire *(f)* (9); **credit card** carte *(f)* de crédit (9); **debit card** carte bancaire *(f)* (9); **identity card** carte *(f)* d'identité; **play cards** jouer aux cartes; **telephone card** carte téléphonique *(f)* (10)
**care: I don't care.** Ça m'est égal.; **take care of** s'occuper de, *(health)* (se) soigner
**career** carrière *(f)*
**careful** soigneux(-euse); **be careful** faire attention (à)
**carefully** soigneusement, attentivement
**carpenter** charpentier *(m)*
**carrot** carotte *(f)* (8)
**carry** porter (4); **carry away** emporter
**cartoon** dessin animé *(m)*
**cash: in cash** en espèces (10)
**cashier** caissier(-ère) *(mf)*
**cassette** cassette *(f)*; **video cassette** vidéocassette *(f)*; **video cassette player** magnétoscope *(m)*
**castle** château *(m)*
**cat** chat *(m)* (3)
**cathedral** cathédrale *(f)*
**Catholic** catholique (1)
**cauliflower** chou-fleur *(m)*
**cause** cause *(f)*
**cause** causer
**CD** CD *(m)* (3), disque compact *(m)*; **CD player** lecteur *(m)* CD (3)
**celebrate** célébrer, fêter
**cell phone** portable *(m)* (3)
**cent** centime *(m)* (2)
**center** centre *(m)*; **shopping center** centre commercial *(m)* (4)
**centime** centime *(m)* (2)
**central** central(e) *(mpl* centraux); **Central America** Amérique centrale *(f)* (9)
**century** siècle *(m)*
**cereal** céréales *(fpl)* (8)
**certain** certain(e), sûr(e)
**certainly** certainement
**certificate** certificat *(m)*
**chair** chaise *(f)* (3)
**chance: by chance** par *hasard; **have the chance to** avoir l'occasion de
**change** monnaie *(f)* (2)
**change** changer (de) (6); **change one's mind** changer d'avis
**character** *(disposition)* caractère *(m)*, *(from a story)* personnage *(m)*
**charge: extra charge** supplément *(m)* (10); **in charge of** responsable de
**cheap** bon marché
**check** chèque *(m)* (9), *(restaurant)* addition *(f)*; **traveler's check** chèque *(m)* de voyage (9)
**cheese** fromage *(m)* (2); **cheese sandwich** sandwich *(m)* au fromage (2)
**chemistry** chimie *(f)* (1)
**cherry** cerise *(f)* (8)
**chest** poitrine *(f)*; **chest of drawers** commode *(f)* (3)
**chicken** poulet *(m)* (8)
**child** enfant *(mf)* (4)
**childhood** enfance *(f)*
**Chile** Chili *(m)* (9)
**chill** frisson *(m)* (10)
**China** Chine *(f)* (9)
**Chinese** chinois(e)
**chips** chips *(fpl)*
**chocolate** chocolat *(m)* (2); **chocolate cake** gâteau *(m)* au chocolat (8); **chocolate-filled croissant** pain *(m)* au chocolat (8)
**choice** choix *(m)* (8)
**choose (to do)** choisir (de faire) (8)
**chore: household chore** tâche domestique *(f)*
**Christian** chrétien(ne)
**Christmas** Noël *(m)*; **Merry Christmas!** Joyeux Noël!
**church** église *(f)* (4), *(Protestant)* temple *(m)*
**cinema** cinéma *(m)* (1); **cinema club** ciné-club *(m)* (2)
**circumstance** circonstance *(f)*
**city** ville *(f)* (3)
**class** cours *(m)* (P), classe *(f)* (1); **first class** première classe *(f)* (9); **French class** cours *(m)* de français (P); **have class** avoir cours (6); **tourist class** classe touriste *(f)* (9); **Prepare the exam for the next class.** Préparez l'examen pour le prochain cours. (P)
**classic** classique *(m)* (2)
**classical** classique (1)
**classmate** camarade *(mf)* de classe
**classroom** salle *(f)* de classe (1)
**clean** propre (3)
**climate** climat *(m)* (9)
**climb** *(tree)* grimper, *(rocks)* escalader
**climbing: go mountain climbing** faire de l'alpinisme; **go rock climbing** faire de l'escalade
**clinic** clinique *(f)*
**clock** horloge *(f)*; **alarm clock** réveil *(m)* (7)
**close** fermer (2); **Close your book.** Fermez votre livre. (P)
**close (to)** *(location)* près (de) (1); *(a friend)* proche
**closet** placard *(m)* (3)
**clothes** vêtements *(mpl)* (3)
**cloud** nuage *(m)*
**cloudy** nuageux(-euse); **It's cloudy.** Il y a des nuages.
**club** club *(m)* (5); **cinema club** ciné-club *(m)* (2); **fitness club** club *(m)* de gym (1); **nightclub** boîte *(f)* de nuit (1)
**coach** classe touriste *(f)* (9)
**coast** côte *(f)*
**coat** manteau *(m)* (5), pardessus *(m)*
**code: zip code** code postal *(m)* (3)
**coffee (with milk)** café *(m)* (au lait) (2); **coffee table** table basse *(f)*
**coin** pièce *(f)* de monnaie
**Coke** coca *(m)* (2)
**cola** coca *(m)* (2); **diet cola** coca light *(m)* (2)
**cold** froid(e); **be cold** avoir froid (4); **cold cuts** charcuterie *(f)* (8); **It's cold.** Il fait froid. (5)
**cold** rhume *(m)* (10)
**colleague** collègue *(mf)*
**collect** collectionner
**college: go to college** étudier à l'université
**Colombia** Colombie *(f)* (9)
**color** couleur *(f)* (3); **What color is/are . . . ?** De quelle couleur est/sont... ? (3)
**comb one's hair** se peigner (7)
**come** venir (4); **come back** revenir (4); **come down (from)** descendre (de) (5); **come get someone** venir chercher quelqu'un (10); **Come see!** Viens voir! (3)
**comedy** comédie *(f)* (6)
**comfortable** confortable (3)
**commercial** publicité *(f)*
**communicate** communiquer (10)
**communication** communication *(f)*
**compact disc** disque compact *(m)*, CD *(m)* (3)
**company** société *(f)*, compagnie *(f)*, entreprise *(f)*
**compare** comparer (6)
**compatibility** compatibilité *(f)* (7)
**complain** se plaindre
**complete** complet(-ète) (8); **in complete sentences** en phrases complètes (P)
**completely** tout à fait
**complicated** compliqué(e)
**composition** rédaction *(f)* (9), composition *(f)*
**computer** ordinateur *(m)* (2); **computer lab** laboratoire d'informatique (1); **computer science** informatique *(f)* (1)
**concern** concerner
**concert** concert *(m)* (1)
**condition** condition *(f)*
**confidence** confiance *(f)*; **have confidence** avoir confiance (4)
**confused** confus(e)
**congratulations** félicitations *(fpl)*
**conservative** de droite (7)
**conserve** conserver
**constantly** constamment
**contact** contact *(m)*; **contact lenses** lentilles *(fpl)*
**content** content(e) (8)
**continent** continent *(m)* (9)
**continue (straight ahead)** continuer (tout droit) (10); **to be continued** à suivre (6)
**contrary: on the contrary** par contre; au contraire
**control** contrôler (8)
**convenient** commode (3)
**cook** faire la cuisine (5); (faire) cuire
**cooking** cuisine *(f)* (4)
**cool** frais (fraîche); **pretty cool** assez cool (P); **The weather's cool.** Il fait frais. (5)
**copious** copieux(-euse) (8)
**corn** maïs *(m)*
**corner** coin *(m)* (3); **in the corner (of)** dans le coin (de) (3); **on the corner of** au coin (de) (10)
**cost** coûter (5)
**cotton** coton *(m)*
**couch** canapé *(m)* (3)
**cough** tousser (10)
**count** compter (2); **Count from . . . to . . .** Comptez de... à... (P)
**country** campagne *(f)* (3), pays *(m)* (3); **country music** musique country *(f)*; **in the country** à la campagne (3)
**couple** couple *(m)*
**course** cours *(m)* (1); **first course** *(of a meal)* entrée *(f)* (8); **in the course of** au cours de (10); **Of course!** Bien sûr! (5), Évidemment!; **take a course** suivre un cours
**court: tennis court** court *(m)* de tennis
**courtyard** cour *(f)*; **on the courtyard side** côté cour (10)
**cousin** cousin(e) *(mf)* (4)
**cover** couverture *(f)* (3)
**cover** couvrir
**crab** crabe *(m)*
**crazy** fou (folle)
**cream** crème *(f)* (8); **ice cream** glace *(f)* (8)
**create** créer
**credit card** carte *(f)* de crédit (9)
**crime** crime *(m)*, criminalité *(f)*
**criminal** criminel(le) *(mf)*
**criticize** critiquer
**croissant** croissant *(m)* (8); **chocolate-filled croissant** pain *(m)* au chocolat (8)
**cross** traverser (10)
**cruel** cruel(le) (6)
**crustaceans** fruits *(mpl)* de mer (8)
**cry** pleurer
**cucumber** concombre *(m)*
**cuisine** cuisine *(f)* (4)

**cultiver** to cultivate (7)
**cultural** culturel(le) (4)
**culture** culture *(f)* (9)
**cup** tasse *(f)*
**cure** guérir
**curly** frisé(e)
**current** actuel(le)
**currently** actuellement
**curtain** rideau *(m)* (*pl* rideaux) (3)
**custom** coutume *(f)*
**customs** *(border)* douane *(f)* (9)
**cut: cold cuts** charcuterie *(f)* (8)
**cut (one's finger)** (se) couper (le doigt); **cut class** sécher un cours
**cycling** cyclisme *(m)*

## D

**dad(dy)** papa *(m)*
**daily** quotidien(ne) (7)
**dairy product** produit laitier *(m)*
**dance** danse *(f)*; bal *(m)* (6)
**dance** danser (2)
**dancer** danseur(-euse) *(mf)*
**danger** danger *(m)*
**dangerous** dangereux(-euse)
**dark** foncé(e); **dark brown** *(with hair)* brun(e) (4); **to be dark** *(outside)* faire noir
**darling** chéri(e) *(mf)*
**date** date *(f)* (4); rendez-vous *(m)*; **What is the date?** Quelle est la date? (4)
**date** sortir avec
**daughter** fille *(f)* (4)
**day** jour *(m)* (P), journée *(f)* (2); **day after tomorrow** après-demain; **day before yesterday** avant-hier; **every day** tous les jours (P); **Father's Day** fête *(f)* des Pères; **the following day** le lendemain *(m)* (5); **Have a good day!** Bonne journée!; **Mother's Day** fête *(f)* des Mères; **the next day** le lendemain *(m)* (5); **the whole day** toute la journée (2); **What day is today?** C'est quel jour, aujourd'hui? (P)
**daycare** crèche *(f)*
**daytime** journée *(f)*
**dead** mort(e) (5)
**death** mort *(f)*
**debit: debit card** carte bancaire *(f)* (9)
**deceased** décédé(e) (4)
**December** décembre *(m)* (4)
**decide** décider (de) (6)
**decision** décision *(f)*; **make a decision** prendre une décision (7)
**degree** *(temperature)* degré *(m)*, *(university)* diplôme *(m)*
**delay** retard *(m)*
**deli(catessen)** charcuterie *(f)* (8); **deli meats** charcuterie *(f)* (8)
**delicious** délicieux(-euse) (6)
**delighted** ravi(e); **Delighted to meet you.** Enchanté(e).
**deluxe** de luxe (10)
**demand** exiger
**democratic** démocratique
**den** salle *(f)* de séjour
**dentist** dentiste *(mf)*
**department** département *(m)*; **department store** grand magasin *(m)*
**departure** départ *(m)* (9); **departure gate** porte *(f)* d'embarquement (9)
**depend (on)** dépendre (de) (5); **That depends.** Ça dépend.
**deposit** déposer
**depressed** déprimé(e)
**depressing** déprimant(e)
**depression** déprime *(f)*
**descend** descendre (5)
**describe** décrire (9)
**description** description *(f)*
**desire** désirer (2)
**desk** bureau *(m)* (3); **front desk** réception *(f)* (10)
**despite** malgré
**dessert** dessert *(m)* (8)
**destroy** détruire
**detective movie** film policier *(m)*
**detest (each other)** (se) détester (7)
**develop** (se) développer
**dictionary** dictionnaire *(m)*
**die** mourir (5)
**diet** régime *(m)*; **be on a diet** être au régime; **diet cola** coca *(m)* light (2)
**different** différent(e)
**differently** différemment
**difficult** difficile (P)
**difficulty** difficulté *(f)*
**dine (out)** dîner (au restaurant) (2)
**dining: dining room** salle à manger *(f)* (3)
**dinner** dîner *(m)* (8); **before-dinner drink** apéritif *(m)* (8); **have dinner** dîner (2)
**diploma** diplôme *(m)*
**direct** diriger
**direct** direct(e)
**directions** indications *(fpl)* (10); **give directions** indiquer le chemin (10)
**directly** directement
**dirty** sale (3)
**disadvantage** inconvénient *(m)*
**disappointed** déçu(e)
**disc: compact disc** disque compact *(m)*, CD *(m)* (3); **compact disc player** lecteur *(m)* CD (3)
**discover** découvrir
**discuss** discuter (de)
**disguise (oneself)** (se) déguiser
**dish** plat *(m)* (8); **do the dishes** faire la vaisselle (5); **main dish** plat principal (8); **ready-to-serve dish** plat préparé *(m)* (8)
**dishwasher** lave-vaisselle *(m)*
**disorder** désordre *(m)* (3); **in disorder** en désordre (3)
**diversity** diversité *(f)*
**divided** partagé(e) (3)
**diving: scuba diving** plongée sous-marine *(f)*
**divorce** divorcer
**divorced** divorcé(e) (1)
**do** faire (2); **do aerobics** faire de l'aérobic (8); **do better (to) . . .** faire mieux (de)... (8); **do handiwork** bricoler (2); **Do the homework.** Faites les devoirs. (P); **do weight training** faire de la musculation (8); **Do you . . . ?** Est-ce que vous... ? (1); **I do not . . .** Je ne... pas (P)
**doctor** médecin *(m)* (10)
**doctorate** doctorat *(m)*
**dog** chien *(m)* (3)
**dollar** dollar *(m)* (3)
**domestic** domestique
**door** porte *(f)* (3); **next door** à côté
**dormitory** résidence universitaire *(f)* (1)
**doubt** doute *(m)*; **without doubt** sans doute (8)
**doubt that . . .** douter que...(10)
**doubtless** sans doute (8)
**down: go / come down** descendre (5)
**downtown** au centre-ville *(m)* (3)
**dozen (of)** douzaine (de) *(f)* (8)
**draft beer** demi *(m)* (2)
**drama** drame *(m)*; **drama course** cours *(m)* de théâtre (1)
**dramatic** dramatique
**draw** dessiner
**drawer** tiroir *(m)*; **chest of drawers** commode *(f)* (3)
**drawing** dessin *(m)*
**dream** rêve *(m)*
**dream (about, of)** rêver (de) (7)
**dress** robe *(f)* (5)
**dress** habiller; **get dressed** s'habiller (7)
**dresser** commode *(f)* (3)
**drink** boisson *(f)* (2); **before-dinner drink** apéritif *(m)* (8); **have a drink** prendre un verre (2)
**drink** boire (4)
**drive** conduire; **go for a drive** faire un tour en voiture
**drop** laisser tomber
**drums** batterie *(f)* (2)
**dry** sécher; **dry cleaner's** teinturerie *(f)*
**duck** canard *(m)* (8)
**due to** à cause de
**dumb** bête (1)
**during** pendant (5), au cours de (10)
**DVD** DVD *(m)* (2); **DVD player** lecteur *(m)* DVD (3)

## E

**each** chaque (3); **each one** chacun(e); **each other** se, vous, nous (7), l'un(e) l'autre
**ear** oreille *(f)*
**early** tôt (4), en avance
**earn** gagner
**earring** boucle *(f)* d'oreille
**earth** terre *(f)*
**easily** facilement (7)
**east** est *(m)*; **Middle East** Moyen-Orient *(m)* (9)
**Easter** Pâques *(fpl)*
**easy** facile (P)
**eat** manger (2); **eat one's breakfast** prendre son petit déjeuner (5); **eat dinner** dîner (2); **eat dinner out** dîner au restaurant (2); **eat lunch** déjeuner (2)
**eccentric** excentrique
**ecological** écologique
**economics** sciences économiques *(fpl)*
**economy** économie *(f)*
**editor** rédacteur(-trice) *(mf)*
**educate** éduquer
**education** éducation *(f)*
**effect** effet *(m)* (6); **special effects** effets spéciaux *(mpl)* (6)
**egg** œuf *(m)* (8); **hard-boiled egg** œuf dur *(m)* (8)
**Egypt** Égypte *(f)* (9)
**eight** *huit (P)
**eighteen** dix-huit (P)
**eighth** *huitième (3)
**eighty** quatre-vingts (2); **eighty-one** quatre-vingt-un (2)
**either . . . or . . .** soit... soit...
**election** élection *(f)*
**element** élément *(m)*
**elementary school** école primaire/élémentaire *(f)*
**elevator** ascenseur *(m)* (3)
**eleven** onze (P)
**else: What else?** Quoi d'autre?; **What else can I get you?** Qu'est-ce que je peux vous proposer d'autre? (8)
**elsewhere** ailleurs
**e-mail** mail *(m)* (2), courrier électronique *(m)*; **e-mail address** adresse *(f)* mail (3)
**embarrassed** gêné(e)
**embassy** ambassade *(f)*
**embrace (each other)** (s')embrasser (7)
**employee** employé(e) *(mf)* (10); **government employee** fonctionnaire *(mf)*
**encounter** rencontre *(f)* (7)
**end** fin *(f)*; **at the end (of)** au bout (de) (3)
**end** finir (8), (se) terminer; **end up doing** finir par faire; **French class ends . . .** Le cours de français finit... (P)
**energetic** énergique
**energy** énergie *(f)*
**engaged** fiancé(e) (1); **get engaged** se fiancer (7)
**engineer** ingénieur *(m)*
**engineering** études *(fpl)* d'ingénieur, génie *(m)*
**English** anglais *(m)* (P)
**English** anglais(e)
**enjoy: Enjoy your stay!** Bon séjour! (10)
**enough** assez (de) (1)
**enter** entrer (dans) (5)

**enterprise** entreprise *(f)*
**entertainment** distractions *(fpl)* (5)
**enthusiastic** enthousiaste
**entire** entier(-ère)
**environment** environnement *(m)*
**equality** égalité *(f)*
**equals: . . . plus . . . equals . . .** ... et... font... (P)
**errand** course *(f)* (5); **run errands** faire des courses (5)
**especially** surtout (8)
**espresso** expresso *(m)* (2)
**essential** essentiel(le)
**establish** établir
**euro** euro *(m)* (2)
**Europe** Europe *(f)* (9)
**European** européen(ne)
**eve: New Year's Eve party** le réveillon *(m)* du jour de l'an
**even** même; **even though** bien que
**evening** soir *(m)* (P), soirée *(f)* (4); **At ten o'clock in the evening.** À dix heures du soir. (P); **Good evening.** Bonsoir. (P); **in the evening, evenings** le soir (P); **See you this evening.** À ce soir. (2)
**every** chaque (3), tout (toute, tous, toutes); **every day** tous les jours (P)
**everybody** tout le monde (6)
**everyone** tout le monde (6)
**everything** tout (3)
**everywhere** partout (3)
**exactly** justement (3), exactement (10)
**exam** examen *(m)* (P)
**example** exemple *(m)*; **for example** par exemple (2)
**excellent** excellent(e) (6)
**except** sauf (2)
**exception** exception *(f)*; **with the exception of** à l'exception de
**exchange money** changer de l'argent (9)
**exciting** passionnant(e)
**excuse** excuser; **Excuse me.** Excusez-moi, Pardon. (P)
**executive** cadre *(m)*
**exercise** exercice *(m)* (P)
**exercise** faire de l'exercice (2)
**exhausted** épuisé(e)
**exhibit** exposition *(f)* (4)
**ex-husband** ex-mari *(m)*
**exotic** exotique (9)
**expensive** cher (chère) (3)
**experience** expérience *(f)*
**explain** expliquer
**express** exprimer
**expression** expression *(f)* (10)
**extra charge** supplément *(m)* (10)
**extracurricular** extra-scolaire
**extraordinary** extra(ordinaire) (4)
**extroverted** extraverti(e) (1)
**ex-wife** ex-femme *(f)*
**eye** œil *(m)* (*pl* yeux) (10); **to have . . . eyes** avoir les yeux... (4)

## F

**face** figure *(f)* (7), visage *(m)*
**facing** en face (de) (3)
**fact** fait *(m)*; **in fact** en fait
**fail** échouer (à)
**fair** juste
**fairly** assez (P)
**fairy tale** conte *(m)* de fées (6)
**fall** automne *(m)* (5); **in the fall** en automne (5)
**fall** tomber (5); **fall asleep** s'endormir (7); **fall in love (with)** tomber amoureux(-euse) (de) (6)
**false** faux (fausse)
**familiar: be familiar with** connaître (4)
**family** famille *(f)* (P); **family name** nom *(m)* de famille (3); **family room** salle *(f)* de séjour
**famous** célèbre (4), fameux(-euse)
**far (from)** loin (de) (3); **as far as** jusqu'à (10)
**farm** ferme *(f)*
**fashion** mode *(f)*; **designer fashion** *haute couture *(f)*
**fast** vite (7), rapide (8)
**fast food restaurant** fast-food *(m)* (1)
**fat** gros(se) (1); **get fatter** grossir (8)
**father** père *(m)* (4); **father-in-law** beau-père *(m)* (4); **Father's Day** fête *(f)* des Pères
**fats** matières grasses *(fpl)* (8)
**favorite** préféré(e) (3)
**fear** avoir peur (de) (4)
**February** février *(m)* (4)
**feed** nourrir (8), donner à manger à (9); **to feed oneself** se nourrir (8)
**feel** (se) sentir (8); **feel like** avoir envie de (4)
**feeling** sentiment *(m)* (7)
**ferocious** féroce (6)
**festival** festival *(m)* (4)
**fever** fièvre *(f)*; **have fever** avoir de la fièvre
**few: a few** quelques (5), quelques-un(e)s
**fewer** moins de (8); **fewer . . . than** moins de... que
**fiancé** fiancé *(m)*
**fiancée** fiancée *(f)*
**field** champ *(m)*
**fifteen** quinze (P)
**fifth** cinquième (3)
**fifty** cinquante (2); **fifty-one** cinquante et un (2)
**fight** combattre, se battre; **fight (against)** lutter (contre)
**fill (in)** remplir
**film** film *(m)* (1)
**finally** finalement (6), enfin (7)
**find** trouver (4); **find out information** s'informer (9)
**fine: fine arts** beaux-arts *(mpl)* (1); **It's going fine.** Ça va. (P)
**finger** doigt *(m)* (10)
**finish (doing)** finir (de faire) (8), terminer
**first** premier(-ère) (1), d'abord (4); **at first** au début; **first course** *(of a meal)* entrée *(f)* (8); **first floor** rez-de-chaussée *(m)* (3); **first name** prénom *(m)* (3); **in first class** en première classe (9); **love at first sight** coup *(m)* de foudre (7)
**fish** poisson *(m)* (8); **fish market** poissonnerie *(f)* (8)
**fishing** pêche *(f)*; **go fishing** aller à la pêche
**fitness club** club *(m)* de gym (1)
**fitting room** cabine *(f)* d'essayage (5)
**five** cinq (P)
**fixed: at a fixed price** à prix fixe (8)
**flight** vol *(m)* (9)
**flip-flops** tongs *(fpl)*
**floor** étage *(m)* (3); **ground floor** rez-de-chaussée *(m)* (3); **on the floor** par terre (3); **on the second floor** au premier étage (3)
**Florida** Floride *(f)* (9)
**flower** fleur *(f)*
**flu** grippe *(f)* (10)
**fluently** couramment
**foggy: It's foggy.** Il fait du brouillard.
**folk music** folk *(m)*
**folklore** folklore *(m)* (4)
**follow** suivre (7)
**following** suivant(e) (3)
**food** aliments *(mpl)*, nourriture *(f)*
**foot** pied *(m)* (10); **go on foot** aller à pied (4)
**football** football américain *(m)* (1)
**for** pour (P), pendant (5), depuis (7), comme (8); **for example** par exemple (2); **For how long?** Pendant combien de temps? (5); **for the last three days** depuis les trois derniers jours; **go away for the weekend** partir en week-end (5); **look for** chercher (3); **watch out for** faire attention à (8)
**forbidden: It's forbidden to . . .** Il est inderdit de...
**foreign** étranger(-ère) (1)
**foreseen** prévu(e)
**forest** forêt *(f)*
**forget** oublier (8)
**forgive** pardonner
**fork** fourchette *(f)*
**former** ancien(ne)
**formerly** autrefois, jadis
**forty** quarante (2); **forty-one** quarante et un (2)
**four** quatre (P)
**fourteen** quatorze (P)
**fourth** quatrième (3)
**France** France *(f)* (1)
**frankly** franchement
**free** libre (2), *(price)* gratuit(e); **Are you free this evening?** Tu es libre ce soir? (2); **free time** temps libre *(m)* (4)
**freedom** liberté *(f)*
**French** français *(m)* (P); **French class** cours *(m)* de français (P); **French-speaking** francophone; **How do you say . . . in French?** Comment dit-on... en français? (P)
**French** français(e) (1); **French fries** frites *(fpl)* (8); **French Guiana** Guyane *(f)* (9); **French Polynesia** Polynésie française *(f)* (9); **French Quarter** Vieux Carré *(m)* (4); **loaf of French bread** baguette *(f)* (8)
**frequently** fréquemment
**fresh** frais (fraîche) (8)
**Friday** vendredi *(m)* (P)
**friend** ami(e) *(mf)* (P), copain *(m)*, copine *(f)* (6)
**friendly** amical(e) (*mpl* amicaux)
**fries** frites *(fpl)* (2); **steak and fries** steak-frites *(m)* (8)
**frisbee: to play frisbee** jouer au frisbee
**from** de (P), depuis; **from Monday to Friday** *(every week)* du lundi au vendredi (P)
**front: front desk** réception *(f)* (10); **in front of** devant (3)
**frozen** surgelé(e) (8)
**fruit** fruit *(m)* (8); **fruit juice** jus *(m)* de fruit (2)
**full** plein(e)
**fun** amusant(e) (1); **have fun** s'amuser (7); **make fun of** se moquer de
**funny** drôle
**furious** furieux(-euse); **to be furious that . . .** être furieux (furieuse) que... (10)
**furnishings** meubles *(mpl)* (3)
**furniture** meubles *(mpl)* (3)
**furthermore** en plus (8)
**futon** futon *(m)*
**future** avenir *(m)*

## G

**gain** gagner; **gain weight** prendre du poids
**game** match *(m)* (1), jeu *(m)* (2); **video game** jeu vidéo *(m)* (2)
**garage** garage *(m)*
**garden** jardin *(m)* (5)
**garden** faire du jardinage (5), jardiner
**gardening** jardinage *(m)*
**gate: arrival gate** porte *(f)* d'arrivée (9); **departure gate** porte *(f)* d'embarquement (9)
**general: in general** en général (2)
**generally** généralement
**generous** généreux(-euse)
**gentle** doux(-ce) (6)
**gentleman** monsieur *(m)*; **ladies-gentlemen** messieurs-dames
**geography** géographie *(f)* (9)
**geology** géologie *(f)*
**German** allemand *(m)* (1)
**German** allemand(e)
**Germany** Allemagne *(f)* (9)

**get** obtenir (9), recevoir; **get along** s'entendre (7); **get bored** s'ennuyer (7); **get dressed** s'habiller (7); **get engaged** se fiancer (7); **get fatter** grossir (8); **get lost** se perdre (7); **get married (to)** se marier (avec) (7); **get off** descendre (de) (5); **get older** vieillir; **get on** monter (dans) (5); **get ready** se préparer; **get sick** tomber malade (10); **get taller** grandir (8); **get thinner** maigrir (8); **get to know** connaître (4); **get undressed** se déshabiller (7); **get up** se lever (7); **get well** guérir; **go/come get someone** aller/venir chercher quelqu'un (10)
**gift** cadeau *(m)* (10); **gift shop** marchand *(m)* de cadeaux (10)
**girl** (jeune) fille *(f)* (4)
**girlfriend** petite amie *(f)* (2)
**give** donner (2); **give (something) back (to someone)** rendre (quelque chose à quelqu'un) (7); **give directions** indiquer le chemin (10); **Give me your sheet of paper.** Donnez-moi votre feuille de papier. (P)
**glad** content(e) (8)
**gladly** avec plaisir (6), volontiers (8)
**glass** verre *(m)* (2); **a glass of** un verre de (2)
**glasses** lunettes *(fpl)* (4)
**global** global(e) *(mpl* globaux)
**glove** gant *(m)*
**go** aller (2), se rendre (à / chez); **go across** traverser (10); **go all-terrain biking** faire du VTT (5); **go away** partir (4), s'en aller; **go back** rentrer (2), retourner (5); **go bike-riding** faire du vélo (5); **go boating** faire du bateau (5); **go by / past** passer (2); **go camping** faire du camping (5); **go down** descendre (5); **go for a ride** faire un tour (4); **go for a walk** faire une promenade (5); **go in-line skating** faire du roller (6); **go grocery shopping** faire les courses (5); **go hiking** faire des randonnées (8); **go in** entrer (dans) (5); **going to school** les études (1); **go jogging** faire du jogging (2); **go on foot** aller à pied (4); **go out** sortir (2); **go pick up someone** aller chercher quelqu'un (10); **go scuba diving** faire de la plongée sous-marine; **go see** aller voir (4); **go shopping** faire du shopping (2); **go skiing** faire du ski (2); **go to bed** se coucher (7); **Go to the board!** Allez au tableau! (P); **go to the movies** aller au cinéma (2); **go up** monter (5); **go walking** se promener (7); **go water-skiing** faire du ski nautique; **go windsurfing** faire de la planche à voile; **How's it going?** Comment ça va? (P); **It's going fine.** Ça va. (P)
**goal** but *(m)*
**god** dieu *(m)*
**golf** golf *(m)* (2)
**good: canned goods** conserves *(fpl)* (8)
**good** bon(ne) (1), sage (4); **Good evening.** Bonsoir. (P); **Good idea!** Bonne idée! (4); **good in/at** fort(e) en; **Good morning.** Bonjour. (P); **Have a good day!** Bonne journée!; **Have a good weekend!** Bon week-end!; **It's good to . . .** C'est bien de... (10); **One has a good time!** On s'amuse bien!
**good-bye** au revoir (P)
**government** gouvernement *(m)*, sciences politiques (1); **government worker** fonctionnaire *(mf)*
**gracious** gracieux(-euse) (6)
**grade** note *(f)*
**gram (of)** gramme (de) *(m)* (8)
**grammar** grammaire *(f)*
**grandchildren** petits-enfants *(mpl)*
**granddaughter** petite-fille *(f)* (7)
**grandfather** grand-père *(m)* (4)
**grandma** mamie *(f)* (7)
**grandmother** grand-mère *(f)* (4)
**grandparents** grands-parents *(mpl)* (4)
**grandson** petit-fils *(m)* (7)
**grape(s)** raisin *(m)* (8)
**grapefruit** pamplemousse *(m)*
**graphic artist** dessinateur(-trice) *(mf)* (de publicité)
**gray** gris(e) (3)
**great** super (P), extra(ordinaire) (4), génial(e) *(mpl* géniaux) (4), formidable (7), magnifique; **Great Britain** Grande-Bretagne *(f)*
**green** vert(e) (3); **green beans** *haricots verts *(mpl)* (8)
**greet** saluer
**grilled** grillé(e) (8)
**grocery: go buy groceries** faire les courses (5); **grocery store** épicerie *(f)* (8)
**ground** terre *(f)*; **ground floor** rez-de-chaussée *(m)* (3); **on the ground** par terre (3)
**ground meat** bifteck *hâché *(m)*
**group** groupe *(m)* (6)
**grow (up)** grandir (8)
**guess** deviner
**Guiana: French Guiana** Guyane *(f)* (9)
**guide** guide *(m)* (9)
**guidebook** guide *(m)* (9)
**guilty** coupable
**guitar** guitare *(f)* (2)
**gym** club *(m)* de gym (1), gymnase *(m)*

## H

**hair** cheveux *(mpl)* (4); **comb one's hair** se peigner (7); **hair stylist** coiffeur(-euse) *(mf)*
**half** moitié *(f)*
**half** demi(e) (P); **a kilo and a half (of)** un kilo et demi (de) (8); **half-brother** demi-frère *(m)*; **half hour** demi-heure *(f)* (7); **half-sister** demi-sœur *(f)*; **It's half past two.** Il est deux heures et demie. (P)
**hall** couloir *(m)* (3); **lecture hall** amphithéâtre *(m)* (1); **residence hall** résidence universitaire *(f)* (1)
**ham** jambon *(m)* (2); **ham sandwich** sandwich au jambon *(m)* (2)
**hamburger** *hamburger *(m)* (8)
**hand** main *(f)* (7); **on the other hand** par contre
**handiwork: do handiwork** bricoler (2)
**handsome** beau/bel (belle) (1)
**hang up** raccrocher
**Hanukkah** *Hanoukka *(f)*
**happen** se passer (7), arriver; **What happened?** Qu'est-ce qui s'est passé? (7)
**happiness** bonheur *(m)* (7)
**happy** content(e) (8), heureux(-euse) (7); **Happy Birthday!** Bon anniversaire!
**hard** dur(e); **have a hard time** avoir du mal à
**hard-boiled egg** œuf dur *(m)* (8)
**hardly** ne... guère
**hard-working** travailleur(-euse)
**hat** chapeau *(m)*
**hate (each other)** (se) détester (7)
**hatred** *haine *(f)*
**have** avoir (3); **have a drink** prendre un verre (2); **have breakfast** prendre le petit déjeuner (5); **have class** avoir cours (6); **have difficulty doing** avoir du mal à faire; **have dinner** dîner (2); **have fun** s'amuser (7); **have just (done)** venir de (faire); **have lunch** déjeuner (2); **have to** devoir (6)
**hazel** *(with eyes)* noisette *(inv)* (4)
**he** il (1); **he is . . .** c'est..., il est... (1)
**head** tête *(f)* (10)
**health** santé *(f)* (8); **health center** infirmerie *(f)*
**healthy** sain(e) (8)
**hear** entendre (7)
**heart** cœur *(m)*
**heavy** lourd(e)
**Hebrew** hébreu *(m)*
**heels: high heels** *hauts talons *(mpl)*
**height** *hauteur *(f)*, taille *(f)*; **of medium height** de taille moyenne (4)
**hello** bonjour (P), *(on the telephone)* allô (6)
**help** aider (5); **May I help you?** Je peux vous aider? (5)
**henceforth** désormais
**her** la (5); **to her** lui (9); **with her** avec elle
**her** son (sa, ses) (3)
**here** ici (P); **here is/are** voici (2)
**herself** se (7), elle-même
**Hi!** Salut! (P)
**high** *haut(e), élevé(e); **high fashion** *haute couture *(f)*; **high heels** *hauts talons *(mpl)*; **high school** lycée *(m)* (6); **high school student** lycéen(ne) *(mf)* (6)
**hiking: to go hiking** faire des randonnées (8)
**him** le (5); **to him** lui (9); **with him** avec lui (6)
**himself** se (7), lui-même
**his** son (sa, ses) (3)
**historic** historique (9)
**history** histoire *(f)* (1)
**hobby** passe-temps *(m)* (2)
**hockey** *hockey *(m)* (2)
**hold** tenir
**holiday** fête *(f)* (4); **national holiday** fête nationale *(f)*
**home: at home** à la maison (P); **come / go back home** rentrer (2)
**homework** devoirs *(mpl)* (P); **Do the homework.** Faites les devoirs. (P)
**honest** honnête
**honey** miel *(m)*, chéri(e)
**honeymoon** lune *(f)* de miel, voyage *(m)* de noces
**hope** espérer (3)
**horrible** horrible (6), affreux(-euse)
**horror movie** film *(m)* d'épouvante
**hors d'œuvre** *hors-d'œuvre *(m) (inv) (8)*, entrée *(f)*
**horse** cheval *(m)* (*pl* chevaux); **ride a horse** monter à cheval
**horseback: go horseback riding** faire du cheval
**hose: panty hose** collant *(m)*
**hospital** hôpital *(m)* (*pl* hôpitaux)
**hostel: youth hostel** auberge *(f)* de jeunesse (10)
**hot** chaud(e) (2); **be hot** avoir chaud (4); **hot chocolate** chocolat chaud *(m)* (2); **The weather's hot.** Il fait chaud. (5)
**hotel** hôtel *(m)* (5); **hotel manager** hôtelier(-ère) *(mf)* (10)
**hour** heure *(f)* (P); **half hour** demi-heure *(f)* (7)
**house** maison *(f)* (1); **at / to / in my house** chez moi (2); **pass by the house of . . .** passer chez... (2)
**household** ménage *(m)*; **household chore** tâche domestique *(f)*
**housemate** colocataire *(mf)* (P)
**housework** ménage *(m)* (5)
**housing** logement *(m)* (3)
**how** comment (P); **How are you?** Comment allez-vous? (P); **How does that sound?** Ça te dit? (4); **How do you say . . . ?** Comment dit-on... ? (P); **How long does it take?** Ça prend combien de temps? (4); **how many** combien (de) (3); **How many people are there in your family?** Vous êtes combien dans votre (ta) famille? (4); **how much** combien (de) (3); **How much is it?** C'est combien?, Ça fait combien? (2); **How much is . . . plus / minus . . . ?** Combien font... et / moins... ? (P); **How old is . . . ?** Quel âge a... ? (4); **How's it going?** Comment ça va? (P); **How's the weather?** Quel temps fait-il? (5)
**however** pourtant (8)
**human** humain(e)
**humid: It's humid.** Il fait humide.
**humor: sense of humor** sens *(m)* de l'humour (7)
**hundred: one hundred** cent (2)
**hunger** faim *(f)*
**hungry: be hungry** avoir faim (4); **I'm hungry.** J'ai faim. (2)

**hunter** chasseur *(m)*
**hunting** chasse *(f)*; **go hunting** aller à la chasse
**hurry** se dépêcher (de); **hurried** pressé(e)
**hurt: hurt (someone)** faire mal (à quelqu'un); **one's... hurt(s)** avoir mal (à)... (10)
**husband** mari *(m)* (2)

## I

**I** je, j' (P)
**ice** glace *(f)*; **ice cream** glace *(f)* (8)
**ice-skating** patin *(m)* à glace; **go ice-skating** faire du patin à glace
**icy: It's icy.** Il y a du verglas.
**idea** idée *(f)* (4)
**idealistic** idéaliste (1)
**identify** identifier
**identity card** carte *(f)* d'identité
**if** si (5)
**ill** malade (10)
**illness** maladie *(f)*
**image** image *(f)*
**immediately** immédiatement, tout de suite
**impatient** impatient(e) (4)
**importance** importance *(f)* (7)
**important** important(e)
**imprison** emprisonner (6)
**improve** améliorer (8)
**impulsive** impulsif(-ive)
**in** dans (P), en (P), chez (+ *a person*) (7); **go in** entrer (dans) (5); **I live in** (+ *city*) J'habite à (+ *city*) (P); **in advance** à l'avance (9); **in bed** au lit (2); **in front of** devant (3); **in love** amoureux(-euse); **in order to** pour (1); **in the country** à la campagne (3); **in the morning** le matin (P); **in your opinion** à votre avis (8)
**include** comprendre (8); **included** compris(e) (10)
**indecision** indécision *(f)* (7)
**indefinite** indéfini(e)
**independent** indépendant(e)
**India** Inde *(f)*
**Indies: West Indies** Antilles *(fpl)* (9)
**indifference** indifférence *(f)* (7)
**indigestion** indigestion *(f)* (10)
**inequality** inégalité *(f)*
**inexpensive** pas cher(-ère)
**infidelity** infidélité *(f)* (7)
**inflexibility** inflexibilité *(f)* (7)
**influence** influencer
**inform (oneself)** (s')informer (9)
**information** renseignements *(mpl)* (3); **find out information** s'informer (9)
**in-laws** beaux-parents *(mpl)*
**insensitivity** insensibilité *(f)* (7)
**inside** à l'intérieur, dedans
**insist** insister (10)
**instant** instant *(m)*
**instead** plutôt (4)
**instructions** instructions *(fpl)*
**intellectual** intellectuel(le) (1)
**intelligent** intelligent(e) (1)
**intend (to)** avoir l'intention de (4)
**interested: be interested in** s'intéresser à (7)
**interesting** intéressant(e) (P)
**international** international(e) *(mpl* internationaux)
**Internet** Internet *(m)* (9); **on the Internet** sur Internet (9)
**interpret** interpréter
**interpreter** interprète *(mf)*
**introduce** présenter; **Let me introduce . . . to you.** Je vous/te présente...
**introverted** introverti(e)
**investigation** enquête *(f)*
**invitation** invitation *(f)* (6)
**invite** inviter (à) (2)
**iPod** iPod *(m)* (3)
**Irak** Iraq *(m)*
**Iran** Iran *(m)*
**island** île *(f)* (9)
**Israel** Israël *(m)* (9)
**it** ce (P), il (P), elle (1), le, la (5); **How's it going?** Comment ça va? (P); **it's . . .** c'est... (P); **It's going fine.** Ça va. (P); **of it** en (8)
**Italian** italien *(m)*
**Italian** italien(ne)
**Italy** Italie *(f)* (9)
**its** son (sa, ses) (3)
**Ivory Coast** Côte d'Ivoire *(f)* (9); **from/of the Ivory Coast** ivoirien(ne)

## J

**jacket** veste *(f)*, blouson *(m)*; **ski jacket** anorak *(m)* (5); **windbreaker jacket** blouson *(m)*
**jam** confiture *(f)* (8)
**January** janvier *(m)* (4)
**Japan** Japon *(m)* (9)
**Japanese** japonais *(m)*
**Japanese** japonais(e)
**jar (of)** pot (de) *(m)* (8)
**jazz** jazz *(m)* (1)
**jealous** jaloux(-ouse) (7)
**jealousy** jalousie *(f)* (7)
**jeans** jean *(m)* (5)
**jelly** confiture *(f)* (8)
**jewelry** bijoux *(mpl)*
**job** poste *(m)*, travail *(m)* (6)
**jog** faire du jogging (2)
**jogging** jogging *(m)* (2); **go jogging** faire du jogging (2); **jogging suit** survêtement *(m)* (5)
**join** rejoindre
**journal** journal *(m)* *(pl* journaux)
**journalism** journalisme *(m)*
**journalist** journaliste *(mf)*
**juice** jus *(m)* (2)
**July** juillet *(m)* (4)
**June** juin *(m)* (4)
**just** seulement (8), juste (10); **I would just as soon . . .** J'aimerais autant... (10); **have just (done)** venir de (faire); **just anything** n'importe quoi

## K

**keep** garder
**key** clé *(f)* (10)
**keyboard** clavier *(m)*
**kidney** rein *(m)*
**kilo (of)** kilo (de) *(m)* (8)
**kilometer** kilomètre *(m)*
**kind** genre *(m)*; **all kinds of . . .** toutes sortes de...
**kindergarten** école maternelle *(f)*
**kingdom** royaume *(m)*; **United Kingdom** Royaume-Uni *(m)* (9)
**kiosk** kiosque *(m)* (10)
**kiss** baiser *(m)*, bise *(f)*
**kiss (each other)** (s')embrasser (7)
**kitchen** cuisine *(f)* (3)
**knee** genou *(m)*
**knife** couteau *(m)*
**knit shirt** polo *(m)* (5)
**know** *(person, place)* connaître (4), *(how, answers)* savoir (9); **Do you know how to . . . ?** Savez-vous...? (9); **get to know** connaître (4); **I don't know.** Je ne sais pas. (P); **known** connu(e); **What do you know about . . . ?** Que savez-vous de...?
**knowledge** connaissance *(f)*

## L

**laboratory: computer lab** laboratoire *(m)* d'informatique (1); **language lab** laboratoire *(m)* de langues (1)
**lack of** manque de *(m)*
**lady** dame *(f)*; **ladies-gentlemen** messieurs-dames; **lady's suit** tailleur *(m)*
**lake** lac *(m)*
**lamb** agneau *(m)*
**lamp** lampe *(f)* (3)
**landscape** paysage *(m)* (9)
**language** langue *(f)* (1); **language lab** laboratoire *(m)* de langues (1)
**laptop** portable *(m)* (3)
**large** grand(e) (1); copieux(-euse) (8)
**last** durer
**last** dernier(-ère) (5)
**late** tard (4), en retard (10); **later** plus tard (4); **See you later.** À tout à l'heure., À plus tard!, À plus! (P)
**laugh** rire
**laundry** linge *(m)*; **do laundry** faire la lessive (5)
**law** loi *(f)*; *(field)* droit *(m)*
**lawyer** avocat(e) *(mf)*
**lazy** paresseux(-euse) (1)
**learn** apprendre (à) (4); **Learn . . .** Apprenez... (P)
**leave** quitter (4), partir (de) (4), sortir (de) (6), *(something behind)* laisser (3), s'en aller; **leave each other** se quitter (7)
**lecture hall** amphithéâtre *(m)* (1)
**left** gauche *(f)* (3); **to the left (of)** à gauche (de) (3)
**leg** jambe *(f)* (10)
**leisure activity** loisir *(m)*
**lemon** citron *(m)* (2); **tea with lemon** thé *(m)* au citron (2)
**lend** prêter
**lense: contact lenses** lentilles *(fpl)*
**less** moins de (8); **less . . . than** moins... que (1)
**let** laisser; **Let's see!** Voyons! (5)
**letter** lettre *(f)* (9)
**lettuce** laitue *(f)* (8)
**level** niveau *(m)*
**liberal** de gauche (7)
**library** bibliothèque *(f)* (1)
**life** vie *(f)* (6)
**lift weights** faire des haltères
**light** *(weight)* léger(-ère) (8), *(color)* clair(e)
**like** aimer (2); **Did you like it?** Ça t'a plu? (6); **Does he/she like it?** Ça lui plaît? (9); **Do you like . . . ?** Est-ce que vous aimez... ? (1); **I like . . .** J'aime... (1); **I like it!** Il/Elle me plaît! (5); **I would like . . .** Je voudrais (bien)... (2); **like each other** s'aimer (7); **What would you like?** Vous désirez? (2); **You'll like it!** Ça te/vous plaira! (9); **You would like . . .** Tu voudrais..., Vous voudriez... (2)
**like** comme (1); **What is / are . . . like?** Comment est/sont... ? (1)
**lime** citron vert *(m)*
**line** ligne *(f)*; **online** en ligne (7)
**lip** lèvre *(f)*
**liquid** liquide *(m)* (10)
**listen (to)** écouter (2); **Listen to the question.** Écoutez la question. (P)
**liter (of)** litre (de) *(m)* (8)
**literature** littérature *(f)* (1); **classical literature** littérature classique (1); **literature class** cours de littérature (1)
**little (of)** peu (de) (8); **a little** un peu (P); **little by little** petit à petit (6)
**little** petit(e) (1)
**live** habiter (2); **Do you live . . . ?** Vous habitez...? (P); **I live in . . .** (+ *city*) J'habite à... (+ *city*) (P)
**liver** foie *(m)*
**living room** salon *(m)* (3)
**loaf of French bread** baguette *(f)* (8)
**loafers** mocassins *(mpl)*
**loan** prêter
**lobster** *homard *(m)* (8)
**local** local(e) *(mpl* locaux) (9)
**located** situé(e); **It is located . . .** Il/Elle se trouve...
**lock** fermer à clé
**lodge: ski lodge** chalet *(m)* de ski (10)
**lodging** logement *(m)* (3)
**lonely** seul(e)

**long** long(ue) (4); **a long time** longtemps (5); **as long as** tant que; **How long does it take?** Combien de temps est-ce que ça prend? (4); **no longer** ne... plus (8)
**look (at)** regarder (2); **look** (+ *adjective*) avoir l'air (+ *adjectif*) (4); **look at each other** se regarder (7); **look for** chercher (3); **look like** ressembler à; **look very good on someone** aller très bien à quelqu'un
**lose** perdre (7); **get lost** se perdre (7); **lose weight** perdre du poids
**lot: a lot** beaucoup (P), **a lot of** beaucoup de (1); **not a lot** pas grand-chose
**love** amour *(m)* (6); **fall in love (with)** tomber amoureux(-euse) (de) (6); **love at first sight** coup *(m)* de foudre (7); **love story** film *(m)* d'amour (6); **true love** le grand amour (7)
**love** aimer (2), adorer (5); **love each other** s'aimer (7)
**luck** chance *(f)* (5); **What luck!** Quelle chance! (5)
**lucky: be lucky** avoir de la chance
**luggage** bagages *(mpl)*
**lunch** déjeuner *(m)* (8); **have lunch** déjeuner (2)
**lung** poumon *(m)*
**luxury** luxe *(m)*
**lyrics** paroles *(fpl)*

## M

**machine** machine *(f)*; **automatic teller machine** distributeur de billets *(m)* (10)
**madam (Mrs.)** madame (Mme) (P)
**magazine** magazine *(m)* (9)
**magnificent** magnifique
**mail** courrier *(m)*; **e-mail** mail *(m)* (2), courrier électronique *(m)*; **mail carrier** facteur *(m)*, factrice *(f)*
**main** principal(e) (*mpl* principaux); **main dish** plat principal (8)
**major in** se spécialiser en
**majority: the majority of the time** la plupart du temps (7)
**make** faire (2); **make** (+ *adjective*) rendre (+ *adjectif*); **make a decision** prendre une décision (7); **make money** gagner de l'argent; **make up with each other** se réconcilier (7); **made up of** composé(e) de
**make-up** maquillage *(m)*; **put on make-up** se maquiller (7)
**mall: shopping mall** centre commercial *(m)* (4)
**mama** maman *(f)*
**man** homme *(m)* (1); monsieur *(m)*
**management** gestion *(f)*
**manual worker** ouvrier(-ère) *(mf)*
**many** beaucoup (de) (1); **how many** combien (de) (1); **How many people are there in your family?** Vous êtes combien dans votre (ta) famille? (4); **so many** tant (de); **too many** trop (de) (8)
**map** plan *(m)* (10), carte *(f)*
**March** mars *(m)* (4)
**market** marché *(m)* (8)
**marketing** marketing *(m)* (1)
**marriage** mariage *(m)* (7)
**married** marié(e) (1); **get married (to)** se marier (avec) (7)
**marvelous** merveilleux(-euse)
**mathematics** mathématiques (maths) *(fpl)* (1)
**matter: It doesn't matter to me.** Ça m'est égal.; **What's the matter?** Qu'est-ce qu'il y a?
**May** mai *(m)* (3)
**may** pouvoir (6); **May I help you?** Je peux vous aider? (5)
**maybe** peut-être (3)
**me** moi (P), me (9); **Give me . . .** Donnez-moi... (P)
**meal** repas *(m)* (6)
**mean: What does that mean?** Qu'est-ce que ça veut dire? (P)
**mean** méchant(e) (1)
**means** moyen *(m)*; **means of transportation** moyen *(m)* de transport (4)
**meat** viande *(f)* (8); **ground meat** bifteck *hâché *(m)*; **meat spread** pâté *(m)* (8)
**medical** médical(e) (*mpl* médicaux)
**medication** médicament *(m)* (10)
**medicine** *(studies)* médecine *(f)*, *(medication)* médicament *(m)* (10)
**medium** moyen(ne); **medium brown** *(with hair)* châtain (4); **medium-height** de taille moyenne (4)
**meet** *(by design)* retrouver (4), *(by chance, for the first time)* rencontrer (1), *(for the first time)* faire la connaissance de (7), se réunir; **Let's meet at . . .** Rendez-vous à...; **meet each other** *(by chance, for the first time)* se rencontrer, *(by design)* se retrouver (7)
**meeting** réunion *(f)*
**melon** melon *(m)*
**member** membre *(m)*
**memory** souvenir *(m)*, mémoire *(f)*
**menu** *(set-price)* menu *(m)* (à prix fixe), carte *(f)* (8)
**merchant** marchand(e) *(mf)* (6)
**Merry Christmas!** Joyeux Noël!
**message** message *(m)*
**messenger** messager(-ère) *(mf)* (6)
**Mexico** Mexique *(m)* (9)
**microwave oven** four *(m)* à micro-ondes
**middle** milieu *(m)*; **in the middle of** au milieu de
**Middle East** Moyen-Orient *(m)* (9)
**midnight** minuit *(m)* (P)
**milk** lait *(m)* (8); **coffee with milk** café *(m)* au lait (2)
**million: one million** un million (de) (3)
**mind** esprit *(m)* (7)
**mine** le mien (la mienne, les miens, les miennes)
**mineral water** eau minérale *(f)* (2)
**minus: How much is . . . minus . . . ?** Combien font... moins... ? (P)
**minute** minute *(f)* (5); **at the last minute** au dernier moment
**mirror** miroir *(m)*
**mischievous** espiègle
**miss** mademoiselle (Mlle) (P)
**mistake** erreur *(f)*; **make a mistake** se tromper
**mister (Mr.)** monsieur (M.) (P)
**mistrust** se méfier de
**modern** moderne (1)
**mom** maman *(f)*
**moment** instant *(m)*, moment *(m)*
**Monday** lundi *(m)* (P)
**money** argent *(m)* (2)
**monster** monstre *(m)* (6)
**month** mois *(m)* (3); **per month** par mois (3); **this month** ce mois-ci (4)
**mood: in a good/bad mood** de bonne/mauvaise humeur
**more** plus (1), encore (8), plus de (8); **more and more of** de plus en plus de (8); **more . . . than** plus... que (1); **no more** ne... plus (8), pas plus (4)
**morning** matin *(m)* (P); **at eight o'clock in the morning** à huit heures du matin (P); **Good morning.** Bonjour. (P); **in the morning, mornings** le matin (P); **morning hours** matinée *(f)* (2)
**Morocco** Maroc *(m)* (9)
**mosque** mosquée *(f)*
**most: most of the time** la plupart du temps (7), **the most** le (la) plus
**motorcycle** moto *(f)*
**mother** mère *(f)* (4); **mother-in-law** belle-mère *(f)* (4); **Mother's Day** fête *(f)* des Mères
**mountain** montagne *(f)* (5); **go mountain climbing** faire de l'alpinisme; **go to the mountains** aller à la montagne (5)
**mouth** bouche *(f)* (10)
**move (into)** s'installer (à/dans) (7)
**movement** mouvement *(m)*
**movie** film *(m)* (1); **go to the movies** aller au cinéma (2); **movie theater** cinéma *(m)* (1); **romantic movie** film *(m)* d'amour (6); **show a movie** passer un film (6)
**MP3 player** lecteur *(m)* MP3
**Mr.** monsieur (M.) (P)
**Mrs.** madame (Mme) (P)
**much** beaucoup (de) (1); **as much . . . (as)** autant de... (que); **how much** combien (de) (1); **How much is it?** C'est combien?, Ça fait combien? (2); **not much** ne... pas grand-chose; **so much** tellement (6), tant; **too much** trop (3)
**muscular** musclé(e)
**museum** musée *(m)* (4)
**mushroom** champignon *(m)*
**music** musique *(f)* (1); **listen to music** écouter de la musique (2)
**musical** *(movie)* comédie musicale *(f)*
**musical** musicien(ne)
**musician** musicien(ne) *(mf)*
**mussel** moule *(f)* (8)
**must** devoir (6); **he/she must** il/elle doit (3); **one must . . .** il faut... (8)
**mustache** moustache *(f)* (4)
**my** mon (ma, mes) (3); **at / in / to my house** chez moi (2); **my best friend** mon meilleur ami *(m)*, ma meilleure amie *(f)* (1); **my friends** mes amis (1); **My name is . . .** Je m'appelle... (P); **with my family** avec ma famille (P)
**myself** me (7), moi-même

## N

**naive** naïf(-ïve)
**name** nom *(m)* (3); **family name** nom *(m)* de famille (3); **first name** prénom *(m)* (3); **His/Her name is . . .** Il/Elle s'appelle... (4); **last name** nom *(m)* de famille (3); **My name is . . .** Je m'appelle... (P); **What is his/her name?** Comment s'appelle-t-il/elle? (4); **What's your name?** Tu t'appelles comment? *(familiar)* (P), Comment vous appelez-vous? *(formal)* (P)
**named** nommé(e); **be named** s'appeler (7)
**nap** sieste *(f)*; **take a nap** faire la sieste
**napkin** serviette *(f)*
**nationality** nationalité *(f)* (3)
**natural** naturel(le)
**nature** nature *(f)* (7)
**near** près (de) (1)
**nearly** presque (2)
**necessary** nécessaire (10); **it is necessary to . . .** Il faut... (8), il est nécessaire (de)... (10)
**neck** cou *(m)*
**necklace** collier *(m)*
**necktie** cravate *(f)* (5)
**nectarine** nectarine *(f)*
**need** avoir besoin de (4); **I/you/we/you/he/she/they need(s)** Il me/te/nous/vous/lui/lui/leur faut (9); **one needs . . .** il faut... (8)
**needy** nécessiteux *(mpl)*
**neighbor** voisin(e) *(mf)* (9)
**neighborhood** quartier *(m)* (1)
**neither** non plus (3); **neither . . . nor** ne... ni... ni...
**nephew** neveu (*pl* neveux) *(m)* (4)
**nervous** nerveux(-euse); **feel nervous** se sentir mal à l'aise
**never** ne... jamais (2)
**new** nouveau / nouvel (nouvelle) (1); neuf (neuve); **Happy New Year!** Bonne année!; **New Caledonia** Nouvelle-Calédonie *(f)* (9); **New Orleans** La Nouvelle-Orléans (4); **New Year's Eve** le réveillon *(m)* du jour de l'an
**news** nouvelles *(fpl)*, *(television program)* informations *(fpl)*

**newspaper** journal *(m)* (5)
**next** prochain(e) (4), ensuite (4); **next to** à côté (de) (3); **the next class** le prochain cours (P); **the next day** le lendemain *(m)* (5)
**nice** sympathique (sympa) (1), gentil(le) (1); **The weather's nice.** Il fait beau. (5)
**niece** nièce *(f)* (4)
**night** nuit *(f)* (5); **night stand** table *(f)* de chevet
**nightclub** boîte *(f)* de nuit (1); **to go to a club** aller en boîte (2)
**nightgown** chemise *(f)* de nuit
**nine** neuf (P)
**nineteen** dix-neuf (P)
**ninety** quatre-vingt-dix (2); **ninety-one** quatre-vingt-onze (2)
**ninth** neuvième (3)
**no** non (P); **no longer** ne... plus (8); **no more** ne... plus (8), pas plus (4); **no one** ne... personne; **No problem!** Pas de problème! (3)
**nobody** ne... personne
**noise** bruit *(m)* (10)
**none** ne... aucun(e)
**non-smoking section** section non-fumeur *(f)*
**noon** midi *(m)* (P)
**nor: neither . . . nor** ne... ni... ni
**normal** normal(e) (*mpl* normaux)
**normally** normalement
**north** nord *(m)*; **North America** Amérique *(f)* du Nord (9)
**nose** nez *(m)* (10)
**not** ne... pas (P); **I do not work.** Je ne travaille pas. (P); **not at all** ne... pas du tout (1); **not badly** pas mal (P); **not one** ne... aucun(e); **not yet** ne... pas encore (5); **Why not?** Pourquoi pas? (2)
**notebook** cahier *(m)*
**nothing** ne... rien (5); **nothing at all** rien du tout (6); **nothing but** ne... rien que; **nothing special** ne... rien de spécial (5)
**notice** remarquer
**noun** nom *(m)* (3)
**nourish** nourrir (8); **nourish oneself** se nourrir (8)
**nourishment** nourriture *(f)*
**novel** roman *(m)* (9)
**November** novembre *(m)* (4)
**now** maintenant (P)
**nowadays** de nos jours
**nowhere** nulle part
**number** chiffre *(m)* (P), numéro *(m)* (3), nombre *(m)*; **telephone number** numéro *(m)* de téléphone (3)
**numeral** chiffre *(m)* (P)
**numerous** nombreux(-euse)
**nurse** infirmier(-ière) *(mf)*
**nurture** nourrir (8); **nurture oneself** se nourrir (8)

## O

**obey** obéir (à) (8)
**object** objet *(m)*
**observe** observer
**obtain** obtenir (9)
**obvious** évident(e)
**obviously** évidemment
**ocean** océan *(m)*
**Oceania** Océanie *(f)* (9)
**o'clock: It's . . . o'clock.** Il est... heure(s). (P)
**October** octobre *(m)* (4)
**of** de (1); **Of course!** Bien sûr! (5); Évidemment!; **of it/them** en (8)
**off: get off** descendre (de) (5)
**offer** proposer (8), offrir
**office** bureau *(m)* (1); **post office** bureau *(m)* de poste (10); **Tourist Office** office *(m)* de tourisme (10)
**official time** l'heure officielle *(f)* (6)
**often** souvent (2)
**oil** huile *(f)*
**okay** d'accord (2); **It's going okay.** Ça va.
**old** vieux/vieil (vieille) (1), âgé(e) (4); **be . . . years old** avoir... ans (4); **get older** vieillir; **How old is . . . ?** Quel âge a... ? (4); **oldest** aîné(e)
**omelet** omelette *(f)* (8)
**on** sur (1); **get on** monter dans (5); **on foot** à pied (4); **on Mondays** le lundi (P); **on page . . .** à la page... (P); **on sale** en solde (5); **on . . . Street** dans la rue... (10); **on the corner (of )** au coin (de) (10); **on the courtyard side** côté cour (10); **on the ground/floor** par terre (3); **on the weekend** le week-end (P); **on time** à l'heure (4); **On what floor?** À quel étage? (3); **put on** mettre (5); **try on** essayer (5)
**once** une fois (6); **all at once** tout d'un coup (6); **once more** encore une fois; **Once upon a time there was . . .** Il était une fois… (6)
**one** un(e) (P); on (4); **no one** ne... personne; **not one** ne... aucun(e); **one another** se, nous, vous (7)
**oneself** se (7)
**one-way ticket** aller simple *(m)* (9)
**onion** oignon *(m)* (8); **onion soup** soupe *(f)* à l'oignon (8)
**online** en ligne (7)
**only** uniquement (6); seul(e) (1), seulement (8), ne... que; **only child** fille unique *(f)*, fils unique *(m)*
**Ontario** Ontario *(m)* (9)
**open** ouvrir; **Open your book.** Ouvrez votre livre. (P)
**opening time** l'heure d'ouverture *(f)* (6)
**opinion** avis *(m)*; **in your opinion** à votre avis (8)
**opportunity: have the opportunity to** avoir l'occasion de
**opposite** contraire *(m)*
**optimistic** optimiste (1)
**or** ou (P)
**orange** orange *(f)* (8); **orange juice** jus *(m)* d'orange (2)
**orange** orange (3)
**Orangina** Orangina *(m)* (2)
**orchestra** orchestre *(m)* (4)
**order** *(food and drink)* commander (2), ranger (7)
**order** ordre *(m)*; **in order** en ordre (3); **in order to** pour (1)
**orderly** bien rangé(e) (3)
**organic products** produits bios *(mpl)* (8)
**organization** organisation *(f)*
**organized** organisé(e)
**origin** origine *(f)*; **of . . . origin** d'origine... (7)
**Orleans: New Orleans** La Nouvelle-Orléans (4)
**other** autre (1); **each other** se, nous, vous (7); **on the other hand** par contre; **on the other side (of)** de l'autre côté (de); **sometimes . . . other times** quelquefois... d'autres fois (7)
**ought to** devoir (6)
**our** notre (nos) (3)
**ourselves** nous (7); nous-mêmes
**out: dine out** dîner au restaurant (2); **go out** sortir (2); **Take out a sheet of paper.** Prenez une feuille de papier. (P); **watch out (for)** faire attention (à) (8)
**outdoor** de plein air (4)
**outdoors** en plein air
**outgoing** extraverti(e) (1)
**outing** sortie *(f)* (6)
**outside** à l'extérieur, dehors, en plein air; **outside of** *hors de
**oven** four *(m)*; **microwave oven** four *(m)* à micro-ondes
**over** (par-)dessus, plus de; **over there** là-bas (9); **start over** recommencer
**overcast: The sky is overcast.** Le ciel est couvert.
**overcoat** manteau *(m)* (5), pardessus *(m)*
**owe** devoir (6)
**own** propre
**oyster** huître *(f)* (8)

## P

**pack your bag** faire sa valise *(f)* (9)
**package (of)** paquet (de) *(m)* (8), colis *(m)*
**page** page *(f)* (P)
**pain** douleur *(f)*
**paint** peindre
**painter** peintre *(mf)*
**painting** tableau *(m)* (3), peinture *(f)*
**pajamas** pyjama *(m)*
**pal** copain *(m)*, copine *(f)* (6)
**palace** palais *(m)* (6)
**pale** pâle
**panties** slip *(m)*; **panty hose** collant *(m)*
**pants** pantalon *(m)* (5)
**papa** papa *(m)*
**paper** papier *(m)*; **sheet of paper** feuille *(f)* de papier (P)
**parade** défilé *(m)*
**pardon me** pardon (P)
**parents** parents *(mpl)* (4)
**Parisian** Parisien(ne) *(mf)* (9)
**park** parc *(m)* (1)
**parking lot** parking *(m)* (1)
**part** partie *(f)*
**participate (in)** participer (à)
**particular: in particular** en particulier
**partner** partenaire *(mf)* (7)
**part-time** à temps partiel
**party** *(social)* fête *(f)* (1), boum *(f)* (6), *(political)* parti *(m)*
**party** faire la fête
**pass** passer (2), *(test)* réussir à (8); **pass by the house of . . .** passer chez... (2)
**passenger** passager(-ère) *(mf)*
**passion** passion *(f)* (7)
**Passover** la pâque juive *(f)*
**passport** passeport *(m)* (9)
**past** passé *(m)*; **in the past** dans le passé (6), autrefois
**past** passé(e) (6); **It's a quarter past two.** Il est deux heures et quart. (P)
**pasta** pâtes *(fpl)*
**pastime** passe-temps *(m)* (2)
**pastry** pâtisserie *(f)* (8); **bakery-pastry shop** boulangerie-pâtisserie *(f)* (8)
**pâté** pâté *(m)* (8)
**patience** patience *(f)* (4); **have patience** avoir de la patience (4)
**patient** patient(e) *(mf)*
**patient** patient(e) (6)
**pay (for)** payer (2); **pay attention (to)** faire attention (à) (8); **pay the bill** régler la note (10)
**peace** paix *(f)*
**peaceful** tranquille
**peach** pêche *(f)* (8)
**peanut** cacahouète *(f)*
**pear** poire *(f)* (8)
**peas** petits pois *(mpl)* (8)
**pen** stylo *(m)* (P)
**pencil** crayon *(m)* (P)
**people** gens *(mpl)* (1), on (4); **poor people** les pauvres *(mpl)*; **some people** certains *(mpl)*; **young people** les jeunes *(mpl)*
**pepper** poivre *(m)* (8)
**per** par (3)
**percent** pour cent
**perfect** perfectionner
**perfect** parfait(e) (7)
**perfectly** parfaitement (7)
**performer** artiste *(mf)*
**perhaps** peut-être (3)
**period** période *(f)*, époque *(f)*
**permit** permettre (de); **permitted** permis(e)
**person** personne *(f)* (6)
**personal** personnel(le) (3); **personal belongings** effets personnels (3); **personal service** service personnalisé *(m)* (8)
**personality** personnalité *(f)* (1)

**personally** personnellement
**Peru** Pérou *(m)* (9)
**pessimistic** pessimiste (1)
**pharmacist** pharmacien(ne) *(mf)*
**pharmacy** pharmacie *(f)* (10)
**philosophy** philosophie *(f)* (1)
**phone** téléphone *(m)* (2); **on the phone** au téléphone (2)
**phone** téléphoner (à) (3); **phone each other** se téléphoner (7)
**photo** photo *(f)*
**physical appearance** aspect physique *(m)* (7)
**physics** physique *(f)* (1)
**piano** piano *(m)* (2)
**picnic** pique-nique *(m)*
**picture** tableau *(m)* (3), photo *(f)*
**pie** tarte *(f)* (8); **apple pie** tarte *(f)* aux pommes (8)
**piece (of)** morceau (de) *(m)* (8); **piece of advice** conseil *(m)* (8)
**pierced** percé(e)
**pineapple** ananas *(m)*
**pink** rose (3)
**pity** pitié *(f)*; **have pity (for / on)** avoir pitié (de) (10); **what a pity** c'est dommage (7)
**pizza** pizza *(f)* (8)
**place** endroit *(m)* (9), place *(f)* (3); **at/to/in . . . 's place** chez... (2); **in it's place** à sa place (3); **take place** avoir lieu
**place** mettre
**plaid** écossais(e)
**plan** projet *(m)* (4); **make plans** faire des projets (4)
**plan** organiser; **plan on doing** avoir l'intention de faire (4), compter faire (9); **planned** prévu(e)
**plane** avion *(m)* (4); **by plane** en avion (4)
**plant** plante *(f)* (3)
**plastic** plastique *(m)*; **plastic bag** sac *(m)* en plastique
**plate** assiette *(f)*
**play** *(theater)* pièce *(f)* (4)
**play (a sport)** jouer (à un sport) (2), faire (du sport) (2); **play music** faire de la musique (2); **play the piano** jouer du piano (2)
**player: CD player** lecteur *(m)* CD (3); **DVD player** lecteur *(m)* DVD (3); **MP3 player** lecteur *(m)* MP3
**plaza** place *(f)* (10)
**pleasant** agréable (1)
**please** plaire à
**please** s'il vous plaît *(formal)* (P), s'il te plaît *(familiar)*
**pleasure** plaisir *(m)*; **With pleasure!** Avec plaisir! (6)
**plum** prune *(f)*
**plumber** plombier *(m)*
**plus: How much is . . . plus . . . ?** Combien font... et... ? (P)
**P.M.** de l'après-midi, du soir (P)
**poem** poème *(m)* (9)
**point out** signaler
**police** police *(f)*
**policeman** agent *(m)* de police
**polite** poli(e)
**political** politique (1); **political science** sciences politiques *(fpl)* (1)
**politics** politique *(f)* (7)
**poll** sondage *(m)*
**pollution** pollution *(f)*
**Polynesia: French Polynesia** Polynésie française *(f)* (9)
**pool: play pool** jouer au billard; **swimming pool** piscine *(f)* (4)
**poor** pauvre
**pop music** musique populaire *(f)* (1)
**popular** populaire (1)
**population** population *(f)*
**pork** porc *(m)* (8); **pork chop** côte *(f)* de porc (8); **pork roast** rôti *(m)* de porc
**portrait: self-portrait** autoportrait *(m)* (P)
**Portuguese** portugais *(m)*
**possibility** possibilité *(f)* (4)
**possible** possible
**post office** bureau *(m)* de poste (10)
**postcard** carte postale *(f)* (9)
**poster** affiche *(f)* (3)
**potato** pomme *(f)* de terre (8)
**poultry** volaille *(f)* (8)
**pound (of )** livre (de) *(f)* (8)
**poverty** pauvreté *(f)*
**powerful** puissant(e)
**preach** prêcher
**precisely** justement (3)
**prefer** préférer (2), aimer mieux (2); **I prefer . . .** Je préfère... (1)
**preferable** préférable
**pregnant** enceinte (10)
**preparations** préparatifs *(mpl)* (9)
**prepare** préparer (2); **Prepare for the exam.** Préparez l'examen. (P)
**prepared: prepared dish** plat préparé *(m)* (8)
**preschool** école maternelle *(f)*
**prescription** ordonnance *(f)* (10)
**present** cadeau *(m)* (10)
**pretty** joli(e) (1), beau/bel (belle) (1); **pretty cool** assez cool (P)
**prevent** empêcher
**price** prix *(m)*; **set-price menu** menu à prix fixe (8)
**principal** principal(e) (*mpl* principaux) (10)
**private** privé(e) (10)
**probable** probable
**probably** sans doute (8); probablement
**problem** problème *(m)*; **No problem!** Pas de problème! (3)
**process: be in the process of doing** être en train de faire
**product** produit *(m)* (8); **organic products** produits bios *(mpl)* (8)
**profession** profession *(f)* (7), métier *(m)*
**professional** professionnel(le) (7)
**professor** professeur *(m)* (P)
**program** programme *(m)*
**programmer** programmeur(-euse) *(mf)*
**progress** progrès *(m)*; **make progress** faire des progrès
**promise** promettre (de) (6)
**pronunciation** prononciation *(f)*
**protect (oneself ) (against)** (se) protéger (contre)
**proud** fier(-ère)
**province** province *(f)* (3)
**prune** pruneau *(m)*
**psychology** psychologie *(f)* (1)
**public: public transportation system** système de transports en commun *(mpl)* (9)
**pullover (sweater)** pull *(m)* (5)
**punish** punir
**purple** violet(te) (3)
**purpose: on purpose** exprès
**purse** sac *(m)* (5)
**put (on)** mettre (5); **put away** bien rangé(e) (3); **put on make-up** se maquiller (7); **put on weight** prendre du poids; **put up with** supporter (7)

## Q

**qualify** qualifier
**quarter** quart *(m)* (P); **It's a quarter past two.** Il est deux heures et quart. (P)
**question** question *(f)* (P); **ask a question** poser une question (3)
**quick** rapide (8)
**quickly** vite (7)
**quiet** tranquille; **be quiet** se taire
**quite** assez, plutôt; **quite a bit of** pas mal de; **quite simply** tout simplement (10)

## R

**rabbit** lapin *(m)*
**radio** radio *(f)* (2)
**rain** pluie *(f)* (5)
**rain** pleuvoir (5); **It's raining. It rains.** Il pleut. (5)
**raincoat** imperméable *(m)* (5)
**raisin** raisin sec *(m)*
**Ramadan** ramadan *(m)*
**rapid** rapide (8)
**rarely** rarement (2)
**raspberry** framboise *(f)*
**rather** plutôt (1), assez (1)
**raw vegetables** crudités *(fpl)* (8)
**rayfish** raie *(f)* (8)
**reach** atteindre
**react (to)** réagir (à)
**read** lire (2); **Read . . .** Lisez... (P)
**ready (to)** prêt(e) (à) (4); **get ready** se préparer; **ready-to-serve dish** plat préparé *(m)* (8)
**real** réel(le), véritable
**realistic** réaliste (1)
**realize** se rendre compte
**really** vraiment (2)
**reason** raison *(f)*
**reasonable** raisonnable
**receive** recevoir (9)
**recent** récent(e)
**recently** récemment (5)
**recognize (each other)** (se) reconnaître (7)
**recommend** recommander (10)
**record** disque *(m)*, *(sports)* record *(m)*
**record** enregistrer
**recorder: video cassette recorder** magnétoscope *(m)*
**recount** raconter (7)
**recycle** recycler
**red** rouge (3), *(with hair)* roux (rousse) (4); **red wine** vin rouge *(m)* (2); **turn red** rougir
**reflect (on)** réfléchir (à) (8)
**refrigerator** réfrigérateur *(m)*
**refuse** refuser (de)
**region** région *(f)* (4)
**regional** régional(e) (*mpl* régionaux) (4)
**register** s'inscrire (3)
**regret** regretter (6)
**regularly** régulièrement (8)
**relationship** relation *(f)* (7), rapport *(m)*
**relatives** parents *(mpl)* (5)
**relax** se reposer (7), se détendre; **relaxed** décontracté(e)
**religion** religion *(f)* (7)
**religious** religieux(-euse)
**remain** rester
**remarried** remarié(e)
**remember** se souvenir (de) (7)
**rent** loyer *(m)* (3)
**rent** louer (4)
**rental car** voiture *(f)* de location (5)
**repeat** répéter (2); **Please repeat.** Répétez, s'il vous plaît. (P)
**replace** remplacer
**require** exiger, demander; **required** requis(e), obligatoire
**research** recherche *(f)*; **do research** faire des recherches
**resemble** ressembler à
**reservation** réservation *(f)* (9); **make a reservation** faire une réservation (9)
**reserve: nature reserve** parc naturel *(m)*
**reserve** réserver (9)
**residence hall** résidence universitaire *(f)* (1)
**resort: summer resort** station estivale *(f)* (10)
**resources** ressources *(fpl)*
**respond (to)** répondre (à) (6)
**rest: the rest (of )** le reste (de) (7)
**rest** se reposer (7); **rested** reposé(e)

**restaurant** restaurant *(m)* (1); **fast food restaurant** fast-food *(m)* (1); **university restaurant** restau-u *(m)* (6)
**restful** reposant(e)
**restroom** toilettes *(fpl)* (3), W.-C. *(mpl)*
**retired** retraité(e)
**return** retour *(m)* (9)
**return** rentrer (2), retourner (5); **return something to someone** rendre quelque chose à quelqu'un (7)
**review** *(for a test)* réviser
**rice** riz *(m)* (8)
**rich** riche (2)
**ride: go for a ride** faire un tour (4)
**right** *(direction)* droite *(f)*, *(legal)* droit *(m)*; **to the right of** à droite de (3)
**right** correct(e); **be right** avoir raison (4); **right away** tout de suite (6); **right by** tout près (de) (3); **right there** juste là; **right?** n'est-ce pas?, non? (1)
**ring** bague *(f)*
**ring** sonner (7)
**river** fleuve *(m)*, rivière *(f)*
**road** chemin *(m)*, route *(f)*
**roast: roast beef** rosbif *(m)* (8); **pork roast** rôti *(m)* de porc
**rock: rock music** rock *(m)* (1); **go rock climbing** faire de l'escalade; **hard rock** *hard rock *(m)*
**rollerblade** faire du roller (6)
**rollerblading** roller *(m)*; **go rollerblading** faire du roller (6)
**romantic** romantique; **romantic movie** film *(m)* d'amour (6)
**room** pièce *(f)* (3), salle *(f)*; **classroom** salle *(f)* de classe (1); **dining room** salle à manger *(f)* (3); **fitting room** cabine *(f)* d'essayage (5); **living room** salon *(m)* (3)
**roommate** camarade *(mf)* de chambre (P)
**round-trip ticket** billet aller-retour *(m)* (9)
**routine** routine *(f)* (7)
**row** rang *(m)*
**rug** tapis *(m)* (3)
**run** courir (9); **run errands** faire des courses (5); **run into (each other)** (se) rencontrer (1)
**runny: have a runny nose** avoir le nez qui coule
**Russia** Russie *(f)* (9)
**Russian** russe *(m)*

## S

**sack** sac *(m)* (5), paquet *(m)* (8)
**sad** triste
**safety** sécurité *(f)*
**sailing: go sailing** faire de la voile
**salad** salade *(f)* (8)
**salami** saucisson *(m)* (8)
**sale: on sale** en solde (5)
**salesclerk** vendeur(-euse) *(mf)* (5)
**salmon** saumon *(m)* (8)
**salt** sel *(m)* (8)
**same** même (1); **all the same** quand même
**sandal** sandale *(f)* (5)
**sandwich** sandwich *(m)* (2); **bread-and-butter sandwich** tartine *(f)* (8); **cheese sandwich** sandwich au fromage *(m)* (2)
**Santa Claus** le père Noël
**satisfied** satisfait(e)
**Saturday** samedi *(m)* (P)
**sauce** sauce *(f)*
**sausage** saucisse *(f)* (8)
**save** sauver; **save up money** faire des économies
**saxophone** saxophone *(m)*
**say** dire (6); **How do you say . . . in French?** Comment dit-on... en français? (P); **They say that . . .** On dit que... (4)
**scallops** coquilles St-Jacques *(fpl)*
**scarf** *(winter)* écharpe *(f)*, *(dressy)* foulard *(m)*
**scenery** paysage *(m)* (9)
**schedule** *(classes)* emploi *(m)* du temps, *(train)* horaire *(m)*
**school** école *(f)* (6); **high school** lycée *(m)* (6)
**science** science *(f)* (1); **computer science** informatique *(f)* (1); **political science** sciences politiques *(fpl)* (1); **science fiction** science-fiction *(f)*; **social sciences** sciences humaines *(fpl)* (1)
**scientist** scientifique *(mf)*; **computer scientist** informaticien(ne) *(mf)*
**scuba diving** plongée sous-marine *(f)*
**sculpture** sculpture *(f)*
**sea** mer *(f)* (9)
**season** saison *(f)* (5)
**seat** place *(f)*, siège *(m)*
**seated** assis(e) (9)
**second** *(in time)* seconde *(f)* (5)
**second** deuxième (3), second(e); **in second class** en classe touriste (9)
**secretary** secrétaire *(mf)*
**section** section *(f)*
**security** sécurité *(f)*
**see** voir (1); **as you see** comme tu vois (3); **Let's see!** Voyons! (5); **see each other** se voir (7); **See you in a little while.** À tout à l'heure. (P); **See you later!** À plus tard!, À plus! (P); **See you soon.** À bientôt. (P); **See you tomorrow.** À demain. (P)
**seem** avoir l'air... (4), sembler; **It seems to me that . . .** Il me semble que...
**self: myself** moi-même; **self-portrait** autoportrait *(m)* (P); **self-service restaurant** self-service *(m)* (8)
**sell** vendre (7); **sell back** revendre (7)
**semester** semestre *(m)* (P)
**send** envoyer (2)
**Senegal** Sénégal *(m)* (9)
**sense of humor** sens *(m)* de l'humour (7)
**sensitive** sensible
**sentence** phrase *(f)* (P); **in complete sentences** en phrases complètes (P)
**sentimental** sentimental(e) (*mpl* sentimentaux) (7)
**separate** séparer; **separated** séparé(e)
**separately** séparément
**September** septembre *(m)* (4)
**serious** sérieux(-euse), grave
**serve** servir (4); **served** servi(e) (10)
**server** serveur *(m)*, serveuse *(f)* (8)
**service** service *(m)* (8); **service station** station-service *(f)*
**set** mettre; **set-price menu** menu à prix fixe (8); **set the table** mettre la table
**settle (in)** s'installer (à/dans) (7)
**seven** sept (P)
**seventeen** dix-sept (P)
**seventh** septième (3)
**seventy** soixante-dix (2); **seventy-one** soixante et onze (2)
**several** plusieurs (8)
**sexy** sexy (2)
**shall: What shall we do?** Qu'est-ce qu'on fait?; **Shall we go . . . ?** On va... ? (2)
**shame** *honte *(f)*; **It's a shame!** C'est dommage! (7)
**shape** forme *(f)*; **in shape** en forme (8)
**share** partager (3); **shared** partagé(e) (3)
**shave** se raser (7); **have a shaved head** avoir la tête rasée
**she** elle (1); **she is . . .** c'est..., elle est... (1)
**sheet of paper** feuille *(f)* de papier (P)
**shelf** étagère *(f)* (3)
**shellfish** fruits *(mpl)* de mer (8)
**shirt** chemise *(f)* (5); **knit shirt** polo (5)
**shiver** frisson *(m)* (10)
**shock** choquer
**shoe** chaussure *(f)* (5); **tennis shoes** baskets *(fpl)* (5)
**shop** magasin *(m)* (4); **bakery-pastry shop** boulangerie-pâtisserie *(f)* (8); **butcher's shop** boucherie *(f)* (8); **fish shop** poissonnerie *(f)* (8); **gift shop** marchand *(m)* de cadeaux (10); **tobacco shop** bureau *(m)* de tabac
**shopkeeper** marchand(e) *(mf)* (6), commerçant(e) *(mf)* (8)
**shopping: go grocery shopping** faire les courses; **go shopping** faire du shopping (2); **shopping mall** centre commercial *(m)* (4)
**short** petit(e) (1), court(e) (4)
**shorts** short *(m)* (5)
**shot** piqûre *(f)*; **give a shot** faire une piqûre
**should** devoir (6); **one shouldn't . . .** il ne faut pas... (10)
**shoulder** épaule *(f)*; **shoulder-length** *(with hair)* mi-longs (4)
**show** montrer (3), indiquer (3); **show a movie** passer un film (6)
**shower** douche *(f)* (7); **take a shower** prendre une douche (7)
**showing** séance *(f)* (6)
**showtime** séance *(f)* (6)
**shrimp** crevette *(f)* (8)
**shuttle** navette *(f)* (10)
**shy** timide (1)
**sick** malade (10); **get sick** tomber malade (10)
**side** côté *(m)*; **on the courtyard side** côté cour (10); **on the other side (of )** de l'autre côté (de)
**sight** vue *(f)*; **love at first sight** coup *(m)* de foudre (7)
**silver** argent *(m)* (2)
**similar to** semblable à, pareil(le) à
**simply** simplement (10); **quite simply** tout simplement (10)
**since** depuis, comme (7), depuis que; **since then** depuis cela (7)
**sincere** sincère
**sing** chanter (2)
**singer** chanteur(-euse) *(mf)*
**single** célibataire (1), seul(e)
**sink** *(bathroom)* lavabo *(m)* (10), *(kitchen)* évier *(m)*
**sir** monsieur (M.) (P)
**sister** sœur *(f)* (1); **sister-in-law** belle-sœur *(f)*
**sit (down)** s'asseoir; **Sit down!** Asseyez-vous!
**site** site *(m)* (9)
**situation** situation *(f)*
**six** six (P)
**sixteen** seize (P)
**sixth** sixième (3)
**sixty** soixante (2); **sixty-one** soixante et un (2)
**size** taille *(f)* (4); **medium-sized** de taille moyenne (4)
**skate** *(fish)* raie *(f)* (8); patin *(m)*
**skateboard** faire du skateboard (6)
**skating** patinage *(m)*; **go (ice-)skating** faire du patin (à glace)
**skeptical** sceptique
**ski** ski *(m)* (2); **ski jacket** anorak *(m)* (5); **ski lodge** chalet *(m)* de ski (10)
**ski** faire du ski (2); **water-ski** faire du ski nautique (5)
**skin** peau *(f)*
**skinny** maigre
**skirt** jupe *(f)* (5)
**sleep** dormir (2)
**sleepy: be sleepy** avoir sommeil (4)
**slice (of )** tranche (de) *(f)*, pavé (de) *(m)* (8)
**slightly** légèrement
**slim down** maigrir (8)
**slip** combinaison *(f)*
**slow** lent(e); **slow motion** ralenti *(m)*
**slowly** lentement (8)
**small** petit(e) (1)
**smell** sentir
**smoke** fumer (3); **smoked** fumé(e) (8)
**smoking section** section fumeur *(f)*
**snack** collation *(f)*
**snail** escargot *(m)* (8)
**sneeze** éternuer (10)
**snob** snob
**snorkeling: go snorkeling** faire du tuba

**snow** neige *(f)* (5)
**snow** neiger (5)
**so** alors (1), tellement (6), donc (7); **so many, so much** tant (de); tellement (de); **so-so** comme ci comme ça (2); **so that** afin que
**soap** savon *(m)*
**soccer** football *(m)* (1)
**social** social(e) (*mpl* sociaux); **social sciences** sciences humaines *(fpl)* (1); **social worker** assistant(e) social(e) *(mf)*
**society** société *(f)*
**sociology** sociologie *(f)*
**sock** chaussette *(f)*
**sofa** canapé *(m)* (3)
**soft** doux(-ce) (6)
**software** logiciel *(m)*
**sole** sole *(f)*
**solid-colored** uni(e)
**solution** solution *(f)*
**some** des (1), du, de la, de l', en (8), quelques (5), certain(e)s
**somebody** quelqu'un (6)
**someone** quelqu'un (6)
**something** quelque chose (2)
**sometimes** quelquefois (2), parfois (5)
**somewhere** quelque part
**son** fils *(m)* (4)
**song** chanson *(f)*
**soon** bientôt (P); **as soon as** aussitôt que; **I would just as soon . . .** j'aimerais autant... (10); **See you soon.** À bientôt. (P)
**sorry** désolé(e) (10); **be sorry that . . .** être désolé(e) que... (10), regretter que... (6)
**sort: all sorts of** toutes sortes de
**sound: How does that sound?** Ça te dit? (4)
**soup** soupe *(f)* (8); **onion soup** soupe *(f)* à l'oignon (8)
**south** sud *(m)*; **South Africa** Afrique *(f)* du Sud; **South America** Amérique *(f)* du Sud (9)
**space** espace *(m)*
**Spain** Espagne *(f)* (9)
**Spanish** espagnol *(m)* (P)
**Spanish** espagnol(e)
**speak** parler (2); **Do you speak . . . ?** Vous parlez...? (P); **I speak . . .** Je parle... (P)
**special** spécial(e) (*mpl* spéciaux) (6); **nothing special** rien de spécial (6)
**specialty** spécialité *(f)* (4)
**speech** discours *(m)*
**speed** vitesse *(f)*
**spend** *(time)* passer (2), *(money)* dépenser
**spider** araignée *(f)*
**spinach** épinards *(mpl)*
**spirituality** spiritualité *(f)* (7)
**spite: in spite of** malgré
**split** partagé(e) (3)
**spoiled** gâté(e) (6)
**spoon** cuillère *(f)*
**sport** sport *(m)* (1); **play sports** faire du sport (2); **sports coat** veste *(f)*
**spot** site *(m)* (9)
**sprain one's ankle** se fouler la cheville
**spring** printemps *(m)* (5); **in spring** au printemps (5)
**square** *(town)* place *(f)* (10)
**stadium** stade *(m)* (1)
**stairs** escalier *(m)* (3)
**stamp** timbre *(m)* (10)
**stand: I can't stand . . .** Je ne supporte pas... (7), J'ai horreur de...
**star** étoile *(f)*
**start** commencer (2); **French class starts . . .** Le cours de français commence... (P)
**state** état *(m)* (3); **United States** États-Unis (3) *(mpl)*
**station: radio station** station *(f)* de radio; **service station** station-service *(f)*; **subway station** station *(f)* de métro; **train station** gare *(f)*
**stay** séjour *(m)* (7); **Enjoy your stay!** Bon séjour! (10)
**stay** rester (2), *(at a hotel)* descendre (à) (5)
**steak** bifteck *(m)* (8); **steak and fries** steak-frites *(m)* (8)
**steal** voler
**stepbrother** demi-frère *(m)*
**stepfather** beau-père *(m)* (4)
**stepmother** belle-mère *(f)* (4)
**stepparents** beaux-parents *(mpl)*
**stepsister** demi-sœur *(f)* (6)
**stereo** chaîne hi-fi *(f)* (2)
**still** encore (4), toujours
**stomach** ventre *(m)* (10)
**stop: bus stop** arrêt *(m)* d'autobus (3)
**stop** (s')arrêter (7); **stop by the house of . . .** passer chez... (2); **stopped up** bouché(e)
**store** magasin *(m)* (4); **bookstore** librairie *(f)* (1)
**storm** orage *(m)*
**story** histoire *(f)* (9); conte *(m)* (6)
**stove** cuisinière *(f)*
**straight** tout droit (10)
**straightened up** bien rangé(e) (3)
**strange** bizarre
**strawberry** fraise *(f)* (8)
**street** rue *(f)* (3); **on . . . Street** dans la rue... (10)
**strength** force *(f)*
**stress** stress *(m)* (8)
**stressed (out)** stressé(e)
**strict** sévère
**striped** rayé(e)
**strong** fort(e) (8)
**struggle (against)** lutter (contre)
**stubborn** têtu(e)
**student** étudiant(e) *(mf)* (P); **high school student** lycéen(ne) *(mf)* (6); **student center** centre *(m)* d'étudiants
**studies** études *(fpl)* (1)
**study** étudier (1), préparer les cours (2); **I study . . .** J'étudie... (1); **What are you studying?** Qu'est-ce que vous étudiez? (1)
**stupid** bête (1), stupide
**style** style *(m)*; **American-style** à l'américaine (8)
**stylist: hair stylist** coiffeur(-euse) *(mf)*
**suburbs** banlieue *(f)* (3); **in the suburbs** en banlieue (3)
**subway** métro *(m)* (4); **by subway** en métro (4)
**succeed (in)** réussir (à) (8)
**such a** un(e) tel(le) (7)
**sudden: all of a sudden** tout à coup (6)
**suddenly** soudain, tout à coup (6), soudainement
**suffer** souffrir
**sufficiently** suffisamment
**sugar** sucre *(m)* (8)
**suggest** suggérer (6)
**suggestion** suggestion *(f)*
**suit** *(for a man)* costume *(m)* (5), *(for a woman)* tailleur *(m)*; **jogging suit** survêtement *(m)* (5)
**suitcase** valise *(f)* (9)
**summer** été *(m)* (5); **in summer** en été (5); **summer resort** station estivale *(f)* (10)
**sun** soleil *(m)*
**sunbathe** prendre un bain de soleil (4)
**Sunday** dimanche *(m)* (P)
**sunglasses** lunettes *(f)* de soleil (5)
**sunny: It's sunny.** Il fait du soleil. (5)
**superior** supérieur(e)
**supermarket** supermarché *(m)* (8)
**superstore** grande surface *(f)* (8)
**supplement** supplément *(m)* (10)
**supplies** provisions *(fpl)*
**sure** sûr(e), certain(e)
**surely** sûrement
**surf** *(water)* faire du surf, *(Internet)* surfer; **surf the Net** surfer le Net (2)
**surprise** étonner, surprendre; **be surprised that . . .** être surpris(e) que... (10)
**surrounded (by)** entouré(e) (de)
**swallow** avaler
**sweater: pullover sweater** pull *(m)* (5)
**sweatshirt** sweat *(m)*
**sweatsuit** survêtement *(m)* (5)
**Sweden** Suède *(f)*
**sweet** doux(-ce) (6)
**sweets** bonbons *(mpl)*
**swim** nager (2), se baigner
**swimming pool** piscine *(f)* (4)
**swimsuit** maillot *(m)* de bain (5)
**Switzerland** Suisse *(f)* (9)
**swollen** enflé(e)
**symptom** symptôme *(m)* (10)
**synagogue** synagogue *(f)*
**syrup** sirop *(m)*
**system: public transportation system** système *(m)* de transports en commun (9)

## T

**table** table *(f)* (3)
**take** prendre (4), *(something along)* apporter, *(a person)* emmener; **take a course** suivre un cours; **take advantage of** profiter de (9); **take a tour** faire un tour (4); **take a trip** faire un voyage (5); **take a walk** faire une promenade (5); **Take out a sheet of paper.** Prenez une feuille de papier. (P); **take place** avoir lieu
**tale: fairy tale** conte *(m)* de fées (6)
**talent** talent *(m)*
**talented** doué(e)
**talk** parler (2); **talk to each other** se parler (7)
**tall** grand(e) (1)
**tan** bronzer (9); **tanned** bronzé(e)
**tangerine** mandarine *(f)*
**tart** tartelette *(f)* (8); **(strawberry/cherry) tart** tartelette aux fraises/aux cerises (8)
**taste** goûter (9)
**taxi** taxi *(m)* (4); **by taxi** en taxi (4)
**tea (with lemon)** thé *(m)* (au citron) (2)
**teacher** *(elementary school)* instituteur(-trice) *(mf)*; *(secondary school)* professeur *(m)*
**team** équipe *(f)*
**technical** technique (1); **technical course** cours technique (1)
**technician** technicien(ne) *(mf)*
**technology** technologie *(f)*
**tee shirt** tee-shirt *(m)* (5)
**telephone** téléphone *(m)* (2); **talk on the telephone** parler au téléphone (2); **telephone card** carte *(f)* téléphonique (10); **telephone number** numéro *(m)* de téléphone (3)
**telephone** téléphoner (à) (2); **telephone each other** se téléphoner (7)
**television** télévision (télé) *(f)* (2)
**tell** dire (6), raconter (7)
**teller: automatic teller machine** distributeur de billets *(m)* (10)
**temperature** température *(f)*
**temple** temple *(m)*
**ten** dix (P)
**tennis** tennis *(m)* (1); **tennis court** court *(m)* de tennis; **tennis shoes** baskets *(fpl)* (5)
**tenth** dixième (3)
**terrace** terrasse *(f)* (9)
**test** examen *(m)* (P), test *(m)* (7), contrôle *(m)*
**Texas** Texas *(m)* (9)
**than: more . . . than** plus... que (1)
**thank (for)** remercier (de) (10); **thank you** merci (bien) (P)
**thanks** merci (bien) (P)
**Thanksgiving** jour *(m)* d'Action de Grâce
**that** ça (P), cela (7), ce (cet, cette) (...-là) (3), que (P), qui (7); **I think that . . .** je pense que... (P); **that is . . .** c'est... (1)
**the** le, la, l', les (1)
**theater** théâtre *(for live performances)* *(m)* (1); **movie theater** cinéma *(m)* (1)
**theft** vol *(m)*
**their** leur(s) (1)

**them** les (5); **of them** en (8); **to them** leur (9); **with them** avec eux, avec elles
**themselves** se (7), eux-mêmes *(mpl)*, elles-mêmes *(fpl)*
**then** alors (1), ensuite (4), puis, donc (7)
**there** là (8), y (4); **over there** là-bas (9); **right there** juste là; **there is, there are** il y a (1), voilà (2); **There are . . . of us.** Nous sommes.... (4); **There you are!** Te/Vous voilà!
**therefore** donc (7)
**these** ces (...-ci) (3); **these are . . .** ce sont... (1)
**they** ils, elles, ce (1), on (4)
**thick** gros(se)
**thief** voleur *(m)*
**thin** mince (1); **get thinner** maigrir (8)
**thing** chose *(f)* (3), truc *(m)* (1); **my things** mes affaires *(fpl)*; **That's not my thing.** Ce n'est pas mon truc. (1)
**think (about)** penser (à) (2), réfléchir (à) (8); **I think that . . .** Je pense que... (P); **What do you think (about it)?** Qu'en penses-tu?, Qu'en pensez-vous?
**third** troisième (3); **two-thirds** deux tiers
**thirsty: be thirsty** avoir soif (4); **I'm thirsty.** J'ai soif. (2)
**thirteen** treize (P)
**thirty** trente (P)
**this** ce (cet, cette) (...-ci) (3); **this evening** ce soir (2); **this is . . .** c'est... (1); **this month** ce mois-ci (4); **this semester** ce semestre (P); **this way** par ici (5); **those** ces (...-là) (3); **those are . . .** ce sont... (1); **those (ones)** ceux (celles) (8)
**thousand: one thousand** mille (3)
**three** trois (P)
**throat** gorge *(f)* (10); **have a sore throat** avoir mal à la gorge
**through** par; **through the window** par la fenêtre
**throw** jeter; **throw up** vomir (10)
**Thursday** jeudi *(m)* (P)
**thus** donc (7)
**ticket** billet *(m)* (9), ticket *(m)*; **e-ticket** billet électronique (9); **one-way ticket** aller simple (9); **round-trip ticket** billet aller-retour *(m)* (9); **ticket window** guichet *(m)*
**tie** cravate *(f)* (5)
**tight** étroit(e)
**till: a quarter till** moins le quart (P)
**time** *(clock)* heure *(f)* (P), temps *(m)* (2), *(occasion)* fois *(f)* (5); **a long time** longtemps (5); **at that time** à ce moment-là; **At what time?** À quelle heure? (P); **free time** temps libre *(m)* (4); **from time to time** de temps en temps (4); **have a hard time** avoir du mal à; **most of the time** la plupart du temps (7); **official time** heure officielle *(f)* (6); **Once upon a time there was . . .** Il était une fois... (6); **One has a good time.** On s'amuse bien.; **on time** à l'heure (4); **opening time** l'heure d'ouverture *(f)* (6); **show time** séance *(f)* (6); **sometimes . . . other times** parfois... d'autres fois (7); **the last time** la dernière fois (5); **time period** époque *(f)*; **What time is it?** Quelle heure est-il? (P)
**timid** timide (1)
**tip** pourboire *(m)*
**tired** fatigué(e) (6)
**tiring** fatigant(e)
**title** titre *(m)*
**to** à (P); **from Monday to Friday** *(every week)* du lundi au vendredi (P); **to go to a club** aller en boîte (2); **to . . . 's house/place** chez... (2)
**toast** pain grillé *(m)* (8)
**toasted** grillé(e) (8)
**tobacco** tabac *(m)* (8); **tobacco shop** bureau *(m)* de tabac
**today** aujourd'hui (P)
**toe** doigt *(m)* de pied (10)
**together** ensemble (2)
**toilet** toilettes *(fpl)* (3), W.-C. *(mpl)*
**tolerate** supporter (7)
**tomato** tomate *(f)* (8)
**tomorrow** demain (P); **day after tomorrow** après-demain; **tomorrow morning** demain matin (4)
**tonight** ce soir (2); **See you tonight.** À ce soir. (2)
**too** aussi (P), trop (3); **That's too bad!** C'est dommage! (7); **too many** trop (de) (8); **too much** trop (de) (6)
**tooth** dent *(f)* (7)
**tour** tour *(m)*; **take a tour** faire un tour (4)
**tourism** tourisme *(m)*
**tourist** touriste *(mf)*; **tourist class** classe touriste *(f)* (9); **Tourist Office** office *(m)* de tourisme (10)
**touristic** touristique (9)
**toward(s)** vers (2)
**towel** serviette *(f)*
**town** ville *(f)* (3); **in town** en ville (3)
**toy** jouet *(m)*
**traditional** traditionnel(le) (8)
**traffic** circulation *(f)*
**train** train *(m)* (4); **by train** en train (4); **train station** gare *(f)*
**training: do weight training** faire de la muscu(lation) (8); faire des haltères
**trait** trait *(m)* (7)
**translate** traduire
**translation** traduction *(f)*
**transportation** transport *(m)*; **means of transportation** moyen *(m)* de transport (4); **public transportation** transports *(mpl)* en commun (9)
**travel: travel agency** agence *(f)* de voyages (9); **travel agent** agent *(m)* de voyages (9)
**travel** voyager (2)
**traveler's check** chèque *(m)* de voyage (9)
**treatment** traitement *(m)*
**tree** arbre *(m)* (1)
**trimester** trimestre *(m)*
**trip** voyage *(m)* (4); **take a trip** faire un voyage (5)
**tropical** tropical(e) (*mpl* tropicaux) (9)
**trouble** difficulté *(f)*; **have trouble** avoir des difficultés, avoir du mal (à)
**truck** camion *(m)*, *(pick-up)* camionnette *(f)*
**true** vrai(e) (8); **true love** le grand amour (7)
**truly** vraiment (2)
**trumpet** trompette *(f)*
**truth** vérité *(f)*
**try (on)** essayer (5)
**T-shirt** tee-shirt *(m)* (5)
**Tuesday** mardi *(m)* (P)
**tuna** thon *(m)* (8)
**Tunisia** Tunisie *(f)*
**Turkey** Turquie *(f)*
**turkey** dinde *(f)*
**turn (right/left)** tourner (à droite/à gauche) (10); **turn in (something to someone)** rendre (quelque chose à quelqu'un) (7); **turn on** mettre; **turn red** rougir
**turnover: apple turnover** chausson *(m)* aux pommes
**TV** télé *(f)* (2)
**twelve** douze (P)
**twenty** vingt (P)
**twin** jumeau (jumelle) (1)
**two** deux (P)
**type** genre *(m)*
**typical** typique (2)
**typically** typiquement

## U

**ugly** laid(e) (1)
**umbrella** parapluie *(m)* (5)
**unbearable** insupportable
**unbelievable** incroyable
**uncle** oncle *(m)* (4)
**under** sous (3)
**understand** comprendre (4); **Do you understand?** Vous comprenez? (P); **I understand.** Je comprends. (P); **No, I don't understand.** Non, je ne comprends pas. (P)
**understanding** compréhension *(f)* (7)
**underwear** sous-vêtements *(mpl)*
**undressed: get undressed** se déshabiller (7)
**unfaithfulness** infidélité *(f)* (7)
**unfortunately** malheureusement
**unhappy** malheureux(-euse)
**uniquely** uniquement (6)
**united** uni(e); **United Kingdom** Royaume-Uni *(m)* (9); **United States** États-Unis *(mpl)* (3)
**university** université *(f)* (P), fac(ulté) *(f)* (2); **university cafeteria** restau-u *(m)* (6)
**university** universitaire (1)
**unless** à moins que
**unlikely** peu probable
**unmarried** célibataire (1)
**unpack** défaire sa valise
**unpleasant** désagréable (1)
**until** jusqu'à (2)
**up: get up** se lever (7); **go up** monter (5); **straightened up** rangé(e) (3); **up to** jusqu'à (2); **wake up** se réveiller (7); **wash up** faire sa toilette (7)
**us** nous (9)
**use** utiliser (6), employer
**used to** habitué(e) à
**useful** utile (10)
**usually** d'habitude (2)
**utilize** utiliser (6)

## V

**vacation** vacances *(fpl)* (4); **on vacation** en vacances
**Valentine's Day** Saint-Valentin *(f)*
**vanilla ice cream** glace *(f)* à la vanille (8)
**vanity** vanité *(f)* (7)
**variety** variété *(f)*
**VCR** magnétoscope *(m)*
**veal** veau *(m)*
**vegetable** légume *(m)* (8); **raw vegetables** crudités *(fpl)* (8); **vegetable soup** soupe *(f)* de légumes
**vegetarian** végétarien(ne)
**very** très (P); **very near** tout près (de) (3)
**vest** gilet *(m)*
**veterinarian** vétérinaire *(mf)*
**video** vidéo *(f)*; **video cassette** vidéocassette *(f)*; **video cassette recorder** magnétoscope *(m)*; **video game** jeu vidéo *(m)* (2)
**Vietnam** Viêt Nam *(m)* (9)
**view** vue *(f)* (3)
**vinegar** vinaigre *(m)*
**violence** violence *(f)* (6)
**violent** violent(e)
**violet** violet(te) (3)
**virus** virus *(m)* (10)
**visa** visa *(m)*
**visit** visite *(f)*; **medical visit** consultation *(f)*
**visit** *(place)* visiter (1), *(someone)* aller voir (4), rendre visite à (7)
**vitamin** vitamine *(f)* (8)
**vocabulary** vocabulaire *(m)* (P)
**voice** voix *(f)*
**volleyball** volley *(m)* (2)
**vomit** vomir (10)
**vote** voter

## W

**wait (for)** attendre (7)
**waiter** garçon *(m)* (2), serveur *(m)* (8)
**waitress** serveuse *(f)* (8)
**wake up** (se) réveiller (7)
**walk** promenade *(f)* (5); **take a walk** faire une promenade (5)

**walk** aller à pied (4), marcher (8); **walk the dog** promener le chien
**walking** marche *(f)* à pied; **go walking** se promener (7), faire de la marche à pied
**wall** mur *(m)* (3)
**wallet** portefeuille *(m)* (5)
**want** vouloir (6), avoir envie de (4)
**war** guerre *(f)*
**warmth** chaleur *(f)*
**wash (one's face/one's hands)** se laver (la figure/les mains) (7); **wash clothes** faire la lessive (5); **wash the dishes** faire la vaisselle (5); **wash up** faire sa toilette (7)
**washbasin** lavabo *(m)* (10)
**waste** gaspiller; **waste time** perdre du temps (7)
**watch** montre *(f)* (5)
**watch** regarder (2); **watch out (for)** faire attention (à) (8)
**water** eau *(f)* (2)
**watermelon** pastèque *(f)*
**water-skiing** ski nautique *(m)* (5)
**way** façon *(f)* (6); **show the way** indiquer le chemin (10); **this way** par ici (5)
**we** nous (1), on (4); **Shall we go . . . ?** On va... ? (2); **What shall we do?** Qu'est-ce qu'on fait?
**weak** faible
**weakness** faiblesse *(f)*
**wear** porter (4); **I wear size . . .** Je fais du.... (5); **What size do you wear?** Quelle taille faites-vous? (5)
**weather** temps *(m)* (5); **The weather's bad / cold / cool / hot / nice / sunny / windy.** Il fait mauvais / froid / frais / chaud / beau / du soleil / du vent. (5); **What's the weather like?** Quel temps fait-il? (5)
**Website** site *(m)* Web (9)
**wedding** mariage *(m)*; **wedding anniversary** anniversaire *(m)* de mariage
**Wednesday** mercredi *(m)* (P)
**week** semaine *(f)* (P); **in one/two week(s)** dans huit/quinze jours
**weekend** week-end *(m)* (P); **Have a good weekend!** Bon week-end!; **on weekends** le weekend (P)
**weigh** peser
**weight** poids *(m)*; **do weight training** faire de la musculation (8), faire des haltères; **gain weight** prendre du poids; **lose weight** perdre du poids; **put on weight** prendre du poids
**welcome** bienvenue *(f)*, **You're welcome.** De rien. (P); Je vous en prie., Je t'en prie.
**well** bien (P); **get well** guérir; **well-behaved** sage (4)
**west** ouest *(m)*; **West Indies** Antilles *(fpl)* (9)
**what** qu'est-ce que (1), que (2), comment (P), quel(le) (3), ce que (5), ce qui (7), quoi; **What day is today?** C'est quel jour, aujourd'hui? (P); **What does that mean in English?** Qu'est-ce que ça veut dire en anglais? (P); **What is/are . . . like?** Comment est/sont... ? (1); **What is his/her name?** Comment s'appelle-t-il/elle? (4); **What is your name?** Tu t'appelles comment? *(familiar)* (P); Comment vous appelez-vous? *(formal)* (P); **What luck!** Quelle chance! (5); **What's the weather like?** Quel temps fait-il? (5); **What time is it?** Quelle heure est-il? (P)
**when** quand (2)
**where** où (1); **from where** d'où (1)
**whereas** tandis que
**which** quel(le) (3); que, qui (7); **about/of which** dont (7); **which one** lequel (laquelle) (6)
**while** tandis que, pendant que; **See you in a little while.** À tout à l'heure. (P); **while on** au cours de (10)
**white** blanc(he) (3); **white wine** vin blanc *(m)* (2)
**who** qui (2)
**whom** qui (2), que (7)
**whole** tout (toute); **(loaf of) whole-grain bread** pain complet *(m)* (8); **the whole day** toute la journée (2)
**whose** dont (7)
**why** pourquoi (2)
**widespread** répandu(e)
**widow** veuve *(f)* (7)
**widower** veuf *(m)* (7)
**wife** femme *(f)* (2)
**win** gagner (2)
**wind** vent *(m)*
**windbreaker** blouson *(m)*
**window** fenêtre *(f)* (3); **ticket window** guichet *(m)*
**windsurfing: go windsurfing** faire de la planche à voile
**windy: It's windy.** Il fait du vent. (5)
**wine** vin *(m)* (2)
**winter** hiver *(m)* (5); **in winter** en hiver (5)
**wish** souhaiter (10)
**with** avec (P); chez (+ *person*) (7); **coffee with milk** café au lait *(m)* (2)
**withdraw money** retirer de l'argent (10)
**without** sans (P); **without doing it** sans le faire
**woman** femme *(f)* (1); **woman's suit** tailleur *(m)*
**wonder** se demander
**wonderful** merveilleux(-euse)
**word** mot *(m)* (P); **words** *(lyrics)* paroles *(fpl)*
**work** travail *(m)*
**work** travailler (2); **Does that work for you?** Ça te/vous convient? (9); **I work . . .** Je travaille... (P)
**workbook** cahier *(m)* (P)
**worker** *(manual)* ouvrier(-ère) *(mf)*
**world** monde *(m)*; **Third World** Tiers-Monde *(m)*
**world-(wide)** mondial(e) *(mpl* mondiaux)
**worry (about)** (se) préoccuper (de)
**worse** pire
**would: I would like to . . .** Je voudrais (bien)... (2); **What would you like to do?** Qu'est-ce que vous voudriez faire... (2)
**write** écrire (2); **How is that written?** Ça s'écrit comment? (P); **Write the answer.** Écrivez la réponse. (P)
**writer** écrivain *(m)*
**wrong: be wrong** avoir tort (4); **What's wrong?** Qu'est-ce qui ne va pas? (10)

## Y

**yard** jardin *(m)*
**year** année *(f)* (4), an *(m)* (4); **be . . . years old** avoir... ans (4); **Happy New Year!** Bonne année!; **New Year's Eve** le réveillon *(m)* du jour de l'an
**yellow** jaune (3)
**yes** oui (P), si *(in response to a question or a statement in the negative)* (8)
**yesterday** hier (5)
**yet** pourtant, déjà; **not yet** ne... pas encore (5)
**yogurt** yaourt *(m)* (8)
**you** tu, vous (P), te (9); **And you?** Et toi?, Et vous? (P); **See you tomorrow!** À demain! (P); **Thank you!** Merci! (P); **There you are!** Te / Vous voilà!; **with you** avec toi, avec vous
**young** jeune (1)
**your** ton (ta, tes) (3); votre (vos) (3); **Open your book.** Ouvrez votre livre. (P); **What is your name?** Tu t'appelles comment? *(familiar)* (P), Comment vous appelez-vous? *(formal)* (P); **your friends** tes amis (1)
**yourself** te, vous (7); toi-même, vous-même(s)
**youth** jeunesse *(f)* (7); **youth hostel** auberge *(f)* de jeunesse (10)

## Z

**zero** zéro (P), nul(le)
**zip code** code postal *(m)* (3)
**zucchini** courgette *(f)*
**zydeco music** musique zydeco *(f)* (4)

# INDICE

E



F



G



H



I



J



L

France
MER DU NORD
Pays-Bas
Allemagne
Grande-Bretagne
Dunkerque
Calais
Belgique
NORD-PAS-DE-CALAIS
Lille
Valenciennes
MANCHE
Luxembourg
Cherbourg
HAUTE-NORMANDIE
Amiens
Le Havre
Rouen
PICARDIE
Reims
Meuse
Metz
Rhin
Caen
Seine
LORRAINE
ALSACE
BASSE-NORMANDIE
Paris
CHAMPAGNE-ARDENNE
Nancy
Strasbourg
Saint-Malo
Versailles
ILE-DE-FRANCE
Brest
Fougères
Troyes
Moselle
VOSGES
BRETAGNE
Rennes
Le Mans
Orléans
Mulhouse
PAYS-DE-LA-LOIRE
Blois
Chambord
Seine
Saône
Angers
BOURGOGNE
St-Nazaire
Tours
Loire
Besançon
Nantes
Chenonceaux
Dijon
Chinon
Azay-le-Rideau
Bourges
Chalon-sur-Saône
FRANCHE-COMTE
JURA
Suisse
Nevers
CENTRE
Loire
Poitiers
La Rochelle
Vichy
LIMOUSIN
Annecy
OCEAN
Clermont-Ferrand
Rhône
POITOU-CHARENTES
Limoges
Lyon
Saint Étienne
RHONE-ALPES
Italie
ATLANTIQUE
Périgueux
AUVERGNE
Grenoble
ALPES
Bordeaux
MASSIF CENTRAL
Rhône
PROVENCE-ALPES-COTE-D'AZUR
Rodez
AQUITAINE
Garonne
MIDI-PYRENEES
Avignon
Monte-Carlo
Nîmes
Tarascon
Monaco
Montpellier
Grasse
Biarritz
Toulouse
Aix-en-Provence
Bayonne
Béziers
Nice
Pau
Marseille
Toulon
Carcassonne
Narbonne
Cannes
PYRENEES
LANGUEDOC-ROUSSILLON
Perpignan
MER MEDITERRANEE
Andorre
Espagne
0
75 km
CORSE
Ajaccio